화서학파의 심설논쟁

화서학파의 심설논쟁
한국전통문화대학교 한국철학연구소 엮음

초판 1쇄 2022년 1월 15일

지은이 **한국전통문화대학교 한국철학연구소**
       (이향준·김문준·이상익·김근호·곽신환·금장태
        강필선·박성순·김병애·이선경·박인호·오석원)
펴낸이 **김기창**
디자인 **호문목** • 인쇄 및 제본 **천광인쇄사**

펴낸곳 도서출판 문사철
주소 서울 종로구 창경궁로 265 상가동 3층 3호
전화 **02 741 7719** • 팩스 0303 0300 7719
홈페이지 www.lihiphi.com • 전자우편 lihiphi@lihiphi.com
출판등록 제300-2008-40호

ISBN 979 11 86853 96 2 (93150)

* 이 책은 2017년 대한민국 교육부와 한국학중앙연구원(한국학진흥사업단)의
  한국학분야 토대연구지원사업의 지원을 받아 제작되었음(AKS-2017-KFR-1250003)

* 값은 뒤표지에 있습니다.

화서학파의 심설논쟁

한국전통문화대학교 한국철학연구소 엮음

도서출판문사철

서문

1860년대, 조선에도 서세동점(西勢東漸)의 현상이 날로 심각해져 갔다. 일시적인 것으로 여길 수 없는 단계에 이르렀다. 두 차례 양요(洋擾)를 겪으면서 지식인 사회에서 위기의식이 고조되었다. 일본의 야욕도 차츰 노골화하였다. 이에 일본과 서양이 다름없다는 왜양일체론(倭洋一體論)까지 나오게 되었다.

왕조의 말기적 형세 속에서 왜·양의 정치적, 경제적, 문화적 침략을 맞아 척사위정운동(斥邪衛正運動)이 전국 각지에서 요원(遼原)의 들불처럼 일어났다. 유림이 주축이 된 이 운동의 이념적 지도자는 화서(華西) 이항로(李恒老, 1792~1868)였다. 이항로는 구국(救國)의 일념으로 척사위정운동을 주도하였다. 사실상 재야 학자나 다름없었던 그가 이 운동을 이끌었던 것은 그가 유림의 중망(衆望)이 있었기 때문이다.

이항로는 당시를 대결국(大結局)의 시기로 판단하였다. 한 때의 환국(換局)이 아니라 문명과 야만 사이에서 이전과 다르게 판이 뒤바뀔 수 있는 상황으로 보았다. 두 차례의 호란(胡亂)을 겪고 난 뒤의 상황을 화·이(華夷)의 대결로 보았던 데 비해, 당시는 인·수(人獸)의 대결로 인식하였다. 문명과 야만이라는 극단적 이분법은 상황 인식이 그만큼 절박했음을 보여주는 것이다.

이항로는 상황 타개의 해법으로 척사위정을 제시하였고, 더 구체적인 방법으로 존화양이(尊華攘夷)의 기치를 내걸었다. 『춘추(春秋)』에서 말하는 대의(大義)가 수십 가지이지만 그 가운데 존양대의가 첫 번째라고 하였다. 여기에다 성리학에서의 주리론(主理論)까지 이끌어 이념적 뒷받침과 무장을 튼튼하게 하였다. 춘추의 존양론과 성리학의 주리론은 화서학(華西學)의 양대 근간이라 할 수 있다.

이항로의 존양대의는 조선의 모든 학파에 통용되는 것이어서 그만의 독특한 성격은 없다. 이에 비해 주리론은 기정진·이진상의 주리론과 함께 조선 말기 성리학사에서 크게 이채를 띤 것이었다. 가치와 이념을 중시하는 주리론이다보니 이전의 학통이나 정파의 구속에서 벗어났다. 이들 세 사람의 주리론에는 강도(强度)의 차이가 있다. 가장 왼쪽에 선 것은 이진상의 심즉리설(心卽理說)이다. 그러나 '주리'가 구세의 진결(眞訣)로 제시되었다는 점에서는 다를 바 없다. 조선 성리학사를 주리론으로 마무리한 이들 세 학자의 학설은 당사자들은 물론 문인, 후학들까지 서로 영향을 주고받았다. 한 마디로 이들의 주리론은 19세기라는 시대 배경 속에서 나온 것으로서, 시대를 초월하여 보편적으로 이해될 수 있는 것은 아니었다. 여기서 우리는 조선의 성리학이 시대에 따라 이론과 논리를 개발하거나 보강하여 시대정신을 이끌어가려 했음을 엿볼 수 있다.

이항로와 화서학파 학인들의 학문 사상에 대해서는 학계의 연구가 상당수 집적되었다. 특히 화서학파의 성리학에 대해서는 많은 주목을 받았다. 우리 연구소에서 진행하는 심설논쟁아카이브 작업에서도 화서학파의 심설과 여타 학파와의 논쟁에 대하여 광범위하게 다루었다. 이와 함께 그동안 발표되었던 논문 가운데 수작(秀作)이라고 할 만한 것, 연구사에서 중요한 의의를 지닌 것들을 모아 한 권의 책으로 엮게 되었다. 이 책은 심설논쟁아카이브 작업의 부산물로 나온 것이다.

화서 이항로의 사상과 발자취에 대해서는 학자에 따라 평가가 다를 수 있을 것이다. 비판적 시각에서 나온 평가가 만만치 않다는 것을 잘 알고 있다. 다만 보다 긍정적이고 적극적인 시각에서 평가할 필요는 있다고 본다. 나는 이항로가 세계사의 흐름을 모르고 '정신승리'만을 외쳤던 학자는 아니었다고 본다. 그가 제시했던 "문명이냐 야만이냐"의 이분법적 구도 역시 무모한 것이라고 보지 않는다. 그가 사실상 재야 학자였음에도 '일세의 영웅' 못지않게 평가를 받았던 이유를 되새겨 보아야 한다. 당시의 상황으로 돌아가 그가 그런 주장을 전개하게 된 배경, 사상적 이념적 근거 등에 기초하여 편견 없이 논해야 할 줄 안다. 그의 학문과 사상, 일생의 발자취는 오늘에도 시사하는 바 적지 않다고 생각한다. 끝으로 '화서 선생을 기리며(讚華西先生)'라는 시 한 수로 머리말을 마무리할까 한다.

하늘이 동방에 활리옹을 보내시니
사람들과 존양대의를 함께 하였네
난세에 음산한 바람 날로 급해졌지만
당로자 누가 일세영웅 알아보았던가

天遣東方活理翁　尊攘大義與人同
危時轉覺陰風急　當路誰知一世雄

2021년 5월 4일
한국철학연구소장 최영성 지(識)

차례

서문 | 최영성   4

제1부 화서의 성리학과 화서학파의 성립·분기

1. 이항로: 역사의 비탈길에 선 성리학자의 기획   13
이향준

2. 화서 이항로 성리학의 특징과 의의   41
김문준

3. 화서 심설에 대한 성재의 조보와 그 의의   65
이상익

4. 화서학파 김평묵과 유중교의 심설 논쟁   102
김근호

5. 화서학파 심설논쟁의 재조명   134
이상익

6. 화서의 주리론과 퇴계학   180
이상익

7. 화서학파의 율곡학 지수와 변통   228
곽신환

8. 화서학파의 전개과정과 양상   266
금장태

제2부 화서학파 성리학의 실천적 양상

9. 한말 화서학파의 의리사상에 관한 일고　323
강필선

10. 화서 이항로 심설과 척사논리의 상관관계　360
박성순

11. 화서 이항로 척사위정사상의 이론적 근거와 실천　391
김병애

12. 성재 유중교의 경학과 경세론　424
이상익

13. 면암 최익현의 성리설과 수양론　474
금장태

14. 의암 유인석의 심설과 의리실천　505
이선경

15. 『송원화동사합편강목』에 나타난 화서학파의 역사인식　541
박인호

16. 화서 사상의 특성과 현대적 의미　584
오석원

제1부

화서의 성리학과
화서학파의 성립·분기

1
이항로: 역사의 비탈길에 선 성리학자의 기획

이향준

> 주서(朱書)에는 동유설(東儒說)을 모아야 하고 [朱書擬輯東儒說]
> 청사(靑史)에선 북제편(北帝編)을 지워야 하리 [靑史行刪北帝編]
>
> 이항로(李恒老), 「회금천자(懷錦川子)」

I

실패한 과거의 이념을 돌아보려는 사람은 늘 불리한 입장에 처한다. 이데올로기적인 측면에서 의의는 인정할 수 있겠지만 실용주의적 측면에서 보자면 역사적 기능을 상실한 것에 대해 언급하기 때문이다. 지성사의 관점에서 '역사 속에 이러이러한 것이 있었다'는 결론을 제외하고 달리 할 말이 무엇이 더 있겠는가? 한때의 훌륭함이 한때의 모

---

* 이향준(전남대학교 철학연구교육센터 학술연구교수) 이 글은 「이항로(李恒老)역사의 비탈길에 선 성리학자의 기획」(『공자학』 제28집, 한국공자학회, 2015. 5.)이란 제목으로 게재되었던 것을 고쳐 쓴 원고임을 밝혀둔다.

자람이 그랬던 것과 다를 것 없이 현재의 문제에 무기력하다면 우리가 그것을 더 이상 탐구해야 할 이유는 없는 것이다. 위정척사론의 이론적 기획에 대해서도 마찬가지다. 역사는 서구화와 별로 다르지 않은 근대화가 이항로(李恒老)와 그가 대표하는 화서학파가 막을 수 있는 수준이 아니었다는 것을 증명했다. 이 불리함을 의식한 연구자는 이항로의 위정척사론을 언급할 때 모호한 태도를 취하게 된다.

> 이들의 척사론은 처음부터 서양에 대한 올바른 이해를 위한 객관적 사실에는 관심이 없었던 것인 만큼 시대 상황에 따른 급박한 위기의식에 사로잡혀 있었던 것이다. 여기서 화서학파의 척사론에 대한 정당한 평가를 하고자 한다면, 먼저 척사의 동기요 목적이 되는 위정으로 눈을 돌려서, 전통사회가 옹위하는 '정'의 성격과 의미와 문제점을 확인하는 것이 중요한 과제가 될 것이다.[1]

금장태의 질문은 위정척사론의 핵심을 찌르고 있다. 다시 말해 위정척사론이 지키고자 하는 '정(正)'의 확실성이 그렇게 확고하고 타당한 것인가의 문제가 해명되지 않는 이상 위정척사론에 대한 판단은 유보될 수밖에 없다. 하지만 그는 왜 자신의 질문에 대답하지 않는 것일까? 그 이유는 이 질문을 앞으로 밀고 나아간다고 한들 다음과 같은 대답이 예정되어 있기 때문이다.[2]

---

1 금장태, 『조선 후기 유교와 서학-교류와 갈등』, 서울대 출판부, 2003, 298~299쪽.
2 금장태는 직접 이항로를 대상으로 언급하지는 않지만, 화서학파라는 이름을 빌려 첫째, 사회개혁 의식의 결핍, 둘째 국제정세와 서양문물에 대한 관심의 외면, 셋째 폐쇄화에 따른 시대변화로부터의 고립이라는 한계점을 지적하고 있다. 금장태, 「화서학파의 철학과 시대의식」,

역사적 변화를 연구하면서 우리는 한 사회가 오랜 동안 지녀온 전통적 세계관과 규범적 체계의 방향을 근본적으로 재(再)설정하는 것이 그 사회를 개혁하는 일의 기본임을 깨달아야 한다. 그러나 주자의 정통론, 특히 척사위정을 주장한 리(理) 철학은 현 상태를 자연이 명한 질서로서 합리화했으며, 기존 사회 구조에의 적응을 의무 혹은 미덕으로 규정한 나머지, 리(理), 즉 사회와 문화를 그것이 붙어 있는 기(氣), 즉 국내외의 정황으로 이루어진 기(氣)의 현상적 세계 속의 변화들을 초월해 있는 영원한 존재로 보고 말았다. 그런 강경한 교리는 반대를 허용할 수 없었으며 자기비판과 개혁 역시 허용하지 않았다. 따라서 이항로와 그가 속한 노론에서 신봉한 리(理) 철학이야말로 조선이 세계에 대한 이미지를 바꾸고 근대화하려고 노력하지 못하게 저지했던 철학이었다.[3]

한 마디로 이항로는 기울어진 역사의 급격하게 비탈진 내리막길에 서 있었다. 그리고 그 경사도는 한 개인이나 소규모 집단이 저항할 수 있는 수준 이상의 것을 조선의 문화와 역사에 강요했다. 이런 한계 때문에 금장태는 "한말(韓末) 의리학(義理學) 종장(宗匠)으로서 서양(西洋)과 일본(日本)의 침략에 대한 민족적 저항의식의 선봉"이라고 표현했지만,[4] 다른 이는 "역사 속에 산화해 간 주자학의 최후"라고 불렀던 것이다.[5] 선봉이 최후가 되는 이런 평가의 엇갈림 속에 '온고이지신(溫故而知

태학사, 2001), 311쪽 참조.
3   정재식, 『한국유교와 서구문명의 충돌 : 이항로의 척사위정 이데올로기』, 연세대출판부, 2005, 347쪽.
4   금장태·고광식, 『유학근백년』, 박영사, 1986, 21쪽.
5   한국사상사연구회, 『조선 유학의 학파들』, 예문서원, 1996, 572~592쪽 참조.

新)이라는 공자의 가르침을 거역한 전통주의자들'이라는 평가를 덧붙이면 어떤 이미지가 그려지는지는 자명하다.[6] 따라서 뒤늦게 이항로를 논의하는 것은 처음부터 몇 걸음 뒤처진 육상선수의 출발점처럼 불리한 위치를 가정한다. 이런 약점을 넘어서 지성사적 의의와 현재의 상황에서 논의할 만한 철학적 중요성을 되살릴 수 있는 내재적 요소를 이항로 자신으로부터 재구축할 수 있을까? 이항로에 대한 탐구의 가치는 이 물음에 대한 대답을 촉구한다. 이 질문에 대답하기 위해서는 먼저 선행연구들이 가지고 있는 방향성에 대한 가르기를 시도할 필요가 있다. 그리고 이를 기반으로 이미 완료된 것과 완료되지 못한 것, 의의를 상실한 것과 아직도 논의의 여지가 남아있는 것을 추려내고, 그것의 내용을 명료하게 표명해야 한다. 우리는 이항로의 학적 방향성을 검토하고 그것들의 종합으로써 이항로 성리학의 내재적 면모와 함께 그것의 현재성을 드러내야 한다.

그 결과는 이항로의 성리학적 사유에 대한 지성사적 위상의 재구성과 함께 우리가 버려야 할 것과 여전히 갱신해야 할 것에 대한 확인이다. 이것은 단 하나의 질문으로 요약된다. 과연 비탈진 역사의 내리막길에 서있던 한 성리학자의 기획은 이미 끝난 것인가? 이하의 내용은 이 질문에 대한 대답이 결코 그렇지 않다는 것을 보여준다. 우리가 이항로의 시선을 따라서 그 학문의 방향으로 고개를 돌릴 경우, 아직까지 완성되지 못한 어떤 학문적 기획의 연속성을 목격하기 때문이다. 최소한 세 가지 면에서는 그렇다고 말할 수 있다.

---

6   정재식, 『한국유교와 서구문명의 충돌 : 이항로의 척사위정 이데올로기』, 348쪽 참조.

Ⅱ

　학계에 유포된 이항로의 사상에 대한 선행연구들은 이항로가 19세기 조선의 성리학자이자, 위정척사론의 주창자라는 사실 때문에 이 두 가지 논점에 주된 초점이 맞추어져 있다는 특징을 보인다. 가장 지배적인 경향은 성격이 분명한 철학적 사고의 특징으로 인해 도드라지는 성리학적 사유에 대한 탐구다. 도학(道學), 의리사상(義理思想), 이학적(理學的) 심론(心論) 등의 낱말들이 이런 경향을 대표한다.[7] 둘째는 널리 알려진 그의 정치사상에 연관된 탐구다. 여기에는 흔히, 위정척사론, 화이론, 민족주의적 경향에 대한 주의 집중이 두드러진다.[8] 이런 주제들이 다루어지는 경우 방법론적인 시각의 차이에 따라 탐구의 범위에 다소 변별되는 양상들이 발견된다. 대개 이항로뿐만 아니라 그의 이름으로 대표되는 화서학파, 혹은 화서학파의 중심인물들이 함께 거론되는 데 따른 연구범위의 상이함과 이런 범위를 포괄하는 연구 주제의 독창성에 따른 차이가 함께 나타나기 때문이다.

　이런 경향을 성리학적 탐구의 경우에도 발견되지만,[9] 정치사상의 경우에도 마찬가지다.[10] 박성순의 연구가 성리학적 사유와 정치사상의

7　강필선, 「華西 李恒老의 哲學思想 硏究 : 道學과 義理思想을 중심으로」, 성균관대 박사논문, 2002·김근호, 「華西 李恒老의 理學的 心論 연구」, 고려대 박사논문, 2008 참조.

8　강대덕, 「華西 李恒老의 民族主義思想 硏究」, 강원대 박사논문, 1997·이미림, 「華西 李恒老의 華夷論 硏究」, 성균관대 박사논문, 2009 참조.

9　오석원, 「十九世紀 韓國 道學派의 義理思想에 關한 硏究 : 華西 李恒老 및華西學派를 中心으로」, 성균관대 박사논문, 1992·이상호, 「朝鮮性理學派의 性理說 分化에 關한 硏究 : 19世紀 朝鮮性理學派의 性理說 分化를 中心으로」, 성균관대 박사논문, 1994·이영자, 「畿湖學派에 있어서 栗谷性理學의 收容과 展開」, 충남대 박사논문, 2007·김대식, 「華西學派의 門人敎育 硏究」, 서울대 박사논문, 2007 등이 이런 사례에 속한다고 할 수 있다.

10　이택휘, 「朝鮮後期 政治思想 硏究 : 李恒老와 金平默의 斥邪論을 中心으로」, 서울대

결합을 탐구의 주제로 삼고 있는 것은 바로 이런 주된 연구 경향의 혼성 양상을 잘 보여준다.[11]

대비되는 논점들의 특징도 몇 가지로 분류된다. 성리학의 측면에서 이항로의 성리학설을 이황과 이이 사이의 어디에 둘 것인가의 문제를 둘러싸고 논점의 대립이 나타난다. 특히 심(心)과 명덕(明德)에 대한 리(理) 중심적 주장이 강한 그의 성리학적 경향성을 어떻게 해석할 것인지의 문제가 첨예한 이해의 대비를 이룬다. 이상익은 이항로와 이황 사이의 이론적 근친성을 강하게 주장한다.[12] 반면에 김문준은 "리(理)와 심(心) 중시의 성리학 체계는 이항로 뿐만 아니라, 당시 구한말에 출현하여 척사위정(斥邪衛正)의 기치를 드높인 거유(鉅儒)들의 성리학이 공통적으로 내표하는 성격"이라는 전제하고,[13] 이항로의 성리설이 기호학파의 전통에서 벗어났다고 해석해서는 안 된다고 주장한다.[14]

정치사상의 측면에서는 위정척사론의 성격을 어떤 관점에서 이해할 것인가를 둘러싸고 논점의 대립이 나타난다. 한쪽에서는 위정척사론이 민족주의에 기반한 외세침략에 대한 저항 논리라는 점을 주장한

박사논문, 1983.

11 박성순, 「華西 李恒老의 心主理說과 斥邪論 硏究」, 고려대 박사논문, 2003.

12 "이항로의 主理論은 놀라울 정도로 퇴계학과 대강을 같이 한다. 理·氣를 相須·相抗의 관계로 규정한 것도 그렇고, 理의 能動性을 주장하는 것도 그러하며, '理의 주재'를 '理가 氣를 명령함'으로 해석하는 것도 그렇다. 또한 心을 '理·氣의 묘합'으로 규정하는 것도 그러하며, 理·氣의 不相離를 전제로 理發과 氣發을 分開하는 것도 그렇다." 이상익, 「華西 李恒老의 主理論과 退溪學」, 『퇴계학보』 117집, 퇴계학연구원, 2005, 4쪽.

13 김문준, 「華西 李恒老 性理學의 特徵과 意義」, 『화서학논총』 1집 화서학회, 2004, 43쪽.

14 "이항로의 성리설은 기호학파의 '理氣不離性'과 '心卽氣'를 중시하는 이론 전통에서 벗어나서 이황 계열의 리 절대적 성리철학을 답습하였다는 시각에서 단순히 이해해서는 안 되며 ……" 같은 책, 같은 글, 55쪽.

다.¹⁵ 반면에 다른 쪽에서는 반동적인 '주자학적 수구논리'라는 점을 강조한다.¹⁶

반면에 이런 선행연구에 비해 불충분하게 다뤄진 한 분야가 최근 들어 재검토되고 있다. 그것은 『주자대전차의집보(朱子大全箚疑輯輔: 이하 『집보』)』를 부분으로 포함하는 일련의 저술에 대한 사상사적 평가가 진행되면서 새롭게 발견된 학술사적 흐름에 대한 명명에서 드러나기 시작했다. 이향준은 그것을 한국 성리학의 해석학적 발전이라고 부를 수 있다고 제안하면서, 그 의의를 이렇게 설명했다.

> 한국 성리학은 사단칠정론과 같은 시대에 탄생한 『문록』과 『절요』에서 비롯하는 해석학적 전통의 역사를 갖고 있다. 이 학술적 운동의 전개와 앞서거니 뒤서거니 하면서 한국 성리학계는 사단칠정론에서 인물성동이론(人物性同異論), 미발심체론(未發心體論), 명덕(明德) 주리(主理)·주기(主氣) 논쟁, 심시기(心是氣) 대 심시리(心是理) 논쟁 등을 전개하며 발전했다. 논쟁의 역사가 거울의 표면이었다면, 이 해석학의 역사는 그것이 없이는 거울이 아무것도 비출 수 없는 거울의 뒷면(tain of the mirror)을 이루고 있다. 비록 이것이 전면에 나타나는 경우가 드물다고 하더라도, 이것의 존재에 대한 고려가 없이 한국 성리학의 발달 과정을 묘사하는 것은 불충분해 보인다.¹⁷

---

15 최창규, 『근대한국정치사상사』, 일조각, 1991·홍순욱, 『한말의 민족주의』, 탐구당, 1975 참조.
16 이이화, 「척사위정론의 비판적 검토」, 『조선후기의 정치사상과 사회변동』, 한길사, 1995·진덕규, 「척사위정론의 민족주의적 비판인식」, 『한국문화연구논총』 31집, 이화여대 한국문화연구원, 1978 참조.
17 이향준, 「한국 성리학의 해석학적 발전」, 『율곡사상연구』 25집, 율곡학회, 2012, 158쪽.

이항준에 의하면 '한국 성리학의 발달사에는 다른 곳에서 사례를 찾아볼 수 없는 독특한 지적 흐름이 있고, 그것은 『주자대전(朱子大全)』에 대한 주석학적 저술의 발생과 상호 작용의 귀결로서 나타난 해석학적 저술의 성립으로 이루어진 역사인 것이다.'[18] 보다 구체적으로 그는 『주자대전』의 주석서를 중심으로 하는 해석학적 발전을 3단계로 구분하면서, 그것을 각각 편집서의 등장, 주석서의 발전, 해석학적 저술의 성립으로 명명했다. 이 가운데 『집보』는 주석서의 발전을 대표하고 종합하는 단계의 정점으로 평가되었다.

이상과 같은 선행연구의 개괄을 통해 우리는 이항로의 학술적 작업을 평가하기 위한 세 가지 기준을 확인할 수 있다. 첫째는 조선 성리학을 관통하는 논쟁사의 측면에서 파악된 성리설이다. 이항로의 경우 이것은 퇴계학파와 대치했던 율곡학파의 이론적 논쟁사 속에서 그의 성리학설-특히 심설을 중심으로-이 가지는 특징적 내용으로 구성된다. 둘째 그가 현실과 대처하면서 제기했던 위정척사론으로 대표되는 그의 현실 인식과 대응 양식의 내용이다. 셋째 한국 주자학의 해석학적 발전사에서 그의 주석학적 작업이 가지는 위상에 대한 해명이다. 『집보』 및 아직껏 발견되지 않고 있는 『주자대전집차(朱子大全輯箚: 이하 『집차』)』에 대한 학술사적 위상의 검토와 탐구가 여기에 해당한다. 즉 이항로에 대한 종합적인 평가는 최소한 이 세 가지 영역의 작업들이 가지고 있는 학술적 위상을 검토한 이후에나 가능한 것이다. 그렇다면 이항로 자신에게 이 세 가지 방향의 작업들은 어떤 학술적 기획을 의미하는 것이었는가? 이렇게 볼 때 주목할 수밖에 없는 한 가지 진술이 명확하게 드러난다.

---

18 같은 책, 같은 글, 130쪽 참조.

Ⅲ

1835년 단양에서 전염병에 걸린 이항로는 제자인 임규직(任圭直)에게 한 편의 시를 보냈다. 「회금천자(懷錦川子)」라는 제목의 이 시를 통해 그는 자신이 가장 중요시한 두 가지 학술적 기획을 묘사하고 있다. 즉, "『주자대전』에 대한 조선 유학자들의 주석을 모으는 것과 역사에서 원나라 오랑캐를 황제라고 칭한 편[北帝編]을 없애 버리는 것[朱書擬輯東儒說, 靑史行刪北帝編.]"이 그것이다.[19] 그는 실제로 이 두 구절의 내용을 언급하면서 "이것이 내가 평생 동안 마음을 기울인 일[此余平生留心處]"이라고 자술한 적도 있었다.[20] 이것은 머지않아 김평묵(金平默, 1819~1888)과 유중교(柳重敎, 1832~1893)의 손을 거쳐 탄생할 『송원화동사합편강목(宋元華東史合編綱目: 이하 『송원강목』)과 큰 아들인 이준(李埈, 1812~1853)과 문하 제자들 다수의 참여로 이루어질 『집보』의 편찬을 예고하고 있는 것이었다.[21] 『송원강목』은 춘추 사관에 근거한 위정척사사상의 역사학적 시각을 제공한다는 점에서 많은 주목을 받았고 그 내용에 대한 고찰도 상당히 이루어졌다.[22] 반면에 『집보』는 그 사상사적 위상에 대한 해명이 불충분한 상태가 오랫동안 지속되다가 비교적 최근 들어

19　李恒老, 「懷錦川子」, 『華西先生文集』 권1, (표점영인 한국문집총간 vol.304) 44쪽.
20　"性愚入候, 先生手寫一詩曰, 朱書擬輯東儒說, 靑史行刪北帝編, 此余平生留心處." 이항로, 「語錄」, 『화서선생문집·부록』 권6(문집총간 vol.305), 451~452쪽.
21　"華西先生有詩曰 朱書擬輯東儒說, 靑史行刪北帝編, 省齋奉其意修史, 先生長子槐園承命作朱書箚疑輯補." 柳麟錫, 「散言」, 『毅菴集』 권28(문집총간 vol.338), 256쪽.
22　박인호, 「송원화동사합편강목」에 나타난 화서학파의 역사인식」, 『조선시대사학보』 27집, 2003), 171~210쪽·김남일, 주자의 『자치통감강목』의 「凡例」와 화서학파의 『송원화동사합편강목』의 「書法」 비교」, 『한국사학사학보』 22집, 한국사학사학회, 2010, 5~67쪽·정옥자, 「한말 의병활동의 사상적 연원과 화서 : 의암학파의 역사인식」, 『의암학연구』 8집, 의암학회, 2011, 21~36쪽 참조.

그 지성사적 맥락과 의의에 대한 검토가 이뤄지고 있을 뿐이다.[23]

이 두 마디 구절의 중요성을 먼저 알아차린 연구자는 금장태와 고광식이었다. 그러나 그들은 자신들이 주목한 것의 중요성을 정확하게 파악하지 못했다. 이 때문에 그들은 "주자서(朱子書)의 주석에 우리나라 학자의 학설을 넣어야 하며 오랑캐의 역사(歷史)인 원(元)의 북제(北帝)편은 뽑아내야 한다고 강경하게 주장했다"고 썼을 뿐이었다.[24] 정확하게 『주자대전』에 대한 주석 작업에 착수해서 그것을 완성된 단행본류의 저술로 제출한 역사를 간직하고 있는 곳은 우리나라밖에 없다는 기초적인 사실에 대해서 둔감했기 때문에 그들은 마치 중국과 한국에도 많은 설명이 있는데 그 가운데서 특히 '우리나라 학자의 학설도 넣어야 한다'는 식으로 발언하고 있을 뿐이다. 이런 점에 대한 부주의는 정재식도 마찬가지다. 그는 『집차』의 저술 작업을 설명하면서 '송시열의 『주자대전차의집보』'라고 함으로써 이 분야에 대한 인식의 소홀함을 드러내고 있기 때문이다.[25] 즉, 금장태나 정재식의 사례에서 알 수 있는 것은 이들이 어떤 지적 맥락에 대한 이해가 불충분하다는 점이다. 『주자대전』을 비롯한 『주자어류』에 대한 주석 작업이 시도된 곳이 조선밖에 없다는 지적 배경을 도외시하거나, 서로 비슷비슷한 여러 주

---

23 이향준의 논의에도 불구하고 여전히 『집보』 자체를 주제화해서 탐구를 진행한 선행연구는 존재하지 않는다. 『주자대전』의 주석서들에 대한 일련의 선행연구의 결과물들에 대한 목록은 이향준, 「한국성리학의 해석학적 발전」, 『율곡학보』 25집, 130쪽, 각주 1) 참조(이향준의 연구 이후 강문식, 「金昌協의 朱子書 연구와 『朱子大全箚疑問目』, 한국사연구회, 2013, 83~111쪽이 추가되었다)·퇴계학파와 율곡학파를 아우르는 단행본 및 단편적인 잡저류의 주석사적 저술의 목록에 대해서는 같은 글, 같은 책, 135쪽, 각주 13) 참조.

24 금장태·고광식, 『유학근백년』, 26쪽.

25 정재식, 『한국유교와 서구문명의 충돌 : 이항로의 척사위정 이데올로기』, 102쪽 참조.

석서의 목록에 대한 명료한 이해가 부족한 상태에서 저자와 저술을 혼동하고 있기 때문이다.

오늘날의 우리에게 중요한 것은 이런 사소한 실수가 아니다. 정작 중요한 문제는 도대체 이항로가 평생 동안 마음을 쓰지 않을 수 없었다고 자술했던 미구에 이루어질 이 두 저술이 어디에서 기인했는가 하는 것이다. 이것들은 역사적으로나 학술사적으로 어디에서 발원해서 어디로 흘러가고 있는 철학적 흐름을 대변하는가? 송시열이 세상을 떠난 바로 그 날의 일화에 주목을 해야 하는 이유는 바로 이 질문에 대답하기 위해서이다.

Ⅳ

1689년 6월 정읍에서 사약을 받고 세상을 떠나는 날 송시열은 권상하에게 두 가지를 유지로 남긴다. 알려진 것과는 달리 공맹 이래 전수된 것이라고는 '직(直)'이란 한 글자뿐이라는 유명한 구절은 두 번째에 해당한다. 첫 번째는 다름 아닌 다음과 같은 내용이었다.

학문은 의당 주자를 주로 삼아야 하고, 사업은 효종(孝宗)께서 평소에 하고자 하시던 뜻을 주로 삼아야 한다. 우리나라는 강토가 작고 힘이 약하여 비록 북벌(北伐) 같은 큰일을 도모하지는 못할지라도 항상 '가슴에 시린 원한 절박해서 그만둘 수 없다[忍痛含冤迫不得已]'는 여덟 자를 가슴속에 두고,

뜻을 같이하는 선비들끼리 이를 전수(傳守)하여 잃지 않아야 할 것이다.[26]

주자를 학문을 중심으로 삼으라는 말은 약간 막연하다.[27] 그러나 효종이 평소에 하고자 했던 것이 무엇인지에 대해서는 역사적으로 명확하다. 이 때문에 「연보」의 내용이 구체적으로 무엇을 의미하는지에 대해 윤봉구는 송시열의 「묘지」에서 보다 정확한 묘사를 보여준다.

학문은 주자를 핵심으로, 사업은 효종께서 하려던 일을 핵심으로 삼아야 한다. 효종께서 하시려던 일은 곧 춘추의 의리이고, 주자의 학문 또한 춘추의 의리이니, (이것이) 진실로 우리 노선생께서 죽음을 무릎 쓰고 일관되었던 것이다. 선생을 알고 싶은 이는 이 두 가지를 보면 거의 충분할 것이다.[28]

여기에서 한 가지가 분명하게 드러난다. 금나라에 대한 복수의 의

---

26 宋時烈, 『宋子大全·附錄』「年譜」10:學問則當主朱子. 事業則以孝廟所欲爲之志爲主. 我國國小力弱, 雖不能有所爲, 常以忍痛含冤迫不得已八字存諸胸中, 同志之人, 傳授不失可也.(문집총간 vol.115), 436쪽.

27 이항로의 경우와 달리 권상하에게 이것은 분명한 의미를 가진다. 세상을 떠나기 약 한달 전인 1689년 5월 14일 죽음을 예견한 송시열은 권상하에게 미완의 『주자대전차의』를 김창협, 의희조(李喜朝), 이기홍(李箕洪), 최방언(崔邦彦) 등과 협력해서 완성해 줄 것을 부탁하고 있기 때문이다. 송시열, 『송자대전』 권89, 「奉訣致道」: 一生讀朱子大全語類, 其中不無可疑者, 亦有難解處, 切欲抄錄, 略爲解說, 以與同志商量, 亦以示後來之人矣. 惜乎, 未能成緒, 顧念今世以此相託者, 惟吾友與仲和耳. 須與同甫·汝九·美伯其餘可與共事者, 協同整理, 如何如何.(문집총간 vol.111), 174쪽.

28 송시열, 『송자대전습유·부록』, 권2 「墓誌」:"一生讀朱子大全語類, 其中不無可疑者, 亦有難解處, 切欲抄錄, 略爲解說, 以與同志商量, 亦以示後來之人矣. 惜乎, 未能成緒, 顧念今世以此相託者, 惟吾友與仲和耳. 須與同甫·汝九·美伯其餘可與共事者, 協同整理, 如何如何."(문집총간 vol.116), 243쪽.

리를 주장했던 주희의 춘추대의와 청나라에 대한 북벌을 계획했던 효종의 춘추대의가 동일한 성격의 것이며, 이것이 송시열에 평생토록 일관해서 주장했던 것이라는 점이다. 물론 이 이면에는 주희의 춘추대의가 공자의 춘추사관을 계승한다는 사상사적 맥락이 깔려있는 것도 자명하다. 송시열이 권상하에게 잊지 말라고 했다는 여덟 자의 말도 같은 메시지를 전달한다.

'가슴에 시린 원한 절박해서 그만둘 수 없다'는 말은 주희가 1165년 36세의 나이로 당시 이부시랑(吏部侍郞)이었던 진준경(陳俊卿)에게 보낸 편지에서 유래한 구절이다. 주희는 이 편지를 통해 강화(講和)·독단(獨斷)·국시(國是)라는 세 가지가 당시 시국의 근본적인 병폐라고 주장하면서, 그 가운데 특히 강화의 잘못을 강조하는 부분에서 다음과 같이 말했던 것이다.

> 조종의 원수는 후손이 반드시 복수하고 잊지 말아야 할 것입니다. …… 오늘날엔 나아가되 공격할 수 없고 물러나서 지킬 수도 없어, 자신을 비하하는 말과 후한 예물로써 원수인 오랑캐에게 화친을 구걸합니다. 다행히 성사되면 군신이 서로 경사로 여겨 떠들썩하게 온 나라에 포고령을 내려 '지난날 자잘한 일[薄物細故]은 이미 버려버렸다'고 합니다. 이처럼 기뻐하면서 다시는 가슴에 시린 원한 절박해서 그만 둘 수 없다고 하면서 나라를 보존하는 방책을 추구하려는 이는 찾아볼 수 없습니다.[欣欣焉無復豪分忍痛含冤·迫不得已之言, 以存天下之防者.] 슬픕니다. 어떤 일이 조종의 능묘를 침탈한 원수보다 크길래, 이것을 자질구레한 일로 여겨 잊을 수 있단 말입니까?[29]

---

29 朱熹, 『朱子全書』「與陳侍郎書」, 卷21, 上海古籍出版社·安徽教育出版社, 2002, 1085쪽.

이 편지의 강화를 반대하는 강력한 어조는 당시 남송이 처한 현실과 밀접한 연관이 있다. 이 편지가 쓰여진 시절은 남송이 금나라와 굴욕적인 강화를 맺은 그 이듬해 5월이었다. 즉, 남송의 효종은 즉위하자마자 융흥 원년인 1163년 금나라에 대한 북벌을 단행했다. 초기에는 공세적인 남송이 짧은 기간의 승리를 거뒀기 때문에 유리한 듯 보였다. 하지만 전열을 정비한 금나라의 대군과 맞붙은 부리(符離)에서의 전투에서 사실상 북벌의 승패를 결정짓는 패배를 당하고 말았다. 이 패배의 여파로 남송의 외교정책은 주전론에서 주화론으로 급격하게 기울었다. 단적으로 그해 11월 금나라와의 화친을 위해 사신을 파견하는 문제에 대한 논의를 기록한 『송사』는 "조정의 시종·대간으로서 논의에 참가한 사람이 14명이었는데 주화론자가 절반이었고, 가부를 망설이는 자가 나머지 절반이었는데 오직 호전 한 사람만이 주화론이 불가하다고 주장했을 뿐"이라고 말하고 있는 실정이었다.[30] 강화는 이듬해인 1164년 12월에 최종 결정되었고, 주희의 이 편지는 그 다음 해에 쓴 것이었다. 이 편지를 쓰기 약 한 달 전인 4월 임안에 들렀던 주희는 전단례(錢端禮)·홍괄(洪适) 등 화의를 주장하는 사람들과 격렬한 논쟁을 벌였다. 그리고 약 한 달 후에 다시 진준경에게 동일한 내용을 들어 편지를 쓴 것이다.[31]

이를 통해 주희는 조종의 능묘를 금나라에 침탈당한 것보다 큰 원한이 없다고 하면서, 비록 강화가 이루어졌다고 할지라도 그 원한 만큼은 가슴 아프게 간직하면서 복수의 노력을 절대 그만두어서는 안 된다

---

30   『송사』, 권374, 「열전」 제133, 「호전」, 11585쪽 참조.
31   束景南, 『朱熹年譜長編』 上, 上海 : 華東師範大學出版社, 2001, 341~344쪽 참조.

고 강조하고 있는 것이다. 송시열은 주희의 논법을 조선의 상황에서 반복했다. 그는 남송과 금나라의 정치적 상황을 조선과 청나라의 정치적 상황에 투사해서 굴욕적인 강화를 맺은 이후에 주장하는 주희의 복수 의리를, 삼전도의 굴욕을 당하고도 소국으로서 군사적 북벌을 단행하지 못하는 역사적 시점에서 주장하는 조선의 복수 의리를 정당화하는 논거로 사용했던 것이다.

이 때문에 송시열은 각종 상소문과 개인적인 편지에서 늘 같은 구절을 인용하곤 했었다. 1664년 현종에게 올린 상소문에도 같은 구절이 인용되고 있고,[32] 1683년 숙종에게 올린 상소문에도 인용되고 있으며,[33] 세상을 떠나기 2년 전에 이희조(李喜朝)에게 답하는 편지에서도 왕이 같은 마음가짐을 갖기 바란다는 바램을 피력하고 있다.[34] 최소한 송시열에게 이 여덟 글자는 평생을 일관한 이념적 지표의 역할을 했을 뿐만 아니라, 후대에까지 전달해야 할 중요성을 띠는 것이었다.

주희와 송시열의 복수에 대한 열렬한 주장에는 하나의 공통점이 있다. 이미 복수의 의리가 구체적인 역사적 실천 동력이라기 보다는 점점 내면화된 입장이나 태도로 변화되고 있는 것이다. 주희의 진술은 이미 직전 해에 강화가 이루어진 후에 나타난 것이다. 송시열의 대의 또

32　송시열, 『송자대전』 권11, 「辭職仍以金萬均事引咎疏」 : 今之形勢與宋之時, 又加遠矣. 則縱不能誦言公傳, 以明斯義. 亦當有忍痛含冤迫不得已之言, 以存天下之防, 則人心不至全晦, 天理不至盡滅矣. 송시열, 「辭職仍以金萬均事引咎疏」, 『송자대전』 권11(문집총간 vol.108), 309쪽.
33　송시열, 『송자대전』 권18, 「朴泰維疏後待罪疏」 : 春秋之義, 泯滅亂昧, 無復忍痛含冤迫不得已之言, 以存天下之防者. (문집총간 vol.108), 438쪽.
34　송시열, 『송자대전』 권96, 「答李同甫」 : 只願聖上只以忍痛含冤迫不得已八字, 常留聖意, 以存天下之大防而已. (문집총간 vol.111), 279쪽.

한 효종조차 불가능했던 북벌의 실현불가능성을 수용한 다음에 나타난 것이다. 그가 솔직하게 우리나라처럼 작은 나라는 청나라와 같은 대국을 정벌하기 거의 불가능하다는 현실적 어려움을 숨기고 있지 않다는 것은 유지에서도 드러난다. 그러므로 '가슴 시린 원한을 품고서도 그만두어서는 안 되는 의리'는 이미 두 사람에게는 현실적으로 불가능한 것으로 받아들여진 이후에 나타나는 것이다. 즉, 복수의 의리는 현실 속에서가 아니라 상상의 다른 공간 속에서 그 이상적인 모습이 이루어져야 할 것으로 전제되어있는 것이다. 이것이 이항로가 송시열의 유지를 계승하면서 현실이 아니라, 과거의 역사를 택한 중요한 이유 가운데 하나일 것이다.

그 결과 나타난 『송원강목』의 체제에 대해서는 두 당사자의 설명을 살펴보는 것으로 충분하다. 최익현과 유인석은 각각 이렇게 설명하고 있다.

"원(元) 나라가 오랑캐로 중국을 더럽혔는데도 『속강목(續綱目)』에는 그를 크게 써서 황제라 칭하여 정통을 주었으니 이후 만세에 오랑캐를 엄하게 방어하는 도리가 아니다."하고, 문인 유중교(柳重教)를 시켜 『송원사강목(宋元史綱目)』을 편찬하였는데, 원(元)의 왕통을 삭제하여 참칭(僭稱)한 나라의 예에 의하게 하였다. 이어 말하기를, "우리나라가 고려 때부터 점점 오랑캐에서 중화로 변한 사실이 있으며, 중국이 멸망되고 서양 오랑캐가 혼잡을 피우는 이때에 있어서는 그 위치가 마치 『주역』 박괘(剝卦) 상구효(上九爻)의 일양(一陽)과 같으니, 마땅히 서두(書頭)에 그를 표하여 써서 백대에 밝게 알리어 사방의 오랑캐들에게 법을 보여야 한다."하고, 매년 기원(紀元) 아래에 고려 연대(年代)를 두 줄로 쓰고 우리 역사를 간략하게 기재하도록 하고는

총괄하여『송원화동사합편강목(宋元華東史合編綱目)』이라고 이름하였다.[35]

중국의 상로·만안 제공이『속강목』을 편수할 때 오랑캐인 원을 '정통'으로 처리하였으니, 이는 이적이 정통을 범하는 변란이 천지를 뒤엎는 결과를 가져온다는 것을 생각지 못한 것으로, 중화와 이적의 구별과 존양의 의리를 갖추지 못한 것이다. 선생은 선정 우암 송부자의 뜻을 계승해서 그 잘못을 바로잡고 '무통(無統)'으로 처리하였으니, 무릇 화이의 구분에 관계된 것에 대해 그 요점을 지극히 밝힌 것이다. 이것이 이 책을 편찬하면서 주장하고자 하는 대의다.[36]

개괄적으로 말하자면『송원강목』은 이미 지나간 과거에 대한 이해의 지평을 새롭게 정의함으로써 복수의 의리를 후세에 전하고자 했던 이항로의 역사관에서 비롯된 것이다. 그리고 그 역사관의 착안을 이항로는 송시열의 유지 속에서 추출해내고 있다. 이런 점에서 이항로의 탁월한 점이 눈에 들어온다. 송시열의 유지에는 춘추대의에 대한 암시는 들어있지만, 이것을 어떻게 구체화할 것인지에 대한 단서는 어디에도 들어있지 않기 때문이다. 물론『춘추』라는 저술 자체가 역사서이기

---

35 崔益鉉,『勉菴集』,「華西李先生神道碑銘」권25 : 胡元穢華, 續綱目大書稱帝而予之, 非所以嚴萬世之防也, 命門人柳重教, 修宋元史綱目, 削元統, 依僭國之例, 因言我東, 自高麗漸有變夷之實, 而其在神州陸沉, 西洋昏墊之時, 正如剝上一陽, 又當表章於始, 以昭布百代, 示法四裔也, ญ每歲紀元之下, 分注高麗之年, 而附載國史之略, 總名曰宋元華東史合編綱目.(문집총간 vol.326), 19쪽.

36 柳麟錫,『毅菴集』,「宋元華東史合編綱目序」권42 : 盖皇朝商萬諸公, 修續綱目, 處胡元以正統, 是不謂夷狄干統之變之爲翻天倒地也, 不有中華夷狄區別尊攘之義也, 先生承先正尤菴宋夫子義理, 爰正其謬而處以無統, 凡係華夷之分, 要皆極致意焉, 此乃編書之所主大義.(문집총간 vol.339), 136쪽.

때문에 역사적인 어떤 편찬물과의 희미한 연관이 전혀 없다고는 할 수 없을 것이다. 그럼에도 막연한 유지 속에서 자신의 학술적 기획을 수립하고, 그 구체적인 모형을 확정한 후, 그것을 만들어냈다는 점에서 이항로는 온고이지신이라는 전통적인 지식인상의 탁월한 한 모형을 보여주었다고 할 수 있다.

V

한편, 송시열의 유지에 담긴 또 다른 주문, 즉 학문을 하면서 주자를 핵심으로 한다는 것은 도대체 무엇을 어떻게 하라는 것인가? 이것이 무엇을 의미하는지를 이해하기 위해서는 송시열이 한국 성리학사에서 주자학에 기여한 것이 무엇이었는지를 살펴보아야 한다. 송시열을 한국 성리학의 해석학적 발전이라는 측면에서 독해해야 하는 이유가 여기에 있다. 이렇게 볼 때 최소한 송시열을 중심으로 나타난 율곡학파의 세 가지 학술적 업적을 따로 구분할 수 있다. 첫째 송시열을 중심으로 한 『주자대전차의』(이하 『차의』)의 편찬 및 이 과정에서 발생한 각종 주석사적 저술들의 존재, 둘째 이항로·이준 부자에 의한 『집보』의 편찬 및 『집차』의 미완성, 셋째 송시열의 「주자언론동이고」에서 발원해 한원진의 『주자언론동이고』로 수렴되는 해석학적 저술의 성립이 그것이다.

먼저 송시열의 기여를 제대로 이해하려면 『차의』와 비교되는 두 가지 저술을 함께 고려해야 한다. 『절작통편』과 『정서분류』가 그것이다. 『절작통편』은 이황의 『주자서절요』와 정경세의 『주문작해』를 합친 편집서의 결정판이다.[37] 이향준의 분류 방식에 따르면 전자는 해석학적 발전의 첫 단계를 이루는 편집서의 사례에 해당하고, 후자는 분명하게 주석서의 사례에 해당한다. 즉 『절작통편』과 『차의』를 대조하면 송시열이 분명하게 편집서의 단계에서 주석서의 단계로 이행시킨 해석학적 발전의 명료한 양상을 발견할 수 있다.

한편, 『정서분류』는 알려진 것처럼 『이정전서』를 주제별로 재분류한 편집서이다. 주자학에 대한 해석학적 발전의 독법을 적용할 경우, 이러한 『정서분류』식의 작업이 충분한 시간을 두고 지속되었더라면 우리는 가설적으로 『이정전서차의(二程全書箚疑)』, 나아가 『이정유서』의 권1~권10까지의 편집에 얽힌 고전적인 문제, 즉 도대체 어떤 것이 정호의 진술이고 어떤 것이 정이의 진술인지 그리고 그렇게 구별되어야 하는 성리학적 이유는 무엇인지를 따지는 『이정언론획정고(二程言論劃定考)』와 같은 저술의 단계로까지 나아갔을 것이라고 상상할 수 있다. 다시 말해 『정서분류』는 『주자대전』에 대한 『주자서절요』의 의의에 해당하는 사상사적 위상을 의도한 저술인 것이다.

이것은 송시열의 유지에 담긴 주자의 학문을 핵심으로 삼으라는 말이 뜻하는 범위를 주희 개인의 저술에만 국한시키지 말라는 함축

---

37 송시열의 애초 계획은 이들을 하나로 합치는 데서 끝나는 것이 아니라, 이들에 대한 주석을 함께 수록해서 단순한 『대전』의 편집서가 아닌 주석을 포함시킨 '완전한 주자서 학습서'로 만드는 것이었다. 그러나 실제로 숙종의 명에 의해 편찬이 논의가 되었을 때 『절작통편』에 『차의』의 주석을 수록하는 것이 책의 분량을 늘리고, 『절작통편』에 수록되지 않는 『차의』의 내용이 누락된다는 약점이 발견되었다. 결국 이런 난점을 해결하기 위해 강구된 방안이 송시열의 애초 계획과는 달리, 『절작통편』은 편집서로서 원문만을 간행하고, 『차의』는 『주자대전』의 원문에 부기하는 방식이 아니라, 주석 자체만을 묶어서 별도로 편찬하는 것이었다. 이 때문에 오늘날 우리는 하나의 순수한 편집서의 합본으로서 『절작통편』과 『주자대전』의 해당 구절과 그 구절에 대한 주석으로만 이루어진 순수한 주석서로서 『차의』를 목격하게 되는 것이다. 강문식, 「송시열의 『주자대전』 연구와 편찬」, 85~86쪽 참조.

을 전달한다. 즉 송시열 자신은 표면적으로는 주희 개인의 학문을 언급하고 있는 것처럼 보이지만, 실상은 주희를 중심으로 하는 성리학의 큰 계열체 전체를 가리키고 있었던 것이다. 그는 주자학에 대한 편집 및 주석 작업을 주자를 넘어 이정에까지 확장하려는 명확한 의도를 가지고 있었던 것이다. 이항로가 김평묵을 시켜『이정전서집의(二程全書集疑)』를 저술하도록 했다는 사실을 발견할 때 우리가 놀랄 필요가 없는 것은 바로 이러한 사상사적 연관의 긴밀성 때문이다.[38]

한편, 송시열이 중심이 된 『차의』의 편찬 작업은 연관된 학술적 성과들을 풍부하게 파생시켰다. 가장 주목할 만한 것은 김창협의『주자대전차의문목』및 김매순의『주자대전차의문목표보』이다.[39] 풍부한 연관된 저술들의 목록은『집보』의 앞부분에 실린「인용한 여러 사람의 주석 목록」에 잘 반영되어 있는데, 이항로 부자가『집보』를 편찬하면서 참고한 문헌의 목록은 23종에 이른다.[40] 그 인용 목록 가운데 직접

---

38 이항로,『화서선생문집·부록』권9,「연보」: 先生謂朱子之學, 悉本於二程, 而其全書, 當與朱子大全相爲表裏, 命金公草創注解. 金公就尤翁所爲分類本而下手焉, 草藁已成而未及再修.(문집총간 vol.305), 523쪽.

39 『차의문목』편찬 과정 및 특징에 대해서는 강문식,「金昌協의 朱子書 연구와『朱子大全箚疑問目』(한국사연구회, 2013), 83~111쪽 참조·「문목표보」에 대한 내용은 이규필,「『주자대전』주석서와『주자대전차의문목표보』」(『대동한문학』Vol.34, 대동한문학회, 2011), 327~357쪽 참조.

40 이황의『절요주(節要註)』·『절요기의(節要記疑: 즉『강록』)』·송시열의『차의』·김수항(金壽恒)의『문곡수첩(文谷手籤)』·김창협(金昌協)의『주자대전차의문목(朱子大全箚疑問目)』·민우수(閔遇洙)의『정암잡지(貞庵雜識)』·이의현(李宜顯)의『여췌록(餘贅錄)』·임성주(任聖周)의『차의절보(箚疑節補)』·정조의 명에 의해 편찬된『주시아송주(朱詩雅頌註)』·이재(李栽)의『강록간보(講錄刊補)』·홍의영(洪儀泳)의『차의익증(箚疑翼增)』·김근순(金近淳)의『차의관보(箚疑管補)』·김매순(金邁淳)의『차문표보(箚問標補)』·홍석주(洪錫周)의『연천수첨(淵泉手籤)』·김민재(金敏材)·강시환(姜始煥)·강대중(姜垈重) 부자 세 사람의『차의보(箚疑補)』·윤선용(尹善用)의『윤씨수초(尹氏手抄)』·이환모(李煥模)의『주서백선유몽(朱書百選牖蒙)』·서유구(徐有榘)의『두릉서씨설(斗陵徐氏說)』·이의철(李宜哲)의『차의후어(箚疑後語)』·한원진의『동이고(同異考)』·『퇴계문집(退溪文集)』·『송자대전(宋子大全)』·김상진(金相進)의『탁계

제목에 '차의'라는 표현이 들어가는 것만 세어도 7종이나 된다. 이 때문에 이향준은 이렇게 말하고 있다.

> 제목에서 직접 『차의』를 언급하지 않더라도 '김수항이 『차의(箚疑)』에 약간의 첨지(籤識)를 더한 것'인 「문곡수첨(文谷手籤)」과 같은 종류의 자료나, 서유구가 『차의보』의 몇몇 조목에 설명을 붙인 『두릉서씨설(斗陵徐氏說)』 같은 자료를 감안하면 절반 이상이 『차의』와 연관된 자료임을 알 수 있다. 『집보』는 실제로 『주자대전』에 대한 종합과 보충[輯補]이 아니라, 『주자대전차의』에 대한 집보인 것이다.[41]

이처럼 『집보』로 통합되기 이전에 송시열을 중심으로 하는 기호학파 내부의 주석사적 작업의 활발한 전개는 그 종합의 필요성을 일찍부터 제기하고 있었고, 그것은 원천적으로 송시열이 『차의』의 편찬 작업을 그 개인의 것이라기보다는 광범위한 기호학파의 전체적인 학술적 기획으로 열어놓은 것이 작용한 결과라고 할 수 있다.[42] 결국은 이러한 저간의 사정이 『차의』에서 『집보』에 이르는 주석학적 발달을 추동한 근본 원인이었다. 즉, 『차의』의 편찬은 결코 이 학술적 기획을 완료를 의미하는 것이 아니었다.

집(濯溪集)』.
41   이향준, 「한국 성리학의 해석학적 발전」, 『율곡사상연구』 25집, 146쪽.
42   『차의』의 편찬에 관련된 기호학파 인물들의 명단과 역할에 대한 섬세한 설명은 강문식, 「송시열의 『주자대전』 연구와 편찬」,(『한국문화』 43집, 서울대 규장각 한국학연구원, 2008), 2장 3절 『주자대전차의』 편찬의 조력자들, 81~83쪽 참조.

어떤 의미에서 상황은 더욱 복잡해졌다고 할 수 있었다. 퇴계학파의 주석서들이 존재했고, 거기에 『차의』가 등장했으며, 수많은 성리학자들이 자신들의 문집이나 단행본을 통해 주석 작업을 계속적으로 이어가고 있었기 때문이었다. 이처럼 다양한 주석서들의 존재와 미처 단행본으로 꾸려지지 못해서 알려지지 않은 것들을 합치면, 이들 전체를 종합해서 완결판을 제시해야 하는 학술적 과제가 남겨졌다는 것은 자명한 것이었고, 문제는 누가 그 일을 해내느냐 하는 것뿐이었다.[43]

그런데, 이 부분에서 『집보』의 해석학적 위상이 발견되는 것은 사실이지만, 이항로의 「연보」에 의하면 또 다른 설명을 필요로 하는 것이 하나 더 있다. 「연보」는 1846년 55세의 이항로가 큰아들인 이준에게 『주자대전집차』로 불리는 저술을 완성하도록 명했다고 기록하면서 다음과 같이 부연 설명을 하고 있다.

(이 책은) 단양에 있을 때 지은 시에서 "『주자대전』에 대한 동유(東儒)들의 주장을 모두 모으리라[朱書擬輯東儒說]"고 했던 구절을 실현한 것이다. 『주자대전』에 대해 의심스러운 곳을 차록한 이는 20여명이 있었기에 선생은 여러 해에 걸쳐 자료를 수집하셨고, 이때쯤 되어서 대략 완비되었다. 그러나 정력이 이미 약해져 직접 붓을 가할 수 없게 되자, 큰아들인 상사공에게 일을 맡겼다. 아울러 여러 주장을 수집하고, 『어·맹정의』의 사례대로 구절을 따라 종류별로 나누었는데, 70책이었다. 이것을 『주자대전차의집보』라고 명명했으니, 송자의 『차의』를 위주로 해서 여러 사람의 주장으로

43　이항준, 「한국 성리학의 해석학적 발전」, 『율곡사상연구』 25집, 145~146쪽.

보충한 것이다. 또한 번잡한 것을 삭제하고 핵심적인 부분에 (선생의) 안설(按說)을 보충한 것이 20책이 되었는데, 이것을 『주자대전집차』라고 불렀다. 그 강령과 큰 뜻은 모두 선생의 손에서 결정된 것이지만, 폭넓은 근거들과 정치한 풀이는 상사공의 노력이 많이 들어갔다.[44]

이에 따르면 이항로에게는 『집보』를 제외하고도, 『집차』 20책이 있어야 한다. 특히, 이 책은 『집보』가 종합 편집의 형태에 그치는 데 반해서 이항로 자신의 비평적 진술로 추정되는 '안설(按說)'을 포함한다는 점에서 주자학에 대한 이항로의 관점을 증거하는 중요한 학술적 근거일 수 있다. 그러나 현재 이 책의 현존 여부는 확인되지 않고 있다. '안설(按說)'의 내용이 문제시 된 것인지 미완성의 상태로 망실된 것인지의 여부조차 알 수 없다. 「연보」에 의하면 1859년 화서는 이준이 완성한 『집차』의 초본에 불만족을 느끼고 본인이 직접 수정 작업에 착수했지만 끝을 맺지는 못했다고 전해질 뿐이다.[45] 이 기록을 마지막으로 『집차』의 수고(手稿)가 어떻게 되었는지에 대한 내용은 사라진다. 이 미완성의 원고가 사라진 것인지, 아니면 어디에 보관되어 전하고 있는 것인지 그 소재를 확인하고, 이 책의 내용을 확보해서 『집보』와 비교함으로써 주자학에 대한 이항로의 해석학적 입장이 무엇인지를 명확하게 할 수 있는 후속 작업은 오늘날에도 여전히 미뤄지고 있다.

---

44 이항로, 『화서선생문집·부록』 권9, 「연보」 : 以實丹陽詩朱書擬輯東儒說之句也, 朱子大全箚疑, 凡二十餘家, 先生積歲鳩聚, 至是略備, 顧精力已衰, 無以親執筆硯, 令長子上舍公代之, 並收諸說, 逐節彙分, 如語孟精義之例, 凡七十冊, 名曰朱子大全箚疑輯補, 盖以宋子箚疑爲主而以諸說補之也, 旣又刪繁就要, 補以按說者, 爲二十冊, 名曰朱子大全集箚, 其綱領大指, 皆出於先生手定, 而其考據之博訓釋之精, 則上舍公之功爲多焉.문집총간 vol.305, 521쪽.
45 같은 책, 같은 글, 533쪽 : 先生以集箚初本, 未經再修, 多未穩處, 親加一檢, 於緊要去處, 略行梳櫛, 未及終帙.

VI

 이제 주자학에 대한 이항로의 해석학적 작업과 춘추대의를 천명한 두 가지 평생의 숙원에 대해 우리는 그 사상사적 배경과 함께 그 내용의 개요를 파악할 수 있게 되었다. 그렇다면 질문이 남는다. 이항로의 위정척사론은 시대적으로 실패한 이념으로 판가름이 난지 오래다. 그러나 그의 기반이 되는 춘추대의 역시 파탄이 난 이론이라고 파악해야 하는 것일까? 대부분은 그렇게 보인다. 그러나 여기에 여전히 어떤 것이 남는다. 이항로는 중국의 관찬사서가 담고 있는 역사적 서술을 자신의 저술 속에서 재서술하는 것이 필연적이라고 느꼈다. 이것은 과거에 대한 '역사적 재서술'의 의미가 무엇인지에 대해 오늘날에도 여전히 우리에게 어떤 시사점을 던져 준다.

 오늘날 우리가 갱신해야 할 우리 역사와 주변 역사의 문제점들을 살펴보자. 최근의 동북공정과 낡고 오래된 좌·우라는 낡은 이념적 틀 속에서 서로 편향되었다고 주장하는 고등학교의 역사교과서 논쟁, 독도의 영유권을 둘러싼 한·일 간의 분쟁 등은 모두 역사를 바라보는 사관의 문제가 낡은 것에 대한 단순한 재서술의 문제일 수 없다는 것을 의미한다. 단적으로 과연 역사가 숫자 이상의 어떤 것일 수 없다는 돌이킬 수 없는 상상력 결핍에 서 식민지배를 정당화하려는 친일식민사관의 문제를 극복할 춘추대의에 입각한 역사의 재서술은 이루어졌는가? 어쩌면 이항로의 『송원강목』이 갖는 의의는 바로 이 문제에 대한 우리의 대응을 촉구하고 있는 것처럼 보인다. 원나라의 실체를 부정할 수 없는 실증주의 사관의 입장에서 도저히 성립할 수 없는 '무통(無統)'의 사관이란 어떤 역사주의적 상상력의 발휘였고, 이런 무통의 사관이 가정하는 역사적 정당성의 공간이란 또 어떤 것이어야 하는가? 이런 질문은 이항로의 시대에나 현재의 시점에서나 결코 작은 의미를 갖는 것이 아니다.

오늘날 이항로의 계승하는 이들은 바로 이러한 역사적 의식에 기초한 질문과 대답의 준비가 되어있는지를 자문해야 한다. 이항로 자신이 바로 그 기초위에서 역사적인 변동 속으로 뛰어들었을 뿐만 아니라, 그것을 하나의 엄연한 텍스트로 남기고 있다는 사실이 이정표로 남아 있는 한 이 지시등은 앞으로도 깜박일 것이기 때문이다. 그렇다면 이 지시등이 의미하는 가상의 역사적 서술이란 도대체 어떤 것인가? 대표적인 예를 들어 우리는 일제 식민시대를 역사적으로 어떻게 처리해야 할 것인지에 대한 유교적 사관의 입장에서의 논의를 시작조차 해 본일이 없다. 아무도 그것이 현대 유학이 담당해야 할 일이라고 상상하지 못했기 때문이다. 이미 이항로가 중국의 역사를 대상으로 보여준 선례를 감안한다면 이러한 상상력의 부재는 현대에서 극도로 위축된 유학의 입지에 대한 증거이기도 하지만, 그렇다고 우리가 식민시대를 '무통(無統)'으로 처리하는 역사적 서술에 착안하지 말라는 법은 어디에도 없다. 대한제국(大韓帝國)과 최익현이 '오랑캐 원나라[胡元]'라고 불렀던 사례에 착안해서 양왜(洋倭)라고 부를 수 있는 일본과의 역사적 관계를 다루는 『대한양왜사합편강목(大韓洋倭史合編綱目)』이란 저술이 시도되지 말아야 할 이유는 없는 것이다.

남은 것은 그것뿐이 아니다. 애초에 간행을 염두에 두고 필사된 『집보』의 사본(寫本)은 전남 곡성의 대지주였던 정씨 집안의 묵용실(默容室) 장서(藏書)의 일부분에 포함되었다가, 정일우(丁日宇)의 유언을 이어받은 차남 정봉태(丁鳳泰)에 의해 1932년 연희전문학교(현 연세대학교)

에 기증되어 현재 묵용실문고(默容室文庫)에 보관되어 있다.[46] 1985년 연세대 한국학자료원에 의해 영인되었고, 2011년 한국연구재단의 지원을 받은 연구팀에 의해 초역되었다. 그러나, 『집보』의 번역이 당연히 전제해야 할 『주자대전』의 완역은 여전히 출판이 미뤄지고 있는 형편이다. 결국 『절작통편』에 대한 송시열의 애초 의도와 동유들의 주자서에 대한 주석을 모두 집대성한다는 이항로의 기획은 지금껏 미완성인 셈이다. 최소한 『주자대전』의 완역, 퇴계학파와 율곡학파를 넘나드는 조선에서 만들어진 모든 주석학적 저술의 종합 정리 및 번역, 그리고 애초에 송시열이 『절작통편』을 염두에 두면서 그랬던 것처럼 원문과 주석의 완비된 출판, 나아가 현대의 관점에서 여기에 번역문까지 갖춘 『주자대전』의 출판이란 기획은 실현되지 않고 있다. 『주자대전』에 대한 조선 성리학자들의 모든 주석 원문과 번역문을 합쳐서 출판하는 날이 되면, 비로소 이 기획이 일단락되었다고 말할 수 있기 때문이다. 그러므로 주자학에 대한 조선 성리학의 해석학적 결실은 모두 종합 정리되었는가라는 질문에 대한 대답은 이항로의 기획에도 불구하고 여전히 율곡학파의 주된 주석서들만이 선택적으로 종합되었다는 불충분한 대답에서 그친다.

---

46 묵용실문고에 대해 "이것은 1932년 9월, 전남곡성의 정봉태 일문이 家藏本 9,458冊을 기증한 것으로 이룩된 문고로, 金城丁氏 世傳文獻과 東賢珍墨 등과 같이 舊韓末까지 京鄕에 散見되는 珍本들을 募購하여 秘藏하던 것까지 기증하였다"고 설명하고 있다. 연세대학교 중앙도서관, 『古書目錄』, 1977, 496쪽.

Ⅶ

　진정한 이항로의 전통은 바로 그 전통의 창시자인 이항로 자신에 대한 비판과 한계를 직시하고, 그 너머로 나아가기 위해 오늘의 우리에게 필요한 것이 무엇인지를 묻는 것을 제외하고는 다른 어떤 것도 있을 수 없다. 이런 점에서 친일사관의 역사적 서술을 넘어서는 가칭 『대한양왜사합편강목(大韓洋倭史合編綱目)』과 같은 새로운 역사 서술의 가능성을 탐구하라는 방향성과 유일하고 독특한 조선 주자학의 해석학적 발전의 양상을 종합하고 정리하라는 사상사적 유지는 여전히 살아 있다고 할 수 있다.

　구체적으로 『주차집보』를 넘어서 진정으로 『주자대전』에 대한 퇴계학파와 율곡학파, 나아가 그 속에 포함되지 않은 지금껏 알려지지 않은 거의 모든 자료를 찾아내서 한국에서 이루어질 수 있는 주석의 집대성을 이룩하는 일은 아직껏 시도조차 되지 않았다. 아마 이렇게 완성될 책의 가제는 『주자대전전차(朱子大全全箚)』 정도가 적당할 것이다. 이와 같은 방식으로 우리는 과거 이항로의 학술적 기획으로부터 유도되는 대략 세 가지 정도의 가설적인 저술을 상상할 수 있다. 주자학에 대한 해석학적 작업을 주희의 선하인 이정 형제에게까지 확장한 『이정언론획정고』, 식민 지배의 시기를 무통(無統)으로 처리하는 『대한양왜사합편강목』, 진정한 『주자대전』에 대한 한국의 해석학적 작업의 완결로써 『주자대전전차』가 그것이다.

　안연이 그랬던 것처럼 "순은 어떤 사람이고, 나는 어떤 사람인가?"라고 묻는 사람에게 주어진 대답은 "(순처럼 훌륭한) 일을 하면 그 사람 또한 순과 같다"는 것뿐이다.[47] 이항로가 얼마나 탁월한 학자였는지를 회고하면서 감탄하는 것은 역사를 빙자한 이데올로기적 태도일 뿐이다. 반면에 지금 여기에서 현대의 이항로가 기획했을 법한 그 기획을 수립하고, 완성하려는 우리는 노력은 진정한 이항로의 탁월함이 이미 사라진 지성사의 한 장면이 아니라 지금도 살아 숨 쉬는 생생한 지적 전통의 하나라는 결과를 가져다줄 것이다. 그 전통은 현재의 상황을 진전시키기 위해 과거의 이항로를 경유해서 미래의 학술적 기획을 계획하는 연속성 속에서만 살아있을 수 있기 때문이다. 오늘의 우리는 과연 그렇게 할 수 있을까? 두말할 나위도 없이 이 질문에 대한 대답의 여부는 오늘날 화서를 운위하는 것의 의미를 보다 분명하게 드러내주는 지표다.

---

47 『맹자』, 「등문공 상」 1장 참조.

2
화서 이항로 성리학의 특징과 의의

김문준

I. 머리말

한국의 성리학자들은 인간 도덕성의 근원, 선의 근거와 선행의 가능성을 찾고자 진력하였고, 선을 유지하고 악을 제거하는 정신적 방향을 확립하고자 했다. 이러한 이유 때문에 려말선초에 성리학을 수입한 이래 사단칠정론(四端七情論), 인물성동이론(人物性同異論) 등 치열한 철학적 성찰을 거듭하였다.

특히 구한말의 성리학계는 어느 시기보다도 다양한 이론이 나오고, 성리학자들은 지역과 학파와 사승(師承)에 얽매이지 않고 자기 이론을 주장하고 확립해 나갔다. 그러한 노력은 관념적인 공리공담의 어지러운 나열이 아니라, 자주적인 자기 고민 속에서, 확고한 의리 실천, 진리의 방향과 자아 확립, 앎과 실천 등 자기 실존의 문제, 그리고 자기가

---

* 김문준(건양대학교 휴머니티칼리지 교수) 이 글은 「華西 李恒老 性理學의 特徵과 意義」(『화서학논총』 제1집, 화서학회, 2004. 11.)이란 제목으로 게재되었던 것을 고쳐 쓴 원고임을 밝혀둔다.

몸 담고 있는 역사 속에서 자신과 민족이 나아갈 전망을 제시하는 현실 문제에 관하여 진지하게 묻고 대답하는 과정이었다. 이러한 학문의 자주성은 퇴(退)·율(栗) 이후 조선 성리학이 학문 업적을 축적한 자신감의 결과였다.

구한말의 유학계에서 특징적인 사실은 학파와는 상관없이 독자적인 학문 경지를 열어 리(理)를 중시하는 논리를 전개한 학자들이 대거 출현하여 일세의 학계를 대표하는 학자들이 나왔다는 점이다. 특히 유리론(唯理論)을 전개한 노사(蘆沙) 기정진(奇正鎭, 1798~1879)과 심즉리(心卽理)설을 전개한 한주(寒洲) 이진상(李震相, 1818~1886)과 화서(華西) 이항로(李恒老, 1792~1868)는 독창적인 자기 이론을 정립하여 한 시대를 대표하는 학자가 되었다.

이항로는 구한말 의리학의 종장으로서, 그의 의리론은 한국 도학의 시종(始終)을 꿰뚫은 정신을 발휘하여 한 시대와 민족정신이 갖는 강력한 역량을 보여주었던 당대의 대표적인 유학자였다. 그의 학문은 『소학』과 『가례』를 근본으로 삼고 사서(四書)를 주로 하였다. 그는 『송자대전』을 읽고 송시열의 말을 좇아 주자를 공자 이후의 제일인자로 여겨 조술(祖述)하였고, 주자의 경서 주석과 『주자대전』, 『주자어류』를 모두 부모와 신명(神明)처럼 공경하였다.

특히, 한국의 선유(先儒) 가운데서는 우암 송시열을 주자 이후의 정종(正宗)이라고 여겨, 공자→주자→송자(우암)의 도통을 제기하고, 우암의 존화양이(尊華攘夷)의 대의를 계승하여 배서존화(排西尊華)의 정신으로 민족의 자주성과 반외세의 길을 강력히 제시하였다. 이러한 우암 존숭의 경향은 그의 제자들에게 그대로 계승되어, 그의 고제(高弟)인 김평묵(金平默)은 장문의 『우암선생사실기(尤庵先生事實記)』를 지어 송시열의 학문과 대의를 존숭하기도 했다.

그러나 이항로는 일제 침략기를 당하여 경세치용의 현실 대책을 세우거나 무력 항전으로 나가기보다는 인간성과 인간됨의 학문에 관심을 집중하여 이를 바탕으로 인생의 바른길과 국가의 대의를 세우고자 했던 학자였으며 교육자였다. 그의 문인인 중암(重庵) 김평묵과 성재(省齋) 유중교(柳重敎)가 1866년 편찬한 『화서선생아언(華西先生雅言)』은 『근사록』에 비교될 수 있을 만큼 화서사상을 체계적으로 분류하여 정리한 책으로서, 화서학(華西學)의 진수를 담고 있다. 본고는 이러한 이항로의 성리학을 특징적으로 조망하면서 그 의의를 살펴보고자 한다.

Ⅱ. 구한말 성리학의 과제와 화서 성리학의 기본 입장

이항로가 처한 시대는 국내로는 외척의 세도정치와 천주교 박해가 벌어지고, 국외로는 천주교를 앞세워 동점하는 외세의 위협과 일제의 침략이 가시화되고 있었다. 따라서 이 시기의 과제는 국가의 역량을 집중하여 국내적으로는 내정을 개혁하고, 국외적으로는 개방할 것인가 쇄국할 것인가 하는 국가 진로의 방향을 정하는 일이었다.

이러한 시기에 처한 이항로는 '춘추대의'에서 나온 '존화양이(尊華壤夷)'의 의리 정신을 바탕으로 위정척사를 표방하여 통치자의 정학(正學) 수호와 반서학(反西學) 반천주교(反天主敎) 반외세(反外勢)를 주장하여 양학금단(洋學禁斷)·양물근절(洋物根絶) 등 어양책(禦洋策) 실천을 촉구하였다. 이러한 그의 주장은 내수외양이라는 전통적 '존화양이'의 의리 정신에 입각한 민족 자주정신과 반외세 정신의 발로였다. 그의 민족 자주

정신과 외세에 대한 저항 의식은 한말 항일의병운동의 핵심이 되었다.

이항로의 척사위정론은 문인들에게 이어져 한국이 병인양요(1866) 때 서양의 무력침략을 당하자, 화친과 저항의 갈림길에서 가장 강경한 배척론을 제시하고 관철시키려 한 노력을 통하여 뚜렷이 드러났다. 일본의 무력 위협으로 병자수호조약(1876)이 맺어지는 역사적 전환기에서, 문인 중암 김평묵, 성재 유중교, 면암 최익현 등은 서양인은 인류가 아니라 금수이므로 같이 어울릴 수 없음을 강조하고, 그들은 우리의 영토와 재화와 생명을 약탈할 것이며, 일본도 양적일체(洋賊一體)로 바뀌었으므로 이들과 다를 바 없다고 항일(抗日)의 기치를 들었다.

이러한 당시 구한말의 성리학계는 리(理)와 심(心)의 능동성과 주재성을 강조하는 주리적 경향이 강하게 일어나고 있었다. 이항로와 더불어 기정진, 이진상 등 한말 주리철학의 삼대가로 불리는 대학자가 출현하여, 공통적으로 주리적 성리학을 나름대로 체계화하였다.

기정진은 사실론의 측면에서 '리기불리(理氣不離)'를 중시한 리기원융(理氣圓融)의 논리로서 리(理)의 주재성을 강조하여, 음양의 동정 모두가 기 스스로 그러한 것이 아니라 소이연의 리에 의하여 지배받는 것이므로, 리는 기의 존재와 생성 운동의 근거이며 기 운동의 과불급까지도 리에 근거하는 것이라고 보았다. 기정진은 리 중시의 철학을 바탕으로, '일정불역(一定不易)'한 정책을 세우고 군신을 비롯하여 만인의 '정신과 심술을 귀일'하도록 힘써야 공을 이룰 수 있었다고 주장하였고, 서양은 강상윤리를 없애 버리고 이익[利]를 좋아하는 어리석은 백성을 꾀어 그들의 음욕지사(淫慾之私)를 채우려는 요기(妖氣)에 빠져 있으며, 우리 조선만이 건정(乾淨)함을 보전하고 있다고 생각했다. 그가 말한 건정함은 리요, 요사(妖邪)함은 기를 의미하므로, 곧 주리론으로서 국가적인 이념 무장을 하자는 것이니, 주리론은 척사위정론의 사상적 기초였다는 것을 이해할 수 있다.

이진상은 이황의 심합리기설(心合理氣說)에 대하여, '심즉리(心則理)'를 주장함으로서 당시 학계에 큰 파문을 던졌다. 이진상이 양명학의 핵심 개념과 같은 용어인 심즉리설을 제창한 이유는 인간의 내면적 심에 도덕성의 중심을 두었던 양명학설에 동의하는 것이 아니라, 오히려 심을 통해 발휘하는 객관적인 진리이자 만화(萬化)의 준칙인 리의 주재성과 능동성을 강조하기 위함이었다. 따라서 그는 양명학의 '심즉리'는 사실상 '심즉기(心則氣)'설이라고 비판하고 변척했다.

이진상의 문인인 곽종석은 이진상의 논리에 따라, 리기호발이 사실적으로 가능하다고 본 기정진의 심즉리설은 철저하지 못하다고 보고, 이항로의 심주리설(心主理說)을 적극 지지하면서 이항로 문하의 심성논쟁에 참여하기도 했다. 또한 왕수인의 심즉리설은 진음진양(眞陰眞陽)의 기가 유행하고 응결된 것을 심이라고 하여 기를 리로 잘못 인식한 것이므로 실은 '심즉기'를 말한 것이지만, 이에 반해 이진상의 심즉리설은 인의예지의 성(性)이 심(心)에 통합되어 있다는 것을 말하는 '심즉리'라고 하여 그 차이를 명백히 했다.

이진상과 곽종석의 심즉리설은 살아있는 심의 주체성을 강조한 양명학과는 달리 기를 주재하는 리의 능동성과 주재성을 강조한 것이다. 이러한 주장은 리를 궁구하고 성찰하여 확충하고, 리를 주로 삼아 기를 제재한다는 뜻을 강조한 논리로, 결국 리를 자기의 주체로 하여 순리(順理)·합리(合理)를 추구하고 인욕을 제거해야 한다는 강한 실천 의지를 지닌다.

주지하는 바와 같이, 한국성리학사에 있어서 리를 주로 하여 성리학 체계를 세운 대표자는 이황[退溪, 1501~1570]이다. 한국성리학사상 최대 쟁점은 이황이 리발(理發)·리도(理到)를 주장한 이래 본격적으로 논의되기 시작하였던 리의 능동성과 주재성의 문제라고 할 수 있으며, 이 문제를 논하고자 '리기불리(理氣不離)'·'리기부잡(理氣不雜)'의 문제가 중요한 논제 가운데 하나가 되었다.

한국의 성리학자들은 모두 리기의 불상잡(不相雜)과 불상리(不相離)의 양 측면을 다 말하지만, 학파와 학자에 따라 각각 어느 한쪽을 더욱 강조하는 경향이 있다. 일반적으로 불상잡 측면을 강조하면 리를 가치론적인 측면에서 보는 경향이 강하고, 불상리 측면을 강조하면 리를 현실론적인 측면에서 보는 경향이 강하다고 할 수 있다.

리기를 가치론적으로 논하였던 퇴계학파는 리기를 존재론적으로 논하였던 율곡학파에 비하여 사실면보다는 가치면에서 리기론을 논하여, '리기불상리'의 측면을 인정하지만, 리는 순선(純善)하고, 기는 선악이 혼재한다고 보아서 '리존기비(理尊氣卑)'·'리귀기천(理貴氣賤)'하다는 리 중시의 논리를 강조하고 리기부잡의 측면을 보다 주목했다.

리는 '리일분수(理一分殊)'로 표현하는 바와 같이, 이상과 절대의 보편리(理一之理)도 있고, 현실과 상대의 분수지리(分殊之理)도 있다. 성리학자라면 모두 리기를 논함에 '리존(理尊)'과 '리귀(理貴)'로 보는 점에 있어서 일치하지만 그것은 절대적인 보편리를 의미하는 것이며, 상대적인 특수리에 있어서는 학자마다 보는 견해가 다르다. 이이[栗谷]는 상대적인 특수리는 언제나 절대적인 선이 아니라, 선악이 혼재하는 것이라고 본다. 그러나 이황[退溪]은 특수리도 순선하고 완전한 것으로 보아서, 리기는 서로 별개의 것이며 리가 기를 낳는다고 하였으며, 리에는 기와 동격으로서의 리, 기를 낳는 것으로서의 리가 있는데, 이 양 측면의 리는 개별적인 두 가지가 아니라 오직 기를 낳는 리 한 가지일 뿐이라고 주장했다.

이황은 "리 자는 알기 어렵다[理字難知]"고 하고 리자에 관한 이해의 차이가 곧 고금의 학술 차이라고 하였으며, 따라서 리를 투철하게 아는 것이 무엇보다도 중요하다고 했다. 리는 지극히 허하면서도 지극히 실한 것이며, 지극히 없는 것[無]이면서도 지극히 있는 것[有]이고, 동정하지만 동정함은 없는 것으로, 영원히 존재하며 증감이 없는 것이라고 이해했다. 이에 반하여 기는 운동변화하면서 생극(生克), 순미(順迷), 승강(乘降), 왕복(往復), 래거(來去), 합벽(闔闢), 왕쇠(旺衰)를 천차만별하게 전개하며 이러한 과정에서 순선함을 상실하고 불선으로 변화할 가능성이 있는 것이라고 보았다.

따라서 기 위에 도덕기준을 세울 수 없다는 것이 이황을 비롯한 리 절대의 입장을 고수한 학자들의 기본 생각이다. 리는 음양오행 만물만사의 근본이 되면서 그 가운데 빠져 구속되지 않으며, 기의 주재자로서 기를 명령하며, 능동적으로 순선한 자기 본질을 실현하는 것이어야 하므로 절대 리와 기를 하나로 섞어 일물(一物)이라고 인식해서는 안 된다고 보았다.

이러한 논리에 따라 구한말의 위기상황에 처하여, 이항로는 성리설에 있어서 일관하여 리의 주재성을 강조했다. 이항로는 음양 동정의 주체로서 작용하는 리의 주재성을 무시하고 리를 단순히 존재원리로만 이해하는 것은 리가 공허한 것이 되어 하나의 사물에 불과하다고 여기는 인식이라고 비판하고, 기를 주재할 수 있는 리의 능동성을 강조했다. 리에 '동정(動靜)'이 있다는 의미는 리가 기를 주재한다는 의미이며, '주재'의 의미는 기가 운동 변화하는 데에 있어서 반드시 어떻게 되어져야 한다는 원칙과 당위가 있다는 것을 의미한다.

이항로는 가치론의 측면에서 리기가 대등하게 상대되는 개념이 아니므로 리기는 불상잡하다고 보고, 리선(理先)과 기선(氣先)의 양 측면을 동시에 이해해야 하되 리선의 관점을 중시하여 리동(理動)과 "리가 주이고 기는 사역당한다[理主氣役]"는 논리를 주장했다.

이항로가 리의 주재성을 강조하는 까닭은 기의 운동 변화가 가지런하지 않고 일정하지 않아서 사물의 바람직한 상태를 어그러뜨릴 가능성이 있다고 보기 때문이다. 그 실제적인 의미는 세상이 어지러워져서 소인이 흥하고 난세가 일어난다는 의미이다. 이항로는 기가 제멋대로 운동 변화하게 내버려 둘 수 없고, 반드시 순선한 리가 있으며, 그 리가 기를 통제하고 제지해야 한다고 주장하면서, 불완전하고 순선하지 못한 기의 운동 변화를 능동적으로 주재하는 실체로서의 리를 강조했다.[1] 이러한 논리를 바탕으로 이항로는 병인년에 올린 「척사소(斥邪疏)」에서, 조선과 양이(洋夷)를 주의자(主義者; 理)와 주리자(主利者, 氣)라는 두 속성으로 대비시켜 통교(通交)를 적극 반대했다.

이와 같이, 이항로는 리기심성론에 있어서 '리존기비(理尊氣卑)', '리귀기천(理貴氣賤)'의 가치론적 입장을 견지하였는데, 이러한 리 중시의 학문 경향은 도학(道學)으로서의 성리학 체계를 재정립하고 시대적인 요구에 부응하고자 하였기 때문이다. 이러한 리와 심 중시의 성리학 체계는 이항로뿐만 아니라, 당시 구한말에 출현하여 척사위정(斥邪衛正)의 기치를 드높인 거유(鉅儒)들의 성리학이 공통적으로 내포하는 성격이라고 할 수 있다.

---

1   崔英成, 『韓國儒學思想史』V, 아세아출판사, 1998, 25쪽

Ⅲ. 화서 성리설의 특징과 의의

1. 리 중시의 성리설

이항로는 '존화양이(尊華攘夷)'의 춘추대의에 따른 '리존기비(理尊氣卑)', '리귀기천(理貴氣賤)'의 가치론적 입장을 바탕으로 성리학을 정립하였다. 따라서 자연히 리동리발설을 주장하며 리기일물설을 반대하고 리기이물설을 주장였다. 한편에서는 이항로의 성리학이 지니는 강력한 리 중시성 때문에 리일원론이라고 분류하기도 한다.[2]

한국 성리학은 리기의 발생론적인 문제보다는, 불상잡(不相雜)·불상리(不相離)의 양면성에 있어서 리와 기의 상호관계성을 어떻게 파악하느냐에 따라 무수한 입장의 차이를 낳고 또 사단칠정, 인심도심, 인물성 등에 관하여 다양한 논쟁을 벌였다.[3]

이항로는 학통의 계보에서 본다면 송시열을 추존(追尊)하는 기호학파에 속하지만, 이이[栗谷] 이후 계승되어 왔던 리기관계의 불리성을 강조하는 입장보다는 리기관계의 부잡성에 비중을 두었다. 이항로는 기

---

[2] 이항로 성리학에서 보는 바와 같이, 한 학자의 동일한 이론을 二元論이라거나, 一元論이라고 평가하듯이, 한국성리학사에 있어서 理一元論인가 理氣二元論인가는 별로 중요한 문제가 아니다. 이 문제는 데카르트 이후 서양철학에서 정신과 물질이라는 이분법적 세계관을 이끌어들여 한국성리학사의 본령을 무시하고 무비판적으로 적용하려한 탓이다. 일원론, 이원론, 유심론, 유물론 등 서양철학의 용어는 동양철학과 한국철학 이해에 어느 정도 도움을 줄 수는 있지만, 학문과 사상의 본령을 설명하기에는 적절하지 않다.

[3] 주자가 체계화한 성리학은 "理와 氣가 서로 떠나지 않으면서 서로 뒤섞일 수 없다"는 理氣 不相離·不相雜의 양면성을 가장 기초적인 명제로 제시하였으며, 따라서 모든 성리학의 여러 논리가 理氣의 不離性과 不雜性을 相含하고 있다. 논리에 따라 양면을 인정하면서도 어느 쪽을 강조하느냐에 따라 성리설의 다양성을 띠게 되는 것이다. 따라서 성리학에서 일원론 또는 이원론이라거나, 이와 기의 상관관계에서 어느 쪽을 근본적 실체로 보느냐에 따라, 또는 어느 쪽에 중요한 논리전개의 비중을 부여하는가에 따라서 主理論과 主氣論으로 분류하기도 하지만, 한국성리학은 主理·主氣라는 개념조차 함부로 지칭할 수 없는 문제를 내포한다.

의 근본 내지 준칙은 리에 있으며, 리는 스스로 순수한 선이요 악이 없으나, 기는 청탁(淸濁), 수박(粹駁), 편전(偏全), 통색(通塞)의 구별이 있으므로, 리기를 섞어 말하면 리의 본체가 우뚝함이 드러나지 않으니, 리가 기의 주뇌(主腦)요 준칙이 되어 기를 통솔할 수 없다고 생각했다.

이러한 시각에서 '리기는 결단코 두 가지 것[理氣決是二物]'이라는 성리학의 대전제를 재확인하고, 리기의 부잡성을 강조했다.[4] 이러한 이항로의 성리학은 리기론에 있어서 기호학파의 전통으로부터 새롭게 전환하면서 독자적인 입장에 서게 되었다. 이러한 리기관을 바탕으로 이항로는 심설(心說)에서 마음은 형체, 기질, 정신, 이치를 포함한 것으로 인식하면서, 마음의 본체를 이치로 파악하여 기호학파의 리기론을 답습하지 않고 구한말 도학의 대표적인 리 중시 철학을 확립하였다.

이러한 화서 성리학의 리 중시적 경향 때문에, 이병도는 화서의 성리학을 리기이원관(理氣二元觀)이라고 규정하고, 이항로가 뚜렷한 사승(師承)이 없이 바로 주자를 사숙하였기 때문에, 그의 학문 방법과 사상은 많은 부분이 퇴계의 성리학과 동일하다고 정리하였다.[5] 사실, 이항로는 '주자의 말이 아니면 감히 듣지 아니하고 주자의 뜻이 아니면 감히 따르지 않는다'고 하였고, 성리설로는 주자의 '리기는 결단코 이물(二物)이다'는 말을 강조하여 리기이원(理氣二元)을 주장한 점에서 퇴계의 성리설과 동일하다.

그러나 이러한 평가는 한국성리학이 퇴·율을 지나면서 주자의 성

---

4 한국성리학이 내재하는 특성상, 理氣二元이라는 의미는 理氣가 두 개의 것이라고 번역하기보다는 理氣는 別個의 것이라고 번역해야 한다.
5 李丙燾, 『韓國儒學史』, 민족문화추진회, 1987, 474쪽.

리학을 완전 이해하고 한국의 성리학으로 발전하여 나아가는 발전적 과정에서 이해하지 않고, 기존 이론의 답습적인 반복이라고 이해한 탓이다. 이항로를 비롯한 구한말의 성리학은 퇴계와 율곡의 리기호발설(理氣互發說)과 기발일도설(氣發一途說)의 리기논쟁을 정점으로 하여 깊이 있고 다양한 논의를 2~3백년간 지속하면서 다양한 논리를 자유자재로 구사하는 난숙한 경지에 이르러 있었던 한국성리학의 결산이었다.

실제로 이항로의 성리학은 꼭 퇴계의 성리학과 같은 것은 아니었다. 이항로를 비롯한 구한말의 성리학자들은 이전의 중국과 한국의 성리학 전통을 계승하면서 당시대의 역사적 상황에 따른 자기논리를 개발해 나갈 수 있었던 역량을 가지고 있었다.

이러한 점에서 화서의 성리설은 조선성리학의 결론을 맺어 주는 위치에 있다는 금장태의 평가는 화서 성리학의 특징을 잘 나타내 준다.[6] 이항로는 공자→주자→우암의 도통을 제기하여, 율곡→사계→우암을 잇는 기호학파의 학통을 존중하며 우암 송시열의 의리를 추존하고 계승하면서도 성리설에서 퇴계의 리기호발설(理氣互發說)을 받아들이고 리선기후(理先氣後)·리존기비(理尊氣卑)·리주기역(理主氣役)을 주장하여 리 우위를 강조하는 주리설을 주장하였다. 그것은 율곡과 우암을 주기파로, 퇴계를 주리파로 분류하는 오늘날의 상식화된 분류 방법과는 다르며, 도학의 근원적 성격은 퇴계학파나 율곡학파가 모두 주리설임을 재확인시켜주는 화서 성리학설의 근본 입장이다.[7]

---

6 琴章泰, 『儒學近百年』, 박영사, 1984, 19쪽.

7 琴章泰, 위의 책, 같은 곳.

이항로는 리선기후(理先氣後)·리본기말(理本氣末)·리존기비(理尊氣卑)·리존기망(理存氣亡)의 가치관을 관철하여 성리학을 구성하였는데, 이러한 가치관은 사실상 이항로 성리학만이 지닌 특징이라기보다는 주자·퇴계·율곡 등 모든 성리학자들의 공통된 가치관이었다. 리본기말(理本氣末)·리존기비(理尊氣卑)의 가치관을 벗어나면 더 이상 성리학이라고 할 수 없는 것은 물론이며, 구한말의 역사적 상황 속에서 더욱 표면화하여 강조한 것이라고 할 수 있다.

2. 양시론적 종합성

이항로의 성리학은 사단칠정론, 인심도심론, 인물성동이론 등 한국 성리학사에 있어서 첨예하게 전개되었던 논쟁점에 대해 어느 한쪽 이론에 찬동하거나 반대하지 않았으며 양쪽 이론을 양시론적(兩是論的)으로 종합하여 다음과 같이 회통하는 특성을 보여주었다.

첫째, 사단칠정 문제에 있어서의 양시론적 종합성이다. 이항로는 사단칠정론에 관하여 리를 개념적·추상적인 것으로 보지 않고, 작용이 있는 실재로 인정하여, 리활(理活)·리동(理動)의 설을 주장하였다. 그는 태극이 동정이 없다고 말하여 동정을 오로지 기기(氣機)에만 바라도록 한다면 태극은 공적(空寂)에 빠져 기기(氣機)의 본원이 될 수가 없다고 하면서, 태극은 단순히 원리로서의 본체가 아니라 주재자이며, 능동적으로 작용한다고 강조했다. 이렇게 보면 이항로의 리기설은 퇴계의 설과 대동소이하다고 볼 수 있다. 그러나, 이항로는 퇴계나 율곡의 학설을 묵수·추종한 것이 아니라, 성리의 본원과 의리에 합당하기 위하여 자기 논리를 전개하였다.

이항로는 이기의 발현으로부터 보면 비록 동시적이지만, 리발과 기발은 또한 상호 승부(勝負)·소장(消長)하므로 승부·소장하는 데에서 보면 그 주된 바[所主]에 따라 리발과 기발이 가능하다고 보았다. 이기불리의 현상에서는 율곡의 기발일도설을 인정하면서, 양자가 상호 승부·소장하는 측면에서는 이기호발설을 인정하였다.[8]

이항로는 퇴계의 호발분대설(互發分對說)과 율곡의 이기합(理氣合)의 시각은 모두 각기 발명처(發明處)가 있다고 평가하면서도, 퇴계가 사단·칠정을 인심·도심에 분속시킨 점은 타당하지 못하다고 하였다. 또한 율곡은 기가 아니면 발할 수 없고 리가 아니면 발할 바가 없다고 한 말은 바꿀 수 없는 정론이라고 평하면서도 아무리 주리·주기가 같지 않더라도 발함이 동일한 점에서 해가 되지 않는다고 주장하였다.[9] 따라서 이항로의 성리학은 퇴계나 율곡 어느 한 쪽의 설을 반대하는 것도 아니며 그대로 묵수하는 것도 아니었다.

둘째, 인심도심(人心道心) 문제에 있어서의 양시론적 종합성이다. 이항로는 인심·도심의 문제에 있어서도 인심·도심을 리·기로 분속하지 않고 다음과 같이 리기의 양 측면에서 설명했다.

> 리로써 말하면 도심은 원래 리가 발한 것이고, 인심도 리가 발한 것이다. 기로써 말하면 인심은 원래 기가 발한 것이고, 도심도 기가 발한 것이다. 그러나 그 주로 하는 바를 보면, 도심은 리에 주(主)하므로 '리발'이라고 말하였고 인심은 기에 주(主)하므로 '기발'이라고 말한다. 인심과 도심은 합할

---

8   姜弼善,「華西 李恒老의 철학사상 연구」, 성균관대 대학원 박사학위논문, 63쪽.
9   『雅言』, 권3, 「性理」.

수도 분리할 수도 없다. 합할 수 없으므로 조관(照管)하지 아니하는 때가 없고, 분리할 수 없으므로 성찰하지 않는 곳이 없다. 인심이 도심의 명을 들으면 위태로운 것이 안정되고 도심이 인심을 떠나지 아니하면 은미했던 것이 드러나게 된다.

이러한 논리 전개로 인하여, 이항로의 성리설은 반은 퇴계를 또 반은 율곡을 계승하여 두 학설을 조화시킨 것이라고 평가하기도 하지만,[10] 이러한 평가는 너무 단선적인 이해이다. 이항로의 성리설은 이론적 시비(是非)에 몰두하지 않고 대의를 지향하는 강한 실천성을 보이면서 양시론적 종합성을 지향하였기 때문이다.

셋째, 인물성동이 문제에 있어서의 양시론적 종합성이다. 이항로는 인물성동이론에 대해 양론을 모두 비판하면서도 인정하였다. 이항로는 낙론(洛論)의 인물성상동설(人物性相同說)과 인물이체편전설(人物異體偏全說)에 대하여 찬동하고, 한편으로는 호론(湖論)의 인물성상이설(人物性相異說)을 찬성했다. 이항로는 인물성 동이(同異) 문제에 대하여, 리로부터 말한다면 리는 같고 기는 다르며, 기로부터 말한다면 기가 같지 않기 때문에 리가 또한 따라서 같지 않은 것이니, 두 설이 각기 행하더라도 서로 어긋나지 않는다고 평하였다.[11] 따라서 동이론의 어느 한쪽에 치우쳐 볼 수 없다고 보고, 성(性)을 일원만수(一原萬殊)의 측면으로 파악하여 그 본연지성과 기질지성을 모두 긍정하였다.[12]

---

10 李丙燾, 앞의 책, 476쪽.
11 『華西集』, 권12, 「答崔贊謙」, 別紙, 36쪽 : 人與物之性, 自理而言, 則理同而氣異, 自氣而言則氣不同, 故理亦隨而不同, 二說兩行而不相悖也.
12 姜弼善, 위의 논문, 60쪽.

이항로는 "치우친[偏] 가운데 그 온전[全]함을 알고 온전함 가운데 그 치우침을 알 따름"이라고 하였으며,[13] 요(堯)·걸(桀)의 심은 다르다고 주장하는 호론(湖論)과 요·걸이라도 그 심은 같다는 낙론에 대하여, "리로서 말하면 성범(聖凡)의 심이 동일하며, 순(舜)과 도척(盜跖)의 성(性)이 동일하며, 요와 걸의 정(情)이 동일하다. 이는 리동(理同)인 까닭"이라고 하였고,[14] "기로서 말하면 천하의 심이 만 가지로 다르며 천하의 성이 만 가지로 다르며 천하의 정(情)이 만 가지로 다른데 이는 기이(氣異)인 까닭"이라고 하였다.[15]

이처럼 이항로는 '동중지이(同中之異)'와 '이중지동(異中之同)'가 있음을 말했다. 이러한 이항로의 논리구조는 포괄적이며 양면적이다. 이러한 양면성으로 인하여 호론·낙론 양파로부터 논박당하고 제자들의 논란이 벌어지게 되기도 하였다. 그러나 이항로의 논리는 성리론의 기본 전제인 시공을 초월하여 존재하는 보편적인 객관성을 확인하되, 시공 안에 존재하여 천차만별로 갈리는 현실의 특수적인 주관성을 확보하려는 논리이다. 이와같이 이항로는 보편적 진리를 지니고 있는 심의 주재로 확고한 가치관을 정립하는 한편, 자기의 삶을 결단하여 강한 실천력을 드러낼 수 있는 지행일치의 철학을 정립하였다.

이항로의 성리학에 공감하였던 곽종석도 인물성동이론에 관하여 "단지 '같은 가운데 다름이 있다[同中有異]'는 것을 알면 될 뿐이며, 중요

---

13 『華西集』, 권21,「雜著」陶庵集記疑 : 惟偏中識其全 全中識其偏.
14 『華西雅言』, 권3,「說心」: 以理言, 則聖凡之心一也, 舜蹠之性一也, 堯桀之情一也, 理同故也.
15 위의 책, 권3,「說心」: 以氣言, 則天下之心有萬不同也, 天下之性有萬不同也, 天下之情有萬不同也, 氣異故也.

한 것은 인간이 어떻게 주체적으로 자신이 품부한 본연지성을 따라 윤리적인 삶을 살 것인가에 관심을 두고, 공부하고 수양하는 실천을 통하여 본성을 다하고 회복[盡性·復性]하는 일에 힘써야 한다"고 했다.[16]

이러한 점을 보면 구한말의 상황에서 척사위정을 표방한 성리학자들은 인물성동이의 이론적 탐구보다는 리 중심의 심학으로 강한 실천성을 도출해 내는 것이 당시 성리학의 과제로 여겼다고 생각된다. 이항로가 호락논쟁에 어느 쪽에도 기울어지지 않은 이유는 단순한 절충적 입장이라고 평가하기보다는 그 철학이 도학정신의 근본을 주리론(主理論)으로 파악하고 강한 실천성을 도출해 내어 모든 논란을 근원에서 포괄하였기 때문이라고 이해해야 할 것이다.

3. '명덕주리'설의 실천성

화서 학설의 핵심으로서, 가장 주목되는 주장이 명덕주리(明德主理)이다. 이때 '명덕은 심(心)이니 '심주리(心主理)' 설이라고 할 수 있다. 이항로는 성리학의 핵심과제의 하나인 심설에서 마음을 기로 보는 '심주기설(心主氣說)'을 뒤엎고 '심주리설(心主理說)'을 주장하였다. 전통적인 '심주기설'은 명덕(明德)은 본심(本心)이고 본심은 기의 본이며 그 가운데 리를 내포하고 있다는 설이며, 이항로의 '심주리설'은 심에 대하여 리로 말하는 경우가 있고 기로 말하는 경우가 있으나, 명덕과 본심은 리로 말한 것이지 기로 말한 것은 아니라는 설이다.

이러한 독창적인 이항로의 학설은 세인들에게 비판을 받았으며, 당

16　앞의 책, 3집, 권96, 「答宋景直」辛丑 64쪽 : 人物之性 只識同中有異足矣 又須識天地之性人爲貴 斯可矣. 其盡性復性之工 只在吾涵養省察克己力行上許多節度.

시 학계의 논란의 대상이 되었다. 더욱이 화서학파의 심 개념 문제는 그 문하에서 비판적 의문이 제기되어 커다란 논쟁을 불러일으켰다.[17] 이항로의 문인 중 가장 뛰어난 이는 중암 김평묵, 성재 유중교, 면암 최익현 3인인데, 그의 사후에 문인인 김평묵과 유중교 사이에 논쟁이 일어났다. 그러나 그들의 논쟁은 화서 성리학의 근원을 벗어난 논쟁이 아니라, 이론 전개에서 드러난 표면적 문제에 그치는 것이었다. 이항로의 성리학은 그만큼 주리(主理)의 원칙을 고수하면서도 다면성과 포괄성을 지니고 있다는 것을 의미한다.

이항로의 '명덕(心)주리'를 핵심으로 하는 심설은 다음과 같이 몇 가지 측면에서 그 내용을 살펴볼 수 있다.

첫째, 성리설의 핵심은 심이며 심을 중심으로 리기 성정을 설명하였다. 이를테면 '심 외에 성이 없고 성 외에 심이 없다. 심의 지각은 성의 지각이고 성의 지각은 심의 지각이다. 어떻게 각기 다른 물의 리가 될 수 있는가'라고 했다.

둘째, 심의 본령을 리기의 합으로 보면서도, 심은 기를 주재·운용하는 주체로 삼아, 심의 형이상학적 근거를 다음과 같이 설명했다.

---

17 省齋는 心의 시위와 명복을 따지면 形而下의 사물에 속하는 것이라 하고 華西의 心개념이 사물과 법칙의 구분이 애매하다하여 華西의 心說을 조정 보완하는 의견을 제시하기도 하였다. 성재의 '調補華西心說'은 華西가 明德을 理로 밝히며 동시에 心이 主理와 主氣로 인식될 수 있음을 인정하면서도 明德과 心을 일치시켜 心의 主理論을 강조한 데 대한 조정.보완을 시도한 것이다. 省齋는 華西가 明德과 함께 心을 主理로 해명한 것은 本心을 가리키는 것으로 받아들이지만 心의 본래적인 지위는 形而下의 氣에 속하는 것이라고 주장했다. 그의 선생이기도 한 重庵의 강경한 반박을 받으면서 「先師心說正案」을 저술하여 자기 주장을 다소 완화시키기도 하였다. 이에 대해 重庵을 지지하는 崔益鉉·洪在龜·柳基一과 省齋를 지지하는 柳重岳·李根元·宋敏榮·李昭應 등의 대립이 상당히 격렬한 양상을 띠었다. 이에 重庵은 「華西先生心說本義」·「華西雅言心說考證」 등에서 華西의 입장을 정밀히 고증하면서 明德 내지 本心은 理를 위주로 보아야 心의 능동적 主宰性을 확보할 수 있다는 주장을 관철하여 心主理說의 성리학적 입장을 명백히 제시하고 정립했다.

리로써 말하면 마음은 태극이 사덕(四德)을 통섭함과 같으니, 성(性)은 이정(利貞)과 같고 정(情)은 원형(元亨)과 같다. 이정은 만리(萬理)의 귀장(歸藏)이니 태극의 본체이고, 원형은 만리의 발시(發施)이니 태극의 작용이다. 그러나 기로써 말하면 마음은 원기(元氣)가 사시(四時)를 통섭함과 같아서 성(性)은 추동(秋冬), 정(情)은 춘하(春夏)와 같다. 추동은 만물의 성종(成終)이오 춘하는 만물의 생시(生始)이다. 구분하여 말하자면 마음은 만리의 총회주재자(總會主宰者)이며, 성은 적연부동(寂然不動)하되 만리(萬理)가 다 구비되어 있고, 정은 감이수통(感而遂通)하여 만리를 발용(發用)한다. 이처럼 각기 다른 의미가 있으므로 혼동하여 볼 수 없다.

셋째, '심통성정(心統性情)'을 심이 성정(性情)을 주재한다는 뜻으로 설명하였다. 이항로는 "심도 성도 정도 동일한 리이나, 주재(主宰)로써 말하면 심이니, 그 본체를 성, 그 작용을 정이라고 한다. 소위 '심통성정'이 바로 이 뜻이다."라고 하였다.

넷째, 심의 주재 능력을 리의 '소이연(所以然)'의 개념에서 찾았다. 이항로는 소이연의 '이(以)'가 작용을 말하는 것이라고 설명하고, 그 작용의 주체가 심이라고 주장했다. 그렇게 하여 이항로는 심에 강한 실천성을 부여하고 심을 발휘하여 현실 문제를 타개(打開)하고 광정(匡正)하고자 하였다.[18]

다섯째, 주재자는 하나의 태극(太極)이라고 했다. 따라서 심을 '리주(理主)'로 해석한 것이다. 이항로는 모든 사물에는 반드시 하나의 주(主)함이 있어야 비로소 그 용(用)과 불용(不用)을 말할 수 있으니, 천지

---

18 姜弼善, 앞의 논문, 50쪽.

에 있어서는 주재(主宰)를 제(帝)라 하고 만물에 있어서는 신(神)이라 하고 사람에 있어서는 심(心)이라고 하는데, 실상은 동일한 태극이라고 하였다.

이렇게 보면 이항로는 심과 성을 그다지 분별하지 않은 듯하며, 이렇게 심을 강조하는 이항로의 주장은 육상산·왕양명의 '인심위성(認心爲性)' '심인리(心印理)'의 학설과 매우 유사하다. 왕양명은, "리는 동일할 뿐이며, 다만 리의 응취(凝聚)로써 말하면 성(性)이라고 하고, 그 응취의 주재로써 말하면 심이라고 하고, 그 주체가 활동으로 드러난 것으로 말하면 의(意)라고 하고, 그 발동(發動)의 명각(明覺)으로 말하면 지(知)라고 한다"고 하였다.

이러한 점 때문에, 이병도는 이항로가 양명사상에 대하여 어느 정도의 교섭을 가졌는지는 쉽게 말할 수 없지만, 심설(心說)에 있어서는 육왕사상의 영향을 대략적이나마 받았음을 부인할 수 없으며, 이항로가 당시 학인들에게 배척을 받았던 원인이라고 평했다.[19] 그러나 이러한 평가는 속단이라고 생각된다. 리를 강조하면서 리를 실천하는 주체로서 심을 부각시키는 현상은 구한말의 성리학자들에게 공통적으로 나타나는 현상이다. 당시에 전혀 양명학과 연관이 없었던 이진상이나 곽종석 등 영남지역의 퇴계학파 성리학자들의 성리설도 심을 강조하는 특징이 나타난다. 이진상, 곽종석 등은 이황의 성리설을 충실히 계승하면서도 심성론에서 정주 이래 의심할 수 없는 확고부동한 정설이었던 성즉리설을 따르지 않고 심즉리설을 성리학의 핵심 개념으로 제창했다.

심즉리설은 이황이 극히 변척했던 양명학의 핵심 명제로서, 당시

---

19 李丙燾, 앞의 책, 476쪽.

영남학계는 이진상과 곽종석의 심즉리설을 거세게 비판하였으며, 이진상의 사후에 『한주집』을 간행하여 도산서원에 보냈을 때, 도산서원에서는 이진상의 심즉리설을 이단시하여 되돌려 보낸 일이 있기도 했다.[20] 그러나 이진상은 리의 능동성을 강조한 이황의 주리설을 철저하게 계승한 나머지 심즉리설을 주장했으며, 곽종석 또한 스승 이진상의 성리학을 이어받아, 이황-이원조-이진상으로 이어진 영남 주리론의 정맥을 계승한 정통 주리성리학자였다.

이진상은 리기호발을 옹호하면서도 이황이 주장한 바와는 다르게 리기가 각각 주체가 되어 발하는 것이 아니라 사실은 '리발일로(理發一路)'일 뿐이며, 이러한 논리구조로 리기호발설을 분석하였다. 그는 리기호발이 이와 기가 각각 발동한다는 발동의 주체를 뜻하는 것이 아니라 발동하여 나타난 현상에서 무엇을 위주로 보느냐는 관점에 따른 것이라는 입장에서 '리기호발'을 옹호함으로서 주리론의 종지를 논리적으로 재구성했다. 이러한 강한 주리의 전통과 신념에 입각하여 이진상은 선학·양명학·노장학은 이단이며 그것은 모두 주기설을 공통으로 하기 때문이라고 규정했다.

이진상과 곽종석이 심즉리설을 주장하여, 주기파의 심즉기설을 부정하고 성리설의 정통설인 성즉리설을 심즉리설로 대체하여 말하고자 했던 이유는 리가 활동성 없는 사물(死物)로서가 아니라 능동적으로 기를 통제하는 주재자이며, 심의 지각은 신명하여 모든 이치로서 만물을 주재하는 리라고 이해하고 심을 통한 리의 주재성을 강조했기 때문

---

20 李承熙, 『韓溪遺稿』6, 10辨, 「乙宣錄條辨」 참조.

이다.[21]

이항로의 심주리(心主理), 명덕주리설(明德主理說) 또한 리는 동정(動靜)이 가능한 활물(活物)이며 기의 주재자(主宰者)이고, 리를 내재하는 심(心)이야말로 천리를 보존하고 인욕을 제거하는 주체임을 부각시킨 이론이다. 이항로의 주장은 명덕(明德)과 본심(本心)을 리로 말한 것이지 기로 말한 것은 아니며, 심을 리의 실천 주체로 파악하는 이론으로서, 리를 부정하고 심을 강조한 양명학과는 차원이 다른 학설이다. 이항로는 명덕주리설로 강력한 인의의 실천 주체를 정립하고자 했던 것이다.

Ⅳ. 맺음말 – 화서 철학을 이해하는 바른길

이항로의 성리학은 독창적인 성리학설을 정립해 나간 구한말 한국 성리학의 대표적인 유산이다. 이항로의 성리설은 기호학파의 '리기불리(理氣不離)'와 '심즉기'를 중시하는 이론 전통에서 벗어나서 이황 계열의 리 절대적 성리 철학을 답습하였다는 시각에서 단순히 이해해서는 안 되며, 퇴·율 이후 한국화한 조선 성리학이 시대의 역사적 상황에 따라 활기차게 적용해간 양상이라고 이해해야 할 것이다.

당시 한국의 지성인들은 서구와 일제의 침략 앞에 풍전등화의 모습으로 놓여 있는 국가와 민족의 상황에서, 그러한 역사적 위기를 헤

---

21   위의 책, 3집, 권130, 雜著,「柳省齋重敎心說辨」辛卯 : 朱子所謂知者人之神明, 所以妙衆理而宰萬物者, 是也. 於此而欲正名乎. 知覺之是理非氣亦審矣.

치고 새역사를 열어나갈 강력한 미래의 전망과 의지를 강화하지 않으면 안 되었다. 이항로는 송시열이 청나라를 오랑캐로 규정하고 배척하여 병자호란 직후의 국난을 극복하며 국가 발전의 전망을 제시하였던 존화양이(尊華攘夷)의 의리론을 계승하여 천주교와 서양의 세력을 배척하는 위정척사의 의리론을 시대 과제로 인식하고 일관하여 관철함으로써, 한말 도학의 이념적 방향을 주도하였다.

　이러한 이항로의 시대 인식과 학문 방향을 전제로 그의 성리학을 이해하여야 한다. 그는 단순히 관념적인 사색 안에서의 이론 전개로 기호학파의 성리설에서 벗어나고자 했던 것이 아니었다. 이항로의 성리학은 한 시대를 책임지고자 했던 지성인으로서 명철하게 당대의 실상을 인식하고 강력히 대처해야 했던 산물이었고, 이항로의 성리학뿐만 아니라 노사 기정진, 한주 이진상, 면우 곽종석 등 구한말의 성리학자들이 리의 주재성을 강조하고 '리존기비(理尊氣卑)'의 입장에서 인간 심성의 강력한 도덕성을 부각시켜 나간 것은 국난의 시대에 대응하여 학문의 논리구조를 적절하게 변화시켜 나간 한국 성리학의 시대적 대응 양상을 잘 나타내고 있다고 이해해야 한다. '리존기비'의 입장을 철두철미 주장한 것은 당시 구한말 유학자들의 거의 공통된 경향이었으며, 외세에 대항하는 객관적 가치관을 정립하고 자기의 주체성과 강력한 실천성을 확립하기 위한 시대적 요청이었다.

　이항로의 성리학은 전통적인 '심합리기(心合理氣)'설이 심은 리이며 동시에 기이므로 선악의 가능성을 공유하고 있다고 이해하므로 강력한 실천 주체로 도출하는데 모순이 있다고 보고, 이러한 구조적 모순을 극복하고자 하였다. 이항로의 성리학은 리의 주재성을 강조하는 나머지 심의 주재성을 강조하여, 리의 순수성이 능동적으로 발현하는 장으로서의 심을 규명하는 논리였으므로, 리의 주재성보다는 심 자체의 본원성을 강조한 양명학과는 근본적으로 다른 심성론 체계이다.

이항로는 한국 성리학사에 있어서 큰 논쟁 대상이었던 사단칠정·인심도심·인물성동이 문제 등에 관하여 어느 쪽 주장도 반대하고 배척하는 것이 아니라 양쪽 이론의 장점을 수용하고 종합적으로 인식하여 포괄적으로 회통하였다. 이러한 이론적 특성 때문에 당시 학계의 비판을 불러일으키고 문인들 사이에서도 성리논쟁을 초래하였지만 이항로의 성리학은 이론 분석과 시비에 매몰되지 않고 만사만물의 주재자로서 심을 정립하여 인생과 역사의 주체를 세우고 강력한 실천을 도출해 내고자 한 실천철학으로서 평가되어야 한다.

또한 송시열과 이항로의 도맥이 이어지는 데서 확인할 수 있는 바와 같이, 구한말의 척사위정사상은 병자호란 이후의 숭명배청사상과 북벌사상의 맥락을 계승하고 있는 만큼, 척사위정 사상은 주리·주기라고 하는 철학적인 입장을 초월하여 존왕양이의 춘추대의를 도출해 내었으며, 이를 민족적으로 승화시켜 애국·우국정신을 발휘할 수 있었다.

이항로는 송시열의 대의를 받들어 강력한 척사위정 운동을 전개하면서, 그 존재론·인식론이라고 할 수 있는 성리설에서 강력한 리 중시적 체계를 세웠다. 이러한 특성 때문에 철학적 사상적 맥락을 혼동스러워 하고 척사위정의 의리사상은 주리파에서만 나온 것으로 인식하는 경우도 있으나, 이러한 점 또한 역으로 한국의 성리학에 있어서 율곡학파의 기 중시적 성리설이나 퇴계학파의 리 중시적 성리설은 성리학의 궁극적인 가치론적인 면에서 다를 바 없음을 재확인할 수 있다. 이는 역으로 우암을 비롯한 이른바 율곡학파의 성리설에서도 강력한 의리사상이 도출되는 철학적 논리를 설명해야 할 과제를 던져 준다.

진리는 획일화하여 이해할 대상이기보다는 다양한 각도에서 인식할 수 있는 것이어야하며, 이항로의 성리학은 그 시대의 역사 상황 속에서 철학의 시대적 사명에 따른 전변(轉變)양상을 잘 나타내 주고있다고 평가할 수 있다. .

3
화서 심설에 대한 성재의 조보와 그 의의

이상익

I. 서론

화서(華西) 이항로(李恒老, 1792~1868)는 특별한 사승(師承) 없이 학문을 이룬 것으로 알려져 있다. 화서 문하의 대표적인 인물로는 중암(重菴) 김평묵(金平默, 1819~1891)과 성재(省齋) 유중교(柳重敎, 1832~1893), 면암(勉菴) 최익현(崔益鉉, 1833~1906)과 의암(毅菴) 유인석(柳麟錫, 1842~1915) 등이 손꼽힌다. 그런데 주지하듯이 화서의 사후, 화서의 문인들 사이, 특히 중암과 성재 사이에 화서의 심설(心說)을 두고 커다란 논쟁이 벌어졌다. 요컨대 화서의 심설을 두고, '여러 문제점이 있으니 조보(調補)할 필요가 있다'고 본 성재와 '아무런 하자가 없으니 조보할 필요가 없다'고 본 중암이 서로 대립했던 것이다.

---

*   이상익(부산교육대학교 윤리교육과 교수) 이 글은 「華西 心說에 대한 省齋의 調補와 그 의의」(『율곡학연구』 제38집, 율곡연구원, 2019. 6.)이란 제목으로 게재되었던 것을 고쳐 쓴 원고임을 밝혀둔다.

본고에서는 '화서학파의 심설논쟁'을 조명하기 위한 준비 단계로, '성재가 왜 사설(師說)에 대해 조보의 필요성을 제기했는가?' 하는 점을 살펴보고자 한다. 〈화서연보(華西年譜)〉에 따르면, 화서도 초년에는 기호학파(畿湖學派)의 일반론에 따라 심시기론(心是氣論)을 추종했었으나, 57세(1848년) 무렵에 '심시기론의 미안(未安)한 점'을 발견하고, 새로운 심설을 정립하게 되었다. '심시기론의 미안한 점'이란 성리학의 핵심 명제 '심통성정(心統性情)'의 해석과 관련된 문제로서, 본성은 리인데, 또 마음을 기(氣)라 하면, '심통성(心統性)'이란 '기통리(氣統理)'가 된다는 것이었다. 요컨대 화서는 '기가 리를 통솔(명령)하면 명분에 어긋나고 혼란에 빠진다'고 보고, '리가 기를 통솔하는 것이 마땅하다'고 보았다. 화서는 이러한 인식의 결과 "마음은 진실로 기로 말한 경우도 있고, 리로 말한 경우도 있는데, 리로 말한 것이 바로 마음의 본체이다"라는 결론을 얻고[以理斷心],[1] 기존의 성리설과는 완전히 다른 '존리폄기(尊理貶氣)의 성리설'을 정립했던 것이다.

성재는 5세(1836년)부터 화서 문하에서 공부하기 시작하여, 화서의 학문을 충실하게 배우고 따랐다. 그런데 화서의 말년에, 성재는 스승(화서)의 심설에 의문을 품기 시작하여 스승께 한두 번 질문했으나 뚜렷한 답변을 듣지 못했다. 성재는 스승이 돌아가고 18년이 지난 1886년 겨울, 마침내 동문(同門)이자 또 다른 스승이었던 중암에게 다음과

---

[1] 성재는 화서의 이러한 입장을 '以理斷心'이라 하고, '以理斷心이 華西 心說의 眞面目'이라 했다. 그리고 성재는 '以理斷心'과 '心卽理'를 서로 다른 뜻으로 구별하여, '心卽理'는 '心을 완전히 理에 해당시키고 다시 揀別하지 않는다'는 뜻이나, '以理斷心'은 '心을 리로 말하기도 하고 氣로 말하기도 하면서, 다만 리로 말하는 것을 斷案으로 삼는다'는 뜻이라 했다(『省齋集』 卷7 頁29, 「上重庵先生(戊子4月28日)」 참조).

같이 '화서 심설에 대한 조보의 필요성'을 제기하게 되었다.

> 나는 선사(先師, 華西)의 명덕설(明德說)에 대해서 애초부터 독실하게 믿고 삼가 따랐다. 그런데 선사의 말년에 이르러 문득 불안한 점을 깨닫게 되어, 일찍이 편지를 올려 여쭈었으나, 끝내 해결하지 못했다. 대개 명덕을 리로 규정하는 대지(大指)에 대해서는 감히 추호도 의심하지 않는다. 오직 명덕이 리에 속한다는 까닭으로 마음까지 아울러 리로 간주하고, 마음과 본성을 대거(對擧)할 때에는 오로지 일리상(一理上)에 나아가 '주재(主宰)와 준칙(準則)'으로 구분하여 설명할 뿐 다시 '물(物)과 칙(則)'으로 구별하여 말하지 않은 것은 견강부회인 것 같아, 내 마음에 이해가 되지 않는다. …… '마음과 본성'은 '물(物)과 칙(則)'으로 나누는 것이 본분 상 마땅하다. '마음의 주재'를 말하자면 바로 마음의 본직(本職)이다. '마음의 지각'은 그 본직을 얻을 때도 있고, 그 본직을 잃을 때도 있다. 그 본직을 얻었을 때가 바로 이 '마음의 리가 주인이 된 곳'이니, '주리(主理)'로 말하는 것이 실로 합당하다. 그러나 그렇다고 해서 마침내 마음을 형이상자(形而上者)라고 부르며 본성과 동등하게 보는 것은 끝내 온당하지 못한 것 같다.[2]

위의 인용문에 보이듯이, 성재가 스승의 심설을 조보(調補)하고자

---

[2] 『省齋集』卷7 頁4~5, 「上重菴先生(丙戌12月)」: 重教於先師明德之說, 自初篤信而謹守之. 至先師末年, 旋覺有不安處, 嘗一再書稟, 而未竟其說. 盖於明德以理言之大指, 不敢有一毫致疑. 惟以明德屬理之故, 而並與心喚做理, 凡心與性對擧處, 專就一理上, 分主宰準則說, 不復以物則之別爲言, 此於心有牽强不自得處. …… 畢竟以物則分心性者, 當爲本分面勢, 至若心之主宰, 乃心之本職也. 心之知覺, 有得其本職時, 有失其本職時. 得其本職時, 政是此心之理爲主處, 固合主理而言. 然以此之故, 而遂將心喚做形而上者, 與性齊頭平看, 則終似未穩.

했던 직접적 계기는 바로 스승의 '이리단심(以理斷心)'을 수긍할 수 없었기 때문이다. 성재의 조보는 '마음은 사물[事物, 形而下者]에 속하고, 본성은 마음이 따라야 할 준칙[準則, 形而上者]이다'라는 심성물칙론(心性物則論)으로 대변된다. 성재는 마음을 '작용이 있고, 진망사정(眞妄邪正)이 뒤섞인 형이하자'로 규정했다. 이는 형이상·형이하에 대한 원래의 논법을 준수함으로써 기존의 이론체계를 어지럽히지 않으려는 것이요, 또한 마음을 '믿을 수 없는 존재'로 규정함으로써 마음에 대한 수양공부[省察操存]의 필요성을 강조하려는 것이었다. 성재는 자신의 이러한 견해를 중암에게 알리고 재가(裁可)를 구했다. 그런데 중암은 화서설(華西說)이 '성현의 은미한 뜻과 깊이 부합한다'고 보고, 따라서 아무런 조보의 필요성이 없다고 보았다. 그리하여 재가는커녕 오히려 심각한 논쟁을 야기하게 된 것이다.

위의 인용문에는 성재가 사설의 어떤 점을 수용하고 어떤 점을 비판하는 것인지, 그 윤곽이 드러나 있다. 이제 화서의 심설과 그에 대한 성재의 문제의식을 보다 구체적으로 살펴본 다음, 성재의 조보가 지니는 의의와 한계를 논의해 보기로 하자.[3]

---

[3] 화서학파의 심설논쟁에 대해서는 오석원의 선구적 연구가 있었고(오석원, 「十九世紀 韓國 道學派의 義理思想에 관한 연구」, 성균관대 대학원 박사학위논문, 1991, 230~247쪽), 이후에는 특히 김근호가 많은 연구를 진행하였다(김근호, 「화서학파 심설논쟁의 전개과정과 철학적 문제의식」, 『율곡사상연구』 제27집, 율곡연구원, 2013 ; 「화서 이항로 성리설의 심학적 특징에 관한 시론」, 『율곡사상연구』 제26집, 율곡연구원, 2013 ; 「金平默과 柳重敎의 心說論爭에 대한 小考」, 『韓國思想史學』 제27집, 한국사상사학회, 2006). 그러나 論者가 보기에, 이들의 논의는 '화서학파 심설논쟁' 자체에 주목할 뿐, '화서의 心說을 調補해야 한다'는 문제의식이 형성된 배경은 소홀히 다룬 것 같다. 그리하여 본고에서는 그러한 문제의식이 형성된 배경을 다시 조명해보고자 한다.

Ⅱ. 화서의 주리론과 그 특징

1. 화서의 주리론에 대한 개관

성리학의 일반론과 마찬가지로, 화서는 만사만물을 '리와 기의 결합'으로 설명했다. 천하의 모든 사물은 '리와 기가 결합된 것'이라는 점에서는 동일하다는 것이다. 그렇다면 화서에게 있어서 '리·기에 대한 논의'는 어떤 의미를 지니는가? 화서는 다음과 같이 말한다.

> (모든 사물은) '리와 기가 결합된 것'이라는 점에서는 동일하지만, '리로 주를 삼을 것이냐, 기로 주를 삼을 것이냐'에 있어서는 다르다. 리가 주인이 되고 기가 부림을 받는다면 리는 순수해지고 기는 바르게 되어 만사가 다 스려지고 천하가 편안해진다. 그러나 기가 주인이 되고 리가 부림을 받는다면 기는 강해지고 리는 숨게 되어 만사가 혼란해지고 천하가 위태로워진다. '털끝만한 오차가 마침내 천리(千里)나 어긋나게 만든다'는 말이 바로 이것이다.[4]

위에 보이듯이 화서는 천하의 모든 사물을 '리와 기의 결합'으로 규정한 다음, 세상의 치란(治亂)을 '주리냐, 주기냐'의 문제로 파악했다.[5]

---

4 『華西集』卷25 頁8,「理氣問答」: 曰合理氣, 則一也; 其以理爲主, 以氣爲主則不同也. 理爲主氣爲役, 則理純氣正, 萬事治而天下安矣; 氣爲主理爲貳, 則氣强理隱, 萬事亂而天下危矣. 差以毫釐, 繆以千里者, 正謂此也.

5 화서는 "리와 기는 진실로 '서로 바탕(相資)이 될 때'도 있으며, 또한 '서로 대항(相抗)할 때'도 있다. 서로 바탕이 될 때에는 '사람과 말' 또는 '장수와 병졸'과 같지만, 서로 대항할 때에는 '곡식과 강아지풀' 또는 '자식과 도적'과 같다."고 한 바 있는데(『華西雅言』卷1 頁14), 理가 주가 될 때엔 리와 기가 '相資'하는 것이며, 氣가 주가 될 때엔 리와 기가 '相抗'하는 것이다.

요컨대 화서는 현실 세계의 혼란은 기가 리의 명령에 따르지 않고 '제멋대로 행동함[自用]'에서 비롯된다고 보았다. 이러한 맥락에서, 그의 근본적 문제의식은 '리의 우위'를 확립하여 '기의 자용(自用)'을 막는 데 있었다. '리의 우위'를 확립한다는 것은 '주리론(主理論)'을 확립한다는 것인데, 화서는 '리의 주재적 성격'을 강조하는 방향에서 그 해법을 찾았다.

이처럼 화서의 성리설은 한마디로 '주리론' 그 자체라는 것에 특징이 있다. 화서 리기론의 기본 구도는 그의 〈태극설(太極說)〉[6]에 잘 나타나 있거니와, 그 요점을 정리하면 다음과 같다.

첫째, 화서는 리를 능동적 존재로서, '리가 기를 낳는다[理生氣]'고 보았다. '리가 기를 낳는다'는 명제에 대해, 대부분의 학자들은 '리의 구극성(究極性)'을 뜻하는 '상징적 표현'으로 받아들일 뿐인데, 화서는 "태극이 낳은 것은 다만 음과 양일 뿐"이라 하여, 이를 사실명제로 해석했다.

둘째, 화서는 '리의 능동성'과 '리의 주재'를 같은 맥락으로 받아들였다. 요컨대 화서는 '리의 주재'를 '리가 능동적으로 기를 부리고 통솔함'으로 해석했다. 예컨대 화서는 다음과 같이 말한다.

'묘(妙)'란 '신화불측(神化不測)'의 뜻으로서, '운용함에 자취가 없음'을 말한다. 『주역』에서는 "신(神)이란 만물을 묘하게 운용함을 말한다"고 했는데, 이것이 '묘(妙)'가 경전에 처음 보이는 예이다. 우레가 '만물을 요동함'은 진실로 우레의 리인데, '우레로 하여금 만물을 요동하게 시킴'은 또한 리의 묘이다.

---

6   『華西集』卷24 頁33~37, 「太極說」.

바람이 만물을 흔듦은 진실로 바람의 리인데, '바람으로 하여금 만물을 흔들게 시킴'은 또한 리의 묘이다.[7]

화서는 '리의 주재(主宰)'와 '리의 묘용(妙用)'을 같은 맥락으로 이해하거니와,[8] 위에 보이듯이 화서는 이를 '리가 기를 이러저러하게 부림[使之]'으로 설명했다.

셋째, 화서는 '형이상자와 형이하자'를 '상·하의 위계'라는 맥락에 초점을 맞추어 이해했다. 화서는 다음과 같이 말한다.

"형이상자를 도(道)라 하고, 형이하자를 기(器)라 한다"는 말에서 '상·하'는 몇 가지 뜻을 함축한다. '이 사물이 아직 생겨나기 전'으로 말하면 '그 리가 이미 존재한다'는 것인바, 여기서의 '상·하'는 '선·후(先後)'의 뜻이다. '이 사물이 막 생겨난 때'로 말하면 '리가 기의 장수가 되고, 기는 리의 부림을 받는다'는 것인바, 여기서의 '상·하'는 '존·비(尊卑)'의 뜻이다. '이 사물이 이미 소진된 다음'으로 말하면 '기에는 성괴(成壞)가 있으나 리는 고금(古今)을 관통한다'는 것인바, 여기서의 '상·하'는 '존·망(存亡)'의 뜻이다.[9]

위의 인용문에서는 '형이상자와 형이하자'에는 '선·후, 존·비, 존·

---

7 『華西集』卷24 頁37, 「妙字說」: 妙之爲言, 神化不測之意, 運用無迹之謂. 易曰 "神也者, 妙萬物而爲言者也", 此妙字, 見於經之初也. 雷之動萬物者, 固是雷之理也, 而使是雷動是物者, 亦理之妙也; 風之撓萬物者, 固是風之理也, 而使是風撓是物者, 亦理之妙也.

8 『華西集』卷24 頁38, 「妙字說」: 胡五峯曰 "心妙性情之德", 朱子歎美曰 "妙是主宰運用之意."

9 『華西雅言』卷1 頁11 : 形而上者謂之道, 形而下者謂之器. 蓋上下二字, 含蓄多少意思. 自此物未生之前而言, 則其理已具, 其曰上下者, 有先後之意; 自此物方生之時而言, 則理爲氣帥, 氣爲理役, 其曰上下者, 有尊卑之意. 自此物已盡之後而言, 則氣有成壞, 理通古今, 其曰上下者, 有存亡之意.

망'의 의미가 모두 포함되어 있다고 설명했다. 그런데 화서는 이 셋 가운데 특히 '존·비' 즉 '상·하의 위계'라는 맥락을 강조했다. 예컨대 화서는 다음과 같이 말한다.

> 공자는 "형이상자를 도(道)라 하고, 형이하자를 기(器)라 한다"고 했는데, 이는 상·하를 분명하게 절단한 것이다. 이것으로 보면, 천하에 어찌 리도 아니고 기도 아닌 사물이 있겠는가? 순(舜)과 우(禹)가 말한 '인심과 도심', 공자가 말한 '극기와 복례', 맹자가 말한 '대체와 소체'는 모두 이를 가리켜 말한 것이다. 주자는 장횡거의 '심통성정(心統性情)'이라는 말을 가장 좋아했는데, '통(統)'에는 '통섭(統攝)'과 '겸통(兼統)'이라는 두 뜻이 있다. 만약 마음을 기라고 인식한다면 (심통성정은) 기가 도리어 리를 통섭하는 것이니, 앞에서 말한 상·하의 구분은 과연 어떻게 베풀어지겠는가?[10]

화서는 '형이상자와 형이하자'의 구분을 '상·하'의 구분으로 규정한 다음, "만약 마음을 기라고 인식한다면 (심통성정은) 기가 도리어 리를 통섭하는 것이니, 앞에서 말한 상·하의 구분은 과연 어떻게 베풀어지겠는가?"라고 반문했다. 요컨대 화서는 '형이상자와 형이하자'의 구분에 입각하여 '리와 기'를 '상과 하, 존과 비'의 관계로 규정한 다음, (기호학파의 일반론처럼) 마음을 기라 하면 '심통성(心統性)'은 '기가 리를 통섭한다'는 뜻이 되므로, 이는 어불성설이라고 비판한 것이다. 화서는

---

10 『華西集』卷9 頁21~22, 「與金章(辛酉正月)」: 孔子曰 "形而上者謂之道, 形而下者謂之器", 截斷得上下分明, 以此觀之, 則天下焉有非理非氣底物事也哉? 舜禹所謂人心道心, 孔子所謂克己復禮, 孟子所謂大體小體, 皆指此而言也. 朱子最喜橫渠心統性情之語, 統有二義, 統攝與兼統也. 若認心爲氣而已, 則氣反統攝乎理矣, 向所謂上下之分, 果安施也哉?

이러한 맥락에서 마음을 리로 규정하게 되었거니와, 여기서 우리는 화서가 '리의 주재'를 '상이 하를 통섭함'처럼 '리가 기를 통섭함'으로 해석하고 있음을 아울러 알 수 있다.

요컨대 화서에 의하면 리는 '능동적 존재'로서 스스로 동정하면서 기를 낳고, 이러저러하게 기를 부리는 존재이다. 리는 기를 낳고 기를 부리는 존재이므로, 리는 존귀하고 기는 비천하다. 이러한 맥락에서 〈화서연보〉에서는 화서 성리설의 특징을 다음과 같이 요약했다.

> 선생께서는 리를 말할 때에는 반드시 하나의 '리' 안에 원래 '체·용(體用)'과 '능·소(能所)'를 모두 포함시켜 (기로부터) 빌려옴을 기다리지 않고서도 자족하게 하였고, 마음을 말할 때에는 반드시 하나의 '심'에서 '승·재(乘載)'와 '수·역(帥役)'을 엄격히 구분하여 잠시라도 소홀히 함을 용납하지 않으셨으니, 이것이 그 평생 동안 강설하신 종지(宗旨)이다.[11]

위에서 말하는 '체·용'이란 '본체와 작용'을 뜻하고, '능·소'란 '능동과 수동'을 뜻한다. 화서는 퇴계와 마찬가지로 '리의 본체는 무위(無爲)이지만, 능동적이고도 신묘한 작용을 한다'고 주장했다. 화서는 이처럼 하나의 '리' 안에 '체·용'과 '능·소'를 모두 포함시킴으로써 리를 '자족적 존재'로 승격시켰다. 한편, "하나의 '심'에서 '승·재'와 '수·역'을 엄격히 구분했다"는 것은 마음을 '리와 기의 결합'으로 규정한 다음, 리는

---

11 『華西集』附錄 卷9 頁35~36,「華西年譜」57歲條 : 盖先生於說理, 則必曰一理字內面, 元該體用, 元包能所, 不待假借而自足; 於說心, 則必曰一心字上面, 必分乘載, 必嚴帥役, 不容斯須而有忽. 此其平生講說之宗旨也.

장수로서 기를 타는 존재요, 기는 역졸로서 리를 싣는 존재라는 것을 분명히 구분했다는 말이다.[12] 이는 화서의 심설을 관통하는 핵심적 주장이거니와, 이제 화서의 심설을 살펴보기로 하자.

2. 화서 심설의 특징

화서의 마음에 대한 지론은 '마음은 리와 기가 결합된 것'이라는 주장이다. 〈화서연보〉에 따르면, 화서도 초년에는 기호학파의 일반론에 따라 마음을 '기'로 이해하고 있었는데, 만년에 '심시기설의 미안한 점'을 깨닫고 마침내 심합리기설(心合理氣說)을 제창하게 되었다. 화서가 발견한 '심시기설의 미안한 점'이란 "'마음은 본성을 다 발휘할 수 있는데 본성은 마음을 검속할 수 없으며, 마음은 본성·감정을 통섭하는데 본성·감정은 마음을 통섭할 수 없다'는 것은 정해진 이치이다. 그런데 만약 '마음은 다만 기일 뿐'이라면, 이는 기가 항상 리를 통섭하는 것이요, 리는 만화(萬化)의 추뉴(樞紐)가 되기에 부족한 것이다."라는 점이었다. 그리하여 화서는 경전과 주자서 등을 읽으면서 다시 심설을 탐구하게 되었는데, 그 결과 "마음은 진실로 기로 말한 경우도 있고, 리로 말한 경우도 있는데, 리로 말한 것이 바로 마음의 본체이다"라는 결론을 얻고[以理斷心], 여러 논설을 지어 "마음은 사람의 신명(神明)으로서 리기(理氣)를 합치고 동정(動靜)을 포함하는 것이다. 본성은 마음의 본

---

12 '理는 體·用과 能·所를 모두 포함하는 自足的 존재'라는 주장과 '理는 將帥로서 氣를 타는 존재요, 氣는 役卒로서 理를 싣는 존재'라는 주장은 해석 여하에 따라 모순일 수도 있다. '理帥氣役'을 '理는 將帥로서 氣를 명령하고, 氣는 役卒로서 리의 명령에 복종한다'는 뜻으로도 해석할 수 있고, '理는 장수이고 氣는 역졸인데, 理는 氣를 타지 않고는 운동할 수 없다'는 뜻으로도 해석할 수 있다. 후자의 해석이 理主氣資論의 맥락인데, 이러한 해석은 '理는 自足的 존재'라는 주장과는 모순된다.

체로서 리가 기를 타고 고요한 것이요, 감정은 마음의 작용으로서 리가 기를 타고 움직인 것이다."라고 설파했다.[13] 〈화서연보〉 57세조에서는 화서 심설의 핵심을 다음과 같이 설명했다.

> 마음은 리와 기를 합쳐서 지은 이름인데, 리의 측면만 지칭하면 '본심(本心)'이라 한다. '도심(道心), 주재(主宰), 천군(天君), 기수(氣帥), 명덕(明德), 본원(本原), 본체(本體), 천지지심(天地之心)' 등은 모두 리의 측면만을 지칭한 것이다. 선생은 또 "마음은 형·기·신·리(形氣神理)를 모두 포함한다. 형(形)은 음이요, 기는 양이니, 형이하의 기(器)이다. 신(神)은 용이요, 리는 체이니, 형이상의 도(道)이다. 형(形)은 마음이 집으로 삼는 것이요, 기는 마음이 타는 것이며, 신(神)은 마음의 묘용이요, 리는 마음의 실체이다. 모든 사물이 그렇지만 마음이 요처(要處)가 된다. 그러므로 형·기·신·리에 대해 모두 마음을 말할 수 있다. 다만 '리선기후(理先氣後), 리통기국(理通氣局), 리수기역(理帥氣役)'의 순서는 잠시라도 어지럽힐 수 없으니, 이는 다만 매우 작은 차이를 다투는 것이다."라고 하였다.[14]

---

13 『華西集』附錄 卷9 頁32~33, 「華西年譜」 57歲條 : 先生初年, 嘗以心專作氣看. …… 旣而寢覺有未安者, 蓋心能盡性, 性不知檢其心; 心統性情, 性情不得統心, 此定理也. 若心只是氣而已, 則是氣常統理, 而理不足爲萬化之樞紐矣. 遂更就經傳中, 凡說心去處, 及朱子大全語類, 用歲年之工, 反復考究. …… 於是始知心固有以氣言者, 亦有以理言者, 而其以理言者, 乃此心之本體也. 乃著說, 畧曰 "心者人之神明, 而合理氣包動靜者也; 性則心之體, 而理之乘氣而靜者也; 情則心之用, 而理之乘氣而動者也."

14 『華西集』附錄 卷9 頁34, 「華西年譜」 戊申(先生57歲)條 : 心者合理與氣而立名也, 單指理一邊則曰本心也, 曰道心 曰主宰 曰天君 曰氣帥 曰明德 曰本原 曰本體 曰天地之心之類, 皆指理一邊而言也. 又曰 心包形氣神理四字, 形陰而氣陽, 形而下之器也; 神用而理體, 形而上之道也, 形乃心之所舍, 氣乃心之所乘, 神乃心之妙用, 理乃心之實體. 物皆然, 心爲要. 是故, 於形於氣於神於理, 皆可以言心, 但理先氣後, 理通氣局, 理帥氣役之序, 造次不可亂, 此則只爭毫髮.

위에서 "마음은 리와 기를 합쳐서 지은 이름인데, 리의 측면만 지칭하면 '본심'이라 한다."고 했거니와, 이는 매우 주목을 요하는 말이다. 일반적으로 말하면 마음은 '합리기(合理氣)'이지만, '도심, 주재, 천군, 기수, 명덕, 본원, 본체, 천지지심' 등 마음의 핵심을 말하면 그것은 '리'라는 것이다. 요컨대 '마음이 성(性)·정(情)을 주재한다'고 말할 때의 마음, 즉 '성·정의 주재자로서의 마음'은 '리'라는 것이 화서의 지론이다.[15]

"마음은 형·기·신·리를 모두 포함한다. 형(形)은 음이요, 기는 양이니, 형이하의 기(器)이다. 신(神)은 용이요, 리는 체이니, 형이상의 도(道)이다."라는 주장 역시 심합리기설의 다른 표현이다. 그러므로 화서는 "형·기·신·리에 대해 모두 마음을 말할 수 있다"고 하면서도, "다만 '리선기후, 리통기국, 리수기역'의 순서는 잠시라도 어지럽힐 수 없다"고 하여, '리와 기' 가운데 마음의 주축은 '리'라고 설파한 것이다. 화서의 이러한 논조는 〈독퇴도선생집(讀退陶先生集)〉에서 다시 확인된다.

마음은 진실로 리이나, 타고 있는 것은 기이다. 따라서 마음을 리로 여기고 기욕(氣欲)의 구폐(拘蔽)를 문제 삼지 않는다면 그 해를 이루 말할 수 없을 것이요, 마음을 기로 여기고 천명(天命)의 주재를 알지 못한다면 그 리가 밝혀지지 못할 것이다. 그러므로 예로부터 성현이 마음을 말함에 있어서, 리를 말할 때에는 또 반드시 기를 말하였고, 기를 말할 때에는 또 반드시 리를 말하여, 일찍이 하나를 **빠뜨린** 적이 없었다. 그러나 일찍이 하나도 **빠뜨리지** 않은 가운데, 또한 반드시 하나는 위이고 하나는 아래며 하나는

---

15 화서는 이러한 주장을 정립한 후 '活理翁'이라는 칭송을 받았다(『華西集』 附錄 卷9 頁 34, 「華西年譜」 戊申(先生57歲)條 : 柳洛隱量讀先生心說, 有詩一絶云, "情爲達道性爲中, 自有此心主宰功, 斯文一脈終難晦, 左海天降活理翁.")

높고 하나는 낮은 실상과 하나는 강하고 하나는 약하여 서로 승부를 겨루는 기틀을 밝히셨다. …… 마음은 일신(一身)의 주재자요 만사(萬事)의 강령인바, 리가 주가 되고 기가 명령에 따르면 마음이 올바름을 얻으나, 기가 도리어 주가 되고 리가 도리어 부림을 당하면 그 마음의 본연을 잃는다.[16]

"마음은 진실로 리이나, 타고 있는 것은 기"라는 말은 화서 심합이기설의 본지를 잘 보여준다. 요컨대 '마음은 진실로 리'인바, 이러한 맥락에서 성(性)·정(情)의 주재자로서의 마음은 리[天命]라는 것이다. 그런데 '마음이 타고 있는 것은 기'이므로, 마음은 기욕(氣欲)의 영향을 받게 된다. 이러한 맥락에서 화서는 '마음은 진실로 리'라고 하면서도 다른 한편으로는 마음을 '합리기(合理氣)'로 설명하고, 마음을 논함에 '천명의 주재'와 '기욕의 구폐'를 항상 동시에 유의해야 한다고 강조했다.

화서는 마음을 '리와 기의 결합'으로 설명하면서, 리·기를 '상·하의 위계' 관계요, 동시에 서로 승부를 겨루는 '투쟁의 관계'라고 설명했다. 화서는 "마음은 일신의 주재자요 만사의 강령인바, 리가 주가 되고 기가 명령에 따르면 마음이 올바름을 얻으나, 기가 도리어 주가 되고 리가 도리어 부림을 당하면 그 마음의 본연을 잃는다."고 했거니와, '리가 주가 되고 기가 명령에 따르는 것'을 '리·기의 상자(相資)'라 하고, '기가 도리어 주가 되고 리가 도리어 부림을 당하는 것'을 '리·기의 상

---

16 『華西集』卷22 頁28~29,「讀退陶先生集」: 蓋心固理也, 而所乘者氣也. 認心爲理, 而不問氣欲之拘蔽, 則其害固不可勝言; 指心爲氣, 而不知天命之主宰, 則其理亦有所不明矣. 是故, 千古聖賢之說心也, 說理則又必說氣, 說氣則又必說理, 未嘗闕一. 未嘗闕一之中, 又必明一上一下, 一尊一卑之實, 與夫彼強此弱, 此勝彼負之機焉. …… 心爲一身之主, 萬事之綱, 而理爲主, 氣聽命, 則心得其正; 氣反爲主, 而理反爲役, 則失其心之本然.

항(相抗)'이라 했다. 여기서 화서 심설의 지향점이 드러나는데, 그것은 바로 '리가 주가 되고 기가 명령에 따르게 하여 마음이 올바름을 얻게 하는 것'이었다.

'리가 주가 되고 기가 명령에 따르게 하여 마음이 올바름을 얻게 한다'는 목표에 대해서는 일견 모든 유학자들이 동의할 수 있을 것 같다. 그런데 화서의 심설은 여러 반론(反論)에 봉착했다. 간재학파(艮齋學派)의 비판 등은 차치하더라도, 화서학파 내부에서조차 비판이 제기되었던 것이다. 그렇다면 그 까닭은 무엇인가?

화서학파 내부에서 심설논쟁이 야기된 단초는 화서의 "마음은 형·기·신·리를 모두 포함한다. 형(形)은 음이요, 기는 양이니, 형이하의 기(器)이다. 신(神)은 용이요, 리는 체이니, 형이상의 도(道)이다."라는 주장에 숨어 있었다. 즉 화서는 신(神)을 리로 규정한 것이요, 그 연장선상에서 마음을 리로 규정했는데[以理斷心], 화서의 제자 성재는 '이리단심(以理斷心)'을 '부정확한 주장, 폐단을 야기할 수 있는 주장'으로 인식했던 것이다. 그러면 화서의 〈형기신리설(形氣神理說)〉을 살펴보자.

> 성인(聖人)이 마음을 논한 것은 혹은 '형(形)'으로 말한 곳이 있으니 '화장(火臟)의 혈육'이 이것이요, 혹은 '기로 말한 곳이 있으니 '기의 정상(精爽)'이 이것이며, 혹은 '신(神)'으로 말한 곳이 있으니 '사람의 신명(神明)'이 이것이요, 혹은 '리'로 말한 곳이 있으니 '인의지심(仁義之心)'이 이것이다. 형(形)과 기로 말한 것은 무엇 때문인가? 간혹 (기품(氣稟)과 인욕(人欲)으로 인해) 구애받고 가려져 우리 마음의 밝음을 해치게 됨을 염려한 것이다. 신(神)과 리로 말한 것은 무엇 때문인가? 더욱 창대하게 하여 우리 마음의 참됨을 완전하게 하려는 것이었다. 성현의 천언만어(千言萬語)를 한마디로 갈음하

면 '유정유일(惟精惟一)'이 그것이다. '정(精)'은 '리와 기의 경계를 분석하여 섞이지 않게 함'이며, '일(一)'은 '본심의 올바름을 지켜 떠나지 않게 함'이다. 천하의 이치가 어찌 이보다 더한 것이 있겠는가?[17]

화서는 먼저 마음에 대한 논의는 형·기·신·리 네 차원에서 이루어지고 있다고 설명했다. 화서는 형(形)·기(氣)는 기에 속하고 신(神)·리(理)는 리에 속한다고 보거니와, 이러한 맥락에서 화서는 심합리기설을 주장한 것이다. 그런데 위에 보이듯이 화서의 심설에서 기가 언급되는 취지는 '기의 긍정적인 역할을 인정'하는 차원이 아니라 '기의 부정적인 역할을 경계'하는 차원이었다. 요컨대 화서는 율곡의 기발리승론(氣發理乘論)처럼 '기의 필수불가결한 역할'을 인정하지 않는다.[18] 화서의 심설에서 기는 다만 '리의 발현을 방해하는 존재'일 뿐인바, 화서는 이러한 맥락에서 '유정유일(惟精惟一)'을 이해했던 것이다.

마음을 형·기·신·리 네 차원으로 이해할 때, 율곡설에서 '기'가 맡았던 '지각·반응의 주체'라는 역할을 화서설에서는 '신(神)'이 맡는다. 그런데 문제는 화서가 '신(神)'을 기가 아닌 리에 소속시킨다는 점이었다. 화서는 다음과 같이 말한다.

---

17 『華西集』卷24 頁42, 「形氣神理說」: 聖人之論心也, 或有以形言處, 火臟血肉是已; 或有以氣言處, 氣之精爽是已; 或有以神言處, 人之神明是已; 或有以理言處, 仁義之心是已. 言形言氣, 何爲也哉? 慮其或拘或蔽, 而害吾之明也. 言神言理, 何爲也哉? 欲其益彰益大, 而全吾之眞也. 聖賢千言萬語, 一言而蔽之, 曰惟精惟一. 精之爲言, 析夫理氣之界而不雜也; 一之爲言, 守其本心之正而不離也. 天下之理, 豈有過於此者哉?

18 화서의 心說에서는 '氣는 理를 발현시키는 주체'라는 측면이 보이지 않는바, 따라서 화서의 '리·기의 相資'라는 말은 사실 虛言이었다.

형(形)·기(氣)가 음양에 속하고 리가 태극에 속함은 모든 사람들이 다 알고, 모든 사람들이 다 말한다. 다만 '신(神)'이라는 한 글자에 대해 소속을 의아하게 여기는바, 리에 소속시키면 '약간 형적이 있음'을 혐의하고, 기에 소속시키면 '음양과 뒤섞임'을 혐의한다. 부득이하여 일음일양 바깥에 별도로 한 자리를 만들어 소속시키면, 태극은 주재하고 운행하는 실용(實用)을 빠뜨리고, 음양은 구처(區處)하고 응접하는 허례(虛禮)에 의혹을 품을 것이며, 신(神)은 지존무대(至尊無對)의 칭호가 폄하되고 신복(臣僕)이나 졸도(卒徒)의 대열에 편입되니, 명분이 바르지 못하여 일이 순조롭지 못하게 된다. …… 신(神) 한 글자가 그 본직을 잃음에 형(形)·기(氣)·리(理) 세 글자도 함께 그 본직을 잃게 되니, 이를 미루어나가면 천하만물이 모두 그 영향을 받게 된다. 그렇다면 종신토록 해결할 수 없는 의혹을 품고서 어둠 속에서 자신을 속이고 남을 오도하는 것보다는 어찌 한결같이 성인의 가르침을 따라 신(神)을 '태극의 묘용'으로 간주함으로써 모두가 무사하게 됨만 하겠는가?[19]

위의 인용문은 '신(神)'을 '태극의 묘용' 즉 '리의 용(用)'으로 규정해야만 하는 이유를 장황하게 설명한 것이다. 화서는 "신(神) 한 글자가 그 본직을 잃음에 '형(形)·기(氣)·리(理)' 세 글자도 함께 그 본직을 잃게 되었다"고 했거니와, 신(神)을 '태극의 묘용'으로 규정하면 마침내

---

19 『華西集』卷24 頁42~43,「形氣神理說」: 形氣之屬陰屬陽, 與夫理字之配於太極, 夫人皆知之, 夫人皆言之矣. 特此神之一字, 疑於所屬. 屬乎理歟, 則嫌其微有形迹; 屬乎氣歟, 則嫌其雜糅陰陽. 不得已就一陰一陽元額之外, 別施一座而處之矣. 然則太極缺闕其主宰運行之實用矣, 兩儀疑惑於區處應接之虛禮矣. 惟神則貶其至尊無對之號, 而降編臣僕卒徒之伍, 爲名不正而事不順矣. …… 神之一字, 失其本職, 和形氣理三字而均失其職, 則推此以往, 天下萬物, 無不受病矣. 與其抱此終身不決之疑, 黯暗而自欺而誤人, 曷若一從聖人之訓, 而還他神爲太極之妙用之爲都無事也耶?

"형(形)은 음에 속하고 기는 양에 속하여, 음양이 양의를 이루는바 곧 '태극이 탈 기(器)'이며, 리는 체(體)가 되고 신(神)은 용(用)이 되어, 체용이 합쳐져 태극이 되는바 곧 '음양이 싣는 도(道)'이다. 그런 다음에 형·기·신·리 네 글자가 각각 그 본직을 얻게 된다."는 것이다.[20] 요컨대 화서는 신(神)을 '리의 용(用)'으로 규정함으로써 형·기·신·리의 관계를 정합적으로 설명할 수 있다고 보았다.

그런데 화서의 제자 성재는 신(神)을 '리의 용(用)'으로 규정하는 것을 수긍하지 못하여, 마침내 조심스럽게 문제를 제기하게 되었거니와, 그리하여 중암과의 치열한 논쟁이 시작된 것이다.

Ⅲ. 성재의 화서심설에 대한 조보(調補)

1. 화서 심설에 대한 성재의 문제 제기

앞에서 살핀 것처럼, 화서의 지론은 "마음은 '리와 기를 합쳐서 지은 이름'인데, 리의 측면만 지칭하면 '본심(本心)'이라 한다"는 것이었다. 일반적으로 말하면 마음은 '합리기(合理氣)'이지만, '도심, 주재, 천군, 기수, 명덕, 본원, 본체, 천지지심' 등 마음의 핵심은 '리'라는 것이다. 그런데 성재는 화서의 이러한 주장을 수긍하지 못하고, 결국 문제를 제기하게 되었다.

---

20 『華西集』卷24 頁43, 「形氣神理說」: 如是則形屬陰氣屬陽, 而陰陽分作兩儀, 卽太極所乘之器也; 理爲體神爲用, 而體用合爲太極, 卽陰陽所載之道也. 然後, 形氣神理四字, 字得其職, 而其實四字闕一, 則不能成一物.

성재의 기본 입장은 '마음은 결코 리로 규정될 수 없다'는 것이다. 성재는 55세(1886년) 병술(丙戌)에 지은 〈심여명덕형이상하설(心與明德形而上下說)〉에서 자신의 이러한 입장을 체계적이고 세밀하게 정리하여 제시하였다. 화서는 〈형기신리설(形氣神理說)〉에서 마음[神]을 결국 리로 규정했거니와, 이에 반해 성재는 '명덕은 형이상자[理]이지만, 마음[神]은 본래 형이하자[氣]'라고 규정한 것이다.

성재의 〈심여명덕형이상하설〉은 화서의 심설을 조보하려는 의도에서 그 기초 작업으로 찬술된 것인바, 그 가운데 먼저 성재가 '마음을 형이하자로 규정하는 논거들'에 대해 살펴보자. 첫째, 마음은 '지각의 주체'를 말할 뿐이다. 둘째, 마음을 인심과 도심으로 구분하고 유정유일(惟精惟一)을 강조한 것 자체가 마음은 도(道)가 아니라는 증거이다. 셋째, 『대학』의 팔조목으로 보아도 마음은 '사물의 반열'에 속하며, '다스림의 대상'이다. 넷째, 주자의 '마음은 관인(官人)과 같고, 본성은 관법(官法)과 같다'는 말씀과 '본성에는 불선(不善)이 없으나, 마음에는 선·악이 있다'는 말씀으로 보아도, 마음은 '순선한 형이상자'가 아니라 '선·악이 섞인 형이하자'임을 알 수 있다.[21]

성재도 화서와 마찬가지로 마음[知覺]을 '리와 기의 결합'으로 보았다. 마음에 리의 요소가 포함되어 있다면, 관점에 따라 리라고 말할 수도 있는바, 이에 대해 성재는 다음과 같이 설명한다.

---

21 『省齋集』卷33 頁13, 「心與明德形而上下說」: 古今說心, 始見於大舜人心道心之語, 於人於道, 通下心字, 則可知心只是一箇知覺, 特其發也, 因其所主而異其名耳. 若心卽是道, 則聖人何故於心字上, 更著道字? 且只令人固守此心足矣, 何必分別此兩歧, 使之精以擇之, 然後一以守之耶? 此可以見心字面目也. 大學設八條目, 正心之心, 與物知意身家國天下, 同在事物之列. 格致誠正修齊治平, 皆治此物, 以求得其道也. 朱子常言心如官人, 性如官法. 又言性無不善, 心有善惡, 盖皆一般意也.

무릇 마음의 지각은 반드시 리와 기가 결합하여 이러한 운용이 있는 것이니, 마음을 설명하는 사람은 리와 기 어느 하나에 치우치게 말하기 어려운 것이다. 다만 형이상자는 볼 수 없고 형이하자는 볼 수 있으며, '리와 기가 결합했다'고 말하면 곧 '진·망·사·정(眞妄邪正)의 뒤섞임'이 있어서 다시는 리의 본체가 아니므로, 그저 '마음'이라 말하면 다만 형이하자라는 것에 의거하여 사물로 지목하고, 성찰하고 검속하는 공부를 보태는 것이다. '본심(本心)·양심(良心)·도심(道心)·인의지심(仁義之心)'처럼 특별하게 지칭한 것은 이 마음에 나아가 '참되고 바른 것'을 별도로 골라낸 것이다. 그 지두(地頭)를 말하면 마찬가지로 형이하자이나, 그 주가 된 것을 논하면 바로 천리(天理)의 본연으로서, 반드시 배양하고 확충하는 공부를 필요로 하니, 그러므로 그 주가 되는 것을 따라서 '리'라고 이름 지은 것이다. 경전에서 사의(私意)나 물욕(物欲)과 대립시켜 천리(天理)를 말하는 것은 대개 이를 지칭한다.[22]

위에 보이듯이, 성재는 '리와 기가 결합했다'는 것을 오히려 '리의 본체가 아니다'라는 뜻과 그러므로 '성찰하고 검속하는 공부가 필요하다'라는 뜻으로 해석했다. 요컨대 마음은 리의 본체가 아니고 성찰하고 검속하는 공부가 필요한 존재이므로, 형이하자인 사물로 규정하는 것이 타당하다는 것이다. 이른바 '본심·양심·도심·인의지심' 등은 마음에 나아가 '참되고 바른 것'을 골라낸 것인바, 이것들 역시 형이하자

---

[22] 『省齋集』卷33 頁13~14, 「心與明德形而上下說」: 大抵心之知覺, 必理與氣合, 有此運用, 則說心者固難偏主於其間. 但形而上者不可見, 而形而下者可見. 且纔曰理與氣合, 便有眞妄邪正之雜, 而非復理之本體. 故止曰心焉, 則只得據形而下者, 目之以事物, 而就加省察檢理之工. 至加殊稱, 如曰本心良心道心仁義之心, 則是就此心, 揀別出眞而正者也. 語其地頭, 則一般是形而下者; 論其所爲主, 則乃天理之本然, 而須用培養擴充之工, 故從其所爲主者而名之以理耳. 經傳中對私意物欲而言天理者, 大凡指此也.

에 속하는 것이나, 그 지각작용에 있어서 리가 주가 된 것이므로 '리'라고도 지칭한다는 것이다.[23]

성재는 정자(程子)의 '심·성·천(心性天) 일리(一理)'와 '심즉성(心卽性)', 소강절의 '심위태극(心爲太極)' 등 화서가 마음을 리로 규정하면서 중시한 논거들에 대해서도 화서와 달리 해석한다. 먼저 정자의 '심·성·천 일리'와 '심즉성'에 대한 설명을 보자.

리·기를 설명함에는 하나로 합쳐서 말할 때도 있고, 나누어서 말할 때도 있다. 하나로 합쳐서 말할 때엔 심·성·천(心性天)은 진실로 하나의 리이다. 오직 마음만 그런 것이 아니니, 비록 형(形)과 기의 거친 것도 리와 통합해서 말하는 경우가 있다. 나누어서 말할 때에는 심은 스스로 심, 성은 스스로 성, 천은 스스로 천이어서, 서로 뒤섞임을 허용하지 않는다. 이 때문에 정자는 (『맹자(孟子)』 진심장(盡心章)을 두고) 진실로 "마음이 바로 본성"이라 했지만, 또 "마음은 마치 곡식 씨앗과 같다. 생(生)의 성(性)이 인(仁)이다."라고 했으니, 마음과 본성은 결국 변별하지 않을 수 없다. 정자는 또 "심과 천은 하나의 리"라고 했지만, 또 "성인은 하늘을 근본으로 삼고, 석씨는 마음을 근본으로 삼는다."고 했으니, 마음과 하늘이 또 어찌 하나라고 말할 수 있겠는가?[24]

---

23 성재는 "마음은 '리와 기가 합쳐진 것'이므로, 그 전체를 거론할 때에는 다만 '物'이라 부른다. 그 가운데 上一面을 지칭할 때에야 리로 말할 수 있다."고 말하기도 했다(『省齋集』 卷7 頁16, 「上重菴先生(丁亥 3月)」: 盖惟理氣之合也, 故摠擧全體, 則只喚做物. 就其中指上一面, 乃可以理言.) 성재는 '리와 기가 결합하여, 省察하고 檢束하는 공부가 필요한 것'을 마음의 '本來體段'이라고도 했고, '理가 주가 되어 참되고 바른 것'을 마음의 '本源眞體'라고도 했다(『省齋集』 卷33 頁22 참조). 성재가 '事物'로 규정해야 한다고 주장하는 마음은 물론 '本來體段'을 지칭한다.

24 『省齋集』 卷33 頁20, 「心與明德形而上下說」: 凡說理氣, 有致一說時, 有分開說時. 其

성재는 "리·기를 설명함에는 하나로 합쳐서 말할 때도 있고, 나누어서 말할 때도 있다"는 점을 지적하고, 정자도 마음과 본성을 합쳐서 말하기도 하고 나누어서 말하기도 했음을 상기시켰다. 그러므로 '합쳐서 말한 것'만 주목하여 마음을 리로 규정하는 것은 곤란하다는 것이다. 한편, "성인은 하늘을 근본으로 삼고, 석씨는 마음을 근본으로 삼는다."는 말은 성인은 천리(天理)를 규범적 표준으로 삼으나 불교에서는 자기의 마음을 규범적 표준으로 삼는다는 뜻이다. 정자와 같은 맥락에서, 성재 역시 마음을 리로 간주하면 결국 마음을 규범적 표준으로 삼게 되어, 불교와 같은 폐단을 낳게 될 것으로 우려하였다.

다음, 소강절의 '심위태극'에 대한 설명을 보자. 주자는 『역학계몽』에서 '역유태극(易有太極)'을 설명하면서 소강절의 '도위태극(道爲太極)'과 '심위태극(心爲太極)'이라는 말을 '태극권(太極圈)'에 해당시킨 바 있거니와,[25] 이에 대해 성재는 다음과 같이 설명한다.

여기서 말하는 '태극'은 선천도(先天圖) 중앙의 빈 곳을 가리킨다. 소강절의 뜻은 대개 이 '중앙의 빈자리'는 하늘에서는 오직 도(道)만이 이에 해당하고, 사람에서는 오직 마음만이 이에 해당한다는 것이다. 그러므로 소강절의 시에서는 "하늘은 하나에서 조화를 나누고, 사람은 마음에서

致一說時, 心與性天, 固只是一理, 非惟心爲然, 雖形與氣之粗者, 亦有統於理而言處; 其分開說時, 心自心性自性天自天, 不容相混矣. 是故程子於此, 固曰"心卽性"矣, 而又有言"心如穀種, 生之性是仁", 則心與性終不容無辨矣. 於此固曰"心也天也一理也", 而又有言"聖人本天, 釋氏本心", 則心與天, 又豈可謂一物乎?

25 『易學啓蒙』卷2(『性理大全』卷15) 頁3 : 太極者, 象數未形而其理已具之稱, 形器已具而其理無朕之目. 在河圖洛書, 皆虛中之象也. 周子曰"無極而太極", 邵子曰"道爲太極", 又曰"心爲太極", 此之謂也.

경륜을 일으킨다[天向一中分造化 人於心上起經綸]"고 했다. '하나'는 바로 도(道)이다. 이 두 구절은 바로 이러한 뜻을 말한 것이다. 주자가 『역학계몽』에서 '도위태극'과 '심위태극'을 인용한 것도 마찬가지 뜻이다. 여기서 말하는 '마음'은 바로 본성과 감정을 함께 포괄하여 그 '본연의 체'를 말한 것이요, 일반적으로 말하는 마음이 모두 태극에 해당되어 천도(天道)와 짝할 수 있다는 말이 아니다.[26]

성재는 '심위태극'을 '사람은 마음에서 경륜을 일으킨다'는 맥락으로 풀이했다. 이는 마음의 '주체성'이나 '능동성'을 강조하는 것이요, 결코 '규범성'을 강조하는 것이 아니다. 요컨대 성재는 마음의 '주체성'이나 '능동성'은 적극 인정하면서도, 결코 '규범성'은 쉽게 인정하지 않는다. 성재의 이러한 입장은 다음의 인용문에서 더욱 분명하게 드러난다. 주자도 '심위태극(心爲太極)'과 함께 '성시태극(性是太極)'이라고 말한 바 있거니와, 이에 대해 성재는 다음과 같이 설명한다.

사람의 한 몸에서 만화(萬化)가 비롯되는 연유를 찾아보면 오직 마음이 '태극의 지위'에 해당하며, 다시 한 마음에서 만리(萬理)가 근원하는 지극한 곳을 지적하면 오직 본성이 '태극의 실질'에 해당한다. 말이 각각 타당함이 있으니, 진실로 이것을 고집하여 저것을 병폐로 여기면 안 된다. …… 그윽이 생각건대, 세속의 중인(衆人)은 평생 형기가 작용하는 말단에서 쉼 없

---

26 『省齋集』卷33 頁20, 「心與明德形而上下說」: 此所謂太極, 指先天圖中央虛處而言. 邵子之意, 盖謂此中虛之位, 在天惟道可以當之, 在人惟心可以當之也. 故其詩曰 "天向一中分造化, 人於心上起經綸", 一卽道也. 此兩句, 政是道得此意也. 朱子之引用於啓蒙, 其意亦然矣. 若其所謂心者, 乃該包性情, 而言其本然之體也. 非謂凡言心者, 皆可以當太極而與天道相配也.

이 수고롭게 살면서도 '마음이 일신의 주재자임'을 알지 못한다. 맹자가 말한 '대체와 소체'는 바로 이런 사람들을 깨우친 것이다. 그중에 간혹 마음이 주재자라는 것을 대충 이해하는 사람도 또 그 허령한 지각을 오로지 고수하여 스스로 사사롭고 방자하게 굴면서 '천리(天理)가 이 마음의 준칙임'을 알지 못한다. 정자의 '성인은 하늘에 근본하나[聖人本天], 석씨는 마음에 근본한다[釋氏本心]'는 말씀은 바로 이런 사람들을 경계시킨 것이다. 그런데 주자의 이 두 해설은 또 이 두 부류의 사람들을 함께 구제한 것이다.[27]

성재는 태극을 '만화의 근원'인 동시에 '만리의 근원'이라고 보았다. 그런데 '태극이 만화의 근원임'은 '마음이 일신의 주재자임'과 궤를 같이 하고, '태극이 만리의 근원임'은 '천리가 이 마음의 준칙임'과 궤를 같이 한다는 것이다. 성재에 의하면 태극에는 '마음의 측면'과 '본성의 측면'이 함께 존재하는 것이다. 그런데 주목할 것은, '태극이 만화를 주재함'을 '마음의 측면'으로 규정하고, '태극이 만화의 표준(준칙)이 됨'을 '본성의 측면'으로 규정했다는 사실이다. 요컨대 성재는 마음의 주체성이나 능동성을 인정하면서도, 규범성은 인정하지 않았다. 성재는 만물의 표준이 되는 규범성은 리[성(性)]의 영역이라고 본 것이다. 성재는 자신의 입장을 이와 같이 정리한 다음, 스승 화서의 성리설에 대해 다음과 같이 정리한다.

---

27 『省齋集』卷33 頁21, 「心與明德形而上下說」: 就人一身上, 求見萬化之所由出, 則惟心可以當太極之位. 更就一心上, 指出萬理之所根極, 則惟性可以當太極之實. 言各有當, 固不可執此而病彼. …… 妄竊嘗謂世俗衆人, 終身役役於形氣作用之末, 而不知此心之爲一身主宰. 孟子大體小體之論, 政所以曉此等人也. 厥或粗知此心之爲主者, 又專守其虛靈之識, 自私自恣, 而不知天理之爲此心準則, 程子本天本心之論, 政所以警此等人也. 至若朱子此二訓, 則又可以兼救此兩等人也. 學者宜各致察焉.

우리 스승께서는 처음부터 태극의 주재와 명덕의 실체를 매우 정확하게 깨닫고 계셨다. 마음에 대해서는 만년에 정자가 진심장(盡心章)에 대해 논한 제설(諸說)을 좋아하셨고, 또 주자의 '심위태극(心爲太極)'이라는 말을 비교적 중요하게 생각하여, 늘 "태극은 천지의 마음이며, 마음은 사람에게 있는 태극"이라고 말씀하셨다. 그 뜻은 "천하의 사물이 모두 리와 기, 형이상자와 형이하자가 결합한 다음에 하나의 형체를 이루니, 어찌 마음의 경우에만 의심하겠는가? 그렇다면 마음은 리로 말해도 되고, 기로 말해도 된다. 다만 주·객의 구분을 논하자면 마땅히 형이상자를 주로 삼아야 하고 형이하자를 주로 삼을 수는 없으므로, 리로 마음을 말하는 것이 바로 정훈(正訓)이다. 마음은 모든 리가 모여 주재하는 것이므로 또 '태극의 지위'에 해당한다."는 것이었다.[28]

위의 인용문에 의하면, 화서는 심합리기설을 전제로 '마음은 리로 말해도 되고, 기로 말해도 된다'고 보면서도, 주·객을 구분할 때엔 '마땅히 형이상자를 주로 삼아야 하고 형이하자를 주로 삼을 수는 없다'는 관점에서 마음을 리로 규정했던 것이요, 또 심위태극설에 입각하여 '마음은 모든 리가 모여 주재하는 것'이므로 또 '태극의 지위'에 해당한다고 보았던 것이다. 성재는 처음에는 스승의 이러한 학설을 그대로 믿고 따랐었다. 그런데 나중에 이러한 주장에 '지나친 점'이 있다는 것을

---

28 『省齋集』卷33 頁23,「心與明德形而上下說」: 我先師從初見得太極主宰, 明德實體分外之確. 其於心也, 則晚喜程子論盡心章諸說, 而又於朱子心爲太極之言, 持守較重. 常言太極者天地之心, 心者在人之太極, 其意以爲天下之物, 皆合理氣上下兩面然後成一形, 奚獨至於心而疑之? 然則說心以理以氣, 俱無不可. 但論主客之分, 則當以上面爲主, 而不當以下面爲主, 故以理言心者, 乃是正訓, 而以其爲萬理之總會主宰也, 故又可以當太極之位也.

깨닫게 되었거니와, 그 내용을 요약하면 다음과 같다.

성재는 화서가 '마음을 형이상자로 규정한 것'에 대해 "마음의 지위를 변별하고 명목을 바로잡고자 함에 있어서는 끝내 미안한 바가 있다"고 지적하여, 그것은 명목상으로 타당하지 못하다고 비판하였다. 더나아가 화서의 심설은 또 다른 병폐를 야기할 수 있다는 것인바, 그것은 둘로 요약된다. 화서처럼 마음을 형이상자요 태극이라고 규정하면, 한편으로는 '태극의 본연한 본체'가 작용이 있는 것으로 되어 '하나의 사물'과 같게 되고, 학자의 '마음을 다스리는 공부'도 간혹 게을러져 '창광자자'에 빠질 수 있다는 것이다. 이는 근본의 매우 중요한 대목으로서 가장 조심해야 할 바요, 그냥 지나칠 수 없는 곳이므로, 시정하지 않을 수 없다는 것이 성재의 문제의식이었다.[29]

2. 성재의 화서심설에 대한 조보

앞에서 살폈듯이, 화서는 세상 만사를 '리와 기의 결합'으로 설명하면서, 리가 주인이 되고 기가 부림을 받는다면 만사가 다스려지고 천하가 편안해지나, 기가 주인이 되고 리가 부림을 받는다면 만사가 어긋나고 천하가 혼란해진다고 인식했다. 화서는 이러한 맥락에서 심즉기설(心卽氣說)을 비판하고, 마음을 리로 규정한 것이다. 또한 화서는 '리

---

29 『省齋集』卷33 頁23~24,「心與明德形而上下說」: 盖明德之爲形而上, 固所當明, 而心與明德之分, 不可以無辨. 心爲太極, 固朱子之雅言, 而性是太極, 亦朱子之成訓, 則其指意所在, 又須相對契勘, 求見致一處也. 且合理氣成形而理當爲之主, 萬事萬物之所同然, 而聖賢說話, 未有直以事物當理者, 此必有所以然. 今獨於心之爲物, 而斷之以形而上, 而目之以太極, 則可且自爲一說如程子論盡心諸條, 而欲以爲辨位正名之辭, 則終有所未安. 盖必如是立論, 則一轉再轉, 太極本然之體, 爲有作用而同於一物, 學者治心之工, 亦或怠緩而流於自恣矣. 此在根本切要之地, 最所兢兢. 不容放過處也.

의 주재'를 '리가 기를 이러저러하게 부림[使之]'으로 설명하고, 리는 기를 낳고 기를 명령하는 능동적 존재라고 역설했다. 그런데 성재는 이에 대해 '마음은 본래 형이하자'라는 명목에 어긋날 뿐만 아니라, '태극을 하나의 사물로 전락시키는 것'이요, '마음의 자용(自用)을 초래하여 창광자자에 빠질 수 있다'고 우려했다.

화서의 주장은 한마디로 '이 세상을 기의 주재에 맡길 수 없다'는 것이다. 그리하여 화서는 '일신(一身)의 주재자'요 '성정(性情)의 주재자'로 인식된 마음을 리로 규정했다[以理斷心]. 성재는 '이 세상을 기의 주재에 맡길 수 없다'는 화서의 문제의식을 적극 수용했다. 그런데 화서의 '이리단심(以理斷心)'에 대해서는 명목에도 어긋나고 다른 병폐를 초래할 수 있다는 이유로 비판했다. 이러한 맥락에서, '심즉기설(心卽氣說)을 고수하면서, 리의 능동적 주재를 옹호한다'는 것이 성재의 기본 노선이었다. 그렇다면 어떻게 '심즉기설'과 '리의 능동적 주재'를 양립시킬 수 있는가? 성재는 주자학의 핵심 명제 '심통성정(心統性情)'과 율곡학파의 통론 '리는 작위가 없으나 기는 작위가 있다[理無爲 氣有爲]'는 명제를 다시 해석하는 것에서 그 실마리를 찾았다.

먼저 성재의 '심통성정'에 대한 해석을 살펴보자. 혹자의 "무릇 본성은 형이상자인바, 마음이 만약 형이하자라면, '심통성정'은 '형이하자가 형이상자를 통섭하는 것'이니, 도치되어 거꾸로 베풀어지는 것이 아니겠는가?"라는 질문에, 성재는 '심통성정'의 '통(統)'은 '겸포(兼包)'와 '주재(主宰)' 두 뜻을 함께 지닌다고 답한 다음, 각각에 대해 다음과 같이 설명하였다.

이른바 '마음이 성·정을 겸포한다'는 것은 무슨 말인가? 마음은 사람의 몸 가운데 지각이 있어서 능히 적·감(寂感)할 수 있는 사물이다. 바야흐로 고요할 때엔 본성의 리가 갖추어져 있고, 감응함에 미쳐서는 감정의 용(用)이 행해진다. 그러므로 마음을 설명하는 사람은 항상 마음의 지각을 성·정의 바탕으로 삼고, 성·정을 이 마음이 포함하는 것으로 삼는다. 오직 이 마음이 포함하는 것이기 때문에, 그러므로 또 간혹 마음이 갖추고 있는 본성을 곧바로 가리켜 마음이라 해도 되고, 마음이 운행하는 감정을 가리켜 마음이라 해도 된다. 따라서 마음은 비록 형이하자라고 이름 붙였어도 포함하는 바는 매우 완전하며, 본성은 비록 형이상자라고 말해도 또한 이 마음의 전부 가운데 하나이다. 그러므로 '심통성정'이라는 말은 애초에 '아랫것이 상전을 통섭한다[以下統上]'는 혐의를 제기할 수 없는 것이다.[30]

성재는 '마음이 성·정을 겸포함'을 "마음이 고요할 때엔 본성의 리가 갖추어져 있고, 감응함에 미쳐서는 감정의 용(用)이 행해진다"는 뜻으로 풀이했다. 그리고 겸포의 맥락에서 보면 본성은 마음의 일부분이므로, 마음이 형이하자라 하더라도, '아랫것이 상전을 통섭한다[以下統上]'는 혐의는 부당하다고 설명했다.[31]

주자는 '심통성정'을 '마음이 본성을 포함하고 있으면서[包含該

---

30 『省齋集』 卷33 頁16, 「心與明德形而上下說」: 所謂兼包性情者, 心是人身中, 有知覺能寂感之物也. 方其寂也, 性之理具焉; 及其感也, 情之用行焉. 故說心者, 常以心之知覺爲性情之田地, 而以性情爲此心之所包. 惟其爲此心之所包也, 故又或直指所具之性, 而曰此心也亦得; 指所行之情, 而曰此心也亦得. 以是則心雖據形而下者名之, 而所包則極其全; 性雖指形而上者言之, 而亦是此心全部內一體, 故其言心統性情者, 初未可以以下統上爲嫌矣.
31 '以下統上'이라는 혐의는 바로 화서가 제기한 혐의였던 바, 성재는 '心이 性·情을 兼包한다'는 맥락에서 그러한 혐의를 일축한 것이다.

載] 지각작용을 통해 감정으로 베풂[敷施發用]'³²으로 풀이한 바 있는데, '포함해재(包含該載)'는 겸포에 해당하고 '부시발용(敷施發用)'은 주재에 해당한다는 것이 그동안의 통론이었다. 그런데 위에 보이듯이, 성재는 겸포를 설명하면서 '포함해재'와 '부시발용'을 모두 거론하였다. 다시 말해, 성재는 기존에 주재로 간주되던 '부시발용'을 겸포로 간주한 것이다. 그리고는 '주재'에 대해서는 다음과 같이 설명한다.

이른바 '마음이 성·정을 주재한다'는 것은 무슨 말인가? 주자는 일찍이 "마음이 성·정을 주재한다는 것은 또한 이치가 분명하다. 미발시에 '지각이 어둡지 않음'은 '마음이 본성을 주재함'이 아니겠는가? 이발시에 '품절(品節)이 어긋나지 않음'은 '마음이 감정을 주재함'이 아니겠는가?"라고 했으며, 또 "감정은 본성에 근원하면서 마음의 주재를 받는다. 천리·인욕과 중절·부중절의 나뉨은 다만 마음의 주재 여부에 달린 것이다."라고 했다. 이것으로 보면, '주재'란 곧 이 마음의 본연지칙(本然之則)으로서, 앞에서 말한 '리가 주가 되는 곳[理爲主處]'³³이요, 일반적으로 말하는 '사람의 몸 가운데 지각하여 능히 적감(寂感)하는 것'이 모두 주재라는 명목에 해당하는 것은 아니다. 그렇다면 '심통성정'이라는 말이 어찌 다시 도치되어 거꾸로 베풀어지는 것이라고 의심할 수 있겠는가?³⁴

---

32 『朱子語類』卷5(88쪽) : 性是理 心是包含該載 敷施發用底.
33 성재는 '本心·良心·道心·仁義之心'을 거론하면서 "이 네 종류의 心은 본래 모두 '리가 주가 되는 곳(理爲主處)'을 따라 이름을 얻은 것이니, 그러므로 諸般 性理와 다시 분별하지 않고 互換하며 通說하는 것"이라고 설명한 바 있다(『省齋集』卷33 頁13~14, 「心與明德形而上下說」: 此四種心 本皆從理爲主處得名 故與諸般性理 互換通說 更無分別).
34 『省齋集』卷33 頁16, 「心與明德形而上下說」: 所謂主宰性情者, 朱子嘗言"心主性情, 理亦曉然 未發而知覺不昧者, 非心之主乎性者乎? 已發而品節不差者, 非心之主乎情者乎?" 又言"情根乎性而宰乎心, 天理人欲之判, 中節不中節之分, 特在乎心之宰與不宰耳."

성재는 "일반적으로 말하는 '사람의 몸 가운데 지각하여 능히 적감(寂感)하는 것'이 모두 주재라는 명목에 해당하는 것은 아니다."라고 했거니와, 이는 '지각작용을 통한 부시발용'을 '주재'로 간주하던 기존의 통론을 비판하는 것이다. 성재는 그 대신 '주재'를 '미발시에 지각이 어둡지 않게 하고 이발시에 품절이 어긋나지 않게 함', 즉 '미발시에 중(中)을 이루고 이발시에 화(和)를 이루게 함'으로 설명했다.[35] 성재는 또한 "주재란 곧 이 마음의 본연지칙으로서, 리가 주가 되는 곳"이라 했거니와, 이는 '주재'의 주체는 마음의 본연지칙으로서의 '리'라는 뜻이다.

요컨대 위의 인용문에서 주목할 것은 두 가지이다. 첫째, 성재는 지각과 주재를 별개로 보았다는 점이다. 둘째, 리와 기가 결합된 마음 가운데, 지각의 주체는 기이지만 주재의 주체는 리라고 보았다는 점이다. 성재는 이 두 주장을 바탕으로 '마음은 형이하자[事物]'라는 주장을 고수하면서 '리의 능동적 주재'를 옹호할 수 있는 길을 찾아낸 것이다.

이제 성재의 '리무위 기유위(理無爲 氣有爲)'에 대한 설명을 살펴보자. 성재는 율곡학파의 통론 '리무위 기유위(理無爲 氣有爲)'에 대해 '다만 현상적으로 그런 것'이라 하였다. 성재에 의하면, 형이상자인 리의 작위는 눈에 보이지 않으므로 '리는 작위가 없다'고 말하는 것일 뿐, 그 근원을 논하면 '천지의 조화(造化)와 사람 마음의 운용이 모두 리가

以是則主宰云者, 卽是此心本然之則, 而向所謂理爲主處是也. 非泛言人身中有知覺能寂感者, 皆可以當此目也. 然則其言心統性情者, 豈復有倒與逆之可疑乎?

35 心統性情'을 '마음이 性을 포함하고 있으면서 지각작용을 통해 情으로 베품'으로 설명하는 것은 '事實的 설명'이요, '未發時에 中을 이루고 已發時에 和를 이루게 함'으로 설명하는 것은 '當爲的 설명'이다. 주자의 心統性情에 대한 설명은 사실적 설명과 당위적 설명이 혼재하여 일관성이 없는 편이다(이에 대한 자세한 논의는 이상익, 「朱子 心統性情論의 양면성과 退·栗 性理學」 참조). 그런데 성재는 주자의 사실적 설명을 '兼包'로, 당위적 설명을 '主宰'로 해석하는 것이다.

하는 일'이라는 것이다.

이른바 '리는 작위가 없고, 기는 작위가 있다[理無爲 氣有爲]'는 것은 다만 그 형적을 두고 말하는 것이다. 만약 그 근원을 논한다면, 리는 진실로 기의 주재자요, 기는 리가 부리는 바이다[理之所使]. 그러므로 무릇 천지의 조화와 사람 마음의 운용은 모두 리가 하는 일이다[理之所爲]. 다만 비록 리가 하는 일이라 하더라도, 일을 한다고 하면 곧바로 이미 기의 영역과 교섭하게 되니, 결국 정·변·진·망(正變眞妄)이 뒤섞이는 것이다. 그러므로 형이하자에 속하게 되는 것인데, 그 가운데 바르고 참된 것을 골라 '리'라고 지목하는 것이다. 만약 '태극은 본래 주재의 실질이 없어서, 기기(氣機)가 스스로 운행하는 것에 일임하는 것'이라면, 태극은 쓸데없는 군더더기인 것이니, 어찌 족히 만화(萬化)의 추뉴(樞紐)가 될 수 있겠는가? 이는 모두 크게 의심스러운 바이다.[36]

위에 보이는 것처럼, 성재는 '리의 능동적 작위'를 역설하고, 이를 곧바로 '리의 주재'와 연결시켰다. 요컨대 성재는 '리의 주재'를 '리가 능동적으로 기를 부림[使之]'으로 해석하고, "리는 진실로 기의 주재자요, 기는 리가 부리는 바"라고 단언했다. 그리고는 율곡학파의 통론처럼 기의 운동을 '기자이(機自爾)'로 규정하는 것은 리의 주재를 부정하

36　『省齋集』卷33 頁22~23, 「心與明德形而上下說」: 夫所謂理無爲氣有爲者, 特以其迹言之耳. 若論其本, 則理實爲氣之主, 而氣卽是理之所使也. 故凡天地造化, 人心運用, 皆理之所爲也. 但雖理之所爲, 而纔說有爲時, 便已交過氣界來, 須有正變眞妄之雜. 故且屬之形而下者, 就其中揀別出正而眞者, 目之以理耳. 若太極本無主宰之實, 而一任氣機之自運, 則便是無用之贅物, 惡足爲萬化之樞紐耶? 是皆可疑之大者也.

여 리를 쓸데없는 '군더더기'로 전락시키는 것이라고 비판했다.

이제 성재가 화서의 심설을 조보한 내용에 대해 살펴보자. 위와 같이 자신의 견해를 정립한 성재는 병술년(丙戌年, 1886) 12월 중암에게 편지를 올려 화서의 심설에 대해 조보할 필요가 있다는 의견을 피력했다. 성재는 화서의 명덕주리설(明德主理說)에 대해서는 추호도 의심하지 않지만, '마음과 본성'을 일리상(一理上)에 나아가 '주재(主宰)와 준칙(準則)'으로 구분하는 것은 아무래도 견강부회 같아서 납득할 수 없다고 고백했다.[37]

화서설에 대한 성재의 비판은 '마음과 본성'을 '주재와 준칙'으로 구분함에 초점이 있는 것이 아니다. 성재 역시 '마음과 본성'을 '주재와 준칙'으로 구분한다. 성재의 비판의 초점은 화서가 '마음과 본성'을 '오로지 일리상(一理上)에 둠'에 있었다. 이와 같은 문제의식 아래, 성재는 '마음과 본성'을 '형이하의 사물과 형이상의 준칙'으로 구분해야 마땅하다고 보았던바, 이것이 화서의 심설에 대한 조보의 핵심 내용이었다. 성재는 다음과 같이 말한다.

> '마음과 본성'은 '사물과 준칙'으로 나누는 것이 본분상 마땅하다. '마음의 주재'를 말하자면 바로 마음의 본직(本職)이다. '마음의 지각'은 그 본직을 얻을 때도 있고, 그 본직을 잃을 때도 있다. 그 본직을 얻었을 때가 바로 이 '마음의 리가 주인이 된 곳'이니, '주리(主理)'로 말하는 것이 실로 합당하다. 그러나 그렇다고 해서 마침내 마음을 형이상자라고 부르며 본성과 동등하게 보는 것은 끝내 온당하지 못한 것 같다.

---

37 『省齋集』卷7 頁4, 「上重菴先生(丙戌12月)」: 盖於明德以理言之大指, 不敢有一毫致疑. 惟以明德屬理之故, 而並與心喚做理, 凡心與性對擧處, 專就一理上, 分主宰準則說, 不復以物則之別爲言. 此於心有牽強不自得處.

대개 '형이상자'는 '도리의 본연'으로서, '사물이 준칙으로 삼는 바'가 된다. 예컨대 '도(道), 리, 성(性), 덕(德)' 등은 그 큰 조목이고, '중정(中正), 인의(仁義), 효제(孝弟), 충신(忠信)' 등은 작은 조목이다. 무릇 '형이하자'는 '사물의 그러함'으로서, '정리할 바에 따라 이름을 얻는다. 예컨대 '인(人), 물(物), 신(身), 심(心)' 등은 그 큰 조목이고, '지각(知覺), 호오(好惡), 시청(視聽), 언동(言動)' 등은 작은 조목이다. 이처럼 (형이상자(形而上者)와 형이하자(形而下者)는) 그 면목과 형용(形容)이 원래 다르다. '도리(道理)'에는 '아직 발현되지 않은 것'과 '이미 발현된 것'의 구분이 있다. '이미 발현되어 모양과 상태가 있는 것은 진실로 그 사물에 나아가 말할 수는 있으나, 곧바로 형이하의 조목에 넣어서는 안 된다. '사물(事物)'에는 '아직 변별되지 않은 것'과 '이미 변별된 것'의 구분이 있다. '이미 변별되어 준칙이 있는 것은 실로 주리(主理)로 말할 수 있으나, 마침내 형이상의 조목으로 간주해서는 안 된다. 이것이 그 지두(地頭)로서, 다투는 것은 얼마 되지 않으나, 그 구분은 끝내 혼동해서는 안 된다.[38]

위의 첫째 문단에서는 '마음과 본성'은 '사물과 준칙'으로 나누는 것이 본분 상 마땅하다고 선언하고, 마음은 어디까지나 '형이하의 사

---

38 『省齋集』 卷7 頁4~5, 「上重菴先生(丙戌12月)」: 畢竟以物則分心性者, 當爲本分面勢. 至若心之主宰, 乃心之本職也. 心之知覺, 有得其本職時, 有失其本職時. 得其本職時, 政是此心之理爲主處, 固合主理而言. 然以此之故, 而遂將心喚做形而上者, 與性齊頭平看, 則終似未穩. 蓋凡言形而上者, 以道理之本然, 而爲物所準則得名, 如曰道曰理曰性曰德之屬, 卽其大目也. 其細目, 則如中正仁義孝弟忠信之屬, 是也. 凡言形而下者, 以事物之其然, 而在所當整理者得名, 如曰人曰物曰身曰心之屬, 卽其大目也. 其細目, 則如知覺好惡視聽言動之屬, 是也. 此其面目形容, 元自不同. 所謂道理者, 有未發已發見之分. 其已發見有貌狀者, 固可卽物言之, 而不可直以當形而下之目. 所謂事物者, 有未揀別已揀別之分. 其已揀別有準則者, 固可主理言之, 而不可遂以作形而上之目. 此其地頭, 所爭不能幾何, 而其分則終有不可混者矣.

물'이라는 점을 강조했다. 여기서 주목할 것은, 성재가 '마음의 지각'과 '마음의 주재'를 구분하고 있다는 점이다. 앞에서 살폈듯이, 성재는 '주재'를 '미발시에 지각이 어둡지 않게 하고 이발시에 품절이 어긋나지 않게 함', 즉 '미발시에 중(中)을 이루고 이발시에 화(和)를 이루게 함'으로 설명했다. 성재에 의하면 '마음의 지각'은 마음의 본직인 주재를 제대로 실현할 때도 있고, 제대로 실현하지 못할 때도 있다. 마음의 지각이 주재를 제대로 실현하여 '중화(中和)'를 이루었을 때엔 '마음의 리가 주인이 된 곳'이니, '주리(主理)'로 말할 수 있으나, 그렇다고 해서 마침내 마음을 형이상자라고 부를 수는 없다는 것이 첫째 문단의 요지이다.

둘째 문단은 형이상자와 형이하자를 원론적으로 구분함으로써 첫째 문단의 논지를 뒷받침한 것이다. 형이상자는 '도리의 본연'으로서 '사물이 준칙으로 삼는 바'가 되며, 형이하자는 '사물의 그러함'으로서, '정리할 바'가 된다. 성재는 어떤 사물에 도리의 본연한 준칙이 구현되었을 경우, 그 사물을 '주리(主理)'라 말할 수는 있지만, 그 사물을 결코 '형이상자[理]'라고 말할 수는 없다고 설명했다. 이는 요컨대 '본심(本心)·양심(良心)·도심(道心)·인의지심(仁義之心)' 등에 대해 '리가 주가 된 것[理爲主]'이라고 말할 수는 있지만, 곧바로 '리'라고 말할 수는 없다는 뜻이다.

성재는 자신의 이와 같은 견해를 담은 편지를, 자신의 견해를 뒷받침할 수 있는 논설 〈심여명덕형이상하설(心與明德形而上下說)〉·〈고성현설심원위(古聖賢說心源委, 心說源委)〉와 함께 중암에게 올렸다. 그런데 중암은 성재의 '조보(調補)' 시도를 '가당치 못한 것'으로 규정하고, 혹독하게 비판했다. 그리하여 화서학파의 심설논쟁이 본격적으로 시작된 것이다.

Ⅳ. 결론

성재는 '이 세상을 기의 주재에 맡길 수 없다'는 화서의 문제의식을 적극 수용했다.[39] 그런데 화서의 '이리단심(以理斷心)'에 대해서는 명목에도 어긋나고, 경전이나 선유(先儒)의 학설과도 어긋나며, 여러 병폐를 야기할 수 있다는 이유로 비판하면서 '조보의 필요성'을 제기했다. 사실 화서의 성리설은 리선기악론(理善氣惡論)에 입각하여 기를 철저히 배격하고, 리를 기로부터 아무것도 빌리지 않아도 되는 자족적 존재로 승격시킴으로써, '리만으로 이루어지는 세계'를 추구한 것으로서, 기존 성리학의 일반론과 매우 동떨어진 것이다. 전통 성리학에는 리선기악(理善氣惡)의 사고가 전혀 없는 것은 아니지만, 성리학의 일반론은 '리와 기의 상호보완적 결합'을 중시하는 리주기자론(理主氣資論)이었다.

이처럼 화서의 심설은 기존 성리학의 일반론과 다른 매우 독특한 이론체계였거니와, 이러한 독특한 체계가 그에 상응하는 어떤 '실천적 효과'를 낳는 것인가? '이리단심(以理斷心)'을 글자 그대로 풀이하면 '우리의 마음을 리로 단정하는 것'이다. 기존의 성리학에서는 학파에 따라서 우리의 마음을 '기'로 규정하기도 했고 '리와 기의 결합'으로 규정하기도 했는데, 이들의 공통점은 마음을 '실천의 주체'인 동시에 '수양(修養, 存養省察)의 대상'으로 삼는다는 점이다. 그런데 우리 마음을 리로 단정하면, 한편으로는 '마음의 자율성(주체성)'을 한껏 옹호할 수 있지만, 한편으로는 '마음에 대한 존양성찰의 필요성'이 희미해진다. 그

---

39 華西의 以理斷心은 '주재자인 心을 氣로 규정할 수 없다'는 문제의식에서 출발한 것인 바, 省齋는 '心의 知覺은 氣의 몫이나, 心의 主宰는 리의 몫'이라 함으로써 華西說의 취지를 계승했다.

런데 성재는 이 가운데 후자를 주목하여, 화서의 이리단심(以理斷心)을 조보하고자 한 것이다. 성재의 다음과 같은 말을 다시 보자.

> 지금 오직 마음이라는 사물에 대해서만 형이상자로 단정하고 태극(太極)으로 명목을 붙인다면 정자(程子)가 진심장(盡心章)에 대해 논한 제설(諸說)처럼 또한 스스로 하나의 학설이 될 수 있겠으나, 마음의 지위를 변별하고 명목을 바로잡고자 함에 있어서는 끝내 미안한 바가 있다. 대개 반드시 이처럼 입론(立論)한다면, 한 번 구르고 두 번 구르는 가운데 '태극의 본연한 본체'는 작용이 있는 것으로 되어 하나의 사물과 같게 되고, '학자의 마음을 다스리는 공부'도 간혹 게을러져 창광자자(猖狂自恣)에 빠질 것이다. 이는 근본의 매우 중요한 대목으로서 가장 조심해야 할 바요, 그냥 지나칠 수 없는 곳이다.[40]

화서의 심설이 위와 같은 폐단을 낳을 수 있다는 점을 부정할 수 없다면, 우리는 화서의 심설에 대해 좋은 평가를 내리기 어려울 것이다. 그리고 이러한 평가는 화서설을 그대로 조술(祖述)하고자 했던 중암(重菴)에게도 그대로 적용되는 것이다.

다음, 성재설에 대한 평가이다. 성재는 화서의 이리단심(以理斷心)이 성리학의 일반론과 매우 동떨어진 것임을 깨닫고, 성리학의 일반론에 따라 마음의 당체(當體)인 '신명(神明)'을 '허령지각(虛靈知覺)' 또는 '기의 정상(精爽)'으로 규정함으로써 '평실(平實)하여 폐단이 없는 체계'로 되돌아가고자 했다. 이 점에 있어서는 성재설이 오히려 이론적으로 타당

---

40 『省齋集』 卷33 頁23~24, 「心與明德形而上下說」.

하다고 볼 수 있겠다. 그런데 중암은 성재에게 다음과 같은 문제를 제기한 바 있다.

'신명(神明)'은 곧 『대학』의 주(註) '허령불매(虛靈不昧)'의 변문(變文)이다. '허령불매'는 주자가 '명덕'을 설명한 말인데, (그대는) 만족스럽게 여기며 명덕을 리로 설명했다. …… 그런데 지금 신명에 대해 과도할 정도로 오로지 기에 소속시킬 것을 요구한다면, 어찌 스스로 모순되는 것이 아니겠는가? 이러한 모순을 피하고자 한다면, 명덕에 대해서도 요즘 사람들의 주장에 따라 단연코 '기의 본연'이라고 규정해야 옳을 것이다. 어찌하여 저기에서는 리라 하고, 여기에서는 기라 하는가?[41]

주자는 '마음'에 대해 『맹자집주』에서 "심(心)은 사람의 신명(神明)으로서, 중리를 갖추고[具衆理] 만사에 응하는[應萬事] 것"이라고 설명한 바 있고, '명덕'에 대해서는 『대학장구』에서 "명덕이란 …… 허령불매(虛靈不昧)하여, 중리를 갖추고[具衆理] 만사에 응하는[應萬事] 것"이라고 설명한 바 있다. 중암의 주장처럼 '신명'을 '허령불매'와 같은 내용으로 본다면, '마음'과 '명덕'은 내용적으로 같은 것이 된다. 그런데 성재는 위의 두 주석을 유념하면서도 '마음은 기, 명덕은 리'라고 주장했던 바, 중암은 이를 '모순'이라고 지적한 것이다. 따라서 성재는 주자가 똑같은 주석을 붙인 '마음[神明]과 명덕[虛靈不昧]'을 왜 각각 '기와 리'로

---

41 『重菴集』卷20 頁27, 「答柳穉程(心說源委辨)」: 第神明, 卽大學註虛靈不昧之變文也. 虛靈不昧, 朱子旣曰說明德, 意已足而明德之以理言. …… 然則今於神明, 苦要專屬之氣, 豈不自相逕庭乎? 欲勿逕庭, 則明德亦須一依時說, 斷斷以氣之本當之, 可矣. 何故, 在彼則謂理, 在此則爲氣也?

다르게 규정하는지 설명해 주어야 할 것이다.

화서는 명덕주리론(明德主理論)을 주장하고 또 마음도 리로 단정했는데, 성재는 명덕주리론은 수용하면서 마음을 리로 규정하는 것은 반대했다.[42] 성재는 또 화서의 '리가 능동적으로 운동하면서 기를 부린다'는 주장도 수용했다. 그런데 이러한 주장들은 이주기자론(理主氣資論)과 부합하기 어려운 주장들이다. 요컨대 이러한 맥락에서 성재설 전반의 이론적 정합성이 문제되는 것이다.

논자가 보기에, 〈형기신리설(形氣神理說)〉로 대변되는 화서의 심설은 오히려 이론적 정합성을 갖춘 편이다. 문제는 그것이 기존 성리학의 일반론과 크게 어긋난다는 점이요, 또 사실의 세계와 동떨어진 관념적 주장이라는 점이다.[43] 그런데 성재설은 화서설의 문제점을 조보하고자 한 결과, 기존 성리학의 일반론과 화서설 사이에서 어중간하게 절충함으로써 이론적 정합성을 확보하지 못한 것으로 보인다.

---

42 省齋의「心與明德形而上下說」이 바로 그 내용이다.
43 '사실의 세계와 동떨어진 관념적 주장'이란 본래 氣에 속하는 '心의 神明'을 華西가 理로 단정한다고 해서 '실제로 神明이 理가 되는 것은 아님'을 말한다.

4
화서학파 김평묵과 유중교의 심설 논쟁

김근호

I. 서론

이항로(李恒老, 1792~1868)의 성리설에 기반한 화서학파(華西學派)는 위정척사파로 잘 알려진 김평묵(金平黙, 1819~1891), 유중교(柳重教, 1832~1893), 최익현(崔益鉉, 1833~1907), 유인석(柳麟錫, 1842~1915) 등이 대표적 문인들이다. 이항로 사후 직전제자였던 김평묵과 유중교가 화서학파를 이끌었다. 화서학파의 지역적 영향력은 이항로의 거주지였던 경기도 양평을 중심으로 김평묵과 유중교가 머물렀던 가평, 춘천, 제천, 포천 등 경기·강원·충청 지역까지 확대되어 있었다. 또한 호남지역에서도 최익현을 중심으로 문인들이 형성되었고, 평안도 태천(泰川)을 근거지로 한 관서·관북지역에서도 박문일(朴文一, 1822~1894)·박문오(朴文五,

---

* 김근호(청주교육대학교 윤리교육과 교수) 이 글은 「金平黙과 柳重教의 心說論評에 대한 小考」(『韓國思想史學』 제27집, 한국사상사학회, 2006. 12.)이란 제목으로 게재되었던 것을 고쳐 쓴 원고임을 밝혀둔다.

1834~1899)가 제자들을 양성하였다.

조선 성리학사의 흐름에서 보면, 화서학파는 율곡학파의 학맥을 계승하고 있으면서 '주리(主理)'¹의 성리설을 확립시켰던 학파로 알려져 있다. 그러나 율곡학맥에서 주리의 성리설은 논란의 소지가 있다. 퇴계학파의 성리설과 대비되며 '주기론(主氣論)'으로 지칭되었던 율곡학파와는 상충되는 이론으로 보이기 때문이다. 더욱이 이러한 표면적 차이를 넘어 성리설 자체에 있어서도 차이를 보인다. 이황이 사단(四端)과 칠정(七情)을 '리발이기수지(理發而氣隨之)'·'기발이리승지(氣發而理乘之)'로 구분하며 제시하였던 '리발(理發)'에 대해 이이는 '기발리승일도(氣發理乘一途)'를 주장하며 '리발'의 모순점들을 비판하였다. 이것이 이이를 '주기론'으로 평가하는 하나의 이유이기도 하였다. 그런데, 이항로는 오히려 이황의 '리발'을 긍정하였다.² 화서문인들 또한 '주리'를 이항로의 대종지(大宗旨)로 인식하였다. 이에 따라 화서학파에 대한 조선 성리학사의 계통적 위치는 여전히 논란이 있을 수밖에 없다.³

이항로의 성리설이 비록 '불유사승(不由師承)'으로 평가되지만 학파

---

1   '主理'라는 용어의 사용은 대개 두 가지 측면에서 고려되어야 한다. 학계에서 사용하는 학술 용어로서의 '主理'와 조선시대 성리학자들이 사용하였던 '主理'라는 용어이다. 본 논문에서는 주로 후자의 용어로서 한정하여 사용할 것이다.

2   李恒老, 『華西集』, 권12, 「答崔贊謙」(戊申冬).

3   이항로의 '主理論'으로 인해 화서학파에 대한 학계의 학파적 규명은 다양하게 주장되고 있다. 이항로의 성리설을 율곡학파의 학맥을 잇는 主理派로서 규정하는 연구가 있고, 主理論을 퇴계학으로부터의 영향으로 규정하는 연구, 그리고 호락논쟁의 사상적 계보에서 낙학파의 영향하에 그의 성리설을 규정하는 연구가 있다. 전자는 현상윤의 『조선유학사』(민중서관, 1949), 배종호의 『한국유학사』(연대출판부, 1974), 윤사순의 『조선말기 주리파 사상』(『퇴계학보』, 제42권, 1984) 등이고, 두 번째 입장은 이병도의 『한국유학사』(아세아문화사, 1987), 금장태의 『화서학파의 철학과 시대의식』(태학사, 2001) 등이다. 세 번째 입장은 장지연의 『조선유교연원』(아세아문화사, 1973)이다.

적 정체성은 여전히 율곡학맥에 연결되어 있다. 이러한 학파적 정체성
으로 인해 화서문인들에게서 심설논쟁[4]이 벌어졌다. 이 논쟁은 심(心)
에 관한 성리학 규정을 두고 대립하였던 것으로, 특히 이항로가 '주리
론'의 관점에서 심론(心論)을 정립함으로써 발생하는 철학적 갈등이었
다. '이리언심(以理言心)'이라는 이항로의 심설(이하 화서심설(華西心說)로 통
칭)은 '성즉리(性卽理)'와 '심시기(心是氣)'를 통해 심성(心性)을 구분하였
던 율곡학파의 성리학 명제들과도 대치되었기 때문이다. 그러나 심을
둘러싼 이러한 논쟁은 화서학파에 그치지 않았고, 한주학파, 간재학파
등을 중심으로도 유사한 논쟁들이 벌어졌다.

이 논쟁들의 전개과정을 확인할 수 있는 왕복서간문에 대한 연구
는 아직까지 없다. 비록 논쟁의 주요한 논지들과 그 흐름에 대해서는
이미 선행 연구들이 있지만, 논쟁의 전개과정을 볼 수 있는 구체적 자
료들에 대한 제시가 불분명하다. 이에 심설논쟁을 화서학파에 제한하
여 논쟁의 시계열(時系列)에 따른 전개과정을 밝히고자 한다. 특히 이
논쟁의 주요 내용이 유중교와 김평묵을 중심으로 전개되었다는 점에
서 그 자료들에 대한 정리도 이들을 중심으로 제시하고자 한다. 그리
고 유중교의 문제의식을 중심으로 이 논쟁의 쟁점들을 밝혀보고자 한
다. 유중교가 제시하는 논제들을 통해 화서문인들의 철학적 문제의식
들을 드러내고, 이것을 통해 논쟁의 의미를 밝히려 한다.

---

[4] 심설논쟁에 대한 연구논문에는 오석원의 「화서학파의 심설논쟁에 대한 고찰」(『道原柳承國博士華甲紀念論文集.東方思想論攷 : 그 本質과 現代的 解釋』, 종로서적, 1983), 박홍식의 「명덕리기논변」(『동양철학연구』 제20집, 동양철학연구회, 1999), 이상익의 「조선후기 명덕논쟁과 그 의의」(『동양철학연구』 제39집, 동양철학연구회, 2004) 등이 있다.

Ⅱ. 심설논쟁의 발단과 전개

1. 논쟁의 배경

김평묵과 유중교 사이의 심설논쟁은 유중교의 '화서선생의 심설을 조보[5][調補華西先生心說]'하려는 의도에서 비롯되었다. 조보(調補)하려는 의도는 심을 리(理) 위주로 규정한 이항로가 성(性)과 심을 구별하지 못했다는 비판을 막기 위해서였다. 유중교는 조보의 글을 인가(認可)받기 위해 1886년(丙戌) 12월 김평묵에게 편지와 함께 보냈다. 이 편지에 따르면, 유중교의 조보 시작은 화서심설(華西心說)에 대한 의문을 갖게 된 1854년 즈음부터였다. 그 이후 화서심설에 대한 의문들을 어느 정도 정리하고, 심과 성을 리의 측면에서 동일하게 규정할 수 없다는 논리가 갖춰진 것은 1865년으로 보인다. 당시 김평묵에게 보낸 편지에서 심과 명덕(明德)이 분명하게 구별된다는 논제를 제기하며 심을 주리의 관점에서만 규정할 수 없음을 주장하였다.[6] 이해부터 김평묵과 유중교의 심설논쟁은 이미 서서히 불씨로 잠재하기 시작하였고, 20년이 지난 1886년에 발화하였다.

심설논쟁이 본격화하기까지 20여년 동안 유중교는 화서심설에서 심성(心性) 구분의 논거들을 찾았을 것이다. 아울러 유중교에게 조보의 필요성에 대한 외부적 자극제가 지속적으로 더해졌다. 1865년 겨울 임

---

5 '調補'라는 단어가 본격화되는 시기는 1888년 5월 전후이다. 비록 논쟁 중간에서 이 '조보'라는 단어가 나타나지만, 이 단어에는 유중교의 의도가 담겨 있기 때문에 이 논문에서는 '논쟁의 발단이 되는 유중교의 심설'이라는 의미로 이 단어를 사용한다.

6 柳重敎(이하 생략), 『省齋先生文集』, 권5, 「上重菴先生」: 惟是大學所謂明德與心字, 面勢又却自別, 謂心合理氣則可矣. 而謂明德合理氣, 則不可. 心固有以理言, 有以氣言, 而明德則有以理言, 無以氣言.

헌회(任憲晦, 1811~1876)의 제자였던 전우(田愚, 1841~1922)를 만나 심성·리기·태극(太極)·명덕(明德)에 대한 논쟁을 벌였고, 이를 계기로 1878년까지 심설에 대한 논쟁을 벌였다.[7] 전우가 끊임없이 제기하는 주요 비판이 '기를 리로 오해한다[認氣爲理]'라는 혐의였다. 전우는 화서학파의 '주리적 심(主理的心)'이 양명학의 '심즉리(心卽理)'와 같은 것이고 '성즉리'·'심시기'라는 율곡학의 명제에도 어긋나는 것이라고 비판하였다. 유중교는 전우와 이 문제를 논쟁하면서 화서심설에 대한 조보의 필요성을 절감하였던 것으로 보인다. 이것은 '인기위리(認氣爲理)'에 대한 혐의를 피하고자 조보하였다는 술회에서 짐작할 수 있다. 전우와 논쟁하는 동안 그는 1867년 『화서아언(華西雅言)』 12권의 편찬에 참여하였고, 이후 1874년 『화서아언』 개정과 간행에 참여하며 화서심설의 본지를 정리하였다. 1868년 스승 이항로의 사후에 전우와의 논쟁과 『화서아언』의 간행을 거치면서 '인기위리'에 대한 혐의를 해명하기 위한 조보를 본격화하였다.

2. 시계열에 따른 논쟁의 흐름과 논제

유중교와 김평묵의 심설 논쟁 왕복서를 시계열(時系列)에 따라 정리하면 다음과 같다.

① 1886년(丙戌) 12월: 『성재선생문집(省齋先生文集)』, 권33, 「심여명덕형이상하설(心與明德形而上下說)」

---

7   김근호, 「유중교와 전우의 심설논쟁에 대한 연구」, 『한국사상사학』, 제28집, 2007.

② 1886년(丙戌) 12월:『성재선생문집(省齋先生文集)』, 권7,「상중암선생(上重庵先生)」

③ 1887년(丁亥) 1월~7월 사이:『중암선생문집(重菴先生文集)』, 권20,「답유치정(答柳穉程)【심설원위변(心說源委辨)】」

④ 1887년 9월:『중암선생문집(重菴先生文集)』, 부록권6,「연보(年譜)」, '8월'조

⑤ 1887년(丁亥) 겨울:『중암선생문집(重菴先生文集)』, 별집권7,「화서이선생심설본의(華西李先生心說本義)」/「화서선생아언심설고증(華西先生雅言心說考證)」/「독화서선생아언(讀華西先生雅言)」

⑥ 1888년(戊子) 2월 10일:『성재선생문집(省齋先生文集)』, 권7,「상중암선생(上重庵先生)」

⑦ 1888년(戊子) 2월 25일:『성재선생문집(省齋先生文集)』, 권7,「상중암선생(上重庵先生)」

⑧ 1888년(戊子) 3월:『성재선생문집(省齋先生文集)』, 권7,「상중암선생(上重庵先生)」

⑨ 1888년(戊子) 3월 2일:『중암선생문집(重菴先生文集)』, 권21,「답유치정(答柳穉程)」

⑩ 1888년(戊子) 4월:『중암선생문집(重菴先生文集)』, 권21,「여유치정(與柳穉程)」

⑪ 1888년(戊子) 4월:『중암선생문집(重菴先生文集)』, 권21,「답유치정(答柳穉程)」

⑫ 1888년(戊子) 4월 28일:『성재선생문집(省齋先生文集)』, 권7,「상중암선생(上重庵先生)」

⑬ 1888년(戊子) 6월:『중암선생문집(重菴先生文集)』, 권21,「답유치정(答柳穉程)」

⑭ 1888년(戊子) 8월 19일: 『성재선생문집(省齋先生文集)』, 권7, 「상중암선생(上重庵先生)」

⑮ 1888년(戊子) 9월: 『성재선생문집(省齋先生文集)』, 권7, 「상중암선생(上重庵先生)」

⑯ 1888년(戊子) 10월: 『성재선생문집(省齋先生文集)』, 권7, 「상중암선생(上重庵先生)」

화서학파 내의 논쟁은 유중교가 김평묵에게 보낸 1886년 12월 편지 ②「상중암선생(上重菴先生)」에서 시작되었다. 이 편지와 함께 동봉하였던 논문이 있는데, 심설에 관한 옛 성현의 말들을 수십 조목으로 가려뽑은 「고성현설심원위(古聖賢說心源委)」[8]가 그것이다. 그 내용은 남아 있지 않고 다만 김평묵의 1887년 답서 ③「답유치정(答柳穉程)【심설원위변(心說源委辨)】」에 조목별로 나누어져 있기 때문에 전체적 맥락을 살피는 데는 한계가 있다. 유중교의 조보 내용은 답서 ③보다는 오히려 편지 ②와 논문 ①「심여명덕형이상하설(心與明德形而上下說)」에서 분명하게 확인할 수 있다.

편지 ②에서 유중교는 화서심설의 문제점을 제기하였다. 그는 이항로가 명덕을 리에 분속시키면서 심까지 리에 분속시킨 것이 문제라고

---

8 「古聖賢說心源委」은 김평묵의 답신에서 「心說源委」로 표현되어 있지만, 여기서는 유중교의 편지와 조목에서 밝힌 구절을 그대로 인용하여 제목으로 사용한다. 다만, 유중교 또한 1888년 2월 편지 ⑥「上重庵先生」에서 「心說源委」라는 표현을 쓰는데, 이것은 「古聖賢說心源委」들의 내용뿐만 아니라 이후 김평묵과의 논쟁을 통해 수정한 심설 논거들이라는 점에서 두 용어를 구분하고자 한다. 본 논문에서는 초기 논쟁의 발단이 되는 유중교의 심설 논거들을 「古聖賢說心源委」이라고 표현하고, 이후 개정하거나 정리한 유중교의 심설 논거 일반을 '心說源委'라고 한다.

지적하였다. 명덕을 리로써 말하는 것에 대해서는 이론(異論)이 없지만, 이것을 전제로 심까지 리에 분속시키거나 형이상자(形而上者)에 분속시키는 것은 성(性)과의 구분을 모호하게 만든다는 이유였다. 비록 이항로의 주리적 관점에서 심과 명덕, 그리고 성이 일리(一理)상에서 말할 수 있는 것이라 하더라도 그 구분을 분명히 전제해야 한다는 것이 이 편지의 주장이다. 심과 성을 물(物)·칙(則)으로 구분해야 한다는 것이 논쟁에서 일관된 조보의 관점이다. 리에 치중하여 형성된 화서심설이 받을 오해를 바로잡고자 하는 것이 그 목적이었다.[9] 조보는 유중교가 '지나치게 리 중심으로 편중되었던 화서심설을 심물(心物)·성칙(性則)의 구분을 통해 균형을 잡고자 하는 의도'에서 발로하였다. 하지만 '심물·성칙'의 조보가, 심을 '리의 관점[主理]'에서 보는 화서심설을 부정하고자 한 의도라거나 경장(更張)하고자 했던 것은 아니었다. 심이 물로서 형이하자(形而下者)이지만 도덕적 판단의 근거가 되는 내재적 준칙(準則)을 지각하여 심의 '본직(本職)'을 행하면 이 심은 '주리'로서 말할 수 있다고 주장하였기 때문이다.

 논문 ①「심여명덕형이상하설(心與明德形而上下說)」[10]은 이러한 유중교 주장의 토대가 되었다. 발단의 직접적인 원인은 아니지만, '조보'의 기반이 되는 논문이라는 점에서 논쟁 발단과 함께 살펴야 하는 글이

---

9 金平默(이하 생략), 『重菴集』, 권40, 「告華西先生遺像文」: 重敎於先生心說, 妄疑其有偏重過當, 而區區調補欲其無後弊者, 亦出於至公血誠而爲不失直之道也.
10 이 논문은 유중교의 「연보」(『省齋先生文集』)에 따르면 1886년 당시 글로 기록되어 있다. 편지 ②「上重菴先生」에 대한 김평묵의 답신 ③「答柳穉程[心說源委辨]」으로 볼 때 편지와 동봉된 글은 아니지만, 편지 ②의 토대가 되는 글이라는 점에서 중요한 의미가 있다. 편지와 동봉된 글은 김평묵의 답신 ③에서 김평묵이 반론을 제기하기 위해서 제시한 유중교의 조목들로 확인할 수 있다. 유중교가 1886년 편지에 동봉된 글이 20여조로 이루어진 '古聖賢說心源委'라는 것을 알 수 있다.

다. 「논심여명덕합유분별(論心與明德合有分別)」·「논명덕당속형이상(論明德當屬形而上)」·「논심당속형이하(論心當屬形而下)」로 구성된 이 글에서 궁극적으로 심과 명덕을 구분하였다. 이 논문은 편지 ②「상중암선생(上重菴先生)」이 작성되기 전에 완성된 글로 편지 ②의 논지와 다소 차이가 있다. 편지 ②는 심과 성의 구분이 주요 논지였지만, 명덕과 리의 구분에 대한 문제의식은 나타나지 않았다. 심이 지각을 통해 주재하는 경우에 본직(本職)을 행했다는 측면에서 주리로 말할 수 있지만, 심은 여전히 물(物)이기 때문에 성과는 구분된다고 주장하였다. 이와 달리 논문 ①의 주요 논지는 '명덕이 형이상에 분속되지만 리가 아니다'는 것과 '심이 형이하에 분속되지만 리가 아니다'는 것을 논증하여 심과 명덕을 구분하였다.

유중교의 조보에 대해 김평묵은, 이항로가 이미 심을 물(物)이라고 말했던 문장들을 제시하며 반론하였다. 이 반론들을 조목별로 정리하여 답신한 것이 1887년 편지 ③「답유치정(答柳穉程)【심설원위변(心說源委辨)】」이다. 심은 '합리기(合理氣)'이고 기(氣)이며 물(物)이라는 유중교의 주장에 대해서 김평묵도 동의하지만 이것을 이항로가 알지 못했다는 유중교의 언급에 대해서만큼은 강하게 비판하였다. 오히려 심을 기라고만 할 수 없는 부분이 있는데, 그 점을 이항로가 밝혔다고 변증하였다. 김평묵은 심이 물이지만 리 측면에서 화서심설을 보아야 한다는 것을 거듭 강조하였다.

김평묵은 특히 심의 본체(本體)와 예지(睿知)에 대해서는 유중교와 차이를 보였다. 그에 따르면, 심의 본체는 리를 구현하는 것으로, '리가 발용하여 기를 타고 출입'하는 신명(神明)이다. 본체는 도덕적으로 유선무악(有善無惡)한 것인데, 유중교가 심을 기(氣)나 물(物)로 규정하여 유선유악(有善有惡)한 것으로 이해하였다고 비판하였다. 그는 유중교의 이해가 낙학파(洛學派)의 순선(純善)한 미발심체(未發心體)를 불교의 본심(本心)이라고 비판했던 한원진과 같다고 비판하였다. 또한 예지(睿知)도 형이상의 덕(德)으로서 심을 리로서 말한 것인데, 이것이 주재(主宰)라고 하였다. 이항로가 리로서 말하고자 했던 궁극적 의도가 주기론을 주장하는 당대의 성리학자들을 경계하기 위한 것이었음을 유중교에게 일깨워주었다. 유중교가 한원진의 낙론 비판이나 전우의 화서심설 비판과 유사한 주장을 하고 있다고 경계하였다.

1887년 9월에 유중교는 지금의 경기도 포천인 영평(永平) 운담리(雲潭里)에 거주하였던 김평묵을 방문하였다. 당시 기록이 김평묵의 문집 연보 '8월조' ④에 간략하게 있다. 이 기록에 따르면, 김평묵은 『화서아언』의 '심은 기이며, 물이다'라는 구절을 논거로 제시하며 이항로가 『화서전집』이나 『화서아언』에서 물(物)·칙(則)의 구분을 혼돈한 곳은 없다고 하였다. 이에 대해서 유중교는 묵묵히 수용하였지만 '리로써 신(神)을 말하는 것'에 대해서만큼은 납득하지 않았다고 기록되어 있다. 오히려 고자(告子)의 '생지위성(生之謂性)'과 석가의 본심(本心)에 화서심설을 비유함으로써 김평묵을 당황하게 만들었다고 한다. 이 연보 ④에 따르면 김평묵이 '심속대덕돈화(心屬大德敦化)'·'성속소덕천류(性屬小德川流)'라고 한 것을 강복선(姜復善, 1852~1891)이 반발하며 유중교에게 알려줌으로써 심설논쟁이 시작되었다고 하였다.

김평묵은 유중교와의 토론을 계기로 1887년 겨울 「화서이선생심설본의(華西李先生心說本義)」, 「화서선생아언심설고증(華西先生雅言心說考證)」, 「독화서선생아언(讀華西先生雅言)」 등 3편의 논문 ⑤를 썼다. 이 논문 ⑤에서 지난 9월에 화서심설을 석가에게까지 비유하였던 유중교의 주장들에 대해 이항로의 『화서아언』과 『화서전집』의 글들, 그리고 주희의 글을 직접 인용하며 반박하였다. 이항로가 심에 대한 물칙(物則)의 구분을 전제하고 심을 리로서 말했다는 것과, 신(神)을 물로서 전제하고 리로 말했다는 것을 제시하였다. 특히 고자의 '생지위성(生之謂性)'과 석가의 본심과의 차이를 리통(理通)·기국(氣局)으로 비판하였다. 고자의 '생지위성'과 같은 것은 지각이 식색(食色)의 종류에 머물러서 '성선(性善)의 실리(實理)'에 대해 어둡고, 석가의 본심과 같은 것은 지각이 물을 긷고 땔나무를 줍는 수준에 불과해 천리(天理)의 당연(當然)한 칙(則)에 대해서는 어두웠다고 비판하였다. 양명의 치양지(致良知)라는 것도 지각이 친친(親親)·경장(敬長)의 명목에 얽매여서 사물을 응대하는 소당연(所當然)과 소이연(所以然)의 이치에 대해서는 어둡다고 비판하였다.[11] 그는 고자와 석가, 양명의 지각을 기국(氣局)이라고 설명하였다. 리통(理通)을 지각하지 못할 바가 없는 지각으로 설명한다. 인의예지(仁義禮智)의 사덕(四德)을 포괄하고 있다가 때에 맞춰 발출할 수 있는 소이(所以)가 리통이라고 예증하였다. 이러한 논증의 과정에서 명덕, 지각, 주재의 문제가 논쟁의 핵심 주제로 부각되었다.

다음 해인 1888년 2월 10일 김평묵에게 보낸 편지 ⑥「상중암선생(上重庵先生)」에서 유중교는 반론을 제시하였다. 겨울 동안 『화서전집』을 모두 열람하면서 심성(心性)을 물칙(物則)으로 구분하는 것에 대해서 궁구하였다고 적었다. 그는 본심, 심의 주재가 리로서 말한 것이라는 점에 대해서는 의심할 수 없을 만큼 명백하지만, 인(人)의 신명(神明)을 리로만 말하고 기로 말하는 것을 경계했던 이항로의 말이 모순이라

---

11 『重菴集』, 별집 권7, 「華西先生雅言心說考證」.

고 지적하였다. 또한 주희의 「답두인중(答杜仁仲)」 편지 내용과도 맞지 않고, 『화서아언』의 「신명편(神明篇)」과도 모순된다는 점을 논증하며, 특히 심의 당체(當體)인 신명(神明)을 리로만 말하고 기로 말할 수 없다고 했던 이항로의 말은 치우친 견해라고 밝혔다.

3. 논쟁의 확산과 분화 양상

유중교는 편지 ⑥에 이어 김평묵에게 보낸 1888년 2월 25일 편지 ⑦「상중암선생(上重庵先生)」과 3월에 보낸 편지 ⑧「상중암선생(上重菴先生)」에서 화서학파 문인들의 양분화 양상에 대한 우려를 표명하였다. 윤석봉(尹錫鳳, 1842~?)으로부터 유중교 자신의 이론이 화서학파 문인들을 분열시키고 있다는 소문을 들었고, 이에 대한 억울함을 김평묵에게 하소연하였다. 당시 김평묵의 문인이면서 사위인 홍재구(洪在龜)가 이항로의 심설을 분열시킨다고 유중교를 질책하는 내용이 알려지자, 이에 대해 유중교 계열의 유중악(柳重岳, 1840~1909)·이근원(李根元)·송민영(宋敏榮)·이소응(李昭應) 등이 연명 답서를 보낸 적이 있었다. 이로 인해 유중교의 조보가 문인들을 분열시킨다고 학파 외부로 소문이 퍼졌다.

사실 김평묵 계열과의 갈등은 수년 전부터 시작된 것이었다.[12] 임오군란(1882)이 발발한 이후 이에 대한 정치적 대응에 있어서 김평묵 계열과 유중교 계열의 문인들이 대립하였기 때문이다. 당시 김평묵 계열은 임오군란의 책임을 민씨척족에게 돌렸던 데 반해, 유중교 계열

---

12 『重菴集』, 부록 권6, 「年譜」, 三月·己巳條.

은 대원군에게 돌렸다. 이를 계기로 화서학파의 문인들이 김평묵과 유중교를 중심으로 양분되었고, 이러한 정치적 책임 소재에 대한 공방은 서신 논쟁으로까지 전개되었다.[13] 다만, 1888년을 전후하여 심설논쟁의 양상도 김평묵 계열과 유중교 계열로 양분되어 전개되었지만, 그 내용을 보면 대개 격앙된 어조의 비판들이 주조를 이루었다.

유중교의 편지에 대해 김평묵은 같은 해 3월 2일에 1통, 4월에 2통의 편지를 보냈다. 편지 ⑨「답유치정(答柳穉程)」에서 신(神)을 '리지발용이승기이출입(理之發用而乘氣以出入)'라고 규정하는 것은 주희와 이항로가 동일하다고 밝혔다. 편지 ⑩「여유치정(與柳穉程)」에서 유중교가 인용하는 주희의 글들이 자신의 주장과 맞는 것들만 인용하고, 모순되는 것들은 의도적으로 꺼렸다고 비판하였다. 편지 ⑪「답유치정(答柳穉程)」에서는 이항로가 물칙(物則)의 구분에 어둡지 않다는 것을 '천(天)·신(神)·심(心)'으로 논증하였다. 편지 3통의 내용 대부분이 유중교의 '조보'에 대한 논리적 반론보다 공손하지 못한 '조보'의 방법이나 학파간에 노정되고 있는 논란의 소지들을 지적하였다. 비록 화서심설에 작은 실수가 있다고 하더라도 유중교와 같이 수십 조목을 지어 그 글을 널리 배포하는 것은 잘못이며, 이항로의 학문을 '인기위리(認氣爲理)'한 것처럼 말하는 것도 지나친 것이라고 비난하였다. 이러한 방법론 이외에도 오희상(吳熙常, 1763~1833)에 대해 긍정적으로 인용하는 유중교의 학문적 태도도 비판하였다. 그리고 학파내의 분열설이 심설논쟁으로 생긴 갈등으로부터 비롯된 것은 아니었지만, 홍재구와 유중악의 대립의 원인은 유중교에게 있다는 것을 자하(子夏)의 잘못을 책망하였던 증자의 사

13　오영섭, 『화서학파의 사상과 민족운동』, 국학자료원, 1999, 112~118쪽.

례를 들어 비판하였다. 아울러 학파 내의 대립을 봉합해야 함을 피력하였다.

4. 조보와 화서심설정안

1888년 4월 28일 유중교가 다시 김평묵에게 편지 ⑫「상중암선생(上重庵先生)」을 보낸다. 이 편지에서 '태극유주재(太極有主宰)'·'명덕주리(明德主理)'·'심유이리언, 유이기언(心有以理言, 有以氣言)' 등의 명제에 대해서는 전과 달라진 것이 없다고 밝혔다. 다만, 심은 형이하자라는 것에 근거하여 물로서 지칭해야 한다고 주장하였다. '이리언심(以理言心)'이라는 화서심설의 단안(斷案)에는 여전히 '인기위리(認氣爲理)'로 해석될 여지가 있다고 보았다. '인기위리'라는 비판은 대개 양명의 '심즉리(心卽理)'나 고자(告子), 석가의 심설에 해당하는 것이었다. 양명의 '심즉리'는 심을 오로지 리에만 해당시킬 뿐 심과 리를 구별하지 않았고, 고자나 석가의 심은 유가에서 형이하자에 해당한다고 보았기 때문이다.

유중교는 이항로의 '이리언심'이 심의 본원진체(本源眞體)를 의미하며 주희가 말한 '천리(天理)의 주재(主宰)'에 해당한다고 말하였다. 유중교가 보기에, 이항로는 화장(火臟)으로서의 심과 인의(仁義)로서의 성(性)을 물칙(物則)으로 구분하였지만 '천리의 주재'인 신명(神明)으로서의 심과 인의(仁義)로서의 성(性)은 물칙으로 구분한 적이 없었다. 양명이나 고자, 석가와 같다는 비판을 피하기 위해서는 신명과 인의를 물칙으로 구별해야 했다.

유중교의 편지 ⑫를 받은 김평묵은 1888년 6월 21일 ⑬「답유치정(答柳穉程)」의 답신을 보냈고, 유중교는 이 편지를 8월 14일에 받았다.

이 편지에서 김평묵은 전과 달라지지 않았다는 유중교의 3가지 명제에 대해서는 동의하였지만, 신(神)을 형이하에 분속해야 한다는 주장만큼은 반박하였다. 주희의 사위였던 황간(黃幹, 1152~1221)이 형기신리(形氣神理)의 심을 주장하면서 신(神)을 형이하에 분속시켰던 것과는 달리, 이항로는 신리(神理)를 실체(實體)와 묘용(妙用)으로 구분하여 둘다 형이상에 분속시켰다. 또한 주희의 '이리단천(以理斷天)'이나 '이리단신(以理斷神)'을 반론으로 제시하며 유중교의 주장에 반박하였다. '이리단신(以理斷神)'의 경우 기(氣)상에서 리를 본 것이기 때문에 불필요하게 다시 물이라는 것을 밝힐 필요가 없다는 것이었다. 덧붙여 스승의 학설에 흠이 있다고 한다면 음보(陰補)의 방법으로 '조보'했어야 한다고 조언하였다.

유중교는 김평묵의 편지 ⑬을 받은 직후 답신 ⑭「상중암선생(上重庵先生)」을 보냈다. 『화서아언』에서 논거를 제시하며 이항로가 신(神)을 형이하자에 분속시킨 적이 없었다는 점과, 주희의 「답두인중(答杜仁仲)」에서 신의 작용(作用)이 모두 리의 발용(發用)이 아니라 무망(無妄)한 신의 작용만 리의 발용(發用)이라고 주장하였던 점을 제기하였다. 여기서 유중교는 물의 직(職)을 또하나의 논거로 새롭게 제시하였다. 현실적으로 물이라는 것이 있으면 이 물이 되는 이치(理)가 반드시 있고, 반드시 이 물이 되는 직분(職)이 있다고 하였다. 이것은 현실적인 존재가 모두 물로서의 직(職)을 진(眞)·정(正)하게 수행한 경우에만 비로소 리가 제대로 발현(發現)되었다는 것이다. 신명(神明)도 마찬가지라고 보았다. 사람의 신명은 물이며, 허령지각(虛靈知覺)의 별칭인데, 신명이나 허령, 혹은 지각을 곧바로 태극이라고 할 수는 없다는 것이다. 결국 신명도 형이하자로서 그 직(職)을 온전히 수행할 때만 리라고 볼 수 있다는 논리였다.

유중악이 김평묵으로부터 가르침을 받아 유중교에게 그 내용을 전하자 유중교는 1888년 9월에 다시 「선사심설정안(先師心說正案)」을 조목별로 정리하여 편지 ⑮「상중암선생(上重庵先生)」에 담아 김평묵에게 보냈다. 총6조로 된 「선사심설정안」은 유중교가 1893년 임종 때 환수할 것을 유언하였는데, 제자들이 잠시 보관하게 되면서 문집에까지 수록되었다. 또한 제1조~제5조까지는 1891년 11월에 유중교, 이근원, 유인석, 유중악, 이소응 등이 김평묵을 방문하여 품정하였고[14], 제6조는 사후에 추가하였다.

제1조와 제2조는 심과 명덕의 물칙 구분을 이항로의 정안(正案)으로 정리한 것이었다. 이 두 조목에 대한 유중교의 설명에 따르면, 심의 허령이 곧바로 명덕이 아니고 허령불매(虛靈不昧)가 명덕이라고 한다. 심의 본원진체(本源眞體)에도 정(正)한 것만을 가리켜 덕(德)이나 리라고 말할 수 있다고 하였다. 제3조와 제4조는 심의 신명과 리기의 명칭과 위상에 대한 내용을 이항로의 정안으로 정리한 것이다. 그는 심의 신명이나 허령, 지각 등은 은미한 차이가 있지만 리기의 합이라는 점에서는 동일하고, 이것의 운용(運用)에 있어서 반드시 진망(眞妄)을 간별(揀別)하여야만 천리의 묘용(妙用)을 볼 수 있다고 하였다. 다만, 명덕을 천명의 본체라고 하고 신을 리의 묘용이라고 한 화서심설은 당시 세간의 학자들이 명덕을 기로서 폄하하고 신을 전부 기라고 보는 견해에 대한 반론이었다. 이 설명에는 여전히 신(神)을 형이하자에 분속시키려는 유중교의 의도가 잠재해 있다. 제5조에서는 도(道)로서의 천(天), 리로서의 신(神), 인극(人極)으로서의 심을 말하였고, 제6조에서는 리 측면의

---

14   『省齋先生文集』, 부록, 「年譜」, 辛卯·十一月條.

심을 본심(本心)이라고 정의하면서 심과 본심을 구분하였다.

1888년 10월 유중교가 김평묵에게 보낸 편지 ⑯「상중암선생(上重菴先生)」이 심설논쟁 왕복서의 마지막 편지이다. 이미 편지 ⑮에서 유중교는 김평묵과의 논쟁에서 결론을 얻었다고 생각하여 그 결론을 「선사심설정안(先師心說正案)」으로 정리하였기 때문에 마지막 편지 ⑯에서는 앞의 내용을 짧게 반복하는 정도에 그치고 있다.

그럼에도 편지를 통한 논쟁은 여전히 확산되는데, 이러한 사실은 김평묵과 유중교의 「연보(年譜)」에서 확인할 수 있다. 이 논쟁의 내용은 대개 이전의 내용들을 반복하는 정도였다. 김평묵 계열의 홍재구, 최익현(崔益鉉), 유기일(柳基一) 등과 유중교 계열의 유인석, 유중악, 어윤석(魚允奭) 등이 서로 편지나 방문을 통해 논쟁을 이어갔고, 그 내용은 유중교와 김평묵의 왕복서를 크게 벗어나지 않았다. 김평묵의 임종 한 달 전인 1891년 11월 유중교가 「선사심설정안(先師心說正案)」을 품정함으로써 1차로 매듭지어지고, 다시 유중교가 임종할 때 정안의 글을 환수하라고 유언하며 논쟁은 일단락되었다. 그렇지만 이후 1920년까지 유인석과, 이근원의 문인인 신익균(申益均) 등을 중심으로 전우와의 논쟁으로 이어지기도 하였다.[15]

15　田愚, 「艮齋集」, 후편 권12, 「記金·柳改定心說示同志」.

Ⅲ. 심설논쟁에 나타난 문제의식

1. 유중교의 성리학적 문제의식

화서학파 내의 심설논쟁은 화서심설을 전면적으로 검토하게 되는 계기를 만들었고, 이로인해 심설에 대한 다양한 논제들이 제시되었다. '태극유주재(太極有主宰)'·'명덕주리(明德主理)'·'심유이리언, 유이기언(心有以理言, 有以氣言)' 등과 신명(神明)의 분속 문제 등이 그것이다. 물론 앞의 세 가지에 대해서는 서로 이론이 없다고 말하고 있지만, 다소의 차이가 있다. 이것은 외형적으로는 '조보'에 대한 인식 차이에서 기인하였다고 볼 수 있다.

유중교가 '조보'하고자 했던 내용은 화서심설의 단안(斷案)인 '이리단심(以理斷心)'이다. 비록 당대 주기론을 주장하던 유학자들을 경계하기 위한 목적이 있었다고는 하지만, 유중교가 보기에 '이리단심'은 종국에 양명이나 고자, 석가의 이론적 한계나 폐단에 빠질 위험이 있었다.

> 심과 성정(性情)은 단지 하나이다. 구분하여 말한다면 심은 성(性)·정(情)의 주재(主宰)이고, 성·정은 심의 체(體)·용(用)이다. 세 가지는 모두 리기·도기(道器)의 구분이 있다. 심에서 리·기를 구분하지 않는다면 석가의 심선설(心善說)이나 양명의 양심설(良心說)이 되고, 성에서 리·기를 구분하지 않는다면 고자의 '식색시성설(食色是性說)'이나 석가의 '작용시성설(作用是性說)'이 되며, 정(情)에서 리·기를 구분하지 않는다면 '임정종욕(任情縱欲)'하는 모든 이단의 학파와 같이 된다.[16]

---

16 『省齋集』, 권43, 「華西先生語錄」: 心與性情, 只是一箇. 分而言之, 則心是性情之主

이 글은 유중교가 이항로의 가르침을 기록한 첫 번째 문장이다. 인용문에 따르면, 심과 성·정은 존재론적으로 하나의 물(物)이지만 각각 구분할 수 있고, 세 가지는 각각 리·기나 도(道)·기(器)로 구분해야 한다. 그렇지 않으면 석가나 양명, 고자, 혹은 이단의 학문으로 귀착된다고 보았다.

심설논쟁에서도 '형(形)·기(氣)·신(神)·리(理)'의 심에 대한 리·기와 도·기의 구분이 논란의 중심이다. '형기(形氣)'는 기에 해당하는 것이고, '리'는 그 자체로 리이기 때문에 심에서의 리·기 구분은 아무런 문제가 없어 보인다. 심을 '형·기·신·리'로 구분하였던 황간의 경우, '형·기·신'을 기에 분속시켜 심에서의 리와 기를 분명하게 구별하였다. 황간의 이론을 근거로 유중교도 신(神)을 형이하자에 분속시킬 것을 주장하였다. 이것이 그가 이항로의 심설에서 조보하고자 한 내용의 핵심적 부분이다. 이항로의 경우 신(神)을 리의 용(用)으로 이해하여 형이상의 도(道)라고 하였다.[17] 이에 대해 유중교는 편지(12)에서 신명을 인의(仁義)와 구분하여 형이하의 물(物)로 전제해야 한다[18]고 주장하였다. 그에 따르면, 신명은 사람에게 있는 귀신의 별칭으로, 심의 본질(本質)을 곧바로 가리켜 지칭한 것이라고 한다.[19] 즉 신명은 심의 본질이지, 리라고 할 수

宰, 性情是心之體用. 三者皆有理氣道器之分, 心上不分理氣, 則釋氏心善·陽明良心之說是也；性上不分理氣, 則告子食色是性之說·釋氏作用是性之說是也；情上不分理氣, 則異端諸家任情縱欲之類皆是也.

17　李恒老,『華西集』, 권24,「形氣神理說」: 形陰而氣陽, 皆形而下之器也；理體而神用, 皆形而上之道也.

18　『省齋集』, 권7,「上重庵先生」: 重教非敢謂先師於心性全然不爲物則之分, 只是於神明與仁義, 未嘗以物則處之. 而觀其意思, 又非不識先儒於此有物則之說, 特自有所見, 不欲苟從耳.

19　『省齋集』, 권33,「心與明德形而上下說」: 神明者鬼神之別稱, 人之神明, 猶言在人底

없다는 것이다. 다만, 신명이 리를 그대로 실현하였을 때는 리라고 지칭할 수는 있다는 것이 그의 논리이다. 예컨대 만일 형이하자라는 것을 전제하지 않고 곧바로 심선(心善)이나 양심(良心)을 천리의 본연(本然)으로 이해한다면 심선이나 양명의 양심설과 다를 바가 없다는 것이다. 석가나 양명과 같은 이러한 오해를 피하기 위해서 유중교는 반드시 '신명이 물', 혹은 '신명이 형이하자'라는 것을 이항로의 심설에서 분명하게 밝혀놓아야 한다고 주장하였다.

심에 이어 성(性)에서도 리·기 구분을 하지 않으면 고자의 '식색시성설(食色是性說)'이나 석가의 '작용시성설(作用是性說)'로 빠진다고 하였다. 유중교는 고자나 석가와의 차이를 부각하기 위해 성(性)에서의 리·기를 성과 지각·신령(神靈)으로 구분하였다.[20] 주희가 성과 생(生)을 형이상자와 형이하자로 이해하면서 생(生)은 매번 신령·지각 등의 단어로 표현하였다는 점에 근거하였다. 그에 따르면, 형기가 작용하여 꿈틀대는 것이 허령지각(虛靈知覺)이기에 이 자체가 리가 아니다. 예컨대 배고플 때 음식을 먹고, 갈증이 날 때 음료를 마시고, 밤이 되면 쉬고, 해가 뜨면 움직이는 것들이 바로 지각운동(知覺運動)이다. 인간에게 품부된 인의예지(仁義禮智)가 성이고 성은 천리(天理) 진체(眞體)가 품부된 그대로 순수하게 있다고 보았다. 유자입정(孺子入井)을 목격했을 때 측은(惻隱)해하고, 도둑질하는 것을 목격했을 때 그것을 미워하는 경우들이 천리 진체로서의 성이 그대로 발현된 예라고 하였다.[21]

鬼神也. 盖直指心之本質而名之之辭也.

[20] 이것은 유중교의 「古聖賢說心源委」에서 확인할 수 있는데, 이것은 金平默의 「答柳穉程【心說源委辨】」(『重菴集』, 권12)의 제9조에 단편적으로 남아 있다.

[21] 『省齋集』, 권36, 「燕居謾識」: 夫人心之靈, 一而已矣. 而謂之知覺運動, 則是指形氣作用

유중교는 인간의 본성을 도덕적인 것으로 이해하고 그 도덕적 본성을 도덕적 감정으로 실현한 상태를 리로서 규정하고 있다는 것을 알 수 있다. 허령지각은 그 자체가 도덕적일 수 있는 것이 아니기 때문에 그 자체를 리라고 규정할 수 없다. 허령지각이 기능하더라도 도덕적으로 행해졌을 때, 혹은 도덕적인 기능을 행한 상태를 리와 동일시 할 수 있다고 본 것이다. 다시 말해 리 그 자체와, 그 리가 실현된 어떤 시점 혹은 상태를 동일시 하는 사유이다. 그렇다면 그 품부된 리와 그 리의 현실적 완성까지의 간극을 어떻게 채우느냐라는 문제가 남게 된다. 공부론의 측면에서 보면, 이것은 품부된 리의 인식보다도 그 리를 현실 속에서 어떻게 실현하느냐라고 하는 실천 문제로 전개된다.

석가의 '작용시성(作用是性)'과의 차이에 대해서는 주희가 '작용시성'을 비판할 때 비유한 '서행후장(徐行後長)'과 '질행선장(疾行先長)'을 인용하여 논증하였다.[22] 서행(徐行)과 질행(疾行)은 그 자체가 현상으로 나타난 것으로, 이것은 일종의 형이하이다. 형이상·하라는 구분을 객관 사물에 국한시키지 않고 사물의 작용 일반까지로 적용하여 개념화한 것이다. 이에 따라 주희가 도(道)라고 한 서행후장은 리가 위주한 곳을 가리켜 말한 것이라는 점에서 형이상이라고 할 수 있다. 그는 서행후장의 '서행'은 리가 아니지만 웃어른을 공경하는 도덕적 가치가 담긴 '후장(後長)'으로서의 '서행'은 도(道)라고 표현하였다. 석가의 '작용시성'에서는 마치 '서행후장'을 행(行)으로만 이해하여 기를 리로 인식한 것

之蠢然者也, 如飢欲食·渴欲飮·宵而息·晝而作之類, 是也 ; 謂之仁義禮智, 則是指天理眞體之粹然者也, 如見入井而惻隱·見穿窬而羞惡之類, 是也.
22 「省齋集」, 권33, 「心與明德形而上下說」.

이라고 비판하였다.

성(性)에서의 리기 구분은 도덕적 본성이 구현된 곳[理爲主]에서 그 실현된 도덕적 본성을 간별해야 한다고 주장하였다. 고자의 '식색시성'과 석가의 '작용시성'을 모두 경계해야 함을 주장하였던 유중교의 논증 속에서 실천의 문제가 핵심적으로 부각되고 있다. 화서학파 심설에서 '주재(主宰)'의 문제가 중요한 논제의 하나로 부각되었던 것도 이러한 문제의식의 발로이다. 또한 동시대의 한주학파와 노사학파에서도 심설의 주리적 경향이 나타나는데, 이것은 19세기의 현실적 문제의식이 철학적 문제의식으로까지 반영된 것이라고 볼 수 있다.

유중교는 '임정종욕(任情縱欲)'하는 이단 학파들을 경계하기 위해 감정에서도 리기의 구분을 말하였다. 리기의 구분은 도덕적 가능성과 도덕의 실천, 혹은 실현으로 나뉘는 것을 말한다.

> (사단의) 이른바 단(端)은 처음 발현이 매우 순수하고 깨끗한 것을 지칭한다. 만약 가려져서 어지럽혀진다면 단(端)이라고 말할 수 없으니, 명예를 구하거나 서로 사귀고자 하거나 소문을 싫어하는 종류가 이것이다. 고로 '사단은 오로지 리를 말한다'[四端專言理]라고 한다. 칠정과 같은 경우 정(情)이라는 글자가 가리키는 바는 유달리 넓다. 이른바 '오로지 리로 말미암아 발한 것'과 '오로지 기로 말미암아 발한 것'은 리와 기가 섞여서 발하는 것으로 모두 그 가운데 포함되어 있다. 고로 '칠정은 기를 겸하여 말한다'[七情兼言氣]라고 한다.[23]

---

23 『省齋集』, 권12, 「答金舜卿」: 所謂端者, 是初發見極精粹之稱. 若有掩蔽汨亂, 則不足謂端, 如要譽納交惡其聲之類, 是也, 故曰四端專言理. 至若七情, 則情之爲字, 所指殊

유중교는 이이(李珥)의 '사단전언리(四端專言理)'와 '칠정겸언기(七情兼言氣)'[24]로 사단과 칠정을 설명하였다. 조선 성리학자들은 대개 사단을 칠정과 대비적 개념으로 이해하며 그 관계나 발출 경로에 대해 논의하였다. 도덕 감정으로 사단을 이해하고 칠정은 인간의 일반적 감정의 통칭으로 이해하였다. 이와 달리 유중교는 감정이 발현하는 처음에 매우 순수하고 깨끗한 것을 사단이라고 하여 칠정과 구분하였다. 사단을 칠정과 대비적 개념으로 이해하는 것은 기존 성리학자들과 다르지 않지만, 감정의 발현처에서 사단을 이해하지 않고 시간적으로 감정이 발현하는 시초에서 이해한다는 점이 기존 성리학자들의 개념과 차이가 있다. 칠정에 대해서는 이이(李珥)의 이해를 그대로 계승하며 사단을 포괄하는 감정 전체로 이해하였다. 일반적 감정이라는 점에서 그는 칠정의 존재론적 기반을 리·기로 이해하면서도 일반적 감정 전체를 '리로서 볼 수 있는 것'도 있고, '기로서 볼 수 있는 것'도 있다고 하였다.

일반적 감정이 리 위주의 도덕적 감정으로 발현되기 위해서는 주재(主宰)의 문제가 대두한다. 주재는 태극과 연관되어 있다. 주희가 소옹(邵雍)의 '도위태극(道爲太極)'과 '심위태극(心爲太極)'을 인용하여 『역학계몽(易學啓蒙)』의 태극 권역에 배치하였는데, 유중교는 이것을 '주재의 근원이 태극에 있다'는 논거로 삼았다. 이 주재로 인해 태극이 자연의 온갖 변화의 추뉴가 될 수 있고,[25] 성리학자들은 이것을 근거로 태극을

泛瀾, 所謂專由理而發者卽四端 專由氣而發者, 理與氣挾雜而發者, 並包在其中, 故曰七情兼言氣.

24　李珥, 『栗谷全書』, 권10, 「答成浩原」(壬申).

25　『省齋集』, 권33, 「心與明德形而上下說」: 若太極本無主宰之實, 而一任氣機之自運, 則

천지의 마음(天地之心)이라고 말했다. 인간도 심으로 인해 온갖 사물에 대응하며 인간의 도리를 실현할 수 있다고 보았다. 유중교도 이 점에서 인간의 심이 결국 태극의 '천지지심(天地之心)'과 다른 것이 아니라고 이해하였다. 다만, 그는 심의 주재와 태극의 주재을 구분하였다.

> 일신(一身) 상에서 온갖 변화가 말미암아 나오는 바를 구해본다면 심만이 태극의 지위에 해당하고, 다시 일심(一心) 상에서 온갖 이치[理]가 나오는 근본을 가리킨다면 성만이 태극의 실체에 해당할 수 있다. …… 세속의 일반 사람들은 평생 형기 작용의 말단에 힘쓰기만 하고 심(心)이 일신의 주재라는 것을 알지 못한다. 맹자의 대체·소체론은 바로 이러한 사람들을 일깨우는 것이다. 그들 중 혹 이 심이 주재함을 조악하게 아는 자도 또한 그 허령함에 대한 식견을 오로지 지켜서 스스로 이기적이고 제멋대로 한 채 천리(天理)가 이 심의 준칙이 된다는 것을 알지 못한다. 정자의 본천(本天)·본심(本心)의 논의가 바로 이러한 사람들을 경계한 것이다.[26]

인용문에 따르면, 심은 온갖 변화에 대응하며 리를 실현할 수 있는 것으로 태극의 지위를 부여할 수 있지만 태극의 실체는 아니라고 하였다. 온갖 변화에 대응할 수 있는 리가 인간에게는 성으로서 품부되었다는 것이다. 그의 논리대로라면, 온갖 변화에 대응할 수 있는 리

便是無用之贅物, 惡足爲萬化之樞紐耶.
26 「省齋集」, 권33, 「心與明德形而上下說」: 就人一身上, 求見萬化之所由出, 則惟心可以當太極之位; 更就一心上, 指出萬理之所根極, 則惟性可以當太極之實. …… 妄竊嘗謂世俗衆人, 終身役役於形氣作用之末, 而不知此心之爲一身主宰. 孟子大體小體之論, 政所以曉此等人也. 厥或粗知此心之爲主者, 又專守其虛靈之識, 自私自恣, 而不知天理之爲此心準則. 程子本天本心之論, 政所以警此等人也.

는 성이고, 성으로 말미암아 만사에 대응할 수 있는 능력을 가진 것이 심이다. 곧 심만이 인간에게 품부된 성을 실현할 수 있는 현실적 힘을 가졌다.

그는 이어서 심이 비록 주재할 수 있는 현실적인 힘을 가졌지만 인간에게 본구된 준칙으로서의 성에 말미암아 주재하지 않는다면 두 가지의 삶의 양태가 나타난다고 하였다. 첫 번째는 일반적인 사람들의 삶으로, 대개 신체의 형기가 욕구하는 바를 따라 그것을 충족하고자 평생을 보낸다고 한다. 심이 형기의 욕구를 주재할 수 있다는 것을 모르기 때문에 인간으로서의 삶을 추구하지 못한다고 보았다. 두 번째는 심이 주재한다는 것을 안다고 해도 그 실체에 대한 인식이 선행되지 못해 기질에 이끌려 사는 경우이다. 주재, 즉 허령지각할 수 있는 심의 능력만을 인간 삶의 준칙이라고 이해한다면 심이 이기적이거나 제멋대로 움직여도 그러한 기질에 이끌려 살게 된다고 한다. 허령지각 자체가 아닌 도덕적 가치를 지닌 준칙으로서의 리를 심과 구분하여 철저하게 인식하지 않는다면, 기질에 따라 본능적으로 나타나는 욕망을 천리라고 착각한 것이다. 바꿔 말하면, 허령지각 자체가 삶의 준칙이 아니며, 단지 허령지각을 통해 심에 본구된 도덕적 본성을 인지할 때만이 인간 본연의 삶을 영위할 수 있다고 보았다.

'태극유주재(太極有主宰)'를 통해 심의 주재를 말하고 있지만, 유중교가 말하는 심은 태극과 달리 준칙(準則)과 주재가 분리되어 있다. 성으로서 준칙은 그 자체로서 선(善)하고 정(正)한 것이지만, 심은 본래 체용을 겸하고 있는 물이기 때문에 작용에 있어서 정(正)·부정(不正)의 양태가 있을 수 있다.[27] 그 정(正)한 것을 심의 본체라고 할 수 있고, 그 부정(不正)한 것은 바로잡은[矯革] 후에 본체의 정(正)을 회복할 수 있다고 하였다.[28] 그리고 그 정(正)한 심을 명덕이라고 하여 주리로서 규정하고 있다.

그의 이러한 논리로 볼 때, 심체(心體)에 대한 인식만큼이나 심의 작용을 통한 심체의 구현이 중요하다. 실제로 그는 편지 ⒁에서 존재의 이유만큼이나 그 존재 자체의 목적을 실현해야 한다는 화서의 문장을 강조하였다. 그는 심은 현실에 실재하는 존재인데, 존재에는 반드시 그 존재로서의 이유[理]가 있고, 그 존재로서 실현해야 하는 직분[職]이 있다고 보았다. 심으로서 실재하는 이유는 허령지각이고 이 허령지각은 단순히 수동적으로 주어지는 대상이나 몸에 의해 일어나는 욕망들을 인식하는 것이 아니라 인간에게 본구된 준칙에 따라 지각하고 일신(一身)을 주재하며 그 도덕적 준칙들을 실천해야 하는 직분이 있다.[29]

유중교의 '조보'의 핵심 내용은 비록 신명(神明)을 물(物)로서 전제하는 것이었지만, 이것을 논증하기 위해 김평묵과 논쟁하면서 자신이 가졌던 철학적 문제의식들을 노정하였다. 태극의 주재와 심의 주재, 허령지각과 리·기의 문제, 심과 명덕의 리기 구분 문제, 주재와 실천의 문제 등이 논쟁 속에 노정된 문제의식들이다.

27　『省齋集』, 권24, 「大學說」: 心本兼體用之物也. 其言正不正, 皆當兼體用.
28　『省齋集』, 권33, 「心與明德形而上下說」: 心固尊而無對, 而亦存乎人之一物也. 物之爲體, 自是有正有不正, 但其正者是本體爾. 本正而今不正者, 失其養而變其體也, 必矯革其不正然後, 乃復本體之正矣.
29　『省齋集』, 권7, 「上重庵先生」: 下敎心之爲物, 必有爲是物之理矣, 亦有爲是物之職矣者, 誠聞命矣. …… 盖人心有覺道體無爲八字, 亦朱子之定訓, 則有覺而弘道者, 謂心之職則可. …… 心以虛靈知覺當之.

2. 김평묵의 주리론에 담긴 문제의식

　　김평묵은 기본적으로 유중교의 '조보'를 납득할 수 없는 것으로 판단하였다. 심이 물이라는 것은 당대의 성리학자라면 누구나 주지하였던 전제였기 때문이다. 특히 '형기신리(形氣神理)'에서 유중교가 문제 삼았던 '신(神)'은 이미 화서심설에서 '기에 분속한다'는 것을 전제하였다는 점에서 '조보'는 불필요한 논제일 수밖에 없다. 또한 유중교가 논거로 삼는 황간의 '이신속기(以神屬氣)'는 화서심설과 상응하는 개념이라고 하였다.[30]

　　그 신명(神明) 허령(虛靈)은 오장·백체와 만물·만사의 이치[理]를 관장할 수 있다. 대개 하나의 심장은 그 형체로 말하면 방촌의 혈육이고 그 기로 말하면 기의 정상(精爽)이며, 그 신으로 말하면 주재·묘용이고, 그 리로 말하면 인의예지이다. 오로지 말한다면 하나의 성(性)이고, 나누어 말한다면 사덕이며, 세분한다면 온갖 이치[萬理]이다. 그 실체 묘용은 본래 소리나 색으로 말할 수 없다. 이른바 '사(舍)'라는 것은 방촌의 형체나 정상의 기를 가리켜 말하는 것이고, 이른바 '신'이라는 것은 공용(功用)으로서 말한다면 기(氣)이고, 묘용으로서 말한다면 리이다. 공용(功用)과 묘용(妙用)의 구분은 천(天)과 인(人)이 매한가지이다.[31]

30　『重菴集』, 권21, 「答柳稺程」: 神明合理氣, 爲師說正案, 及勉齋與先師, 二說相須, 其義乃備, 彼此旣相契.

31　『重菴集』, 권7, 「答白琪瑚」: 其神明虛靈, 足以管五藏百體萬物萬事之理. 盖一箇火藏, 語其形則方寸血肉, 語其氣則氣之精爽, 語其神則主宰妙用, 語其理則仁義禮智; 專言則一性, 分言則四德, 細分則萬理, 是其實體妙用, 本無聲色之可言. 其所謂舍, 指方寸之形·精爽之氣而言; 其所謂神, 以功用而言則氣也, 以妙用而言則理也. 功用妙用之分, 天人一也.

김평묵은 화서심설의 신에 대한 이해를 그대로 계승하였다. 그는 심장과 같은 형체를 형(形), 정상의 기를 기로, 리는 인간에게 본구된 인의예지의 성으로 보았다. 심을 '합리기(合理氣)'로 보고 기와 리의 층위에서 다시 세분하고 있는데, 그는 특히 유중교가 '조보'하고자 하는 신(神)을 기의 측면과 리의 측면으로 구분하였다. 하나의 기능으로서의 공용(功用) 측면을 기로 보았고, 그 기능에 의해 작동하는 그 신묘함[妙用]은 리로 보았다. 심이 주재하는 경우를 신명(神明)이라고 규정하였기 때문에 신명의 기능 자체가 비록 기라고 할 수 있더라도, 심이 성정(性情)을 주재하는 것[妙用]은 리라고 보았다. 그는 이것을 화서심설의 종지라고 하였다.[32]

성을 실현해야 하는 심의 직분론적 당위성을 논증하기 위해 '신은 물'이라고 한 유중교의 조보는 화서심설이나 김평묵의 논리 속에서 불필요한 것으로 비판받았다. '신명'이 곧 허령불매나 예지(睿知)를 말하는데, 이것이 주재(主宰) 묘용(妙用)한 것이고[33] 주재·묘용할 때의 기는 담일정상(湛一精爽)하다[34]고 보았다. 따라서 김평묵에게 주재·묘용하는 본심(本心)과 같은 것은 리 일변으로 말할 수 있다고 보았다. 기에 가려져서 부정(不正)하게 되는 것이 아니라고 본 것이다.[35]

---

32 『重菴集』, 권28, 「答成德臣」: 然纔曰主宰, 則是指神明而言. 神明主宰, 華西先師, 斷然以理言, 最得聖賢之旨.

33 『重菴集』, 별집권7, 「華西李先生心說本義」: 今且孟子註所言神明, 卽大學註虛靈不昧, 中庸說心之睿知, 所以爲主宰妙用者也.

34 『重菴集』, 별집권7, 「武夷冷話」: 如今所言人之神明虛靈知覺之類知, 皆卽夫氣之湛一精爽, 而指其主宰者也.

35 『重菴集』, 별집권2, 「答沈景珪別紙」: 孟子之本心, 卽天理至善之主宰, 朱子所謂一而不二, 爲主而不爲客, 命物而不命於物者也. 此當屬之心本善·心爲太極之類, 不可屬之心有善惡·氣之精爽之類也. 華門傳受大意如此.

지각이 리에 순일하여 물욕에 가려지지 않는 것을 본심으로 말하며 리에 순일한 심(理底心)이라고 했던 유중교[36]와는 다소 관점의 차이가 있다. 유중교의 경우 본구된 덕의 구현 여부를 통해 본심을 규정함으로써 본심의 기적(氣的) 기반을 전제하기보다는 도덕적 실천 내지 실현을 기준으로 본심을 설명하였다. 이에 비해 김평묵은 담일(湛一)하고 정상(精爽)의 기를 전제하고 성정(性情)을 주재하는 심을 본심이라고 규정하였는데, 이것은 심의 주재력이 기라는 존재론적 기반을 전제할 때만 가능한 것이었다.

김평묵은 만물이 리기로 생성된다는 존재론적 인식을 기반으로 '주리(主理)'의 관점을 지향하였다. 주리의 관점을 지향하는 한에서만 맹자나 주희, 주돈이 등 성현의 말에 근거하여 '심즉리'나 '심즉기', 혹은 '심합리기(心合理氣)'를 도출하더라도 그 주장들이 각각의 맥락 속에서 이해되고 정당화될 수 있다고 여겼다. 만일 주리의 관점이 전제되지 않는다면 '심즉리'과 '심즉기', '심합리기'는 모순을 가질 수밖에 없다고 하였다. '심즉리'를 말하는 경우에 본심을 실체로 인정할 수 있지만, 기의 청탁(淸濁)·수박(粹駁)의 차이에 대해서는 설명할 수 없게 된다. 호학파의 명덕유분수설도 이러한 논리라고 볼 수 있다. '심즉기(心卽氣)'만을 주장한다면 주재성이 기에게 있게 되어 도덕적 본성을 실현할 수 있는 가능성이 모호해진다. 또한 '심합리기'라고만 한다면 도덕 주체의 구분이 모호해져서 장수와 졸병, 혹은 주인과 손님의 위상이 뒤바뀔

---

36 『省齋集』, 권33, 「心與明德形而上下說」: 心本知覺之名, 而所謂本心者, 是知覺之純乎理而不爲物欲所蔽者也. …… 本心猶言理底心.

수 있다고 보았다.[37]

김평묵은 '주리'의 관점을 통해 존재 일반에서 도덕적 본성을 분별하고자 하는 논리적 타당성을 확립하고자 하였다. 이 점은 심을 비롯한 성정 등을 리기의 관점으로 이해하면서 주리를 지향하였던 의도에서 확인할 수 있다. 또한 심에 대한 다양한 학파들의 명제를 인정하면서 리의 도덕적 정당성에 대한 도덕적 공감대를 확대하고자 하는 의도도 엿볼 수 있다.

Ⅳ. 결론

유중교의 '조보' 의도로 1886년 시작된 김평묵과의 심설논쟁은 김평묵이 임종하는 1891년까지 전개되었고, 이후 김평묵 계열의 문인들과 유중교 계열의 문인들간의 논쟁으로 이어지지만 이 또한 1893년 유중교의 임종으로 끝을 맺게 되었다. 심설에 관한 논쟁은 이후에도 1920년까지 유인석, 신익균 등을 중심으로 간재학파와 확대 전개되기도 하였다.

화서학파 내의 심설논쟁에 담긴 주요한 흐름은 신명(神明)·허령(虛靈)·지각(知覺) 등을 물로 규정하여 인의(仁義)의 덕과 구분하고, 이것을 전제로 인간에게 본구된 성리학적 도덕성(性)을 심의 주재를 통해

---

37 『重菴集』, 별집권2,「答崔元則問目」: 眞知而言, 則孟子曰, 形色天性也, 惟聖人能踐形, 非心卽理之說而何; 語類曰, 心氣之精爽, 非心卽氣之說而何; 周子曰, 無極一五妙合而凝, 非理氣合之說而何, 故眞知則隨其地頭, 彼此各有所發明. 不然, 則曰心卽理者, 爲本心之歸矣; 曰心卽氣者, 爲主氣之歸矣; 謂理氣合者, 帥役實主無分矣.

현실 속에서 실현하고자 하는 것이었다고 할 수 있다. '조보'의 의미도 화서심설이 지나치게 리 한편으로 치우쳐 보이는 중심축을 물 쪽으로 옮겨 균형 있게 잡으려는 것이었다. 그리고 심설에서 성리학적 도덕성의 실현 여부가 주재라는 논제로 부각되었다.

이 주재라는 논제는 당대 성리학들의 시대적 고뇌와 무관할 수 없다. 심설논쟁이 전개되었던 19세기 후반의 한반도는 서구 제국주의 열강에 의해 조선의 성리학적 질서들이 붕괴되어가는 시기였다. 그 변화의 조류 또한 급격하게 요동치며 흘러가고 있었다. 급변하는 국제적, 사회적 변화는 서양이라는 낯선 가치관을 유입시킴으로서 조선의 성리학적 질서를 위협하였다. 그런데, 문제는 그러한 위협이 저항을 유발하기보다 민생의 삶을 낯선 방향으로 변화시키고 있었다. 성리학적 질서의 붕괴가 외부적 충격에 의한 것일 뿐만 아니라 백성들의 내적 변화에도 기인하였다. 따라서 심(心)을 중심으로 성리학적 도덕성을 정당화하고 그 실천을 위한 성리학적 논리체계를 구축하려는 심설논쟁의 철학적 문제의식들은 시대적 고뇌와 무관할 수 없는 것이다.

제국주의라는 새로운 질서가 구축되어가고 서구열강이라는 새로운 존재가 등장함으로써 성리학적 기준의 정(正)과 부정(不正), 진(眞)과 망(妄), 공(公)과 사(私) 등은 혼란스러울 수밖에 없었다. 이항로뿐만 아니라 최익현, 유인석 등 화서문인들의 상소에서 서양 물건의 이용조차 금지할 것을 주장[38]할 정도로, 열강의 등장과 새로운 질서로의 재편은

---

38 이항로는 서양을 오랑캐(北虜)보다 못한 대상으로 보며, 그 이유로 오랑캐는 중화의 衣冠을 훼손시켰지만 서양은 조선 백성의 마음을 미혹게 만들었다는 것을 말한다.(『華西先生文集』, 권31, 「閫塾講規目錄」) 최익현의 경우 倭洋一體를 주장하는 논거로 일본이 서양의 옷과 대포, 배를 사용한다는 것을 말하였다.(『勉菴集』 권3, 「持斧伏闕斥和議疏」)

생활 주변의 비근한 것으로부터 시작되고 있었다. 서양 문물의 유입이 백성들의 삶의 방식을 변화시켜가고 있었고, 그 변화된 삶은 점차 성리학적 질서를 위협할 뿐만 아니라 성리학적 의식 기반까지도 변질시키고 있었던 것이다.

그러므로 성리학적 도덕 질서를 재구축하기 위한 철학적 고민들이, 화서학파를 비롯한 동시대의 성리학자들에게 던져졌을 것이고, 이들은 현실을 바로잡기 위해 성리학적 도덕 실천을 견인하고자 하였을 것이다. 이러한 현실적 고민들이 '조보'에 대한 논리적 정당성을 확보해 가는 과정에서 본성의 실현 여부에 따라 본심(本心), 명덕(明德) 등을 구분하려는 논리들에 투영되거나, 주재(主宰)라는 논제로 부각되었을 개연성이 크다. 실제로 위정척사운동을 이끌었던 화서문인들의 조선 성리학에 대한 존숭 의식은 강화되었고, 서구와 일본에 대한 저항 의식도 높아졌으며, 의병운동으로부터 독립운동까지 이어지며 강한 사회 실천적 면모를 보였다. 결국 심설논쟁에 나타난 철학적 문제의식들이, 비록 사상 혹은 성리설로 온전히 구축되지는 못했다고 하더라도 논쟁을 통해 확대 전개되면서 성리학자들의 현실적 유대감을 강화시켰다고 할 수 있다.

5
화서학파 심설논쟁의 재조명

이상익

I. 서론

'화서학파 심설논쟁'이란 화서(華西) 이항로(李恒老, 1792~1868)의 심설을 두고 성재(省齋) 유중교(柳重教, 1832~1893)와 중암(重菴) 김평묵(金平默, 1819~1891)이 대립한 논쟁이다. 이 논쟁 과정에서 면암(勉菴) 최익현(崔益鉉)은 중암의 입장을 지지했고, 의암(毅菴) 유인석(柳麟錫)은 성재의 입장을 지지했음은 잘 알려진 사실이다.

경기도 양평에서 태어난 화서는 특별한 사승(師承) 없이 학문을 이룬 것으로 알려져 있다. 〈화서연보(華西年譜)〉에 따르면, 그도 초년에는 기호학파의 일반론에 따라 심시기론(心是氣論)을 추종하고 있었으나, 57세(1848년) 무렵에 심시기론의 '미안(未安)한 점'을 발견하고, 새로운 심설을 정립하게 되었다. '심시기론의 미안한 점'이란 성리학의 핵심

---

*   이상익(부산교육대학교 윤리교육과 교수) 이 글은 「華西學派 心說論爭의 재조명」(『嶺南學』 제69집, 경북대학교 영남문화연구원, 2019. 06.)이란 제목으로 게재되었던 것을 고쳐 쓴 원고임을 밝혀둔다.

명제 '심통성정(心統性情)'의 해석과 관련된 문제로서, 성(性)은 리(理)인데, 또 심(心)을 기(氣)라 하면, '심통성(心統性)'이란 '기통리(氣統理)'가 된다는 것이었다. 요컨대 화서는 '기가 리를 통솔(명령)하면 명분에 어긋나고 혼란에 빠진다'고 보고, '리가 기를 통솔하는 것이 마땅하다'고 보았다. 화서는 이러한 인식의 결과 "심은 진실로 기로 말한 경우도 있고, 리로 말한 경우도 있는데, 리로 말한 것이 바로 심의 본체이다"라는 결론을 얻고[以理斷心],[1] 기존의 성리설과는 완전히 다른 '존리폄기(尊理貶氣)의 성리설'을 정립했다.[2]

성재는 5세(1836년)부터 화서 문하에서 공부하기 시작하여, 화서의 학문을 충실하게 배우고 따랐다. 그런데 화서 말년에, 성재는 스승의 심설에 의문을 품기 시작하여 스승께 한두 번 질문했으나 뚜렷한 답변을 듣지 못했다. 성재는 스승이 돌아가고 18년이 지난 1886년 겨울, 마침내 동문(同門)이자 또 다른 스승이었던 중암에게 다음과 같이 '화서 심설에 대한 조보(調補)의 필요성'을 제기하게 되었다.[3]

---

1   성재는 화서의 이러한 입장을 '以理斷心'이라 하고, '以理斷心'이 華西 心說의 眞面目'이라 했다. 그리고 성재는 '以理斷心'과 '心卽理'를 서로 다른 뜻으로 구별하여, '心卽理'는 '心을 완전히 理에 해당시키고 다시 揀別하지 않는다'는 뜻이나, '以理斷心'은 '心을 리로 말하기도 하고 기로 말하기도 하면서, 다만 리로 말하는 것을 斷案으로 삼는다'는 뜻이라 했다(『省齋集』 卷7 頁29, 「上重庵先生(戊子4月28日)」 참조).

2   華西의 性理說 전반에 대한 자세한 논의는 이상익, 「華西 李恒老의 主理論과 退溪學」(『退溪學報』 제117집, 퇴계학연구원, 2005) 참조.

3   중암은 26세인 1844년에 화서 문하에 입문하여, 성재보다는 8년이나 늦게 입문하였다. 그런데 중암은 성재보다 13세나 年上이어서, 성재는 화서뿐만 아니라 중암도 스승으로 모셨다고 한다(김근호, 「金平默과 柳重敎의 心說論爭에 대한 小考」, 261~262쪽). 따라서 성재가 중암에게 올린 편지는 모두 敬語體로 번역해야 마땅하나, 서술의 편의상 平語體로 번역하기로 한다.

나는 선사(先師)의 명덕설(明德說)에 대해서 애초부터 독실하게 믿고 삼가 따랐다. 그런데 선사의 말년에 이르러 문득 불안한 점을 깨닫게 되어, 일찍 이 편지를 올려 여쭈었으나, 끝내 해결하지 못했다. 대개 명덕을 리로 규정 하는 큰 취지에 대해서는 감히 추호도 의심하지 않는다. 오직 명덕이 리에 속한다는 까닭으로 심까지 아울러 리로 간주하고, 심과 성을 대거(對擧)할 때에는 오로지 하나의 리에 나아가 '주재(主宰)'와 '준칙(準則)'으로 구분하여 설명할 뿐 다시 '사물[物]과 준칙[則]'으로 구별하여 말하지 않은 것은 견강 부회인 것 같아 내 마음에 이해가 되지 않는다. …… '심과 성'은 '사물과 준 칙'으로 나누는 것이 본분상 마땅하다. '심의 주재'를 말하자면 바로 심의 본직(本職)이다. '심의 지각'은 그 본직을 얻을 때도 있고, 그 본직을 잃을 때 도 있다. 그 본직을 얻었을 때가 바로 이 '심의 리'가 주인이 된 곳이니, '주 리(主理)'로 말하는 것이 실로 합당하다. 그러나 그렇다고 해서 마침내 심을 형이상자라고 부르며 성과 동등하게 보는 것은 끝내 온당하지 못한 것 같 다.[4]

성재는 자신의 이와 같은 견해를 담은 편지를, 자신의 견해를 뒷받 침할 수 있는 논설 〈심여명덕형이상하설(心與明德形而上下說)〉·〈고성현 설심원위(古聖賢說心源委, 心說源委)〉[5]와 함께 중암에게 올렸다. 그런데 중 암은 성재의 '조보(調補)' 시도를 '가당치 못한 것'으로 규정하고, 혹독 하게 비판했다. 그리하여 '사설(師說, 華西說)에 대한 조보' 문제를 둘러

---

4 『省齋集』卷7 頁4~5, 「上重菴先生(丙戌12月)」.
5 「古聖賢說心源委」와 「心說源委」의 차이에 대해서는 김근호, 「화서학파 심설논쟁의 전 개과정과 철학적 문제의식」, 154쪽 참조.

싸고 성재와 중암 사이에 심각한 논쟁이 벌어지게 된 것이다.

본고에서는 성재와 중암을 중심으로 화서학파의 심설논쟁에 대해 조명해보고자 한다. 화서학파의 심설논쟁에 대해서는 오석원의 선구적 연구가 있었고,[6] 이후에는 특히 김근호가 많은 연구를 진행하였다.[7] 그러나 논자가 보기에 화서학파 심설논쟁의 핵심 쟁점이 아직 충분히 규명되지 못한 것 같다. 그리하여 본고에서는 화서학파 심설논쟁의 전모를 다시 조명해보고자 하는 것이다.

Ⅱ. 중암 성재의 심설 논쟁

1. 논쟁의 전개 과정

성재가 병오년(丙戌年, 1886) 12월에 올린 편지에 대해, 중암은 정해년(丁亥年, 1887)에 〈답유치정(答柳穉程, 心說源委辨)〉이라는 답서를 보냈는데, 그 내용은 성재의 〈고성현설심원위〉에 대한 반론이 주를 이룬다. 〈고성현설심원위〉는 제목 그대로 '옛 성현의 심에 대한 설명'을 두루 소개하고, 그에 성재 자신의 견해를 간략히 덧붙이면서 '심은 사물로서, 형이하자에 속한다'고 주장하는 글이었다. 성재의 이러한 논설에 대해, 중암은 그 논지를 거의 수긍하지 않고 매우 비판적으로 반론했는데,

---

6 오석원, 「十九世紀 韓國 道學派의 義理思想에 관한 연구」(성균관대 대학원 박사학위논문, 1991), 230~247쪽.
7 김근호, 「화서학파 심설논쟁의 전개과정과 철학적 문제의식」, 『율곡사상연구』 제27집, 율곡연구원, 2013 ; 「金平默과 柳重教의 心說論爭에 대한 小考」, 『韓國思想史學』 제27집, 한국사상사학회, 2006 ; 「柳重教와 田愚의 心說論爭에 대한 硏究」, 『韓國思想史學』 제28집, 한국사상사학회, 2007.

그 주요 논점을 정리하면 다음과 같다.

첫째, '심과 성'을 '사물과 준칙'으로 구분하는 문제이다. 성재는 여러 논거들을 바탕으로 심을 사물로 규정하고, '심과 성'은 '사물과 준칙'으로 구분된다고 주장했다. 이에 대해 중암은 원론적으로 동의하면서 '심성물칙설(心性物則說)은 화서의 지론이었다'고 주장하고, 성재가 스승의 심설을 조보한다면서 새삼스럽게 심성물칙설을 제기하는 것은 스승께 누를 끼치는 것이라고 비판했다.

둘째, '심의 본질'을 규정하는 문제이다. 성재는 심은 본래 '작용을 하는 존재'일 뿐만 아니라 '진·망(眞妄)을 겸하는 믿을 수 없는 존재'이므로 형이하자에 속한다고 보았는데, 중암은 심(心)이 변화무상(變化無常)한 것을 '신명불측(神明不測)'으로서 '리의 묘용(妙用)'이라고 해석하고, '심의 본체는 순선할 뿐'이므로 형이상자에 속한다고 보았다.

셋째, '신명(神明)'에 대한 해석 문제이다. 주자는 심을 '사람의 신명(神明)으로서, 중리를 갖추고[具衆理], 만사에 응하는 것[應萬事]'이라고 풀이하고, 명덕(明德)을 "허령불매(虛靈不昧)하여, 중리를 갖추고[具衆理], 만사에 응하는 것[應萬事]"이라고 풀이했다. 그런데 성재는 명덕은 형이상자이지만, '심의 신명'은 형이하자로서 사물에 속한다고 주장했다. 이에 대해 중암은 '신명'과 '허령불매'를 다르게 해석하는 것은 잘못이라고 주장하고, 양자를 모두 리로 규정했다.

넷째, '심구태극(心具太極)'과 '심위태극(心爲太極)'에 대한 수용 문제이다. 성재는 '심위태극'은 '심이 성·정을 포함하고 주재하니, 곧 사람에게 있는 태극이다'라는 뜻이요, '심구태극'은 '심 가운데 갖추어진 성이 바로 태극이다'라는 뜻이라고 풀이한 다음, "대개 '심위태극'은 진실로 그런 이치가 있으나, 어의(語意)에 자세한 설명이 부족하여, 이를 고집하는 사람들이 간혹 '밝고 신령하여 능히 작용하고 진·망(眞妄)이 있는 것'을 태극으로 여김으로써 이학(異學)의 폐단에 빠지게 되니, '심구태극'이라는 말이 완전무결한 것만 못하다."고 주장했다. 이에 대해 중암은 "심위태극과 심구태극 두 학설은 서로 보완적인 것이다. 심의 본체는 리이고 명목은 기인바, 두 학설이 모두 밝혀주는 바가 있어 서로 모순되지 않는다."고 답변한 다음, 이어서 다음과 같이 주장했다.

심은 본래 '리와 기가 합쳐진 것'이라는 점은 그대도 일찍부터 동의한 바이다. 이미 '리·기가 합쳐진 것'이라면, 혹은 기를 말하는 데 활용하고 혹은 理를 말하는 데 활용하더라도, 각각 입언(立言)한 맥락에 따라 모두 가능한 것임은 문리(文理)를 조금이라도 이해하는 사람이면 알 수 있다. 지금 그대는 기를 말하는 것에 대해서는 반드시 '단언정훈(斷案正訓)'이라고 허여하고, 리를 말하는 것에 대해서는 마지못해 겨우 허여하면서 '자세한 설명이 부족하고, 폐단을 초래한다'고 비난하는 것은 무슨 까닭인가? …… '리로 심을 말하는 자'는 홀로 '이단(異端)에 빠져드는 폐단'이 있고, '기로 심을 말하는 자'는 결코 '하늘과 땅의 자리를 뒤바꾸는 근심'이 없다고 보장할 수 있겠는가? 이 한마디만으로도 매우 불공평한 것이다. 내가 그동안 '심'의 명목을 항상 '형이상(形而上)'에 해당시켰던 것은 다만 사설(師說)을 오해한 것에 기인한 것으로서, 정자(程子)의 '술 취한 사람을 부축하는 것과 같다'[8]는 경계를 범한 것이다. 그러나 선사(先師)께서는 어찌 일찍이 이런 잘못이

---

8   謝上蔡가 程明道에게 배울 때 明道가 무슨 말씀을 하면 그에 집착하였다. 이에 明道가 上蔡에게 "그대와 말하는 것은 술 취한 사람을 부축하는 것과 같아서, 한쪽을 잡아주면 다른 쪽으로 쓰러진다. 나는 다만 사람들이 한쪽에 집착하는 것이 두렵다."고 깨우친 바 있다.

있으셨던가?⁹

요컨대 성재가 '심구태극'을 정훈(正訓)으로 삼고 '심위태극'에 대해서는 '이단에 빠지는 폐단을 야기할 수 있다'고 비판한 것에 대해, 중암은 '심구태극'이 '하늘과 땅의 자리를 뒤바꾸는 근심을 야기할 수 있다'고 반론한 것이다.

위의 인용문에서, 중암은 "내가 그동안 '심'의 명목을 항상 '형이상'에 해당시켰던 것은 다만 사설을 오해한 것에 기인한 것"이라 했다. 중암은 이로써 자신의 오류를 일부 인정하면서도, '화서의 심설 자체는 정당하다'는 입장을 굽히지 않았다. 중암은 새롭게 "심의 본체는 리, 명목은 기"라는 것을 자신의 기본 논리로 제시하고, 따라서 명목상으로는 '심구태극'이 옳지만 본체상으로는 '심위태극'이 옳다고 주장하였다.

성재가 제기한 '조보(調補)' 문제에 대해, 중암이 '화서도 심성물칙(心性物則)의 구분에 충실했다'고 반론하면서 '스승의 문집을 다시 읽어 보라'고 요구하자, 성재는 『화서집』을 전부 다시 검토하였다. 성재는 결국 "(화서가) 기로써 심을 말한 곳은 많으나, '심과 성'을 대비시켜 '사물과 준칙'으로 설명한 곳은 단적으로 지적할 만한 것이 없다"는 결론을 얻고서, 무자년(戊子年, 1888) 2월 10일 중암에게 다음과 같은 편지를 올렸다.

---

9 『重菴集』卷20 頁34,「答柳穉程(心說源委辨)」: 心本理氣之合, 高明之見, 亦未嘗不然矣. 旣曰理氣之合, 則或用之於說氣, 或用之於說理, 各隨立言地頭, 俱無不可, 粗解文理者, 可以知之. 今於說氣, 則必以斷案正訓許之; 其於說理, 則黽勉僅許, 而旋以欠曲折啓流弊難之, 何也? …… 以理言心者, 獨有流入異學之弊, 而以氣言心者, 保無天壤易處之憂乎? 只此一言, 其爲不公不平亦甚矣. 鄙人前日心字名目, 每以形而上當之者, 特因自家錯認師說, 犯程子扶醉漢之戒耳. 先師何嘗有此失耶?

선사의 문집에서 심을 설명한 것은, 예컨대 '본심을 리로 말한 것'과 '심의 주재를 리로 말한 것'은 그 뜻이 명백하여 의심스러운 것이 없다. 오직 사람의 '신명(神明)'에 대해 그 자리를 따지고 명칭을 바로잡을 때, 위의 여러 조목에 보이는 것처럼, 바로 '태극'이라고 부르고, 기라고 말하지 못하도록 경계한 것은 혹 주자의 본뜻이 아닌 것 같으며(〈답두인중(答杜仁仲)〉에서 "신(神)을 바로 리라고 함은 그렇지 않은 것 같다. 신을 완전히 기로 보는 것도 또 잘못이다."라고 한 것과 『맹자집주(孟子集註)』에서 "존망(存亡)과 출입(出入)을 합하여 신명불측(神明不測)이라 한다."고 한 것을 보면 알 수 있다), 또 『화서아언(華西雅言)』에 실린 두 조목(〈신명편(神明篇)〉 첫 조목에 "심은 사람의 신명(神明)으로서 리·기를 합하고 동(動)·정(靜)을 포함한다."라 하고, 그 아래에 또 "심은 리·기가 합쳐져서 스스로 신명(神明)한 것"이라 했다)과도 서로 어긋난다. 대개 논한 바가 이와 같으면 "심은 기이며, 사물이다."라는 말씀은 화장(火臟)과 정상(精爽)을 가리키는 것으로서, 이른바 '학자의 공부와는 상관이 없는 것'이다. "심의 당체(當體)인 '신명' 두 글자는 다만 리로 말할 수 있으니, 기로 말하면 안 된다"는 말씀에 이르면, 이는 편중되고 지나쳐서 막힌 바가 있는 것 아닌가?[10]

위의 인용문을 통해 성재가 화서 심설을 비판하는 논점이 분명하

---

10   『省齋集』卷7 頁20, 「上重庵先生 (戊子2月10日)」: 先師文集, 說心, 如本心之以理言, 及心之主宰之以理言, 其指意明白無可疑. 惟於人之神明, 辨位正名處, 直喚做太極, 戒不得說氣, 如右諸條者, 或非朱子本指. (觀答杜仁仲書謂神卽是理未然, 將神全作氣又誤之云, 及孟子集註, 合存亡出入而謂之神明不測 則可見.) 又與雅言所載二條, (神明篇首條云, 心者人之神明, 而合理氣包動靜者也. 其下又有一條云, 心者理與氣合而自能神明者也.) 相牴牾. 盖如此所論, 則其言心氣也物也, 是指火臟與精爽, 而卽所謂不干學者工夫者也. 至若心之當體神明二字, 則只可以理言, 不可以氣言, 此無乃偏重過當而有所礙處耶?

게 드러났다. 성재의 '심은 사물에 속한다'는 주장은 바로 '심의 신명이 사물에 속한다'는 주장이었다. 다시 말해, 화서가 심을 '형(形)·기(氣)·신(神)·리(理)'로 분석하고 신(神)을 리와 함께 '형이상자'로 규정한 것에 대해, 성재는 신(神)을 '형이하자'로 규정해야 옳다고 주장한 것이다.

이에 대해, 중암은 "신(神)에 대한 설명에서, '신(神)은 리의 발용으로, 기를 타고 출입한다[神是理之發用 而乘氣以出入]'는 것 역시 주자의 말씀으로, 스승의 학설이 근본한 바이다. 이 한 구절을 끝내 숨기고 살피지 않는 까닭은 무엇인가? …… '신명을 리로 말하는 것' 등은 이미 주자설에 근본한 것인 만큼, 그대의 견해와 부합하지 않는다고 하여 성급하게 삭제하는 것은 단연코 옳지 못하다."[11]고 반론했다. 요컨대 '신을 리로 규정하는 것'은 주자설에 입각해도 충분한 근거가 있다는 것이다. 중암은 얼마 후에는 다시 다음과 같이 더 구체적으로 반론했다.

> 『화서아언(華西雅言)』의) 한 조목에서는 "하늘[天]은 땅을 통솔하는바 그러므로 하늘을 오로지 말하면 도(道)이다. 신(神)은 귀(鬼)를 통솔하는바 그러므로 신(神)을 오로지 말하면 리이다. 심은 백체(百體)를 통솔하는바 그러므로 심을 오로지 말하면 인극(人極)이다."라고 했다. 이는 자리를 변별하고 명칭을 바로잡으면 천(天)·신(神)·심이 형이하의 사물에 속하니, 반드시 오로지 말한 다음에야 도(道)·리·태극(太極)이라 말한다는 뜻이다. 이 한 조목만 보아도, 선사의 학설은 '사물과 준칙의 구분'에 어두워 고자(告子)·석

---

11 『重菴集』 卷21 頁3, 「答柳稺程(戊子3月2日) 別紙」: 至於神說, 則神是理之發用, 而乘氣以出入, 亦是朱子之言, 而師說之所本者也. 此一句, 終始諱而不省, 何也? …… 神明以理言之屬, 旣本於朱子, 則斷不可以不合於盛見而輒去之也.

씨(釋氏)의 이미 꺼진 불씨를 되살린 것이 아님을 분명하게 알 수 있다. 주자의 〈답두인중(答杜仁仲)〉에는 "신(神)은 리의 발용으로, 기를 타고 출입한다"는 말이 있는바, 자리를 변별하고 명칭을 바로잡으면 신(神)은 비록 기이지만, 기는 홀로 운행하지 않고 반드시 리가 주재하여 이러한 묘용이 있는 것이다. 이 한 문단만 보아도, 선사께서 리를 주로 하여 신(神)을 설명한 것이 전혀 근거 없는 것이 아님을 알 수 있다. 주자는 또 "성은 일에 따라 말할 수 있으나, 심은 전체를 들어 말하는 것"이라고 했다. 이것으로 보면, '리로 심을 말한 곳'에서 심과 성을 상대시킬 경우 심은 하나이나 성은 만 가지이고, 심은 온전하나 성은 나뉜 것이며, '별도의 곳'에서 설명할 경우 심은 기이나 성은 리로서, 성이 사람에게 존재하는 '통체(統體)의 태극'이 되는 것이다. (이 두 설명은) 각각 마땅한 바가 있고 서로 밝혀주는 것이니, 이것에 집착하여 저것을 버리거나 주자의 말로 주자를 공격함은 잘못임을 알 수 있다. 마음이 공정하고 눈이 밝은 사람은 선 채로 결판을 낼 수 있거늘, 지금은 그렇지 못하여, 이처럼 분명한 증거를 숨기고 드러내지 않으며, 마주앉아 논파할 때에는 귀를 막은 듯이 하고, 편지로 물을 때엔 보고도 못 본 것처럼 하며, 한결같이 선사를 '인기위리(認氣爲理)'의 구덩이에 빠뜨리고 있다.[12]

---

12 『重菴集』卷21 頁4~5, 「與柳穉程(戊子4月)」: 其中一條有曰, 天統地, 故天專言之則道也; 神統鬼, 故神專言之則理也; 心主百體, 故心專言之則人太極也. 是辨位正名, 則天也神也心也, 是形而下之物, 必也專言之然後, 乃謂之道, 乃謂之理, 謂之太極也. 只此一條, 先師之說, 非昧於物則之分, 而吹告釋已冷之灰, 昭然可見矣. 朱子答杜仁仲, 有曰 "神是理之發用, 而乘氣以出入者也." 是辨位正名, 神雖是氣, 而氣不獨行, 須是理爲之主, 而乃有此妙用也. 只此一段, 先師之主理而言神, 又非全然無稽, 可見矣? 朱子又有曰 "性可逐事說, 心則擧全體." 觀此則以理言心處, 心性相對, 則心一而性萬, 心全而性分. 與別處說時, 心是氣, 性是理, 而性爲在人統體之太極者, 彼此各有攸當, 互相發明, 而不可執此而廢彼. 以朱子而攻朱子, 又可見矣? 心公眼明者, 可以立決矣. 今也不然, 似此明證, 往復之間, 隱而不宣, 面破之際, 褎如充耳, 書質之時, 視若不見, 一直驅先師於認氣爲理之科.

위의 인용문은 다음과 같이 요약할 수 있다. 첫째, 화서도 '변위정명(辨位正名)'의 맥락에서는 '사물과 준칙의 구분'에 밝았고, 화서의 '이리단심(以理斷心)' 즉 '리를 주로 하여 신(神)을 설명한 것'도 충분한 근거가 있다. 둘째, '변위정명'의 맥락에서 설명할 경우 '심과 성'은 '기와 리'로서, 성이 사람에게 존재하는 '통체의 태극'이 되지만, '이리단심'의 맥락에서 '심과 성'을 상대시킬 경우, '심과 성'은 '통체일태극과 각구일태극'에 해당한다. 셋째, 이 두 설명은 각각 마땅한 바가 있고 서로 밝혀주는 것인바, 어느 한쪽을 무시하면서 선사를 '인기위리(認氣爲理)'라고 비판하는 것은 잘못이다. 요컨대 중암은 화서가 변위정명의 맥락에서는 심을 사물로 규정했으므로 결코 '인기위리'가 아니라고 반론한 것이며, 이리단심의 맥락에서 '신명을 리로 규정함' 역시 충분한 근거가 있는 만큼 결코 오류가 아니라고 주장한 것이다.

이처럼 중암이 '심의 신명을 리로 규정하는 입장'을 굽히지 않았는데도, 성재는 중암에게 올리는 편지에서 다음과 같이 답변하였다.

내가 근래에 강설한 내용들은 '태극에 주재가 있다'는 것도 예전과 같고, '명덕은 리를 주로 한다'는 것도 예전과 같고, '심은 리로 말할 때도 있고, 기로 말할 때도 있다'는 것도 예전과 같다. 오직 '심의 체단(體段)을 통틀어 말하면서 그 본분과 명위(名位)를 판단하자면, 다만 형이하자라는 것에 의거하여 사물로 지목해야만 평실(平實)하여 후일의 폐단이 없다'고 한 것만이 전과 조금 다른 것이다. 보내주신 편지를 읽어 보니, 예전의 강설을 지킨 것에 대해서는 말할 만한 차이가 없으나, 고친 곳에 대해서는 점차 의견을 드러내셨는데, '옳지 못하다'고 여긴 것은 없었다. (전에 내리신 편지에 "심의 본분과 명위는 반드시 형이하에 소속시켜야 한다"고 했고, '사람의 신명'

에 대해서는 "단연코 형이상자"라고 설명했으며, 마지막 두 편지에서는 "변위정명으로 말하면, 하늘은 푸르고 푸른 물건인데 주자가 '하늘이 하늘인 까닭은 리일 뿐'이라 했듯이, 심의 신명도 또한 마찬가지"라고 했고, 또 "변위정명으로 말하면, '천(天), 신(神), 심(心)'은 형이하의 물건이니, 반드시 전적으로 말한 후 비로소 '도(道), 리, 인극(人極)'이라 한다."고 했거니와, 나는 여기에 대해 감히 털끝만큼의 의혹도 없다. 대개 이미 "심의 당체, 본분, 명위가 형이하에 속한다"고 했으니, '그 까닭이 이 리'라는 것과 '전적으로 말할 때엔 리로써 말하는 것이 있음'을 또 어찌 의심하겠는가? 여기에 다름이 없으면, 지엽적인 자잘한 차이는 깊이 논할 필요가 없다.) 그러므로 '강설의 큰 취지가 충분히 귀일(歸一)되었다'고 말해도 되겠다.[13]

성재는 '심의 본분과 명위는 형이하의 사물에 속한다'는 자신의 입장을 재확인하고, 중암의 '사람의 신명은 단연코 형이상자'라는 설명을 상기하면서도, "대개 이미 '심의 당체, 본분, 명위가 형이하에 속한다'고 했으니, '그 까닭이 이 리'라는 것과 '오로지 말할 때엔 리로써 말하는 것이 있음'을 또 어찌 의심하겠는가?"라는 맥락에서, 둘 사이에 '강설의 큰 취지가 충분히 귀일되었다'고 말했다.

---

13 『省齋集』卷7 頁27~28, 「上重庵先生(戊子4月28日)」: 重教近日講說, 太極有主宰之論, 猶夫前也; 明德主理之論, 猶夫前也; 心有以理言, 有以氣言, 亦與前無別. 惟謂揔擧心之體段而斷其本分名位, 則只得且據形而下者目之以物, 乃爲平實而無後弊, 此爲少異於前耳. 伏讀批誨, 於其所守舊者, 固無異同之可言, 而其所更改處, 亦漸次示意, 未有以爲不可者焉, (前者下書, 每言心字本分名位, 須屬之形而下, 而其於人之神明, 則斷然作形而上說. 至最後二書, 言辨位正名, 則天是蒼蒼之物, 而朱子言天之所以爲天者理而已. 心之神明, 宜亦無異同. 又言辨位正名, 則天也神也心也, 是形而下之物, 必也專言之然後, 乃謂之道, 乃謂之理, 乃謂之人極也. 區區於此不敢有一毫疑貳, 盖旣言心之當體本分名位, 當屬形而下, 則其所以然之是理, 與其專言時有以理言者, 又何疑焉? 於此而無異同, 則其枝葉上小小參差, 自不必深論.) 則講說大指, 雖謂之爛漫歸一, 可也.

이로써 성재와 중암 사이에 '심에 대한 기본적 인식'은 합치점을 확보했다고 하더라도, '화서설에 대한 해석상의 이견(異見)'은 여전히 남아 있었다. 이는 '화서설을 조보(調補)할 필요가 있는가, 없는가'의 문제와 연결되는 것이었으므로, 여전히 심각한 쟁점일 수밖에 없는 문제였다. 요컨대 중암이 "이 심의 명위가 형이하에 속해야 마땅하다는 것은 선사께서 평소 소견이 원래 스스로 이와 같았는데, 다만 온 세상이 이미 아는 것으로서 일삼아 밝힐 필요가 없기 때문에, 강설에 자주 말씀하시지 않은 것이다. 지금 마땅히 '선사의 유지(遺旨)를 발휘한다'는 것으로 명분을 삼아야지, '선사의 구설(舊說)을 추후에 고친다'고 말해서는 안 된다."고 말하면서, "현인의 잘못이 드러나는 것을 꺼리고 조용히 보충한다[諱賢陰補]"는 의리를 제시한 것에 대해,[14] 성재는 동의하지 않으면서 다음과 같은 두 가지로 반론했다.

첫째, 화서가 '형이하자에 속한다'고 본 것은 '형(形)과 기로서의 심'일 뿐 결코 '심의 당체인 신명'이 아니라는 것이다. 화서 심설의 진면목은 '이리단심'인데, 이는 곧 '심의 당체인 신명'을 리로 단정한 것이니, 따라서 『아언(雅言)』에서 "심은 기이고, 사물이다"라고 한 말은 '화장(火臟)'과 '정상(精爽)'에만 해당할 뿐, '신명(神明)'에 해당하는 말은 아니라는 것이다.[15]

둘째, '음보(陰補)' 문제에 대해, 성재는 "오늘날 제자들은 마땅히

---

14 『省齋集』卷7 頁28, 「上重庵先生(戊子4月28日)」.

15 『省齋集』卷7 頁29~30, 「上重庵先生(戊子4月28日)」: 盖凡講說, 隨人各有一副眞面目. 以先師心說言之, 以理斷心, 卽其眞面目也. …… 觀此則於形於氣於理, 皆可以言心, 而心之當體神明二字, 只可以屬形而上, 而不可以屬形而下矣. …… 然則雅言所載心氣也物也一段, 盖亦指火臟與精爽, 而未嘗以神明當體言之也.

스승께서 평소 강설하신 본뜻을 마음을 다해 상세히 연구함으로써, 심을 설명한 것이 본래 '리로 말한 것'도 있고 '기로 말한 것'도 있으나 실제는 '리로써 말한 것'이 단안(斷案)이며, 비록 리로 심을 단정했지만 사실 '기를 리라고 인식하는 것'과는 천양지차(天壤之差)임을 밝혀야 한다. 이것이 가장 중요한 요점이다."라고 지적하고, 중암은 이에 대해 두루 생각하지 못하고 애써 이리저리 둘러댐으로써 타인들의 의혹을 멀리 피하고자 하나, 이는 도리어 '숨기고 꺼리는 혐의'가 있어 타인들의 의혹을 더욱 키우는 것이라고 비판한 다음, "지금 스승의 학설에 대해, 만약 그 진면목을 보존하고 완곡한 말로 의문을 남기면, 훗날의 군자가 절충하여 바른 곳으로 되돌릴 길이 있으나, 만약 성급하게 그 뜻을 둘러대서 완전히 자기 뜻과 같게 해 놓으면, 훗날 절충할 수 있는 공정한 안목을 가진 군자가 나온들 무엇을 참고하고 점검하겠는가?"라고 반론했다.[16]

성재는 위의 두 맥락에서 조보의 필요성을 다시 확인한 셈이다. 그러나 중암은 성재의 이러한 주장을 수긍하지 않고, 다시 다음과 같이 반론했다.

첫째, '심의 본분명위는 형이하자로서 사물에 속한다'는 것은 문리(文理)를 조금이라도 이해하는 사람은 모두 아는 사실이다. 옛날부터 이단(異端)·잡가(雜家)가 아닌 한 누가 허공에 매달려 리(理)를 말했던

---

16 『省齋集』卷7 頁31~32, 「上重庵先生(戊子4月28日)」: 今日爲先師之徒者, 政宜就先師平日講說本指, 悉心致詳, 以明其說心, 固有以理言, 有以氣言, 而實則以理言心者爲斷案. 雖曰以理斷心, 而實則與認氣爲理者, 毫釐而千里, 此是第一機要, 而先生於此, 或未及周念, 顧乃泛就題目上, 費力遷就, 以爲遠避人疑之計, …… 無乃反有隱諱之嫌, 而盆致外人之疑耶? …… 今於師說, 若存其眞面而巽辭傳疑, 則後之君子, 容有折衷歸正之路. 若遽遷就指意, 泯然同己, 則雖得折衷之公眼, 顧安所考檢耶?

가? 주렴계가 '무극이태극(無極而太極)'이라 한 것도 '음양에 나아가 그 본체를 지칭한 것인바, 음양과 섞지 않고서 말한 것'이다. 이것으로 본다면, 선사께서 리로 신명을 말한 것은, 그대가 의심하는 것과 달리, '기에서 리를 본 것[氣上看理]'이다.[17]

둘째, 『화서아언』〈신명편(神明篇)〉에서는 "심은 리와 기가 묘합하여 스스로 능히 신명한 것이다. 리로 심을 말하면 심이 타고 있는 것은 기이며, 기로 심을 말하면 심이 싣고 있는 것은 리이다."라고 했는데, '리로 심을 말한 것'은 '전언(專言)의 설명'이며, '기로 심을 말한 것'은 '명목(名目)의 설명'이다. 내가 지난번에 '휘현음보(諱賢陰補)'를 말했던 것은 '가령 스승의 학설에 참으로 결점이 있다면 다만 조용히 보완해야 마땅하며, 문득 대문자(大文字)를 지어 사방에 스승의 과실(過失)을 폭로해서는 안 된다'는 뜻이었다. 어찌 일찍이 선사의 학설에 참으로 과실이 있어서 숨기고 보완해야 한다고 여긴 것이겠는가?[18]

셋째, 예컨대 "하늘은 이 도리가 없으면 하늘이 될 수 없다. 그러므로 푸른 하늘이 곧 이 도리의 하늘이다."라는 말과 "신(神)은 리의 발용으로서, 기를 타고 출입한다."는 말은 모두 주자의 정론(定論)인데, 첫째 문장에서는 리로 하늘을 단정했고, 둘째 문장에서는 리로 신(神)을 단

---

17 『重菴集』卷21 頁10~11, 「答柳稺程(戊子6月)」: 其本分名位, 據形而下者, 目之以物, 粗解文理者, 誰有不知? …… 古今說理者, 自非異端雜家, 孰有懸空說者乎? 周子說無極而太極, 亦不過卽陰陽而指其本體, 不雜乎陰陽而爲言耳. 以此斷知先師以理言神明, 亦是氣上看理, 非如來敎所疑也.

18 『重菴集』卷21 頁11, 「答柳稺程(戊子6月)」: 神明篇第十一條云: "心者, 理與氣妙合, 而自能神明者也. 以理言心, 則心之所乘者, 氣也; 以氣言心, 則心之所載者, 理也." '以理言心'云云, 卽專言之說也; 以氣言心云云, 卽名目之說也. …… 至於諱賢陰補云云, 當時鄙意以爲假令師說眞有欠處, 但從容陰補, 不當便作大文字, 暴揚過失於四方云爾. 曷嘗以爲先師, 眞有所失, 而可諱可補耶?

정했다. 주자께서 어찌 본분명위로 말하면 하늘과 신(神)이 '형이하의 사물'이라는 것을 몰라서 그렇게 말씀하셨겠는가? 지금 선사의 '이리단심(以理斷心)'을 잘못이라고 비판한다면, 주자도 그러한 비판을 받아야 마땅하다. 그대는 이에 대해 더 할 말이 있는가?[19]

넷째, 신(神)은 리의 용(用)으로서 기를 타고 출입하니, 그러므로 그 맥락에 따라 리로 부를 때도 있고, 기로 부를 때도 있다. 형·기·신·리를 넷으로 분석한 것은 황면재(黃勉齋)로부터 시작되었는데, 면재는 형·기·신을 함께 형이하에 소속시켰다. 선사께서는 형(形)·기를 양청(陽淸)과 음탁(陰濁)으로 구분하여 형이하에 소속시키고, 신(神)·리를 실체와 묘용으로 구분하여 형이상에 소속시켰다. 이 두 설명을 함께 참고해야 그 뜻이 비로소 갖추어지니, 마음을 비우고 침잠하여 완색한다면 어렵지 않게 알 수 있다. 지금 자기의 학설을 펴는 데 급하여, 이것으로 '변위정명의 공안(公案)'을 삼고자 한다면, 속이는 것이다. 신명을 심의 당체로 삼은 것은 또한 주자의 학설이요, 선사의 창견(創見)이 아니다. 사람의 신명은 곧 『중용』에서 말한 '예지(睿知)'로서, 사덕(四德)을 포괄하고 만선(萬善)을 포함하며 만화(萬化)를 주재하니, 이른바 '대덕돈화(大德敦化)'요, 이른바 '통체태극(統體太極)'으로서, 변위정명이라는 말로 어지럽힐 수 없는 것이다. 이로써 형이하의 한 사물로 간주할 것을 요구한다면, 이름이 바르지 못하고 말이 순조롭지 못한 것이 과연 이보다

---

19 『重菴集』卷21 頁12, 「答柳穉程(戊子6月)」: 如曰天非有此道理, 不能爲天, 故蒼蒼者卽此道理之天; 如曰神者, 理之發用, 乘氣以出入. 是皆朱夫子定論, 而上說則以理斷天字, 下說則以理斷神字. 朱子豈不知本分名位, 則曰天, 曰神, 是形而下之物而云爾哉? 今以先師之以理斷心爲非, 則朱子當分受其譏矣. 高明於此, 復有說乎?

더 심할 수 있겠는가?[20]

위의 첫째 반론은 '기에서 리를 본다'라는 새로운 논법을 제시하면서 '화서의 심설은 결점이 없다'는 입장을 고수한 것이며, 둘째 반론 역시 '화서의 심설은 어떠한 결점도 없으므로, 조보할 필요가 없다'는 입장을 고수한 것이다. 셋째 반론은 요컨대 화서의 '이리단심(以理斷心)'은 주자설과 맥락을 같이하는바, 따라서 이를 비판하고자 한다면 주자설도 함께 비판해야 한다는 것이다. 넷째 반론에서는 '형·기·신·리'에 관한 면재설과 화서설을 '서로 보완하는 것'으로 보아야 한다고 강조하고, 성재가 말하는 '변위정명'을 '속임수'라고 비판했다.[21]

이처럼 중암은 '화서의 심설은 어떠한 결점도 없으므로, 조보할 필요가 없다'는 입장을 고수하면서, 화서설에 대한 성재의 문제 제기를 전혀 용납하지 않았다. 이에 성재는 중암에게 다시 편지를 올려 반론하였거니와, 그 핵심 내용은 다음과 같다.

첫째, 하교(下敎)에서 말한 대로 『아언』에는 비록 "심과 신(神)은 형이하의 사물이다. 반드시 오로지 말한 다음에야 도(道)라 한다."는 말씀이 있지만, 『아언』의 본지는 이와 다른 것 같다. 선사께서 평소에 신

---

20 『重菴集』卷21 頁13~14,「答柳穉程(戊子6月)」: 神是理之用而乘氣出入者, 故隨其地頭, 有喚做理時, 有喚做氣時. 形氣神理四分破, 自勉齋始, 而勉齋以形氣神, 並屬形而下. 先師以形氣分陽淸陰濁, 而屬之形而下, 以神理分實體妙用, 而屬之形而上. 二說相須, 其義乃備, 虛心潛玩, 見之非難. 今急於伸己之說, 而以此爲辨位正名之公案則誣矣. 其以神明爲心之當體, 又朱子之說, 非先師之刱見. …… 人之神明, 卽中庸所謂睿知, 包四德涵萬善, 主宰萬化, 所謂大德敦化, 所謂統體太極, 非可以辨位正名之說而亂之也. 以此要作形而下之一物, 則名之不正, 言之不順, 果孰甚焉? …… 初無可諱之過, 又無可補之缺, 何遷就避嫌之有?

21 이 넷째 반론은 사실 '重菴의 자가당착'을 보여주는 것이다. 神明을 심의 當體로서 形而上者라 한다면, 한편으로는 결국 '心卽理說'이 되고, 다른 한편으로는 '화서 역시 심과 성을 物과 則으로 구분했다'는 중암의 주장은 虛言이 되기 때문이다.

(神)을 설명할 때 기로 말씀한 곳이 없지 않지만(예컨대 귀신(鬼神)의 부류), '형·기·신·리'로 등위(等位)를 나누고 명호(名號)를 정한 곳에서는 신(神)을 형이하자에 소속시킨 경우가 없다. 심을 설명할 때도 또한 기로 말한 곳이 많지만(예컨대 화장(火臟)과 정상(精爽)의 부류), 신명(神明)으로 심을 말한 곳에서는 모두 오로지 형이상자로 간주했고, 형이하자로 말하는 것을 금지했다.[22]

둘째, 주자의 〈답두인중(答杜仁仲)〉을 '신(神)이 곧 리'라는 논거로 해석하는 것은 곤란하며, 그렇다고 신(神)을 오로지 기로 해석하는 것도 잘못이다. 신(神)을 리로 규정할 수 없는 까닭은 무엇인가? 형이상자는 리요, 작용이 있으면 바로 형이하자이기 때문이다(이 두 구절은 주자(朱子)의 성어(成語)이다)[23] 신(神)을 오로지 기로 보는 것도 오류인 까닭은 무엇인가? 신(神)의 작용은 곧 리의 발용으로서, 기를 타고 출입하는 것이기 때문이다. 이 두 설명을 종합하여 통일시킨다면 '신(神)'의 본분명위와 이면골자(裏面骨子)를 모두 완전히 이해할 수 있을 것이다.[24]

셋째, 황면재가 비로소 형·기·신·리를 네 층으로 나누고, 형·기·신을 형이하자에 소속시켰는데, 후대의 여러 학자들이 모두 따르고 수용했다. 오직 선사께서 홀로 그 학설을 매우 잘못으로 규정하여 "지

---

22 『省齋集』卷7 頁35,「上重庵先生(戊子8月19日)」: 心也神也, 是形而下之物云云, 下教雖述雅言所載, 而雅言本指似不如此. …… 盖先師平日說神, 非無以氣言處, (如論鬼神之類是) 其以形氣神理分等位定名號處, 未有以神屬形而下者; 說心亦多以氣言處, (如說火臟精爽之類是) 其以神明言心處, 皆專作形而上, 禁說形而下者.

23 『朱子語類』卷75(중화서국본 1936쪽) : 形而上者是理, 才有作用, 便是形而下者.

24 『省齋集』卷7 頁40,「上重庵先生(戊子8月19日)」: 盖謂神卽是理未然者, 何也? 形而上者是理, 才有作用, 便是形而下者也. (此二句是朱子成語) 將神全作氣看又誤者, 何也? 氣之作用, 卽是理之發用, 而乘氣以出入者也. 合二說而一之, 則神字本分名位, 與裏面骨子, 皆可以了得矣. (氣之作用의 '氣'는 '神'의 誤字일 것이다)

존무대(至尊無對)한 신(神)을 폄하하여 신복(臣僕)과 졸도(卒徒)의 대열에 편입시키니 명분이 바르지 못하고 말이 순조롭지 못하다"고 여기시고, "나아가서는 태극이 되지 못하고, 물러나서는 음양이 되지 못하여, 열국(列國)의 우공(寓公)과 같은 신세를 면치 못하니, 천지의 군더더기"라고도 말씀하고, 또 "태극이 주재하고 운용하는 묘(妙)가 없고, 천하의 예악(禮樂)과 정벌(征伐)이 천자(天子)로부터 나올 수 없게 되었다"고 말씀하셨다. 이에 이름과 지위를 개정하여, "형(形)은 음에 소속시키고 기는 양에 소속시킴에 음·양이 나뉘어 양의(兩儀)가 되니 곧 '태극이 탈 그릇'이며, 리는 체가 되고 신(神)은 용이 됨에 체·용이 합쳐져 태극이 되니 곧 '음양이 싣는 도(道)'이다."라고 하셨다. 이처럼 선사께서 정립한 이론과 폐기한 이론은 '남·북이 서로 먼 것'보다도 심하다. 이제 "면재설과 선사설은 서로 보완해 보아야 그 뜻이 비로소 갖추어진다"고 말씀하니, 이는 이치에 맞지 않는다. 또한 '신(神)'은 지난번에 음양에 소속시켰을 때엔 신복과 졸도로 강등되었다가 지금 태극에 소속시켜 다시 지존무대하게 되었으니, 이것이 바로 '변위(辨位)'이며, 지난번에 음양에 소속시켰을 때엔 명분이 바르지 못하고 말이 순조롭지 못하다가 지금 태극에 소속시켜 명분이 바르고 말이 순조롭게 되었으니, 이것이 바로 '정명(正名)'이다. 하교(下敎)에서는 내가 이를 '변위정명의 공안(公案)'이라 한 것에 대해 '속이는 말'이라 했는데, 이 또한 반복하여 살펴보아도 수긍하지 못하겠다.[25]

---

25 『省齋集』卷7 頁41~42, 「上重庵先生(戊子8月19日)」: 黃勉齋始以形氣神理, 分作四層, 而自神以下 屬之形而下者, 後來諸先儒皆從而受用之. 先師獨深病其說, 以爲 "貶至尊無對之神, 降編臣僕卒徒之伍, 爲名不正而言不順", 至謂 "其進不得爲太極, 退不得爲陰陽, 不免爲列國之寓公, 天地之贅物", 又謂 "太極無主宰運用之妙, 而天下之禮樂征伐, 不得自

넷째, '사람의 신명은 곧 통체태극'이라는 말은 비록 이처럼 명백하게 가르쳐주셨어도, 우매한 심정으로는 끝내 불안한 점이 있다. 한마디로 말해, 주자는 '신(神)이 곧 리라고 말하는 것은 잘못'이라고 분명히 말씀했는데, 지금 '신명이 곧 태극'이라 하면 마음에 편안한가? 푸른 하늘을 리라고 부를 수 있고, 솔개와 물고기를 도(道)라 부를 수 있지만, 사람의 신명은 곧바로 태극이라고 부를 수 없으니, 이는 무슨 까닭인가? 사람의 신명은 곧 허령지각(虛靈知覺)의 별칭으로서, 애초에 두 물건이 아니다. 신명을 태극이라 부를 수 있다면, 허령과 지각 또한 태극이라 부를 수 있는바, 허령과 지각을 모두 태극이라 부를 때 그 명분이 바르지 못하고 말이 순조롭지 못함이 어떠하겠는가?[26]

위의 첫째 논점은 여러 번 되풀이된 내용으로서, 피차간에 같은 말을 계속 반복하고 있는 것이다. 〈답두인중〉을 둘러싼 둘째 논점 역시 계속 반복되는 내용으로서, 두 사람은 이처럼 평행선을 달리고 있었다. 셋째 논점은 '형·기·신·리'에 관한 면재설과 화서설은 양립하기 어려운 것임을 설명함으로써 중암의 "면재설과 선사설은 서로 보완해 보아

天子出矣." 於是改正名位, 以爲"形屬陰氣屬陽, 而陰陽分作兩儀, 卽太極所乘之器也; 理爲體神爲用, 而體用合爲太極, 卽陰陽所載之道也." 此其所立之論, 與其所棄之說, 不啻若南北之相遠矣. 今乃謂二說相須, 其意乃備, 是則雖門下亦以爲專主師訓, 則理有所未周也. …… 且神一字, 向屬之陰陽, 則降爲臣僕卒徒, 今屬之太極, 則還他至尊無對, 此政是辨位之辭也; 向屬之陰陽, 則名不正而言不順, 今屬之太極, 則名正言順, 此卽是正名之謂也. 下敎以重敎之以此爲辨位正名之公案者爲誣辭, 此亦反復審省而未得指意之所在.

26 『省齋集』卷7 頁42~43, 「上重庵先生(戊子8月19日)」: 人之神明, 卽是統體太極, 此一言, 雖明白敎告如此, 而愚昧之情, 終有所不安者. …… 一言蔽之, 朱子明言謂神卽是理則不可, 而今謂神明卽是太極, 則於心得貼然否乎? 蒼蒼可喚做理, 鳶魚可喚做道, 而人之神明, 不可直喚做太極, 是何也? 人之神明, 卽虛靈知覺之別稱, 初非有二物也. 神明而可喚做太極, 則虛靈亦可以喚做太極, 知覺亦可以喚做太極. 虛靈知覺, 皆喚做太極時, 其名之不正, 言之不順, 顧當如何哉?

야 그 뜻이 비로소 갖추어진다"는 주장을 반박한 것이다. 성재는 또한 화서설이 진정 '변위정명'에 해당하는 것임을 해명함으로써 자신에게 중암이 '변위정명이란 속이는 말'이라고 비판한 것을 반박하였다. 넷째 논점은 중암과 성재 사이의 견해차를 다시 확인해 주는 내용이다. 중암의 '사람의 신명은 곧 통체태극'이라는 주장은 화서의 '이리단심(以理斷心)'을 그대로 수용하는 것이며, 성재의 '사람의 신명은 곧 허령지각의 별칭으로서, 애초에 두 물건이 아니다.'라는 주장은 '신명을 결코 리로 규정할 수 없다'는 입장을 다시 확인한 것이다. 성재는 "신명을 태극이라 부를 수 있다면, 허령과 지각 또한 태극이라 부를 수 있는바, 허령과 지각을 모두 태극이라 부를 때 그 명분이 바르지 못하고 말이 순조롭지 못함이 어떠하겠는가?"라고 반문했는데, 이것이 화서설에 대한 조보(調補)가 필요하다는 문제의식의 출발점이었다. 이렇게 본다면, 무자년(戊子年, 1888) 8월 19일에 이르기까지 성재와 중암은 입장의 차이를 전혀 좁히지 못한 셈이다.

2. 〈화서심설정안華西心說正案〉의 도출

위에서 무자년 8월까지 성재와 중암은 서로 입장의 차이를 전혀 좁히지 못하고 있었음을 확인하였다. 그런데 놀랍게도 무자년 9월 두 사람은 〈선사심설정안(先師心說正案)〉에 전격적으로 동의하게 된다. 성재는 무자년 9월에 보낸 편지 〈상중암선생(上重庵先生)〉에서 다음과 같이 말한 바 있다.

중악(重岳)이 돌아와 …… 내가 여쭈었던 〈심설(心說)〉에 대해 먼저 구교(口

敎)를 받았거니와, 경계와 책망이 엄중하면서도 타일러 깨우쳐 줌 또한 절실하고 극진하니, 삼가 듣고서 수용하여 가슴에 새기어 평생의 교훈으로 삼겠다. …… 이제 삼가 교지(敎旨)에 따라 글의 대강(大綱)을 대략 적어서 별폭(別幅)으로 올리고, 비교(批敎)를 청한다. …… 나머지는 다음 달 초에 직접 찾아뵙고 말씀드리겠다.[27]

위에서 주목할 것은 '구교(口敎)' 즉 '입으로 전해준 가르침'이라는 말이다. 위의 인용문에 드러난 정황으로 보자면, 유중악(柳重岳)이 성재의 편지를 들고 중암을 찾아갔다가, 중암으로부터 이런저런 가르침[敎旨]을 듣고 돌아와 성재에게 구두(口頭)로 전달한 것이다. 성재는 그 가르침에 따라 하나의 문건을 작성했는데, 그것이 바로 〈선사심설정안〉 즉 〈화서심설정안〉이다. 한편, 〈성재연보(省齋年譜)〉 무자년 10월조에는 다음과 같은 내용이 보인다.

선생[省齋]이 사설에 대해 조보하고자 한 것은 두 가지로서, '심과 명덕'을 '사물과 준칙'으로 구분하는 것과 '사람의 신명'을 리·기와 명분·지위로 설명하는 것이었다. 중암선생은 이 심의 본분과 명위를 선사께서 본래 형이하에 소속시켰다고 여기고, 『아언』에 실린 "심은 기이고 사물이다."라는 말을 들어 그것을 증명했다. 선생은 선사의 "심은 기이고 사물이다."라는 말은 화장(火臟)과 정상(精爽)을 가리킨 것이요, 신명을 가리킨 것이 아니라고 생각했다. …… 이처럼 수년 간 서로 버티다가, 이때에 이르러 선생이 생각을 바꾸어,

---

27 『省齋集』卷7 頁49~50, 「上重庵先生(戊子9月)」: 重岳回, …… 所禀心說, 先承口敎, 警責旣嚴重, 開諭亦切至, 俯伏聽受, 鐫之肺肝, 用作終身之戒也. …… 今謹遵敎旨, 略草其措辭大綱, 別幅附達, 伏乞批敎焉. …… 餘留來月初躬進面達.

…… 마침내 중암선생의 가르침에 따라, 스승의 학설 가운데 '심과 명덕'을 '사물과 준칙'으로 구분한 글 두 조목, 신명을 리·기의 결합으로 설명한 글 두 조목을 뽑아 해설을 붙이고 〈화서선생심설정안〉이라 이름을 붙였다.[28]

위의 인용문에 의하면, 성재는 "이때에 이르러 생각을 바꾸어, 마침내 중암선생의 가르침에 따르게 된 것"이다. 짐작컨대 성재는 중암의 구교(口敎)를 듣고 생각을 바꾸게 된 것 같다. 또 위의 인용문에서는 〈화서심설정안〉을 작성한 것 자체가 '중암의 가르침을 따른 것'이라 했다. 그렇다면 어떤 점에서 중암의 가르침을 따른 것인가? 『성재집』에 보이는 〈선사심설정안〉은 총 여섯 조목이거니와, 먼저 그 전문(全文)을 차례대로 살펴보자.

① 심은 사람의 몸에 있는 하나의 사물이다. 이 사물에는 반드시 이 사물이 되는 리가 있고, 반드시 이 사물이 되는 직분이 있는바, 이것이 이른바 '심의 도(道)'이다. 만약 "심은 기를 지닌 사물이요, 리를 지닌 사물이 아니다"라고 한다면 다시 의심할 것이 없거니와, 만약 "또한 그 리가 있고, 그 직분도 있다"고 한다면, 이른바 '명덕(明德)'은 심의 리가 아니고 무엇이겠는가?[29]

---

28 『省齋年譜』戊子年(1888, 先生57歲) 10月條:先生於師說, 欲爲調補者, 在心與明德物則之分, 人之神明理氣名位兩段矣. 金先生以爲此心本分名位, 先師固已屬之形而下, 仍擧雅言所載心氣也物也之語以證之; 先生以爲先師之謂心氣也物也, 是指火臟精爽, 而非指神明也. …… 如是相持數年, 至是更思. …… 遂遵奉金先生教意, 取師說中可備心與明德物則之分者二條, 神明之合言理氣者二條, 而繫以解說, 名曰華西先生心說正案.
29 『省齋集』卷7 頁50,「先師心說正案」:心是人身上一物, 是物也必有爲是物之理矣, 必有爲是物之職矣, 是所謂心之道也. 若曰心是有氣之物, 非有理之物, 則更無可疑矣; 若曰亦有其理, 亦有其職, 則所謂明德, 非心之理而何哉?

② 심은 기이고 사물이다. 다만 이 사물과 이 기에 나아가 그 덕을 지칭하면 리라 하는바, 성현(聖賢)이 말씀한 심은 대개 이를 지칭한 경우가 많다.[30]

선사께서 '심과 명덕'을 '사물과 준칙'으로 구분한 것은 마땅히 이 두 조목으로 정안(正案)을 삼아야 한다. 만약 "심의 허령지각은 이 '사물'과 '사물의 리' 중 어디에 소속시켜야 마땅한가?"라고 힐문하는 사람이 있다면, 마땅히 "주자의 유지(遺指)와 화서선생의 '신명은 리·기를 합친 것'이라는 설명에 따르면, 허령지각은 당연히 사물에 속하고, 인의예지는 사물의 리이다."라고 답해야 할 것이다. 또 "그렇다면 주자가 명덕장구(明德章句)에서 허령으로 말씀한 것은 무엇인가?"라고 묻는다면, "명덕은 인의예지의 허다한 도리가 심 속에서 밝게 빛나는 것이다. 그러므로 이 사물에 나아가 '허령(虛靈)' 두 글자로 첫머리를 일으키고 '불매(不昧)'라는 글자로 문장을 완성하여 이 덕의 밝음을 형용한 것이요, 허령지각을 곧바로 명덕으로 부른 것이 아니다."라고 답할 것이다.

또 "성현이 말씀한 심은 대개 이를 지칭한 경우가 많으나, 이 사물과 이 기를 가리켜 심을 말한 경우도 때때로 볼 수 있다. 성현이 가리킨 바가 어찌하여 이처럼 두 양상이 있는 것인가?"라고 묻는다면, "이 사물과 이 기를 가리켜 심을 말한 것은 본분에 따라 지위를 변별하고 이름을 바로잡은 말씀으로서, 사람들에게 진망사정(眞妄邪正)이 섞인 것을 보고 성찰조존(省察操存)의 공부를 하도록 요구하는 것이다. 이 덕과 이 리를 가리켜 심을 말한 것은 그 위에 나아가 미루어 밝히고 발휘한 말씀으로서, 사람들에게 본원진체(本源眞體)의 바름을 보고 준적(準的)으로 삼아 회복하는 공부를 하도록 요구하는 것이다. 말씀이

---

[30] 『省齋集』卷7 頁50,「先師心說正案」: 心, 氣也物也. 但就此物此氣上面, 指其德則曰理也. 聖賢所謂心, 盖多指此也.

각각 마땅한 바가 있으니, 어느 하나를 빼놓을 수 없다."라고 답할 것이다.[31]

③ 심은 사람의 신명으로서, 리·기를 합치고 동·정(動靜)을 포괄하는 것이다.[32]

④ 심은 리와 기가 묘합하여 스스로 능히 신명한 것이다.[33]

선사께서 심의 신명과 리·기의 명위(名位)를 논한 것은 마땅히 이 두 조목으로 정안을 삼아야 한다. 만약 "신명과 허령지각은 하나인가, 둘인가?"라고 힐문하는 사람이 있다면, 마땅히 "자세히 구분하면 신명, 허령, 지각이 가리키는 바에 약간 깊고 얕은 차이가 있지만, 명위로 단정하면 그것들이 모두 '리·기가 합쳐진 것'임은 동일하며, 모두 마땅히 사물에 속하여 준칙이 될 수 없는 것도 동일하다."고 답해야 할 것이다. 또 "이미 '리·기의 묘합'이라 했는데, 오히려 치우치게 '사물'에 속하는 것은 무슨 까닭인가?"라고 묻는다면, "무릇 일반적으로 말하는 '리·기가 합쳐진 것'은 리만 지칭한 것과 대비시키면 반드시 '형이하'에 속한다. 또한 이른바 사물은 원래 '리와 기가 합쳐진 이름'이다. 대개 신명과 허령지각은 오직 리·기가 합쳐진 것이기 때문에, 그러므로 그 당체(當體)를 거론

---

31 『省齋集』卷7 頁50~51,「先師心說正案」: 先師論心與明德物則之分, 當以此二條爲正案也. 若有詰之者曰: "心之虛靈知覺, 於是物與是物之理, 當何所屬?" 宜答之曰: "據朱子遺指, 及先生所論神明合理氣之說, 則虛靈知覺, 當屬是物. 所謂仁義禮智者, 乃是物之理也." 曰: "然則朱子於明德章句, 以虛靈爲言, 何也?" 曰: "明德者, 是仁義禮智許多道理, 在心裏光明照徹者也. 故就是物上, 擧起虛靈二字, 配貼不昧字成文, 以形容此德之明爾. 非直以虛靈知覺, 喚做明德也." 曰: "言聖賢所謂心, 蓋多指此, 則其指此物此氣而言心者, 亦時有之可見. 聖賢所指, 何故有此兩樣?" 曰: "指此物此氣而言心者, 依本分辨位正名之辭也, 要人見眞妄邪正之雜, 而加省察操存之工也; 指是德是理而言心者, 就上面推明發揮之辭也, 要人見本源眞體之正, 而加準的恢復之工也. 言各有當, 不可闕一也."
32 『省齋集』卷7 頁51,「先師心說正案」: 心者, 人之神明, 而合理氣包動靜者也.
33 『省齋集』卷7 頁51,「先師心說正案」: 心者, 理與氣妙合, 而自能神明者也.

하면 기이고, 그 본체(本體)를 궁구하면 理이다. 그 운용에 미쳐서는, 아직 간별(揀別)하지 않았을 때에는 진·망(眞妄)이 서로 섞임이 없을 수 없으나, 이미 간별한 다음에는 천리(天理)의 묘용을 볼 수 있다. 주자의 『맹자』조존장(操存章) 주석(존망출입(存亡出入)을 관통해서 신명(神明)을 말했다) 및 『대학혹문』 치지(致知) 조목(오로지 묘중리(妙衆理)·재만물(宰萬物)로 신명(神明)을 말했다)을 보면 알 수 있다."고 답할 것이다.

또 "무릇 화옹(華翁) 심설의 요지는 무엇인가?"라고 묻는다면, "세상이 바야흐로 명덕을 폄하하여 기로 간주하는데, 선생이 고심하여 그것이 '천명(天命)의 본체'임을 밝히셨고, 세상이 바야흐로 신(神)을 오로지 기로 간주하는데, 선생이 고심하여 그것이 '리의 묘용'임을 밝히셨다. 명덕이 천명의 본체가 됨에 성학(聖學)의 종지(宗旨)가 다시 밝아졌고, 신(神)이 리의 묘용이 됨에 태극의 주재를 볼 수 있게 되었으니, 이는 진실로 세상에 드문 공로이다. 그 명목을 논할 때의 억양에 소소한 차이가 있고, 문장을 가다듬는 데 미진한 부분이 있는 것 등은 후세의 학자들이 앞에서 열거한 네 조목의 정안에 입각하여 서로 참조하여 마름질하고 보완하면 될 것이다."라고 답할 것이다.[34]

---

[34] 『省齋集』卷7 頁51~52,「先師心說正案」: 先師論心之神明, 理氣名位, 當以此二條, 爲正案也. 若有詰之者曰: "神明與虛靈知覺, 是一耶二耶?" 宜答之曰: "細分則曰神明, 曰虛靈, 曰知覺, 微有所指淺深之差, 而斷之以名位, 則其爲理氣之合者, 未始不一也. 其當屬物而不得爲則者, 未始不一也." 曰: "旣言理氣之合, 而猶偏屬之物, 何也?" 曰: "凡言合理氣者, 對單言之理, 則須屬之形而下. 且所謂物者, 元是理與氣合之名也. 盖神明靈覺, 惟其合理氣也. 故擧其當體則是氣, 而究其本體則是理也. 其運用也, 方其未揀別時, 不能無眞妄之相雜, 而及其已揀別後, 乃見天理之妙用也. 觀朱子孟子操存章註, (通存亡出入言神明) 及大學或問致知條, (專以妙衆理宰萬物言神明) 可見也." 曰: "大凡華翁說心, 其要指如何?" 曰: "世方以明德貶作氣看, 而先生則苦心闡明其爲天命之本體; 世方以神全作氣看, 而先生則苦心推明其爲是理之妙用. 明德爲天命之本體, 而聖學之宗旨復明; 神爲是理之妙用, 而太極之主宰可見. 是誠不世之大功也. 若其名論抑揚之際, 小小參差, 梳洗不盡處, 後之讀者, 以右所列四條正案, 參互而裁補之, 可也."

⑤ 하늘[天]은 땅을 통솔하는바 그러므로 하늘을 오로지 말하면 도(道)이다. 신(神)은 귀(鬼)를 통솔하는바 그러므로 신(神)을 오로지 말하면 리이다. 심은 백체(百體)를 통솔하는바 그러므로 심을 오로지 말하면 인극(人極)이다.[35]

이 한 조목은 삼가 중암선생의 가르침에 따라 추가한 것이다. 대개 이 심의 본분명위는 마땅히 형이하에 속하지만, 그 통체(統體)의 주재는 마땅히 리로 말해야 하는바, 이는 하나의 명쾌한 정안이라 할 수 있다.[36]

⑥ 심은 '리와 기를 합쳐서 이름 지은 것'인데, 리의 측면만 지칭하면 '본심(本心)'이라 한다.[37]

이 한 조목은 중암선생이 돌아가신 다음 해에 추가한 것이다. 대개 당초에 정안을 정할 때엔 오로지 '심과 명덕'을 '사물과 준칙'으로 구분하는 것을 주로 삼았는데, 뒤에 홍사백(洪思伯)과 의견을 교환하면서 '심과 본심'의 구분 또한 공을 들여 강명해야만 한다는 것을 알게 되었다. 그리하여 이 한 조목을 증설했거니와, 큰 뜻은 대개 "심은 이미 '리와 기가 합쳐진 것'이니, 그 지각운용도 반드시 리가 주가 되는 때도 있고, 기가 주가 되는 때도 있다. 이른바 '본심'이란 바로 그 리가 주가 된 쪽만 지칭하여 이름 붙인 것이다."라는 것이다. 이는 '심'의 명위와

---

35 『省齋集』卷7 頁52,「先師心說正案」: 天統地, 故天專言之則道也; 神統鬼, 故神專言之則理也; 心統百體, 故心專言之則人極也.

36 『省齋集』卷7 頁52,「先師心說正案」: 此一條, 謹依重庵先生所教, 追附之. 盖此心本分名位之當屬形而下, 與其統體主宰之當以理言者, 此可爲一明案也.

37 『省齋集』卷7 頁52,「先師心說正案」: 心, 合理與氣而立名者也. 單指理一邊, 則曰本心也.

계급을 논한 것이 매우 명백하고, 친절하게 받아들여지는 점이 있으니, 학자들이 마땅히 깊이 살펴야 한다.[38]

이상에서 〈화서심설정안〉 전문을 소개하였다. 먼저 알아두어야 할 것은, 위의 여섯 조목은 모두 '화서의 다양한(또는 서로 모순되는) 심설' 가운데서 '정안(正案)'으로 삼을 만한 내용을 성재와 중암이 상의하여 뽑은 것이라는 점이다. 그리고 각 조목 아래에 딸린 해설은 성재가 쓴 것을 중암이 윤문한 것이다. 이렇게 본다면, 〈화서심설정안〉은 성재와 중암 사이에 충분히 합의를 본 내용이라 하겠다.

이제 위의 정안을 정리해 보자. ①과 ②에서는 '심'을 '사물'로, '심의 리'를 '명덕'으로 설명했는데, 이는 성재의 지론 '심성물칙론(心性物則論)'이 반영된 것이라 할 수 있다. 그러면서도 "성현이 말씀한 심은 대개 이 덕[理]을 지칭한 경우가 많다"는 말을 채택하여, 화서의 이리단심(以理斷心) 역시 충분한 근거가 있는 것임을 명백히 하였다.

③과 ④에서는 '신명'을 '리·기를 합친 것'으로 설명했거니와, 이것 역시 성재의 지론이 반영된 것이다. 성재는 화서가 신(神)[신명(神明)]을 리로 규정한 것을 문제 삼고, 이를 조보해야 한다는 입장을 시종일관 견지했거니와, 따라서 화서의 다양한 심설 가운데 ③과 ④를 정안으로 뽑았다는 것은 성재의 지론이 반영된 결과라 할 수 있다.

---

38 『省齋集』卷7 頁52~53, 「先師心說正案」: 此一條, 重菴先生下世翌年, 追附之. 蓋當初立定正案, 專主心與明德物則之分, 後因洪思伯往復, 乃知心與本心之分, 亦不可不致力講明, 故增設此一條. 大意蓋曰心旣合理與氣, 則其知覺運用, 須有理爲主時, 有氣爲主時. 所謂本心者, 乃單指其理爲主一邊而名之也. 此於論心字名位階級極明白, 有親切受用處, 學者宜深察之.

⑤에서는 '신(神)'을 오로지 말하면 리이며, 심을 오로지 말하면 인극(人極)'이라 했는데, 이는 화서의 이리단심과 궤를 같이 하는 내용으로서, 중암의 지론이 반영된 것이다. ⑥에서는 '리와 기가 합쳐진 것'인 심에서 리의 측면만 지칭하면 '본심'이라 한다고 했는데, 이 역시 화서의 이리단심과 궤를 같이 하는 내용으로서, 중암의 지론이 반영된 것이라 할 수 있다.

이상에서 〈화서심설정안〉의 전모를 살펴보았다. 〈화서심설정안〉의 도출 자체가 성재가 주장한 '조보(調補)'에 해당하는 것인바, 이러한 점에서 성재는 결국 자신의 의견을 관철시킨 것이다. 또한 '심'을 '사물'로 규정하고 '심의 리'를 '명덕'으로 규정한 ①과 ②, '신명'을 '리·기를 합친 것'으로 설명한 ③과 ④를 정안으로 뽑은 것은 성재의 지론이 반영된 것인바, 이렇게 본다면 〈화서심설정안〉은 내용적으로 '성재의 승리'라 하겠다. 그런데 달리 보면, '심은 사물이요, 심의 리가 명덕이다', '신명은 리·기가 합쳐진 것이다'라는 성재의 지론은 이미 화서설 속에 모두 포함되어 있었던 것이다. 그렇다면 이는 화서설에 대한 조보의 필요성을 제기한 성재의 입장을 무력화(無力化)시키는 것인바, 따라서 이러한 맥락에서 본다면 〈화서심설정안〉은 내용적으로 오히려 '중암의 승리'인 것이다. 요컨대 〈화서심설정안〉은 중암과 성재가 각자 한발씩 물러서서 절묘하게 타협해 낸 성과라 할 수 있겠다.[39]

---

39 그런데 「華西心說正案」의 도출 이후 잠시 잠잠했던 논쟁이 얼마 후 다시 불붙게 되어, 처음보다도 더 격렬하게 진행되기도 했다(이에 대한 자세한 설명은 최영성, 『한국유학통사』 下, 281~284쪽 참조). 한편, 성재는 臨終하기 직전 「華西心說正案」의 회수를 당부했다고 한다.

Ⅲ. 쟁점의 정리

성재와 중암 사이의 쟁점은 표면적으로는 매우 사소한 것이었다. 성재의 지론은 다음의 세 조목으로 요약된다. 첫째, 심은 '사물[形而下者]'에 속하고, 명덕[性]은 '준칙[形而上者]'에 속한다. 둘째, 심의 당체인 '신명'은 '리와 기가 합쳐진 것'이다. 셋째, 화서 심설의 진면목은 '이리단심(以理斷心)'인데, 이는 앞의 두 조목에 어긋나므로 조보해야 한다. 그런데 중암은 앞의 두 조목에 대해서는 결국 동의했지만, 셋째 조목에 대해서는 쉽게 동의하지 않았다. 중암에 의하면, 화서의 이리단심은 앞의 두 조목을 전제한 것이므로 조보할 필요가 없는 것이다.

여기서 알 수 있듯이, 논쟁의 마지막 초점은 '화서의 이리단심에 대한 해석과 평가'에 있었다. 성재는 화서의 이리단심에 대해 그 취지는 십분 긍정하면서도, 그것은 '성경현전(聖經賢傳)의 가르침과 약간 다르다'고 보아 문제를 제기했다. 성재는 다음과 같이 말한다.

> 선사의 심설에서 말하는 심은 원래 경전(經傳)에서 말하는 심과 약간 다름이 있다. '경전에서 말하는 심'은 대개 이 심이 형이하자로서 존·망(存亡)이 있고 진·망(眞妄)을 겸한다는 것에 근거하여 입론한 것이요, 그 가운데 나아가 오로지 본원진체(本源眞體)를 지칭하여 '리'라 한 것이니, 주자가 말한 '천리의 주재'가 이것이다. '선사께서 말하는 심'은 본래 오로지 그 본원진체를 지칭하여 말하는 것이요, 그 형이하자의 요소에 대해서는 곧 이 심의 당체(當體)와 관계가 없다고 여긴 것이다. …… 그러므로 선사는 "기로 말하는 심은 군자가 심으로 여기지 않는다."고 말씀하고, "불교에서 말하는 심은 우리 유학에서 말하는 형이하자이다."라고 말씀했던 것이다. 그렇다면

선사의 이리단심은 비록 변위정명에 있어서는 간혹 평실(平實)함이 부족하지만, 이것을 '인기위리(認氣爲理)'라고 말하는 것은 크게 잘못된 말이다.[40]

위에 보이듯이, 성재는 '화서의 이리단심'이 '경전에서 말하는 심과 약간 다름이 있다'고 보았고, 또 '변위정명에 있어서 평실함이 부족하다'고 보았다. 그리하여 성재는 화서 심설에 대한 조보 문제를 제기하게 되었던 것이다. 그런데 중암은 성재의 이러한 주장을 수긍하지 않았다. 중암은 다음과 같이 말한다.

심의 명목은 진실로 기이다. 이른바 리란 저 푸른 하늘에 나아가 그 주재자를 가리키는 것이다. 예컨대 하늘은 푸르고 푸른 기이지만, 그 푸른 것에 나아가 그 푸른 까닭을 지칭하여 리라 하는 것이다. 그러나 주자는 "푸르고 푸른 것이 곧 이 '도리의 하늘'이다."라고 말씀한 바 있으니, 이러한 예에 따른다면 '심'의 명위인 '형·기·신'은 곧 '이 주재자의 모양이 드러나 묘하게 운용된 것'이다. 이러한 견해들은 서로 밝혀주는 것이니, 하나에 집착하여 다른 하나를 버려서는 안 된다. 이것을 안 다음에, 선사의 주장은 '천성(千聖)의 은미한 뜻을 깊이 얻은 것으로서, 쉽사리 의심할 수 없는 것'임을 알 수 있다.[41]

중암도 역시 '심의 명목은 진실로 기'라는 점을 인정했다. 그렇다면 화서의 이리단심을 어떻게 설명해야 하는가? 중암은 '심의 명목은 진

40　『省齋集』 卷7 頁30~31, 「上重庵先生(戊子4月28日)」.
41　『重菴別集』 卷7 頁38, 「武夷冷話」.

실로 기인데, 화서가 심을 리로 단정한 것'을 '푸른 하늘은 기인데, 주자가 푸른 하늘을 곧 도리의 하늘로 단정한 것'에 견주었다. 요컨대 이는 남들이 의심하듯이 '기를 리로 인식한 것[認氣爲理]'이 아니라 '기에 나아가 리를 본 것[氣上看理]'[42]이라는 설명이다. 중암은 화서의 이리단심을 이렇게 설명하고, 옹호했다.

이처럼 성재는 화서의 이리단심이 기존 경전의 이론체계와 어긋난다고 보고, 조보를 통해 그 어긋나는 부분을 다듬으려 한 반면, 중암은 화서의 이리단심이 '성현의 은미한 뜻과 깊이 부합한다'고 보고, 조보의 필요성을 부정한 것이다. 그렇다면 화서의 이리단심에 대한 평가가 왜 이렇게 서로 다른 것인가? 그 저변에는 보다 근본적인 문제에 대한 인식의 차이가 있었거니와, 이야말로 화서학파 심설논쟁의 핵심 쟁점이라 할 수 있다. 이제 그 핵심 쟁점들을 다시 정리해 보기로 하자.

1. 심물론心物論(심합기리론心合理氣論)과 이리단심以理斷心의 대립

심합리기설은 화서학파 모두가 전제하는 공통의 기반이라고 볼 수 있다. 그런데 화서는 심합리기설을 전제하면서도, 결국엔 '심의 당체(當體)인 신명은 리'라 하여[以理斷心], 단연코 리를 중심으로 심을 설명한 것이다. 그리고 중암 역시 화서의 이리단심을 적극 옹호하면서 다음과 같이 말한 바 있다.

---

42 『重菴集』卷21 頁10~11,「答柳穉程(戊子6月)」: 古今說理者, 自非異端雜家, 孰有懸空說者乎? 周子說無極而太極, 亦不過卽陰陽而指其本體, 不雜乎陰陽而爲言耳. 以此斷知先師以理言神明, 亦是氣上看理.

신명을 심의 당체로 삼은 것은 또한 주자의 학설이요, 선사의 창견이 아니다. …… 사람의 신명은 곧 『중용』에서 말한 '예지(睿知)'로서, 사덕(四德)을 포괄하고 만선(萬善)을 포함하며 만화(萬化)를 주재하니, 이른바 '대덕돈화(大德敦化)'요, 이른바 '통체태극(統體太極)'으로서, 변위정명이라는 말로 어지럽힐 수 없는 것이다. 이로써 형이하의 한 사물로 간주할 것을 요구한다면, 이름이 바르지 못하고 말이 순조롭지 못한 것이 과연 이보다 더 심할 수 있겠는가?[43]

위에 보이듯이 중암은 화서의 이리단심을 '주자의 학설'에 입각한 것이라고 주장하면서 적극 옹호했다. 이에 반해 성재는 심의 본체(本體)를 리로 설명하는 것은 수긍하면서도, 심의 당체(當體)를 리로 설명하는 것은 수긍하지 않았다. 성재는 끝내 심을 '리와 기가 결합된 사물로서, 형이하자에 속한다'고 본 것이다.

중암은 화서의 이리단심이 '주자의 학설'에 입각한 것이라고 주장했지만, 성재는 이러한 주장에 전혀 동의하지 않았다. 성재는 오히려 다음과 같이 말한다.

우리 선사의 학문, 즉 태극에 주재함이 있다는 학설, 명덕은 주리(主理)라는 학설, 인심과 도심을 엄격하게 구분하는 학설, 용감하게 천리를 옹호하고 인욕을 억제하는 학설, 그리고 이를 천하의 사업에 베풀어 제통(帝統)을 높이고 오랑캐를 물리치며, 성학(聖學)을 높이고 음사(淫邪)를 물리친 대경대법(大經大法)은 거의 천지에 세워도 어긋나지 않으며 백세(百世)를 기다려

---

43 『重菴集』 卷21 頁13, 「答柳穉程(戊子6月)」.

도 미혹되지 않을 것이다. 그런데 이 심에 대해 이름 짓고 설명하는 정미하고 세세한 부분에 있어서는 …… 선유(先儒)의 학설과 대조해보면 또한 부합하는 것이 드무니, 어찌 두렵지 않을 수 있겠는가?[44]

위에 보이듯이, 성재는 화서의 학문 전반에 대해 "거의 천지에 세워도 어긋나지 않으며 백세를 기다려도 미혹되지 않을 것"이라고 높이 평가하면서도, 화서의 심설에 대해서는 "선유의 학설과 대조해보면 또한 부합하는 것이 드물다"고 보았다. 이는 한마디로 화서의 심설은 기존 성리학의 이론체계와 크게 어긋난다는 지적이다.

이리단심이 단순히 '기존 성리학의 이론체계와 어긋나는 것'일 뿐이라면, 이를 특별히 문제 삼지 않아도 될 것이다. 그런데 성재는 이리단심이 "'태극의 본연한 본체'는 작용이 있는 것으로 되어 하나의 사물과 같게 되고, '학자의 마음을 다스리는 공부'도 간혹 게을러져 창광자자(猖狂自恣)에 빠질 것"이라는 폐단을 낳을 수 있다고 보았다. 그리하여 성재는 "주자의 본지로 말하면, 氣의 정상(精爽)은 곧 심의 신명을 지칭하는 것"[45]이라고도 주장하고, "사람의 신명은 곧 허령지각의 별칭으로, 애초에 두 물건이 아니다."[46] 라고도 주장하면서, 이처럼 심의 당

44　『省齋集』卷7 頁45,「上重庵先生(戊子8月19日)」: 我先師之學, 太極有主宰之論, 明德主理言之說, 與夫人心道心剖劈之嚴, 天理人欲扶抑之勇, 擧以措之天下之業, 其尊帝統攘夷虜, 崇聖學放淫邪之大經大法, 庶幾建天地而不悖, 竢百世而不惑矣. 顧於此心名言之際, 精微曲折之間, …… 攷之先儒而亦鮮符合, 安得無瞿瞿乎?

45　『省齋集』卷7 頁30,「上重庵先生(戊子4月28日)」: 以朱子本指, 則氣之精爽, 卽指心之神明.

46　『省齋集』卷7 頁42,「上重庵先生(戊子8月19日)」: 人之神明, 卽虛靈知覺之別稱, 初非有二物也.

체인 '신명'을 '허령지각' 또는 '氣의 정상(精爽)'으로 보는 것이 평실하여 폐단이 없게 된다고 본 것이다.

2. 심성물칙론(심성이물론)과 심성일리론(심성일물론)의 대립

성재의 지론은 '심은 사물, 성은 준칙'이라는 심성물칙론인바, 이는 심과 성은 별개의 존재라는 심성이물론이다. 이에 반해 중암은 한편으로는 '심은 사물, 성은 준칙'이라는 구분을 인정하면서도, 다른 한편으로는 '심과 성은 하나의 리일 뿐'이라는 심성일물론을 역설했다.[47]

성재가 화서의 심설을 문제 삼는 여러 이유들 가운데 하나는, 화서처럼 심을 리로 단정하면 성리학의 핵심명제인 '심통성정(心統性情)'을 해석하기 곤란하다는 점이었다. 성리학에서 성은 리로 간주되는데, 심도 리라고 하면, '심통성(心統性)'은 '리가 리를 통섭한다'는 이해하기 곤란한 말이 된다. 이에 대해 화서는 다음과 같이 설명한 바 있다.

> 심은 (성의) 주재자이고, 성은 (심의) 조리이다. 인·의·예·지는 각각 하나이며, 측은·수오·사양·시비도 각각 하나로서, 서로 통할 수 없다. 심은 그렇지 않아, 인도 되고 의도 되고 예도 되고 지도 되어 포함하지 않는 것이 없으며, 측은도 되고 수오도 되고 사양도 되고 시비도 되어 불가능한 것이 없다. 여기에서 심과 성·정을 분별한다면 가장 분명하다.[48]

---

47 『重菴別集』卷7 頁16~17, 「華西李先生心說本義」: 問: "心是物, 性是則否?" 曰: "然. …… 然此言其槩耳. 若就中細看, 則心之睿知, 已是心之則也."

48 『華西雅言』卷3 頁4~5, 「神明第7」: 心是主宰, 性是條理. 仁義禮智, 各爲一物, 惻隱羞惡辭讓爲是非, 各爲一物, 不可相通. 心則不然, 爲仁爲義爲禮爲智, 都無不該, 爲惻隱爲羞惡爲辭讓爲是非, 無所不能. 於此分別心與性情, 則最分曉.

화서에 의하면, 성은 오상(五常)으로 쪼개서 말하는데, 인은 의가 아니고 예는 지가 아니므로, 성은 자질구레한 '조리(條理)'에 해당한다. 그런데 심은 인·의·예·지를 모두 포함하고 측은·수오·사양·시비 모두로 발현될 수 있으니 그것은 '통합적인 전체'라는 것이다. 화서의 이러한 설명을 계승하여, 중암은 '심은 통체일태극에 해당하고, 성은 각구일태극에 해당한다'고 주장하였거니와, 성재는 이를 다음과 같이 비판한다.

예컨대 심과 성을 대비함에, 심은 '하나로서 짝이 없는 것'이라 하여 '통체의 태극'에 해당시키고, 성은 '둘로서 짝이 있는 것'이라 하여 '각구의 태극'에 해당시켰는데, 나의 구구한 견해로서 '가장 불안한 곳'은 바로 이 한마디에 있다(주자(朱子)가 말한 '통체일태극(統體一太極)과 각구일태극(各具一太極)'은 본래 '일원(一原)과 이체(異體)'에 나아가 이름 지은 것이다. 지금 '하나의 성 안에 인(仁)·의(義)·예(禮)·지(智)의 분수(分殊)가 있는 것'을 각구(各具)로 삼고, '심이 이 성을 포함하고 있는 것'을 통체(統體)로 삼으니, 면목(面目)이 끝내 그 부류에 들어맞지 않는다. 설령 선사(先師)의 이론처럼 심·성의 분(分)·합(合)을 주장하는 것이라 해도, 다만 이 명목(名目)이 선사(先師)의 유지(遺旨)가 아니라면, 아마도 수정해야 마땅할 것이다).[49]

요컨대 성재는 화서와 중암이 '심과 성'을 모두 리로 규정하면서,

---

[49] 『省齋集』 卷7 頁16, 「上重菴先生(丁亥3月)」: 至如心性對言, 而以心爲一而無對者, 以當統體之太極, 以性爲兩而有對者 以當各具之太極. (朱子言統體太極, 各具太極, 本就一原異體上立名. 今以一性內有仁義禮智之分者爲各具, 以心之包含此性者爲統體, 面目終是不類. 政使主心性分合, 如先師之論, 只此名目或非遺旨, 恐合修改.) 區區私見最所不安處, 政在此一言.

양자를 '통체와 각구'의 관계로 설명하는 것을 결코 수긍할 수 없었다. '통체와 각구'는 '본연지성과 기질지성'처럼 '일원(一原, 理一)과 이체(異體, 分殊)'를 설명하는 것인바, '심과 성'을 '리일과 분수'에 상응시키는 것은 적절하지 못하다는 것이다. 그리하여 성재는 이러한 '곤란한 문제'가 야기되는 것에 대한 '평실(平實)한 해결책'으로, 경전의 원래 가르침대로 심[신명(神明)]을 사물로 규정해야 한다고 보았던 것이다. 성재의 이러한 비판에 대해, 중암은 다음과 같이 반론한다.

> 리로 심을 말하는 곳에서 심과 성을 상대시키면, 심은 하나이나 성은 여럿이고, 심은 전체이나 성은 부분이다. 다른 곳에서 말할 경우, 심은 기이고 성은 리로서, 성이 사람의 통체태극이 된다. 이 두 설명은 각각 마땅한 바가 있어서 서로 밝혀주니, 하나에 집착해서 다른 것을 버리면 안 된다.[50]

> 대개 심은 성을 벗어나지 않고, 성도 심을 벗어나지 않는다. 그 조리가 있음을 말할 때엔 성이라 하고, 그 능히 통솔함을 말할 때엔 심이라 하는바, 사실은 하나이다. 이곳이 성재(省齋)가 보지 못하는 부분이다.[51]

위의 첫째 인용문에서는 한편으로는 '성즉리(性卽理), 심즉기(心卽氣)'의 체계를 인정하면서도, 한편으로는 심·성을 모두 리로 규정하면

---

50 『重菴集』卷21 頁5,「與柳穉程(戊子4月)」: 以理言心處, 心性相對, 則心一而性萬, 心全而性分; 與別處說時, 心是氣, 性是理, 而性爲在人統體之太極者. 彼此各有攸當, 互相發明, 而不可執此而廢彼.

51 『重菴別集』卷7 頁37,「武夷冷話」: 盖心不外性, 性不外心. 由其有條理而謂之性, 由其能統領而謂之心, 其實一也. 此柯老心眼之所蔽也.

서 양자의 관계를 '통체와 각구'로 설명하였다. 둘째 인용문에서는 '심과 성이 사실은 하나'라고 하면서, 성재가 이 부분을 보지 못한다고 비판하였다. 요컨대 중암은 한편으로는 성리학의 일반론인 '성즉리, 심즉기'의 체계를 인정하면서도, 다른 한편으로는 화서와 같은 맥락에서 '심·성이 모두 리로서, 사실은 하나'라고 강조한 것이다. 그런데 '성즉리, 심즉기'라는 주장과 '심·성이 모두 리로서, 사실은 하나'라는 주장은 사실 양립할 수 없는 것인바, 성재는 이를 인식하고 조보(調補)를 시도했던 것이다.

3. 이주기자론理主氣資論과 리선기악론理善氣惡論의 대립

그러면 화서와 중암은 왜 이러한 이론적 난관을 무릅쓰면서 이리 단심을 고수한 것일까? 그것은 앞에서 살핀 바 있듯이 '성·정의 주재자'요 '한 몸의 주재자'인 심을 기로 규정할 수 없다는 이유 때문이었다. 그런데 '성·정의 주재자'요 '한 몸의 주재자'인 심을 기로 규정할 수 없다는 주장의 저변에는 바로 '리선기악론'의 사고가 깔려있었다. 그러면 이제 화서의 리선기악론을 살펴보자. 화서는 다음과 같이 말한다.

> 리·기의 구분은 두 양상이 있다. 리의 본체로 말하면, 리는 기를 통솔하는 주재자이고, 기는 리를 싣는 그릇이니, 이것은 '불가리(不可離)'의 학설이다. 기의 만수(萬殊)로 말하면, 리는 지선지중(至善至中)의 준칙이고, 기는 편의(偏倚)와 과불급(過不及)의 연유이니, 이것은 '불가잡(不可雜)'의 학설이다. '불가리'에 있어서 상·하(上下)의 구분에 어두우면 임금과 신하의 질서가 없게 되고, '불가잡'에 있어서 피·차(彼此)의 구분에 어두우면 자식과 도적의 구

별이 없게 된다.⁵²

화서에 의하면 리는 '기를 명령하는 존재'인 동시에 '선(善)의 표준'이고, 기는 '리의 명령을 봉행하는 존재'인 동시에 '악(惡)의 연원'이다. 기는 리의 명령을 봉행할 때에는 그 존재의 의의를 부여받지만, 리의 명령을 따르지 않을 때에는 그 존재 의의를 부정 당한다. 요컨대 기는 마땅히 리의 명령에 따라야 한다. 그러나 기는 때때로 리의 명령을 거역하는바, 그리하여 리와 기는 서로 승부를 겨루게 된다. 리가 이기면 선이 되고 기가 이기면 악이 됨은 물론이다. 이러한 맥락에서 화서는 모든 악의 근원을 기에 돌린다.

> 명덕의 본체가 온전하지 못한 것은 기가 구애(拘碍)하기 때문이며, 명덕의 작용이 두루 통달하지 못하는 것은 기가 가리기 때문이다. 그렇다면 백성이 새로워지지 않는 것도 기 때문이며, 선(善)에 머무르지 못하는 것도 기 때문이며, 사물을 궁구하지 못하는 것도 기 때문이며, 앎에 이르지 못하는 것도 기 때문이며, 뜻이 참되지 못한 것도 기 때문이며, 심이 바르지 못한 것과 몸이 닦여지지 않는 것과 가정·국가·천하가 다스려지지 않는 것도 모두 기 때문이다.⁵³

---

52 『華西雅言』卷1 頁3,「形而第1」: 理氣之分有兩樣. 以理之本體言, 則理爲統氣之主, 而氣爲載理之器, 此則不可離之說也; 以氣之萬殊言, 則理爲至善而中之準則, 而氣爲偏倚過不及之緣由, 此則不可雜之說也. 於不可離者, 昧上下之分, 則君臣無序矣; 於不可雜者, 昧彼此之分, 則子賊無別矣.

53 『華西雅言』卷3 頁12,「心一第8」: 明德之體, 所以不全, 氣之拘也; 明德之用, 所以不達, 氣之蔽也. 然則民之不新, 氣也; 善之不止, 氣也; 物不格, 氣也; 知不至, 氣也; 意不誠, 氣也; 心不正, 身不修, 家國天下之不治, 皆氣也.

위와 같은 '기에 대한 부정적 인식'은 화서 성리학의 큰 특징이다. 화서의 〈형기신리설(形氣神理說)〉도 사실은 리선기악론에 입각한 것이다. 다음의 인용문을 다시 보자.

> 이 심의 형이상의 도(道)는 신(神)과 리일 뿐이며, 이 심의 형이하의 기(器)는 형(形)과 기일 뿐이다. 그러므로 성인(聖人)이 심을 논한 것은 혹은 '형(形)'으로 말한 곳이 있으니 '화장(火臟)의 혈육(血肉)'이 이것이요, 혹은 '기'로 말한 곳이 있으니 '기의 정상(精爽)'이 이것이며, 혹은 '신(神)'으로 말한 곳이 있으니 '사람의 신명'이 이것이요, 혹은 '리'로 말한 곳이 있으니 '인의지심(仁義之心)'이 이것이다. '형(形)'과 '기'로 말한 것은 무엇 때문인가? 간혹 (기품(氣稟)과 인욕(人欲)으로 인해) 구애받고 가려져 우리 마음의 밝음을 해치게 됨을 염려한 것이다. '신(神)'과 '리'로 말한 것은 무엇 때문인가? 더욱 창대하게 하여 우리 마음의 참됨을 완전하게 하려는 것이었다.[54]

성리학에서는 리를 순선한 것으로 규정하니, 온갖 악의 근원을 기로 규정하는 것은 일견 지당한 논법이다. 문제는 이처럼 기를 '악의 근원'으로 폄하하기만 하면, 결국 기는 동시에 '선(善)의 봉행자(奉行者)'이기도 하다는 점을 무시하기 쉽다는 점이다. 위의 인용문에서도 '더욱 창대하게 하여 우리 마음의 참됨을 완전하게 함'은 리의 역할로 설명하였다.

〈화서연보(華西年譜)〉에서는 "선생께서는 리를 말할 때에는 반드시 하나의 '리' 안에 원래 '체(體)·용(用)'과 '능(能)·소(所)'를 모두 포함시

---

54 『華西集』 卷24 頁42, 「形氣神理說」.

켜 (기로부터) 빌려옴을 기다리지 않고서도 자족(自足)하게 하였다."⁵⁵고 말한 바 있다. 리선기악론의 관점에서 볼 때 순선한 리의 실현을 악한 기에 의존하는 체계는 매우 '불완전한 체계'일 것이다. 그러므로 화서는 악한 기로부터 아무것도 빌리지 않아도 되는 '완전한 체계'를 구상하고, 이리단심을 통해서 이러한 체계를 구현한 것이다.⁵⁶

요컨대 화서의 '이리단심(以理斷心)'은 '리선기악론 체계의 완성'에 해당한다. 그러나 성재는 이러한 리선기악론의 체계를 수긍하지 못하고, 의심을 품었다. 성리학은 부분적으로 리선기악론의 면모가 없지 않지만, 전반적으로는 '리의 실현을 위해서는 기의 도움이 필요하다'는 리주기자론(理主氣資論)에 입각하는바, 성재는 이러한 맥락에서 화서설에 대해 "선유(先儒)의 학설과 대조해보면 또한 부합하는 것이 드물다"고 본 것이다.

화서는 '리와 기'를 '장수(將帥)와 역졸(役卒)'의 관계로 비유한 바 있다. 리는 기를 명령하는 장수요, 기는 리의 명령에 따르는 역졸이라는 것이다. 성재 역시 리수기역론(理帥氣役論)을 피력한 바 있다. 그런데 화서의 리수기역론이 리선기악론에 입각한 것과는 달리, 성재의 리수기역론은 리주기자론에 입각한 것이었다. 예컨대 성재는 "능히 이 기를 주재하여 움직이게 하고 고요하게 하는 것은 리요, 능히 이 리를 받들어서 움직이고 고요한 것은 기이다."라고 주장하고, 이러한 맥락에

---

55 『華西集』附錄 卷9 頁35, 「華西年譜」 57歲條 : 蓋先生於說理, 則必曰一理字內面, 元該體用, 元包能所, 不待假借而自足.
56 화서의 「形氣神理說」에서는 以理斷心을 통해 "太極은 主宰하고 運行하는 實用을 빠뜨리고, 兩儀는 區處하고 應接하는 虛禮에 의혹을 품으며, 神은 至尊無對의 칭호가 폄하되고 臣僕이나 卒徒의 대열에 편입되는" 폐단을 바로잡을 수 있다고 했다.

서 "리는 홀로 운행할 수 없고, 기는 스스로 운행할 수 없다."고 부연한 바 있다.[57] '리는 기를 주재하고, 기는 리를 받듦'은 위계적 관계를 나타내고, '리는 홀로 운행할 수 없고, 기는 스스로 운행할 수 없음'은 상보적 관계를 나타내는바, 여기서 성재의 이기론에는 리수기역론과 이주기자론이 함께 존재하고 있음을 알 수 있다. 또 성재는 율곡의 "무형무위(無形無爲)하나 유형유위(有形有爲)한 것의 주인[主]이 되는 것은 리요, 유형유위하나 무형무위한 것의 그릇[器]이 되는 것은 기이다."라는 말에 대해 다음과 같이 해설한다.

> 생각건대, '주(主)'와 '기(器)'는 서로 대립하는 것으로서, 주(主)는 사물을 '명령하는 존재'를 말하고, 기(器)는 사물로부터 '명령을 받는 존재'를 말한다. 리는 비록 형체가 없으나 기로 인해 형체가 있게 되고, 리는 비록 작위가 없으나 기로 인해 작위가 있게 되니, 그러므로 "무형무위하나 유형유위한 것의 주(主)가 되는 것은 리"라고 말하는 것이다. 기는 비록 형체가 있으나 형체가 있게 하는 것은 리이며, 기는 비록 작위가 있으나 작위가 있게 하는 것은 리이다. 그러므로 "유형유위하나 무형무위한 것의 기(器)가 되는 것은 기"라고 말하는 것이다. 예로부터 '리와 기'를 '은미함과 드러남, 장수와 역졸'로 구분하여 설명한 것이 이처럼 분명하고 간절한 것이 없다.[58]

57　『省齋集』卷13 頁36, 「答田子明(丙寅3月23日)」: 妄窃以爲能主宰是氣, 而動之靜之者, 理也; 能承當是理, 而動焉靜焉者, 氣也. 故在理上說, 則謂之能動者理也, 而非氣則不能動(謂理不能孤行), 固可矣; 在氣上說, 則謂能動者氣也, 而非理則不能動(謂氣不能自行), 亦可矣.

58　『省齋集』卷13 頁39, 「答田子明(丙寅3月23日)」: 按主與器相對, 主是命物者之謂也, 器是命於物者之謂也. 理雖無形而以氣而形, 理雖無爲而以氣而爲, 故曰無形無爲而爲有形有爲之主者, 理也; 氣雖有形而形之者理也, 氣雖有爲而爲之者理也, 故曰有形有爲而爲無形無爲之器者, 氣也. 古來說理氣微顯帥役之分者, 未有若此之明切者也.

'리와 기'를 사물을 '명령하는 존재'와 사물로부터 '명령을 받는 존재'로 설명하는 것은 리수기역론의 전형적 논법이며, '리는 비록 무형무위하나, 기로 인해 형체와 작위가 있게 된다'거나 '기는 비록 유형유위하나, 형체와 작위가 있게 하는 것은 리'라는 주장은 리주기자론의 전형적 논법이다. 이렇게 본다면, 위의 인용문은 한편으로는 화서의 논법을 따라 리수기역론을, 다른 한편으로는 율곡의 논법을 따라 리주기자론을 전개하면서, 양자를 절묘하게 결합시킨 것이다. 요컨대 성재는 화서의 지론에 따라 리수기역론을 견지하면서도, 다른 한편으로는 '리의 실현을 위해서는 기의 도움이 필요하다'는 리주기자론을 견지한 것이다. 그런데 중암(화서)은 결국 리선기악론을 전개하면서 기의 도움이 필요 없는 '리만의 자족적 체계'를 추구한 것이다.

Ⅳ. 결론

성리학의 핵심 명제 '심통성정(心統性情)'을 '심즉기(心卽氣), 성즉리(性卽理)'라는 성리학의 일반론에 따라 평범하게 해석하면 '기가 리를 통섭(주재)한다'는 말이 된다. 요컨대 심통성정론은 '심[기]의 현실적 주도권'을 설명하는 명제였다. 그런데 화서는 57세 때에 돌연 '이 세상을 기의 주재에 맡길 수 없다'는 생각을 하게 되고, '리가 주도하는 세상'을 만들기 위해 '심의 신명을 리로 단정하는[以理斷心]' 사상적 전환을 감행하였다. 화서는 신명을 '리의 용(用)'으로 규정함으로써, 리를 체(體)·용(用)과 능(能)·소(所)를 모두 포함하는 능동적이고 자족적인 존재로 승격시켰다. 이는 한마디로 리선기악론에 입각하여 악의 근원이 되는 기를 배제하고 선한 리만으로도 자족적인 체계를 구축하려는 것이었다. 성재는 화서의 이러한 주장을 지나친 것으로 규정하고 조보(調補)를 시도함으로써, 중암과 심각한 논쟁을 벌이게 되었던 것이다.

성재와 중암 사이의 쟁점을 요약하면 결국 다음의 세 문제로 정리된다. 첫째, 성재는 심을 '리·기의 결합'으로 '사물'에 속한다고 보았고, 중암은 화서의 이리단심을 고수하며 심을 리로 규정했다. 둘째, 성재는 '심은 사물, 성은 준칙'이라 하여 심·성을 별개의 존재로 보았고[心性二物論], 중암은 심과 성은 사실 하나의 리일 뿐이라고 보았다[心性一物論]. 셋째, 성재는 화서의 지론에 따라 리수기역론을 견지하면서도, 다른 한편으로는 '리의 실현을 위해서는 기의 도움이 필요하다'는 리주기자론을 견지한 것이다. 그런데 중암(화서)은 결국 리선기악론을 전개하면서 기의 도움이 필요 없는 '리만의 자족적 체계'를 추구한 것이다.

화서학파 심설논쟁의 쟁점을 이렇게 정리하고 보면, 화서학파의 심설논쟁은 영남(嶺南)에서의 평포논쟁(坪浦論爭)과 큰 틀을 같이 한다는 점을 알 수 있다. 영남 성리학의 일반론을 계승한 정재(定齋) 유치명(柳致明) 계열[坪論]은 '심합리기론(心合理氣論), 심성이물론(心性二物論), 리주기자론(理主氣資論)'을 견지한 반면, 한주(寒洲) 이진상(李震相) 계열[浦論]은 '심즉리론(心卽理論), 심성일물론(心性一物論), 리선기악론(理善氣惡論)'을 견지함으로써 양쪽 사이에 치열한 논쟁이 전개된 것이다.[59] 그런

---

59 이에 대한 자세한 논의는 이상익, 「坪浦論爭의 근본 문제」, 『嶺南學』 제66호, 경북대 영남문화연구원 2018 참조.

데 화서학파 내부에서도 성재는 기존 성리학의 일반론에 따라 '심합이기론, 심성이물론, 리주기자론'을 견지한 반면, 중암은 화서의 성리설을 그대로 추종하여 '이리단심, 심성일물론, 리선기악론'을 견지함으로써 양쪽 사이에 치열한 논쟁이 전개된 것이다.

이렇게 본다면, '내우외환(內憂外患)이 겹치고 있던 조선 말기'라는 당시의 역사적 상황이 '이리단심(以理斷心)'이나 '심즉리론(心卽理論)'을 등장하게 만든 것이었다고 볼 수도 있다.[60] 그런데 문제는 한주의 심즉리론이나 화서의 이리단심이 과연 당시의 역사적 상황에 대한 적절한 대응책이었는가 하는 점이다.

그동안 성리학의 일반론에서 심 자체는 '기의 정상(精爽)'으로 설명되고[心是氣], '심의 주도권'은 곧 '기의 주도권'으로 설명되어 왔다. 주자의 심통성정론과 리약기강론(理弱氣强論)이 그 단적인 예이다. 그런데 기의 현실적 주도권을 용납할 수 없다고 하여 우리가 심을 리로 규정한다면, 심이 실제로 리로 바뀌는 것인가? 또한 본래 작위능력이 없는 리에 우리가 이론적으로 작위능력을 부여한다고 하여 실제로 리가 작위능력을 갖게 되는가? 또 우리가 심을 리로 규정하고 리에 작위능력을 부여했다고 하여 모든 사람이 성인·군자(聖人君子)로 변하고 지상낙원(地上樂園)이 실현되는가? 이에 대한 답변은 분명 부정적일 수밖에 없을 것이다. 논자는 이러한 맥락에서 화서의 '이리단심(以理斷心)'이나 한주의 '심즉리론(心卽理論)'은 '당시의 타락한 현실에 대한 관념적 처방'에 불과했다고 본다. 현실에 대한 올바른 처방은 현실적 주도권을 지닌 기를 잘 다스림으로써[氣質變化論, 存養省察論] 리를 온전하게 구현하게 만

---

60 김근호, 「화서 이항로 성리설의 심학적 특징에 관한 시론」, 205~206쪽 참조.

든다는 맥락에서 찾아져야 한다. 이것이 전통 성리학의 기본 노선이었다.

6
화서의 주리론과 퇴계학

이상익

I. 머리말

　화서(華西) 이항로(李恒老, 1792~1868)는 이른바 '위정척사파'의 거두로서, 특별한 사승연원(師承淵源) 없이 독자적으로 문호(門戶)를 개척한 인물로 알려져 있다. 그는 절의(節義)로는 우암(尤庵) 송시열(宋時烈)을 받들었고, 성리학(性理學)으로는 기호학파의 일반적 경향과는 다른 주리론을 표방했다. 그의 '위정척사(衛正斥邪)'는 바로 '리를 지키고 기를 배척한다'는 논리구조를 띠고 있었다.
　화서는 현실 세계의 혼란은 기가 리의 명령에 따르지 않고 '제멋대로 행동함[自用]'에서 비롯된다고 보았다. 이러한 맥락에서, 그의 근본적 문제의식은 '리의 우위'를 확립하여 '기의 자용(自用)'을 막는다는 것에 있었다. 그는 다음과 같이 말한 바 있다.

---

*　　이상익(부산교육대학교 윤리교육과 교수) 이 글은 「華西 李恒老의 주리론과 退溪學」(『退溪學報』 제117집, 퇴계학연구원, 2005. 6.)이란 제목으로 게재되었던 것을 고쳐 쓴 원고임을 밝혀둔다.

리(理)가 주인이 되고 기(氣)가 부림을 받는다면 리는 순수해지고 기는 바르게 되어 만사가 다스려지고 천하가 편안해진다. 그러나 기가 주인이 되고 리가 부림을 받는다면 기는 강해지고 리는 숨게 되어 만사가 혼란해지고 천하가 위태로워진다.[1]

위의 인용문은 리·기를 '상항(相抗)' 즉 '서로 승부(勝負)를 겨루는 관계'로 규정하는 맥락에서 성립하는 것이다. 또한 위에 보이듯이, 화서는 '치·란(治亂)'을 '주리(主理)냐, 주기(主氣)냐'의 문제로 인식하고 있었다. 기가 주인이 되면 각종 혼란이 빚어지므로, '리의 우위'를 확립하여 이러한 사태를 막아야 한다는 것이었다. '리의 우위'를 확립한다는 것은 주리론을 확립한다는 것인데, 화서는 '리의 주재(主宰)'를 강화하는 방향에서 그 해법을 찾았다.

화서는 '리의 주재'를 강화하기 위하여 리에 능동성을 부여하고, 리의 능동성을 부정하는 것은 '리를 모르는 것'이라고 단언했다. 화서는 나아가 리를 '전능(全能)한 존재'로 신격화하고, 기로부터 아무것도 빌리지 않아도 충분한 '자족적(自足的) 존재'로 승격시켰다. 또한 화서는 '리의 주재'를, 주자·율곡이 '리가 기의 표준이 됨'으로 해석한 것과 달리, '리가 기를 명령함'으로 해석했다. 화서는 이러한 생각을 심성정론(心性情論)에까지 그대로 관철시켰다.

그런데 화서의 이러한 논법은 여러 측면에서 '퇴계의 주리론'과 매우 흡사한 것이었다. 본고에서는 화서의 리기심성론을 주요 논점에 따

1　『華西雅言』卷1 頁11, 「臨川」: 理爲主, 氣爲役, 則理純氣正, 萬事治而天下安矣; 氣爲主, 理爲貳, 則氣彊理隱, 萬事亂而天下危矣.

라 정리해 보고, 그것이 '퇴계적 사유'와 얼마나 유사한 것인지를 밝혀 보기로 한다.

Ⅱ. 화서의 리기론과 퇴계학

1. 리理·기氣의 상수상해相須相害와 존리폄기尊理貶氣

화서는 리와 기의 관계를 항상 '상수(相須, 相資)와 상해(相害, 相抗)' 라는 이중적 측면에서 규정한다. '상수'란 '리와 기가 서로 바탕이 되어 온전히 사물을 이룸'을 말하고, '상해'란 '리와 기가 서로 대결하고 서로 해침'을 말한다. 화서는 다음과 같이 말한다.

> 리와 기는 진실로 '서로 바탕이 될 때'도 있으며, 또한 '서로 대항할 때'도 있다. 서로 바탕이 될 때에는 '사람과 말' 또는 '장수와 병졸'과 같지만, 서로 대항할 때에는 '곡식과 강아지풀' 또는 '자식과 도적'과 같다.[2]

화서는 리·기가 서로 바탕이 될 때는 '사람과 말' 또는 '장수와 병졸'과 같다고 했는데, 여기서 리는 사람 또는 장수에 해당하고 기는 말 또는 병졸에 해당함은 물론이다. 사람이 말을 타고 다닐 때엔, 말은 사람을 태우고, 사람은 말을 제어함이 정상적일 것이다. 또한 전투에서는, 장수는 병졸을 통솔하고 병졸은 장수의 통솔에 따름이 정상적일 것이

---

2 『華西雅言』卷1 頁14, 「臨川」: 理與氣, 固有相資時, 亦有相抗時. 相資時, 如人馬帥卒; 相抗時, 如苗莠子賊.

다. 한편, 말 없이 사람만으로는 여행이 곤란하고, 병졸 없이 장수만으로는 전투가 곤란하다. 또한 사람의 제어가 없다면 말은 마음대로 날뛸 것이며, 장수의 통솔이 없다면 병졸은 오합지졸(烏合之卒)에 불과할 것이다. 따라서 화서가 말하는 '리와 기의 상수'란 리와 기가 서로 도움을 주는 것으로서, 구체적으로는 리가 기를 통솔하고 기는 리의 통솔에 따르는 것이다. 이를 화서는 '리·기의 바람직한 관계'라고 본 것이다.

화서는 리·기가 서로 대항할 때는 '곡식과 강아지풀' 또는 '자식과 도적'과 같다고 했는데, 여기서 리는 곡식 또는 자식에 해당하고 기는 강아지풀 또는 도적에 해당함 역시 물론이다. 여기서 곡식 또는 자식은 '선(善)'을 상징하고, 강아지풀 또는 도적은 '악(惡)'을 상징한다. 기가 리의 통솔에 따르지 않아 리와 기가 서로 대항할 때, 리는 선으로 규정되고 기는 악으로 규정되는 것이다. 화서는 다음과 같이 말하기도 한다.

> 리·기의 구분은 두 양상이 있다. 리의 본체로 말하자면, 리는 기를 통솔하는 주재자이고, 기는 리를 싣는 그릇이니, 이것은 '불가리(不可離)'의 학설이다. 기의 만수(萬殊)로 말하자면, 리는 지선지중(至善至中)의 준칙(準則)이고, 기는 치우치고 지나치거나 모자라는 연유이니, 이것은 '불가잡(不可雜)'의 학설이다. '불가리'에 있어서 상·하(上下)의 구분에 어두우면 군주와 신하의 질서가 없게 되고, '불가잡'에 있어서 피·차(彼此)의 구분에 어두우면 자식과 도적의 구별이 없게 된다.³

---

3 『華西雅言』卷1 頁3,「形而」: 理氣之分有兩樣. 以理之本體言, 則理爲統氣之主, 而氣爲載理之器, 此則不可離之說也; 以氣之萬殊言, 則理爲至善至中之準則, 而氣爲偏倚過不及之緣由, 此則不可雜之說也. 於不可離者, 昧上下之分, 則君臣無序矣; 於不可雜者, 昧彼此之分, 則子賊無別矣.

위에서 말하는 '불가리'란 앞에서 언급한 '상수'에 해당하고, '불가잡'이란 '상해'에 해당한다. 주자학의 일반론에서 '리·기의 불리(不離)'란 현실의 세계에서는 양자가 항상 결합하여 동시공재(同時共在)함을 의미하는데, 화서는 이 경우에도 '상·하의 구분'을 적용시켜 리·기를 상명하복의 위계 관계로 규정했다. 또한 주자학의 일반론에서 '리·기의 부잡(不雜)'이란 양자가 형이상·형이하로 구분되어 서로 본질이 다름을 의미하는데, 화서는 '부잡'에서는 오히려 '선·악의 구별'을 강조했다. 리·기의 '상수와 상해' 또는 '불리와 부잡'의 두 측면을 종합해 말하자면, 화서에게 리는 '기를 명령하는 존재'인 동시에 '선의 표준'이고, 기는 '리의 명령을 봉행하는 존재'인 동시에 '악의 연원'이다. 기는 리의 명령을 봉행할 때에는 '신하, 말, 병졸' 등으로 규정되어 그 존재의 의의를 부여받지만, 리의 명령을 따르지 않을 때에는 '강아지풀, 도적' 등으로 규정되어 그 존재 의의가 부정된다. 화서는 "리와 기 사이에는 순·역(順逆), 상·변(常變), 강·약(强弱), 승·부(勝負)의 차이가 없을 수 없다"[4]고 보았는데, 기가 리의 명령을 따르는 것은 정상(正常)이며, 기가 리의 명령을 따르지 않는 것은 변고(變故)인 것이다. 이러한 내용이 화서가 리·기를 인식하는 기본 입장이다.

    화서는 리·기에 대한 이러한 인식을 그대로 심성론에 적용시킨다. 화서는 다음과 같이 말한다.

    심(心)은 진실로 리이나, 타고 있는 것은 기이다. 따라서 심을 리로 여기고

---

4   『華西集』卷21 頁11,「人心道心說」: 道, 理也; 形, 氣也. 旣有此二者, 則只此二者之間, 不能無順逆常變强弱勝負之差.

기욕(氣欲)의 구폐(拘蔽)를 문제 삼지 않는다면 그 해로움을 이루 말할 수 없을 것이요, 심을 기로 여기고 천명(天命)의 주재를 알지 못한다면 그 리가 밝혀지지 못할 것이다. 그러므로 옛날부터 성현(聖賢)이 심을 말함에 있어서, 리를 말할 때에는 또 반드시 기를 말했고, 기를 말할 때에는 또 반드시 리를 말하여, 일찍이 하나를 빠뜨린 적이 없었다. 그러나 일찍이 하나도 빠뜨리지 않은 가운데, 또한 반드시 하나는 위이고 하나는 아래며 하나는 높고 하나는 낮은 실상과 하나는 강하고 하나는 약하여 서로 승부를 겨루는 기틀을 밝히셨다.[5]

화서는 '심'을 '리와 기의 묘합'으로 규정하면서도, 심 안에서의 리와 기의 엄격한 구별을 강조한다. 즉 리는 존귀한 존재이고 기는 비천한 존재로서, 기는 마땅히 리의 명령에 따라야 한다는 것이다. 그러나 기는 때때로 리의 명령을 거역하는바, 그리하여 심 안에서의 리와 기도 역시 서로 승부를 겨루게 된다는 것이다. 리가 이기면 선이 되고 기가 이기면 악이 됨은 물론이다. 이러한 맥락에서 화서는 모든 악의 근원을 기에 돌린다.

명덕(明德)의 본체가 온전하지 못한 것은 기가 구애하기 때문이며, 명덕의 작용이 두루 통달하지 못하는 것은 기가 가리기 때문이다. 그렇다면, 백성이 새로워지지 않는 것도 기 때문이며, 선에 머물지 못하는 것도 기 때문

---

5 『華西集』卷22 頁28,「讀退陶先生集」: 蓋心固理也, 而所乘者氣也. 認心爲理, 而不問氣欲之拘蔽, 則其害固不可勝言; 指心爲氣, 而不知天命之主宰, 則其理亦有所不明矣. 是故, 千古聖賢之說心也, 說理則又必說氣, 說氣則又必說理, 未嘗闕一. 未嘗闕一之中, 又必明一上一下一尊一卑之實, 與夫彼强此弱此勝彼負之機焉.

이며, 사물을 궁구하지 못하는 것도 기 때문이며, 앎에 이르지 못하는 것도 기 때문이며, 의지가 참되지 못한 것도 기 때문이며, 마음이 바르지 못한 것과 몸이 닦여지지 않는 것과 가정·국가·천하가 다스려지지 않는 것도 모두 기 때문이다. 성인(聖人)은 그 병(病)의 근원을 깊이 탐구하여 능히 다스리셨다. 그러므로 기품(氣稟)과 물욕(物欲) 가운데서 하나의 '리' 자를 뽑아내 표준으로 삼고, 명덕의 체·용(體用) 밖에서 하나의 '기' 자를 지적하여, 서로 대조하여 살핌으로써, 천하 만세의 사람들로 하여금 모두 선·악과 진·망(眞妄)의 구분을 알고 득·실(得失)과 존·망(存亡)의 기미를 살펴 인욕(人欲)의 사사로움을 이기고 천리(天理)의 바름을 회복하게 하셨다. 그러므로 『대학』의 모든 구절의 명맥과 모든 글자의 정신은 다만 리·기 두 글자의 구분에 있는 것이다.[6]

화서는 '리·기'를 '선·악'과 '진·망'으로 구분하고, 리를 따르면 이롭고 보존할 수 있으나 기를 따르면 해롭고 망하게 된다고 설명했다. 따라서 리를 존중하고 기를 폄하해야 하는 이유가 분명해진다. 성리학에서는 리를 순선한 것으로 규정하니, 온갖 악의 근원을 기로 규정하는 것은 지당한 논법일 것이다. 문제는 기를 마침내 '악하고 망령된 것'으로 규정하면, 기는 '악의 근원'이지만 동시에 '선의 봉행자(奉行者)'라

---

6   『華西雅言』卷3 頁12,「心一」: 明德之體, 所以不全, 氣之拘也; 明德之用, 所以不達, 氣之蔽也. 然則民之不新, 氣也; 善之不止, 氣也; 物不格, 氣也; 知不至, 氣也; 意不誠, 氣也; 心不正, 身不修, 家國天下之不治, 皆氣也. 聖人深究其病源之所在, 而克治之, 故挑出一理字於氣稟物欲之中, 爲之標準, 指摘一氣字於本德體用之外, 相對磨勘, 使天下萬世之人, 皆得以睹其善惡眞妄之分, 察其得失存亡之幾, 有以克去人欲之私, 而恢復天理之正. 故一經十傳, 三綱八條之中, 句句命脈, 字字精神, 只在理氣二字之分.

는 것이 무시된다는 점이다.[7]

위의 인용문은 '리·기'를 '천리·인욕'의 맥락에서 설명한 것이다. 화서가 '리·기'를 '서로 대항하면서 서로 해치는 관계'로 설정한 것은 모두 '천리·인욕'의 맥락에서 입론한 것이다. '곡식과 강아지풀' 또는 '자식과 도적'의 비유는 여기에 해당한다. 반면에 '리·기'를 '서로 바탕이 되는 관계'로 설정한 것 자체는 '본·구(本具)'의 맥락에서 입론한 것이다. '임금과 신하' 또는 '장수와 병졸'의 비유는 '본·구'의 맥락에다 '리는 명령자, 기는 수명자(受命者)'라는 생각을 부가한 것이다.[8]

사실 화서의 리기론은 '본·구'의 맥락과 '천리·인욕'의 맥락이 혼재하면서도, 궁극적으로는 '천리·인욕'의 맥락을 대변한 것이다.[9] 그런데 이러한 논법은 또한 전형적인 퇴계의 논법이기도 했다. 퇴계는 〈성학십도(聖學十圖)〉의 '심통성정도(心統性情圖)' 하도(下圖)에서 사단·칠정에 대해 다음과 같이 설명한 바 있다.

> 성(性)을 말할 때에 (본연지성(本然之性)과 기질지성(氣質之性)을 구분함이) 이와 같으니, 그러므로 성이 발하여 정(情)이 됨에 있어서도 또한 '리·기'가 '상

---

[7] 화서가 '理·氣'를 '君·臣'에 비유했을 때에는 氣를 동시에 '善의 봉행자'로 규정한 것이었다.

[8] '本·具'에서 本은 '표준'을 뜻하며, 具는 '표준을 실현하는 도구'를 뜻한다. '本과 具'는 본질적으로 '相須相資'의 관계이다. 그러나 '天理와 人欲'은 본질적으로 서로 승부를 겨루는 '相害相抗'의 관계이다. '本·具'의 맥락에서 본다면, 理는 善의 표준이고, 氣는 惡의 근원인 동시에 善의 봉행자이기도 하다(율곡은 "本然之性을 엄폐하는 것도 氣요, 本然之性을 회복시키는 것도 氣이다"라고 했다). 그러나 '天理·人欲'의 맥락에서 본다면, 氣는 '惡의 근원'일 따름이다. 화서도 "道는 至尊이요, 器는 至寶이다"(『華西雅言』卷1 頁12)라고 말한 경우도 있는데, 이는 '本·具'의 맥락에서 입언한 것이다.

[9] 화서가 리의 能動性을 강조하고 리를 神格化한 것은 天理의 優位를 옹호하기 위한 것이었다.

수(相須)하는 곳'에서 말하기도 하고 '상해(相害)하는 곳'에서 말하기도 하는 것이다. 예컨대 사단은 '리가 발함에 기가 따르는 것'으로서 저절로 순선무악하나, 반드시 리가 발한 것이 완수되지 못하여 기에 가린 다음에야 악으로 흐른다. 칠정은 '기가 발함에 리가 탄 것'으로서 또한 악함이 없으나, 만약 기가 발한 것이 중절하지 못하여 그 리를 훼멸한다면 달아나 악이 된다.[10]

위에 보이듯이, 퇴계에 의하면 리·기의 관계는 상수와 상해의 양면성이 있다는 것이다. 퇴계가 사단·칠정을 각각 '리가 발함에 기가 따르는 것'·'기가 발함에 리가 탄 것'이라고 설명한 것은 '리기의 상수'를 표현한 것이다. 또한 사단·칠정에 대해 각각 '리가 발한 것이 완수되지 못하여 기에 가린 다음에야 악으로 흐름'·'기가 발한 것이 중절하지 못하여 그 리를 훼멸한다면 달아나 악이 됨'으로 설명한 것은 '기가 리를 해침'을 설명한 것이다.

퇴계도 '리·기의 상수'를 언급한 바 있으나, 사실 퇴계의 주안점은 '리·기의 상해'에 있었다. 이것은 다음의 두 가지 점에서 추론할 수 있다. 첫째, 퇴계는 본래 사단·칠정에 대해서 이발·기발로만 설명했었다는 점이다. 이에 대해 리·기의 불리(不離)를 강조하는 기고봉이 "리·기를 둘로 갈라놓는 것으로서, 잘못된 것"이라고 반론하자, 퇴계는 사단·칠정에 대해 각각 '기수지(氣隨之)'와 '이승지(理乘之)'를 덧붙임으로

---

10 『退溪集』卷7 頁24, 「聖學十圖」: 其言性如此, 故其發而爲情, 亦以理氣之相須或相害處言. 如四端之情, 理發而氣隨之, 自純善無惡, 必理發未遂而揜於氣, 然後流爲不善; 七者之情, 氣發而理乘之, 亦無有不善, 若氣發不中而滅其理, 則放而爲惡也.

써 기고봉과 타협하게 된 것이다. 그러나 퇴계의 사칠론에서 '기수지'와 '리승지'는 형식적 언급에 불과할 뿐, 퇴계 본래의 생각은 변함이 없었다.[11] 둘째, 퇴계가 부단히 리·기를 '서로 승부를 겨루는 관계'로 설명하고 있다는 점이다. 퇴계는 다음과 같이 말한다.

(이굉중(李宏仲)이 묻기를) "기와 리는 서로 승부를 겨룬다. 기가 거칠어 이기면 리가 지고, 리가 현달(顯達)하여 이기면 기가 따른다." (퇴계가 답하기를) "이 말은 매우 타당하다."[12]

그것[性]이 발할 때에, 리가 현달함에 기가 따르면 선이 되고, 기가 가림에 리가 숨으면 악이 된다.[13]

성인(聖人)은 리에 순수하다. 그러므로 고요함으로 움직임을 제어함에 기가 리로부터 명령을 받는다. 중인(衆人)은 기에 따른다. 그러므로 움직임으로 고요함을 뚫음에 리가 기에게 빼앗긴다.[14]

위의 세 인용문에 보이듯이, 퇴계는 리·기를 '서로 승부를 겨루는 관계'로 인식하고, 그 결과에 따라 선·악이 결정되는 것이라고 보았다.

---

11 이에 대한 자세한 논의는 졸저, 『畿湖性理學研究』, 126~129쪽 참조.
12 『退溪集』 卷36 頁6, 「答李宏仲問目」 : (李宏仲 問) 氣與理, 相爲勝負, 氣麤而勝則理負, 理達而勝則氣順也. (退溪 答) 此言甚當.
13 『退溪集』 卷25 頁20, 「答鄭子中講目」 : 其發也, 理顯而氣順則善, 氣掩而理隱則惡耳.
14 『退溪集』 卷42 頁21, 「靜齋記」 : 聖人純於理, 故靜以御動, 而氣命於理 ; 衆人徇乎氣, 故動以鑿靜, 而理奪於氣.

퇴계의 이상은 물론 '리가 기를 이기는 것' 또는 '기가 리의 명령에 따르는 것'이었다. 위의 셋째 인용문에서는 "성인은 리에 순수하고, 중인은 기에 따른다"고 했는데, 이는 '리·기의 상수'와는 전적으로 반대되는 맥락일 것이다. 요컨대 위의 세 인용문은 전형적으로 '천리·인욕'의 맥락에서 성립하는 내용이다.

화서와 퇴계는 모두 리·기의 '상수·상해'를 말하나, 그들의 초점은 '상해'에 있었다. 다만 주자학에 있어서 '리·기의 불리(不離)'는 무시할 수 없는 중요한 명제였으므로 한편으로는 형식적으로나마 '상수'를 말하지 않을 수 없었던 것이다. 그들에게 '상수'란 결국 '형식적 언급'에 불과했다는 점은 그들이 모두 '리의 능동성'을 강조한 데서 더욱 분명해진다. 그들이 '리의 능동성'을 강조했던 취지는 '리의 자족성과 독자성'을 확보하기 위한 것이었다. 리가 자족적이고 독자적인 존재라면 기의 도움은 필요 없을 것이요, 따라서 '리·기의 상수'란 '빈말'에 불과하게 되는 것이다.

2. 리의 체용론과 리의 능동성

리가 '피동적 존재'로서, 리의 발현은 반드시 기의 매개를 필요로 한다면, 리의 위상은 크게 약화된다. 또한 리가 피동적 존재에 불과하다면 '리가 기를 주재한다'고 할 때의 '주재'의 의미 역시 크게 약화된다. 그리하여 화서는 마침내 리에 '능동성'을 부여하여 이 두 문제를 동시에 타개하려 했다. 그 실마리가 되는 것은 이른바 '리의 체용론'이었다. 화서의 〈연보(年譜)〉 57세 조에서는 화서의 평생 종지(宗旨)를 다음과 같이 요약하고 있다.

선생께서는 리를 말할 때에는 반드시 하나의 '리' 안에 원래 '체·용(體用)'과 '능·소(能所)'를 모두 포함시켜 (기로부터) 빌려옴을 기다리지 않고서도 자족(自足)하게 했고, 심을 말할 때에는 반드시 하나의 '심' 위에서 '승·재(乘載)'와 '수·역(帥役)'을 엄격히 구분하여 잠시라도 소홀히 함을 용납하지 않으셨으니, 이것이 평생 강설하신 종지(宗旨)이다.[15]

위에서 말하는 '체·용'은 두 맥락으로 해석될 수 있다. 첫째는 '본체와 작용'이라는 맥락이다. 화서는 '리의 본체와 작용'을 구분해 말할 때에는, 본체는 리라 했고 작용은 신(神)이라 했다.[16] 둘째는 '전체와 세목'이라는 맥락이다. 화서는 '리의 전체와 세목'을 구분해 말할 때에는, 전체는 명덕[本心]이라 했고, 세목은 성[仁義禮智]이라 했다.[17] 리는 '전체로 보면 혼연(渾然)'하지만 '세목으로 보면 찬연(粲然)'한 것으로서, 이것을 이일분수(理一分殊)라 하는 것이다.

위에서 말하는 '능·소'란 '능동성과 피동성'을 뜻한다. 화서에 의하면, 리는 '피동적 존재'로 그치는 것이 아니라 '능동적 존재'이기도 하

---

15 『華西集』附錄 卷9 頁35-36,「年譜」57歲條 : 盖先生於說理, 則必曰一理字內面, 元該體用, 元包能所, 不待假借而自足; 於說心, 則必曰一心字上面, 必分乘載, 必嚴帥役, 不容斯須而有忽. 此其平生講說之宗旨也.

16 『華西集』卷24 頁43,「形氣神理說」: 形屬陰, 氣屬陽, 而陰陽分作兩儀, 卽太極所乘之器也; 理爲體, 神爲用, 而體用合爲太極, 卽陰陽所載之道也.

17 화서는 '心主理論' 또는 '明德主理論'을 주장했다. 心이 主理라면, 張橫渠의 '心統性'은 '理가 理를 통섭한다'는 말이 되는데, 이에 대해 金平黙은 '綱의 理가 目의 理를 통제함(以綱統目)'으로 해석했다(『重菴集』卷39 頁45 참조). 明德이 主理라면, 『大學章句』朱子註의 '明德이 衆理를 갖춘다(具衆理)'는 말은 '理가 理를 갖춘다'는 말이 되는데, 이에 대해 柳重敎는 '本體의 理가 細目의 理를 갖추고 있음(以體該目)'으로 해석했다(『省齋集』卷33 頁8 참조). 김평묵과 유중교는 理一分殊의 맥락에서 스승의 학설을 옹호한 것인데, 이는 결국 理一分殊로 '理의 體·用'을 논한 것이다.

다. 위의 인용문에서는 또한 "하나의 '심' 위에서 '승·재'와 '수·역'을 엄격히 구분했다"고 했는데, 리는 '타고 있는 것'이요 기는 '싣고 있는 것'이며, 리는 '명령하는 장수'요 기는 '명령을 받는 병졸'임을 엄격히 구분했다는 말이다. 화서에 의하면 심은 '리·기의 묘합'이지만, 그 가운데 리는 '명령하는 존재'요 기는 '명령을 받는 존재'이다.

'이일·분수'의 맥락에서 '리의 체·용'을 논한 것은 주자나 율곡도 마찬가지였다. 따라서 화서의 특징적 입장은 다음의 두 가지에 있다.

첫째는 '리의 체·용'을 '본체와 작용'으로 설명하여, '본체로서의 리는 무위(無爲)'이지만 '작용으로서의 리는 유위(有爲)'라고 본 점이다. 화서는 다음과 같이 말한다.

> 심은 형·기·신·리(形氣神理)를 모두 포함한다. 형(形)은 음이고 기는 양이니, 형이하의 기(器)이다. 신(神)은 용(用)이고 리는 체(體)니, 형이상의 도(道)이다. 형(形)은 심이 집으로 삼는 것이요, 기는 심이 타는 것이며, 신(神)은 심의 묘용이고, 리는 심의 본체이다.[18]

> 리가 쌓이면 신(神)을 낳고, 신(神)이 쌓이면 기를 낳으며, 기가 쌓이면 형(形)을 낳는다. 리가 소진되면 신(神)이 흩어지고, 신(神)이 흩어지면 기가 소멸하며, 기가 소멸하면 형(形)이 무너진다.[19]

---

18 『華西雅言』 卷3 頁6, 「神明」: 心包形氣神理. 形陰而氣陽, 形而下之器也; 神用而理體, 形而上之道也. 形乃心之所舍, 氣乃心之所乘, 神乃心之妙用, 理乃心之本體.
19 『華西雅言』 卷1 頁5, 「形而」: 理積生神, 神積生氣, 氣積生形, 理盡則神散, 神散則氣消, 氣消則形毀.

위의 첫째 인용문에서는 '리의 체·용'을 각각 '리와 신(神)'으로 표현했다. 신(神)은 리의 작용으로서 '묘한 작용(作用)'을 한다는 것이다. 둘째 인용문에서는 '신(神)이 기를 낳는다'고, 즉 결국 '리가 기를 낳는다'고 주장했다.[20]

둘째는 "리 안에 능·소를 모두 포함시켜, 리를 '자족적 존재'로 만들었다"는 점이다. 율곡은 리를 '수동적 존재'로 규정하고, 따라서 리의 발현은 반드시 능동적 존재인 기의 매개를 필요로 한다고 보았다. 그런데 화서는 리를 '능동적 존재'로 규정하고, 리는 기로부터 빌림이 없이도 자족하다고 주장하는 것이다. 화서는 다음과 같이 말한다.

> 리는 '동·정(動靜)'과 '체·용'을 갖추고 '능·소'와 '대·소(大小)'를 포함하니, 그러므로 결함이 없어서 (기로부터) 서로 빌리지 않고도 자족하다.[21]

> '성스러워 알 수 없는 것'을 신(神)이라 하는데, 이는 또한 리의 본체를 지극하게 표현한 것이다. 리 밖에 별도로 신(神)이 있는 것은 아니다.[22]

> 리는 '일정하여 바뀌지 않는 것[一定不易底]'이며, 신(神)은 '불가능한 바가 없는 것[無所不能底]'이다.[23]

---

20 '理가 쌓인다'거나 '理가 소진된다'는 주장은 '理는 形而上者'라는 주장과 양립될 수 없다. 화서는 또한 '理는 全知全能한 主宰者'라고 보았는데, 왜 '결함이 많은 氣'를 낳았는지도 의심할 수 있다. 그러나 이러한 문제들에 대한 論難은 접어두기로 하자.
21 『華西雅言』卷1 頁5,「形而」: 理也者, 該動靜體用, 包能所大小, 故無虧欠, 不相假借而足.
22 『華西雅言』卷1 頁5,「形而」: 聖而不可知之神, 亦極其理之本體而言, 理外更無神.
23 『華西雅言』卷1 頁16,「九德」: 理一定不易底, 神無所不能底.

위의 세 인용문을 종합하면, 리는 '완전한 작위능력'을 지닌 것이 된다. 다시 말해, 화서는 리에 단순히 '운동능력'만을 부여한 것이 아니라 '신적(神的) 전능성(全能性)'을 함께 부여한 것이다. 따라서 화서의 리는 "결함이 없어서 (기로부터) 서로 빌리지 않고도 자족한 것"이다.

화서는 "리를 아는 사람의 말은 '리' 자가 살아 있고 '기' 자가 죽어 있으나, 리를 모르는 사람의 말은 '기' 자가 살아 있고 '리' 자가 죽어 있다"[24]고 말한다. 이러한 맥락에서, 화서는 "태극은 동정이 없다"고 주장한 오징(吳澄, 臨川吳氏)에 대해 다음과 같이 비판한다.

> 이제 "태극은 동정이 없고, 동정은 오로지 기기(氣機)를 우러른다"고 말한다면, 태극은 공적(空寂)에 빠져 기기의 본원이 되기에 부족하며, 기기는 제멋대로 재단(裁斷)할 수 있는 것으로 간주되어 도리어 태극의 주재자가 되려고 할 것이다. …… "태극에 이미 동정이 없다"고 한다면 동정의 주재자는 진실로 오로지 기기에 귀착될 것이다. 그렇다면 천지의 동정은 다만 하나의 기기면 충분할 것이니, 오히려 어찌 태극을 기다리겠는가? …… 백가(百家)의 '리를 해치고 기를 숭상하는 학설'이 갖추어지지 않은 것이 없지만, 진실로 그 잘못된 근원을 찾는다면 임천오씨의 '태극은 동정이 없다'는 학설이 필연코 그 조짐이 되었을 것이다.[25]

---

24 『華西雅言』 卷1 頁4, 「形而」: 識理之言, 理字活而氣字死; 不識理之言, 氣字活而理字死.
25 『華西雅言』 卷1 頁7-8, 「臨川」: 今曰 "太極無動靜, 而動靜專仰於氣機." 然則太極淪於空寂, 而不足爲氣機之本源矣. 氣機疑於專擅, 而反作太極之主宰矣. …… 太極旣無動靜矣, 則動靜之主宰者, 專歸於氣機, 固也. 然則天地之間, 動不動, 只有一箇氣機, 足矣. 尙何待於太極也哉? …… 百家害理尙氣之說, 無所不備, 苟求其所差之源, 則臨川太極無動靜之說, 未必不爲之兆.

화서는 '태극의 동정'을 부정하는 것은 '태극이 기의 주재자임'을 부정하는 것이라고 규정하고, 이것이야말로 '리를 해치고 기를 숭상하는 학설'이라고 단정했다. 화서가 이처럼 말하는 근본적인 까닭은 그가 '리의 주재'를 '능동적 차원'으로 해석하고 있기 때문이다. 주자나 율곡의 경우 '리의 주재'란 '리가 기의 표준이 됨'으로 한정되는 것이었다. 그러나 화서는, 뒤에서 살펴보겠지만, '리의 주재'를 '리가 능동적으로 기를 명령함'으로 해석한다. 따라서 화서는 '태극의 동정'을 부정하는 것은 '태극의 주재'를 부정하는 것이요, 이는 결국 '기가 제 멋대로 재단할 수 있도록 조장하는 것'이라고 비판하는 것이다. 요컨대, '태극은 동정이 없다'는 주장은 결국 '기의 주재'를 주장하는 것인데, 이를 승인할 수 없다는 것이 화서의 문제의식이었다.

화서의 이러한 입장 역시 퇴계학을 연상하게 한다. 퇴계 역시 '리의 체·용'을 독특하게 해석하여, 리의 능동성을 강조한 바 있다. '체로서의 리'는 작용이 없지만 '용으로서의 리'는 작용이 있다는 것이 퇴계의 생각이었다. 퇴계는 다음과 같이 말한다.

> 주자가 일찍이 말하기를 "리에 동정이 있기 때문에 기에 동정이 있다. 만일 리에 동정이 없다면 기는 무엇에 말미암아 동정이 있겠는가?"라고 했다. …… 주자가 '리는 정의(情意)와 조작(造作)이 없다'고 한 것은 본연의 체(體)를 말씀한 것이고, 내가 '리는 능발능생(能發能生)한다'고 하는 것은 지극히 신묘한 용(用)을 말하는 것이다.[26]

---

[26] 『退溪集』卷39 頁28, 「答李公浩問目」: 朱子嘗曰 "理有動靜, 故氣有動靜. 若理無動靜, 氣何自而有動靜乎?" …… 蓋無情意云云, 本然之體; 能發能生, 至妙之用也.

정의(情意)와 조작(造作)이 없는 것은 리의 본연한 체(體)이고, 경우에 따라 발현하여 이르지 않음이 없는 것은 리의 지극히 신묘한 용(用)이다. 예전에는 다만 본체의 무위(無爲)만을 알고 묘용이 능히 현행(顯行)함을 알지 못하여 거의 리를 사물(死物)로 오인했으니, 그것은 또한 도(道)에서 크게 어긋난 것이 아니겠는가?[27]

위의 인용문에서 말한 '능발(能發)'이란 '사단의 이발(理發)'을 지칭하고, '능생(能生)'이란 '태극이 음양을 낳음'을 지칭하며, '능도(能到)'란 '격물치지론에서의 이자도(理自到)'를 지칭한다. 퇴계는 리의 '동정'이나 '발(發), 생(生), 도(到)'를 모두 '물리적 능동성'으로 규정한 것이다.[28] 퇴계는 '용으로서의 리의 작용'을 '지극히 신묘(神妙)한 작용'으로 표현했는데, 화서 역시 '용으로서의 리의 작용'을 '신·묘(神妙)'로 표현했다. 또한 퇴계는 리를 단순히 '무위(無爲)'로 규정하는 것은 '리를 사물(死物)로 오인하는 것'이라고 극언했는데, 이것은 화서가 "리를 모르는 사람의 말은 '기' 자가 살아 있고 '리' 자가 죽어 있다"고 말한 것과 같은 맥락이다. 이렇게 본다면, 리의 체·용과 동정에 관한 화서의 설명은 퇴계의 경우와 대강을 같이하는 것이다.

---

27 『退溪集』卷18 頁31,「答奇明彦別紙」: 無情意無造作者, 此理本然之體也; 其隨寓發見, 而無不到者, 此理至神之用也. 向也, 但有見於本體之無爲, 而不知妙用之能顯行, 殆若認理爲死物, 其去道, 不亦遠甚矣乎?

28 율곡은 '太極動而生陽 靜而生陰'의 '生'을 '物理적인 生'이 아닌 '樞紐根柢之說'(太極이 陰靜陽動의 근거 또는 표준이 됨)로 해석했고(『栗谷全書』卷10 頁39 참조), '理의 動靜'을 '理가 직접 動靜한다'는 뜻이 아니라 '氣가 動靜함에 있어서 所以然이 된다'는 뜻으로 해석했다.

3. '리의 주재'에 대한 해석 문제

화서는 철저한 주리론자였다. 화서와 그 문인들은 명덕주리론을 표방하여, 명덕주기론을 표방한 매산(梅山) 홍직필(洪直弼) 학파와 치열한 논쟁을 전개했는데, 이 논쟁의 핵심 쟁점은 '주재(主宰)'의 해석을 둘러싼 것이었다. 화서의 지론은 '주재자는 리일 뿐'이며, '리의 주재'란 '리가 기를 명령함'을 뜻한다는 것이었다. 화서는 근본적으로 리·기의 성격을 다음과 같이 구별한다.

리는 하나요 둘이 아니며, 사물을 명령하고 사물로부터 명령을 받지 않으며, 주체가 되고 객체가 되지 않는다. 기는 둘이요 하나가 아니며, 사물로부터 명령을 받고 사물을 명령하지 않으며, 객체가 되고 주체가 되지 않는다.[29]

하늘에 있으면서 사물을 명령하는 주재자를 말할 때에는 '천(天), 제(帝)'라 하며, 사람에 있으면서 사물을 명령하는 주재자를 말할 때에는 '심, 천군(天君)'이라 하고, 사물에 있으면서 사물을 명령하는 주재자를 말할 때에는 '신(神), 신명(神明)'이라 하니, 사실은 하나의 '리'이다.[30]

위의 두 인용문은 리와 기를 명령자와 수명자로 규정하고, 명령자

---

29 『華西雅言』卷1 頁4,「形而」: 理者, 一而不二者也, 命物而不命於物者也, 爲主而不爲客者也; 氣者, 二而不一者也, 命於物而不命物者也, 爲客而不爲主者也.
30 『華西雅言』卷1 頁4,「形而」: 在天言命物之主, 則曰天曰帝; 在人言命物之主, 則曰心曰天君; 在物言命物之主, 則曰神曰神明, 其實一理也.

는 오직 리뿐이라고 강조한 것이다. 특히 첫째 인용문은 본래 주자가 '심'을 설명한 논리를 그대로 '리'에 적용시킨 것이다.[31] 주자가 본래 심에 부여했던 '만물에 대한 명령의 권능'을 화서는 그대로 '리'에 부여한 것이다.[32] 화서의 이러한 주장은 주자·율곡의 일반론 또는 당시의 명덕주기론과는 전혀 다른 것이다.

첫째, 주자와 율곡 그리고 당시의 명덕주기론자들은 리와 기를 '상호주재(相互主宰)'의 관계로 인식했다. 그러나 화서는 '주재자는 리뿐'이라고 본 것이다.[33] 위의 첫째 인용문에서는 기는 리의 주재를 받는 존재라고 규정했고, 둘째 인용문에서는 모든 차원의 주재자를 하나의 리일 뿐이라고 규정했다. 둘째 인용문에서는 "사람에 있으면서 사물을 명령하는 주재자를 말할 때에는 '심, 천군(天君)'이라 한다"고 설명했는데, 이는 모든 학자들이 동의하는 바이다. 차이점은 '심, 천군(天君)'을, 주자와 율곡 그리고 당시의 명덕주기론자들은 '기'로 규정함에 반하여, 화서는 '리'로 규정한다는 점이다. 즉 명덕주기론자들은 심을 기로 보아 '리의 주재'와 함께 '기의 주재'를 인정하는 것인데, 화서는 심을 리로 보아 '리의 주재'만을 인정하는 것이다.

둘째, 주자와 율곡 그리고 당시의 명덕주기론자들은 '리의 주재'를 '리가 기의 표준이 됨'으로 해석했다. 리는 피동적 존재로서, 기를 명령

---

31 『朱子大全』卷67 頁24,「觀心說」: 心者, 人之所以主乎身者也, 一而不二者也, 爲主以不爲客者也, 命物而不命於物者也.

32 퇴계 역시 같은 맥락에서 '리'를 "만물을 명령하기는 하지만 만물로부터 명령을 받지는 않는다(命物而不命於物)"고 설명했다.

33 『華西集』卷24 頁34,「太極說」: 太極以理言, 陰陽以氣言, 二者無離合無先後. 然太極是陰陽萬物之根本, 而陰陽萬物不得爲太極之根本; 太極爲陰陽萬物之主宰, 而陰陽萬物不得爲太極之主宰.

하거나 부릴 수 없다는 것이다. 리는 다만 기의 운동에 표준이 될 뿐이라는 것이다. 그러나 화서는 리의 능동성을 강조하고, '리의 주재'를 '리가 기를 명령함'으로 해석하는 것이다. 화서의 이러한 입장은 위의 두 인용문에서 극명하게 드러난다. 화서는 다음과 같이 말하기도 한다.

> 음은 양을 낳고 양은 음을 낳으나, 음으로써 양을 낳고 양으로써 음을 낳는 것은 곧 리이다. 자녀를 낳는 것은 부모이나, 부모로 하여금 자녀를 낳게 하는 것은 곧 리이다. 이것이 리·기를 구분함에 있어서 절실하고 긴요한 곳이다.[34]

현상적으로 음양을 낳고 자식을 낳는 것은 기이지만, 기로 하여금 음양을 낳고 자식을 낳게 하는 것은 리라는 말이다. 화서는 리·기를 구분함에 있어서 무엇보다도 중요한 것은 바로 '리는 기를 부리는 존재이고, 기는 리로부터 부림을 당하는 존재임'을 인식하는 것이라고 보았다.

셋째, 주자와 율곡 그리고 당시의 명덕주기론자들은 '기가 리를 맡아서 관리함'을 '기의 주재'로 설명했다. 이것은 '기의 현실적 주도권'을 인정하는 논리이다. 즉 리는 기의 표준이지만, 현실을 주도하는 것은 기라는 것이다. 그러나 화서는 현실을 주도하는 것은 기라는 주장을 수용할 수 없었다. 그러한 주장은 '기의 자용(自用)'을 조장한다는 생각 때문이었다.

화서는 '리의 주재'를 '리가 기를 명령함'으로 해석했는데, 그의 '리가 기를 명령함'이라는 주장에는 '리가 기의 표준이 됨'이라는 의미를

---

34 『華西雅言』 卷1 頁11, 「臨川」: 陰生陽陽生陰, 而以陰生陽以陽生陰者, 卽理也; 生子女者父母, 使父母生子女者, 卽理也. 此是理氣界分切要處.

겸하는 것이었다. 화서는 다음과 같이 말한다.

> 리는 기의 근본이고, 기는 리의 형적(形迹)이며, 리는 기의 준칙이고, 기는 리의 기구(器具)이니, 본래 서로 떨어질 수도 없고, 또한 서로 섞일 수도 없다. 그러나 성인의 가르침은 모두 형기와 떨어질 수 없는 곳에서 그 도리의 섞이지 않는 것을 가리켜 말했으니, 그 까닭은 무엇인가? 기의 추뉴근저(樞紐根柢)와 준칙은 리에 있다. 리는 스스로 순선무악하나, 기는 청탁수박과 편전통색의 구별이 없을 수 없다. 따라서 만약 섞어서 말한다면 리의 본체의 우뚝함을 볼 수 없으니, 또한 어찌 족히 기의 주뇌(主腦)와 준칙이 되어 기를 통솔할 수 있겠는가?[35]

위의 인용문에서는 '리는 기의 준칙이다'는 말과 '리는 기를 통솔한다'는 말을 같은 맥락으로 간주하고 있다. '준칙'은 '표준'과 같은 말이고, '통솔'은 '명령'이나 '부림[使之]'과 같은 말이다. 즉 화서가 이해하는 '리의 주재'는 '리가 기의 표준이 되어, 기를 명령한다'는 뜻이었다. 그러나 주자·율곡 등은 '표준'이 됨만을 인정하고, '통솔, 명령, 부림' 등의 의미는 인정하지 않았다. 리는 피동적 존재이기 때문에 능동적으로 기를 명령할 수 없다는 것이다.[36] 그런데 화서는 거꾸로 '리의 명령'을

---

[35] 『華西集』 卷19 頁12~13, 「明德理氣人物性同異辨」: 理者, 氣之根本也; 氣者, 理之形迹也. 理者, 氣之準則也; 氣者, 理之器具也. 本不相離, 亦不相雜. 然聖人設敎, 皆從形氣不離上, 指示其道理之不雜者而言之, 其故, 何也? 氣之根樞準則, 在理也. 理自純善無惡, 而氣不能無淸濁粹駁偏全通塞之別. 若雜而言之, 則無以見理之本體之卓然者, 而亦何足以爲氣之主腦準則, 而統率之乎?

[36] 주자나 율곡은 孔子의 '人能弘道 非道弘人'을 이러한 맥락에서 이해했다. 道는 인간에게 방향을 제시해 줄 뿐이요, 그 道가 직접 인간에게 作爲하는 것은 아니라는 것이다.

강조하기 위하여 리에 능동성을 부여한 것이다.

리에 능동성을 부여하면, 리·기를 '형이상자와 형이하자'로 구분하는 것이 무의미해진다. 율곡은 리를 '무형무위한 형이상자'로 규정했는데, 화서는 이러한 구분을 매우 거북하게 여긴다. 화서는 다음과 같이 말한다.

> 도(道)는 본래 무형하고, 기(器)는 유형하다. 그러나 무형·유형으로 나누어 말한다면, 이른바 도는 공적(空寂)에 빠져 도가 유형한 기를 주재함을 볼 수 없다. 도는 본래 무위하고, 기는 유위하다. 그러나 무위·유위로 나누어 말한다면, 이른바 기가 제 멋대로 작위할 수 있는 것으로 의심하여, 기는 바로 무위한 도가 부리는 것임을 볼 수 없다.[37]

화서는 도를 무형으로 규정하면 '도가 기를 주재함'이 부각되기 어렵고, 도를 무위로 규정하면 '도가 기를 부림'이 부각되기 어렵다고 본 것이다. 그리하여 화서는 기존의 '도는 무형무위하다'는 통론을 한편으로는 승인하면서도, 한편으로는 거북하게 여기는 것이다. 화서는 다음과 같이 말하기도 한다.

> 태극은 일동일정(一動一靜)의 도(道)이고, 음양은 일동일정의 기(器)이다. 도는 기가 아니면 스스로 운행할 수 없고,[38] 기는 도가 아니면 생겨날 수가

37　『華西集』卷21 頁1~2,「太極圖說小註記疑」: 蓋道本無形, 而器乃有形. 然以無形有形分言, 則所謂道者, 淪於空寂, 而無以見道爲有形之主也. 道本無爲, 而器方有爲. 然以無爲有爲分言, 則所謂器者, 疑於專擅, 而無以見器乃無爲之使也.
38　"도는 器가 아니면 스스로 운행할 수 없다"면, 도는 '자족적 존재'가 못되는 것이다. 화서

없다. 그러므로 주자는 "태극에 동정이 있음은 천명(天命)의 유행(流行)이다"
라고 했다. 태극과 천명은 동일한 리이다. 다만 그 일동일정의 주재와 추뉴
(樞紐)로 말하면 태극이라 하고, 그 일동일정이 계속 순환하는 것으로 말
하면 천명이라 하는 것이니, 그 실제는 동일한 것으로서 무슨 분별이 있겠
는가? 이제 태극과 천명을 둘로 나누는 것은 매우 미안한 것이다. 게다가
동정과 유행을 또 별개로 여기니, 동정의 바깥에 다시 무슨 유행이 있는
것인지 알지 못하겠다. 만약 임천오씨의 주장대로 태극에는 과연 동정이
없어서 한결같이 기기(氣機)를 따르면서 기기의 동정 여하를 우러러볼 뿐이
라면, 태극이 관장하는 것은 무엇이며, 기기는 무엇으로 말미암아 동정하
는 것인가?[39]

화서는 리를 한편으로는 '스스로 운행할 수 없다'고 규정하면서도,
한편으로는 '스스로 동정하는 것'으로 규정한다. 그는 "리에 동정이 없
다면, 리가 관장하는 것은 무엇이냐?"고 반문했다. 리에 동정이 없다면
리의 소관사항은 없는 것이 되며, 모든 것은 기의 소관사항으로 귀착되
고 만다는 것이다. 여기에는 모든 것을 기의 소관으로 귀착시키면, 결

는 "理不離氣, 如火不離薪. 火無薪則不能成其明, 然不可指明爲薪; 理非氣則不能著其神,
然不可指神爲氣(『華西雅言』卷1 頁5)"라고도 했다. "理는 氣가 아니면 그 神을 드러낼 수 없
다"면, 理는 '자족적 존재'가 못된다. 이러한 언급들은 '道와 器' 즉 '本과 具'의 맥락에서 '理·
氣의 相須'를 밝힌 것인데, 이는 화서의 다른 持論들(理·氣의 相抗을 강조한 持論들)과 모순
된다.
39 『華西集』卷21 頁3,「太極圖說小註記疑」: 太極者, 一動一靜之道也; 陰陽者, 一動一
靜之器也. 道非器則不能自運, 器非道則無所以生. 故朱子曰, 太極之有動靜, 是天命之流
行也. 太極與天命, 同一理也. 但以其一動一靜之主宰樞紐也, 則謂之太極. 以其一動一靜
而循環不息也, 則謂之天命, 其實一也. 有何分別? 今以太極天命, 分作兩物, 已極未安, 而
又以動靜流行, 各爲一事, 未知動靜之外, 更有何流行耶? 若如臨川說, 而太極果無動靜, 一
從氣機, 而仰其動靜如何而已, 則所謂太極, 所管是甚麽, 所謂氣機, 緣何而有此動靜耶?

국 기의 자용(自用)을 조장할 것이라는 우려가 함께 깔려있음은 물론이다. 이러한 맥락에서, 화서가 '리의 능동성'을 주장한 것은 무엇보다도 '리가 기를 명령함'을 주장하기 위함이었다.

앞에서 살펴보았듯이, 화서는 리에 능동성을 부여하여 리를 '자족적 존재'로 승격시켰다. 그런데 위의 인용문에서는 '리는 스스로 운행할 수 없다'고 규정하니, 그렇다면 리는 자족적 존재가 못되는 것이다. 여기서도 화서는 이중성을 보여주고 있다. 그는 주자·율곡의 일반론을 쉽사리 부정할 수 없기에 한편으로는 '리의 무위'를 승인하면서도, 그럴 경우 리의 주재력이 손상된다고 보아 한편으로는 '리의 능동성'을 강조하는 것이다. 화서는 이러한 모순적 사태를 '묘(妙)'로 설명한다.

'묘(妙)'라는 말은 '신화불측(神化不測)'의 뜻이요, '운용의 자취가 없음'을 일컫는 것이다. 『주역』에서는 "신(神)이란 만물을 묘하게 하는 것을 말한다"고 했는데, 이것이 '묘(妙)' 자가 경전에 보이는 최초의 용례이다. 우레가 만물을 움직이는 것은 진실로 '우레의 리'이나 우레로 하여금 만물을 움직이게 하는 것은 또한 '리의 묘'이며, 바람이 만물을 흔드는 것은 진실로 '바람의 리'이나 바람으로 하여금 만물을 흔들게 하는 것은 또한 '리의 묘'이다. …… 주자는 태극의 성정(性情)과 공효는 그 요점이 '묘(妙)'에 있음을 뚜렷이 알았다. 그러므로 "태극은 본연의 묘요, 동정은 탈 바의 기틀이다"라고 해석했던 것이다. 묘용(妙用)이 유행함에 있어서, 볼 수 있는 자취가 없는 것은 태극의 도(道)이며, 볼 수 있는 자취가 있는 것은 음양의 기(器)이다. 다만 음양의 기만을 보고 음양의 도를 알지 못한다면, 음양의 기를 낳고 음양의 질(質)을 이루는 소이(所以)가 없는 것이다. 또한 음양의 도만을 보고 이 리가 주재함을 알지 못한다면, 이 도의 본체가 확립되고 이 도의 작용이 유

행하는 소이가 없는 것이다.⁴⁰

화서는, '리의 주재'는 '헤아릴 수도 없고, 자취도 없어서' 마치 주재함이 없는 것 같으나, 그 근저에서 본체를 확립시키고 작용을 유행시키는 것은 바로 '리의 주재'라고 설명했다. 다시 말해, 헤아릴 수도 없고 자취도 없으니 리는 무위인 것 같지만, 리는 본체를 확립시키고 작용을 유행시키는 '능동적 역할'을 한다는 것이다.

'리의 주재'에 대한 화서의 위와 같은 설명은 역시 퇴계의 경우와 대강 같이하는 것이다. 퇴계는 다음과 같이 말한 바 있다.

태극에 동정이 있음은 태극이 스스로 동정하는 것이며, 천명(天命)이 유행하는 것은 천명이 스스로 유행하는 것이니, 어찌 다시 (태극(太極)과 천명(天命)을) 부리는 존재[使之者]가 있겠는가? 다만 태극과 음양오행이 묘합해 엉겨 만물을 화생하는 곳에 나아가 보면, 주재하고 운용하여 이와 같게 만드는 존재가 있는 것 같기도 하니, 곧 『서경』의 "오직 황상제(皇上帝)께서 아래 백성에게 충(衷)을 내려주셨다"는 말과 정자의 "주재로 말하면 제(帝)라 한다"는 말이 그것이다. 대개 리·기가 묘합하여 만물을 명령할 때, 그 '신묘한 작용'이 저절로 이와 같은 것이다. 천명이 유행하는 곳에 별도로 '부

---

40 『華西集』卷24 頁37~38,「妙字說」: 妙之爲言, 神化不測之意, 運用無迹之謂. 易曰 "神也者, 妙萬物而爲言者也", 此妙字見於經之初也. 雷之動萬物者, 固是雷之理也, 而使是雷動是物者, 亦理之妙也; 風之撓萬物者, 固是風之理也, 而使是風撓是物者, 亦理之妙也. …… 朱子之見太極之性情功效, 要在妙字, 故釋之曰 "太極者, 本然之妙; 動靜者, 所乘之機." 妙用流行, 無迹可見者, 太極之道也; 有迹可見者, 陰陽之器也. 但見陰陽之器, 而不知有陰陽之道, 則無所以生此陰陽之氣, 而成此陰陽之質矣; 但見陰陽之道, 而不知有此理之主宰, 則亦無所以立此道之體, 而行此道之用矣.

리는 존재'가 있다고 말할 수는 없다. 이것은 리는 극존무대(極尊無對)하여, 만물을 명령하기는 하지만 만물로부터 명령을 받지는 않기 때문이다.[41]

위의 인용문은 다음의 네 가지를 밝히고 있다. 첫째, 리는 스스로 동정하고 스스로 유행하는 '능동적 존재'라는 것이다. 둘째, 리는 '극존무대'한 존재이므로 그 이상의 주재자는 없다는 것이다. 즉 '리는 스스로 동정하고 스스로 유행한다'는 말은 리의 능동성과 자율성을 동시에 표현하는 것이다. 셋째, 리 자체가 '최고의 주재자'로서, 만물을 주재하기만 하고, 만물로부터 주재를 받지는 않는다는 것이다. 넷째, '리의 주재'란 '사물을 명령함 또는 부림[使之]'을 뜻한다는 것이다. 퇴계 역시 '리의 주재'를 '신묘한 작용[神用]'으로 설명하고 있으며, 또한 동시에 '리가 기의 표준이 됨'으로 설명하기도 한다.[42]

앞에서 살펴본 화서의 '리의 주재'에 대한 설명은 퇴계의 위와 같은 네 가지 내용을 벗어나지 않는다. 그런데 화서나 퇴계의 이러한 설명은 리의 위상을 강화하는 데는 크게 기여할 수 있지만, 현실의 악(惡)을 설명하는 데는 매우 취약한 것이다. 순선한 리가 능동적으로 기를 명령하여 기의 일동일정을 주재하는 것이라면, 현실에는 악이 없어야 한다. 리의 '능동성'과 기에 대한 '명령'을 동시에 강조하면 할수록

---

41 『退溪集』卷13 頁17, 「答李達李天機」: 太極之有動靜, 太極自動靜也; 天命之流行, 天命之自流行也. 豈復有使之者歟? 但就無極二五, 妙合而凝, 化生萬物處看, 若有主宰運用, 而使其如此者, 卽書所謂惟皇上帝降衷于下民, 程子所謂以主宰謂之帝, 是也. 蓋理氣合而命物, 其神用自如此耳. 不可謂天命流行處, 亦別有使之者也. 此理極尊無對, 命物而不命於物故也.

42 『退溪集』卷13 頁16 : 若只認物爲非外, 而不以理爲準則, 是中無主, 而物卒奪之, 亦不可.

현실의 악은 더욱 설명하기 곤란해진다. 화서나 퇴계는 모두 '악(惡)'을 '기가 리의 명령을 따르지 않는 사태'로 설명했다. 따라서 악의 현존 자체가 '명령으로서의 리의 주재성'을 크게 훼손시키는 것이다.

Ⅲ. 화서의 심성정론과 퇴계학

1. '심心'에 대한 규정 문제

화서의 연보에 의하면, 화서도 초년에는 심을 오로지 기로 인식하고 있었다. 그런데 마침내 '심시기론(心是氣論)의 미안(未安)한 점'을 발견하고, 57세에 새로운 심설을 정립하게 되었다. 그가 발견한 '미안한 점'이란 다음과 같은 것이었다.

> 심은 성을 다 발휘할 수 있는데 성은 심을 검속할 수 없으며, 심은 성·정을 통섭하는데 성·정은 심을 통섭할 수 없다는 것은 정해진 이치이다. 그런데 만약 '심은 다만 기일 뿐'이라면, 이것은 기가 항상 리를 통섭하는 것이요, 리는 온갖 조화(造化)의 추뉴(樞紐)가 되기에 부족한 것이다.[43]

화서는 '심능진성(心能盡性)'과 '심통성정(心統性情)'을 부정할 수 없는 명제로 규정했다. 그런데 심을 다만 기로 간주한다면, '심통성(心統

---

43 『華西集』附錄 卷9 頁32, 「年譜」 57歲條: 先生初年, 嘗以心專作氣看. …… 旣而寢覺有未安者, 蓋心能盡性, 性不知檢其心, 心統性情, 性情不得統心, 此定理也. 若心只是氣而已, 則是氣常統理, 而理不足爲萬化之樞紐矣.

性)'이란 '기통리(氣統理)'가 되어, 리의 주재를 부정하는 결과가 되고 만다는 것이다. 이것이 화서가 발견한 '심시기론의 미안한 점'이었다. 그리하여 화서는 심을 단순히 기로 규정했던 종래의 입장에서 벗어나, 심을 '리와 기의 묘합'으로 규정하고, 심통성정에서의 심은 리라고 규정함으로써 '심통성정'과 '리의 주재'를 모순없이 양립시키고자 했다.

화서는 '심'을 '리와 기가 묘합하여 몸을 주재하는 것으로, 신명(神明)한 것'[44]이라고 정의한다. 그에 의하면, 심은 리기의 묘합이므로, 리의 측면에서도 말할 수 있고, 기의 측면에서도 말할 수 있다. 그는 심에 대한 주자의 다양한 설명 가운데, '신명(神明), 주재(主宰), 본심(本心), 양심(良心), 인극(人極), 천군(天君), 지수(志帥)' 등은 모두 리의 측면에서 심을 말한 것이며, '신명(神明)의 집, 기의 정상(精爽), 화장(火臟), 양기발처(陽氣發處), 기기(氣機)' 등은 모두 기의 측면에서 심을 말한 것이라 한다.[45] 그는 다음과 같이 말한다.

> 심은 리로 말하는 경우도 있고 기로 말하는 경우도 있다. 리로 말한 것은 맹자의 '진심(盡心), 인의지심(仁義之心), 본심(本心)' 등이 그것이며, 기로 말한 것은 '심은 음양과 같고 성은 태극과 같다'거나 '심은 기의 정상(精爽)'이라는 등이 그것이다. 대개 심이란 사람의 신명(神明)으로서 몸을 주재하고 만사를 관섭하는 것이다. 그 근원은 하늘에서 나온 것이니 사람이 사사롭게

---

44 『華西集』卷19 頁18, 「南八灘啓蒙八圖說質疑」: 心是理氣妙合, 主于一身, 而神明者也.

45 『華西集』卷23 頁17, 「心經附註記疑」: 心之神明, 以理言也; 心之血肉, 謂之舍也. 二者雖不相離, 而亦不相雜. 是以, 朱子於以理言心處, 則必曰神明, 曰主宰, 曰本心, 曰良心, 曰人極, 曰天君, 曰志帥, 而未嘗以形而下者雜言之也; 於以氣言心處, 則必曰神明之舍, 曰氣之精爽, 曰火臟, 曰陽氣發處, 曰氣機, 而未嘗以形而上者雜言之.

할 수 없는 것이며, 그 작용은 사물에 응하는 것이니 사람이 그치게 할 수 없는 것이다. 그 본체를 말하면 리일 뿐이나, 그 타는 바[所乘]를 말하면 기일 뿐이다. 그러므로 심은 리로 말할 수도 있고, 기로 말할 수도 있다. 리로 말할 때에는 마땅히 기질(氣質)과 서로 대비시켜야 하나 애초에 서로 섞이지 않으며, 기로 말할 때에는 마땅히 덕성(德性)과 서로 대비시켜야 하나 분별이 없을 수 없다. 만약 이 양변의 차이를 분별하지 않고 혼합해 하나로 여긴다면, 심을 리라고 말할 때에는 '지각운용(知覺運用)은 기와 관계된 것'이라고 의심하고, 심을 기라고 말할 때에는 '허령신묘(虛靈神妙)가 리에 가까운 것'이라고 의심한다. 리라고 말할 수 없으므로 정령(精靈)의 기와 섞지 않을 수 없으며, 기라고 말하는 것이 불편하므로 또 감히 기질(氣質)에 완전히 소속시키지도 못한다. 이에 심과 기질이 둘로 나뉘어졌다. 그러나 주자의 가르침으로 살피자면, 리로 말할 때와 기로 말할 때의 이·합(離合)과 이·동(異同)이 분명하여, 일찍이 이러한 지리간난(支離艱難)함이 없었다. 성은 본연지성과 기질지성의 차이가 있다. 다만 성은 본래 리에 속하나, 기에서 떨어지지 않으므로 또한 기질지성을 말하는 것이다. 심은 본래 기에 속하나, 리를 싣고 있으므로 또한 본체를 말하는 것이다. 이것 또한 분별하지 않을 수 없다.[46]

---

46 『華西集』卷22 頁8~9,「心與氣質同異說」: 心有以理言處, 有以氣言處. 以理言者, 如孟子盡心仁義之心本心之類是也; 以氣言者, 如心猶陰陽性猶太極, 心者氣之精爽之類是也. 蓋心者, 人之神明, 主於一身, 而管乎萬事者也. 其原則出於天, 而非人之所得私也; 其用則應於物, 而非人之所得已也. 言其本體, 則理而已矣; 言其所乘, 則氣而已矣. 故以理言心, 亦得; 以氣言心, 亦得. 以理言, 則當與氣質相對, 而初不相雜; 以氣言, 則當與德性相對, 而不能無分. 若不分別此兩邊異同, 而混合爲一, 則說心謂理乎, 則疑於知覺運用之涉乎氣也; 說心謂氣乎, 則疑於虛靈神妙之近乎理也. 言理不得, 故不能不雜些精靈之氣; 言氣不便, 故又不敢全屬乎氣質之界. 於是乎心與氣質, 分而爲二. 然以朱子之訓考之, 則喚理喚氣, 離合異同, 分明灑落, 未嘗如是之支離艱難也. 蓋如性字本然氣質之異同, 但性本屬理, 而不離乎氣, 故亦言氣質; 心本屬氣, 而乘載其理, 故亦言本體. 此又不可不辨

화서의 지론은, 심은 리·기의 묘합이므로 리로 말할 수도 있고 기로 말할 수도 있으나, 리의 측면과 기의 측면을 혼동해서는 안 된다는 것이다. 단적으로 말해, '신명(神明), 허령(虛靈), 신묘(神妙), 인의지심(仁義之心)' 등은 리에 속하고, '신명(神明)의 집, 기의 정상(精爽), 기품(氣稟), 지각운용(知覺運用)' 등은 기에 속한다. 화서는 이 두 계열을 엄격히 구분했는데, 이것은 결국 '주재자로서의 心은 리라는 것'을 강조하기 위함이었다.

화서는, 심은 리의 측면에서 말하면 순선하여 성인과 범인이 같고, 기의 측면에서 말하면 선·악이 섞여 있어 성인과 범인이 다르다고 본다.[47] 또 이른바 '본심'이란 리를 지칭하는 것으로서, 성현이 보통 '심'이라고 말한 것은 이것을 지칭한다고 주장한다.[48] 요컨대, 화서는 심을 리·기의 묘합으로 규정하면서도, 리를 중심으로 심을 이해하는 것이다.

주자학에서는 심을 '몸의 주재자'라고도 말하며 '성·정의 주재자'라고도 말한다. 화서의 경우도 물론 마찬가지이다. 다만 주자·율곡이 심을 일반적으로 기로 규정한 것과 달리, 화서는 심을 일반적으로는 리라고 규정하는 것이다. 즉 몸 또는 성·정의 주재자를 주자와 율곡은 기로 규정한 것인데, 화서는 리로 규정하는 것이다.[49] 화서는 다음과

也.

47 『華西集』卷21 頁16, 「陶菴集記疑」: 以理言心, 則聖凡一也; 以氣言心, 則聖凡不同.
   『華西集』卷21 頁18, 「陶菴集記疑」: 以理言心, 則本善而已; 以氣言心, 則有善有惡.
48 『華西雅言』卷3 頁2, 「神明」: 心者, 合理與氣而立名也, 單指理一邊, 則曰本心也. ○ 心氣也物也. 但就此物此氣上面 指其德, 則曰理也. 聖賢所謂心, 蓋多指此也.
49 『華西集』卷22 頁10~11, 「心與理同異說」: 以氣言, 則心是性命之郛, 神明之舍, 五臟之一也; 以理言, 則一身之主宰, 萬化之綱領也.
   『華西雅言』卷3 頁5, 「神明」: 心, 以理言, 則性情之主, 寂感之會; 以氣言, 則陰陽之精, 動靜之機.

같이 말한다.

> 공자(孔子)는 "형이상자를 도(道)라 하고, 형이하자를 기(器)라 한다"고 했고, 주자는 장횡거의 '심통성정(心統性情)'이란 말을 가장 높이 평했다. 만약 심을 기로 인식할 뿐이라면 기가 도리어 리를 통섭(統攝)하는 것이니, 이른바 '상·하의 구분'을 과연 어디에서 베풀겠는가?[50]

화서는 '형이상·형이하'의 '상·하'를 '명령과 복종'의 관계로 인식한다. 그런데 '심통성정'의 심을 기로 규정하면, 이것은 '기[심]가 리[성]를 통섭한다'는 주장이 되어, 상·하의 위계를 뒤집는 꼴이라는 것이다. 요컨대 화서는 '심이 기로 해석됨'으로써 '심통성(心統性)'이 기통리(氣統理)로 인식되는 것'을 용납할 수 없다는 것이다.

퇴계 역시 기본적으로 심을 '리와 기의 묘합'으로 본다.[51] 퇴계는 이것은 자신의 독자적 견해가 아니라 선유(先儒)의 학설이라고 말하고, 주자가 심을 '기의 정상(精爽)'으로 규정한 것은 '리·기가 묘합한 것' 가운데 다만 '지각운용의 묘'를 지칭한 것이었다고 설명했다.[52] 다시 말해, '심은 기의 정상'이라는 규정은 심에 대한 '일반적 입론'이 아니라, '지각운용의 주체'라는 관점의 입론'일 뿐이라는 것이다. 화서 역시 지각운용

---

50 『華西雅言』卷3 頁8, 「神明」: 孔子曰 "形而上者謂之道, 形而下者謂之器." 朱子最喜橫渠心統性情之語, 若認心爲氣而已, 則氣反統攝乎理矣. 所謂上下之分, 果安施也哉?
51 『退溪集』卷25 頁35, 「答鄭子中別紙」: 凡言心者, 皆兼理氣看.
　『退溪集』卷18 頁28, 「答奇明彦論改心統性情圖」: 夫人之生也, 同得天地之氣以爲體, 同得天地之理以爲性, 理氣之合則爲心.
52 『退溪集』卷29 頁7, 「答金而精」: 心者, 理氣之合, 此非溟說, 先儒已言之. 所謂氣之精爽, 先生就兼包中, 而指出知覺運用之妙言, 故獨以爲氣之精爽耳.

을 기의 측면으로 규정했으니, 이에 대해서는 화서와 퇴계가 일치하는 것이다.

율곡과 명덕주기론자들은 '허령(虛靈)'을 '기의 정상'으로 규정했으나, 화서는 '허령'을 '리'로 규정했다. 그런데 퇴계는 '허령'을 '리·기'로 분속시키기도 하고, 리로 규정하기도 했다. 퇴계는 정지운(鄭之雲)의 〈천명도(天命圖)〉를 수정한 다음 그 설명에서 다음과 같이 말한 바 있다.

> 하늘이 사람에게 명(命)을 내릴 때, 기가 아니면 리를 붙일 곳이 없었고, 심이 아니면 리·기를 붙일 곳이 없었다. 그러므로 사람의 마음은 '허(虛)'하고 또 '령(靈)'하여(허(虛)는 리이고, 령(靈)은 기이다), 리·기가 붙어 있는 집이 된다. 그러므로 그 리는 곧 인의예지의 리로서 오상(五常)이 되고, 그 기는 곧 음양오행의 기로서 기질(氣質)이 된다.[53]

위에 보이듯이, 퇴계는 본래 심은 허령한 것인데, 허(虛)는 리이고 령(靈)은 기이므로, 심은 '리·기의 묘합'이라고 생각했었다. 그런데, 이에 대해 기고봉은 '허령을 쪼개 각각 리·기로 분속시킴'은 '분열이 너무 심하다'고 반론하자, 퇴계는 자신의 견해를 취소했다.[54] 그런데 심을 리·기의 결합으로 규정함이 퇴계의 아언(雅言)이요 지론이며, 또한 취소 발언 다음 곧이어 '허(虛)를 리로 규정함은 숱한 근거가 있음'을 역설하는

---

53 『退溪續集』 卷8 頁17, 「天命圖說」: 天之降命于人也, 非此氣, 無以寓此理也; 非此心, 無以寓此理氣也. 故吾人之心, 虛(理)而且靈(氣), 爲理氣之舍. 故其理卽四德之理而爲五常, 其氣卽二五之氣而爲氣質.
54 『退溪集』 卷16 頁39, 「答奇明彦 論四端七情第二書」 참조.

것으로 볼 때,⁵⁵ 허령을 리·기로 분속한 것을 퇴계가 진실로 취소했다고 보기는 어렵다.

퇴계 역시 심은 '몸의 주재자'요 '성·정의 주재자'라고 본다.⁵⁶ 그런데 퇴계는 '주재자로서의 심'이 '리·기의 묘합' 가운데 리인지 기인지에 대해서는 분석적으로 말하지 않는다. 주리론을 주창하는 퇴계의 지론으로 볼 때, 퇴계는 '리·기의 묘합' 가운데 리를 주재자로 보았을 것이라고 추론해 볼 수는 있다. 그러나 퇴계는 '심통성정'에 대한 해석에서, '심은 리·기의 묘합'이라는 관점을 그대로 유지하고 있다. 이것이 화서와 퇴계의 차이점인데, 이러한 차이는 각자 '심통성정'을 다른 방향으로 해석하게 만든다.

2. 심통성정心統性情에 대한 해석 문제

심을 '리·기의 묘합'으로 해석하는 점에 있어서는 화서와 퇴계는 견해를 같이한다. 그러나 '심통성정'에 대한 해석에서는 서로 방향을 달리한다. 그 까닭은 서로 '심·성(心性)'에 대한 설명을 달리하기 때문이기도 하고, '주재와 주재자'에 대한 설명을 달리하기 때문이기도 한데, 둘은 서로 밀접하게 관련된 것이다.

화서는 '심통성정의 심은 리'라고 주장했는데, 여기에 따르면 '심통성(心統性)'은 '리[心]가 리[性]를 통솔한다'는 뜻이 된다. '리가 리를 통

---

55 『退溪集』卷16 頁40, 「答奇明彦 論四端七情第二書」: 至其論虛靈處, 以虛爲理之說, 則亦有所本. …… 以虛言理者, 故自不少.
56 『退溪續集』卷8 頁17, 「天命圖說」: 心爲主宰, 而常統其性情.
  『退溪續集』卷8 頁20, 「天命圖說」: 人之受命于天也, 具四德之理, 以爲一身之主宰者, 心也.

솔함'은 일견 납득하기 어려운 주장인데, 화서는 이를 설득시키기 위해 '새로운 논리'를 개발하게 되었다. 우선 화서의 심·성·정에 대한 구분을 살펴보자.

> 심이란 사람의 신명(神明)으로서, 리·기를 합하고 동·정(動靜)을 포함하는 것이다. 성은 심의 체(體)로서 리가 기를 타고 고요한 것이요, 정은 심의 용(用)으로서 리가 기를 타고 움직이는 것이다. 리로 말하면, 심은 태극이 사덕(四德)을 통섭하는 것과 같고, 성은 이·정(利貞)과 같으며, 정은 원·형(元亨)과 같다. 이·정(利貞)은 모든 리가 돌아가 숨는 것이니 태극의 체이며, 원·형(元亨)은 모든 리가 베풀어지는 것이니 태극의 용이다. 기로 말하면, 심은 원기(元氣)가 사시(四時)를 통섭하는 것과 같고, 성은 가을·겨울과 같으며, 정은 봄·여름과 같다. 가을·겨울은 만물이 완성된 것이요, 봄·여름은 만물이 처음 시작되는 것이다. 분석해 말하면, 심은 모든 리를 모아 주재하는 것이요, 성은 적연부동(寂然不動)하여 모든 리를 모두 갖추고 있는 것이며, 정은 감이수통(感而遂通)하여 모든 리를 발용하는 것이니, 각각 지칭하는 바가 있어 뒤섞을 수 없다. 종합해 말하면 심·성·정이 하나의 리로서, 혼연하여 피·차(彼此), 내·외(內外), 종·시(終始), 본·말(本末)의 간격이 없으니, 이것이 리의 전체이다. 리로 말하면, 성인과 범인의 심이 동일하고, 순·척(舜蹠)의 성이 동일하며, 요·걸(堯桀)의 정이 동일하니, '리동(理同)'이기 때문이다. 기로 말하면, 천하의 심이 만 가지로 다르고, 천하의 성이 만 가지로 다르며, 천하의 정이 만 가지로 다르니, '기이(氣異)'이기 때문이다.[57]

---

57 『華西雅言』卷3 頁1, 「神明」: 心者, 人之神明, 而合理與氣包動靜者也; 性則心之體, 而理之乘氣而靜者也; 情則心之用, 而理之乘氣而動者也. 以理言, 則心猶太極之統四德,

위에서 주목할 점은, 화서가 심을 태극이나 원기처럼 '전체'로 비유하고 성·정을 그 가운데 '일부'로 설명하고 있다는 점이다. 심·성·정은 하나의 리이지만, 심은 '리의 전체'를 통합적으로 말하는 것이고, 성은 '리의 세부적인 조리(條理)'이며, 정은 '그 세부적인 조리가 발현된 것'이라는 설명이다.

'심통성정(心統性情)'의 심을 리로 규정하면, '심통성(心統性)'은 '리가 리를 통솔한다'는 뜻이 되고 만다. 이에 대해, 화서는 성을 '자질구레한 조리'라고 보고, 그것을 통섭하는 주체가 심이라고 보았다. 화서는 심을 저울이나 자 또는 장수(將帥)와 키에 비유하고, 성을 마디나 눈금 또는 병졸(兵卒)이나 배에 비유하여, 다음과 같이 말한다.

심은 (성의) 주재자이고, 성은 (심의) 조리이다.[58] 인·의·예·지는 각각 하나이며, 측은·수오·사양·시비도 각각 하나로서, 서로 통할 수 없다. 심은 그렇지 않아, 인·의·예·지를 모두 포함하며, 측은·수오·사양·시비 모든 것이 될 수 있다. 여기에서 심과 성·정을 분별한다면 가장 분명하다. 심을 말하고 성을 말하지 않으면 마디 없는 자나 눈금 없는 저울과 같아 혼륜농통(渾淪儱侗)하며, 성을 말하고 심을 말하지 않으면 장수 없는 병졸이나 키 없는 배와 같아 흩어져 자질구레하게 된다. 요컨대 (심이나 성만으로는) 행

性猶利貞, 情猶元亨. 利貞者, 萬理之歸藏也, 太極之體也; 元亨者, 萬理之發施也, 太極之用也. 以氣言, 則心猶元氣之統四時, 性猶秋冬, 情猶春夏. 秋冬, 萬物之成終也; 春夏, 萬物之生始也. 分言, 則心者, 萬理之總會主宰者也; 性者, 寂然不動, 而萬理咸備者也; 情者, 感而遂通, 而萬理發用者也. 各有所指, 不可混淪看也. 合言, 則心也性也情也一理也, 渾然無彼此內外終始本末之間, 此理之全體也; 以理言, 則聖凡之心一也, 舜蹠之性一也, 堯桀之情一也, 理同故也; 以氣言, 則天下之心有萬不同也, 天下之性有萬不同也, 天下之情有萬不同也, 氣異故也.

58 『華西集』卷22 頁12,「心之知覺智之知覺說」: 性之主宰謂之心, 心之條理謂之性.

해질 수 없음은 마찬가지이니, 그러므로 '심통성정'이라 하는 것이다. 이것이 천리(天理)의 전체이다.[59]

화서에 의하면, 성은 오상(五常)으로 쪼개서 말하는데, 인(仁)은 의(義)가 아니고 예(禮)는 지(智)가 아니므로, 성은 자질구레한 '조리(條理)'에 해당한다. 그런데 심은 인·의·예·지를 모두 포함하고 측은·수오·사양·시비 모두로 발현될 수 있으니 '통합적 전체'요, 심은 또한 '병졸의 장수'나 '배의 키'와 마찬가지로 인·의·예·지와 측은·수오·사양·시비를 통솔하는 것이니 '성·정의 주재자'라는 것이다. 이것이 화서가 말하는 '심통성정'의 의미이다.

주자·율곡은 '심통성정'을 '심은 성·정을 포함한다'와 '심은 성·정을 주재한다'는 두 맥락을 겸하는 것으로 설명했는데, 이는 화서도 마찬가지이다. 위의 인용문에서 심은 인·의·예·지를 모두 포함하고 측은·수오·사양·시비 모두로 발현될 수 있다고 한 것은 '심은 성·정을 포함한다'는 맥락이다. 또 위의 인용문에서 심을 '장수나 키'에 비유하고 성을 '병졸이나 배'에 비유한 것은 '심은 성·정을 주재한다'는 맥락이다. 이처럼 화서 역시 '포함'과 '주재'의 두 맥락을 모두 수용하고 있으나, 그 구체적인 내용에 있어서는 주자·율곡의 설명과 다르다. 주자·율곡이 '심은 성·정을 포함한다'고 할 때의 심은 기로서 '성·정을 담고

---

59 『華西雅言』卷3 頁4~5,「神明」: 心是主宰, 性是條理. 仁義禮智, 各爲一物, 惻隱羞惡辭讓是非, 各爲一物, 不可相通. 心則不然, 爲仁爲義爲禮爲智, 都無不該, 爲惻隱爲羞惡爲辭讓爲是非, 無所不能. 於此分別心與性情, 則最分曉. 言心不言性, 如無寸之尺, 無星之稱, 渾淪儱侗; 言性不言心, 如無將之卒, 無柁之船, 渙散零碎. 要之, 不可行 均矣. 故曰心統性情, 此天理之全體也.

있는 그릇[器]'이라는 뜻이었다. 그러나 화서는 심을 '리의 전체'요 성을 '리의 조리'로 규정하고, '전체는 세세한 조리를 포함한다'는 뜻으로 설명한 것이다. 주자·율곡이 '심은 성·정을 주재한다'고 할 때의 '주재'는 '맡아서 관리(운용)한다'는 뜻이었다. 이것은 '심은 성이 제시하는 표준을 능동적으로 실현하는 주체'라는 뜻이었다. 그러나 화서는 심을 장수요 성을 병졸로 비유하고, '심은 성을 명령한다'는 뜻으로 설명한 것이다.

이제 퇴계의 '심통성정'에 대한 해석을 살펴보자. 퇴계는 주자·율곡과 같은 맥락에서 심통성정을 해석한다. 퇴계는 다음과 같이 말한다.

리·기가 묘합하여 심이 되니, 저절로 허령지각(虛靈知覺)의 묘(妙)를 지니고 있다. 고요하여 모든 리를 갖추고 있는 것은 성이요, 이 성을 담고 있는[盛貯該載] 것은 심이다. 움직여 만사에 응하는 것은 정이요, 이 정을 베풀어 쓰는[敷施發用] 것은 또한 심이다. 그러므로 '심통성정'이라 한다.[60]

성·정을 갖추고 운용하는 것은 이 심의 묘(妙)이다. 그러므로 심이 주재자가 되어 항상 성·정을 통섭하는 것이다.[61]

위의 첫째 인용문에서는 '심통성정의 심'을 '리·기의 묘합'으로 설

---

60 『退溪集』卷18 頁12~13,「答奇明彦」: 理氣合而爲心, 自然有虛靈知覺之妙. 靜而具衆理, 性也, 而盛貯該載此性者, 心也; 動而應萬事, 情也, 而敷施發用此情者, 亦心也. 故曰心統性情.
61 『退溪續集』卷8 頁17,「天命圖說」: 曰性曰情之所以該具運用者, 莫非此心之妙, 故心爲主宰, 而常統其性情.

명했다. 이것은 '심통성정의 심'을 화서가 '리'로 규정한 것과도 다르고, 주자·율곡이 '기'로 규정한 것과도 다르다. 하지만 퇴계의 심통성정 자체에 대한 해석은 주자·율곡과 전적으로 일치한다. 위의 두 인용문에서 '담고 있다, 갖춘다'고 한 것은 '심이 성·정을 포함한다'는 것을 말하고, '베풀어 쓴다, 운용한다'고 한 것은 '심이 성·정을 주재한다'는 것을 말한다. 위의 두 인용문을 통해서, 퇴계는 심통성정을 '심이 성·정을 갖추고, 맡아서 운용하는 것'으로 해석하고 있음을 알 수 있다. 퇴계는 다음과 같이 말하기도 한다.

> 성은 심에 갖추어져 있으나, 스스로 발하고 스스로 작위할 수 없으니, 그 주재와 운용은 사실 심에 있다. …… 심의 운동은 곧 성의 소이연(所以然)이요, 성의 운동은 곧 심의 소능연(所能然)이다. 이것은 (심과 성이) 함께 운동한다는 말이 아니다. 곧 심은 '운동할 수 있는 것'이요, 성은 '운동하는 까닭'이라는 말이다.[62]

위의 인용문에서도 역시 심을 '성을 갖추고 운용하는 주체'로 설명하고 있다. 성은 스스로 발하고 스스로 작위할 수 없으니, 그 주재와 운용은 심에 의존하지 않을 수 없다. 위의 인용문에서는 "심의 운동은 곧 性의 소이연(所以然)이요, 性의 운동은 곧 심의 소능연(所能然)이다"라고 했는데, 이는 '심의 운동'은 性이 그 소이연이 되는 것이요, '성

---

[62] 『退溪集』 卷29 頁6, 「答金而精」: 性具於心, 而不能自發而自做, 其主宰運用, 實在於心. … 心之動, 卽性之所以然也; 性之動, 卽心之所能然也. 非謂俱動, 卽心之所能動, 實性之所以動云耳.

의 운동'은 심이 그 소능연이 된다는 뜻이다. 예컨대, 심이 측은지심을 발휘하는 것은 인(仁)의 본성을 발현하는 것이요, 인(仁)의 본성은 심의 운동을 통해 측은지심으로 발현된다는 것이다.[63] 이것 역시 주자·율곡이 심통성정을 해석한 취지와 정확히 일치한다.

그러나 퇴계의 위와 같은 주장은 한편으로는 그의 '리의 능동성'에 대한 주장과 어긋나는 것이다. 퇴계는 리를 능동적 존재로 규정했다. 리가 능동적 존재라면, "성은 스스로 발할 수 없고 스스로 작위할 수 없다"고 전제할 이유도 없고, 성은 능동적인 심을 매개로 해서만 발현될 수 있다고 볼 이유도 없다. 요컨대, 퇴계의 심통성정론은 주자·율곡의 견해와 일치하는 만큼 그의 또 다른 지론과는 어긋나게 되는 것이다.

3. 사단칠정론四端七情論과 호발互發의 문제

이제 마지막으로 화서의 사단칠정론을 살펴보기로 하자. 화서의 사칠론은, '리·기는 서로 필요로 한다[相須]'는 맥락에서는 율곡의 일도론(一途論)을 긍정하고, '리·기는 서로 대항한다[相抗]'는 맥락에서는 퇴계의 호발론(互發說, 分開說)을 긍정한다. 또한 사단은 순선하다는 관점에서 리발(理發)일 뿐이라고 규정하고, 칠정(七情)은 선·악이 섞여있다는 관점에서 리발(理發)과 기발(氣發)이 함께 있는 것이라고 규정한다. 화서는 다음과 같이 말한다.

---

[63] 心이 性·情을 맡아서 운용함에 있어서, 그 결과는 心의 淸濁粹駁에 따라 中節할 수도 있고 不中節할 수도 있다.

리·기는 묘합하여, 서로 분리시킬 수 없다. 그러나 리는 스스로 리이고, 기는 스스로 기이니, 또한 서로 섞을 수도 없다. 그러므로 옛날부터 성현께서는 모두 분별하여 말씀하셨으니, 도심과 인심, 형이상과 형이하, 본연과 기질, 극기와 복례, 알인욕과 존천리 등이 모두 그것이다. 명의에 있어서 이처럼 구구하게 분별하여 도리어 두 갈래로 나누고 두 근본으로 귀결시킨 것이 어찌 리·기의 혼합무간(渾合無間)한 묘를 몰랐기 때문이겠는가? 무릇 리는 순선하나 기는 반드시 모두 선한 것은 아니다. 그러므로 그 공·사(公私), 숙·특(淑慝)의 근원이 모두 여기에서 말미암는 것이다. 따라서 이처럼 둘로 나누어 말하지 않는다면 승부와 소장(消長)의 기틀을 살펴서, 이것을 보존하고 저것을 제거하는 데 힘쓸 수 없다. …… 마음이 성명(性命)에 깨닫느냐 형기(形氣)에 깨닫느냐에 따라서 이미 인심·도심의 구별이 있으니, 정이 발함에도 또한 어찌 '성명을 주로 한 것'과 '형기를 주로 한 것'의 다름이 없겠는가? 다만 칠정 중에서 분별해 말한다면 될 것 같으나, 칠정은 기에 소속시키고 사단은 리에 소속시킨다면 그 반드시 그러함을 알 수 없겠으니, 율곡의 변론이 그것이다. 그러나 주리·주기의 학설마저도 두 갈래로 나눈 것으로 귀결시켜 배척한다면, 아마도 반드시 정론(定論)이 되지는 못할 것이다.[64]

---

64 『華西集』卷18 頁13-14,「南塘集記疑」: 理氣妙合, 不可以相離. 然理自理氣自氣, 亦不可以相雜也. 故從古聖賢, 皆分別言之, 道心人心, 形而上下, 本然氣質, 克己復禮, 遏欲存理, 皆是. 豈不知理氣渾合無間之妙, 而如是區區分別於名義之間, 而反犯此二歧二本之歸耶? 夫理則純善, 而氣未必盡善. 故其公私淑慝之源, 實由於此, 不如是分別作兩箇說破, 則無以察夫勝負消長之機, 而用力於存此而去彼也. … 心之覺於性命, 覺於形氣, 既有人心道心之別, 則情之發, 亦豈無主於性命主於形氣之不同乎? 但於七情中分別言之, 則似無不可, 而以七情屬之氣, 四端屬之理, 則亦未知其必然, 栗谷之辨, 是也. 然以主理主氣之說, 竝歸之於二歧而斥之, 則恐亦不必爲定論也.

위의 인용문은 리·기의 묘합을 전제로 주리·주기의 구분을 긍정한 것이다. 화서의 지론은, 아무리 리·기가 묘합이라 하더라도 주리·주기로 나누어 논하지 않는다면 '공·사(公私)와 선·악'을 제대로 해명할 수 없으며, 따라서 극기복례(克己復禮)의 공부를 제대로 수행할 수 없다는 것이다. 위의 인용문에서 주의를 요하는 것은 "다만 칠정 중에서 분별해 말한다면 될 것 같으나, 칠정은 기에 소속시키고 사단은 리에 소속시킨다면 그 반드시 그러함을 알 수 없겠다"는 말이다. "다만 칠정 중에서 분별해 말한다면 될 것 같다"는 말은 '칠정에서는 주리와 주기로 구분할 수 있지만, 사단에서는 주리와 주기로 구분할 수 없다'는 뜻이다. 아래의 인용문에 보이듯이, 화서는 사단은 순선무악한 리발(理發)일 뿐이나, 칠정에는 중절한 리발(理發)과 부중절한 기발(氣發)이 모두 있다고 보았다. 따라서 칠정에서는 주리·주기의 구분이 성립할 수 있으나, 사단에서는 그러한 구분이 성립할 수 없다는 것이다. "칠정은 기에 소속시키고 사단은 리에 소속시킨다면 그 반드시 그러함을 알 수 없겠다"는 말은 주리·주기의 구분 자체를 비판하는 것이 아니라, '사단은 리발(理發), 칠정은 기발(氣發)'이라는 주장을 비판하는 것이다. 다시 말해, 칠정에는 이발도 있고 기발도 있으므로, 칠정을 단순히 기발로 규정할 수 없다는 주장이다. 요컨대 화서는 '주리와 주기' 또는 '리발과 기발'의 구분은 인정하지만, 그것을 획일적으로 각각 사단·칠정에 분속시키는 것은 반대하는 것이다. 화서의 이러한 생각은 다음의 인용문에서 더욱 분명하게 드러난다.

맹자의 사단은 사람의 정의(情意)가 발하는 곳에 나아가, 납교(納交)·요예(要譽)·오성(惡聲, 비난하는 소리를 듣기 싫어함) 등 사사로운 것들을 일일이

발라내고서 말한 것이므로, 저절로 순선무악하다. 자사의 칠정은 천하의 모든 일과 생각이 모두 천명지성(天命之性)에 근원한 것임을 밝힌 것으로서, 그 과·불급(過不及)이 악이 된다. 그러므로 사단은 저절로 기를 말할 필요가 없으며, 칠정 또한 기를 말할 필요가 없다. 다만 그 부중절한 것은 기가 리를 따르지 않은 것이다. 만일 기발(氣發)·리발(理發)의 구별을 논한다면, 사단에 있어서 납교·요예·오성 등은 기발(氣發)이나 사단은 리발(理發)이며, 칠정에 있어서 중절한 것은 리발이나 과·불급은 기발이다. 인심·도심으로 말하자면, 인심은 기발이요, 도심은 리발이다. 이와 같이 본다면 막힘이 없을 것 같다. 억지로 끌어다가 합칠 필요가 없다.[65]

화서의 지론은 중절한 것은 리발(理發)로서 순선한 것이요, 부중절한 것은 기발(氣發)로서 악이라는 것이다. 여기에는 '기에 대한 부정적 인식'이 그대로 반영되어 있다. 기는 사단이 발할 때나 칠정이 발할 때나 항상 개입하여 성의 본연한 발현을 왜곡시킬 수 있다. 그러나 사단의 경우에는 기가 개입한 '납교·요예·오성' 등을 배제하고, 순선한 것만 사단이라 지칭하는 것이다. 그는 이러한 맥락에서 '사단 = 리발(理發) = 순선'이라는 등식을 정립시켰다. 그러나 칠정에는 중절과 부중절이 모두 있으므로, 칠정은 리발과 기발 어느 하나에 귀속시킬 수 없다는 것이다. 위에서 "억지로 끌어다가 합칠 필요가 없다"고 한 것은 '사

---

65 『華西集』卷19 頁50, 「四端七情圖說」: 孟子之四端, 就人情意發用處, 一一揀去其納交要譽惡聲等私歧而言之, 故自純善無惡; 子思之七情, 明天下之萬事萬慮, 皆原於天命之性, 而其過與不及者, 爲不善. 故四端自不必言氣, 七情亦不必言氣. 但其不中節者, 是氣不循理耳. 若論氣發理發之別, 則四端就納交要譽惡聲之類, 是氣發, 而四端是理發也; 七情則中節者是理發, 而過不及者, 是氣發也. 以人心道心言之, 則人心是氣發, 而道心是理發. 如是看則似無碍, 恐不必牽合說.

단은 도심, 칠정은 인심'이라고 규정할 필요가 없다는 뜻이다. 화서는 사단도 리발이요 도심도 리발이라고 했으니, 그의 맥락에서 사단은 물론 도심일 것이다. 그러나 인심은 기발일 뿐임에 반하여 칠정에는 리발과 기발이 함께 있으므로, '칠정 = 인심'이라는 등식은 성립할 수 없다는 것이다. 이러한 관점에서 화서는 퇴계·율곡의 사칠론에 대해 다음과 같이 평한다.

> 리·기는 서로 필요로 하는[相須] 존재이다. 율곡은 "기가 아니면 발할 수 없고, 리가 아니면 발할 바가 없다"고 했는데, 이것은 바뀔 수 없는 정리(定理)이다. 다만 '동일한 발(發)'이라도 주리·주기의 다름이 있으며, 비록 발하는 바가 주리·주기의 다름이 있다고 하더라도 발하는 것은 하나임을 해치지 않는다. 발하는 것은 하나이나, 리·기의 분기(分岐)를 해치지 않는다. 퇴계가 나눈 것이나 율곡이 합친 것이 각각 밝힌 바가 있다. 그러나 사단·칠정을 인심·도심에 분속시킨 것은 끝내 미안한 것 같다. 율곡은 "칠정은 사단의 순수함만 못하고, 사단은 칠정의 온전함만 못하다"고 했는데, 이 역시 바꿀 수 없는 정론(定論)이다.[66]

화서는 "퇴계가 나눈 것이나 율곡이 합친 것이 각각 밝힌 바가 있다"고 하여, 퇴계의 호발설이나 율곡의 일도설을 동시에 긍정했다. 다

---

66 『華西集』 卷22 頁6, 「三淵先生行狀記疑」: 理氣, 相須之物也. 栗谷曰 "非氣則不能發, 非理則無所發", 此則不易之定理也. 但同一發也, 而有主理主氣之不同, 雖所發之不同(主理主氣), 而不害爲發之之爲一也; 發則一也, 而不害爲理氣之分岐也. 退溪之分, 栗谷之合, 各有發明, 然四端七情之分屬人心道心, 終似未安. 栗谷曰 "七情不如四端之粹, 四端不如七情之全", 此亦不易之論也.

만 퇴계가 '사단과 칠정을 각각 리발과 기발, 도심과 인심에 분속시킨 것'에 대해서는 '그렇게 획일적으로 분속시킬 수 없다'고 보며, 율곡이 '주리·주기의 구분마저도 배척한 것'에 대해서는 '그러한 구분이 불가피하다'고 보았다.

화서가 율곡의 일도설을 인정하는 것은 상수(相須)의 맥락이며, 퇴계의 호발설을 인정하는 것은 상항(相抗)의 맥락이다. 화서는 리기론 일반에 있어서는 상수론보다는 상항론에 기울어져 있었다. 그렇다면 사칠론에 있어서는 어떠한가? 이제까지 살펴본 바로는, 화서가 사칠론에 있어서는 비교적 균형을 취하는 것처럼 보인다. 그러나 화서의 이러한 태도는 그의 리기론 일반과는 어긋나는 것이다. 위의 인용문에서는 율곡의 "기가 아니면 발할 수 없고, 리가 아니면 발할 바가 없다"는 말을 '바뀔 수 없는 정리(定理)'로 규정하고, 이 맥락에서 일도설을 승인했다. 율곡의 주장은 리는 '소발자(所發者, 피동적으로 발현되는 내용)'요 기는 '능발자(能發者, 능동적으로 발현하는 주체)'라는 것이다. 그러나 리기론에 있어서 화서의 지론은 '리는 능·소(能所)를 모두 포함한다'는 것이었고, '리는 기로부터 아무 것도 빌리지 않아도 충분한 자족적 존재'라는 것이었다. 따라서 화서가 율곡의 "기가 아니면 발할 수 없고, 리가 아니면 발할 바가 없다"는 말을 '바뀔 수 없는 정리'로 규정한 것은 화서의 다른 지론과는 어긋나는 것이다.

또한 화서가 말하는 리발·기발(理發氣發)은 율곡이 말하는 리발·기발과도 맥락이 다른 것이다. 율곡의 경우 '발의 주체[能發]'는 기라는 점에서는 사단·칠정이 모두 '기발(氣發)'이며, '발현되는 내용[所發]'은 리라는 점에서는 사단·칠정이 모두 '리발'인 것이었다. 그런데 화서는 "사단에 있어서 납교·요예·오성 등은 기발(氣發)이나 사단은 리발이며, 칠정에 있어서 중절한 것은 리발이나 과·불급은 기발이다."라고 했으며, "부중절한 것은 기가 리를 따르지 않은 것"이라고도 했다. 화서는 '기가 리의 명령을 따르지 않음 = 부중절 = 기발'이라는 등식을 정립한 것이다. 이러한 등식은 다분히 퇴계적인 것이다.[67] 이렇게 볼 때, 화서의 사칠론 역시 퇴계적인 사고방식을 그 기조(基調)로 하는 것이라 하겠다.

IV. 맺음말

화서는 리·기를 한편으로는 '상수·상항(相須相抗)'의 관계로 규정하면서도, 상항의 측면을 더욱 강조했다. 사실 상수론은 리·기를 '본·구(本具)'의 관점에서 설명하는 것이며, 상항론은 리·기를 '천리·인욕'의 관점에서 설명하는 것으로서, 양자는 맥락이 다른 것이다. 화서가 상항을 더욱 주목했다는 것은 그가 결국엔 천리·인욕의 관점에서 리·기를 이해했다는 것을 의미한다.

주자·율곡의 리기론은 '리의 주재'와 '기의 주재'를 동시에 인정하는 것이었다. 그러나 화서의 리기론은 '리의 주재'만으로 일관된 체계를 꾀한 것이다. 화서는 '리의 주재'를 강조하기 위해 리를 '능동적 존재'로 규정하고 기로부터 아무 것도 빌리지 않아도 충분한 '자족적 존재'로 규정했다. 더 나아가 그는 리를 '전능(全能)한 존재'로 신격화했다. 그러나 이러한 논리는 '현실의 악(惡)'에 대한 설명에서 파탄을 맞이하게 된다. 전능한 리가 현실을 주재하는 것이라면, 현실에는 마땅히 악

---

67 『退溪集』卷25 頁20, 「答鄭子中綱目」: 其發也, 理顯而氣順則善, 氣揜而理隱則惡.

이 없어야 한다. 그런데 화서는 다음과 같이 말한다.

> 리와 기는 비록 서로 떨어질 수 없으나, 리는 순수지선한 것이고 기는 잡박하게 섞인 것이다. 그러므로 명덕(明德)의 체가 완전하지 못한 까닭은 기가 구애하게 시킨 것이며, 명덕의 용이 통달하지 못한 까닭은 기가 가리게 시킨 것이다. 그렇다면 백성이 새로워지지 못하는 것도 기 때문이며, 선(善)에 머물지 못하는 것도 기 때문이며, 사물에 이르지 못하는 것도 기 때문이며, 뜻이 참되지 못한 것과 마음이 바르지 못한 것과 몸이 닦여지지 못하는 것과 가정·국가·천하가 다스려지지 않는 것은 모두 기 때문이다.[68]

> (성선(性善)임에도 불구하고) 고금(古今)에 징험해 보면 착한 사람은 적고 악한 사람은 많으며, 사실에 참고해 보면 선을 행하기는 어렵고 악을 행하기는 쉬우며, 지각(知覺)에 징험해보면 착한 생각은 은미하고 악한 생각이 드러나니, 그 까닭은 무엇인가? 이것은 성이 (그렇게 한 것이) 아니다. 기가 그렇게 시킨 것이고, 형체가 국한되게 시킨 것이며, 욕망이 가리게 시킨 것이다.[69]

화서는 모든 악은 '기가 그렇게 시킨 것'이라고 설명했다. 기가 그

---

68 『華西集』卷21 頁37, 「大學明德章句說」: 蓋理氣雖不相離, 此則純粹至善者也, 彼則雜糅不齊者也. 是以, 明德之體, 所以不全, 氣使之拘也; 明德之用, 所以不達, 氣使之蔽也. 然則民之不新, 氣也; 善之不止, 氣也; 物不格, 氣也; 知不至, 氣也; 意不誠, 心不正, 身不修, 家國天下之不治, 皆氣也.

69 『華西集』卷21 頁34, 「性善說」: 徵諸古今, 則善人少而惡人多; 參諸事實, 則爲善難而爲惡易; 驗諸知覺, 則善念微而惡念著, 其故何也? 曰此非性也, 氣使之然也, 形使之局也, 慾使之蔽也.

렇게 시키는 것을 리가 제압하지 못한다면 리의 주재란 취약하기만 한 것이다. 더군다나 화서는 현실에는 선은 적고 악은 많다고 했으니, 이것은 현실을 주도하는 것은 오히려 기라는 것을 극명하게 인정하는 셈이다. 따라서 화서의 '철저한 주리론'은 우리의 소망을 반영하는 '당위론(當爲論)'으로는 의미가 있겠으나, 우리의 현실을 설명하는 '사실론(事實論)'으로는 성립할 수 없는 논리이다.

화서의 주리론은 놀라울 정도로 퇴계학과 대강을 같이한다. 리·기를 상수·상항의 관계로 규정한 것도 그렇고, 리의 능동성을 주장하는 것도 그러하며, '리의 주재'를 '리가 기를 명령함'으로 해석하는 것도 그렇다. 또한 심을 '리·기의 묘합'으로 규정하는 것도 그러하며, 리·기의 불리(不離)를 전제로 이발과 기발을 나누는 것도 그렇다. 화서는 다만 심통성정에 있어서 퇴계와 해석을 달리했다. 퇴계는 심통성정론에 있어서 '심은 리·기의 묘합'이라는 견해를 견지하고, 주자와 같은 맥락에서 기의 능동적 역할을 일정 부분 인정했다. 그러나 퇴계의 이러한 입장은 한편으로는 그의 '리의 능동성'에 대한 주장과 어긋나는 것이었다. 반면에 화서는 '심통성정의 심'을 리로 규정하고, 심통성정을 '리의 주재'의 체계로 일관시켰다. 화서는 퇴계보다도 더욱 철저하게 주리론의 체계를 구축한 것이다.[70] 그러나 위에서 지적한 바와 같이, 주리론에 더욱 철저한 만큼 악에 대한 설명에서는 더욱 취약한 것이었다.

화서는 특별한 '사승연원' 없이 독자적으로 자신의 학문과 사상을

70　寒洲 李震相은 '心卽理論'을 퇴계의 本旨로 해석했는데(이에 대한 자세한 논의는 금장태, 『한국유학의 心說』, 68~69쪽 참조), 이렇게 해석한다면 心統性情論에 있어서도 화서와 퇴계의 간격은 좁혀질 수 있을 것이다.

형성한 것으로 알려져 있다. 또한 『화서집』을 살펴보아도, 퇴계의 사단칠정론을 언급하는 부분을 제외하고는 퇴계에 대한 언급도 거의 보이지 않는다. 그러나 화서의 전반적인 논리체계는 퇴계학과 매우 흡사하다. 이에 대해 우리는 두 가지 가능성을 추론해 볼 수 있다. 첫째는 화서가 독자적으로 자신의 논리체계를 구축했는데, 그것이 우연히 퇴계학과 매우 흡사하게 되었을 것이라는 추론이다. 둘째는 화서가 『퇴계집』을 숙독하고, 그 영향 아래 자신의 주리론을 구축했을 것이라는 추론이다. 논자는 어느 것이 사실에 가까운 것인지는 알 수 없다. 그러나 화서의 주리론이 독자적 결론이었든, 퇴계학의 영향에 의한 것이었든 간에, 그것이 퇴계학과 매우 흡사하다는 것 자체가 이미 퇴계적 사유가 지닌 일정한 보편성을 확인해 주는 것이다.

7
화서학파의 율곡학 지수持守와 변통變通

곽신환

I. 율곡학의 19세기적 복류伏流와 용출湧出

아무리 수원이 풍부한 물이라도 흐르는 경계에 따라서 복류하기도 하고 용출하기도 한다. 16세기 이래 이이의 덕업은 기세 좋게 흘러가 주변을 모두 적시기도 하였지만 때로는 복류하기도 했다.

조선 19세기의 율곡학을 다룸에 있어서는 우선 선결해야 할 문제가 있다. 즉 율곡학파로 부를 수 있는 필요 충분 조건은 무엇인가를 생각해야 할 것이다. 이는 19세기 조선에서 16세기의 율곡학은 어떤 모습으로 외연이 확대되고 내용이 심화되었는가를 묻는 것과 같다. 한편 이미 3세기가 지난 시점에서 시대상황과 철학적 여건이 달라진 상황에서 어떤 맥(脈)과 통(統)을 잡아낼 수 있는가의 문제이다. 우리는 공자와 맹자를 그리고 주자를 도통이라는 점에서 연결한다. 철학적 패러다

---

* 곽신환(숭실대학교 철학과 명예교수) 이 글은 「율곡학과 화서학파」(『율곡학연구』 제23집, 율곡연구원, 2011. 12.)이란 제목으로 게재되었던 것을 고쳐 쓴 원고임을 밝혀둔다.

임이나 논의의 틀이 달라졌어도 추구하는 가치가 동일하다는 것을 찾아내는 것이고, 이어받고 열어주는 이른바 계왕개래(繼往開來)하는 면을 찾는 것이다. 그럼에도 우리는 선결적으로 어디까지가 율곡학인가 하는 문제를 다시 생각해보아야 한다. 19세기 상황에서 16세기 이이의 학술사상의 어느 면을 지수하고 어느 면을 변통하였는가 하는 점도 살펴야 하지만, 이이 사상의 어느 면을 계승하여야 필요하고도 충분한 율곡학파가 되는 지의 문제도 있다. 왜냐하면 19세기 중심적 학자 가운데 하나인 이항로는 사업과 정신에서는 이이와 송시열을 계승하지만 이기심성론에 있어서는 외면상 이이 송시열과 다르고, 오히려 이황 이론에 가까운 모습을 보이기 때문이다.

이이의 모든 학설을 조금의 차이도 없이 지수하고 또 변통함도 없이 이어나가야 비로소 율곡학파라고 하는 것은 가능하지 않다. 예를 들면 이이의 『격몽요결』을 위학지방으로 삼고 『성학집요』를 즐겨 읽으며 이이가 지니고 있었던 진유의 진퇴(進退) 개념이나 경세적 관심, 실심과 실리에 대한 추구의 자세를 견지하고 있고 경세(經世)와 시무(時務)에 대한 관심과 나름의 대책을 펼치지만 4·7론에서 다른 주장을 펼치는 사람이 있다면 이를 율곡학이라고 할 수 없을 것인가의 문제가 있다.

사실 이이의 생전에 문하생이었던 김장생이나 조헌 등은 이이를 스승으로 섬겼지만 그들의 말과 행동이 모두 이이를 표준으로 한 것은 아니었고, 그럴 수도 없는 것이다. 그들은 이이를 넘어서 주자를 연원으로 삼으려 했고, 이황을 인격적으로 존중하고 그 학문적 태도에 감동하곤 했다. 개인의 행동 패턴도 서로 달랐고 집중력을 보인 연구 분야도 이이와 반드시 일치하는 것은 아니다. 그럼에도 그들을 율곡학파라고 하는데 별 문제를 느끼지 않는다. 송시열도 이이의 학문적 가치와 지향했던 노선을 견지하려 애썼지만 그의 삶의 양상이 이이와 동일한 것은 아니다. 동시대 학자들 가운데 박세채나 윤증 등 이른바 소론 계열 학자들 가운데 송시열과는 정치적으로 대립하는 면이 많이 있지만 그들도 이이를 종주로 받드는 충성도와 집중도에 있어서는 남에게 물러서지 않는다는 것을 부인하기 어렵다.

19세기 조선의 상황에서 아무런 변통도 없이 이이 이론을 조술하는 학자가 있었다면 우리는 이들을 철학적으로 의미 있게 다루지 않을 것이다. 왜냐하면 학문적으로 새로운 경지를 열어놓지 않은 사람을 굳이 다루어야 할 필요가 없기 때문이다. 동일한 이론과 사업을 묵수하고 있다면 그들은 시대 요구를 외면한 사람들로 비칠 수 있기 때문이다. 우리는 후대의 학자들 가운데서 비록 그들이 학문과 삶에 있어서 다양한 모습을 보이지만 대략 다음과 같은 사항들을 지니고 있다면 율곡학의 전승 속에 있다고 할 수 있다.

 가. 율곡학과 연결되는 뚜렷한 사승(師承)을 지니고 있다.
 나. 이이의 글, 특히 『격몽요결』과 『성학집요』를 즐겨 읽고, 나아가 이이가 중시한 책들이나 학문방법과 지향과 목표 등을 수용한다. 이를테면 『근사록』을 학문의 사다리로 삼으며, 수양에 있어서 성인을 그리고 정치적 목표에서 대동사회를 지향하고 이를 중시하는 자세를 보인다.
 다. 이기심성론에서 '기발이승일도(氣發理乘一途)'설에 찬동하거나 '리통기국(理通氣局)' 등의 개념을 수용하고 이를 발전시키려고 한다.
 라. 조선의 도통에서 이이를 정통(正統)에 둔다.

마. 은거(隱居) 자수(自守)보다는 행도(行道)를 적극적으로 시도하고, 시폐(時弊)에 대한 개혁과 변통 및 경장을 시도한다.
바. 실리(實理) 실심(實心)에 깊은 관심을 표방한다.

이상의 항목 가운데서 세 가지 이상에 해당한다면 그를 율곡학파에 속한다고 할 수 있을 것이다. 즉 이들 가운데 셋 이상에 해당하지만 어느 부분에서는 변통이 있거나 학술적으로 새로운 영역의 개척이 있거나 또는 다른 주장이 있더라도 그를 넓은 의미에서 율곡학도라고 할 수 있을 것이다.

그런데 화서학파는 리기심성론에서는 이이 송시열과는 다른 노선을 택한다. 그리고 이 시대는 이미 예학을 더이상 집중적으로 다루지 않는다. 대신 그들의 주장과 행동은 척사론 즉 위정과 척사에 집중되고 있다. 이는 학계의 주 관심사가 달라졌다고 할 수 있다. 이는 시대적 과제가 달라졌기 때문이며, 그 시무(時務)에 적합한 대응을 하고 있는 것이라고 할 수 있다. 이점은 정치(政治)는 때를 아는 것이 귀하고 사업(事業)은 시무에 밝아야 한다는 이이가 환기한 원칙에 부합하는 것이라고 할 수 있기도 하다.

19세기는 이이가 활동한 16세기 후반과 여러 면에서 상황이 다르다. 또 송시열이 활동했던 17세기와도 다르다. 이이가 활동하던 시기로부터는 이미 250여년이 흘렀으니 이이의 학맥을 이어나간 학자들이라 해도 시대적 요청이 다르고 또 삶의 주제도 이미 다르니 이이의 철학적 문제의식이 이어지거나 송시열의 실천적 사업이 승계되어야 할 상황이라고 하기 어렵다. '계지술사(繼志述事)'가 문인 제자들이 지켜야 할 자세라고 할지라도 지수(持守)할 부분이 있고 변통(變通)할 부분이 있으며, 변통해야 할 때 변통하는 것도 계지(繼志)와 술사(述事)에 해당한다.[1] 또 계지술사가 없다면 혈연적 승계나 정치적 승계만을 가지고 굳이 학맥 운운할 필요가 없을 것이다.

이항로는 19세기 조선에서 주요 사조의 하나인 위정척사(衛正斥邪)파의 태두이다.[2] 그 문파인 이른바 위정척사파는 개화파와 더불어 맞서면서 국가의 앞날을 염려하고 근간을 바로 세우려고 했다. 이들은 모두 『격몽요결』을 읽으며 삶의 좌표를 설정한 학자들이었다. 그리고 국가를 위하여 인류 문명의 도를 수호하기 위하여 죽음을 각오하고 투쟁하였고, 또 실제로 그로 인하여 죽었던 유학자들이었다.

II. 화서학파의 율곡학 지수

1. 화서학파의 학맥과 계지술사繼志述事

이른바 화서학파는 화서 이항로(1792~1868)를 종장으로 하고 중암 김평묵(1819~1891) 성재(省齋) 유중교(柳重敎, 1821~1893) 면암(勉庵) 최익현(崔益鉉, 1833~1906), 의암(毅庵) 유인석(柳麟錫, 1841~1915) 등과 더불어 의리학파 혹은 위정척사파로 일컬어진다. 이 학파의 명칭은 서세가 거세게 한반도에 밀려오던 19세기에 전통사회 가치관의 기반인 성리학적인 교학 이념과 민족의 정치적 자주성, 문화적 주체성을 지키기 위하

---

[1] 『中庸集註』19장 "夫孝也者 善繼人之志 善述人之事者也"에 대한 細注 西山 陳氏 설 참조.

[2] 『勉菴集』卷25, 「蘆沙奇公神道碑銘幷序」 여기서 최익현은 병인양요에 척사 벽이단을 외친 원로로 蘆沙 기정진과 華西 이항로를 꼽는다.

여 투쟁했던 데에 기인한다.

화서학파의 종장인 이항로는 뚜렷한 사승이 없다. 그는 부친으로부터 그리고 부친이 청한 선비들로부터 학문을 익혔다. 17세(1808년)에 한성시에 응시하였으나 이후 출사보다는 학문에 전념하였다. 21세에 지평(砥平)으로 죽촌 이우신(李友信)을 찾아갔는데, 이우신은 택당 이식의 후손으로 이단상 김창흡 김양행을 잇는 노론계열의 학자였다. 당시 노론계열의 학자들은 도통론에서 공자 맹자 주자 다음에 송시열을 위치시켰다. 죽촌 이우신은 처음 만남에서부터 이항로를 극진히 대접하고 담론을 하였다. 이후 이항로는 그 문하에 드나들며 10여년 수학하였고, 그를 통하여 송시열을 사숙하고 유학의 정통으로 삼았다. 따라서 이항로에게 있어서 죽촌과의 만남이 이후 그의 학문의 향방을 결정짓는 계기가 되었다고 할 수 있다.

송시열을 주자의 동방 적통으로 인정한 이항로는 송시열처럼 주자학에 깊이 몰입하였다. 그리고 송시열이 그랬던 것처럼 주자학을 정학으로 간주하고 이 정학을 드러내면 이단과 사설이 빛을 잃을 것이라는 생각을 하여『주자대전』수정과 해설에 많은 노력을 쏟았다. 그의 첫 저술이『주자대전차의집보』70책과『주자대전집차』20권이다. 이는 송시열문하에서 줄곧 추진해오던 큰 사업의 연장선에 있다. 또한 그는 『주역전의동이석의(傳義同異釋義)』를 지었고, 정자(程子)의 글에 대해『집의(集疑)』가 있다. 또『곤지기기의(困知記記疑)』가 있다.[3]

김평묵은 이항로의 여러 제자 가운데 가장 충실하게 이항로의 위정척사(衛正斥邪)의 사상과 사업을 이어나간 인물로 평가된다. 그는 24

3　『勉庵集』卷25,「華西李先生 神道碑銘幷序」.

세에 이항로의 문인이 되었다. 이후 스승의 각양 사업에 적극 협력하였을 뿐만 아니라 이항로의 「행장」을 길고 충실하게 지었다. 1874년에 『화서아언(『華西雅言』)』을 편집하고 이를 간행했으며, 많은 저술을 남겼는데 『중암집』 및 별집 『중암고(重菴稿)』 등[4]이 있다. 유중교는 5세 때 이항로의 문하에 들어가 경서에 몰두하였으며, 이항로의 사후에는 김평묵을 스승으로 섬겼다. 그는 1852년 21세 때에 이항로의 명에 의해 『송원화동사합편강목(宋元華東史合編綱目)』을 편수하였다.[5] 1881년 김홍집(金弘集)이 일본을 다녀와서 미국과 연합하고 서양의 기술 등을 받아들여야 한다는 계책을 세우자, 김평묵이 간신들의 제거를 상소하다 외딴섬에 안치되자, 글을 올려 그를 따라 벌 받기를 청원하였다.

저서에 『태극도설』 『대소학설(大小學說)』 『하도낙서설(河圖洛書說)』 『역설(易說)』 『삼강오상설(三綱五常說)』 『삼서연의(三書衍義)』 『인물성동이변(人物性同異辨)』

등과 문집으로 『성재문집』 60권이 있다. 최익현은 1868년에 올린 상소에서 경복궁 재건을 위한 대원군의 정치적 비리를 과감히 비판하며 그 시정을 요구하였다. 이어 1873년에 올린 상소(癸酉上疏)에서 서원철폐령에 맞서 이를 비판하였다. 1876년 지부복궐소(持斧伏闕疏)를 올려 병자수호조약을 격렬하게 비판하여 흑산도로 유배되었다. 1905년 을사조약이 체결되자 곧바로 청토오적소(請討五賊疏)를 올려서 조약의

---

[4] 저술에 『近思錄附註』·『學統考』·『天君編』·『大谷問答』·『治道私議』·『海上筆語』·『更張問答』·『鵬舍雜錄』·『海上錄』·『三江問答』·『龜谷問答』·『壁山心說淵源』·『斥洋人義』·『南征記聞』·『雨村手談』·『鷺江隨錄』 등이 있다.

[5] 이 책은 이항로의 당부로 편집이 시작되었는데 유중교가 책임을 맡았으나 원나라 至元 25년까지만 편수하고, 그 뒤는 그의 선조 柳淸臣과 관계된 기사가 있는 관계로 김평묵이 집필하였다.

무효파기와 조약에 참여한 박제순(朴齊純) 등 이른바 오적을 처단할 것을 주장하였다. 1906년 윤4월 전라북도 태안에서 궐기하고, 창의토적소(倡義討賊疏)를 올려 의거의 사유를 피력하고 궐기를 촉구하는 포고 팔도사민을 돌리고 일본 정부의 죄를 묻는 「기일본정부(寄日本政府)」를 발표하였다. 74세에 또 의병을 일으켰으나 대마도에서 옥사하였다. 저서는 『면암집(勉菴集)』 40권, 속집 4권, 부록 4권이 있다. 유인석은 14세에 이항로의 문하에 들었다. 그리고 이후에는 김평묵과 유중교를 스승으로 섬겼다. 선배 문인들을 따라 『춘추』에 토대를 둔 의리학에 근거하여 시대적 가치와 향방을 정하고 이를 실천하는데 몸을 던진 학자이며 항일의병사령관이었다. 그의 이러한 생각과 실천은 이미 호란 이후부터 지속되어 내려온 '중화를 높이고' '이적을 물리친다'는 표어로 나타나고 있다. 유인석은 이이를 동방 기천년 동안 공자를 올바로 배운 제일의 유자라고 하였다.[6] 그가 이이에게서 가장 인상깊게 받은 교훈은 성인은 왜 성인이고 나는 왜 평범한 사람인가 하는 말이었다. 그는 이 말을 이이의 법언(法言)이라고 한다.[7]

이들 화서학파는 대부분 도통을 논할 때 공자·주자, 송시열, 그리고 이항로를 적맥이라고 한다. 이는 그 기준이 위정척사에 두고 있음이라고 할 수 있다. 한편 조선에서의 존숭받을 선유로는 조광조 이황 이

---

6 『毅菴集』 권13 「答衍聖公」, 丙午閏四月五日 : …… 李種文敝邦先賢栗谷李文成名珥之嗣孫. 栗谷講服夫子之道. 爲東國始終幾千年. 第一名儒. 敝邦先王立碑於其講道地. 刻以展也文成左海夫子. 今種文之爲謁聖廟之行. 盖亦別有所以爲心者. 敢煩家臣. 加意待之. 俾獲榮幸. 蔓語及此. 不勝主臣. 柳麟錫再拜謹覆.

7 『毅菴集』 卷14 「答金敬叔 尙義」, 庚子十二月二十日 : 麟錫覆成川金斯文足下. 而今足下其人也. 故足下十五而能讀先祖守朴子先生之文而發憤. 以栗谷李夫子法言聖人何故獨爲聖人, 我則何故獨爲衆人云者自勵焉.

이 김장생 송시열 이항로라는 것이 이들 학파의 공통된 의견이다.[8]

2. 화서학파의 독서

이이 사후 경기 충청권의 대부분의 초학자들에게 있어서 『격몽요결』은 『소학』 등 여타 서적들과 함께 필독서였다. 이항로는 학문을 시작할 때 주자의 백록동서원학규를 좌우에 두고 암송했으며 『주자대전』을 읽었다.[9] 또한 이이의 글과 『송자대전』을 집중적으로 읽었다. 이이에 대하여 다음과 같이 평가하였다.

"선생은 총명하고 절이한 자질로 주자학을 독신하고 종신토록 우러르고 꿰뚫어 그 온전한 것을 터득하였습니다. 그러므로 항상 스스로 믿어 말하기를 나는 다행히 주자 뒤에 태어나서 학문이 거의 어긋나지 않게 되었다고 하였습니다. 이런 까닭에 우암이 선생을 곧장 주문의 적전으로 돌리며 말하기를 존신한 것은 주자이니 부형이 집안일에 대하여 물으면 자제가 받아들이듯 하여 의심하는 바가 없었습니다. 안팎과 크고 작음을 모두 이어 받았으니 체용이 크게 갖추어지고 이치와 일이 일관하였다고 했습니다. 이로 보면 율곡 선생이 율곡 선생된 바가 주자를 독신한 것보다 더 큰 것이 없습니다."[10]

---

8   『毅菴集』卷13「與衍聖公 孔令貽」, 壬寅 : 朝鮮國儒生柳麟錫謹再拜上書于曲阜衍聖公閣下. 伏以我先聖夫子繼開功德 …… 敝邦先儒. 有趙靜庵名光祖, 李退溪名滉, 李栗谷名珥, 金沙溪名長生, 宋尤菴名時烈, 有集言行, 名曰近思續錄. 敝師李華西名恒老集其言, 曰華西雅言. 謹玆呈家臣, 用備垂覽, 有以察東偏儒術淵源也. 麟錫爲陳情私, 語涉張皇, 不勝惶恐之至.

9   『華西集』附錄 卷8 行狀[金平默].

10 『華西集』卷4, 「答徐夏卿」, 乙巳正月二十六日 : 石潭先生書熟讀之敎. 敢不承命. 但

이항로는 송시열과 그 문하생들이 그러했듯이 그의 문인들에게 교육할 때도 언제나 『격몽요결』을 『가례』 『효경』 등과 함께 필독서로 거론하였다.[11] 또한 이항로는 삶의 바른 길이 취미생활과 같은 완물(玩物)에 있는 것이 아니라 『격몽요결』과 같은 성인을 지향하는 책에 있다고 하였다.

"아끼고 사랑하던 도서와 전각과 만리경 『삼재도회』 등과 같은 아끼고 미련이 남는 것들을 일체 바탕에 두지 말고, 『소학』 『격몽요결』 『대학』과 『중용』의 장구나 『혹문』 등의 책을 돌려가며 침잠반복하여 보면 반드시 좋아하고 배울만한 실상이 있을 것이라고 하였다. 이런 책들을 보면 이같이 되면 사람이 될 수 있고, 이같이 되지 못하면 사람이 되지 못하게 되는 이치들이 마치 큰 길과 같아서 눈이 없는 자가 아니면 모두 볼 수 있다."[12]

이이의 주요 관심사가 유학적 이상의 나라를 구현하는 것, 소인의

家藏板本. 只是舊刻. 頗多訛誤. 欲得新刊全本. 而此無可覯. 甚欝甚欝. 先生以聰明絶異之資. 篤信朱子之學. 終身仰鑽而得其全. 故常自信曰吾幸生朱子後. 學問庶幾不差矣. 是以尤翁直以朱門嫡傳歸之曰. 最所尊信晦翁夫子. 有如父兄說門內事. 子弟聽受. 無所疑貳. 外內鉅細. 悉皆承禀. 體用大備. 理事一貫. 以此觀之. 則栗翁之所以爲栗翁. 莫盛於信朱子一事.

11 『華西集』卷4, 「與朴聖若時采」, 庚戌十月十八日 : 故今爲衆卝計. 莫如改授童蒙須知, 擊蒙要訣, 家禮, 孝經等書. 俟其文理稍進. 一邊紫陽遺矩. 從小學立課. 次第讀經讀史. 如此則學之者耳濡目染. 漸知向方. 教之者朝說暮答. 愈益分明. 此亦敎學相長之道也. 未知老兄以爲如何.

12 『華西集』卷6, 「李元一寅杓」, 丙午六月四日 : 人生天地間. 悠悠度日. 眞可惜也. 座下如以愚言爲有理. 一切掃去前日所愛戀圖書篆刻萬里鏡三才都會之類. 不留根株. 試將小學擊蒙要訣大學中庸章句或問等編. 交換了沉潛反覆. 必有可好可學之實. 見得如是則可以爲人. 不如是則不可以爲人. 此理如大路然. 非無目者. 皆可睹也. 非相愛之深. 狂言何自而發. 恕之恕之.

무리를 물리치고 군자들이 다스리는 나라를 건립하는 것이었다면, 제자 김장생의 관심은 왜란으로 헝클어진 인륜과 국가사회의 질서를 재건하는 것이었고, 송시열이 북호(北胡)에 대하여 문명적 주체 의식을 갖고 의리를 세워 금수와 야만으로 전락할 것에 대한 경각심을 높였다면, 18세기 노론정치는 대의의 지속과 인물성동이론의 구별의 철학이었다. 19세기 조선에 주어진 주요 도전은 남왜(南倭) 북호(北胡)가 아니라 서세(西勢)였다. 그것은 천주교와 일본 및 서양의 과학기술을 포함한 양이(洋夷)의 도전이었고, 정도(正道)에 대한 사술(邪術)의 위협으로 다가왔다. 이에 대한 조선유학의 담지자들이 보인 반응이 바로 화서학파를 중심한 위정척사운동이었고 의병운동이었다. 이이가 과중한 국사로 인하여 치명하였다고 할 수 있듯이, 조헌이 왜란에 순의(殉義)했고, 송시열이 호란정국의 후유증을 감당하느라고 치명(致命)했듯이 위정척사파들도 백척간두에 선 심정으로 순의(殉義) 순도(殉道)했다. 꽃은 다른 환경에서 다르게 피었지만 뿌리는 같았다는 것을 알 수 있다.

이항로는 문생들을 가르치는 지표와 규범을 제시하는 글[여숙강규]에서 『성학십도』 『격몽요결』 『성학집요』 「학교모범」 「석담향약」 『상례비요』 『송자대전』을 돌려가며 암송하라고 하였다.[13] 그들의 학맥이 어디 있는지를 보여주는 사례라고 할 수 있다. 그는 문생들이 강학할 적에 반드시 주희의 독서 차례를 따를 것과 이이의 은병정사와 송시열의 한천정사에서 남긴 규범을 사용해야 한다고 하였다.[14] 뿐만 아니라 그는

---

13 『華西集』卷31,「閭塾講規」書冊目錄：聖學十圖. 擊蒙要訣. 聖學輯要. 學校模範. 石潭鄉約. 喪禮備要. 宋子大全. 書社輪誦.
14 『華西集』卷31,「閭塾講規」講戒 一：凡同講之人, 勿以備員口講爲事, 必思反身體驗, 心通其妙, 躬行其實. 一, 講書一遵紫陽讀書次第, 而參酌石潭寒泉遺矩用之.

학문의 주지를 시대별로 구분한다.

"복희 이상은 문적이 없어 살필 수 없고 그 후부터 지금에 이르기까지는 분명하게 살펴 알 수 있다. 음을 억제하고 양을 부양하는 것과 악을 없애고 선을 드러내는 것은 복희 문왕 주공의 뜻이고, 이를 사람의 한 마음에서 말하면 형기(形氣)와 성명(性命)으로 구별하여 형기를 누르고 성명을 강화하는 것은 요 순 우의 가르침의 큰 취지이며, 사욕을 초극하고 예를 실천하며 인욕을 없애고 천리를 보존하는 것은 공자와 맹자의 지향이며, 천리를 밝히고 인심을 바로 잡는 것, 중화를 높이고 이적을 물리치는 것은 통감의 강목과 『동사(東史)』의 큰 뜻이니 이 책들을 읽는 사람은 먼저 이 뜻을 알아야 한다"[15]

최익현은 14세 때 이항로의 문하에서 『격몽요결』·『대학장구』·『논어집주』 등을 읽었다. 그가 아버지의 명을 받아 14세 때 처음으로 이항로를 찾아갔을 때, 이항로는 『격몽요결』을 읽게 하고 '낙경민직(洛敬閩直)'을 심법으로 삼게 했다. 최익현은 『격몽요결』을 비롯 『대학장구』·『논어집주』를 이항로 앞에서 다 외웠다고 한다.[16] 그 역시 초학자들에게 입도(入道)의 문으로 『격몽요결』과 『소학』을 권면하였다.

---

15 『華西集』卷31,「閩塾講規」講戒 一: 自伏羲以上, 無文籍可考. 自伏羲以下, 至于我束, 班班可考而知也. 抑陰扶陽遏惡揚善八字, 羲文周孔之大旨也. 就人一心上, 分別形氣性命, 弱彼強此, 堯舜禹相傳之大旨也. 克己復禮, 遏欲存理, 魯鄒教學之大旨也. 明天理正人心, 尊中華攘夷狄, 春秋綱目及東史之大旨也. 讀此書者, 不可不先知此意.
16 『勉菴集』卷16「耽羅」로 귀양 가게 된 顚末 계유년.

"푸르른 큰 바다도 졸졸 흐르는 냇물에서 근원하고, 만 리의 먼 길도 반 발자국에서 시작된다. 군자의 도가 가깝고 적은 것을 먼저하고 멀고 큰 것을 뒤에 하는 것도 이와 똑같은 이치이다. 오늘부터 시작하되 다만 석담의 『격몽요결』과 회옹의 『소학』에서 아침저녁으로 공부하여 조금도 중단하지 않는다면 『주역』의 이른바 '머지않아 회복된다.'는 것이니 제군은 힘쓰라."[17]

Ⅲ. 화서학파의 율곡학 변통

1. 도통론의 변화

이항로는 송시열을 존중하면서 이이를 사숙하였다. 그러나 결과적으로 그는 주자와 송자를 이이보다 더 존숭하였다. 그리하여 도통이 주자로부터 송시열로 이어진다고 생각하였다. 그는 송시열의 사공(事功)은 공자나 주자에 짝을 이룰 만하다고 하였고, 또

"여러 성인을 집대성한 것은 공자이고 여러 현인을 집대성한 것은 주자이며, 여러 학자들을 집대성한 것은 송자이다라는 권상하의 말은 영원히 변하지 않을 지론이다."[18]

라고 하였다. 요순으로부터 주공에 이르기까지는 도통이고, 공자로부터 송시열에 이르기까지는 학통이며, 공자는 요순과 같고 맹자는 우

---

17 『勉菴集』 卷16, 「金榮鳳, 金鍾基, 金俊基, 金德基, 金洪基」에게 써서 줌.
18 『華西雅言』 卷10, 「尊中華」.

와 같으며 주자는 주공과 같고 송시열은 맹자와 같다고 하였다.[19] 송시열을 공자나 주자에 비긴 것, 또는 송시열을 맹자와 같다고 한 것은 그가 단서를 달았듯이 그 사공(事功)을 두고 한 말이다. 송시열에 대해서 후인들이 사업(事業)이 크다고 평하는데, 그것은 이단 배척, 천리를 밝히고 인심을 바로 잡은 일, 그의 '춘추대의'를 두고 이르는 말이다. 이러한 평가는 이항로의 시대가 또 다시 이러한 사업을 요청하고 있다는 판단에 기인할 것이다.

여기서 우리가 주목할 것은 이항로는 송시열이 그렇게 지극히 존중하였던 이이에 대한 추존이 없는가 하는 점이다. 사실에 있어서 이항로는 이이보다는 송시열을 더 존중했다. 그리고 이점은 이항로의 문인들인 김평묵 유중교 최익현 유인석 등에게서도 공통적으로 나타나는 현상이다. 최익현은 스승 이항로를 평하여 다음과 같이 말했다.

"주자를 공자 후의 일인자라고 여겨 경서의 전주(箋註)를 위시하여 『주자대전』·『주자어류』에 이르기까지 부모처럼 사랑하고 신명처럼 공경하였다. 이어 『송자대전』을 읽었는데, 정주(程朱)의 전체(全體)와 『춘추』의 대용(大用)이 이 책에 있음을 보고는 시조리(始條理)와 종조리(終條理)가 참으로 주자 이후의 정종(正宗)이라고 생각하여, 그를 존숭하고 심복하기를 주자에 다음가게 하였다. 그 문로(門路)의 정대함이 이러하였기 때문에 선생의 지행(知行) 공부가 경(敬)으로 일관하게 된 것이니, 시대는 주자·송자와 다르지만 사실은 서로 부합하는 것이다."[20]

---

19   『華西集』 卷14, 「溪上隨錄」.
20   『勉菴集』 卷25, 「華西李先生神道碑銘 幷序」.

그러나 이들은 조선에서 도학의 정맥을 논할 때는 이황 이이 송시열이라고 한다. 그는 "창성하는 운수가 동(東)으로 돌아와서 정치와 교육이 밝게 되자, 이황·이이·우암 같은 선생이 나와서 천년을 내려온 정학의 전통이 비로소 우리나라에 있게 되었다"[21]고 하고, 이들을 계승한 것은 이(理)의 철학을 표방한 이항로와 기정진이라고 하였다.

"이들을 계승하여 나온 현인들은 비록 높이와 깊이의 차이는 있지만 모두 주자를 조종으로 하였다. 그러나 간혹 의론이 너무 높고 주장을 너무나 고집하여 주자를 어기려 하지 않았지만 스스로 어기는 결과를 가져왔으니, 요사이 기(氣)를 주장하는 의론이 바로 그들이다. 선생은 이 시기에 태어나 이해와 득실을 따지지 않고 이(理) 자 하나만을 짊어지고 복고(復古)·반정(返正)에 나서니, 그를 공격하는 자들이 고슴도치처럼 일어났다. 그러나 앞으로 천백 년 뒤에 만일 다시 선생 같은 이가 난다면, 또한 저 공격하는 자들과 같은 말을 해서 선생의 학문이 끝내 용납되지 못할 것인가, 아니면 빙긋이 웃으며 참으로 주자의 뜻을 얻었다고 할 것인가. 아, 알 수 없는 일이다."[22]

유인석은 "중화문물이 퇴락하여 상실되었을 때 이른바 주나라의 예가 노나라에 있었듯이, 4000년의 복희·신농의 왕정(王政)과 2000년의 공자·맹자의 도맥(道脈)이 동방 한 나라에 머물러 있다"고 하고[23] 또한 주자, 그리고 송자야말로 중화의 정맥을 계승한 성현으로 표출하였다.

---

21 『勉菴集』卷25, 「蘆沙先生奇公神道碑銘幷序」.
22 『勉菴集』卷25, 「蘆沙先生奇公神道碑銘幷序」.
23 『毅庵集』卷38, 「書贈關西九友」: 越自中華文物之淪喪, 正所謂周禮在魯, 而四千年 羲農王政, 二千年孔孟道脉, 寄寓於吾東一邦.

"주자는 후공자(後孔子)이고, 송자는 후주자(後朱子)이다. 또한 공자, 주자, 송자가 되는 까닭은 더욱 중대한 한 가지의 일이 있으니, 그것은 중화를 높이고 이적을 물리치는 것, 바로 이것일 뿐이다."[24]

또한 유인석은 이항로를 송시열의 뒤를 이어 화맥(華脈)을 계승한 분으로 표출한다. 즉 이항로에 대하여 "덕(德)에서나 공(功)에서나 삼부자와 일규(一揆)이다"[25]라고 하여 이항로를 공자·주자·송자에 직결시키고 있다. 이는 문하의 스승에 대한 예찬이므로 객관성이 문제되지만 무엇을 기준으로 이렇게 보았느냐 하는 것은 살펴볼 의의가 있다. 그것은 다름 아닌 '존중화양이적(尊中華攘夷狄)'이고 '위정척사'의 공이다.

이처럼 화서학파는 조선 도학의 정맥을 논할 때는 포은-정암-퇴계-율곡-우암을 논하지만 천하의 도학 그 자체의 통서를 논할 때는 공자-맹자-주자-송자로 연결하고, 이항로의 문인들은 송자 다음에 도통을 이은 사람으로 이항로를 추존한다.

2. 화이론華夷論에서 정사론正邪論으로

화서학파에 의하여 전개된 위정척사운동의 이념적 근거는 넓은 의미의 성리학이다. 송대에 발흥된 새로운 유학으로서의 성리학 형성의 사상적 배경은 당시 성세를 구가하던 노·장 철학과 불교사상이었다. 즉 한·당 이래로 상대적으로 침체 국면에 처해 있던 유학은 노·불의

---

24 『毅庵集』卷38,「書贈關西九友」: 朱子後孔子也, 宋子後朱子也. 又所以爲孔朱宋者, 有一事尤大焉, 曰尊中華攘夷狄是已.
25 『毅庵集』卷45,「昭義續編」, 書贈關西九友 참조.

사상과 맞서서 공자와 맹자의 사상을 선양하기 위하여 자체 내에 새로운 이념의 설정, 이론의 체계화 등이 요구되었던 것이다. 16세기에 접어들자 유림 내부에서의 경직된 이단 논쟁이 일어났다. 이이는 이단에 대하여 주의를 기울이면서도 "종일 배불리 먹고 아무 일도 하지 않는 것보다는 오히려 낫다"고 하고 당시 이단으로 지목되던 노장·불교·육상산·선종(禪宗)만이 이단이 아니라 '일신의 사사로운 욕망을 좇는 것이 바로 이단'이라고 하여 형식적 이단 논쟁에 각성을 촉구하기도 했다.[26] 정몽주 정도전 등에 의한 여말 선초의 이단 배척론과 이이 등 16세기의 사림들이 이단에 대한 비판한 내용과 이론들은 그대로 19세기의 서학 비판에도 적용되었다.

보다 구체적으로 화서학파의 정신적 지주가 되어준 것은 송시열의 『춘추』 정신이었다. 임진·병자 양대 전란 후인 17세기의 조선의 사상계를 주도한 송시열에 대하여, 이항로는 도통이 공자에서 주자를 거쳐 송시열에게로 이어졌다고 여겼다. 서학에 대한 화서학파의 비판은 송시열에게서 보였던 '곧음'의 정신에 의한 것이었다. 말하자면, 서학의 바탕이라고 보는 인욕을 깨뜨리고 유가의 천리를 실현하겠다는 것이요, 서구열강의 제국주의적 침략에 대해서는 '정의로써 원통한 처사를 징계하겠다'[以直報怨] 함이다.

이항로는 송시열의 춘추의리를 이어서 화이론을 전개한다. 그는 "하늘에 음양이 있고 땅에는 강유가 있으며 사람에게는 남녀가 있고

---

26 『栗谷全書』 卷13, 「學蔀通辨跋」 당시 이이는 그 자신 일찍이 금강산에 들어가 수도하고 온 일 때문에 이단에 물들었던 전력이 있는 것으로 지목되어 비난과 탄핵의 표적이 된 일이 있었다.

통맥(統脈)에는 이(夷)와 하(夏)가 있으니 이것은 천지 사이에 있는 최대의 구분이다"[27]라고 하고, "나라 안을 높이고 주변의 이적을 물리치는 것은 천지가 끝날 때까지는 지켜야 될 대원칙이고, 사사로운 인욕을 물리치고 상제가 내린 충심을 받들어 실행하는 것에는 성현들이 가르친 요법이 있다"[28]고 하였다. 이항로는 북쪽 오랑캐는 이적이고 서양 오랑캐는 금수라고 한다. 그는 학생들에게 "청은 의관을 훼손하고 찢었으며, 서양 귀신들은 심술을 무너뜨리고 미혹시켰다. 마땅히 몸을 세우고 바로 서며, 마음을 밝히고 눈을 크게 떠서 성현의 가르침을 부조(父祖)의 사업을 추락시키지 말아야 한다. 이것이 유자의 상하를 관철하는 법문이다"[29]라고 하였다. 이는 그의 서양문화에 대한 인식 부족이라기보다는 극도의 거부감을 드러내는 것이라고 할 수 있다.

이항로의 이러한 관점과 생각은 그대로 문인들에게 전수되었고 수용되었다. 유인석은 포은 정몽주에 대하여 "세상에서 선생을 논하는 이들은 모두 충효(忠孝)를 위대하게 보고 있다. 하지만 실제로는 '존양'이야말로 더욱 위대한 것이었으니 학문이 이것보다 큰 것은 없다"고 하였다. 유인석은 포은이 실제로 "원(元)을 등지고 명(明)을 섬겨 '존양대의'를 밝힘으로써 조선조가 소중화로서 예의가 융성하도록 열어주었다"라고 하였으며, "학문이란 이치를 밝히는 것이니 존화(尊華)의 뜻이 서게 하는 것이며, 화(華)란 도(道)를 중히 여기는 것이니 인륜의 실행을

---

27 『華西雅言』 卷10, 「尊中華策」.
28 『華西雅言』 卷10, 「尊中華策」.
29 『華西集』 卷31, 「間塾講規」 講戒 一: 北虜毁裂衣冠. 西鬼蠱惑心術. 當挺身立脚. 明心張目. 不墜聖賢之教父祖之業. 是儒者徹上徹下法門. 이와 유사한 내용이 『華西雅言』 卯兩 第15에도 있다.

다하도록 하는 것이다. 이것을 안 다음에야 선생의 위대함을 안 것이라고 할 수 있다"³⁰라고 하였다. 그러나 정사론적 문제의식을 지니고 있는 유인석도 중화와 이적의 개념을 다시 정리한다. 다음 말을 의미있게 살펴볼 필요가 있다.

"중화라 함은 그 지역을 가지고 말하는 것이 아니고 사람을 가지고 말할 따름이다. 그 도(道)로써 말하는 것이니 그러므로 나라 안이라 하더라도 이적의 도가 있다면 이적으로 여기는 것이다. 이적이 나라 안으로 진입하면 중국의 법이다. 설사 청(淸)이 화(華)의 문화를 사용하여 이적의 풍속을 바꾸었다면 이 또한 중화인 것이니 구별할 것이 없다."³¹

그의 이러한 생각은 기본 골격에 있어서는 송시열과 다를 것이 없다. 송시열은 맹자가 순은 동이(東夷) 사람이요, 문왕은 서이(西夷)의 사람이라 하였듯이, 지역이 맹자의 고장인 추(鄒)나 공자의 나라인 노(魯)가 아닐지라도 걱정할 필요가 없다는 것이다. 칠민(七閩)은 남이(南夷) 지역이지만, 그곳에서 주자가 일어난 다음에 그 땅이 이제는 화하(華夏)가 된 것처럼 중화의 여부는 오직 변화에 있을 따름이라 하였다.³²

---

30 『毅庵集』卷43,「紫陽洞圃隱先生影堂記」: 麗季圃隱鄭先生作焉, 盖學問精粹, 橫說竪說, 暗合朱子, 遂爲我東理學之祖. 背元事明, 明尊攘大義, 以啓我朝小華禮義之盛 … 蓋學焉而明其理, 尊華之義有以立焉, 華焉而重其道, 彝倫之行有以盡焉. 知此然後知先生之大也.
31 『毅庵集』卷33,「雜著」: 但中華云者, 非以其地, 以其族而已. 以其道也, 故中國有夷道則夷之. 夷進於中國則中國之法也, 使淸能用華變夷, 是亦中華而無可別也.
32 『宋子大全』卷131,「雜著」: 中原人指我東爲東夷, 號名雖不雅, 亦在作興之如何耳. 孟子曰舜東夷之人也, 文王西夷之人也. 苟爲聖人賢人則我東不患不爲鄒魯矣. 昔七閩實南夷區藪, 而自朱子崛起於此地之後, 中華禮樂文物之地, 或反遜焉. 土地之昔夷而今夏,

종족이 이적이었어도 중화의 주인공이 되었고 지역이 이적이라 하여도 주자는 그곳을 중화의 지역으로 만들었다는 것이다. 그러나 그는 순과 주문왕, 주희 같은 성현의 경우는 인정하지만 정치적 제왕이 중화 문화에 적응한 것은 인정을 하지 않았다. 보다 넓은 시각과 정보를 갖고 있었더라면 이미 청이 중원에 들어와 강희 건륭 옹정제와 같은 걸출한 황제들이 나와서 중화 문명의 일익을 잘 감당하고 있음을 알았고 이를 인정할 수도 있었을 터인데, 18-9세기 조선의 많은 학자들은 이를 제대로 인식하고 있지는 못했던 것 같고, 인지했다고 할지라도 충분히 수용하기에는 감정적 찌꺼기 등이 남아있어 어려웠다고 할 수 있다. 즉 청의 변화에 대해서는 충분한 그리고 탄력적으로 인식하기에는 부족했다고 할 수 있다. 다만 이른바 조선중화론을 주장하는 사람들도 조선이 일찍부터 이적의 한 지역이었지만 기자의 래도(來渡)와 조선조 이후 일변에 일변을 거듭하여 중화의 지역이 되었다고 하는 인식을 지니고 있었다. 유인석은 우리나라가 옛날 기자가 와서 문명을 펼쳤던 곳인데, 신라 고려로 내려오면서는 문헌으로 고증하기 어렵지만 조선에 들어오면서 여러 군주가 잇달아 크게 한 번 변화하는 도를 펼쳐 위로는 밝은 정치와 교화가 있었고, 아래로는 아름다운 풍속이 이루어졌으며, 도학이 바르고 절의가 높아 저 삼대(三代)보다 순전하게 뛰어났고, 저 한나라나 당나라가 나란히 서지 못하는 수준이라고 하였다.[33]

『송원화동사합편강목(宋元華東史合編綱目)』에서 '원(元)'을 화(華)의 정

惟在變化而已.

33 『毅庵集』卷4,「西行在旌善上疏」: 我東箕聖古疆也. 羅麗以降, 文獻無徵. 入我朝, 列聖相承, 一變至道, 上有治教之明, 下有風俗之美, 道學之正, 節義之高, 粹然出於三代之上, 而漢唐不足與侔.

통에서 삭제하고, 도(道)가 송으로부터 명으로 계승되며, 또 송으로부터 고려로 다시 조선으로 이어졌기에 현재는 조선만이 중화문명의 정통성을 확보하였음을 표명하고 있는데, 유인석은 이 부분을 지적하여 중국에서 『속강목(續綱目)』을 편찬할 때 원(元)을 '정통(正統)'으로 처리한 것을 '무통(無統)'으로 바로잡은 것은 곧 이항로가 송시열의 의리를 계승하여 화이(華夷)의 구분을 바로잡은 것이며, 이것이 이 책을 엮은 대의(大義)라 하였다.[34] 화서학파는 춘추의리에 따라 중국인이 할 수 없는 중국역사 개수작업까지를 시도한 것이다. 유인석이 생각하는 중화의 의미는 다음 글에서 볼 수 있다.

"세상의 대의(大義)에 중화를 높이는 것보다 높은 것이 없고, 왕대일통(王大一統)을 높이는 것보다 지극한 것이 없다. '중화'란 윤리강상의 도리가 밝혀짐, 인의도덕이 드러남, 예악정법이 나타남, 그리고 제도문물이 밝아지는 것으로 지극히 바르고 큰 것이다. 이것을 존숭함으로써 이적이 어지럽힐 수 없으며 천리가 밝혀지고 인심이 바르게 되는 것임을 알 수 있다. '왕자대일통(王者大一統)'이라 함은, 하늘 땅의 온갖 신들이 주인으로 삼는 것이며, 뭇 백성과 온갖 나라들이 표준으로 삼는 것이며, 온갖 윤상과 법도의 모인 곳이고, 온갖 기미와 변화의 근본이니, 위로부터 아래에 이르기까지 하나요 둘이 없는 것이다. 참람하고 교활한 자들이 침범할 수 없으며, 하늘의 벼리가 세워지고 사람의 법도가 흥기하는 것임을 알 수 있다. 이것을 존숭함으로써 천하가 다스려지는 것이다"[35]

---

34 『毅庵集』「宋元華東史合編綱目序文」.
35 『毅庵集』卷54,「道冒編 下」: 天下大義, 莫尙乎尊中華, 莫至乎尊王大一統. 中華倫常

유인석의 생각은 오늘날 대부분의 사람들의 생각과는 많이 다를 수 있다. 민족 자결주의 등의 사상의 후원 속에 오늘의 세계 문명이 유지되고 있는데, 세계가 하나의 통일된 정치 체제 속에 있어야 한다는 것은 용납되기 힘든 사상일 것이다. 그러나 그 당시 유인석 등 이항로 학파에게서는 대립되는 것이 서양이었고 그것은 그간 유지해온 중화와의 비교일 수밖에 없었는데 그들의 눈에는 우선 서구문명의 경쟁주의, 형기중점주의 등이 비쳤다. 이미 조선의 사람들도 일부는 '예양(禮讓)'보다는 '경쟁'에 주력하는 서양을 보다 문명된 것으로 보고 있었다. 유인석은 여기서 가치평가를 한다. 도리에 상달하려는 오상(五常) 오륜(五倫)과 형기(形氣)에 하달하는 '경쟁' 체제의 그 우열을 묻는 것이다. 그런데 우열을 묻는다는 것은 이미 중화/이적 도식과는 다르다. 조선인들끼리 개화와 수구로 갈려서 대립하고 있는 정황이니 개화파의 주장을 더 이상 중화 야만의 구도로 공격하기는 어렵다는 것을 짐작할 수 있다. 현실적으로 양립하고 있는 주장의 대결, 아니 상당수의 식견이 있는 사람들이 오히려 서양을 문명이라고 하는 상황이기 때문이다.[36] 따라서 이제 화서학파는 이른바 '위정척사'를 표방하게 된다. 즉 화이론

道理之所明, 仁義道德之所顯, 禮樂政法之所著, 制度文物之所煥, 至正至大. 惟崇惟貴, 此而爲尊, 知夷狄之不可亂, 天理明而人心正矣. 王者大一統, 天地百神之所主, 烝民萬邦之所極, 萬倫萬法之所總, 萬幾萬化之所本, 直上直下, 有一無二. 此而爲尊, 知僭猾之不可干, 天綱立而人紀作矣. 得此尊矣, 天下治矣.

36 『毅庵集』卷51,「宇宙問答」: 人皆以西洋爲文明, 以今時代, 幷稱競爭文明, 其言何如? …… 中國古聖王聖人, 明是爲上達道理也, 今日西洋, 明是爲下達形氣也. 不是爲下達形氣, 宜或有仁讓, 何以專事競爭. 上達而可曰文明乎, 下達而可曰文明乎. 聞中國之古明於五常五倫, 未聞今西洋明於五常五倫, 五常五倫在人, 不當有之事而不之明乎. 明五常五倫, 爲文明乎, 不明五常五倫, 爲文明乎. 聞其爲言, 以三代曰爲專制而謂之黑陷, 以西洋曰爲立憲共和而謂之文明, 其法之當不當勿說, 三代之人物政化, 果劣於西洋而爲黑陷, 西洋之人物政化, 果優於三代而爲文明乎.

에서 정사론으로 논점을 바꾸게 되는 것이다.

어쨌든 그들은 매우 강고한 신념을 표방했다. "지금 세계가 다 오랑캐와 금수의 세계인데 여기 한 모퉁이에서나마 중화의 제도를 지키고 보전하며, 인도(人道)를 지키는 일은 결코 그만둘 수 없다."[37] "우리나라는 성학(聖學)이 밝아 있으니, 천지가 이것을 의지하여 보전되고, 인류가 이것을 의지하여 살아갈 것이다."[38] 마지막 남아있는 석과(碩果)는 결코 먹히지 않을 것이라는 신념에 토대를 둔 이러한 주장은 어떤 원리주의 집단의 잠꼬대 같은 것으로 들릴 법 하다.

이항로의 서학배척론은 그의 「논양교지화(論洋敎之禍)」, 「벽사론변(闢邪錄辨)」 및 어록 서간 등에 잘 나타나 있다. 『벽사록변』은 1839년에 나온 이정관의 『벽사변증(闢邪辨證)』을 수정·보완하면서 기존의 여러 척사론을 조합·정리한 것이기 때문에 당시의 척사론이 가장 잘 집약되어 있는 문헌이라 할 수 있다.[39] 서학에 대한 이항로의 기본 입장은 그것이 사설(邪說), 사교(邪敎)라는 것이다. 그는 혹세 무민하는 사설로 서양의 것만큼 참혹한 것은 없다고 하였다.[40] 그가 서학을 사학(邪學)으로 규정하는 근거는 서학이 곧 형기(形氣)와 정욕을 근간으로 하는 기학(器學)이라고 본 때문이다. 이는 존귀하고 기는 비천하다는 관점에서

---

37 『毅庵集』卷38, 雜著, 「書贈崔敬文」: 皆爲夷獸世界, 於此一隅, 準保華制而守人道, 決不可已.
38 『毅庵集』卷43, 「聖學齋記」: 我東明聖學, 而天地賴以存, 人類賴以生矣.
39 척사(斥邪) 문헌에 대하여는 金根洙의 「斥邪文獻小考」 『韓國學』 제19집 34~43쪽 참조할 것(중앙대부설 한국학연구소).
40 『華西雅言』卷12, 「洋禍」: 充塞仁義, 惑世誣民之說, 何代無之, 亦未有如西洋之慘也.

[41] 그리고 유학은 이학(理學)이요, 노장학은 기학(氣學)으로 인식되어왔던 배경에서 형기의 서학은 사학(邪學) 혹은 이단으로 규정되는 것이다. 그는 상제는 곧 태극을 가리켜 말하는 것으로서, 이는 만인이 공유하는 것이요 결코 털끝만큼도 인력으로 얻어내어 사사롭게 할 수 없는 '리(理)'인데[42] 유학에서 하늘을 섬긴다고 할 때의 그 실제 내용은 "마음을 보존하고 본성을 기름"을 뜻한다. 이항로의 눈에 비친 서학에의 하늘 섬김은 하늘이 우리에게 명령한 바가 무엇인지 묻지도 않고 다만 절하여 복만 구하는 것이라고 하였다.[43] 또한 서양의 기물들의 기술이 뛰어남이 기학(器學)으로 규정하게 하였다. 그는 제작자의 기술과 성현의 도덕은 영역이 다른 것으로써 서로 혼동할 수는 없는 것이며, 아무리 기교가 능하다 하여도 기예와 도덕의 차이는 기(氣)와 리(理), 용과 돼지만큼의 차이가 있다고 한다. 이항로는 다시 성인론을 통하여 서학이 기학(氣, 器學)임을 논증한다. 그는 유교에서 말하는 성인은 다름 아닌 천지의 효자이므로 상제의 마음을 아는데 있어서 성인보다 나은 사람이 없으며, 성인의 말은 상제의 말이요, 성인의 행위는 상제의 행위라고 하여 상제와 성인을 동일시하고 있다. 누가 과연 참 성인인지는

---

41 『華西集』卷3, 擬疏 : 道理者 天下之公物也 故至大至重, 形氣者 一己之私物也 故至小至輕.
42 『華西集』卷25, 「闢邪錄辨」: 吾儒之所事者, 上帝也. 西洋之所事者, 天主也. 吾所謂上帝者 指太極之道也. 太極之道, 何也.…非一毫人力所得而私也, 是所謂理也."
43 『華西集』卷25, 「闢邪錄辨」西洋事天與吾儒事天相反辨」: 孟子曰 存其心養其性, 所以事天也 心者, 指惻隱之心辭讓之心羞惡之心是非之心也. 性者指仁也禮也義也智也. 此心此性, 非我之所得私也. 乃天之所命, 故存此心養此性, 則不待外求, 而所以事天者, 卽在乎此也.…西洋, 則不然, 不問天所以命我者是何事, 只以拜天祈福爲事天, 此無他焉, 吾儒所謂事天之天, 專以道理言也, 洋人所謂事天之天, 專以形氣情欲言也, 二者之不同, 實分於此.

그가 도덕에 이르는가 아니면 형기에 이르는가, 의를 깊이 이해하고 그
것을 돈독히 좋아하는가 아니면 이익을 좋아하여 그것의 추구에 힘을
쏟는가를 살핌으로써 판별이 가능하다고 한다. 즉 궁극적으로 추구하
는 바가 의리(義理)인지 사리(私利)인지를 보아서 판별해야지 신령하다
든가 신령하지 못하다든가, 그가 성실하냐 불성실하냐 하는 것만으로
판단해서는 아니 된다는 것이다.[44]

천당·지옥설은 사람의 마음 씀을 허물어뜨리게 하여 상서롭지 못
한 결과를 빚는 것으로서 하늘을 만홀히 여기고 성인을 모독하는 것
이요, 본성과 욕구를 희생하는 것이요, 세상 사람들을 미혹시키는 사
설이라고 하였다.[45] 이항로는 다시 『성서』에 나오는 기적에 대하여 그것
은 한갓 원숭이를 우롱하는 조삼모사(朝三暮四)의 설과 같이 하늘과 사
람을 기만하는 사설일 뿐이요, 하늘과 사람을 도둑질하는 것으로 크
나큰 재앙이라고 함으로써 경계의 끈을 더욱 잡아당기고 있다.[46] 제사
를 폐함에 대하여는 서교인들이 귀신의 참된 이치를 알지 못하여 남
이 보지 않고 듣지 않는 곳에서도 삼가고 경계하는 것을 모르고 기탄
하는 바가 없기 때문이며, 천주를 예배하는 까닭은 그들이 어둡고 괴
이하고 허탄하고 망령된 사설에 빠져 잘못된 아첨을 통하여 복을 구

---

44 『華西集』卷25,「闢邪錄辨」'西洋事天與吾儒事天相反辨': 中國所稱聖人,…孔孟程
朱也. 釋氏所稱聖人, 釋迦如來也. 老氏所稱聖人老子也. 西洋所稱聖人, 耶蘇也. 子思曰
詩曰具曰予聖 誰知烏之雌雄正謂此也. 將何以辨別, 而定其眞僞乎哉. 曰否不然有大界分
於此. 而人自不察耳. 孔子曰君子上達小人下達.按, 上達謂達於道德, 下達謂達於形氣也.
又曰君子喩於義, 小人喩於利, 按, 喩之爲言, 深知而篤好也. 於義理一邊, 深知而篤好者,
君子也. 於形氣一邊, 深知而篤好者, 小人也"

45 『華西集』卷25,「闢邪錄辨」〈天堂地獄辨〉.

46 『華西集』卷25,「闢邪錄辨」〈吾儒窮神知化與異端說相反辨〉.

하는 것인데 이는 모두 천도에 어둡고 사람의 이치를 알지 못하는 데서 유래한다고 하였다.[47] 서학의 교리에 대한 이항로의 신랄한 비판은 윤리적인 측면에도 가해진다. 그는 『칠극(七克)』의 내용이 모두 재화(財貨)와 이욕(利慾) 일변에 치우쳐 있음을 들어, 금절하는 것은 오히려 지나치게 추구하기 때문임을 미루어 본다면 서학은 역시 형기 재화와 이익에 근본한 것이라고 하였다.[48]

이항로는 다시 서학을 아예 통화통색(通貨通色)을 방법으로 하며 근본이 무부무군(無父無君)의 도라고 하였다.[49] 즉 재화의 유통으로 물욕을 충족시키고 색의 유통으로 성욕을 충족시키는 전형적인 형기와 정욕의 도라고 규정한 것이다.

서학에 대한 이항로의 비판은 그것이 서구 열강의 제국주의 세력과 연결된 점에 대하여도 가해지고 있다. 즉 서학 신봉집단들의 국가의식에 대한 비판이다. 즉 서구 열강이 동방에 전교하는 동기를 동정자를 내부에서 구하고 그들과 안팎에서 서로 응하여 허실을 정탐한 후 침략을 자행하여 한량없는 탐욕을 채우려는데 있는 것으로 인식하였다.[50] 서학에 대한 이러한 인식은 그의 제자들에게로 이어지고 있다.

---

47 『華西集』卷7,「答金平黙」: 蓋不知鬼神之實理, 而不能戒懼謹愼者, 實頑塞無忌憚之人也. 沈溺於理怪誕妄之說, 而邪媚求福者, 卽書所謂巫風, 孔子所謂諂鬼, 程子所謂惑也, 由前, 則西洋廢祭之類也, 由後, 則西洋禮天之類也, 一頑一諂, 可謂全昧天道, 全沒人理矣.
48 『華西集』卷25,「闢邪錄辨」〈三毋妄與四勿相反辨〉 및 〈洋人七克與吾儒八刑相反辨〉 참조.
49 『華西集』卷15,「溪上隨錄」: "西洋之說, 雖有千端萬緖, 只是無父無君之主本, 通貨通色之方法, 陰主通貨通色無分無義之說者, 皆西洋也. 同上 聖人苦心血誠, 防貨色, 洋學苦心血誠, 使人通貨色
50 『華西集』卷3,「辭同義禁疏」: 蓋洋夷之僭入我國, 廣傳邪學者, 豈有他哉, 欲以植其黨與表裏相應偵我虛實, 率師入寇, 糞穢我衣裳, 奪掠我貨色 …….

즉 김평묵은 서양의 문물이 모두 이익을 서로 탐하고 무차별적 사랑을 주장하는 것으로서 결국 묵자(墨子)의 길과 같은 이단이라 하였고,[51] 유중교는 천지를 욕되게 하고 오행을 어지럽히며 인간과 귀신을 뒤섞어 놓고 재화와 여색을 더럽히고 어지럽히는 것이라 하였다.[52] 유인석 역시 서학 전교를 제국주의적 침략의 전 단계로 파악하고 있다. 그는 "나라를 빼앗으려는 자는 먼저 그 나라의 사람들의 마음을 빼앗는다"고 함으로써 서학의 전교가 사람들의 마음을 이간시켜 장차 국가를 침탈하려는데 그 목적이 있는 것으로 보았던 것이다.[53] 황사영의 「백서(帛書)」 사건에서도 드러났듯이 신앙의 자유를 획득하기 위해서는 국토가 진멸되어도 좋다는 식의 국가란 사회관은 당시의 유교적 지성인으로서는 그 관용의 한계를 넘어서는 사항이었다고 할 것이다.

3. 주리적 이기론

최익현은 이항로에 대하여 "사칠론, 성정중화설, 인물성동이변에 대해서는 모두 선배들이 해결하지 못한 것들이었는데 선생이 모두 한 말로 분석하여 동이(同異)·득실(得失)을 그 극치까지 밝혔으며, 『주자대전차의집보(朱子大全箚疑輯補)』와 『집차(集箚)』를 지었으며, 정자(程子)의 글에 있어서는 『집의(集疑)』가 있다. 또 나정암의 『곤지기(困知記)』를 취하여 하나하나 그 잘못을 지적하고 변증하였는데 『곤지기기의(困知記

---

51 『重庵集』卷33, 「學統考」.
52 『省齋集』卷37, 「玉溪散錄」: 邪辱天地, 汨陳五行, 雜糅人鬼, 滅絶彝倫, 瀆亂貨色.
53 『毅菴集』卷51, 「宇宙問答」: 夫奪人之國, 先奪人心, 奪人心, 土地不難奪也.

記疑)』란 것이 바로 그것이다"[54]라고 하였다. 스승 이항로의 리기심성론에 상당한 성취가 있었음을 인정하는 부분이다. 화이론과 위정척사론적 사유 패턴을 지니고 있는 이항로와 그 문인들이니 자연 리기론적 해명에 있어서 순선무악의 리와 유선악의 기라는 주자학적 개념체계 속에서 그들이 주리론으로 기울어질 것은 일견 짐작 가능하다. 이항로는 이와 기의 불리부잡의 관계에 주목하면서도 성현의 가르침은 이와 기의 분별에 주안점이 있고 이곳이 가장 집중적으로 탐구해야 할 곳이라고 한다. 즉 이항로는 리기론에 있어서 주자학적 체계의 정합성을 유지하려고 하면서도 그는 리와 기의 서로 혼잡되어서는 안되는 측면을 강조하는 것이다.[55] 그는 "리와 기는 상대하여 말하면 거느리고 부림을 받고 크고 작은 차등이 있고 리(理)와 욕(欲) 자식과 도적의 구별이 있으니 정밀하지 않을 수 없다"[56]고 하였고, 또 "리는 본래 높아서 상대가 없다. 기는 본래 낮아서 상대가 있다"[57]고 하였는데 이러한 그의 리와 기에 대한 분별은 이황이 리기에 관해 언급한 것을 연상하게 한다. 이항로는 리를 천 천군 제 신 신명 등과 같은 맥락으로 이해하는 정이천의 언급과 연결되어있기도 하다.

유중교는 1886년 이항로의 심설(心說)에 대해 김평묵에게 「논조보화서선생심설(論調補華西先生心說)」을 보냄으로써 논쟁이 이항로 문하에서 일어나게 되었다. 즉 유중교는 송시열과 같이 심(心)을 기(氣)로 규정

54　『勉菴集』 卷25, 「華西李先生神道碑銘幷序」.
55　『華西雅言』 卷1, 「形而」 第1.
56　『華西集』 卷11, 「答柳稚程」.
57　『華西集』 卷15, 「溪上隨錄」.

하고 이항로 및 김평묵은 심을 리(理)로 규정한 것에 대하여 이의를 제기했던 것이다. 유중교는 1888년에는 대립되는 두 설을 절충해「화서선생심설정안(華西先生心說正案)」을 김평묵에게 보내며 논쟁을 중단했으나 임종 직전에 문인들에게 정안(正案)의 글은 '다시 생각해보니 사실과 도리에 모두 맞지 않는다'고 하여 거두어들이게 하였다.

주리론이냐 아니냐에 대해서는 최익현이 보이고 있는 태도를 주의해볼 가치가 있다. 최익현은 이일분수를 주장한 기정진의 손자 기우만(奇宇萬)의 부탁을 받아 기정진의 신도비를 썼다. 신도비문에서 최익현은 기정진의 학문과 사업에 대하여 극찬을 아끼지 않았다. 기정진은 아내가 남편의 지위를 빼앗는 것, 신하가 임금의 지위를 빼앗는 것, 오랑캐가 중화의 지위를 빼앗는 것을 세상의 큰 변고라고 하고, "만일 기(氣)가 리(理)의 지위를 빼앗게 되면, 저 세 가지 변고는 차례로 닥치게 된다"고 말한 일이 있다. 또 "기(氣)가 리(理)를 따라 발하는 것은 기발(氣發)이지만 바로 리발(理發)이며, 기(氣)가 리(理)를 따라 행하는 것은 기행(氣行)이지만 바로 리행(理行)이다"라거나 "기(氣)가 발하고 행하는 것이 실상은 리(理)에서 명령을 받은 것이므로 명령하는 측이 주인이 되고 명령을 받는 측이 종이 되기 때문이다. 그래서 종이 일은 하지만 주인이 그 공을 차지하는 것은 만고 불변의 진리인 것이다" 등의 말을 하였다. 이러한 기정진에 대하여 최익현은 기정진의 도학이 높지만 이(理)를 주장한 것보다 더 높은 것이 없다고 하였다.[58]

최익현은 도학과 사공의 상호 관련성도 밝히고 있다.

---

58 『勉菴集』卷25,「蘆沙先生奇公神道碑銘幷序」.

대체로 도학이 아니면 사공(事功)을 이룩할 수 없는 것이지만, 사공의 광명 정대한 것 역시 도학의 바른 데에 근본하지 않는 것이 없다. 도학의 바른 것이란 세상에 언제나 있는 것이 아니어서 중국도 맹자 이후 1천 5백 년 동안에 겨우 주렴계·정명도·정이천·장횡거·주회암 뿐이었다. 창성하는 운수가 동으로 돌아와서 정치와 교육이 밝게 되자, 퇴계·율곡·우암 같은 선생이 나와서 천년을 내려온 정학의 전통이 비로소 우리나라에 있게 되었다. 가령 중국에 주자와 같은 현인이 다시 나온다 하여도 반드시 나의 말을 거짓이라고는 하지 못할 것이다. 어떻게 반드시 그렇다는 것을 아는가, 만고의 도학 정통이 주자에 와서 하나로 집대성한 것이 하늘에서 북극성과 물[水]에서의 동해와 같았는데, 퇴계·율곡·우암 세 선생의 학문이 주자의 학문과 서로 어긋나지 않기 때문에 반드시 그렇다는 것을 아는 것이다. 이들을 계승하여 나온 현인들은 비록 높이와 깊이의 차이는 있지만 모두 주자를 조종으로 하였다. 그러나 간혹 의론이 너무 높고 주장을 너무 나 고집하여 주자를 어기려 하지 않았지만 스스로 어기는 결과를 가져왔으니, 요사이 기(氣)를 주장하는 의론이 바로 그들이다. 선생은 이 시기에 태어나 이해와 득실을 따지지 않고 리(理) 자 하나만을 짊어지고 복고(復古)·반정(返正)에 나서니, 그러자 그를 공격하는 자들이 고슴도치처럼 일어났다. 그러나 앞으로 천백 년 뒤에 만일 다시 선생 같은 이가 난다면, 또한 저 공격하는 자들과 같은 말을 해서 선생의 학문이 끝내 용납되지 못할 것인가, 아니면 빙긋이 웃으며 참으로 주자의 뜻을 얻었다고 할 것인가. 아, 알 수 없는 일이다.[59]

---

59 『勉菴集』卷25「蘆沙先生奇公神道碑銘幷序」.

기정진에 대한 최익현의 이러한 평가는 자연 이이 송시열의 문하를 자처하는 사람들에게 불편한 심기를 갖게 하였다. 왜냐하면 기정진의 글이 이이의 이론과 상치되는 점이 있기 때문이며 그의 『외필』이라는 글이 자못 직설적이었다. 유인석은 최익현에게 편지를 보내 기정진이 의리의 강명으로 인하여 존사(尊師)의 예를 잃었다고 하였다. 지촌이나 중화 등이 이이의 학설에 이견을 갖고 있었지만 스승을 존중하는 예를 잃지 않아 분란이 일지 않았는데 기정진은 기호학의 전승 속에 있으면서 의리를 강명한다는 이유로 이이를 존경하고 경외하는 태도를 보이지 않아 문제가 된다는 것을 지적하였다.[60] 최익현이 기정진의 도학과 사공(事功)이 서로 연결되어 있다고 하면서 도학은 리를 중시하는 것이고 사공은 척사(斥邪) 양이(攘夷)라고 한다면 이는 기론을 주창한 송시열이 사공에 있어서 대의 양이를 말한 것과 서로 어긋나게 되므로 송시열 이항로 문하 후학들의 마음을 불편하게 했던 것이다. 송병선에게 최익현이 보낸 편지는 이것에 대한 변명이라고 할 수 있다.

---

60 『毅菴集』卷6, 書「與崔勉庵」癸卯九月: 只看蘆沙猥筆一二段節錄者, 槩論其是非, 則講明義理, 尊畏先賢, 是朱子之訓, 而朱子已行之, 程子則後學宜法其並行不悖之道矣. 今猥筆因講明而欠尊畏之體. 殊使人不能無駭然而有致紛紜之苗脈也. 農巖, 芝村於栗谷老先生之訓, 存疑而異同者甚多, 而曾無紛紜, 以其存尊畏之體也. 今可不知其故耶. 雖蘆沙門人, 宜會此意也. 且蘆沙平生讀書, 豈無一二有助世敎者, 至於學問全體, 豈可遽班之退栗諸先生之直承程朱大統耶. 然老先生之博約齊頭, 集而大成, 爲我東之聖人, 人皆知之矣. 我東西人學問, 莫不淵源祖宗之矣. 蘆沙爲西人而亦淵源祖宗焉, 則其尊慕之心, 豈出於人皆知之外. 外他文字, 豈其無致尊慕之心者耶. 不然則非常理也. 蘆沙豈亦全無常理耶. 今猥筆似亦出於講明太急, 而不覺其爲欠尊畏而致大何也. 且蘆沙文章氣節卓行, 兼有斥邪攘夷之功. 後人宜亦恕其文過語失而置之前輩可敬之列也. 我東美俗, 貴敬前輩, 如晦齋脫去補亡章, 立異朱子, 有違大學宗旨, 而退溪以下雖論其失而亦極敬之. 今於蘆沙, 獨不可取其長而恕其短乎. 況今日何日. 辱君弑妃, 一國臣民, 哀痛憤寃, 罔極又罔極之血怨骨髓, 莫之報雪. 華脈聖緖, 寄寓我東, 先王先正, 至誠保存, 所以爲天下禮義之邦者, 今將壞滅無痕而莫之扶持, 祖宗正邦, 將爲夷且亡而莫之有救, 父母遺身, 將爲獸且死而莫之爲計. 當萬古天下所不當之萬極時節, 遭萬古天下所不遭之萬極境界. 哀我人類學生, 急急相救. 當如胡越人之遇風同舟. 奈之何自相殘害. 自孤其勢. 自速其禍而莫之恤也.

그런데 이러한 논란이 일게 되자 최익현은 학설을 두고 이황과 이이의 후학들이 다투는 것이 옳지 않다고 하여 각각 그 입언처를 모두 정당하게 이해하는 태도를 취하려고 하였다. 그리고 후학들이 스승이나 문하의 주장을 묵수하거나 상대를 공격하는 일에만 전념하는 것의 잘못을 지적하기도 하였다. 물론 그가 이이 송시열 이항로의 맥을 받고 있기에 이이를 옹호하는 듯한 인상을 줄 수도 있다. 그러나 그는 그의 이러한 태도가 양쪽에서 모두 꺼리는 것임을 짐작하면서도 이를 감히 표방한다고 하였다. 그는 이이가 친히 이황의 문하에서 도학의 단서를 얻었으며 이황을 평소에 존경하고 향모하는 것이 정명도가 주렴계를, 주자가 이연평을 대한 것과 다르지 않다고 하였다. 그러나 학문을 강론하고 의리를 논변하는 데 있어서는 아부하여 구차하게 동조하지도 않았고 또 사사로운 이해관계에 매여 왜곡해서 응낙할 수도 없었다고 하였다. 이이가 이황에 대하여 '노선생이 돌아가시지 않았을 때에 감히 문난(問難)하여 귀일시키지 못한 것이 한스럽다'라고 하였고, 또 '노선생께서는 아주 정밀하시나 큰 도의 근원에 있어서 한 꺼풀의 막자(膜子)를 면하지 못하셨다' 하였으며, 또 '정견(正見)에 하나의 허물을 면치 못하셨다'고 하였으며, 또 '이와 같다면 주자도 잘못이니, 어찌 주자의 말이 되겠는가'라고 말하기까지 하였음을 들어 직서(直書)하여 숨김이 없기를 누가 이이 같은 이가 있겠는가 하였다. "도리는 본래 누구나 다 소유할 수 있는 공물(公物)이므로 자신의 소견을 펼쳐 당시와 후일에 선택이 있기를 기다리는 것"이라 한다. 만일 후세 사람이 다른 논설을 하지 못하도록 하고 자신의 소견을 준수하려는 것이 아니며, 또 이황을 존경함이 부족하여 일부러 이러한 억지 논변을 한 것도 아니고 이황 또한 이이의 이러한 주장으로 인하여 그 위치와 권위에 영향을 받게 되는 것이 아니라고 하였다.

최익현은 이이·성혼의 왕복서한을 보니, 당시에 이이가 성혼의 의혹을 충분히 해명하지 못하였다고 하고, 또 그 후에 김창협(金昌協)도 이황의 뜻을 많이 주장하였다고 하였다. 이른바 사람들이 퇴율 절충론자라고 말하는 부분이다. 이처럼 학자들이 이황 이이 이후에 태어나서 참으로 자기의 견해가 이이의 논설이 옳다면 이를 그대로 지키면 되고, 만일 소견에 차이가 있으면 이이가 이황을 논변한 방식을 배워 이이를 비판하는 것도 도리에 해로울 것이 없다고 하였다. 그런데 이이를 존경하고 숭상하는 사람들은 혹 논설이 약간 이이의 궤도를 따르지 않는 것을 발견하면 문득 냉소를 터뜨리며 말하기를 '어찌하여 이러한 말간[馬肝]을 먹는 의론을 만들어 내는가?' 하면서 서장(書章)이 어지럽게 왕래하고 서로를 공격하고 비난하기를 창으로 찌르듯 하는 데까지 이르니, 이는 유가의 법문(法門)으로서 결코 광명정대하지 못하다고 하였다.

이이가 이황의 말을 신변(伸卞)한 것이 이황을 존경하지 않아서가 아니며 기정진이 이이의 글을 외필(猥筆)[61]한 것 또한 참으로 이이를 존모한 것이 아니어서가 아니라는 것이다. 이는 마치 임금을 섬기는 자가 그저 순종하는 것만이 잘하는 것이 아니라 임금이 싫어하거나 노하더라도 의리에 좇아 직언하는 것이 충성을 다하는 것과 같고, 벗을 사귀는 사람이 덮어놓고 옳다고만 하여 비위나 맞추며 허물없이 권하기만 하는 것을 좋아하지 않고 선(善)을 권하여 인덕(仁德)을 쌓도록 격려하고 돕는 것이 바로 교의(交義)를 온전하게 하는 것과 같다고 하였다. 다만 기정진의 「외필(猥筆)」의 문세가 직선적으로 나가 쾌활하기만 하고

---

61   이이의 리기론을 비판한 기정진의 글을 말함.

손순하고 원만함이 부족한 것은 논란의 단서가 되지 않을 수 없지만 이이의 훈사(訓辭)를 논변한 것은, 다만 유행의 일변에서 스스로 한 가지 학설을 만든데 지나지 않는데, 너무 과중하게 이해한 부분만을 잡아서 반드시 그렇지 않다고 여겼을 뿐이며, 만약 입언한 본의를 캐내어 보면 바로 그때에 율옹이 이황의 말을 변론하여 밝히는 마음으로 감히 자신의 소견을 감추지 않았을 뿐이라고 하였다. 결코 털끝만큼이라도 배치되고 공척한 것과 같지 않다고 하였다.

또한 스승인 이항로와 기정진 두 사람이 초야에서 우뚝 솟아나 서로 수백 리를 떨어져 있어서 단 하루도 만난 일이 없으며, 서로가 문을 닫고 글을 읽어 전수받지 못한 것을 유경(遺經)에서 얻었는데, 두 사람이 논한 것이 이따금 서로 부합된 것이 많았으며, 주리(主理)의 종지에 대하여는 약속하지 않았어도 저절로 동일하였으니 이것이 어찌 사람이 모의한 것이겠는가라고 한다.[62]

IV. 같은 뿌리 다른 꽃 — 동근同根 이화異花

주지하듯 이이의 제자가 여럿이지만 김장생을 적전으로 인정한다. 김장생의 학문은 예학에서 큰 성취를 이루었다. 그의 예학은 여러 사우들과 더불어 그리고 그의 시대의 다른 학자들과 더불어 왜란 후의 조선사회에서 기강을 재정비하고 무너진 강상을 회복하는데 크게 기여하였다. 김장생의 제자가 또한 여럿이지만 적전은 명실 공히 송시열

---

62 『勉菴集』 卷7,「答宋淵齋秉璿」 임인년(1902, 광무 6).

로 지목된다. 송시열은 스승 김장생의 예설을 조술하지만 그의 시대적 과제는 북벌대의라고 하는 춘추의리로 표현되었다. 호란의 뒷수습이 필요한 시대적 여건은 패전국의 신하 송시열로 하여금 야만적 정복자에게 정신적으로 문화적으로 종속되는 것을 막고 문명과 야만의 도식에서 문명을 중화와 이적의 도식에서 중화를, 인류와 금수의 도식에서 인류를 선택하는 의리학의 영역에서 그는 조선 유학에 크게 기여한 학자로 자리매김이 되어 있다.

이후 18세기와 19세기 조선에서 송시열의 후학들이 송시열의 학문과 사업을 계술하는 일이 폭넓게 전개되었는데 19세기 서세동점의 상황에서 송시열 문하의 한 지류에서 이항로가 접맥이 되어 굴기하였다. 이항로는 직접적으로 송시열에게서 배운 것은 없지만 여러 경로를 통하여 사숙하게 되었고 송시열을 성인의 대열로 추존하며 그 사업과 정신과 학문을 이어가기로 결심하였다. 이항로의 학문과 사업은 주리론으로 또 화이론적 위정척사로 규정되지만 서양과 일본이라고 하는 새로운 상황에서 정학에 대한 신념, 도학에 대한 지향을 지키고자 하는 것이었다.

이처럼 이이에 근거를 둔 학문적 흐름은 시대적 과제가 바뀜에 따라 전개된 사업과 이론이 바뀌었다. 이는 17세기 조선에서 그리고 18~19세기 상황에서 16세기의 율곡학은 어떤 모습으로 외연이 확대되고 내용이 심화되었는가를 보여주는 것이 된다. 특히 화서학파가 보여주는 것은 이이 사후 3세기가 지난 시점에서 시대상황과 철학적 여건이 달라진 상황에서 어떤 맥과 통을 잡아낼 수 있는가의 문제였다. 우리는 공자와 맹자를 그리고 주자를 도통이라는 점에서 연결한다. 철학적 패러다임이나 논의의 틀이 달라졌어도 추구하는 가치가 동일하다는 것을 찾아내는 것이고, 이어받고 열어주는 이른바 계왕개래(繼往開來)하는 면을 찾는 것이다. 19세기 상황에서 16세기 이이의 학술사상의 어느 면을 지수하였느냐의 측면과 더불어 어느 면을 변통하였는가 하는 점도 적극 살펴야 한다.

이이의 모든 학설을 조금의 변통도 없이 이어나가야 비로소 율곡학파라고 하는 것은 옳지도 않고 가능하지도 않다. 예를 들면 이이의 『격몽요결』을 위학지방(爲學之方)으로 삼고 『성학집요』를 즐겨 읽으며 이이가 지니고 있었던 진퇴의 의리나 경세적 관심, 실심과 실리에 대한 추구의 자세를 견지하고 있고, 경세와 시무에 대한 관심과 나름의 대책을 펼치지만, 사칠론에서 이황과 가까운 주장을 펼치는 사람이 있다면 이를 율곡학이라고 할 수 없을 것인가의 문제가 있다.

송시열이 주자와 이이를 종주로 하였지만 그의 사업이 크고 지향이 강하여 그를 인격적으로 학문적으로 의리적으로 존중하는 집단의 결속력이 매우 강하다. 근래 이들을 우암학단이라고 부르기도 하고 또는 우암학파라고도 부른다. 그리고 훗날 송시열의 특별한 학문적 사업적 측면을 존중하고 조술하는 사람들이 나오게 되었는데 이들이 지역적으로 기호에 있고 학문적 교류가 이이를 종주로 하는 사람들과 빈번하였으며, 송시열의 스승과 그 종주의 위치에 있는 이이를 자연스럽게 존중하고 있지만, 때로는 이이보다 송시열을 더 높은 위치에 두는 경우도 있다. 화서학파도 마찬가지이다. 이항로는 송시열이 주자를 이어 도통을 계승하였다고 믿으며, 주자와 같은 대열에 둘 수 있다는 생각에서 송자라는 칭호를 즐겨 사용한다. 이항로의 문인들은 송시열의 문인들과 마찬가지로 주자로부터 송시열 이항로로 도통이 전승되었다고 본다. 이이를 건너가는 것이다.

그런데 화서학파는 리기심성론에서는 이이 송시열과는 다른 노선을 택한다. 그리고 그들의 시대는 이미 예학에 대한 집중력과 열의가 앞 시대와는 다르다. 그들의 주장과 행동은 위정과 척사에 집중되고 있다. 학계의 주제가 달라졌고 시대적 과제가 달라졌기 때문이다. 이점은 정사는 때를 아는 것이 귀하고 시무와 밝아야 하고 시폐를 광정해야 한다는 이이가 환기한 원칙에 부합하는 것이라고 할 수 있다.

'계지술사'가 문인 제자들이 지켜야 할 자세라고 할지라도 서산 진씨가 말했듯이 지수(持守)할 부분이 있고 변통(變通)할 부분이 있으며, 변통해야할 때 변통하는 것도 계지술사에 해당한다.[63] 또 계지술사가 없다면 혈연적 승계나 정치적 승계만을 가지고 굳이 학맥 운운할 필요가 없을 것이다.

이이의 시대에 유학자의 주요 관심사가 유학적 이상의 나라를 구현하는 것, 소인의 무리를 물리치고 군자들이 다스리는 나라를 건립하는 것이었다면, 이이의 제자 김장생의 시대는 왜란으로 헝클어진 인륜과 국가사회의 질서를 재건하는 것이었고, 송시열의 시대는 북호(北胡)에 대하여 문명적 주체 의식을 갖고 의리를 세워 금수와 야만으로 전락할 것에 대한 경각심을 높였다면, 18세기는 노론정치의 전성기로서 청음 김상헌의 후손들인 안동김씨로 중심으로 하는 조선 사대부 문화의 시대이다. 철학적 주제도 인물성동이론이라고 하는 논쟁이 중심을 이루고 있었다. 그러나 19세기 조선 지배층에 주어진 도전의 주요 세력은 북호(北胡)가 아니라 서세(西勢)였다. 서세라는 외환(外患)은 이미 전 세기부터 나타나기 시작한 천주교와 일본 및 서양의 과학기술을 포함

---

63 『중용집주』 "夫孝也者 善繼人之志 善述人之事者也"에 대한 細注는 西山 陳氏 설 참조.

한 것 곧 양이(洋夷)의 도전이었고, 사술의 위협으로 다가왔다. 이에 대한 조선 유학의 담지자들이 보인 반응이 바로 화서학파를 중심한 위정척사운동이었고 의병운동이었다. 이이가 과중한 국사로 인하여 치명하였다고 할 수 있듯이, 중봉이 왜란에 순의했고, 송시열이 호란정국의 후유증을 감당하느라고 치명했듯이 위정척사파들도 백척간두에 선 심정으로 순의(殉義) 순도(殉道)했다. 꽃은 다른 환경에서 다르게 피었지만 뿌리는 같았다는 것을 알 수 있다.

8
화서학파의 전개과정과 양상

금장태

I. 화서학파의 시대배경

　조선시대 후반기에 들어오면서 조선왕조의 정통이념으로 정립되어 왔던 도학(道學)-주자학(朱子學)은 그 권위에 동요가 일어나기 시작하였다. 곧 도학(道學)의 기본구조를 이루는 성리설(性理說)·의리론(義理論)·경학(經學)·경세론(經世論) 등 여러 영역에 대해 양명학(陽明學)·실학(實學)·서학(西學) 등 새로운 이질적 사상조류로부터 여러 방향에서 도전을 받기 시작하였던 것이다.

　그 첫째는 도학(道學)의 형이상학적 이론을 구성하는 성리학(性理學)의 영역에서 정밀한 개념논쟁으로 빠져들어 관념화하게 되자, 이에 대한 현실성을 요구하는 입장이 등장하게 된 것이다. 그 대표적 경우로서 양명학(陽明學)-심학(心學)에 의한 도전과 실학(實學)에 의한 도전이

---

*　금장태(서울대학교 종교학과 명예교수) 이 글은 「華西學派의 전개과정과 양상」(『大東文化硏究』 제35집, 성균관대학교 대동문화연구원, 1999. 12.)이란 제목으로 게재되었던 것을 고쳐 쓴 원고임을 밝혀둔다.

다. 18세기 초 하곡(霞谷) 정제두(鄭齊斗)를 비롯한 양명학자들은 성리학이 관념화하여 주체적으로 확고하게 체인(體認)되지 못한 채 번쇄한 개념분석에 사로잡혀 있음을 비판하였다. 17세기 이후 실학자들은 관념적 사유가 현실의 실제성을 결여할 뿐만 아니라 실용성을 망각하고 있음을 비판하기 시작하였다. 또한 18세기 후반부터 서학(西學)의 자연철학이 실학자들 속에 수용되면서 성리학의 리기론(理氣論) 내지 음양(陰陽)·오행론(五行論)의 자연철학의 기본 틀에 대한 회의가 제기되었다. 북학파(北學派)의 담헌(湛軒) 홍대용(洪大容)과 성호(星湖)학파의 후학 다산(茶山) 정약용(丁若鏞)은 그 비판론의 대표적 이론가들이다.

그 둘째는 도학(道學)의 의리론이 엄격한 정통적 이념을 형성하여 존화양이론(尊華攘夷論)[화이론(華夷論)·존양론(尊攘論)]은 만주족의 청(淸)을 배척하는 배청숭명(排淸崇明)의리 내지 북벌론(北伐論)을 표방하자, 실학적 입장에서는 배청숭명(排淸崇明)의 의리론이 현실을 외면한 허구적인 것으로 비판하였다. 18세기 후반에 등장한 '북학론(北學論)'은 청조(淸朝)의 선진(先進)문물을 수용해야한다는 입장이니, 북학파(北學派)의 실학자들이 북벌론(北伐論)의 허위의식에 대해 비판적 입장을 가장 선명하게 밝히고 있다.

그 셋째는 도학(道學)의 이념적 정통성의 근거는 경학(經學)에 있고, 도학(道學)의 이념적 기반을 이루고 있는 주자(朱子)의 경학(經學) 체계는 강력한 정통적 권위를 지켜왔으며, 17세기 말에서 우암(尤菴) 송시열(宋時烈)은 이를 수호하기 위해 주자(朱子)의 경학 체계에 어긋나는 경전해석을 사문난적(斯文亂賊)으로 규정하여 배척해왔다. 그러나 17세기에 서계(西溪) 박세당(朴世堂)이나 백호(白湖) 윤휴(尹鑴)에 의해 주자(朱子)의 경학(經學)으로부터 이탈이 시작하여 18말·19세기 초의 다산(茶

山) 정약용(丁若鏞)에 의해 주자(朱子)의 경학(經學)을 전면으로 허물고 새로운 실학적 경학 체계를 수립하는 데까지 이르렀다. 이 시기에 청조(淸朝) 고증학(考證學)의 영향이 확산되면서 주자(朱子)의 경학은 이미 정통적 권위를 잃고 상대화되어 가고 있었던 것이 사실이다.

그 넷째는 도학(道學)의 경세론(經世論)이 조선 초기 국가 제도의 건립과정에 체계화된 이후 전면적 개혁이 없이 조선왕조의 법제(法制)와 국가통치제도로서 유지되어 왔는데, 이에 대해 조선 후기 실학파는 조선 후기 사회의 정치적 모순을 극복하기 위해 제도적 개혁방책을 제시하기 시작하였고, 이에 따른 실학파의 사회제도 개혁방안이 다양하게 제시되고 있는 사실을 볼 수 있다.

이러한 도학 정통에 대한 도전에 대응하여 도학파에서는 더욱 엄격한 정체성과 사회통제방책을 제시하기 시작하였다. 그 가장 뚜렷한 현상들로서, 먼저 예학(禮學)의 엄밀한 규정과 실천의 강화를 통해 사회체제의 통합을 유지하였던 사실을 들 수 있고, 다음으로 의리론의 정통의식을 더욱 강화하여 이질적 견해나 이론을 철저히 이단으로 배척하는 것이며, 이와· 더불어 성리설에 대해서도 더욱 엄밀하게 규정함으로써 정통이념의 이론적 기반을 확립하는 것이었다. 이에 따라 17세기 이후 예학이 급격히 확산되고 예설에 대한 토론과 논쟁도 격렬하게 벌어졌으며, 18세기 이후 의리론의 정통이념은 서학(西學)이라는 새로운 이단에 대해 집중적 비판과 배척론을 제시하였으며, 또한 18세기 초에 성리설의 논쟁은 인성(人性)·물성(物性)의 동이(同異)문제를 중심으로 더욱 치밀한 논쟁을 전개시켜갔다.

따라서 조선 후기는 외형적으로 도학(道學)-주자학(朱子學)의 정통이 유지되어 왔지만, 이미 다양한 사상조류의 등장과 도전(挑戰)으로 사상적 다원화(多元化)가 일어나고 있었던 것이다. 한말(韓末)의 시기인 19세기 후반에 들어서면서, 조선 사회는 한층 더 격심한 사회적 혼란과 사상적 동요를 겪어야 했다. 이에 따라 도학(道學)에 대한 비판도 더욱 높은 수준으로 더욱 다양한 양상으로 제기되고 있었으며, 한말도학(韓末道學)의 대응도 더욱 정밀하게 이론화되고 치열한 저항정신으로 무장되어갔던 현상을 보여주고 있다. 바로 이러한 시대 배경에서 한말도학(韓末道學)을 이끌어갔던 핵심적 인물의 한 사람인 화서(華西) 이항로(李恒老, 1792~1868)가 출현하여 정도(正道)[유교]를 옹위하고 사설(邪說)[이단(異端)·외세(外勢)]을 물리친다는 '위정척사(衛正斥邪)'를 도학(道學)정신의 시대적 이념으로 표방하고 그의 문하(門下)를 중심으로 화서학파(華西學派)를 형성하여 활동하였던 것이다. 이처럼 화서학파를 비롯한 한말도학(韓末道學)이 부딪쳤던 도전과 대응의 양상을 시대적 변동과정에 따라 대체로 4단계로 나누어볼 수 있다.

1) 서학(西學)과 세계(世界) 인식의 변화: 조선 후기에 들어오면서 17세기 초부터 전래하기 시작한 서학(西學)은 18세기 말에 들어오자 조선 사회에 천주교 신앙조직이 형성되었고, 천주교도들이 제사(祭祀)를 폐지하는 등 유교적 교화(敎化) 질서에 정면으로 충돌하자 조선정부의 금교령(禁敎令)에 따라 엄중한 금압(禁壓)을 당하였다. 신유교옥(辛酉敎獄)(1801)·기해교옥(己亥敎獄)(1839)·병인교옥(丙寅敎獄)(1866)이 잇달아 일어나 조선 정부가 많은 천주교도들을 엄격한 형벌로 다스렸지만, 지하화(地下化)한 천주교신앙집단은 서민대중 속으로 더욱 깊이 파고들어서 조선 정부의 유교적 교화(敎化)체제에 한계를 드러내고 있었다. 이러한 상황에서 화서학파(華西學派)는 위정척사론(衛正斥邪論)의 첫 번째

단계로 서학(西學)[천주교(天主敎)]을 이단(異端)으로 배척하는 벽이단론(闢異端論)의 논리를 더욱 강경하게 제시하였다.

2) 양요(洋擾)와 폐쇄적 항전론(抗戰論): 19세기에 들어오면서 세도(勢道) 권력이 정권을 장악하면서 관료의 부패가 만연하고 민심(民心)이 이반(離反)하여 민란(民亂)이 잇달아 일어났다. 서북에서 홍경래(洪景來)의 난(亂)(1811)에 이어 삼정(三政)의 문란으로 동남에서 진주민란(晉州民亂)(1862)을 비롯하여 전국적으로 민란이 확산되어갔다. 이러한 안에서 일어난 혼란에 가중하여 밖으로부터 프랑스함대가 침공한 병인양요(1866)와 미국함대가 침공한 신미양요(1871)가 잇달아 일어나면서, 조선왕조는 위기적 상황에 직면하게 되었던 것이다. 이 시기에 일부의 실학적 지식인들은 중국을 통해 국제정세에 관한 정보를 수집하고 서양의 우세한 기술문명을 수용해야 한다는 대외개방론을 제시하기 시작하였지만, 이와는 달리 화서학파(華西學派)는 위정척사론(衛正斥邪論)의 두 번째 단계로서 유교 사회의 문화 전통을 확고하게 지키기 위해 통상(通商)을 요구하는 압박을 거부하고 서양세력에 항전하여야 한다는 철저한 전통수호론을 주도해갔다.

3) 개항(開港)·개화(開化)와 예교(禮敎) 체제의 붕괴: 서양에 문호를 개방한 일본이 서양문물을 수용하여 조선사회에 무력으로 문호개방을 요구하였고, 이에 따라 병자수호조약(丙子修好條約)(1876)이 체결되어 마침내 개항을 하게 되었다. 이에 따라 잇달아 서양 여러 나라와 통상조약(通商條約)이 체결되고 국제사회에 문호를 열면서 조선 정부는 개화(開化) 정책을 추진하였으며, 새로운 서양 문물을 수용하는 과정에

서 전통적 관습과 제도를 변혁하는 정책들이 시행되었다. 곧 넓은 소매를 좁은 소매로 고치게 하는 변복령(變服令)(1884), 국가 제도의 전반적 개혁을 추진한 갑오경장(甲吾更張)(1894), 상투를 자르게 하는 단발령(斷髮令)(1895)이 잇달아 시행되면서, 도학자들에게는 유교 전통의 예교(禮敎) 체제가 붕괴되는 위기의식이 고조되었다. 화서학파의 위정척사론(衛正斥邪論)은 그 세 번째 단계로 개항(開港)과 개화(開化) 정책에 저항하여 강력한 수구론(守舊論)을 제시하였으며, 특히 개화(開化) 정책의 배경에 일본의 침략 세력이 개입하고 있는데 저항하여 의병(義兵)운동을 주도하였다.

4) 일제(日帝)의 침략과 국권상실(國權喪失): 일본은 제국주의적 침략 정책으로 을사보호조약(乙巳保護條約)(1905)에 이어 경술합방(庚戌合邦)(1910)에 이르는 조선의 국권(國權) 침탈로 조선왕조는 멸망하고 말았다. 이러한 시기에 개화파(開化派)의 많은 지식인들이 친일(親日) 활동을 하였던 사실을 볼 수 있다. 이와 더불어 이 시대의 대세는 근대적 학문체계인 신학(新學)과 근대적 사회제도로 신속히 변화되어가고 있었다. 화서학파의 위정척사론은 그 네 번째 단계로 한편으로 일본의 국권 침략에 대해 항전(抗戰)하던 의병(義兵) 활동을 해외망명으로 이어갔으며, 다른 한편으로 근대적 변환을 거부하고 초야에 은둔하여 유교 전통의 구제도(舊制度)를 지키며 수구론(守舊論)을 굳게 지켜갔다. 이러한 수구론(守舊論)의 지조(志操)는 시간이 일제(日帝)가 붕괴하고 해방이 될 때까지 견고하게 유지되었지만, 시대변화에 적응력을 상실하면서 학문적 생명력도 급격히 쇠퇴하는 과정을 겪게 되었다.

Ⅱ. 화서학파의 성립과 학파의 분포

1. 화서 이항로와 화서학파의 성립

　　화서(華西) 이항로(李恒老)가 태어나 생애의 대부분을 살았던 양근(楊根) 벽계(蘗溪)[현 경기도 양평군(楊平郡) 서종면(西宗面) 노문리(蘆門里) 벽계(蘗溪)마을]는 화서학파(華西學派)의 학풍이 발생하고 확산되었던 중심으로서 지리적 위치에서 중요한 의미가 있다. 곧 벽계(蘗溪)는 서울에서 동쪽으로 백리(百里) 안에 있는 곳으로, 한강을 거슬러 올라와 양수리(兩水里)에서 북한강을 따라 조금 올라간 곳에 자리잡고 있으니, 교통은 편리하면서 깊숙한 산곡(山谷)의 기운이 감돌아 산림처사(山林處士)들이 머물만한 곳이다. 앞서 16세기 말에 동강(東岡) 남언경(南彦經, 1528~1594)이 이곳에서 살았고, 17세기 말에 삼연(三淵) 김창흡(金昌翕, 1653~1722)이 이곳에 살았다.

　　벽계(蘗溪)를 벗어나 한강을 따라 하류로 내려가다가 서울에 가까워진 곳에 위치한 석실(石室)은 청음(淸陰) 김상헌(金尙憲)에서 농암(農巖) 김창협(金昌協)을 거쳐 미호(渼湖) 김원행(金元行)의 학통으로 이어지는 석실(石室) 학맥의 학풍이 확고하게 자리잡고 있으며, 남한강을 따라 얼마간을 올라가면 여주(驪州)에는 우암(尤菴) 송시열(宋時烈)을 모시는 대노사(大老祠)가 있고, 호서(湖西)지역으로 내려가 충주(忠州)를 지나면 바로 우암(尤菴)의 학통을 계승한 수암(遂菴) 권상하(權尙夏)의 한수재(寒水齋)가 있으며, 여기서 우암(尤菴)의 중심무대인 화양동(華陽洞)은 멀지 않다 19세기 중반부터 화서(華西) 이항로(李恒老)가 문호를 수립하면서 벽계(蘗溪)는 사실상 한말도학(韓末道學)의 새로운 극점(極點)을 이루었으니, 서쪽으로 석실(石室)의 청음(淸陰)학맥과 남쪽으로 대노사(大老祠)·한수재(寒水齋)·화양동(華陽洞)의 우암(尤菴)학맥을 연결하는 삼각(三角)지점을 이루게 되었던 것이다. 곧 서울 외곽의 석실(石室)이 낙학(洛學)의 중심이 되고 있다면, 남한강(南漢江)을 따라 호서(湖西)로 들어간 황강(黃江)[한수재(寒水齋); 현재 충주호(忠州湖)지역]은 호학(湖學)의 근원이 되고 있으며, 북한강으로 올라와 벽계(檗溪)는 호학(湖學)과 낙학(洛學)을 지양하는 한말도학의 새로운 학풍으로서 화서학파의 무대가 되고 있는 것이다.

화서(華西)의 성장 과정과 수학(受學)을 통한 학문적 연원은 그의 부친 우록헌(友鹿軒) 이회장(李晦章)이 중요한 계기를 열어주고 있다. 곧 부친 이회장(李晦章)은 친우(親友)로서 당시 인근의 명망있는 선비들인 화옥(華玉) 신기령(辛耆寧), 설하(雪下) 남기제(南紀濟), 백석(白石) 이정유(李正儒), 화개(華蓋) 이정인(李正仁) 등을 초청하여 경사(經史)를 담론할 때에는 8,9세의 어린 화서(華西)를 시좌(侍坐)하여 말씀을 듣게 하였다 한다. 12세 때는 화옥(華玉) 신기령(辛耆寧)으로부터 『상서(尙書)』를 배웠다. 또한 16세 때는 부친의 명으로 부친과 깊이 친교를 맺고 있던 영서(潁西) 임로(任魯)[1755~1828]를 찾아뵈었다. 임로(任魯)는 바로 부친의 스승 임종주(任宗周)의 아들이요, 임종주(任宗周)는 녹문(鹿門) 임성주(任聖周)의 문인이었다. 또한 21세 때는 지평(砥平) 죽촌(竹村) 이우신(李友信)[1762~1822]을 찾아 뵙고 하루밤 학문을 토론하였다. 여기서 그의 학문적 형성과정에서 배경이 되었던 학문연원을 도표화해 보면 다음과 같다.[1]

---

[1] 吳瑛燮, 『화서학파의 사상과 민족운동』, 국학자료원, 1999, 28~31쪽. 오영섭씨는 李友信→李恒老의 학맥보다 任宗周→李晦章·李恒老의 家學을 더욱 중시하고 있다.

이단상(李端相)→김창흡(金昌翕)…이재(李縡)→김원행(金元行)→김양행(金亮行)→이우신(李友信)
　　　　　　　　　　　　　　—임성주(任聖周)→임종주(任宗周)→임로(任魯)
　　　　　　　　　　　　　　　　　　　　　—이회장(李晦章)—이항로(李恒老)
　　　　　　　　　　　　　　　　　　　　　—신기령(辛耆寧)

　　그러나 화서(華西)의 학문은 특정한 스승의 영향 아래 형성된 것이 아니라, 그 자신 홀로 독실하게 독서·궁리하여 자득한 세계였던 것이 사실이다. 곧 그는 주자의 『사서집주(四書集註)』와 『주자대전(朱子大全)』을 20여년 깊이 연구하였고, 이어서 『송자대전(宋子大全)』를 연구하였다. 이에 따라 그는 "학자가 주자(朱子)를 종주(宗主)로 삼지 않으면 공자(孔子)의 문정(門庭)에 들어갈 수 없고, 송자(宋子)[우암(尤菴)]를 헌장(憲章)하지 않으면 주자(朱子)의 통서(統緖)에 집할 수 없다"²라고 선언함으로써, 그는 "공자(孔子)→주자(朱子)→우암(尤菴)"으로 이어지는 도통(道統)을 제시하였던 것이다. 물론 그는 기호(畿湖)학파의 학맥에 놓여 있지만 율곡(栗谷)을 비롯한 기호학통의 인물들을 모두 젖혀두고 우암(尤菴)을 끌어올려 주자(朱子)에 직접 연결시키고 있는 것이 바로 그의 핵심적 학풍으로서 위정척사(衛正斥邪)의 의리론적 인식을 우암(尤菴)과 주자(朱子)에서 찾아가고 있음을 엿볼 수 있다.

　　화서(華西)의 한말도학(韓末道學)은 성리설과 의리론을 두 중심축으로 삼고 있다. 먼저 성리설에서 보면 율곡(栗谷)→사계(沙溪)→우암(尤菴)으로 이어가는 '심즉기설(心卽氣說)'을 중심으로 주기론적(主氣論的)

위의 도표에서 金昌翕→李縡의 연결은 師承관계로 연결되는 것은 아니다. 허권수, '陶菴 李縡', 『한국인물유학사』(3), 한길사, 1996, 1371쪽.
2　『華西集』, 附錄 卷9, 5, 「年譜」: 先生爲學, 不由師承, …… 常言, 學者不宗主朱子, 無以入得孔子門庭, 不憲章宋子, 無以接得朱子統緖.

경향이 전통을 형성하고 있는데, 그는 이선기후(理先氣後)·이주기역(理主氣役)을 주장하여 주리설(主理說)을 확고하게 제시하였다. 이처럼 화서(華西)에 의한 성리설의 주리론적(主理論的) 확립은 한말(韓末)의 시대인식을 뒷받침할 수 있는 형이상학적 재각성으로서 중요한 의미가 있다. 화서(華西)의 사후에 화서학파 내부에서 심주리주기(心主理主氣)논쟁이 벌어졌지만, 화서의 성리설에서 인식 전환은 시대 인식과 깊은 관계가 있는 것으로 화서학파 학풍의 중요한 특성을 이루고 있는 것이다. 또한 화서(華西)가 호락논쟁(湖洛論爭)의 어느 한쪽에 기울어지지 않은 것은 화서학파의 형이상학이 기호(畿湖)학파의 분파적 배경을 근거로 하는 것이 아니라, 이를 종합하고 지양하는 것임을 보여준다. 다음으로 의리론에서 보면, 화서는 공자(孔子)에서 존왕천패(尊王賤霸)의 춘추대의(春秋大義), 맹자(孟子)에서 한사존성(閑邪存聖)의 벽이단론(闢異端論), 주자(朱子)에서 존화양이(尊華攘夷)의 정통론(正統論), 우암(尤菴)에서 존명배청(尊明排淸)의 북벌론(北伐論)으로 이어지는 의리를 계승하여 한말도학(韓末道學)의 이념으로서 위정척사(衛正斥邪)의 의리를 천명하였던 것이다. 화서(華西)가 주자(朱子)에서 우암(尤菴)으로 이어지는 도통(道統)을 확인하고 있는 것도 기본적으로 의리론에 근거하고 있는 것이라 할 수 있다.

    화서(華西)의 학풍을 기준으로 화서학파(華西學派)를 형성하는 과정에서 그 학파적 특성을 이루는 중요한 요소들을 화서(華西)의 활동 양상에서 확인해보면, 대체로 1) 강학(講學) 2) 유력(遊歷) 3) 항의(抗義) 4) 편찬(編纂)의 4가지 주제로 나누어볼 수 있다. 곧 화서의 이러한 활동 양상은 화서학파를 통해 지속적으로 계승되고 있는 현상으로서 주목할 만하다.

1) 강학(講學): 화서학파에서는 강학(講學)과 더불어 향음주례(鄕飮酒禮)를 행하여 사례(士禮)를 정립함으로써 사림(士林) 공동체의 학풍과 결속을 강화하였던 활동을 들 수 있다. 화서는 40세 때 벽계 시냇가에 경단(敬壇)을 쌓고 향음주례(鄕飮酒禮)를 하면서 사실상 문호(門戶)를 열었으며, 이후로 향음주례(鄕飮酒禮)는 춘추(春秋)로 거행되기도 하고, 사류(士類)들의 집회에 강학(講學)과 더불어 거행되었다. 또한 화서는 48세 때 월강(月講)의 강규(講規)를 정하였는데, 당시 모여든 생도(生徒)는 항상 백명이 넘었다 하니 그 문호와 학풍의 융성함을 엿볼 수 있다. 59세 때는 이 강규(講規)를 다시 다듬어 10여 조목의 '강계(講戒)'[여숙강규(閭塾講規)]를 정하였는데, 그 내용은 독서(讀書)의 순서와 위학(爲學)의 대의를 밝히는 것이었으며, 강학(講學)을 마치면 '강계(講戒)'의 조목을 한 차례 낭송하였다고 한다. 이와 더불어 화서(華西)는 독서(讀書)·강학(講學)하는 여가에 벽계(檗溪) 시냇가로 문인들과 산책하던 주위의 바위에 주자의 「무이구곡도가(武夷九曲櫂歌)」에서 끌어온 '쇄취(鎖翠)'나 '애내성중만고심(欸乃聲中萬古心)' 등을 새겨놓거나, 「제월대명(霽月臺銘)」을 새겨놓기도 하였다.[3] 또한 화서는 장수지소(藏修之所)로서 홍천(洪川) 삼포(三浦)에 동지(同志)·문인(門人)들과 공동체를 이룰 계획을 세우고 한때 이사를 하였던 일이 있었다. 완전히 정착하지는 못하였지만 문인(門人)들과 공동체를 이룰 기지(基地)를 찾았던 사실이 주목된다.

---

3 『華西集』, 附錄 卷9, 31, 「年譜」: 築霽月臺, …… 沿溪上下, 有鎖翠巖·揮手臺·樂志巖·欸乃巖·噴雪潭·石門·太極亭·五自亭之勝, 東行六七里, 又有所謂一柱巖者.

2) 유력(遊歷): 화서학파에서는 사우(師友)나 문인(門人)들과 더불어 산수(山水)의 승경(勝景)과 도학(道學)과 의리(義理) 정신이 깃든 연고지를 역방(歷訪)하고 있다. 화서(華西)는 33세 때(1824) 가평(加平)에 있는 조종암(朝宗巖)을 찾아갔던 것도, 이곳은 화양동(華陽洞)의 경우에 상응되는 화이론(華夷論)과 북벌론(北伐論)의 의리 정신이 간직된 문자를 바위에 새긴 곳이기 때문이다.[4] 그가 36세 때 강화도(江華島)를 유람하고, 44세 때 용인(龍仁)으로 가서 포은(圃隱) 정몽주(鄭夢周)의 묘(墓)를 참배하였던 것은 의리 정신의 역사적 현장을 답사하는 것이다. 특히 45세 때 청주(淸州)로 가서 우암(尤菴)의 묘(墓)를 참배하고, 이어서 화양동(華陽洞)의 만동묘(萬東廟)를 봉심(奉審)하고, 이듬해 여주(驪州)로 대노사(大老祠)를 참배하였던 것도 우암(尤菴)의 존양의리(尊攘義理)를 계승한다는 의식을 보여준다. 52세 때는 곡운(谷雲) 김수증(金壽增)의 화음동(華陰洞)[현 화천군(華川郡) 사내면(史內面)]을 유람하고 금강산으로 들어가서도 우암(尤菴)이 새긴 주자(朱子)의 어구(語句)인 '청운백석(靑雲白石)', '제월광풍(霽月光風)'을 찾아보고 있다. 또한 그는 56세 때 삼신산(三神山)[홍천(洪川) 동쪽80리(里)]을 유람하고, 그곳의 석벽(石壁)에 "기봉강역(箕封疆域) 홍무의관(洪武衣冠)"의 8자를 새김으로써, 우리 땅이 기자(箕子)가 봉(封)해져 교화(敎化)를 이룬 땅이요, 홍무(洪武)[명(明) 태조(太祖)]의 의관(衣冠)[법복(法服)]을 지키는 화하(華夏) 문명의 나라임을 밝히고 있다.

---

4 朝宗巖에는 宣祖御筆인 '萬折必東'과 '再造藩邦'이 석벽에 새겨져 있고, 孝宗이 李敬輿에게 준 批答 '日暮途遠, 至痛在心' 8자가 尤菴의 글씨로 새겨져 있는 宗明滅淸의 義理가 깃들인 곳이었다.

3) 항의(抗義): 화서학파에서는 당시 서양과 일본의 침략을 당하는 위기적 시대 상황에서 의리(義理)를 천명하여 강경하게 항의상소(抗義上疏)를 올리거나 의병(義兵)을 조직하여 항전(抗戰) 활동을 벌여왔다 화서 75세 때[1866 프랑스함대가 강화도(江華島)를 침공하자, 그는 75세의 병든 노구(老軀)로 서울에 올라가 상소(上疏)[사동부승지겸진소회소(辭同副承旨兼陳所懷疏)]를 올렸는데, 이 상소에서 그는 "양적(洋賊)을 공격하는 것이 옳다는 주장은 국변인(國邊人)의 설(說)이요, 양적(洋賊)과 화친하는 것이 옳다는 주장은 적변인(賊邊人)의 설(說)이다."라고 단언하여, 주화론(主和論)을 배격하고 척화론(斥和論)을 강경하게 제시하였다. 화서학파는 척사(斥邪)·척화(斥和)의 의리를 계승함으로써 일제(日帝)의 침략에 대해 가장 강력한 저항운동을 벌였고, 의병(義兵)을 주도하였던 것이다. 화서(華西)의 확고한 주리론적(主理論的) 신념과 강인한 저항의리는 화서학파(華西學派)의 한말도학(韓末道學) 정신으로 계승되고 구현되면서, 서양(西洋)과 일본(日本)의 침략에 대한 민족적 저항의식을 이끌어갔으며, 화서학파로서의 강한 정체성을 지키며 일제(日帝)의 식민지통치 아래서도 철저한 수구론(守舊論)으로 지속되어갔던 사실을 확인할 수 있다. 이러한 의리정신은 화서(華西)에 의해 서학(西學)과 양이(洋夷)를 배척함으로써 정도(正道)[유교]와 중화(中華)[문명]을 수호한다는 의리론의 시대적 과제로 제시되었고, 화서의 위정척사론(衛正斥邪論)은 화서학파의 정신적 중추요 행동원리가 되어갔다. 화서는 이미 45세 때(1836)는 「논양교지화(論洋教之禍)」를 지어 천주교가 유교 사회에 미치는 해독을 지적하였고, 이 무렵 그는 "양이(洋夷)가 그 학술을 전파시키는 것은 도(道)를 행하려는 정신에서 나온 것이 아니라, 어리석은 백성을 현혹시켜 내응(內應)하도록 결탁한 다음 그들의

욕망을 자행하려는 것이다."[5]라고 선언하여, 천주교의 배경에 서양의 침략세력이 있음을 예리하게 간파하고 경계하였던 일이 있다.

    4) 편찬(編纂): 화서학파에서는 학풍의 기반을 확립하기 위하여 주자(朱子)를 기준으로 도학선유(道學先賢)들의 저술을 재검토하여 편찬하거나 스승의 저술을 편찬하는 작업에 깊은 관심을 기울이고 있다. 화서는 아들인 이준(李埈)에게 명하여 『주자대전차의집보(朱子大全箚疑輯補)』(70책)를 편찬하게 하여 주자학(朱子學)의 확고한 재정립을 도모하고, 문인 김평묵(金平默)에게 명하여 『이정전서집의(二程全書集疑)』를 저술하게 하여 주자학(朱子學)의 근원으로서 정자(程子)의 학문체계를 재정립하고 있다. 주자(朱子)와 정자(程子)의 저술에 대한 차의(箚疑)를 집성하여 정리하는 작업은 우암(尤菴) 송시열(宋時烈)의 선행작업에 기초하고 있는 것이다. 또한 문인 유중교(柳重敎)와 김평묵(金平默)에게 명하여 『송원화동사합편강목(宋元華東史合編綱目)』을 저술하게 함으로써, 주자(朱子)의 『통감강목(通鑑綱目)』을 기준으로 정통론적 역사의식에 따라 중국과 우리 역사를 통합하여 서술하고 있다. 화서(華西)자신은 『주역전의동이석의(周易傳義同異釋義)』를 저술하여 정자(程子)의 『역전(易傳)』과 주자(朱子)의 『주역본의(周易本義)』의 동이(同異)를 검토하여, 주자(朱子)를 기준으로 역학(易學)을 정립하는 해석을 하고 있다 나아가 김평묵(金平默)·유중교(柳重敎)를 중심으로 하는 화서(華西)의 문인들은 화서(華西)의 만년에 병이 깊어지자, 문인들이 스승의 학문을 강

---

5   『華西集』, 附錄 卷9, 18, 「年譜」: 洋夷之必欲傳播其術者, 豈眞出於行道之誠哉, 蓋將誑惑愚氓, 廣結內應, 然後乃恣行其所欲耳.

설(講說)하기 위하여 스승의 저술 및 문인들과의 문답에서 긴요한 내용을 발췌하여 『화서아언(華西雅言)』을 편찬하였다. 『화서아언(華西雅言)』[1867편(編), 1874간(刊)]은 사실상 화서학파의 사설(師說)로서 교과서적 역할을 하는 저술이다.

2. 학맥의 분화와 지역적 분포

화서(華西)의 문하에 제자들이 모여들었던 것은 40세 때 북인(北人) 가문출신의 금천(錦川) 임규직(任圭直)이 시초이지만, 이해부터 벽계(蘗溪) 시냇가에 '경단(敬壇)'이라는 단(壇)을 쌓고 춘추(春秋)로 향음주례(鄕飮酒禮)를 행하기 시작하였던 사실로 보아 사우(師友)들과 활발한 강학(講學)과 교유(交遊)가 있었던 것으로 보인다. 44세 때는 단양(丹陽)으로 유람을 갈 때 문인(門人)들을 데리고 갔었는데, 그가 병이 나자 문인(門人)들은 돌려보냈으나, 이용헌(李用獻)[도암(陶菴)문인 이행상(李行祥)의 손자]이란 문인은 끝까지 남아서 스승의 병석을 보살폈다 한다. 화서가 45세 때 사헌부(司憲府) 장령(掌令)을 지냈던 율리(栗里) 유영오(柳榮五)가 유배(流配)에서 풀려나 벽계로부터 멀지 않은 양근(楊根) 잠강(潛江)[현 가평군(加平郡) 설악면(雪岳面) 선촌리(仙村里)]에 낙향하여 살았는데, 유영오는 화서의 명망(名望)을 듣고 찾아와서 만나보고는 그 학문에 감복하여 직접 배우기를 청할 뿐만 아니라 벽계(蘗溪)에 서실(書室)을 짓고 그 자손들을 화서(華西)문하에서 수업받도록 보냈다. 이때부터 화서문하에 많은 제자들이 몰려들었다 한다.[6]

---

[6] 華西의 主要문인들이 입문한 시기를 보면 다음과 같다. 華西40-錦川 任圭直 華西45세-省齋 柳重教 華西51세-重菴 金平默 華西55세-勉菴 崔益鉉 華西64세-毅菴 柳麟錫 華

화서학파의 계보를 분류하려면 일차적으로 화서(華西)의 문하에서 서로 사승관계와 친교관계가 복잡하게 얽혀있는 사실에도 불구하고, 가장 중요한 계기는 이른바 '심설(心說)논쟁'이란 매우 격렬한 논쟁을 거치면서 입장이 크게 두 갈래로 나뉘게 되었던 점을 주목하여야 할 것이다. 그 하나는 화서(華西)의 심설(心說)을 지지하는 '중암(重菴)·면암(勉菴) 중심의 계보'이고, 다른 하나는 화서(華西)의 심설(心說)에 수정·조절을 요구한 성재(省齋)의 견해를 지지하는 '성재(省齋)·의암(毅菴) 중심의 계보'라 할 수 있다. 그 양자의 중간에 놓여서 절충·조화를 추구함으로써 독자적 입장을 보여주거나 양자의 쟁점에서 비교적 초연함으로써 독립적 성격을 지키고 있는 경우는 비록 소수이지만, '중립적(中立的) 독자(獨自)계보'로서 주의 깊게 분별해낼 필요가 있다. 또한 화서학파가 벽계(蘗溪)를 중심으로 북한강과 남한강 일대에 가장 많이 분포하고 있지만, 주거지역을 이동하거나 문인들의 범위가 확산되면서 평안도와 전라도를 포함하는 광범한 지역에 분포하고 있는 사실을 주목하고, 학맥의 성격과 지역적 분포의 관련성을 살펴볼 필요가 있다.

먼저 화서학파의 계보를 1) 화서(華西)의 급문제자(及門弟子)를 중심으로 살펴보고, 2) '중암(重菴)·면암(勉菴) 중심의 계보'와, 3) '성재(省齋)·의암(毅菴) 중심의 계보', 4) '중립적(中立的) 독자(獨自) 계보'로 구분하고, 그 학맥의 계승과정 및 지역적 분포와 성격을 살펴보자.[7]

西75세-錦溪 李根元

[7] 華西학파의 학맥을 정확히 분석한다는 것은 그 문집과 관련자료를 면밀히 검토하여야 가능한 매우 복잡하고 어려운 일이다. 최근에 발간된 張三鉉編著, 『蘗溪淵源錄』(楊平文化院, 1999)에는 6,900여명의 방대한 인물을 수록하고 있어서 매우 유용하게 참고할 수 있었다.

1) 화서문인과 화서 학파의 분화:

화서(華西)문하에서 수학한 주요 인물로 16명과 사숙(私淑)문인 1명을 들어볼 수 있다.

화서(華西)문하				
금천(錦川)	임규직(任圭直)	1811~53	광주(廣州)	
괴원(槐園)	이준(李埈)	1812~53	벽계(檗溪)	
황계(黃溪)	이복(李墣)	1822~82	벽계(檗溪)	
하거(荷渠)	양헌수(梁憲洙)	1816~85	양평(楊平)	
중암(重菴)	김평묵(金平默)	1819~91	포천(抱州)	우매산문(又梅山門)
운암(雲菴)	박문일(朴文一)	1822~94	태천(泰川)	
성암(誠菴)	박문오(朴文五)	1835~99	태천(泰川)	
홍암(弘菴)	박경수(朴慶壽)	1824~97	가평(加平)	
성재(省齋)	유중교(柳重敎)	1832~93	춘천(春川)	우중암문(又重菴門)
면암(勉菴)	최익현(崔益鉉)	1833~1906	포천(抱川)	
금계(錦溪)	이근원(李根元)	1840~1918	양평(楊平)	우중암·성재문(又重菴·省齋門)
의암(毅菴)	유인석(柳麟錫)	1842~1915	춘천(春川)	우중암·성재문(又重菴·省齋門)
항와(恒窩)	유중악(柳重岳)	1843~1909	춘천(春川)	우중암·성재문(又重菴·省齋門)
용계(龍溪)	유기일(柳基一)	1845~1904	포천(抱川)	우중암·성재문(又重菴·省齋門)
손지(遜志)	홍재구(洪在龜)	1845~98	춘천(春川)	
여지(勵志)	홍재학(洪在鶴)	1848~81	춘천(春川)	

여기서 열거한 화서문인 17명의 지역적 분포를 보면 가까운 양평(楊平)·가평(加平)과 북한강을 따라 올라간 춘천(春川)지역의 인물로는

화서(華西)의 아들 이준2과 황계(黃溪) 이복(李墣)을 포함하여 9명이고, 경기도 지역으로 얼마간 떨어진 곳에는 서쪽으로 광주(廣州)에 금천(錦川) 임규직(任圭直)이 있고, 북쪽으로 포천(抱川)에 중암(重菴) 김평묵(金平默), 면암(勉菴) 최익현(崔益鉉), 용계(龍溪) 유기일(柳基一)의 3人이 있다. 멀리 평북 태천(泰川)에는 운암(雲菴) 박문일(朴文一) 형제가 있다. 이들의 지역적 분포는 경상도와 전라도 및 함경도를 제외하고는 거의 전국적 범위에 걸쳐있음을 보여준다.

　화서(華西)문하에서 중암(重菴)과 성재(省齋)는 선배로서의 중심적 역할을 담당하고 있는데 특징이 있다. 성재(省齋)도 중암(重菴)의 문하에서 수업을 받았지만, 금계(錦溪) 이근원(李根元), 의암(毅菴) 유인석(柳麟錫), 항와(恒窩) 유중악(柳重岳), 용계(龍溪) 유기일(柳基一) 등 화서문하의 후기 제자들은 중암(重菴)과 성재(省齋)의 두 문하에서도 수학하고 있는 사실을 볼 수 있다. 이처럼 화서학파를 형성하는 두 중심축은 중암(重菴)과 성재(省齋)라고 할 수 있을 것이다.

중암(重菴)·성재(省齋)문인(門人)					
중암(重菴)계열	용계(龍溪)	유기일(柳基一)	1845~1904	포천(抱川)	우화서문(又華西門)
성재(省齋)계열	금계(錦溪)	이근원(李根元)	1840~1918	양평(楊平)	우화서문(又華西門)
	의암(毅菴)	유인석(柳麟錫)	1842~1915	춘천(春川)	우화서문(又華西門)
	항와(恒窩)	유중악(柳重岳)	1843~1909	춘천(春川)	우화서문(又華西門)
	연곡(蓮谷)	노정섭(盧正燮)	1849~1902	개풍(開豊)	
	경암(敬菴)	서상렬(徐相烈)	1858~1896	단양(丹陽)	

그 밖에도 경제(敬齊) 양두환(梁斗煥), 경암(敬菴) 서상렬(徐相烈), 연곡(蓮谷) 노정섭(盧正燮)은 그다음 세대로서 중암(重菴)·성재(省齋)의 두 문하에서 수학하였던 인물들이다. 이들은 대체로 그 지역적 배경과 심설(心說)논쟁의 입장 및 공동활동에 따라 중암(重菴)이나 성재(省齋)의 어느 한쪽으로 기울어지고 있음을 보여주고 있다. 여기에 화서학파(華西學派)의 일차적 분화가 일어나고 있음을 볼 수 있다.

2) 중암重菴·면암勉菴 중심의 계보:

중암(重菴) 김평묵(金平默)은 화서(華西)문하의 선배로서 화서(華西) 사후에는 화서학파를 이끌어가는 주도적 역할을 하였다. 특히 성재(省齋) 유중교(柳重敎)도 소년 시절 그에게서 수업을 받았으므로 성재(省齋)도 그를 스승으로 섬겼다. 중암(重菴) 계열의 문인들은 대체로 중암(重菴)의 고향인 경기 북부의 포천(抱川)을 중심으로 중암(重菴)이 한때 머물렀던 춘천(春川)·홍천(洪川)의 강원도 일부로서, 중암(重菴) 자신의 활동무대와 직접 연결되고 있다. 이들은 대부분 화서(華西)의 문하에도 출입하였던 인물들이라는 공통성을 보여준다.

면암(勉菴) 최익현(崔益鉉)은 화서(華西)문인 가운데서 가장 높은 벼슬에 올랐던 인물이요, 그만큼 정치적 역할과 영향력도 컸던 인물이다. 중암(重菴)은 면암(勉菴)에게 충고를 아끼지 않았고 서로 깊이 신뢰하고 있음을 보여주고 있다. 특히 면암(勉菴)은 성재(省齋)와도 친교(親交)가 깊어 중암(重菴)과 성재(省齋)의 심설(心說)에 관한 의견이 대립할 때에, 화서(華西)·중암(重菴)의 견해를 기본적으로 지지하면서도 성재(省齋)의 견해도 높이 평가함으로써 조정역할을 맡기도 하였다. 면암(勉菴)은 화서(華西)문하에 수학할 때는 화서의 이웃 마을에 살았지만 그의 고향 포천(抱川)으로 돌아갔으며, 만년에 충남 청양(靑陽)[정산(定山)]으로 이거(移居)하여, 이때부터 그의 문인들은 충청도와 전라도 지역으로 확산되고 있다. 다음에 열거된 면암(勉菴)문인들도 모두 호남(湖南) 인물인 사실과 그가 1906년 전북 태인(泰仁)에서 의병을 일으켰던 사실도 그의 문인들이 호남(湖南)에 폭넓게 분포 되어 있었음을 의미한다. 실제로 이들은 모두 의병(義兵)이나 독립운동에 직접 가담했던 인물들이라는 공통성을 보여주고 있다.

중암(重菴)·면암(勉菴) 중심의 계보

중암(重菴)	용계(龍溪)	유기일(柳基一)	1845~1904	포천(抱川)	우화서문(又華西門)
	여지(勵志)	홍재학(洪在鶴)	1848~81	춘천(春川)	우화서문(又華西門)
	매사(梅史)	김원현(金元鉉)	1857~1924	홍천(洪川)	
	석창(石倉)	채충진(蔡忠鎭)	1889~1939	상주(尙州)	
면암(勉菴)	둔헌(遯軒)	임병찬(林炳瓚)	1851~1916	태인(泰仁)	우화서문(又華西門)
	세심(洗心)	백경인(白景寅)	1874~?	보성(寶城)	우화서문(又華西門)
	송천(松川)	고예진(高禮鎭)	1875~1952	고창(高敞)	우화서문(又華西門)

3) 성재省齋·의암毅菴 중심의 계보:

율리(栗里) 유영오(柳榮五)의 자손들인 성재(省齋) 유중교(柳重敎)와 의암(毅菴) 유인석(柳麟錫)은 춘천(春川) 남면(南面) 촌정리(村亭里)를 기반으로 하고 있지만 벽계(蘗溪)에서 가까운 잠강(潛江)[잠호(潛湖); 현 가평군 설악면(雪岳面) 신천리(新川里)]에 한포서사(漢浦書社)를 세우고 강학하였다. 그는 만년에 충북 제천(堤川)의 장담(長潭)[현 제천시 봉양면 공전리]으로 이거하였는데, 당시 그의 문인인 서상렬(徐相烈)·주용규(朱庸奎)·유인석(柳麟錫)·이직신(李直愼)등이 함께 따라가 살았다. 이때부터 제천(堤川)을 중심으로 호서(湖西)·영남(嶺南)·관동(關東)으로 화서학파가 확장되는 계기를 열어주었다. 금계(錦溪) 이근원(李根元)은 화서(華西)문인으로 중암(重菴)·성재(省齋)의 두 문하에서 수학한 인물이지만, 성재(省齋)의 심설(心說)을 추종하였던 인물로 양평(楊平)[지평(砥平)]에서 강학하였다. 의암(毅菴) 유인석(柳麟錫)은 화서(華西)문하에 나가면서 종숙(從叔)인 성재(省齋)를 사사(師事)하며 따랐다. 특히 그는 제천(堤川)에서 을미의병(乙未義兵)을 주도함으로써 화서학파에서 가장 활발한 의병운동을 이끌어갔던 중심인물이 되었다.

성재(省齋)·의암(毅菴) 중심의 계보

성재(省齋)	습재(習齋)	이직신(李直愼)	1852~1930	춘천(春川)	
	성암(惺菴)	박주순(朴胄淳)	1858~1929	청원(淸原)	
	경암(敬菴)	서상렬(徐相烈)	1858~96	단양(丹陽)	우중암문(又重菴門)
금계(錦溪)	청담(淸潭)	송소용(宋炤用)	1864~1946	충주(忠州)	
	과암(果菴)	신익균(申益均)	1879~1939	중원(中原)	
	양서(楊西)	박준빈(朴峻彬)	1892~1969	양평(楊平)	
의암(毅菴)	운강(雲岡)	이강계(李康季)	1858~1908	문경(聞慶)	
	항재(恒齋)	이정규(李正奎)	1865~1945	제천(堤川)	

4) 중립적 독자 계보:

운암(雲菴) 박문일(朴文一)과 성암(誠菴) 박문오(朴文五) 형제는 평북 태천(泰川)에서 강학하던 화서(華西)문인으로 서북지역에서 한말도학의 중심인물이었다. 운암(雲菴) 형제는 지역적 거리로 심설(心說)논쟁에 직접 관여하지 않았으며 독자적 학풍을 지켜갔다. 운암(雲菴) 형제의 문인들 가운데는 국동(菊東) 조병준(趙秉準)과 그 문하의 경우처럼 독립운동에 참여한 인물들과, 백암(白巖) 박은식(朴殷植)의 경우처럼 애국계몽사상가로서 중심적 역할을 하였던 인물, 서우(曙宇) 전병훈(全秉薰)의 경우처럼 중국에서 도교(道敎)수련에 기초하여 새로운 사상운동을 벌였던 인물들이 있어서 화서학파에서 가장 큰 폭의 가변성을 보여주고 있다. 이러한 현상은 서북지역이라는 지역적 배경이 큰 요인으로 작용하였던 것으로 보인다. 그 밖에도 하거(荷渠) 양헌수(梁憲洙)처럼 화서문하에서 나온 무관(武官)으로서, 처음부터 성리설에 별다른 관심을 보이지 않고 중립적 성격을 띠고 있다가 독립운동에 참여하여 활동한 경우도 있다.

	중암(重菴)·면암(勉菴) 중심의 계보			
	백암(白巖)	박은식(朴殷植)	1859~1925	황주(黃州)
	국동(菊東)	조병준(趙秉準)	1862~1931	의주(義州)
운암(雲菴)	국산(菊山)	김경하(金景河)	1879~1927	의주(義州)
	춘강(春岡)	김상익(金相翊)	1895~1973	원산(元山)
	서우(曙宇)	전병훈(全秉薰)	?~?	평북(平北)

화서학파가 활동하던 중심지역과 분포를 종합해 보면, 중암(重菴)·면암(勉菴)이 북쪽으로 고향인 포천(抱川)에서 강학(講學)하였던 경기·북부지역과 성재(省齋)·의암(毅菴)이 문인들을 이끌고 남쪽으로 제천(堤

川)으로 내려가서 터를 잡은 충북·동부지역으로 갈라지고, 다시 면암
(勉菴)이 충남 청양(靑陽)으로 옮겨가면서 충남 서부지역이 또 하나의 중
심을 이루었고, 일찍부터 운암(雲菴)·성암(誠菴) 형제가 강학하던 평북
태천(泰川)이 서북지역의 중심을 이루고 있었다. 포천(抱川)을 중심으로
경기 북부와 강원지역으로 뻗어가고, 제천(堤川)을 중심으로 호서(湖西)
동부와 영남(嶺南)지역으로 확장되며, 청양(靑陽)을 중심으로 호서(湖西)
서부와 호남(湖南)으로 뻗어가며, 태천(泰川)을 중심으로 관서(關西)와 해
서(海西) 지역 및 관북(關北) 지역까지 수렴하는 형세를 보여준다.

Ⅲ. 화서학파의 전개과정과 학풍

1. 중암·면암 계열의 학풍

　　중암(重菴) 김평묵(金平默)은 화서(華西)가 세상을 떠나던 50세 때
까지 스승을 모셨고, 화서(華西)문하에 있을 때 성재(省齋) 유중교(柳重
教)를 가르쳤으며, 성재(省齋)를 비롯한 화서문하(華西門下)의 동문(同門)
후배들 상당수가 화서(華西)에 이어 중암(重菴)을 스승으로 섬겼다. 따
라서 중암(重菴)은 화서(華西)를 계승하여 화서(華西)학파를 이끌어가는
중심적 역할을 맡았던 인물이다. 면암(勉菴)은 14세에서 21세 때까지
초년기에 화서문하에서 수학하였으며, 일찍부터 벼슬길에 나가 조정에
서 활약하였던 인물이다. 중암(重菴)과 면암(勉菴)은 같은 포천(抱川)지
역을 기반으로 하고 있으며, 면암(勉菴)은 심설(心說)논생에서도 기본적
으로 화서(華西)-중암(重菴)의 입장을 지지하였을 뿐만 아니라 중암(重
菴)을 동문(同門)의 선배로서 경외(敬畏)하였다.

1) 강학講學

강학 활동의 양상에서 중암(重菴)의 경우는 문인들을 중심으로 하고 있다면, 면암(勉菴)의 경우는 문인들과 지역 사림(士林)들을 폭넓게 모아들이는 경향을 보여준다.

중암(重菴)이 화서(華西)문하에 나온 초기인 28세 때와 32세 때, 주자(朱子)와 우암(尤菴)을 제향하는 연천(漣川)의 임장서원(臨漳書院)에서 주자(朱子)와 우암(尤菴)의 심법(心法)을 간추려놓은 문헌인『양현전심록(兩賢傳心錄)』[정조명찬(正祖命撰)]을 강론하였던 사실은 화서(華西)가 제시한 도통(道統)의식을 명확히 계승하고 있음을 보여주는 것이다. 중암(重菴)은 가세(家勢)가 극빈(極貧)하여 사방으로 옮겨 다니며 제자들을 가르쳤다. 63세 때(1881) 이후 지도(智島)에서 유배 생활을 하는 동안에도 강학을 계속하여 호남지역의 문인들이 모여들었다. 그는 만년에 영평(永平) 백운산(白雲山)속에 운담정사(雲潭精舍)를 세우고 강학하였으며, 계상(溪上)에 거연대(居然臺)를 쌓고 이곳에서 향음주례(鄕飮酒禮)를 행했다.

면암(勉菴)은 67세 때(1899) 포천(抱川)의 선비들과 향약(鄕約) 설정하여 시행하였다. 그는 만년인 68세 때 포천(抱川)에서 호서(湖西) 정산(定山)[현 청양군(靑陽郡)]으로 이거(移居)하였다. 이렇게 서울에서 멀리 떨어진 산림(山林)속으로 들어가는 것은 혼란한 세상에서 물러나 강학(講學)에 전념하려는 의도가 있었던 것으로 보인다. 그는 문인(門人)들과 지역 사림(士林)들을 모아 정산향교(定山鄕校)에서 향음주례(鄕飮酒禮)를 행하고 구동정사(龜洞精舍)에서 강학(講學)하였으며, 연재(淵齋) 송병선(宋秉璿)이 주최하는 임피(臨陂) 악영당(樂英堂)의 강회(講會)에도 참석하는 등 침체해가는 사기(士氣)를 진작시키기 위해 강학(講學) 활동을 활발하게 벌였다.

2) 유력遊歷

　유력(遊歷)의 범위를 보면 중암(重菴)의 경우는 기호(畿湖)학맥과 노론(老論)인맥에 집중되고 있지만, 면암(勉菴)의 경우는 영남(嶺南)에까지 넓게 뻗치고 있는 양상을 보여주고 있다.

　중암(重菴) 27세 때 양주(楊州)의 석실서원(石室書院), 과천(果川)[현 노량진]의 사충사·육신묘(四忠祠六臣墓), 양주(楊州)의 노강사(魯江祠)를 참배하여, 기호(畿湖) 노론(老論)의 사우(祠宇)들을 순방하였다. 또한 대원군에 의한 서원훼철령(書院毁撤令)이 내려진 후, 중암은 미원서원(迷源書院)[현 가평군 설악면]이 철거될 때 신위(神位)를 재실(齋室)에 모셨으며, 문인들과 더불어 선현(先賢)들이 제향(祭享)되는 곳을 돌아보는 순례를 나섰다. 양주(楊州)로 지촌(芝村) 이희조(李喜朝)[우암(尤菴)문인]의 묘(墓)를 거쳐, 정암(靜菴)과 우암(尤菴)을 제향하는 도봉서원(道峯書院)을 참배하고, 포천(抱川)으로 백사(白沙) 이항복(李恒福)을 제향하는 화산서원(花山書院)을 참배하고, 파주(坡州)로 청송(聽松)·우계(牛溪)의 묘(墓)와 화석정(花石亭), 율곡(栗谷)의 묘(墓), 자운서원(紫雲書院)을 참배하며, 효계(孝溪)로 휴암(休菴) 백인걸(白仁傑)의 묘(墓)를 거쳐, 소요산(逍遙山)에 들어가 봉비대(鳳飛臺)에서 향음주례(鄕飮酒禮)를 하였으며, 연천(漣川)의 임장(臨漳)서원을 배알하고 돌아왔다. 중암은 만년에도 문인들과 서행(西行)하여 개성(開城)의 숭양서원(崇陽書院)·선죽교(善竹橋)를 찾아 포은(圃隱)의 자취를 둘러보고, 해주(海州) 석담(石潭)으로 가서 율곡(栗谷)의 사판(祠板)을 배알하였으며, 백천(白川)에서 며칠 동안 강학(講學)하다 돌아왔다. 이러한 중암(重菴)의 순례 과정은 기호(畿湖)학맥의 연원(淵源)으로 의리(義理)에 관계된 인물들에 집중하고 있다.

　면암은 흑산도(黑山島)에서 유배생활을 하던 46세 때, 대흑산도(大

黑山島) 천촌(淺村)의 석벽(石壁)에 "기봉강산(箕封江山) 홍무일월(洪武日月)"이라 새겼던 것은, 곧 화서(華西)가 삼신산(三神山)의 석벽(石壁)에 "기봉강역(箕封疆域) 홍무의관(洪武衣冠)"이라 새겼던 사실을 본받아 이 땅을 화하(華夏)로 확인하는 존화의리(尊華義理)를 밝히고 있는 것이다. 면암은 67세 때 화음동(華陰洞)의 곡운구곡(谷雲九曲)을 유람하였다. 68세 때는 조종암(朝宗巖)의 황단제향(皇壇祭享)에 참례(參禮)한 뒤에 재실(齋室)에서 강회(講會)를 열었고, 영남으로 내려가 도산서원(陶山書院)과 퇴계(退溪)의 묘(墓)를 참배하고, 옥산서원(玉山書院)과 회제(晦齋)의 사당을 참배하며, 경주(慶州)의 낭산서당(狼山書堂)에서는 사우(士友)들과 강학(講學)하였다. 또한 면암은 70세 때 문인들을 데리고 두류산(頭流山)과 가야산(伽倻山)을 유람하러 나서서도 단성(丹城)의 적벽강(赤壁江)에서 뱃놀이를 하고, 산천재(山天齋)와 남명(南冥) 조식(曺植)의 묘(墓)를 배알하였으며, 가야산(伽倻山)에서 최치원(崔致遠)의 유적을 찾아보았다.

3) 항의抗義

중암(重菴)은 벼슬에 나가지 않은 산림(山林)의 선비로서 문인들과 유교전통의 옛 제도를 수호하기 위해 개화 정책에 항거하는 상소를 통해 위정척사(衛正斥邪)의 의리를 밝혔지만, 이에 비해 면암은 도학전통을 수호하는 입장은 같지만, 정치의 중심에 나아갔던 관료로서 우리 사회의 위기적 현실을 예리하게 지적하는 안목을 보여주었고, 중암(重菴)의 사후(死後)에는 항의상소(抗義上疏)와 더불어 일제의 침략에 의병(義兵)을 일으켜 항의(抗義)정신을 밝히면서, 그 국가 간의 신의와 국제질서에 호소하는 논리에서도 명확한 현실 인식을 보여주고 있는데 특징이 있다.

면암(勉菴)은 41세 때(1873) 호조참판(戶曹參判)을 사직(辭職)하는 상소에서 황묘(皇廟)의 훼철은 군신의 윤기가 무너진 것이요, 서원(書院)의 혁파는 사제(師弟)간의 의리가 끊어진 것이요, 귀신이 출후(出後)하는 것은 부자간의 윤기(倫紀)가 문란해진 것이라 하여, 대원군의 개혁정책을 정면으로 비판하며, 나아가 대원군이 정치에 간여하지 못하도록 요구하였다가 제주(濟州)에 위리안치(圍籬安置)되기도 하였다. 이처럼 면암은 일찍부터 도학적 의리에 위배된다고 판단되면 과감한 비판상소를 올렸던 것이다.

일본(日本)의 무력위협으로 병자수호조약(丙子修好條約)[1876의 체결을 위한 회담이 진행되는 동안, 중암(重菴)과 성재(省齋)를 중심으로 윤정구(尹貞求)·유인석(柳麟錫)·유중악(柳重岳)등 화서(華西)문하는 「경기강원양도유생소(京畿江原兩道儒生疏)」[소수(疏首) 홍재구(洪在龜)]를 제출하였다. 이 상소가 위로 올라가지는 못했지만, 국가의 위난에 화서학파의 중심세력이 함께 나서서 포의(布衣)의 선비로서 척사의리(斥邪義理)를 천명하는 상소(上疏)운동을 벌였던 것이다. 이 상소를 올리면서 유생(儒生)이 시정(時政)의 시비(是非)에 발언하는 것이 의리에 합당한지에 대한 성재(省齋)의 질문에 대해, 중암(重菴)은 "주자(朱子)도 국가존망(國家存亡)에 관계되는 자리에서는 비록 포의(布衣)라도 말할 수 있는 의리가 있다 하였는데, 지금의 일은 국가의 존망이 갈라지는 것만이 아니다."[8]라 하여, 국가(國家)의 존망(存亡)이 걸린 위기요, 화이(華夷)의 변란을 당한 위기에서 직위(職位)가 없는 선비로서도 국정(國政)에 발언할 수 있다는 의리

---

8 『省齋集』, 卷58, 18~19쪽, 附錄, 「年譜」: 稟於金先生, 金先生曰, 朱夫子有訓, 繫國家存亡之地, 雖韋布亦有可言之義, 況今日之事, 不但爲國家存亡之判乎.

를 밝히고 있다. 이때 면암(勉菴)도 중봉(重峰) 조헌(趙憲)의 고사(古事)를 따라 도끼를 들고 대궐 앞에 엎드려 상소를 올리는 「지부복궐척화의소(持斧伏闕斥和議疏)」를 올려 화의(和議)를 거부하는 강경한 주장을 제시하였다. 면암은 이 상소(上疏)에서 왜적(倭賊)과 강화(講和)하면 반드시 나라가 난망(亂亡)의 재앙을 당할 것임을 조목별로 제시하여, 왜(倭)가 강(强)하고 우리가 약(弱)하다는 현실과 왜(倭)의 침략성을 인식하고, 불리한 산업구조에 따른 교역의 경제적 폐해를 지적하며, 왜(倭)와 서양(西洋)이 동질의 금수(禽獸)라 하여 인륜과 풍속을 해칠 위험 등을 밝히고 있다. 이 상소(上疏)로 면암은 흑산도에 유배되었다가 1879년에 풀려났다.

1881년 수신사(修信使) 김홍집(金弘集)이 일본에서 가져온 황준헌(黃遵憲)의 「조선책략(朝鮮策略)」에 제시된 문호개방 정책을 조선 정부가 채택하려 할 때, 중암(重菴)의 문인(門人) 이행규(李行逵)·신섭(申㮒) 등이 기내(畿內)에서 일어나고, 홍재학(洪在鶴) 등이 관동(關東)에서 일어나 각기 소청(疏廳)을 설치하고 잇달아 상소하였다. 홍재학(洪在鶴)을 소두(疏頭)로 한 관동상소(關東上疏)[중암(重菴)이 상소(上疏)의 미부(尾附)를 지었음]에서 강경한 정부비판으로 홍재학(洪在鶴)은 처형되고, 중암(重菴)은 이만손(李晩遜)의 영남(嶺南)소청(疏廳)에 보낸 편지의 문제로 지도(智島)에 유배(流配)되었다 이때 면암은 별다른 동정(動靜)을 보이지 않고 있다.

1884년 갑신정변으로 변복령(變服令)이 내려지자, 중암은 지도(智島)의 유배지에서 "군명(君命)을 따르지 않는 것이 도리인가?"라는 진장(鎭將)의 질문에 대해 "군명(君命)이 혼란하면 이치에 근거하여 따르지 않는 것이 임금의 허물을 구제해 주는 것이요, 머리 숙여 자신의 뜻을 굽히고 따르는 것은 임금의 허물을 이루어주는 것이다. 임금의 허물을 구제하는 것이 충성이요, 임금의 허물을 이루는 것이 죄(罪)이다."[9]라고 하여, 왕명(王命)이 잘못되면 도리에 따라 거부해야 한다는 신념을 밝혔다. 당시 약산(約山) 김병덕(金炳德), 입재(立齋) 송근수(宋近洙), 연재(淵齋) 송병선(宋秉璿) 등이 변복령(變服令)에 반대하는 상소를 올렸는데, 면암(勉菴)에게도 상소를 올리라는 요청을 하자, 그는 "병자년(丙子年)의 화의(和議)가 한 번 이루어지면 소중화(小中華)가 변하여 이적(夷狄)이 되고, 인류(人類)가 변하여 금수(禽獸)가 되는 것은 차례대로 일어나는 일이다. 이미 근본을 제거하지 못하고서 뻗어나가는 세력을 다스리려고 한다면 혀가 닳고 기운이 빠져 죽게 될 것이니, 무슨 이익이 있겠는가?"[10]라고 하여 상소(上疏)가 소용없을 만큼 근본 문제가 그릇되었다는 대세(大勢)의 인식을 제시하고 있다.

갑오경장(甲午更張)(1894)이 일어났을 때는 중암(重菴)과 성재(省齋)는 이미 세상을 떠났고, 면암(勉菴)과 의암(毅菴)이 화서학파를 이끌어가는 역할을 맡고 있었다. 면암(勉菴)은 63세 때(1895) 박영효(朴泳孝) 등 친일개화파(親日開化派)에 의해 추진되는 개화 정책에 반대하여 의복과 전장(典章)의 옛 제도를 회복하도록 요구하는 상소를 올렸다 그해에 민비(閔妃)가 시해(弑害)되고 이어서 단발령(斷髮令)이 내려지자 포천향교(抱川鄕校)의 대성전(大成殿)에 들어가 통곡하였다. 그는 여기서 사림(士林)들과 대회(大會)를 열고 복수보발(復讐保髮)의 계책을 세우고자 하였다. 단발(斷髮)은 이적(夷狄)의 제도로서 성현(聖賢)의 도(道)가

---

9 『重菴集』, 附錄, 卷5, 34,「年譜」: 君有亂命, 據理不從者, 所以救君之過也, 俯首曲從者, 所以成君之過也, 救君之過忠也, 成君之過罪也.

10 『勉菴集』, 附錄, 卷2, 18 : 丙子之和事一成, 則小華之變爲夷狄, 人類之化爲禽獸, 是次第事也, 旣不能拔本塞源, 而欲救此蔓延頑洞之勢, 則殆將舌弊氣渴而死矣, 何益之有.

끊어지게 되는 위기임을 대성전(大成殿)에서 공자(孔子)와 성현(聖賢)들에게 고하고자 한 것이다. 이 일로 단발령(斷髮令)을 추진하던 유길준(兪吉濬)에 의해 서울에 구금(拘禁)되었었다. 이듬해(1896) 민비(閔妃)의 시해(弑害)와 단발령(斷髮令)에 항거하는 유림(儒林)의 의병(義兵)이 사방에서 일어나자, 정부는 면암(勉菴)을 선유대원(宣諭大員)에 임명하여 의병을 무마시키고자 하였으나, 면암(勉菴)은 이 직책을 거절하면서 의병(義兵)의 명분이 정대함을 옹호하였다.

일본의 침략이 갈수록 심화되어 1905년 을사늑약(乙巳勒約)이 이루어지기 전에 국가의 위기의식은 극도에 달하고 있었다 1904년 면암은 상소문에서 "임금의 마음에서부터 먼저 다른 나라에 의지하겠다는 뿌리를 잘라내어 임금의 의지가 흔들리고 굽히지 않게 확립하여야 할 것이니, 차라리 자주(自主)하다가 망할지언정 의지하여 존속하지 말아야 한다."[11]고 요구하여, 외세(外勢)에 의존심을 극복하도록 역설하였다. 1905년 그는 두 차례 왜(倭)의 헌병대에 구금(拘禁)되었다가 정산(定山)에 돌아온 뒤, 을사늑약(乙巳勒約)에 조인(調印)한 오적(五賊)을 토죄할 것과 왜(倭)의 죄를 각국의 공관(公館)에 알려 공법(公法)과 조약(條約)에 비추어 문죄(問罪)함으로써 만국공론(萬國公論)의 비판을 받도록 할 것을 요구하는 상소를 잇달아 올렸다. 여기서 면암(勉菴)이 만국(萬國)의 공법(公法)과 공론(公論)을 통해 일본의 침략성을 문죄(問罪)하겠다는 것은 당시의 국제질서를 현실적으로 수용하는 입장을 보여주는 것이다.

면암은 74세 때(1906) 태인(泰仁)의 무성서원(武城書院)에서 문인들

---

11 『勉菴集』, 附錄, 卷3, 27 : 自聖心先斷依附他國之根株, 確立聖志不撓不屈, 寧自主而亡, 不依附而存.

을 모아 강회(講會)를 열고 거의(擧義)하였다. 이때 그는 일본 정부에 보내는 글에서 일본이 병자수호조약(丙子修好條約) 이후 조선의 자주독립을 보장한다고 거듭 밝히고서도 신의(信義)를 저버린 죄목을 16조(條)로 열거하여 비판하였다. 면암(勉菴)의 의병은 일주일 만에 관군(官軍)과 왜병(倭兵)에 맞서서 제대로 싸워보지도 못하고 붕괴되었지만, 의병을 일으켜 독립을 위한 항쟁의 출발점으로 삼고자 하는 의지를 밝히고 있다.

4) 편찬編纂

중암(重菴)은 화서(華西)학파를 이끌어갔던 대표적 인물로서, 화서(華西)의 편찬사업에 가장 광범하게 참여하고 또 이를 계승하여갔다. 이에 비해 면암(勉菴)은 관료생활을 하면서 편찬사업에 직접 참여하는 데는 중요한 기여를 못하였지만, 중암(重菴)·성재(省齋)의 사후(死後) 화서학파의 중심인물로서 화서(華西)의 업적을 정리하는 사업에 깊이 관심을 기울였다.

중암(重菴)은 화서(華西)의 정자(程子)·주자(朱子)저술에 대한 체계적 검토계획에 따라 괴원(槐園) 이준(李埈)이 맡은 『주자대전차의집보(朱子大全箚疑輯補)』편찬에 참여하였으며, 화서(華西)의 지시에 따라 『정서분류집의(程書分類集疑)』(1851)를 편찬하였다. 이와 더불어, 화서(華西)의 명(命)으로 성제(省齊)가 편찬하다 중단된 『송원화동사합편강목(宋元華東史合編綱目)』(1864)의 편찬을 완성하였던 것은 존화양이(尊華攘夷)의 의리에 따라 중국과 우리나라의 역사를 통합하여 정통을 밝힌 것으로서, 화서학파(華西學派)의 역사의식을 정립하는 것이다. 또한 중암(重菴)은 주자(朱子)와 여동래(呂東萊)에 의해 편찬된 도학의 핵심 문헌인 『근사록(近思錄)』의 주석(註釋)을 집성하여 『근사록부주(近思錄附註)』

(1856)를 저술한 것도 도학의 학문기반을 더욱 확고히 정립하기 위한 작업이다. 나아가 중암(重菴)은 병인교옥(丙寅敎獄)[1866]이 일어나던 해에 1847년에 저술하였던「벽사변증기의(闢邪辨證記疑)」를 다시 수정하여 엄중한 서학(西學)비판론을 문인들에게 제시하고 있다. 또한 중암(重菴)은「우암선생사실기(尤菴先生事實記)」·「화옹어록(華翁語錄)」[3편(篇)]을 저술하여 우암(尤菴)에서 화서(華西)로 연결되는 도통(道統)을 밝혔으며, 문인 홍대심(洪大心)에게「우암선생사실기(尤菴先生事實記)」를 강론하기도 하였다 중암(重菴)은 지도(智島)유배지에서「칠조육책지사(七弔六責之辭)」를 지어, 7인(人)[초(楚) 굴원(屈原), 당(唐) 한유(韓愈), 송(宋) 진동(陳東)·구양철(歐陽澈)·오사고(吳師古), 원(元) 김이상(金履祥)·허겸(許謙)]의 의리(義理)를 조문(弔問)하고, 6인(人)[한(漢) 유영(劉英), 당(唐) 소우(蕭瑀), 송(宋) 주수(周壽)·주도(周燾)·여희철(呂希哲), 원(元) 허형(許衡), 명(明) 왕수인(王守仁)]의 불의(不義)를 문책함으로써 중국의 역사 속의 인물에 대한 의리론적 포폄(襃貶)을 하고 있다. 나아가 그는 69세 때(1887)「화옹심설본의(華翁心說本義)」(11조)·「고증(考證)」(25조)·「성재문고답지(省齋問臯答紙)」를 저술하여 화서(華西)의 심설(心說)을 확고히 옹호하는데 힘을 기울이고 있는 모습을 보여준다.

면암(勉菴)이 58세 때 아들[최영조(崔永祚)]과 함께 『화서문집(華西文集)』의 전질(全帙)을 베낀 사실은 화서(華西)의 학문을 조술한다는 의지를 밝히는 것이라 할 수 있다. 또한 그는 71세 때(1903) 화서(華西)의 문집과 편찬저술들을 간행하고, 묘비(墓碑)를 세우며 영당(影堂)을 짓는 사업을 위해 동문(同門)들과 강수계(講修契)를 조직하고 규약(規約)을 정하였다. 당시 면암은 화서학파를 이끌어가는 위치에 있었으므로 스승을 받들고 계승하는 것을 기본과제로 확인하고 있는 것이다.

2. 성재·의암 계열의 학풍

성재(省齋)는 어려서부터 화서(華西)문하에 나가서 수학하기 시작하였고, 백조(伯祖)[율리(栗里) 유영오(柳榮五)]는 화서(華西)문하의 중암(重菴)을 모셔다 자손(子孫)들을 가르치게 하였는데, 성재(省齋)도 중암(重菴)의 문하에서 수학하였다. 성재(省齋)는 화서(華西)의 사후, 그 자신이 강학을 할 때에도 이웃에 중암(重菴)의 거처를 마련하고 중암(重菴)을 강석(講席)에 모셔 스승으로 극진하게 받들었다. 따라서 많은 성재(省齋)의 문인들이 중암(重菴)의 문하에서도 수학하였던 것이 사실이다. 그 후 성재(省齋)는 55세 때(1886) 「조보화서심설(調補華西心說)」을 제시하여 중암(重菴)의 사위인 홍재구(洪在龜)로 부터 격렬한 비난을 받고, 유중악(柳重岳)·이근원(李根元)·송민영(宋敏榮)·김영록(金永祿)·이직신(李直愼)이 연명(聯名)으로 홍재구를 비판하는 글을 보내면서 화서문하(華西門下)가 중암(重菴)과 성재(省齋) 계열로 갈라지기 시작하였다. 그 후 1889년 성재(省齋)는 제천(堤川) 장담(長潭)으로 옮겨가면서 그의 문하에 새로운 인물들이 모여들었다. 1893년 성재(省齋)의 사후(死後), 의암(毅菴) 유인석(柳麟錫)도 제천(堤川)으로 이사하여, 성재(省齋)를 이어 강학하였다. 이때 31세인 항재(恒齋) 이정규(李正奎)가 의암(毅庵)의 문하에 나와 수학(受學)하였다. 성재(省齋)-의암(毅菴)의 문인들이 대체로 을미의병(乙未義兵)을 비롯하여 강경한 항일의병(抗日義兵)운동에 참여하는 특징을 보여준다.

지평(砥平)[양평군(楊平郡)]에 살던 금계(錦溪) 이근원(李根元)은 화서(華西)와 중암(重菴)·성재(省齋)의 문하에서 수학하였는데, 심설(心說)논쟁에서 성재(省齋)를 지지하였다. 그는 화서학파의 의리론은 계승하고 있지만 의병(義兵)으로 행동화하지는 않았으며, 그의 학풍은 충남 목천(木川)[천원군(天原郡)]에서 강학하던 과암(果菴) 신익균(申益均)으로 이어졌다. 광주(廣州)에서 살던 연곡(蓮谷) 노정섭(盧正燮)은 중암(重庵)과 성재(省齋)의 문하에서 수학하고 진천(鎭川)으로 내려와 강학하였던 인물로서 성재(省齋)의 심설(心說)을 지지하고 화서학파의 의리론을 계승하였지만, 적극적 행동보다는 은둔하여 강학하는 데 주력하였다.

1) 강학講學

성재(省齋)는 한말(韓末)의 유교전통이 위기에 처한 상황에서 화서(華西)의 강학(講學)방법을 계승하고 이를 강학의례(講學儀禮)로서 정밀하게 정비하여 학풍을 일으키는데 힘을 기울였다. 그가 살던 잠호(潛湖)에 있는 미원서원(迷源書院)[정암(靜菴) 조광조(趙光祖), 사서(沙西) 김식(金湜), 동강(東岡) 남언경(南彦經), 청강(淸江) 이제신(李濟臣), 잠곡(潛谷) 김육(金堉), 삼연(三淵) 김창흡(金昌翕)을 제향(祭享)]은 벽계(檗溪)에서 가까울 뿐만 아니라 화서학파가 지속적으로 참여해온 곳이요, 1922년에는 사론(士論)에 따라 화서(華西)·중암(重菴)·성재(省齋)를 이 단(壇)에 배향되었으니, 사실상 벽계(檗溪)의 노산사(蘆山祠)[주자(朱子)·우암(尤菴)·화서(華西)를 제향(祭享)]와 더불어 미원서원(迷源書院)은 화서학파의 중심서원이 되었다. 성재(省齋)는 1869년 미원서원(迷源書院)이 훼철될때 향인(鄕人)들과 신주(神主)를 매안(埋安)하여 단(壇)을 쌓고 위차(位次)대로 각석(刻石)하여 표시한 다음 고유문(告由文)을 지어 석채례(釋菜禮)를 행하였으며, 그 후 이곳에서 삭망(朔望)에 분향례(焚香禮)를 행하고, 사시(四時)의 첫달 삭일(朔日)에 강회(講會)를 열어 전알례(展謁禮)를 하고 나서 한 사람에게「백록동학규(白鹿洞學規)」를 읽게 한 다음 물러나 강례(講禮)를 행하였으니, 미원서원(迷源書院)은 훼철된 이후에도 성재(省齋)에 의해 제향과 강학이 계속되었다.

성재(省齋)는 화서(華西)가 세상을 떠난 다음 해인 38세 때(1869) 한포서사(漢浦書社)를 열고, 정당(正堂)을 '주일당(主一堂)'으로, 좌우(左右) 협실(夾室)을 '박약실(博約室)'과 '극복실(克復室)'로 명명하여, 경(敬)의 수양론과 그 실천 방법을 강학의 기준으로 제시하고 있다. 성제(省齊)는 주자(朱子)의 창주정사(滄州精舍) 유의(遺儀)에 따라 순강(旬講)과 사시(四時) 첫 달의 삭일강(朔日講)을 열고, 화서(華西)의 유규(遺規)에 따라 강회(講會)의「물기(勿記)」를 새로 정하여 의례의 절도가 갖추어진 강학(講學) 학풍을 정립하고 있다. 또한 그는 병자수호조약(1876)이 체결되자 가평(加平)의 옥계리(玉溪里)로 이거(移居)하였는데, 이때 유인석(柳麟錫)·유중악(柳重岳)·이재성(李在成) 등 문인들이 그의 곁으로 따라서 이사왔다. 그는 이곳에 옥계구곡(玉溪九曲)의 이름을 정하고 바위에 새겼으며, 강학(講學)의 여가에 소요(逍遙)하였으며, 자양서사(紫陽書社)를 세워 주자(朱子)·우암(尤菴)·화서(華西)의 유상(遺像)을 모시고 강학(講學)하고, 선월대(先月臺)를 세워 춘추(春秋)로 의례(儀禮)를 익혔다. 성재(省齋)는 강학(講學)할때,「경재잠(敬齋箴)」·「숙흥야매잠(夙興夜寐箴)」등 잠명(箴銘)을 암송하고,「관휴(關雎)」·「녹명(鹿鳴)」편 등을 북과 거문고의 음률에 맞추어 노래하게 하며 배례(拜禮)하는 강학의례(講學儀禮)를 정밀하게 확립하고 있다.

성재(省齋)는 변복령이 내렸던 이듬해에 고향인 춘천(春川) 가정리(柯亭里) 석벽(石壁)에다 화서(華西)가 삼신산(三神山) 석벽(石壁)에 새겼던 "기봉강역(箕封疆域) 홍무의관(洪武衣冠)"의 8글자를 새겨서 그 의리정신을 계승한다는 의지를 밝혔다. 그 후 58세 때(1889) 춘천(春川)이 서울에서 가까워 외국인들의 왕래가 심하다고 하여 멀리 충청북도 깊은 골짜기인 제천(堤川)의 장담(長潭)으로 이거(移居)하였다. 이때 서상렬(徐相烈)·홍순항(洪淳恒)·주용규(朱庸奎)·정화용(鄭華鎔)등 문인들이 그의 곁으로 이사하여, 장담(長潭)이 강학의 새로운 중심지가 되어 성제(省齊) 사후 의암(毅菴)에 의해 이어지고 있다. 장담정사(長潭精舍) 앞 냇가에 계단(溪壇)을 쌓고 춘추(春秋)로 강습(講習)을 마친 다음 향음주례(鄕飮酒禮)를 행할 때는 백명이 넘었다 한다.

의암(毅菴)은 성재(省齋)를 이어 장담서사(長潭書社)에서 강학(講學)하고, 그 강회(講會)가 을미의병(乙未義兵)의 정신적 기반이 되고 있음을 확인할 수 있다.[12] 그는 을미의병에 실패한 뒤에도 1900년 만주에서 습재(習齋) 이직신(李直愼)등과 향약(鄕約)을 설정하고, 성묘(聖廟)와 영당(影堂)을 세워 선성(先聖)·선현(先賢)을 제향(祭享)하고, 강당(講堂)을 세워 강학을 하였으며, 그해에 만주에서 귀국한 뒤로도 관서(關西)지방과 제천(堤川) 등지에서 사류(士類)를 모아 강학(講學)을 함으로써 학풍을 일으키고 항일의리(抗日義理)정신을 고취시켰다. 습재(習齋)는 학문의 기본체계를 '거경(居敬)으로 근본을 세우는 것'[입본(立本)]과 '궁리(窮理)로 지식을 이루는 것'[치지(致知)]과 '역행(力行)으로 실천하는 것'[천실(踐實)]의 3강령으로 제시하고, 이를 다시 세분하여 9조목으로 분석하였는데, '천실(踐實)'의 3조목 가운데는 '중화문화를 높이고 오랑캐를 물리치는 일[존중화양이적(尊中華攘夷狄)]을 들어 의리정신을 확인하고 있

---

12 長潭書社에서 講學의 기록으로『長潭講錄』(1895)이 남아 있으며, 張勝求교수의「乙未義兵抗爭의 사상적 배경-『長潭講錄』분석을 중심으로」(『堤川義兵과 傳統文化』, 제천문화원, 1998)에서는 毅菴 柳麟錫의 講論내용과 을미의병의 의리정신을 연관시켜 분석하고 있다.

다. 금계(錦溪) 이근원(李根元)과 항와(恒窩) 유중악(柳重岳)은 춘천의 가정(柯亭)과 양근(楊根)의 지평(砥平)을 서로 찾아가서 강학(講學)하고 향음주례(鄕飮酒禮)를 행하기도 하였으며, 연곡(蓮谷) 노정섭(盧正燮)은 46세때(1894) 아산(牙山) 중부리(中孚里)에서 강학할 때는 문인들에게 매월 삭일(朔日)에 사상견례(士相見禮)를 행하였다.

2) 유력遊歷

성재(省齋)에게도 조종암(朝宗巖)과 만동묘(萬東廟)는 의리정신의 성역(聖域)으로 문인들과 더불어 여러 차례 찾아가 참배하였다. 성재(省齋)는 43세 때(1874) 문인들을 거느리고 조종암(朝宗巖)에 들어가 대통단(大統壇)을 배알하였으며, 조종암(朝宗巖)에 정자(亭子)를 지을 계획을 세워 바위에 '견심정(見心亭)'이라 정자이름을 새겼으며, 문인 김영록(金永祿)을 시켜『조종암지(朝宗巖誌)』를 편찬하게 하고 발문(跋文)을 지었다. 성재(省齋)는 그 후로도 문인들과 자주 조종암(朝宗巖) 대통단(大統壇) 향례(享禮)에 참여하여 깊은 관심을 보였다. 그는 제천(堤川) 장담(長潭)으로 이사한 뒤(1888)에는 문인들을 거느리고 가까이 청풍(淸風)의 황강(黃江)으로 한수재(寒水齋) 권상하(權尙夏)의 유상(遺像)에 참배하고, 청주(淸州) 화양동(華陽洞)으로 들어가 만동묘(萬東廟)를 봉심하고 우암(尤菴)의 유상(遺像)을 배알하며, 61세 때(1892) 문인들과 여주(驪州)의 대노사(大老祠)를 참배한 뒤, 우암의「기축봉사(己丑封事)」를 강론하였던 것도 화서학파의 의리정신과 학통의 연원을 확인하고 있다.

3) 항의抗義

중암(重庵)과 성재(省齋)는 척양(斥洋)·척왜(斥倭)의 상소(上疏)운동으로 척사위정론(斥邪衛正論)을 전개하다 갑오경장 이전에 세상을 떠났지만, 면암(勉菴)과 의암(毅庵)은 갑오경장 이후 을사늑약(乙巳勒約)과 한일합병(韓日合倂)으로 일본의 제국주의적 침략을 당하는 사태에 직면하여 항일의병운동을 주도함으로써 더욱 적극적 투쟁을 전개하였다. 또한 의암(毅庵)이 의병운동에 적극적인 반면에 성재(省齋) 계열 안에서도 금계(錦溪)나 연곡(蓮谷) 등 거의(擧義)보다 자정(自靖)하여 강학(講學)에 힘쓰는 것을 중시하는 태도의 차이가 드러나는 것을 볼 수 있다.

1876년 병자수호조약의 논의가 진행되자 유인석(柳麟錫)·유중악(柳重岳)·이근원(李根元)·홍재구(洪在龜)·이직신(李直愼) 등 화서문하의 동문 50인(人)이 복궐상소(伏闕上疏)를 올려 화의(和議)를 배척하였다. 1884년 변복령(變服令)이 내려오자 성재(省齋)는 선왕(先王)의 법복(法服)을 지키는 문제는 화(華)·이(夷)가 갈라지는 것으로 명분과 의리에서 죽음으로 지켜야 할 것이라 제시하고, '지행(志行)'은 내(內)요 '의복(衣服)'은 외(外)라 하여 내외지설(內外之說)로 어지럽히면 안되며, 임금은 명령하고 신하는 따라야 한다는 평상지도(平常之道)로 의심해서는 안되며, 훼복(毁服)은 경(輕)하고 훼형(毁形)은 중(重)하다 하여 경중지변(輕重之辨)으로 소홀히 해서도 안된다는 의리의 방향을 밝히는 글「갑신변복령후시서사제자(甲申變服令後示書社諸子)」을 지어 문인들에게 제시하였다. 금계(錦溪)는 변복령(變服令)에 대해 우리의 전통 의복이 천(天)·지(地)를 본받고 화(華)·이(夷)를 분별하고 남(男)·여(女)를 구별하는 원리를 내포하는 인간의 고유한 이치를 드러낸 양식임「화이의복변(華夷衣服辨)」을 강조하며, "천명(天命)은 이치와 일치하는 것으로 절대적이지만, 군명(君

命)과 부명(父命)이 천리(天理)에 어긋날 때는 따를 수 없는 것"[「삼명설(三命說)」]이라 하여, 변복령(變服令)이 왕명(王命)으로 내려졌더라도 따를 수 없는 의리를 강조하고 있다.

1895년 단발령(斷髮令)이 내려지자, 의암(毅庵)은 국난을 당하여 선비들이 취해야 할 행동원리로서 '의병을 일으켜 역당(逆黨)을 쓸어내는 것'[거의소청(擧義掃淸)]과 '떠나서 구제도(舊制度)를 지키는 것'[거지수구(去之守舊)]과 '죽음으로써 뜻을 이루는 것'[치명수지(致命遂志)]의 처변삼사(處變三事)를 논의하고 각자의 처지에 따라 행동할 것을 제시하였다. 여기서 의암(毅庵) 유인석(柳麟錫)이 '처변삼사(處變三事)'로서, ① 거의소청(擧義掃淸) ② 거지수구(去之守舊) ③ 치명수지(致命遂志)[『의암집(毅菴集)』 권(卷)55, '부록(附錄)·연보(年譜)']를 제시하여 거의(擧義)를 앞세우고 있는데 비해, 연곡(蓮谷) 노정섭(盧正燮)은 '소처삼책(所處三策)'으로서 ① 포경입산(抱經入山)이 상책(上策)이요, ② 거의치토(擧義致討)가 중책(中策)이요, ③ 사풍수속(徙風隨俗)이 하책(下策)[『연곡집(蓮谷集)』 부록(附錄) 권(卷)1, '연보(年譜)']이라 하여, '입산(入山)'을 상책(上策)으로 중시하고 있는 것은 성재(省齋) 계열 안에서 의병(義兵)에 대한 적극적 태도와 소극적 태도의 갈림길을 보여준다.

의암(毅庵)은 문인(門人)인 이필희(李弼熙)·서상렬(徐相烈)·이춘영(李春永) 등이 곧 원주·제천 등지에서 거의(擧義)하고 그를 의병장(義兵將)에 추대하자, 모상(母喪) 중이었지만 거의소청(擧義掃淸)의 적극적 항쟁에 나섰다. 그는 팔도열읍(八道列邑)과 내외백관(內外百官)에 왜적에 복수할 것을 포고하는 격문(檄文)을 띄우고 한때 3천명의 의병을 거느리고 항전하였지만 왜병과 관군에 패하였다. 서북지방과 만주에서도 항전의 기반을 확보하지 못하자, 그는 동지·문인들과 '토복(討復)'의 적극적인 항쟁이 불가능하면 '수의(守義)'로서 토복(討復)의 기반을 확보할 것을 결의하여, '수의(守義)'를 표방하는 의체(義諦)를 결의하고 있다.[13] 항재(恒齋) 이정규(李正奎)는 스승 의암(毅庵)을 따라 항일 의병활동에 참여하였으며, 을미의병(乙未義兵)이 패전하여 의암(毅庵)이 요동(遼東)으로 망명하였을 때 서울에 올라와 「의병정사(義兵情事)」를 상소(上疏)로 올리면서, 관리(官吏)를 죽인 죄(罪), 국가재산을 멋대로 사용한 죄(罪), 군명(君命)을 어긴 죄(罪) 등을 들어서 의병(義兵)을 '비도(匪徒)'라거나 '역당(逆黨)'이라 규정하는 정부의 입장에 대해 대의(大義)를 들어 해명하였다.

의암(毅菴)은 을사늑약(乙巳勒約) 이후 다시 해외에 항전(抗戰)기지를 만들기 위해 1908년 문인·동지를 이끌고 러시아의 블라디보스톡으로 망명하였으며, 그곳에서 의군(義軍)을 조직하여 십삼도의군도총재(十三道義軍都總裁)로 추대되었다. 그는 십삼도(十三道)동포에게 한 번에 죽기를 각오하고 일본에 항거할 것을 호소하는 통고문을 보냈으며, 한일합방을 당하자 고종에게 블라디보스톡으로 파천하여 세계의 공의(公議)를 일으켜 국권을 회복하도록 상소하여, 해외에서 항전(抗戰)을 계속함으로써 화서학파의 의리정신을 가장 강한 실천의지로 관철하였다. 이에 비해 금계(錦溪)는 동문(同門)인 유인석(柳麟錫)이 의병(義兵)을 일으킨 데 대해서, '나아가서 나라를 붙잡아 지키는 것'[출이부지(出而扶持)]으로 찬양하지만, 그 자신은 '물러나서 나라를 붙잡아 지키는 것'[처이부지(處而扶持)]도 같은 의리(義理)라 하여, 강학(講學)에 전념하는 입장을 취하고 있다.

13　『毅菴集』, 卷55, 附錄, 「年譜」: 討復不得, 則守義, 今日守義亦非忘討復, 且守義誠實, 則亦爲討復之基, 不爲兩截也.

4) 편찬編纂

　성재(省齋)는 21세 때 화서의 지시에 따라 『송원화동사합편강목(宋元華東史合編綱目)』을 편찬하는 데 착수하여, 주자의 『자치통감강목(資治通鑑綱目)』의 서법(書法)을 따라 송태조(宋太祖) 건륭(建隆)원년 이후 중국과 우리나라의 역사를 정통론에 따라 서술하였다. 그러나 『고려사』 간신전(姦臣傳)에 수록된 선조(先祖) 유청신(柳淸臣)의 기사(記事)로 더이상 붓을 들기 어려워지자, 원(元) 세조(世祖) 지원(至元) 25년 이후는 중암(重菴)에 의해 완성되었다. 성재(省齋)는 「정통론(正統論)」과 「제왕승통고(帝王承統考)」를 지어 역대 왕조의 정통성을 평가하는 기준을 제시함으로써, 화서학파의 의리론적 역사의식을 규정해가고 있다. 또한 성재(省齋)는 유교전통이 동요하는 한말(韓末)의 상황에서 유학의 학풍을 진작시키는 과제의 하나로서 경학(經學)은 물론이요, 악학(樂學)에 깊은 관심을 지녀 『현가궤범(絃歌軌範)』을 저술하여 악률을 정리하고 악곡을 지어 악학(樂學)의 영역을 개척하였다. 그리고 의암(毅菴)을 중심으로 을미의병(乙未義兵)을 비롯한 화서학파의 항일(抗日)의병활동 행적을-의암(毅菴)의 문인 김화식(金華植)이-수집하여 『소의신편(昭義新編)』을 편찬하고 있다.

3. 운암의 독자적 학풍

　운암(雲菴) 박문일(朴文一)은 평안북도 태천(泰川)을 중심으로 그의 아우 성암(誠菴) 박문오(朴文五)와 함께 화서학파의 서북지역 학맥을 형성하였다. 서북지역의 지리적 특수성으로 교류가 활발하지 못하여, 심설논쟁으로 화서학파의 내부적 갈등과 분화에는 관여하지 않는 독자적 학풍을 형성하였다 운암(雲菴)은 22세 때부터 멀리 화서(華西)문하에 나가 수학하였고 화서(華西)문하의 동문들과 교류하였지만, 그의 아우 성암(誠菴)은 운암(雲菴)을 통하여 간접적으로 화서(華西)학파에 참여한 것으로 보이며, 형제가 함께 강학하여 한말(韓末) 서북지역에서 도학의 학풍을 크게 일으켰던 사실이 주목된다. 운암(雲菴)의 학풍은 강학(講學)활동에서 가장 뚜렷한 역할이 드러나고, 그밖에 유력(遊歷)·항의(抗義)·편찬(編纂)활동에서는 뚜렷한 특징이 드러나지 않는 것이 사실이다.

운암(雲菴)은 강학(講學)에 주력하였다. 그는 화서(華西)문하에 나가 수학하면서, 25세 때 단(壇)을 쌓고 혼자서 향음주례(鄕飮酒禮)를 매일 연습하여 익혔으며, 그 후 박천(博川)의 용연서원(龍淵書院), 영변(寧邊)의 명도암(明道菴) 등에서 강학하고, 33세 때 답동서재(畓洞書齋)에 머물면서 후원(後園)에 단(壇)을 쌓고 송차(松茶)로 주자(朱子)에게 제사를 드렸다. 그는 강학하면서 제자들에게 가무(歌舞)를 익히게 하였으며, 제자들과 향사례(鄕射禮)를 행하기도 하였다. 운암(雲菴)은 41세 때 경의재(經義齋)를 세우면서 사방에서 백명이 넘는 학도(學徒)들이 몰려들기 시작하였고, 독서(讀書)[소학사서위주(小學四書爲主), 해경위주(解經爲主)]·행기(行己)[경근위주(敬謹爲主), 중후위주(重厚爲主)]·처사(處事)·접물(接物)의 규정을 정하였다. 그는 집의 정당(正堂)에 주자(朱子)를 모시고 퇴계(退溪)·율곡(栗谷)·우암(尤菴)을 배향하고자 하였으나, 당시 서원훼철(書院毁撤)의 명령이 있어서 이루지 못하였다. 여기서 그는 주자(朱子)→우암(尤菴)의 도통(道統)을 강조하는 화서학파의 학풍을 수용하면서도 퇴계·율곡까지 배향하고자 하는 독자적 입장을 보여준다. 57세 때(1878)부터 춘추(春秋)로 정당(正堂)에서 주자(朱子)를 제향하면서 화서(華西)를 배향하였다.

59세 때는「재규(齋規)」·「가훈(家訓)」을 짓고, 매월 삭망(朔望)에 제생(諸生)들을 유단(楡壇)에 모이게 하고, 차례에 따라 예배(禮拜)하며「재규(齋規)」를 읽어 위학(爲學)·지기(持己)·거가(居家)·접물(接物)의 방법을 알게하여 학풍을 이루었다. 61세 때는 그의 학풍이 조정에 알려져 사헌부지평(司憲府持平)이 제시되었고, 이 무렵부터 많은 제자들이 모여들어 재사(齋舍)도 원재(元齋) 이외에 남재(南齋)·북재(北齊)·동재(東齋)·서재(西齋)·하남재(下南齋)·동이재(東二齋)·서이재(西二齋)·동삼재(東三齋)·서이재(西三齋)·광성재(狂聖齋)·좌성재(存省齋)·봉비재(鳳飛齋)의 12재(齋)를 새로 열었고, 각 재(齋)에는 10명에서 30명까지 수용하였으니, 매우 규모가 큰 학교를 이루었던 것이다. 그는 새로 입교한 생도에게는 『소학(小學)』부터 배우게 하고, 그다음 사서(四書)를 차례에 따라 나아가게 하는 과정(課程)을 설정하였으며, 각 재(齋)에 주교자(主敎者)를 두어 문도(門徒)들을 가르치게 하고 3,5일마다 각 재(齋)의 주교자(主敎者)를 원재(元齋)에 불러다 직접 가르쳤다. 운암(雲菴)은 아우 성암(誠菴)과 더불어 강학을 하였는데, 사방에서 문도들이 모여들면서 이사를 와서 촌락을 이루게 되자, 그는「이규(里規)」를 정하여 위학(爲學)·지기(持己)의 방법과 사친(事親)·사장(事長)의 도리를 제시하고, 매월 삭망(朔望)에 이내(里內)의 제생(諸生)이 모여 배례(拜禮)를 하고「이규(里規)」를 읽어 인효(仁孝)와 예양(禮讓)의 풍속을 이루었다.

그의 강학으로 서북지역에 도학의 학풍이 융성하게 일어나자, 평안감사(平安監司) 민병석(閔丙奭)은 각 읍(邑)에 존도재(存道齋)를 설치하고 운암(雲菴)의 문도들을 존도재(存道齋)에 파견하여 가르치게 하였으니, 서북지역은 운암(雲菴)문하의 학풍이 사방으로 퍼져갔다.

Ⅳ. 화서학파와 타학맥의 교류

1. 기호학맥과의 교류

화서학파가 활동하던 19세기 말에서 20세기 초 사이의 한말(韓末)·일제기(日帝期)는 유교전통이 심각한 위기에 놓여 있었기 때문에 당시 유학자들의 유교이념에 대해 예리하게 각성하고 있었으며, 이에 따라 서로 다른 학맥들 사이에 인식의 공통성을 적극적으로 확인하기도 하고, 서로 상반된 견해에 따른 충돌과 논쟁이 활발하게 일어나고 있는 사실을 볼 수 있다.

화서(華西)의 지역적 연고나 학문 배경으로 보면, 호락론(湖洛論)에서 삼연(三淵) 김창흡(金昌翕)이나 도암(陶菴) 이재(李縡)의 낙론(洛論) 계열과 가까운 것이 사실이지만, 한말도학(韓末道學)의 독자적 세계를 제시하고 있는 화서(華西)의 학풍은 호락론(湖洛論)에서 양쪽 견해를 종합하고 지양하는 입장을 취하고 있다. 당시 화서(華西)학파는 기호(畿湖)학맥에서 매산(梅山) 홍직필(洪直弼)→고산(鼓山) 임헌회(任憲晦)→간재(艮齋) 전우(田愚)로 이어지는 학맥과 가장 활발한 교류 및 논쟁을 벌였으며, 회덕(懷德)의 연재(淵齋) 송병선(宋秉璿)과 장성(長城)의 노사(蘆沙) 기정진(奇正鎭) 등과도 교류가 이루어지고 있었다.

1) 매산梅山학맥과의 갈등

서울 근교 노강(露江)[현강(玄江)]에서 강학하던 매산(梅山) 홍직필(洪直弼)과 벽계(檗溪)의 화서(華西)와는 정치적 배경에서부터 차이가 있다는 지적이 있으며, 두 학맥은 초기에 우호적이었다가 점차 대립적 관계

로 전개되는 양상을 보여주고 있다.[14]

중암(重菴)은 화서(華西)의 문하에 나올 때 거의 동시에 매산(梅山)의 문하에도 철학적 입장을 계승하는 가장 중요한 과제는 성리학에 있어서 심(心)개념의 문제이다. 이 문제에 있어서는 매산(梅山)의 입장을 따르는 고산(鼓山) 임헌회(任憲晦)와 정면으로 대립하여 매산(梅山)이 명덕(明德)곧 본심(本心)을 기(氣)라 규정한 데 대해 중암은 화서(華西)를 따라 명덕(明德)·본심(本心)은 리(理)를 위주로 파악해야 할 것임을 확인하였다. 또한 중암(重菴)은 화서(華西)와 매산(梅山) 홍직필(洪直弼)의 두 문하를 출입하였으나, 성리설과 예설 및 의리론에서는 화서(華西)의 입장을 계승하고 있다. 곧 중암(重菴)은 화서(華西)의 입장을 지지하여 철종(哲宗)이 헌종(憲宗)의 숙행(叔行)이라도 헌종(憲宗)을 계승한 만큼 자식(子息)의 위치에 놓이는 것이라는 승통(承統)의 의리(義理)를 내세움으로써 매산(梅山)의 예설(禮說)에 대해 의문을 제기하였다. 중암(重菴)은 매산(梅山)문하의 동문인 고산(鼓山) 임헌회(任憲晦)의 명덕(明德)·본심주기설(本心主氣說)에 의문을 제기하여 토론하기도 하였다. 1876년 중암은 성전(星田)[연기군]으로 고산(鼓山)을 방문하여 토론하였으나 이견(異見)을 좁히지 못하였다. 그해에 고산(鼓山)이 죽자 중암(重菴)은 이듬해 사위 홍재구(洪在龜)를 보내 제사를 드리게 하였는데, 고산(鼓山)의 문인 간재(艮齋) 전우(田愚)는 중암(重菴)의 제문(祭文)이 고산(鼓山)을 비난하였다 하여 고절(告絶)하는 글과 함께 제문(祭文)을 돌려보내면서 관계가 극단적으로 악화되고 말았다.

성재(省齋)는 34세 때(1865) 서울에 갔다가 전우(田愚)를 방문하여

---

14 오영섭, 앞의 책, 87쪽 참조.

심성(心性)·이기(理氣)와 태극(太極)·명덕(明德)의 문제를 토론하였으며, 이때부터 10여년동안 친밀하게 왕복하였다. 또한 43세 때(1874) 전의(全義)로 고산(鼓山)을 찾아가 배알(拜謁)하고 고산(鼓山)에게서 들은 격언(格言)·정론(正論)을 돌아와「서신잠(書紳箴)」으로 기록하여 잊지 않겠다는 뜻을 보이고 있다. 이처럼 중암(重菴)이 고산(鼓山)과 성리설과 예설을 비롯한 중요문제에 견해를 달리하고 있는 반면에, 성재(省齋)는 간재(艮齋) 전우(田愚)와 깊이 사귀고 고산(鼓山)에 깊이 감명을 받고 있는 차이를 보여주고 있다. 운암(雲菴) 박문일(朴文一)도 1869년 아산(牙山)으로 고산(鼓山)을 예방하여 며칠동안 성정(性情)·이기(理氣)와 처세(處世)·접물(接物)의 문제에 관해 폭넓게 강론하였으며, 작별을 아쉬워할 만큼 깊이 교유하였다.

그러나 간재(艮齋) 전우(田愚)가 성재(省齋)의 스승인 중암(重菴)의 제문(祭文)을 되돌려보내고 고절(告絶)하며, 화서(華西)의 성리설과 병인양요(丙寅洋擾)에 분문(奔問)한 것을 비난하자, 성제(省齊)는 간재(艮齋)에게 편지를 보내 고절(告絶)하였다. 그 후로 항재(恒齋) 이정규(李正奎)는「전설변(田說辨)」을 지어 간재(艮齋)의 의리론(義理論)을 신랄하게 비판하였으며,「당변(黨辨)」을 지어 윤명섭(尹命燮)이 화서(華西)학맥과 간재(艮齋)학맥이 적대하지 말고 조화보합(調和保合)할 것을 권하는데 대해 정(正)·사(邪)나 시(是)·비(非)를 분별하지 않고 다만 조화 결합만 추구하는 것은 잘못된 것임을 밝혀 타협을 철저히 거부하였다. 또한 과암(果菴) 신익균(申益均)도 간재(艮齋)학맥에 대해 논쟁을 벌이면서 치밀한 비판이론을 제시하고 있다.

2) 노주老洲·의당毅堂학맥과의 교유

　　화서학파와 매산(梅山)학맥 사이에 우호관계가 깨어져 대립양상을 보인 반면에 노주(老洲) 오희상(吳熙常)→봉서(鳳棲) 유신환(兪莘煥)→동당(絧堂) 서응순(徐應淳)으로 이어지는 노주(老洲)학맥과 폭넓게 교류하고 친밀한 관계를 잘 유지하고 있다. 중암(重菴) 1854년 봉서(鳳棲)의 문인(門人) 죽파(竹坡) 심의립(沈宜立)과 청평사(淸平寺)·소양정(昭陽亭)을 유람하고, 봉서(鳳棲)의 문인 염계(念溪) 김낙현(金洛鉉)이 중암(重菴)을 방문해오기도 하였다. 중암(重菴)은 40세때 이후 서울로 갈때면 봉서(鳳棲)와 봉서(鳳棲)의 문인 염계(念溪) 김낙현(金洛鉉), 동당(絧堂) 서응순(徐應淳), 운가(雲柯) 심기택(沈琦澤)을 두루 방문하여 며칠동안 강학하고 돌아오기도 하였다. 성재(省齋)도 동당(絧堂) 서응순(徐應淳)과 친교를 맺고 왕복토론하였으며, 운암(雲菴)은 남포(南浦)로 노주(老洲)문인 숙재(肅齋) 조병덕(趙秉悳)을 예방하여 주자(朱子)의 중화구설(中和舊說)에 관해 토론하고 있다.

　　또한 성재(省齋)는 의리론에서도 상통하고 지역적으로 가까운 제천(堤川)의 의당(毅堂) 박세화(朴世和)와 함께 향음주례(鄕飮酒禮)를 행하기도 하고, 의당(毅堂)의 문인 직당(直堂) 신현국(申鉉國)은 춘천 사정(祠亭)으로 의암(毅菴)의 향음주례(鄕飮酒禮)에 참례하였으며, 과암(果菴) 신익균(申益均)은 의당(毅堂)의 문인 회당(晦堂) 윤응선(尹膺善), 직당(直堂) 신현국(申鉉國)과 학문적 교류를 하고 있다. 의당(毅堂)학맥은 특히 성재(省齋) 계열과 가깝게 교류하고 있다.

3) 연재淵齋학맥과 교류

우암(尤菴)의 가학(家學)을 이어가는 강재(剛齋) 송군규(宋群圭)→수종재(守宗齋) 송달수(宋達洙)→연재(淵齋) 송병선(宋秉璿)의 학맥은 화서(華西)학파에서 중시(重視)하는 학통으로 친밀하게 교류를 계속하고 있다. 두 학맥은 의리론(義理論)에서 일치하지만 성리설(性理說)에서는 차이를 내포하고 있는 것이 사실이다. 중암(重菴)이 지도(智島)에 상거(謫居)할 때(1884) 연재(淵齋)의 문인인 박정순(朴延淳)·박근순(朴瑾淳)형제가 찾아와 배알하였고, 이듬해 연재(淵齋)는 문인 이승욱(李承旭)을 시켜 편지를 가지고 중암(重菴)을 찾아뵙게 하고, 연재(淵齋)자신의 저술인 『국조명유록(國朝名儒錄)』·『근사속록(近思續錄)』을 보내면서 정정(訂正)을 요청하기도 하였다. 또한 연재(淵齋)는 손지(遜志) 홍재구(洪在龜)가 편찬한 『위정신서(衛正新書)』에 서문을 지어주었다.

면암(勉菴)은 1901년 임피(臨陂)[군산]에서 송병선(宋秉璿)이 여는 강회(講會)에 참석하였고, 이듬해 옥천(沃川)으로가서 강재(剛齋)의 문인인 입재(立齋) 송근수(宋近洙)를 배알하고 연재(淵齋)를 방문하여 교류를 깊이 하였다. 면암(勉菴)은 노사(蘆沙) 기정진(奇正鎭)의 신도비문(神道碑文)을 지었는데, 이 비문(碑文)에 대해 연재(淵齋)는 노사(蘆沙)의 주리설(主理說)을 높이면 퇴계·율곡을 배척하게 될 위험이 있음을 지적하고, 호(湖)·락(洛) 양쪽을 비판하는 태도를 반박하는 편지를 보냈다. 이에 대해 면암(勉菴)은 주리설(主理說)이 기호(畿湖)학풍의 전통과 연결될 수 있음을 해명하는 답장을 보내면서, 두 학맥 사이에 성리설의 인식 차이가 드러나고 있지만 학문적 토론의 범위를 벗어나지는 않았다.

4) 노사蘆沙학맥과의 교류

면암은 1875년 제주(濟州)에서 해배(解配)되어 돌아오는 길에 장성(長城) 하사(下沙)로 노사(蘆沙) 기정진(奇正鎭)을 예방하였으며, 1879년 흑산도(黑山島)에서 해배(解配)되어 돌아오는 길에 고진원(古珍原) 담대헌(澹對軒)으로 노사(蘆沙)를 예방하여, 노사(蘆沙)를 존중하는 마음을 밝혀왔으며, 노사(蘆沙)의 손자로 노사(蘆沙)학맥을 이어가는 송사(松沙) 기우만(奇宇萬)의 요청으로 1901년 노사(蘆沙)의 신도비문(神道碑文)을 지었는데, 여기서도 노사(蘆沙)와 화서(華西)가 주리론(主理論)에서 일치함을 높이 평가하고 있다. 삼가(三嘉)[합천군]에 사는 노사(蘆沙)문인 노백헌(老柏軒) 정재규(鄭載圭)는 1901년 면암이 두류산(頭流山)[지이산(智異山)]의 유람을 왔을 때도 종유(從遊)하였고, 1906년 면암(勉菴)이 의병(義兵)을 일으킬때에도 호응하는 태도를 보였다. 중암(重菴)도 1882년 지도(智島)에서 해배(解配)되어 귀향하는 길에 장성(長城)으로 노사(蘆沙)문인인 김록휴(金祿休)[하서(河西)후손]를 방문하였으며, 1884년 지도(智島)에서 두 번째로 해배(解配)되어 돌아오는 길에 장성(長城)으로 송사(松沙) 기우만(奇宇萬)과 김록휴(金祿休)를 방문하여 노사(蘆沙)학맥과 교유를 유지하고 있다.

2. 영남嶺南학맥과의 교류

화서학파는 한말(韓末)의 역사적 위기상황에서 의리론이 일치할 때 당파적 차별을 넘어 영남의 학맥과도 교류하고 있으며, 또한 화서(華西)의 심주리설(心主理說)이 심즉리설(心卽理說)을 내세우는 한주(寒洲)학맥과 접근할 수 있는 통로를 열어놓게 되었다.

먼저 의리론의 일치에서 중암(重菴)은 1881년 '영남만인소(嶺南萬人疏)'의 소두(疏頭)인 이만손(李晩遜)[퇴계(退溪)후손]의 소청(疏廳)에 격려하는 글을 보냈다.[「서영남이만손소청(書嶺南李晩遜疏廳)」] 그는 이 서한에서, "기자(箕子)가 베푼 황극(皇極)[홍범(洪範)]의 가르침과 조종(祖宗)이 선비를 배양한 이 모두 교남(嶠南)[영남] 일구(一區)에 몰려들어, 음(陰)으로 가득 찬 가운데 양도(陽道)를 붙잡았고, 국가를 천하(天下)에 빛나게 하였다."[15]하여, 영남(嶺南)유림(儒林)의 의기(義氣)를 극찬하였다. 이에 대해 당파적 의식에 젖어있는 노론(老論)인물들로부터 비난이 쏟아져 들자, 이에 대해 중암은 당시 서인(西人)·노론(老論)이 모두 귀매(鬼魅)에 빠져들었는데, 남인(南人)들이 화복(禍福)을 돌보지 않고 나라를 구출해보려는 노력을 미워할 수 없는 것이라 역설하고 있다.

다음으로 주리론(主理論)의 성리설(性理說)에서 한주(寒洲)학맥과 접근하여 교류가 일어나고 있는 사실이 주목된다. 한주(寒洲)의 문인 면우(俛宇) 곽종석(郭鍾錫)은 화서(華西)의 심주리설(心主理說)을 적극적으로 지지하였으며, 성재(省齋)가 스승의 심설(心說)을 수정한 것에 대해 비판하는 글[「유성재심설변(柳省齋心說辨)」]을 지었다. 또한 면우(俛宇)는 손지(遜志) 홍재구(洪在龜)와 용계(龍溪) 유기일(柳基一)의 심주리설(心主理說)에 대해 보완하는 조언을 함으로써 화서(華西)문하의 심설(心說)논쟁에 뛰어들기도 하였다. 이 경우에서는 화서(華西)학파에서 접근한 것이라기보다 한주(寒洲)학맥에서 화서(華西)학맥으로 적극적으로 접근하고 있는 사실을 확인할 수 있다. 또한 한주(寒洲)의 문인이요, 아들인

---

15 『重菴集』, 附錄, 卷4, 3,「年譜」: 殷師皇極之教, 祖宗培養之澤, 輸湊於嶠南一區, 秉陽道於積陰, 光國家於天下也.

한계(韓溪) 이승희(李承熙)가 면암(勉菴)에게 편지를 보내 화서(華西)와 한주(寒洲)의 심설(心說)이 공통적임을 지적하고 있는데 대해, 면암(勉菴)은 화서(華西) 심설(心說)의 주리론적(主理論的) 의미를 해명하며, 심설(心說)논쟁에서 화서(華西)의 심설(心說)이 유직(柳稷)의 '심즉리'설('心卽理'說)과 다른 것임을 해명하였다 따라서 면암(勉菴)은 화서(華西)와 한주(寒洲)의 심설(心說)을 곧바로 일치시키려는 입장을 받아들이지 않고 있다.

화서학파(華西學派)와 영남학맥의 교류는 매우 한정되고, 또 일회적 사건이나 왕복토론에 그치는 것이지만, 한말(韓末)의 상황에서 교류가 일어나고 있다는 사실에 중요한 의미가 있는 것이라 하겠다.

V. 화서학파의 위치와 의의

화서학파(華西學派)는 한말(韓末)의 역사적 상황 속에서 가장 적극적으로 대응하였던 도학(道學)학통이었다는 점에서 한말도학(韓末道學)의 중심에 자리 잡을 수 있다. 병인양요(丙寅洋擾)[1866]에서 화서(華西)의 적극적인 척화주전론(斥和主戰論)이 조선시대 도학(道學)의 의리(義理)정신을 집약적으로 발휘하고 있는 것이며, 병자수호조약(丙子修好條約)[1876]에서 면암(勉菴)의 강경한 지부상소(持斧上疏)로 계승되었고, 변복령(變服令)과 단발령(斷髮令)에 철저한 저항논리를 제시하며, 마침내 의병운동(義兵運動)으로 전개시켜갔다. 이에 대한 화서(華西)학파의 대응 양상은 초기에 상소(上疏)운동에서 일치된 행동을 보여주고 있지만, 후기에 의병(義兵)운동으로 옮겨가면서 의병(義兵)에 적극적 참여 태도와 강학(講學)을 강조하면서 소극적 대응을 하는 두 가지 양상으로 나뉘어가는 것을 볼 수 있다. 후기의 의병(義兵)운동에서는 의암(毅菴)과 면암(勉菴)의 두 중추를 이루고 있으며, 성재(省齋)계열 안에서도 금계(錦溪) 이근원(李根元)과 연곡(蓮谷) 노정섭(盧正燮) 등은 강학(講學)에 주력하고 의병(義兵)에 거리를 두고 있으며, 중립적인 운암(雲菴) 박문일(朴文一)의 경우도 강학(講學)에 집중하는 입장을 보여준다.

화서(華西)학파는 위정척사(衛正斥邪)의 의리(義理)를 기본이념으로 표방하고 있지만, 의리(義理)의 실천 방법에서는 이처럼 강학(講學)중심의 자정(自靖)論과 의병(義兵)에 나서는 거의론(擧義論)이 선택적 조건으로 열려있음을 보여준다. 가장 적극적으로 의병운동을 전개했던 의암(毅菴) 유인석(柳麟錫)도 스스로 '처변삼사(處變三事)'에서 거의소청(擧義掃淸)·거지수구(去之守舊)·치명수지(致命遂志)의 세 가지 방법에서 자유롭게 선택하도록 허용하였던 사실을 볼 수 있다. 또한 의병(義兵)을 일으키더라도 면암(勉菴)의 경우는 한 번도 싸우지 못하고 붙잡혀가서 의리(義理)를 선언하는 데 치중하였다면, 의암(毅菴)의 경우는 많은 전투를 치르고 해외로 망명까지 하여 항전을 계속해갔던 양상의 차이를 드러낸다.

심설(心說)문제로 논쟁이 벌어졌을때에도 이론적 분석에 근거하여 토론을 심화시켜가는 것이 아니라, 사설(師說)에 대한 배신으로 비난과 반박의 공격적 논재에 빠져서 학파의 내부적 분열을 일으키고 학문적 심화의 성과를 거두지 못한 문제점이 있다. 이에 비해 보다 종합적인 입장에서 서 있던 면암(勉菴)의 경우는, 양자의 긍정적 의미를 해명함으로써 오히려 논쟁당사자들보다 더욱 이론적 해명을 전개시켜주었던 것이 사실이다. 여기서 화서(華西)의 심설(心說)을 수호하였던 중암(重菴)은 일찍부터 자신의 또 다른 스승인 매산(梅山) 홍직필과 매산(梅

山)문하의 동문인 고산(鼓山) 임헌회(任憲晦)에 대해 이견(異見)을 분명히 제시하고 있는데 비하여, 화서(華西)의 심설(心說)을 수정(修訂)하여 해석하는 성재(省齋)는 고산(鼓山) 임헌회(任憲晦)나 고산(鼓山)의 문인 간재(艮齋) 전우(田愚)와 이론적 충돌을 보이고 있지 않는 점을 유의할 필요가 있다.

또한 화서(華西)의 대표적 문인인 중암(重菴)·성재(省齋)·면암(勉菴)이 각각 만년에 주거(住居)를 옮겼는데, 이들이 옮겨가는 이유는 개화(開化) 물결을 피해 더욱 깊은 산(山)속으로 물러간다는 것이지만, 중암(重菴)은 포천(抱川) 고향 안에서 북쪽 백운산(白雲山) 속 운담(雲潭)으로 들어갔고, 성재(省齋)는 남쪽 장담(長潭)[충북 제천(堤川)]으로 내려갔으며, 면암(勉菴)은 서남쪽 정산(定山)[충남 청양(靑陽)]으로 내려갔다. 성재(省齋)가 내려간 장담(長潭)은 우암(尤菴)과 수암(遂菴) 권상하(權尙夏)의 기호(畿湖)정통학맥의 중심에 가까이 들어간 것이며, 면암(勉菴)이 내려간 정산(定山)은 호서(湖西)에서 호남(湖南)으로 열린 곳이다. 이러한 지역적 배경이 성재(省齋)로서 기호(畿湖)전통의 성리설을 더욱 깊이 회귀(回歸)하게 하며, 면암(勉菴)으로서 의병(義兵)활동의 무대를 호남(湖南)으로 옮겨갈 수 있게 하였던 것으로 보인다. 또한 화서학파의 중심인물들이 이렇게 멀리 서로 떨어져 자리잡으면서, 화서학파의 지역적 분포가 광범하게 확산될 수 있는 계기를 마련하였던 것이다. 특히 평안도 태천(泰川)의 운암(雲菴) 박문일(朴文一)은 강학(講學)에 집중하면서 서북지역 전역을 화서학파의 영역으로 끌어들이는 역할을 하고 있다.

나아가 화서학파(華西學派)는 당시 기호(畿湖)지역을 비롯하여 영남(嶺南)지역까지 포함하여 다양한 학맥과 활발한 교류를 하며, 성리설과 의리론의 기본성격이 달라지면서 매산(梅山)학맥과 대립하게 되었던 것은 한말도학(韓末道學)에서 화서학파의 위치를 더욱 뚜렷하게 드러내주는 것이다. 곧 매산(梅山)학맥의 계승자인 간재(艮齋) 전우(田愚)는 항의상소(抗義上疏)나 의병(義兵)운동을 전혀 외면하고 수구(守舊)만을 추구하는데 비하여, 화서학파는 다양성을 내포하고 있지만 한말도학(韓末道學)에서 가장 적극적인 행동으로 위정척사(衛正斥邪)의 의리정신을 발휘하였던 것이다.

제 2 부

화서학파 성리학의 실천적 양상

9
한말 화서학파의 의리사상에 관한 일고
- 화서 및 그 문하의 척사의리를 중심으로 -

강필선

I. 서론

19세기의 조선은 격변기에 해당한다. 대외적으로는 제국주의 열강에 의한 각축장이 되었으며, 대내적으로는 세도정치(勢道政治)로 인한 사회적 모순이 정점에 다다르고 있었다. 대내외적 모순을 극복하지 못한 조선은 결국 일본에 의한 식민지화의 길을 걷게 되었다.

이러한 역사적 상황으로 인하여 이 시기를 보는 시각은 제국주의 열강의 동양침략이라는 서세동점(西勢東漸)의 상황과 일제에 의한 조선의 식민지화라는 부정적 시각과 중국 중심의 세계질서로부터 근대적인 국제질서로 변모하는 동시에 근대민족국가를 수립하려 하였다는

---

* 강필선(성균관대학교 한국철학박사) 이 글은 「韓末 華西學派의 義理思想에 관한 一考 - 화서 및 그 문하의 斥邪義理를 중심으로 -」(『東洋哲學硏究』제39집, 동양철학연구회, 2004. 9.)이란 제목으로 게재되었던 것을 고쳐 쓴 원고임을 밝혀둔다.

자주적 발전사관으로 이해하려는 입장으로 나뉘어 있다.[1] 그러나 역사적 상황에 대한 양자의 입장 차이에도 불구하고 양자 사이에는 조선사회를 위기상황으로 인식하는 공통점이 있다. 이러한 위기의식이 어디에서 기인하는가 하는 문제는 논란의 여지가 있으나, 당시 제국주의 열강의 통상요구로부터 시작된 위협은 그것이 단순히 경제적 침략만으로 받아들여지지 않고 민족의 생존과 국가의 안위를 위협하는 중대한 도전으로 인식되었다. 이러한 점에서 19세기 조선의 위기상황은 그 주된 모순을 제국주의 열강의 침략으로 규정할 수 있다.

본고에서는 제국주의 열강의 침략에 대응하여 척사의리를 주창하고 의병운동으로까지 승화시킨 화서 및 그 문하(면암과 의암)의 의리정신을 고찰함으로써 한말 도학(道學)의 정통의식과 그 실천적 의의를 살펴보고자 한다.

II. 화서학파의 역사의식과 의리정신

1. 『송원화동사합편강목』에 나타난 정통의식과 화이정신

『송원화동사합편강목宋元華東史合編綱目』[2]은 화서의 고제 유중교(柳重教, 1832~1893)와 김평묵(金平黙, 1819~1891)이 스승의 명에 따라 중국의

---

[1] 한국근현대사학회, 『한국근대사강의』, 한울아카데미, 2001, 9쪽.
[2] 『宋元華東史合編綱目』은 本文 29卷(1864년)과 그 監本인 『續綱目』이나 『麗史提綱』의 내용 가운데 수정되거나 중요한 사항에 대해 편찬의 義理를 밝힌 「發明」 3卷(金平黙 1889년) 및 『宋元華東史合編綱目』의 編纂 義例를 정리한 「書法」 1卷(柳重教 1879) 등 4권의 附錄을 합하여 총 33卷 33冊으로 구성되어 있으며, 1906년 柳麟錫의 주도하에 판각작업에 들어가 이듬해 5월에 완료되었다.

역사와 고려의 역사를 합편(合編)한 사서(史書)로서 송(宋) 태조로부터 원(元)의 마지막 군주 순제(順帝)까지의 역사와 그 기간에 해당하는 고려 광종(光宗) 11년부터 공민왕(恭愍王) 16년까지의 고려사를 합편하고 강목체(綱目體)로 기술한 역사서이다.『송원화동사합편강목』은 비록 유중교와 김평묵 두 사람에 의해 편찬되었지만, 그 총서(總敍)에서 "이 책의 법의대강(法義大綱)은 비록 모두 화서선생이 정한 바이고, 세세한 절목들은 또한 선생이 돌아가신 뒤에 추정(追定)하고 품질(稟質)하는 데에는 미치지 못한 것이 혹 있으나, 그 지취(指趣)의 요점이 되는 것이 선생의 대의의 범위에서 벗어나는 것은 아니다"[3]고 밝히고 있듯이 그 찬술(撰述)의 내용이 화서의 대의에서 벗어나지 않음을 알 수 있다. 따라서 『송원화동사합편강목』은 화서의 대의가 그의 제자를 통해 성립된 사서로서 화서학파의 의리정신을 대변한다고 할 수 있다.

최익현(崔益鉉, 1833~1906)은『송원화동사합편강목』의 발문(跋文)에서 "『춘추』와『자치통감강목』의 의의는 이적(夷狄)을 물리치고 난적(亂賊)을 토벌한 것보다 큰 것이 없어서 공자와 주자(朱子) 이전의 이적과 난적에 대해서는 다행히 이미 바로 잡게 되었다. 그러나 공자와 주자 이후의 이적과 난적에 대해서는 중국에 성현이 태어나지 않아 인심이 나날이 쇠망(衰亡)하고 천리(天理)가 나날이 어두워져 끝내 바로잡을 바가 없게 되었고 이에 우리 선사(先師) 화서선생의 손에서 바로잡히게 되었다.[4]"고 하여『송원화동사합편강목』의 편찬이『춘추』와『자치통감

---

3 「宋元華東史合編綱目總敍」(『宋元華東史合編綱目』下, 奈堤文化研究會, 1998년) 2쪽 : 此書法義大綱, 雖皆華西先生所定, 而小小節目間, 亦或有追定於先生旣沒之後, 而未及稟質者 然其指趣要歸, 則不出先生範圍之外.

4 「華東史合編綱目」,「華東綱目拔」, 5쪽 : 夫春秋綱目之義, 莫大於攘夷狄討亂賊, 而

강목』에 나타난 존화양이(尊華攘夷)의 춘추의리를 천명(闡明)하기 위한 의도에서 이루어진 것이며, 이적과 난적을 물리친 공이 화서에 귀결됨을 밝히고 있다. 이러한 점으로 볼 때『송원화동사합편강목』은 이적인 청(淸)과 난적인 서양이 횡행하는 당시의 현실에 대하여 화이의식(華夷意識)을 바탕으로 비판적 의리정신을 역사서술에 투영하기 위해 저술되었다고 할 수 있다. 그러므로『송원화동사합편강목』은 의리의 명분을 고취시키고 도의(道義)를 발양(發揚)하기 위해 역사의 주체에 대해 엄격한 화이(華夷)의 분별과 정통성을 엄밀히 설정하고자 하였다. 유인석(柳麟錫, 1842~1915)은「서(序)」에서 다음과 같이 말하였다.

> 대개 중국의 상로(商輅, 1414~1486)[5]·만안(萬安, ?~1489)[6] 제공(諸公)이『속강목』을 편수(編修)할 때 오랑캐인 원(元)을 '정통(正統)'으로 처리하였으니, 이는 이적이 정통을 범하는 변란이 천지를 뒤엎는 것이 됨을 이르지 않아 중화와 이적의 구별과 존양(尊攘)의 의(義)가 있지 않게 된 것이다. (화서)선생은 선정(先正) 우암(尤菴) 송자(宋子)의 의리를 계승하여 이에 그 잘못을 바르게 하여 '무통(無統)'으로 처리하였으니, 무릇 화이의 구분에 매인 요점이 모두 그 뜻을 지극히 하였다. 이것이 곧 책을 엮은 주된 대의(大義)이다.[7]

在孔朱以上之夷狄亂賊, 則幸已見正. 若孔朱以下之夷狄亂賊, 則中國不復生聖賢, 而人心日亡 天理日晦, 終無見正之所, 而乃正於吾先師華西李先生之手.

5 호는 소암(素庵)이며, 명나라 浙江 淳安 사람이다.
6 字는 循吉이며, 명나라 四川 眉州 사람이다.
7 『宋元華東史合編綱目』, 序, 2~3쪽 蓋皇朝商萬諸公, 修續綱目, 處胡元以正統, 是不謂夷狄干統之變之爲翻天倒地也, 不有中華夷狄區別尊攘之義也. 先生承先正尤菴宋夫子義理, 爰正其謬而處以無統, 凡繫華夷之分, 要皆極致意焉. 此乃編書之所主大義.

『속강목』에서 '정통'으로 처리한 '호원(胡元)'의 오류를 바로잡아 '무통'으로 처리함으로써 화·이의 구분을 명백히 하고, 왕조 계승의 정통을 바로잡고자 하는 의도에서 『송원화동사합편강목』의 편찬이 이루어졌음을 분명히 한 것이다. 곧 정통을 바로잡고자 하는 춘추필법(春秋筆法)의 정신에 따라 화와 이에 대한 준엄한 분별을 선행한 것이다. 그러므로 『송원화동사합편강목』은 이러한 '정통론'을 바탕으로 '호원'을 화의 정통에서 삭제하고 고려를 중화의 반열에 놓음으로써 중화의 문명이 송·명으로부터 청이 아닌 조선으로 이어지는 통계(統系)를 밝히고, 이를 통해 화에 대한 이의 위협과 침략에 대처하여 이를 극복하고자 하는 현실인식으로부터 편찬된 것이라고 할 수 있다.

화(華)는 본래 화(夏)·화하(華夏)·중하(中夏)·중국(中國) 등의 용어와 함께 한족(漢族)이 자신들을 지칭하던 말로 이(夷)에 상대되는 개념이다. 이러한 '화'의 개념은 문화적으로는 중화문명을 지역적으로는 중국을 그리고 종족으로는 한족의 개념을 내포하는 것이지만, 춘추(春秋)·전국(戰國)의 혼란기를 거치면서 그 지역적·혈연적 한계를 극복하고 예(禮)에 의한 문화 지향적 개방성을 갖기 시작하였다.[8] 곧 화이관념은 춘추전국 이후 지역적·민족적 한계를 극복하고 문화적 우열과 진리의 근원성을 바탕으로 한 구분으로 확대되었다고 할 수 있다.[9] 화서는 "하늘에는 음(陰)과 양(陽)이 있고 땅에는 강(剛)과 유(柔)가 있으며 사람에는 남자와 여자가 있고 정통에는 이(夷)와 하(夏)가 있으니, 이것은

---

8   박충석·유근호 공저, 『조선조의 정치사상』, 평화출판사, 1988, 99~108쪽 참조.
9   柳承國, 「春秋精神과 主體性」, 『韓國思想과 現代』, 東方學術研究院, 1988, 182쪽 참조.

천지의 커다란 경계이다."¹⁰고 하여 자연과 인간, 그리고 사회를 계서적
(階序的) 질서에 의해 구분하고, 그 통치의 정통성으로 화하와 이적을
분별한 것이다. 그러므로 화서는 중하(中夏)의 통치와 만이(蠻夷)의 통치
를 상(常)과 변(變)으로 대별하고, 만이의 통치는 중하의 통치에 비견(比
肩)될 수 없음을 들어¹¹ "중화가 이적을 교화하고 이적이 중화를 모열
(慕悅)하는 것이 또한 천리의 본연이요 인심의 당연한 바에서 나왔다."¹²
고 하여 문화적으로 우월한 '화'가 열등한 '이'를 교화하며 '이'는 '화'를
모열하는 계서적 관계를 분명히 하였다. 그리하여 "중화를 높이고 이적
을 물리치는 것은 천지가 다할 때까지의 커다란 원칙이다."¹³고 하였다.
이러한 존양(尊攘)의 대의를 여말(麗末)의 역사적 상황에 대응하여 화서
는 다음과 같이 말하였다.

　　이적과 화하의 분별은 천하의 대세(大勢)이다. 고려의 왕과 최영(崔瑩)이 원
　을 믿고서 명을 침범하고자 하였는데 우리 태조대왕과 정포은(鄭圃隱)께서
　원을 배척하고 명을 존숭하고자 하시었으니, 명분이 바르고 말이 순(順)하
　며 그 승부(勝負)와 흥체(興替)의 형세가 여기에서 이미 갈라졌다. 천하의 일

10　『華西雅言』, 卷10, 「尊中華」30, 17쪽 : 天有陰陽, 地有剛柔, 人有男女, 統有夷夏, 此天
　　地之大分界也.
11　『華西雅言』, 卷10, 「尊中華」30, 17쪽 : 中夏之君, 治天下, 常也. 蠻夷之君, 治天下, 變
　　也. 天地氣數有盛衰之變, 故帝王之統, 亦有此正反之變, 中夏天子, 蠻夷天子, 尊卑上下,
　　全無等威, 此乃陰疑於陽, 地抗於天, 女加於男, 臣强於君, 名之不正, 禮之無序, 事之不順,
　　心之不安, 孰有大於此者乎.
12　『華西先生文集』, 卷25, 「用夏變夷說」, 647쪽 : 中華之敎化夷狄, 夷狄之慕悅中華, 亦
　　出於天理之本然, 人心之當然.
13　『華西雅言』, 卷10, 「尊中華」30, 16쪽 : 尊中華, 攘夷狄, 窮天地之大經.

을 논하는 자는 이 대의를 강론하지 않을 수 없는 것이다.[14]

화서는 화·이의 분별을 천하의 대세로 보았다. 조선의 태조와 고려 말의 정몽주(鄭夢周, 1337~1392)가 송의 중화문명을 잇고 있는 명을 존숭하고 이적인 원을 배척한 일을 '존화양이(尊華攘夷)'의 춘추대의에 따른 대세로 파악함으로써 조선 개국의 대업이 여기에서 이미 결정 났다고 보고 있는 것이다. 여기에 나타난 화이의 분별은 지역적·민족적 한계를 극복하고 송으로부터 명으로 이어지는 문화적 우열(愚劣)을 말하는 것으로 그 정통성이 조선에 이어짐을 분명히 한 것이다. 그러므로 화서학파의 역사의식을 나타내는 『송원화동사합편강목』 곧 중화의식 또한 문화적 우월성과 진리의 근원성을 전제한 것이라고 할 수 있다. 이러한 점은 「서법(書法)」에서 고려가 중국문화의 수준에 이르렀다는 점과 자국의 입장에서 『송원화동사합편강목』이 편찬되었다는 점에서 고려를 제후국으로 처리하지 않고 열국(列國)의 예(例)로 처리하고 있는 점을 미루어 분명히 알 수 있다.[15] 따라서 화서학파에 있어 화이의 분별은 문화적 우열을 문제삼는 것이다.[16] 이러한 중화의식은 성재

14　『華西雅言』, 卷10, 「尊中華」30, 16쪽 : 夷夏之分, 天下之大勢也. 麗王及崔瑩狹元犯明 我太祖與鄭圃隱, 背元尊明, 名正言順, 其勝負興替之勢, 已判於此. 論天下之事者, 不可不講此大義也.

15　『宋元華東史合編綱目』「書法」, 附錄1, 2쪽 : 列國, 宋無所封之國, 惟高麗以外國進於中國, 且此書, 自本國修之, 故特用列國例處之.

16　이러한 점에서 볼 때 華西가 朝鮮을 中國의 屬國으로 표현한 부분이 있으나, 뒤에 바로 "高麗 때부터 尊周의 義理를 알고 變夷의 實이 있어 朝鮮朝에 이르러 純粹하게 되었으며, 圃隱先生이 程朱의 學을 주창하고 麗末 및 朝鮮의 몇몇 선각에 이르러 擴大하고 推明하여 統緖를 계승함에 있어 옛날에 이른바 中國에 나아간 것이 우리나라와 같은 것이 없어 그 중국 천지가 멸망하여 西洋이 혼란시켰을 때에도 마치 重陰(坤)의 아래에 陽의 德이 다시 회복되는 것과 같다"는 말로 살펴본다면 華西가 사용한 屬國은 政治的 隸屬이 아닌 文化的 수

(省齋)의 「정통론(正統論)」에서도 확인할 수 있으니, 그는 다음과 같이 말하였다.

> 만약 이주(夷主)의 자손으로 이루(夷陋)를 씻어 버리고 중화의 전장(典章)·문물(文物)을 따를 수 있다면 이 역시 중화일 뿐이니, 어찌 다시 폄억(貶抑)함이 있겠는가![17]

중화란 종족이나 지역적인 개념에 머물러 고착된 개념이 아니다. 중화의 문물제도를 따르고 보존하고 있다면 곧 중화가 되는 것이다. 여기에서 중화의 개념을 지역이나 종족을 뛰어넘는 문화적 우월 개념으로 규정하고 있음을 볼 수 있다.[18] 그러므로 화서학파에서 보이는 도학(道學)의 중화의식은 단순한 지리적 중화관념은 아니다. 화서는 당시 도학의 화이관념을 지리적 편협성을 벗어나지 못한 편협한 견해로 폄하한 데 대해 다음과 같이 비판하였다.

준이 중국에 도달한 나라의 의미로 받아들여져야 한다.(『華西雅言』, 卷10, 「尊中華」30, 28쪽 : 宋元史, 先生旣命重敎, 削其元統, 因謂我東中國之屬國也. 自高麗時駸駸然知尊周之義, 有變夷之實而至我朝則純如也. 又自圃隱先生倡程朱之學, 於麗季以至我朝一二先覺, 擴大推明以承統緖, 則古所謂進於中國者莫如我東, 而其在神州陸沉, 西洋昏墊之時, 正如重陰之底陽德來復也. 又當表章於始, 昭布百代, 示法四裔也.)

17 『宋元華東史合編綱目』, 附錄4, 「正統論」, 57쪽 : 若爲夷主之子孫者, 能一洗夷陋, 而從中華之典章文物, 則是亦華而已矣, 豈復有貶抑乎.

18 이러한 점은 勉菴의 跋文에서도 확인할 수 있다. 『勉菴崔先生全書』, 卷24, 「華東史合編跋」, 23쪽 : 或曰吾東亦夷也. 以夷事合於中國之正史, 有例乎. 曰夷而進於中國, 則中國之春秋之意也. 況吾東箕子立國革夷陋而爲小中華, 後雖中微而貿貿始自高麗已駸駸有用夏之漸, 所以以風俗好見, 稱於朱子也. 至於本朝, 則得復小中華而崇禎以後, 則天下之欲尋中國文物者, 捨吾東無可往, 實所謂周禮在魯也. 豈不可以先表章其所始, 以昭布百代, 示法四裔乎. 此亦孔子春秋因魯史及天下之義也.

어떤 사람이 묻기를, '하늘은 땅 밖에서 감싸고 땅은 하늘 안에 있으니, 상하와 사방이 모두 이 땅이다. 이제 이른바 중국이라는 것도 다만 곤륜(崑崙)의 동쪽으로 환니(丸泥)의 땅이니, 하늘로부터 본다면 모두 땅이어서 진실로 화와 이, 중과 외, 존과 비, 주와 객의 구별이 없을 것인데, 성현이 이에 중국과 외이(外夷)의 설을 세워 존양의 뜻을 드러냈으니, 공평하지 않음이 없겠습니까?'하였는데, 선생께서 이르시기를, '육합(六合)의 내외가 모두 하늘이지만 태일성(太一星)이 있는 곳이 유독 하늘의 중추(中樞)요, 사지와 백체가 모두 다 신체이지만 방촌(方寸)인 마음이 유독 몸의 주인이며, 사방과 팔면이 모두 땅이지만 풍기(風氣)의 고른 곳이 유독 땅의 중앙이 되니, 이 말을 아는 사람이라야 화와 이, 내와 외의 묘와 존과 양, 부(扶)와 억(抑)의 의리를 알 수 있다'고 하였다.[19]

화이의 분변은 단순히 지리적인 중심과 주변의 차이로 말하는 것이 아님을 화서는 분명히 하고 있다. 그에 의하면 상하·사방을 모두 하늘이라고 할 수 있지만 태일성이 있는 곳을 특히 하늘의 중심이라고 하고, 사지와 백체가 모두 일신(一身)이라고 할 수 있지만 심(心)을 특히 몸의 주인이라고 하며, 사방·팔면이 모두 땅이라고 할 수 있지만 그 풍기가 고른 곳을 특히 땅의 중앙이라고 하는 것과 같이 천추(天樞)·신주(身主)·토중(土中) 등은 단순히 지리적인 중앙을 뜻하는 것이 아니듯 화

---

19 『華西雅言』, 卷10, 「尊中華」30, 28쪽 : 或問, 天包地外, 地在天中, 上下四方, 都是此地, 今所謂中國者, 特崑崙之東, 丸泥之地也, 自天觀之, 均是地也. 固無華夷中外尊卑主客之別, 而聖賢乃立中國外夷之說, 而著尊攘之義, 無乃傷於不公乎. 曰六合內外, 均是天也, 而太一之居, 獨天之樞也. 四肢百體, 均是身也, 而方寸之心, 獨身之主也. 四方八面, 均是地也, 而風氣之均, 獨土之中也. 知此說者, 知夷夏內外之妙, 尊攘扶抑之義矣.

이의 분별은 지리적 중심과 주변을 의미하는 것이 아니다. 이는 곧 도(道)의 소재(所在)로써 중심을 말한 것이다. 그러므로 중화와 이적의 분별은 진리의 구극처(究極處)를 중심으로 한 것임을 알 수 있다.[20]

이러한 도(道) 의식으로부터 화서학파는 그 도의 소재를 송에서 명으로 이어지는 것으로 파악하여 '호원'을 무통으로 규정하고, 고려사를 송원(宋元)에 합편하여 기술함으로써 도의 소재가 송으로부터 고려로 이어지고 있음을 밝히며, 고려를 계승한 조선만이 그 도의 계승자로서 유일한 중화임을 드러내고자 하였던 것이다. 때문에 화서학파는 도의 소재로부터 왕조계승의 정통성을 바로잡고, 화이의 분변을 명확히 함으로써 이를 청 및 서양에 대해 적용하여 이민족의 침략을 극복하고자 한 것이다. 그러므로 화서학파는 서학을 인륜(人倫)을 끊고 예의(禮儀)를 폐(廢)하는 형기(形氣)의 말단으로 규정함으로써 서양이 이적이 되는 이유를 밝히고 형기에 대한 도덕의 우위를 주장한 것이다.[21]

2. 역사의 굴신과 도학정신

화서학파에 있어 춘추대의는 도(道)를 기준으로 한 것이었다. 화서는 "천하만고에 도는 하나일 뿐이다. 제왕의 정치는 이 도를 행한 것이요 성현의 가르침은 이 도를 밝힌 것이니, 요순(堯舜) 이후와 공맹(孔

---

20 이러한 점에서 華西의 中華意識은 道를 바탕으로 한 文化의 優劣에 있으므로 國家와 道의 개념 사이에서 道를 중시하는 경향을 보인다. 이는 道는 恒久不變한 반면 國家는 盛衰. 存亡하는 可變者로 파악하는 道學의 특징에 기인한다고 할 수 있다. 「華西先生文集」, 「附錄」, 卷5, 「語錄」, 19쪽 : 西洋亂道最可憂 天地間一脈陽氣在吾東, 若並此被壞, 天心豈忍如此. 吾人正當爲天地立心, 以明此道, 汲汲如救焚, 國之存亡猶是第二事.
21 「華西雅言」, 卷12, 「洋禍」35, 12쪽 : 西學謬處, 本不識太極爲萬物根源, 却將有形有象認作造成天地, 而以樂簡喜利之心, 割斷倫理, 掉廢禮節.

孟) 이후를 마땅히 둘로 보아야 한다."²²고 하여 도를 행도(行道)와 명도(明道)로 나누어 보았다. 요순 이하 제왕의 시대는 도가 밝게 드러나 이 도를 행한 행도의 시기로 본다면, 공맹 이하 성현의 시대에는 도가 이미 은미하여 이 도를 밝히고자 한 전도(傳道)의 시기라고 할 수 있다. 곧 도는 시대와 상황에 따라 굴신(屈伸)의 부침(浮沈)이 있으며, 이러한 굴신의 과정은 음양순환의 과정으로 설명된다. 따라서 화와 이의 성쇠가 음양의 굴신과정으로 설명되기도 한다.

> 중하에는 중하의 성쇠가 있으며, 이적에는 이적의 성쇠가 있다. 당우(唐虞)의 때에 만이(蠻夷)가 중하를 어지럽힌 것은 구괘(姤卦䷫)의 '초육효'에 해당하며, 숭정(崇禎)의 말기는 박괘(剝卦䷖)의 '상구효'에 해당한다.²³

구괘(䷫)는 음이 처음 생겨 장차 커 가는 형상(形象)을 말한다. 때문에 화서는 만이가 흥기하여 요순의 태평성세를 어지럽히기 시작한 시기를 구괘의 초육효에 비유하였다. 곧 『주역』의 구괘 초육효에서는 "마른 돼지가 뛰고 뛰는 데 믿음을 둔다."고 하였는데, 정자(程子)는 "'마른 돼지가 뛰고 뛰는 데 믿음을 둔다'는 것은 성인이 거듭 경계한 것으로 음이 비록 매우 미미하나 소홀히 할 수 없다는 말이다."²⁴고 하여 음효(陰爻)가 비록 아직은 미약하나 그 속마음은 항상 양을 사그러

---

22 『華西雅言』, 卷12, 「異端」34, 1쪽 : 天下萬古, 道一而已矣. 帝王之治, 行此道也. 聖賢之訓, 明此道也. 堯舜以下, 孔孟以下, 當分兩截看.
23 『華西先生文集』, 卷14, 「溪上隨錄」1, 35쪽 : 中夏有中夏之盛衰, 夷狄有夷狄之盛衰. 唐虞之蠻夷猾夏, 姤之初六也. 崇禎之末 剝之上九也.
24 『周易』, 卷16, 姤卦, 「程傳」, 6쪽 : 羸豕孚蹢躅, 聖人重爲之戒, 言陰雖甚微, 不可忽也.

뜨리는 데 있음을 거듭 경계하고 소홀히 할 수 없음을 밝히고 있다. 당우의 때가 비록 양이 성하고 음이 쇠한 신(伸)의 시기로 만이가 아직은 비록 미약하지만, 화하를 무너뜨리고자 하는 조짐은 이미 요순의 태평성세에도 있었음을 경계하여 말한 것이다.

이에 비해 명말의 의종(毅宗, 1628~1644) 시기는 맨 꼭대기의 양효 하나만이 남아 있는 박괘(䷖) 상구효의 위태로운 상황으로 비유하였다. 박괘 상구효에서는 "큰 과일은 먹지 않는다."고 하였는데, 정자는 "모든 陽이 사그라지고 깎여 이미 다했고, 홀로 상구의 한 효(爻)가 아직 존재하니, 마치 큰 과일을 먹지 않아 장차 다시 태어나는 이치를 보는 것과 같다."[25]고 하였으니, 이는 이적의 형세가 비록 강성하여 위태롭고 절실한 상황에 있지만 양이 다시 생(生)하리라는 희망을 잃지 않고 있는 것이다. 따라서 음이 성하고 양이 쇠한 굴(屈)의 시기에 직면해서는 도를 보전함으로써 그 전도(傳道)의 책임을 자임(自任)하고자 한 것이라 할 수 있다.

시대와 상황에 따른 도의 굴신에 기초하여 화서는 공자와 주자의 시기를 우암의 시기와 대비적으로 설명하여 "공자와 주자는 박괘의 때에 해당하니 그 사정이 비교적 쉬웠으나, 송자는 곤괘(䷁)의 때에 해당하여 그 곤난(困難)함이 또한 더욱 심한 것이 있다."[26]고 하여 공자와 주자가 처한 시기를 박괘로 비유한 반면, 우암이 처한 시기는 곤괘로 비

---

25 『周易』, 卷9, 剝卦, 「程傳」, 23쪽 : 諸陽消剝已盡, 獨有上九一爻尙存, 如碩大之果不見食, 將見復生之理, 上九亦變 則純陰矣. 然陽无可盡之理, 變於上, 則生於下, 無間可容息也.
26 『華西雅言』, 卷11, 「武王」32, 11쪽 : 孔朱當剝之時, 其事較易, 宋子當坤之時, 其難又有甚焉.

유한 바 있다. 박괘는 상구의 일양(一陽)이 있어 아직 양의 기운이 다하지 않은 형상이나, 곤괘는 박괘 상구의 일양마저도 사라진 순음(純陰)의 시기를 말한다. 따라서 이는 이적인 청이 명을 멸하여 중국에서는 더 이상 그 도가 끊어져 볼 수 없고 조선만이 유일하게 양기(陽氣)의 일맥(一脈)을 부식(扶植)하고 있는 절박한 상황으로 파악한 것이다. 그러나 화서는 우암이 처한 시기가 비록 오랑캐인 청이 천하를 지배하는 곤괘 순음의 시기에 해당하지만, 이러한 위난의 시기에 있어서도 결코 희망을 버리지 않았다. 그는 『역』의 음양순환의 논리로부터 양은 다하는 이치가 없음을 들어 곤괘 상육의 '용전우야(龍戰于野)'에 대해 다음과 같이 말하였다.

> 박(剝)의 괘엔 '큰 과일은 먹지 않는다'고 하는 효가 있으니, 한 양효(陽爻)가 오히려 보존됨이 있는 것이다. 곤(坤)의 괘는 천지가 이미 폐색(閉塞)되어 버린 것이니, 어찌 한 점의 양 기운인들 있는 것이겠는가? 그러나 성인이 양이 없는 것을 혐오하여 '용이 들에서 싸운다'고 하여 양이 마침내 없을 수 없음을 밝혔으니, 이는 도를 아는 자가 아니면 누가 능히 믿을 수 있겠는가![27]

우암이 처한 시기를 양이 비록 모두 사라진 순음(純陰)의 시대로 비유함으로써 위기의식을 나타내고 있지만, 성현이 곤괘 순음에 양이

---

[27] 『華西雅言』, 卷11, 「武王」32, 11쪽 : 剝之爲卦, 有碩果不食之爻, 則一陽猶有存者, 坤之爲卦, 天地已閉矣. 詎有一點子陽氣哉. 然而聖人嫌於無陽也, 曰龍戰于野, 以明陽之終未嘗無也. 此非知道者, 孰能信之.

없음을 혐오하여 그 상육효에 '용이 들에서 싸운다'고 하여 양의 기운이 끝내 없을 수 없는 이치를 말한 것으로 보았다. 그러므로 곤괘 상육의 '용전우야(龍戰于野)'는 도의 부식(扶植)에 대한 강한 신념의 표현이라 할 수 있다. 따라서 우암이 순음의 시대를 당하여서도 오히려 오랑캐인 청을 물리치고 춘추대의를 발양(發揚)하고자 한 정신을 높이 평가하여 화서는 다음과 같이 말하였다.

그러나 주자(朱子)의 때에는 오히려 한 모퉁이라도 보존하고 있었지마는 우옹의 때는 영력(永曆, 1647~1661)으로부터 이후로 다시 한 덩어리의 땅도 없는 것과 같아서 대의를 신장시킬 곳이 없었으나, 오히려 공자와 주자의 사업과 공로를 항시 마음에 두어 죽을 때까지 변함이 없었다. 그런 뒤에 인군은 인군답고 신하는 신하다우며 아비는 아비답고 자식은 자식다워 화하의 풍속(衣裳)은 오랑캐의 것을 면하고 인류는 금수(禽獸)를 면하게 되어 양이 회복되는 기초가 되었으니, 이는 그 공이 주자에 있어서보다 더 광채가 있는 것이다.[28]

우암이 곤괘 순음과 같은 위난의 시기에 직면하여서도 도의 부식을 자임하고 평생을 노력함으로써 군신·부자의 도가 지켜지고 중화의 풍속이 오랑캐로 변하는 것을 막았으며, 인류가 금수로 전락되는 것을 면하게 되었다고 본 것이다. 때문에 화서는 우암의 공을 곤괘 순음으로

---

28 『華西雅言』, 卷11, 「武王」32, 11쪽 : 然朱子之時, 猶保全一隅耳. 若尤翁時, 自永曆以後無復丸泥, 大義宜無處可伸, 而猶惓惓於孔朱之事功, 至死不變. 然後君君臣臣父父子子 衣裳免於裔戎, 人類免於禽獸, 而爲陽復之基, 是其功于朱子有光矣.

부터 復卦(䷗) 초구의 일양이 생(生)하게 되는 가교적 역할로 보고, 우암의 대의를 공자의 『춘추』와 주자의 『강목』에 비견되는 것으로 보았다.

주(周)의 왕실이 쇠하여 열국(列國)이 참란(僭亂)함에 공자께서 『춘추』를 지어 밝히셨고, 종통(宗統)이 미미하여 강위(强僞)로써 간섭하고 도적질함에 주자께서 『강목』을 저술하여 바르게 하였으며, 이적이 흥성하여 화하에 주인이 없음에 우암 송선생께서 대의를 창도하여 배척하셨으니, 앞의 성인과 뒤의 현인이 그 뜻에 있어 한결같다. 훗날에 역사를 편수(編修)하는 자가 만약 이적이 중화와 혼일(混一)한 것에 정통성을 부여하여 의심하지 않는다면 곤괘(坤卦) 상육효에 양이 없음을 의심하여 그 반드시 '용이 싸운다'고 한 것이 또한 헛된 말이 될 것이다. 존화양이(尊華攘夷)는 곧 천지의 경의(經義)요 민이(民彝)의 바뀔 수 없는 것이지만 또한 행해지지 않는 때가 있게 되며, 『춘추』와 『강목』의 글이 또한 만고통행의 경법(經法)을 다하지 않았다면 어찌 가(可)할 수 있겠는가? 이적이 비록 화하와 혼일되어 세상에 전하여 온 것이 오래고 멀지만, 화가 화되고 이가 이됨은 진실로 자여(自如)하여 귀천과 존비의 등급이 절연(截然)하여 서로 어지럽힐 수 없는 것이니, 그 정통과 위통(僞統)의 구분에 있어 어찌 한 예(例)로써 뒤섞어 분별함이 없는 것이겠는가?[29]

---

[29] 『華西先生文集』, 卷18, 「南塘集記疑」, 19~20쪽 : 王室衰而列國僭亂, 孔夫子作春秋而明之, 宗統微而强爲干竊, 朱夫子述綱目以正之, 夷狄盛而華夏無主, 尤庵宋先生倡大義以斥之, 前聖後賢其義一也. 後之修史者, 若以夷狄之混一中華, 與之正統而不疑焉, 則坤之上六, 疑於無陽而其必曰龍戰者亦爲虛言矣. 尊華攘夷, 卽天經地義, 民彝之不可易者 而亦有時而不行矣. 春秋綱目之書, 亦非極萬古通行之經法矣, 烏乎可哉. 夷雖混華傳世久遠, 華之爲華夷之爲夷, 固自如而貴賤尊卑之等, 截然而不相亂也. 其於正統僞統之分 豈可一例囫圇而無別也哉.

화서는 존양(尊攘)의 춘추의리를 바탕으로 대의를 주창하고 청을 배척한 우암의 일을 공자가 『춘추』를 지어 밝힌 뜻과 주자가 『강목』을 지어 바로잡은 일과 더불어 일의(一義)가 되는 것으로 파악함으로써 공자·주자·우암으로 이어지는 도학(道學)의 정통이 존양의 의리에 있음을 분명히 하였다. 존양의 의리는 존주사대(尊周事大)를 말하는 것이지만, 이는 곧 주(周)의 문화수준을 찬양한 것이다. 때문에 여기에는 '이덕복인(以德服人)'[30]하는 자율성과 자주성이 전제되며, '이력가인(以力假仁)'의 패도(覇道)를 준엄히 분별하는 의식이 내재한다. 그러므로 화서학파는 존화양이를 천지 사이의 경의(經義)로 여기고, 우암이 창도한 숭명배청(崇明背淸)의 의리를 공자와 주자의 의리에 비견되는 것으로 규정함으로써 당시 서세동점(西勢東漸)의 위기상황에 직면하여 자신들 또한 존양의 의리를 다하여 도의 부식을 자부(自負)하고자 하였던 것이다.

Ⅲ. 화서의 벽이단정신과 서학비판

1. 정사正邪의 분변과 인도人道의 확립

척사위정(斥邪衛正)의 의리는 맹자의 벽이단정신에서 비롯하는 것으로 '사(邪)'를 물리치고 '정(正)'을 지킨다는 의미를 갖는다. 곧 밖으로는 '사'에 대한 비판정신이 작용하지만, 안으로 그 '정'을 지키고자 하는 신념이 기초가 된다. 그러므로 척사(斥邪)는 정을 지키기 위한 방법이요, 위정(衛正)은 사를 물리치고자 하는 이유근거가 되는 것으로 척

---

30 『孟子』,「公孫丑」上 : 以德服人者, 中心悅而誠服也.

사와 위정은 표리일체(表裏一體)의 상보적(相補的) 관계가 된다. 따라서 이러한 척사위정의 논리에서는 정과 사를 분별할 수 있는 자기 기준이 중요한 관건이 된다.

유학은 현실에 기반한 학문체계로 인간의 도덕성을 중시하며, 인간의 도덕성에 바탕한 인도(人道)의 실현을 추구한다. 곧 유학에서는 인간의 도덕적 본질을 인의(仁義)로 보고 있으니, 인의를 바탕으로 인도의 실현을 추구한다고 할 수 있다. 때문에 유학의 척사위정론은 인의를 바탕으로 하지 않는 일체의 이질적인 사상이나 문화체계를 배척하고자 하는 의식을 보인다. 이러한 점에서 척사위정론은 시대와 상황에 따라 그 척사의 대상을 변화시켜 왔다. 조선시대만을 보더라도 불교나 노장사상 등을 이단사설로 비판·배척하였을 뿐만 아니라 동일한 유학 내의 분파들, 곧 양명학이나 실학과 같은 비주자학적 견해들에 대해서도 비판·배척하는 태도 속에서 그 엄격한 분별의식을 찾을 수 있다.

한말 도학의 계승자로서 화서의 척사의리는 이러한 분별의식을 극명하게 보여주고 있다. 그는 인의를 바탕으로 하지 않는 제가(諸家)의 설에 대해 다음과 같이 비판하였다.

> 묵씨(墨氏)는 인(仁)은 알았으나 의(義)를 알지 못하였으니 도가 아니요, 양씨(楊氏)는 의는 알았으나 인을 알지 못하였으니 도가 아니며, 노씨(老氏)는 인의를 소소하게 여기고 현허(玄虛)를 숭상하였으니 도가 아니오 불씨(佛氏)는 인의를 끊고 윤회를 말하였으니 도가 아니다. 인과 의는 사람의 도이다.[31]

---

31 『華西先生文集』, 卷15, 「溪上隨錄」2, 36쪽 : 墨氏知仁而不知義, 非道也. 楊氏知義而

인과 의는 사람의 도리이니, 맹자는 "인은 사람의 편안한 집이요, 의는 사람의 바른 길"[32]이라고 하였으며, 주자는 그 주석에서 "의라는 것은 마땅하게 함이니, 바로 천리로서 마땅히 행해야 할 것이요, 인욕(人欲)의 사곡(邪曲)이 없기 때문에 정로(正路)라고 한 것이다."[33] 한 바 있다. 인은 사람됨의 근거가 되며, 의는 사람이 마땅히 하여야 할 당위로서 인간의 도덕적 본질을 이룬다. 그러므로 인의를 소소하게 여긴 노자나 인의를 끊은 불씨에 대해서는 말할 것도 없고 인의 가운데 어느 한 쪽으로 치우친 양주(楊朱)·묵적(墨翟) 또한 인간의 도리를 다하였다고 보기 힘든 것이다. 그러므로 화서는 "묵씨의 마음이 물(物)을 사랑하는데 조금 치우치게 되자 천하가 무부(無父)의 화(禍)에 빠지게 되었으며, 양씨의 마음이 자기를 사랑하는데 조금 치우치자 천하가 무군(無君)의 죄(罪)에 빠지게 되었다."[34]고 비판하였던 것이다.

　　이단·사설에 대한 화서의 이러한 척사의리는 인도를 바탕으로 한 것이지만, 궁극에 있어서는 기(氣)를 리(理)로 보고 욕(欲)을 성(性)으로 보는 일체의 견해를 이단사설로 규정하여 배척의 대상으로 삼는 것이다.[35] 그러므로 화서는 양명학의 '심즉리(心卽理)'에 대해서도 다음과 같이 비판하였다.

不知仁, 非道也. 老氏小仁義而尙玄虛, 非道也. 佛氏絶仁義而說輪廻, 非道也. 仁義, 人之道也.

32　『孟子』,「離婁上」: 仁, 人之安宅也; 義, 人之正路也.
33　같은 곳 : 義者, 宜也, 乃天理之當行, 無人欲之邪曲, 故曰正路.
34　『華西雅言』, 卷9,「洪濤」26, 8쪽 : 墨氏之心, 微偏於愛物而天下陷無父之禍. 楊氏之心 微偏於愛己而天下陷無君之罪. 此理甚微, 惟識微知幾者知此.
35　『華西雅言』, 卷12,「異端」34, 1쪽 : 異端邪說, 千條萬岐, 其認氣爲理, 喚欲爲性, 則同一套也.

대저 심은 본디 리(理)이지만 타고 있는 것은 기이니, 심을 리로만 여기고 기욕(氣欲)의 구폐(拘蔽)를 묻지 않는다면 그 해(害)를 이루 다 말할 수 없을 것이요, 심을 기라고만 가리키고 천명의 주재(主宰)를 알지 못한다면 그 리에 또한 밝혀지지 않는 바가 있을 것이다. 이러한 까닭으로 천고의 성현이 심을 말함에 있어 리를 말하면 또 반드시 기를 말하였고 기를 말하면 또 반드시 리를 말하여 일찍이 나머지 하나를 빠뜨리지 않았다.[36]

만물은 모두 리기 불리부잡(不離·不雜)의 관계에 있으니, '불리'의 측면에서 보면 심이 또한 기욕의 구폐가 없을 수 없다. 그러므로 기욕의 구폐에 가려진 심은 이미 그 본체가 될 수 없다. 그런데 왕양명은 심을 오로지 리로 규정할 뿐 기욕의 구폐를 묻지 않으니, 이는 '인기위리(認氣爲理)'의 이단에 빠져 성현의 본지(本旨)를 잃은 것으로 본 것이다. 이렇게 화서는 인기위리의 여부로 이단사설에 대한 척사의리를 엄격히 규정하여 서경덕(徐敬德, 1489~1546)을 이단으로 비판하였으며,[37] 윤휴(尹鑴, 1617~1680)를 비판하고 배척한 우암을 양주·묵적을 거척(拒斥)하고 공자를 위호(衛護)한 맹자에 비유하기도 하였다.[38] 화서는 이단사설의 폐해를 '독화살에 맞은 사람의 위급함'에 비유하고,[39] 그 척사

---

36 『華西先生文集』, 卷22, 「讀退陶先生集」, 28~29쪽 : 蓋心固理也而所乘者氣也, 認心爲理而不問氣欲之拘蔽, 則其害固不可勝言, 指心爲氣而不知天命之主宰, 則其理亦有所不明矣. 是故千古聖賢之說心也, 說理則又必說氣, 說氣則又必說理, 未嘗闕一.

37 『華西先生文集』, 卷22, 「讀退陶先生集」, 27쪽 : 花潭原理氣說, 指一氣爲太極, 花潭差處只在認氣爲理.

38 『華西先生文集』, 卷14, 「溪上隨錄」1, 18쪽 : 孟子距楊墨而衛孔子, 尤翁距鑴輩而衛朱子, 其事同也.

39 『華西雅言』, 卷12, 「異端」34, 2쪽 : 異端邪說之禍人家國, 如毒箭之中人. 雖卽拔去, 而毒烈已深入肌膚腠理筋骨血脈之間, 逐旋歹闌毁迸裂, 不可復救, 豈不可哀. 若不急下秦

의리의 초점을 '기의 장애'를 제거하는 데 두었다.⁴⁰ 때문에 그는 이기 관계에 있어 '불리'를 전제하면서도 그 '부잡'의 관계를 중시하여⁴¹ 리와 기를 분별하고, 인심과 도심을 분별하며, 천리와 인욕을 준엄하게 분별함으로써 기에 대한 리의 우위를 확보하고자 하였다. 화서가 이단을 '인기위리'로 파악하면서도 척사의리의 초점을 '기의 장애를 제거하는 데 두었다'는 것은 그 의리의 실천을 중시하는 것이라 할 수 있다. 이러한 점은 그가 천리와 인욕에 대해 "리로써 기에게 명령하고 의로써 물에 대처하는 것을 천리라고 하며, 기로써 리를 막고 물로써 뜻[志]을 골몰하게 하는 것을 인욕이라고 한다."⁴²고 규정한 점에서도 알 수 있다. 때문에 화서는 정학과 이단이 사람의 일심에서 말미암으며, 정학을 밝히는 행위는 일심에서 그 천리와 인욕을 변별하는데 있다고 하여⁴³ 일심 안에서 리로써 기를 명(命)하고 의로써 사물에 대처하는 천리를 확립하고자 하였다.

2. 서양 기복종교의 비판과 구도정신

화서는 도(혹은 리)를 궁극적인 존재로 파악하는 도학의 입장에서

緩華佗倒倉刮骨之方 怎生奈何.

40 『華西雅言』, 卷12, 「異端」34, 2쪽 : 吾儒千言萬語, 以克去氣障爲主.

41 화서는 주자의 이기 '불리·부잡'의 관계를 긍정하면서도, 성현의 궁극적인 종지가 '부잡'의 관점에 있음을 제시한 바 있다.(졸고, 「華西 李恒老의 哲學思想 硏究」, 성균관대 박사학위논문, 2003, 32쪽.)

42 『華西雅言』, 卷4, 「事父」10, 5쪽 : 以理命氣, 以義處物, 喚做天理, 以氣掩理, 以物役志, 喚做人欲.

43 『華西雅言』, 卷12, 「異端」34, 1쪽 : 正學異端, 互相盛衰, 其源實由人之一心. 天理人欲互相消長, 其源實關天運之陰陽淑慝, 世道之昇降治亂, 天下之物, 只是一理而已. 故救亂世, 莫先於闢異端, 闢異端, 莫急於明正學, 明正學, 只在一心辨別天理與人欲而已.

천주교의 교리를 비판하였다. 그에게 있어 도(道)와 기(器)는 '형(形)'에서 규정되며,[44] 또 "도가 아니면 이 기를 생양(生養)할 수 없으며 기가 아니면 이 도를 승재(承載)할 수 없으니, 도는 천지만물의 지존(至尊)이요 기는 천지만물의 지보(至寶)이다."[45]고 하여 도와 기는 상수(相須)의 관계로 설명되지만, 양자 사이에는 존비·귀천·주객·상하의 관계가 존재한다. 따라서 도는 기보다 우월적이고 근원적인 것으로 이해된다.[46]

이러한 도학의 입장에서 화서는 서학의 교리는 그 궁극적인 존재를 리로 보지 않고 기로 보는 인기위리의 혐의가 있다고 비판하였다.

> 서학(西學)의 잘못된 점은 본래 태극이 만물의 근원이 됨을 알지 못하고 오히려 형과 상이 있는 것을 가지고 천지를 조성한 것으로 여기고, 간략한 것을 즐기고 사리를 기뻐하는 마음으로 윤리를 끊고 예절을 폐(廢)하였으니, 그 근원이 이와 같은 것에 불과할 뿐이다.[47]

도학의 관점은 형상이 있는 기로써 만물의 궁극적인 근원을 삼지 않으며, 무형한 태극의 도를 궁극적 근원으로 삼는다. 그러므로 형상이 있는 유한한 존재로 만물의 근원을 삼는 서학은 결국 인기위리의 이단사설로 인간의 도덕적 본질인 인의를 막는 가장 혹심(酷甚)한 혹세

44　拙稿,「華西 李恒老의 哲學思想 硏究」, 성균관대 박사학위논문, 2002, 28쪽.
45　『華西先生文集』, 卷25,「道器說」, 6쪽 : 道者, 四通五達之名. 器者, 適用一定之物, 非道無以生養是器, 非器無以承載是道, 道是天地萬物之至尊, 器是天地萬物之至寶.
46　『華西雅言』, 卷1,「形而」1, 4쪽 : 理者一而不二者也, 命物而不命於物者也, 爲主而不爲客者也, 氣者二而不一者也, 命於物而不命物者也, 爲客而不爲主者也.
47　『華西雅言』, 卷12,「洋禍」35, 12면 : 西學謬處, 本不識太極爲萬物根源 却將有形有象 認作造成天地, 而以樂簡喜利之心, 割斷倫理 掉廢禮節, 其源不過如斯而已.

무민(惑世誣民)의 설로 이해되었다.⁴⁸

서학에 대한 이러한 비판은 유학의 도학적 가치체계로부터 서학의 교리를 인기위리의 이단사설로 비판한 것이지만, 그 궁극적 존재에 대한 이해에 있어서 유학과 서학은 현격한 차이를 보인다. 화서는 유학에서의 상제(上帝)를 서학의 천주(天主)와 상대되는 개념으로 이해하고 있는데, 그는 상제에 대한 설명을 통해 서학의 천주를 간접적으로 비판하였다.

> 우리 유가가 섬기는 것은 상제이고, 서양이 섬기는 것은 천주이다. 이제 마땅히 우리의 이른바 상제가 무엇을 가리키는지 논할 뿐 저들의 이른바 천주의 잘못됨은 말을 해도 되고 하지 않아도 된다. 우리의 이른바 상제는 태극의 도를 가리키니, 태극의 도는 무엇인가? …… 부자유친·군신유의·부부유별·장유유서·붕우유신은 상제의 윤리이다. 덕(德)이 있으면 상을 주는데 상에 후박(厚薄)의 차이가 있으며 죄가 있으면 벌을 주는데 벌에 경중이 있다. 이는 모두 상제의 명으로 털끝만큼도 인력으로 사사로이 하는 것이 아니니, 이것이 이른바 리이다.⁴⁹

화서에 의하면 상제는 태극의 도를 가리키는 것으로 털끝만큼이

---

48 『華西雅言』, 卷12, 「洋禍」35, 6쪽 : 充塞仁義, 惑世誣民之說, 何代無之, 亦未有如西洋之慘.
49 『華西先生文集』, 卷25, 「上帝與天主相反辨」, 10쪽 : 吾儒之所事者上帝也, 西洋之所事者天主也. 今當論吾所謂上帝指如何, 彼所謂天主之誤, 言之亦可, 不言亦可也. 吾所謂上帝者, 指太極之道也, 太極之道, 何也. 至誠生生, 上帝之心也. 仁義禮智, 上帝之性也. 愛敬宜知. 上帝之情也. 父子有親 君臣有義 夫婦有別 長幼有序 朋友有信 上帝之倫也. 有德則賞, 賞有厚薄, 有罪則罰, 罰有輕重, 是皆上帝之命也. 非一毫人力所得而私也, 是所謂理也.

라도 인력으로 사사로이 할 수 없기 때문에 또 이를 리라고 하였다. 곧 상제는 무형·무위의 리로 무사(無私)한 반면, 서학의 천주는 유형·유위한 기로 무사하지 못하다고 보았다. 상제는 무형·무위한 리이기 때문에 그 자체로 현시(顯示)되지 못하고 결국 인간 주체의 문제로 전화(轉化)하게 된다. 따라서 리는 성인을 통해 증험된다고 보았다.[50] 화서는 『논어』 「헌문」에 보이는 "군자는 상달(上達)하고 소인은 하달(下達)한다."고 할 때의 상달과 하달을 도덕과 형기로 규정한 바 있으며, 또 「이인」에 보이는 "군자는 의리에 밝고 소인은 이익에 밝다."고 할 때의 '유(喩)'자의 의미를 '깊이 깨달아 돈독하게 좋아한다'는 의미로 새겨 의리 일변(一邊)에 깊이 깨달아 돈독하게 좋아하는 자는 군자이고 형기 일변에 깊이 깨달아 돈독하게 좋아하는 자는 소인이라고 하여 군자와 소인으로 분별한 바 있다.[51] 곧 유학은 궁극적 존재를 인식하는 인간 주체에 대해 군자와 소인으로 분별한다.

나아가 사천(事天)의 의식에 있어서도 서학과 차이를 보이고 있다. 인간과 천의 관계는 천에 대한 인간의 제사의식과 인간에 대한 천의 수복(授福)의 형식을 통해 상호 연결되는데, 유학에서는 그 제사와 수복의 의미를 서학과 달리 해석한다. 『예기』 「제통」에서는 복에 대해 다음과 같이 말한 바 있다.

---

[50] 『華西先生文集』, 卷25, 「上帝與天主相反辨」, 10쪽 : 聖人者天地之孝子也. 是故知上帝之心者, 莫如聖人, 聖人之言, 卽上帝之言也. 聖人之行, 卽上帝之行也, 故上天之載無聲無臭 儀刑文王萬邦作孚, 今捨有形有質之文王而更求無聲無臭之天理於窈冥幽暗之中, 烏可得乎."

[51] 『華西先生文集』, 卷25, 「上帝與天主相反辨」, 11쪽 : 孔子曰君子上達小人下達 按上達謂達於道德, 下達謂達於形氣也. 又曰君子喩於義小人喩於利, 按喩之爲言, 深知而篤好也, 於義理一邊, 深知而篤好者君子也, 於形氣一邊 深知而篤好者小人也."

현자가 제사를 지냄에 반드시 그 복을 받는데, 세상에서 이르는 바의 복은 아니다. 복은 '갖춘다[備]'는 것이니, 갖춘다는 것은 백가지로 순(順)한다는 이름이다. 순하지 않는 바가 없는 것을 갖춘다고 하는 것이니, 안으로는 자기에게 다하고 밖으로는 도에 순함을 말한다. 충신은 이것으로 그 군주를 섬기고 효자는 이것으로 그 부모를 섬기는 것이니, 그 근본은 하나이다. 위로는 귀신에 순하고 밖으로는 군장에게 순하며 안으로는 이것으로 부모에 효도하니, 이와 같은 것을 갖춘다고 한다. 그러므로 오직 현자라야 갖출 수 있고 갖출 수 있은 뒤라야 제사지낼 수 있는 것이다. 이러한 까닭으로 현자가 제사지내는 데에는 그 성신(誠信)과 그 충경(忠敬)을 다하여 물건으로써 받들고 예(禮)로써 인도하며 악(樂)으로써 편안케 하고 사시로써 참여하여 밝게 드릴 따름이오, 그 목적하는 바를 구하지 않는 것이니, 이것이 효자의 마음이다.[52]

유학에서는 복의 의미를 순종[順]하는 것으로 보고 있다. 그것은 그 본래성을 따르고 사사로운 이익을 구하지 않는 것이다. 그러므로 그 제사에 임하여 '그 목적하는 바를 구하지 않는다'고 하였다. 응씨(應氏)는 그 주(註)에서 "'그 목적하는 바를 구하지 않는다'는 것은 구복의 마음이 없는 것이니, 이른바 제사는 〈복을〉 비는 것이 아니다."[53]고 하였다. 곧 유학의 사천의식(事天儀式)은 구복을 목적으로 하지 않는 것이

---

52 『禮記』, 卷23, 「祭統」, 1~2쪽 : 賢者之祭也, 必受其福, 非世所謂福也. 福者, 備也, 備者 百順之名也. 無所不順者謂之備, 言內盡於己而外順於道也. 忠臣以事其君, 孝子以事其親 其本一也. 上則順於鬼神, 外則順於君長, 內則以孝於親, 如此之謂備. 唯賢者能備, 能備然後能祭, 是故賢者之祭也. 致其誠信與其忠敬, 奉之以物, 道之以禮, 安之以樂, 參之以時, 明薦之而已矣. 不求其爲, 此孝子之心也.

53 『禮記』, 卷23, 「祭統」, 2쪽 : 應氏曰不求其爲, 無求福之心也, 所謂祭祀不祈也.

다. 그러므로 화서는 사천에 대해 다음과 같이 말하였다.

> 맹자가 이르기를 '그 마음을 보존하고 그 성을 기른다'고 한 것이 사천이다. 심은 측은지심·수오지심·사양지심·시비지심을 가리키고 성은 인의예지를 가리킨다. 이 심과 성은 내가 사사로이 할 수 있는 것이 아니니, 곧 하늘이 명한 바이기 때문에 이 심을 보존하고 이 성을 기른다면 밖에서 구하지 않더라도 사천하는 것이 곧 여기에 있는 것이다. 이러한 까닭으로 부자로서 애경(愛敬)의 도를 다한다면 이것이 곧 사천이요 군신으로 충례(忠禮)의 도를 다한다면 이것이 곧 사천이니, 장유의 차례와 부부의 분별과 붕우의 믿음은 이 모두가 사천하는 바가 되는 것이다.[54]

인간은 하늘로부터 인의예지의 도덕성을 부여받았으니, 이 본연의 도덕성에 따르는 것을 '사천'이라 할 수 있다. 그러므로 화서는 하늘로부터 부여받은 도덕성을 존양(存養)하는 것이 모두 사천에 해당한다고 본 것이다. 따라서 사천이란 인간 본연의 도덕성에 따르고자 하는 윤리적 당위 그 자체가 사천의 행위가 된다. 반면에 서학은 그 하늘이 인간에게 부여한 바의 것이 무엇인지 살피지 않고 하늘을 다만 경모(敬慕)하여 기복을 바라는 대상으로 여기니, 이는 하늘을 형상이 있는 기로 여긴 것이라고 본 것이다. 그러므로 유학과 서학이 모두 '사천'을 말하

---

54 『華西先生文集』, 卷25, 「西洋事天與吾儒事天相反辨」, 12쪽 : 孟子曰存其心養其性所以事天也. 心者, 指惻隱之心辭讓之心羞惡之心是非之心也. 性者, 指仁也禮也義也智也. 此心此性, 非我之所得私也, 乃天之所命, 故存此心養此性, 則不待外求, 而所以事天者卽在乎此也. 是故父子而盡愛敬之道, 則是乃事天也. 君臣而盡忠禮之道, 則是乃事天也. 長幼之序也, 夫婦之別也, 朋友之信也, 是皆所以事天也.

지만, 유학은 그 천을 도리로 봄으로써 본연의 도덕성을 따르는 것으로 그 복을 삼는 반면 서학은 천을 형기·정욕으로 봄으로써 기복의 대상으로 삼는 차이가 있다고 보았다.[55]

화서는 생사관(生死觀)에 있어서도 유학은 인의를 중하게 여기고 형기를 가볍게 여기기 때문에 '살신성인'하고 '사생취의'할 수 있는 것이며, 그 입심(立心)의 근본이 도의에 있고 공리(功利)에 있지 않은 반면 서양의 경생락사(輕生樂死)는 그것이 전적으로 천당지옥의 설에서 나온 것으로 이것은 형기의 사(私)에서 나온 것이며, 그 입심의 근본이 공리에 있다고 보았다.[56]

화서는 서학의 천당지옥설(天堂地獄說)에 대해서도 세 가지로 비판하였다. 첫째 군자·소인에 관계없이 천주를 섬김으로써만이 그 죄를 용서받고 천당에 이를 수 있다면 그것은 자신을 속이고 남을 속이는 것이니, 이는 하늘을 속이고 성인을 모독하는 것이며, 둘째 부모를 사랑하고 임금을 공경하며 선을 좋아하고 악을 미워하는 것은 천성의 본연에 근본한 것이니, 인정의 당연한 것에서 벗어나면 막고 끊어서 구하지 말아야 할 것인데, 육신이 죽고 명이 다한 뒤에 요행이 구복하고자 하는 것은 성을 멸하고 욕을 탐하는 것이며, 셋째 명덕(命德)·토죄(討罪)·오장(五章)·오복(五服)·오용(五庸)·오형(五刑)은 천하의 사람들로 하

---

[55] 『華西先生文集』, 卷25, 「西洋事天與吾儒事天相反辨」, 12쪽 : 西洋則不然. 不問天所以命我者是何事, 只以拜天祈福爲事天, 此無他焉, 吾儒所謂事天之天專以道理言也, 洋人所謂事天之天專以形氣情欲言也, 二者之不同實分於此.

[56] 『華西先生文集』, 卷25, 「闢邪錄辨」, 14쪽 : 孔子曰志士仁人有殺身而成仁, 無求生以害仁. 孟子曰生亦我所欲也, 義亦我所欲也, 二者不可得兼, 捨生而取義. 程子曰失節事極大, 餓死事極小, 此則所以明形氣輕且小, 而道義重且大也. 是以董子曰明其道不計其功, 正其義不謀其利, 此則所以明立心之本, 在道義而不在功利也. 今洋人之輕生樂死, 專在陷溺於天堂地獄之誑言. 此出於形氣之私乎, 出於道德之公乎, 昏惑如此不亦哀乎.

여금 작위를 영광으로 여기고 위엄을 두려워하고 선심(善心)을 감발(感發)시키며 일지(逸志)를 징창(懲創)하게 하여 치세·안민의 도로 요법이 되게 하는 것인데, 현명(顯名)을 영광으로 여기지 않고 위엄을 두려워하지 않으며, 인륜을 폐하고 예악을 없애며 예수를 따라 기도하고 간청하면 죄를 멸하고 복을 받아 무량(無量)한 쾌락을 누린다고 하는 것은 세상을 현혹시키고 백성을 속이는 것이다. 그러므로 화서는 천도는 복선화악(福善禍惡)하는 것이요, 성교(聖敎)는 명선징악(明善懲惡)하는 것이며, 인정은 희선노악(喜善怒惡)하는 것으로 이는 성인이 다시 태어나더라도 이 말을 따를 것이라고 단언하였다.[57]

이와 같이 화서는 상제와 사천, 사생관, 천당지옥설 등의 개념을 통해 서양 종교를 인기위리의 이단·사설로 비판하고 종교가 가져야할 구도의 방법으로 윤리성을 문제 삼았다. 이러한 점에서 볼 때 서양 종교에 대한 화서의 비판은 교리에 대한 부족에서 온 것이라기보다는 공변된 윤리성을 결여한 종교가 기복으로서의 이욕(利欲)만을 추구하게 될 때 야기되는 폐단을 지적하고 있다는 점에서 서학의 한계를 직시한 것이라고 하겠다.

Ⅳ. 화서문하의 의리사상

1. 면암勉庵의 왜양일체론倭洋一體論과 개화론의 비판

면암은 화서 문하 '삼걸(三傑)'의 한 사람으로 화서의 도학정신을

---

57 『華西先生文集』, 卷25, 「天堂地獄辨」, 22~23쪽 참조.

가장 잘 시대의식으로 구현하였다. 그는 병인양요가 일어난지 10년 뒤인 1876년 일본이 운양호사건을 일으키고 무력을 앞세워 조선과 수호조약을 체결하자 당시 왜인을 "양복(洋服)을 입고 양포(洋砲)를 사용하며 양선(洋船)을 타고 있으니, 무릇 이는 모두 왜양(倭洋)이 일체(一體)라는 명확한 증거이다."[58]고 하여 일본이 과거의 이웃 나라가 아닌 침략세력으로서 서양과 본질적으로 동일하며, 나아가 서양의 앞잡이라는 왜양일체론(倭洋一體論)을 제시하고 왜와의 강화는 곧 화하의 문화를 폐기하고 이적으로 떨어지는 불의(不義)이며, 인류로서 윤상(倫常)을 저버리고 금수에 빠지는 것이라고 보았다. 그는 수호조약의 체결을 위한 회담이 진행되는 동안 조헌(趙憲, 1544~1592)의 고사(古事)에 따라 도끼를 매고 광화문에 엎드려 화친을 거부하는 「지부복궐척화의소(持斧伏闕斥和議疏)」를 올리고, 화친이 국가에 난망(亂亡)의 화(禍)가 되는 이유를 다섯 가지 조목으로 제시하였다.[59] 면암의 척화상소는 그 명분에 있

---

[58] 『勉菴集』, 卷3, 「持斧伏闕斥和議疏」, 39쪽 : 今倭人之來者, 服洋服, 用洋砲, 乘洋舶, 凡此皆倭洋一體之明證也.

[59] 崔益鉉은 倭와의 和親이 첫째 "和議가 우리의 弱함을 보이는데서 나오면 主導權이 저들에 있어 저들이 도리어 우리를 制壓할 것이니, 그 和議는 믿을 수 없다"고 하여 힘의 불평등 관계에서 맺는 修交는 저들의 끊임없는 요구에 禍가 따르고 결국 멸망에 이르며, 둘째 "우리 백성이 생명을 依存하는 有限한 津液과 膏腴로 저들의 끝없이 사치스럽고 기묘하며 마음을 좀먹고 풍속을 무너뜨리는 것과 교역하게 된다면 몇 년 안에 온 나라가 황폐해져 의지할 것이 없어질 것"이라고 하여 有限한 農産物과 무한한 工産物과의 교역에서 오는 불균형이 우리를 荒弊하게 하며, 셋째 "저들이 비록 이름은 倭人이나 실지는 洋賊으로 和議가 이루어지면 邪學書籍이 들어와 (…) 결국 집집마다 邪學을 하고 사람마다 邪學을 하여 자식이면서 그 아비를 아비로 여기지 않고 臣下이면서 그 임금을 임금으로 여기지 않으며, 衣裳은 거름더미에 빠지고 人類는 禽獸가 될 것이다"고 하여 우리의 倫理가 타락하여 禽獸의 지경에 빠지게 될 것이며, 넷째 "和議가 성립한 후에 저들은 우리 땅에 들어오고자 할 것이니, (…) 막을 수 없어 맡겨둔다면 財物과 婦女를 약탈하고자 할 때 누가 막을 수 있겠는가"라고 하여 우리의 美風良俗이 무너지며, 다섯째 "저들은 財貨와 女色을 알 뿐 털끝만큼의 의리도 없으니, 곧 禽獸일 뿐이다. 사람과 禽獸가 어울려 살면서 근심이 없다는 것은 말이 안 된다"고 하여 人類와 禽獸가 어울려 살 수 없음을 들고 있다.(『勉菴集』, 卷3, 「持斧伏闕斥和議疏」, 34~36

어서는 화이론에 기반하고 있었지만, 난망의 화를 제시하는 조목에서 무엇보다 먼저 '피아(彼我)의 강약'을 전제하고 있는 점에서 그 힘의 강약에서 오는 현실적 상황을 명확히 인식하고 있었으니, 수호조약 자체가 필연적으로 불평등한 것이 될 수밖에 없음을 간파하였다.

면암은 친일 개화파에 의한 을미개혁(乙未改革)이 단행되자 그 「청토역복의제소(請討逆復衣制疏)」에서 "한갓 이적의 것을 써서 화하를 변화시키고 인류를 끌어내려 금수로 만드는 것을 능사로 여겨 개화라고 이름하니, 이 개화란 두 글자는 쉽게 남의 나라를 망치고 남의 집안을 넘어뜨리는 것이다."[60]고 하여 개화파가 말하는 개화란 화하의 문화를 파괴하여 오랑캐의 상태로 빠뜨려 결국 국가와 가정을 위망의 지경에 이르게 하는 것으로 보았다. 특히 그는 개화파의 변복(變服)에 대해 "대저 의복은 선왕이 화이를 변별하고 귀천을 드러낸 까닭이다."[61]고 하여 의복을 단순히 복제로만 이해하지 않고 중화문화를 간직하고 화이의 의리를 드러내는 수단으로 파악하였다.[62] 아울러 그는 개화파의 경장(更張)에 대해 "국가의 법이 비록 매우 주밀하나 경장이나 변통의 논이 이미 중세의 선현으로부터 나왔는데, 하물며 지금과 같은 말세로 백성이 병들고 나라가 쇠약하여 이적이 서로 침략하는 때에 있어서이겠는가? 변경하는 것이 진실로 옳으며, 고치는 것이 진실로 마땅하다.

쪽 참조)
60 『勉菴集』卷4, 「請討逆復衣制疏」, 4쪽 : 徒以用夷變夏, 降人爲獸爲能事, 而名之曰開化, 此開化二字, 容易亡人之國, 覆人之家.
61 같은 곳, 5쪽 : 夫衣服者, 先王所以辨別夷夏, 表章貴賤者也.
62 같은 곳 : 我國衣制, 雖非盡合於古, 然是中華文物之所寓, 東方風俗之攸觀, 先王先正嘗講明, 而遵守之矣, 天下萬國嘗仰慕, 而欽歎之矣.

그러나 또한 본말과 경중의 구별이 있으니, 마치 삼강오상이나 존화양이의 대경대법(大經大法)은 근본이요 부국강병이나 기예술수는 말단이다. 근본이 마땅히 중하고 말단이 마땅히 가벼운 것이니, 이는 천지를 다하고 고금을 잇도록 바꿀 수 없는 것이다."[63]고 하여 경장이나 변통이 비록 중요한 것이지만 근본인 강상(綱常)이 떨어지고 화이의 분별이 없어지면 상하의 질서가 무너져 만사가 이루어지지 않아 비록 부강하고자 하나 이미 패망할 날이 멀지 않아 그것을 이룰 기초가 없게 된다고 보았다.[64]

또한 동년 을미사변(乙未事變)이 일어나 왜인들에 의해 국모가 시해되고, 친일내각에 의한 개혁정책이 강행되자 그 이듬해 올린 소(疏)에서 "모든 나라가 서로 강화(講和)하여 사해가 하나가 되었으니, 마땅히 근심거리는 함께 구휼하며 원수는 함께 미워하여 신의로써 서로 접촉함이 옳다. …… 이미 공법(公法)을 세우고 그 조약을 제정하였으니, 마땅히 왜의 죄목을 열거하여 여러 각국으로 하여금 군사를 일으켜 죄를 물음으로써 분노와 미움을 같이 하는 것이 대의일 것이다."[65]고 하여 국제공법과 조약을 긍정하고 이를 통해 일본의 만행을 문죄(問罪)

---

63 『勉菴集』 卷14, 「擬答兪吉濬」, 20쪽 : 國家成法, 雖甚周美, 而更張變通之論, 已自出於中世之先賢, 況今末世民病國敗, 夷狄交侵之時哉, 變之誠是矣, 改之誠宜矣. 然亦有本末輕重之分焉, 如三綱五常尊華攘夷之大經大法本也, 富國强兵技藝術數末也. 本之宜重 末之宜輕, 此窮天地亘古今, 而不可易者也.

64 같은 곳 : 今徒見弊法之不可不更張, 而不知綱常之不可墮, 華夷之不可亂也. 徒知富强之可以幷立, 而不知綱常之已墮, 華夷無分, 則上下無序, 而萬事不成, 雖欲富强, 先已敗亡無日 而無可致之基矣.

65 『勉菴集』, 卷4, 「宣諭大員命下後陳懷待罪疏」, 10~11쪽 : 今萬國交和, 四海爲一, 則當患同恤仇同嫉, 以信義相接可也 … 旣立法矣, 其設約矣, 則當數倭之罪, 以諸各國 興師問罪, 以同憤嫉, 大義也.

할 수 있다는 의리론을 제시하기도 하였다.

면암은 1905년 일본의 강압에 의한 을사륵약(乙巳勒約)이 체결되려하자 을사오적의 죄를 토죄(討罪)할 것과 일본의 강압에 의한 침략의 죄상을 각국 공사에 통고할 것을 주장하고,[66] 드디어 1906년 태인(泰仁)에서 거의(擧義)하고, "다만 우리의 대의를 펴서 천하로 하여금 우리 대한(大韓)에도 죽음을 잊고 나라를 위하는 사람이 있다는 것을 알게 한다면 언젠가 국권을 회복하는 경우를 위하여 만에 하나 도움이 없지 않을 것이다."[67]고 하여 천하 국가를 향해 의리를 밝히고 국권회복을 위한 밑거름이 되기를 기약하였다.

2. 의암의 개화망국과 항일의병운동

의암은 한말 도학의 종장(宗匠)인 화서의 의리정신을 계승하여 척화의리를 밝히고 나아가 항일의병운동을 주도하였다.

의암은 일본이 무력위협을 앞세워 조선과 수호조약(1876)을 맺으려 할 때에 홍재구(洪在龜, 1845~1898) 등과 함께 척화상소를 올렸고, 갑오개혁(1894)으로 관제(官制)·복제(服制)·역법(曆法) 등이 바뀌자 이를 친일 개화파가 일본의 힘을 빌려 군왕을 위협한 변란의 결과로 규정하여 왕명에 불복하고 항거의 입장을 세워 이듬해 을미사변(1895)과 단발령

---

66 『勉菴集』, 卷5,「請討五賊疏」, 32쪽 : 急通照于各國使館, 大同會辨聲明日本恃強劫弱之罪如是, 而陛下之心事, 人民之情願, 可以昭布于天下各國, 使天下各國之人, 亦知我君民之本心, 而奮發振起之功, 可以轉亡爲存, 回死爲生矣.

67 『勉菴集』, 卷11,「與閔議政」, 1쪽 : 只是伸吾大義, 使天下知我大韓亦有忘死爲國之人則其爲異日恢復國權之地, 不無萬一之助矣.

이 내려지자 의병장이 되어 저항하였다.[68]

그는 존화론자요 반개화론자로서 그의 사상은 개화에 반대하는 수구적인 태도를 견지한 것으로 평가되는데,[69] 그의 수구적인 태도는 일본의 무력침략에 저항하는 자주의식에 기인한다. 의암은 "무릇 남의 나라를 빼앗을 때에 먼저 사람의 마음을 빼앗으니, 사람의 마음을 빼앗으면 토지는 빼앗기 어렵지 않다."[70]고 하여 자기 주체성의 상실이 [71] 망국에 이르게 됨을 경계하고, 당시의 개화를 주체성을 결여한 망국의 원인으로 보았다.

그는 일본의 침략과정에 대해 "일본이 나라를 빼앗은 것은 서법(西法)으로 일관하였으니, 먼저 서양을 모열하는 자의 마음을 얻어 개화하게 하고, 개화한 뒤에는 독립되게 한다 하고, 독립한 뒤에는 보호한다 하며, 보호한 뒤에는 합방하였다."[72]고 하여 서법을 모열하여 개화하는 데서부터 나라가 망하게 되었다고 보았다. 이러한 개화망국에 대한 의암의 인식은 비록 온전히 수긍하기는 어려운 점은 있지만, 주체성을 상실한 친일 의존적인 개화정책이 가져올 화를 경계하고 그 이면에 감춰진 일본의 간계를 간파한 일면이 있다. 이러한 점에서 그의 개화망국론의 의의를 찾을 수 있다.

---

68 금장태, 『화서학파의 철학과 시대의식』, 태학사, 2001, 273쪽.
69 최영성, 『한국유학사상사V』, 아세아문화사, 서울, 1997, 115쪽.
70 『毅菴集』, 卷51, 「宇宙問答」, 65쪽 : 夫奪人之國, 先奪人心, 奪人心, 土地不難奪也.
71 의암은 "性爲心本, 心爲性主."(『毅菴集』, 卷28, 「散言」15면)라고 하여 성을 심의 근본적인 요소로 받아들이면서도 심의 주체성을 주장하고 있는데, 이는 화서 이래의 心主理의 경향을 의미한다.
72 『毅菴集』, 卷51, 「宇宙問答」, 78쪽 : 日本之謂奪國也, 以西法始終之, 先得慕悅之心而有爲開化, 爲開化而曰爲使獨立, 獨立而曰爲保護, 保護而曰爲合邦.

그는 또 "조선이 개화를 함에 있어 개화하는 사람들은 구법이 나라를 망하게 한다고 하면서, 또 다투어 수구인(守舊人)을 허물하는데 그대는 들어 보았는가?"라는 물음에 대해 수구적인 입장을 견지, 옹호하여 "어찌 들어 본 정도이겠는가! 귀가 닳도록 들었다. 그들이 비록 구법이 나라를 망하게 한다고 하나 망국은 개화를 행한 뒤에 있었다. 개화를 한다면서 그 하는 것이 국모를 시해하고 군부를 폐하며, 윤상(倫常)을 어그러뜨리고 법과 기강을 무너뜨리며, 나라를 팔아 나라가 망하는 데에 이르렀으니, 구법을 써서 나라를 망하게 하는 것이 어찌 개화를 해서 망하게 하는 것보다 심함이 있겠는가! 비록 나라가 망했다 하더라도 바르게 망하고 깨끗하게 망하는 것이니, 저들이 개화를 해서 지극히 악하게 망하고 지극히 더럽게 망하는 것과는 같지 않다. 비록 수구인을 허물하지만 국모를 시해하고 군부를 폐하며 나라를 팔아 멸망시킨 것은 모두 개화인(開化人)으로부터 행해진 것이다. 나라의 망국을 애통히 여겨 순절하고 거의(擧義)한 것은 모두 다 수구인으로부터이다. 나라의 상하 대소의 사람으로 하여금 모두 수구인의 마음과 같이 하게 한다면 나라가 혹 망하지 않았을 것이며, 망하더라도 이렇게 빠르게 망하게 하지는 않았을 것이다."[73]고 하여 주체성을 상실한 개화인이 일본의 침략세력과 결탁함으로써 결국 국권상실이라는 망국으로 이어지게 되었음을 준열히 비판하고, 거의와 주체성이 모두 수구인에

---

73 『毅菴集』, 卷51, 「宇宙問答」, 77쪽 : 問曰, 朝鮮之爲開化也, 開化人以爲舊法亡國, 又爭咎守舊人, 子或聞之乎. 曰奚翅或聞耳濡矣. 其雖曰舊法亡國, 亡國在行開化後也. 曰爲開化而其所爲也, 弑國母, 廢君父, 乖倫常, 敗法綱, 賣國而至於亡國, 使爲舊法而亡國, 豈有甚於開化之爲亡國乎. 雖亡國, 亡於正, 亡於潔, 不如彼之亡於極惡, 亡於極汚也. 其雖咎守舊人, 弑國母, 廢君父, 賣國而亡國, 皆自開化人而爲之也. 痛亡國而爲之殉節, 爲之擧義, 擧多自守舊人也. 使國中上下大小人, 皆如守舊人之爲心, 國或不亡, 亡亦或不速也.

있음을 분명히 하였다. 이러한 점에서 본다면 의암의 수구적인 태도 또한 맹목적 보수사상으로 매도될 수 없는 점이 있음을 직시해야 한다.

의암은 개화파를 비판하면서 도덕성의 타락을 가장 염려하였다. 이 도덕성은 도학의 정통의식 곧 화하의식으로 상징되며, 조선은 이 도의 담지자(擔持者)로 인식되었다. 의암은 화하의 내용을 '제왕대통(帝王大統)', '성현종교(聖賢宗敎)', '윤상정도(倫常正道)', '의발중제(衣髮重制)'로 규정한 바 있다.[74] 특히 '의발중제'는 전통의 형식적 제도에 대한 존중을 의미하는 것이지만, 개화기에 있어 의발제도는 곧 화이를 분별하는 척도로 기능하였으니, 이는 개화파에 의한 의발제도의 변혁이 곧 도의 파괴로까지 연결되는 것으로 본 것이다. 그러므로 의암은 도학적 의리 정신에 반하는 개화를 반대하고 이에 항거하여 거의하였던 것이다.

의암은 을미사변과 단발령이 내려지자 국난을 당하여 선비들이 대처해야할 태도로 거의소청(擧義掃淸)·거지수구(去之守舊)·치명수지(致命遂志)의 처변삼사(處變三事)를 제시하였다.[75] 거의소청은 의병을 일으켜 역당(逆黨)을 쓸어내는 것이요, 거지수구는 떠나서 옛 법도와 도를 지키는 것이며, 치명수지는 죽음으로 지조를 지키는 것으로 비록 그 입장에 따라 대처 방법은 다르지만 모두 도를 보존하고 실현하려는 본질에 있어서는 같은 것이다.[76]

---

74 『毅菴集』, 卷51, 「宇宙問答」, 5~6쪽 : 所以爲中國, 擧其大有四, 帝王大統, 上達道理之所以立也. 聖賢宗敎, 上達道理之所以出也, 倫常正道, 上達道理之所以存也, 衣髮重制, 上達道理之所以形也.
75 『毅菴集』, 卷55, 附錄, 30~31면.
76 『毅菴集』, 卷27, 「雜著」, 27면 : 三事雖異事, 爲斯道而已矣. 歸潔其身而已矣. 夫斯道至大, 身至重, 道之將終, 不可以不身與之俱終, 故曰自靖遂志, 是正當也. 道之不忍障喪, 不可以不身與之圖存, 故曰去之守舊, 是正當也. 道之同胞共得, 不可以不身與之偕保, 故

의암은 처음에 모친상으로 인하여 거의하지 못하고 거지수구를 택하여 요동으로 들어가려 하였다. 그러나 1895년 거의한 문인 이춘영(李春永, 1869~1896)과 이필희(李弼熙, 1857~1900) 등에 의해 추대되어 의병의 지휘를 맡으므로써 거의소청의 적극적인 항일의병투쟁을 전개하였다. "거의는 도가 망하는 것을 붙잡고 나라를 위해 설치복수(雪恥復讐)하려는 것이다."[77]고 한 의암의 표현으로 보아 거의는 을미사변으로 시해된 국모에 대한 복수와 무너진 화하문물의 회복을 통한 성인의 도를 보전하기 위한 명분에서 비롯한 것이라고 할 수 있다. 의암의 의병은 한때 충주성(忠州城)을 점거하여 각지의 의병투쟁을 고조시키는 계기를 마련하기도 하였으나, 1905년 을사늑약으로 국권이 상실되어 국내에서의 의병활동이 어렵게 되자, 항일의병의 전초기지를 세워 의병투쟁을 전개할 목적으로 블라디보스토크로 가 의병을 모집하고 군사훈련에 힘썼으며, 1910년 이상설(李相卨, 1871~1917)·이남기(李南基, ?~?) 등의 추대를 받아 십삼도의군도총재(十三道義軍都總裁)로 추대되어 의군(義軍)을 이끌었다. 의암은 도를 부식하고 국권을 회복하고자 하는 대의로 평생을 노력하였으며, 이러한 그의 투쟁은 이후 항일무장독립투쟁의 선하(先河)를 이루었다.

曰擧義掃淸, 是正當也.
77 『毅菴集』, 卷35, 「出處說」, 25쪽 : 擧義也, 爲扶道亡, 爲國爲雪恥復讐.

V. 결론

　화서학파가 활동한 19세기 중엽은 조선이 쇄국에서 개국으로 그 대외관계를 변화시키고, 명치유신을 통해 서양화한 일본이 조선의 국권을 침탈해 가던 시기였다. 이러한 국가적 위난을 당하여 화서학파의 인물들은 화서의 의리정신을 역사현실에 투영하여 척양·척왜의 상소운동을 벌이거나 혹은 거의를 통한 항일구국투쟁을 전개함으로써 국가의 자주와 독립을 위해 적극적으로 저항하였다.

　화서학파의 척사의리는 공고한 정통의식을 바탕으로 하는데, 이는 존양의 자존의식과 춘추의 자주정신으로 드러난다. 화서학파에서 이루어진 『송원화동사합편강목』의 완성은 이러한 정통의식의 표현이다. 화서학파에 있어 자주 언급되는 중화란 단지 중국만을 지칭하는 개념이 아니며, 그것은 중화의 문화적 수준을 말하는 것이다. 따라서 그들의 중화의식을 맹목적 모화사상의 연속선상에서 폄하할 수 없는 점이 있다.

　화서학파는 이러한 정통의식을 바탕으로 척사의리를 역사현실에 투영하여 그 역사 모순의 실체에 따라 그 척사의 대상을 변화시켜왔다. 화서 당시에 있어서는 서학이 주요 원인이 되었으니, 화서는 도학의 관점에서 서양 종교의 인기위리의 혐의를 제기하고, 사천의식에 있어서의 구복은 본연의 도덕성에 따르는 것이라 하여 서양의 배천기복(拜天祈福)하는 구복의 개념을 비판하였다.

　19세기 중엽이후의 주된 역사모순의 실체는 일본이었다. 따라서 면암은 그 척사의 대상을 서양화한 일본으로 설정하여 '왜양일체'를 주장하고, 아울러 자기 주체성을 상실한 개화정책을 비판하였으며, 의암 또한 '개화망국론'을 주창하여 주체성을 상실한 개화파를 비판하였다. 특히 이들은 '의발제도'에 대해 이를 단순한 형식적 제도로 보지 않고 중화문화의 표현으로 봄으로써 '의발제도'의 변경은 곧 도의 파괴로까지 연결되는 것으로 보았다.

 이렇듯 화서학파에서 보이는 척양·척왜의 의리는 부당한 외세의 압력에 저항하고, 일제에 의한 국권의 침탈에 맞서 항일구국투쟁을 전개함으로써 도의 부식과 그 도의 담지자(擔持者)인 조선의 자주성을 지키고 정의를 구현하려는 역사적 임무를 다하였다.

10
화서 이항로의 심설과 척사논리의 상관관계

박성순

I. 머리말

조선시대의 성리학은 심설(心說)의 역사였다고 해도 과언이 아니다.[1] 다카하시 도오루에 의해서 본격적으로 구획되었던 주기파(主氣派), 주리파(主理派) 논의도 실상은 심설과 관련된 것이었다.[2] 한 때 조선 유학사를 구분하는 기준으로서 우리 학계를 풍미했던 다카하시 도오루의 주기파, 주리파 도식은 근래에 들어 많은 비판에 직면했다. 그 문제점을 벗어나기 위해서 필자는 주기파, 주리파라는 명칭 대신에 심설에

---

* 박성순(단국대학교 사학과 부교수) 이 글은 「華西 李恒老의 心說과 斥邪論理의 相關關係」(『東洋古典硏究』 제34집, 동양고전학회, 2009. 3.)이란 제목으로 게재되었던 것을 고쳐 쓴 원고임을 밝혀둔다.

1 "따지고 보면, 조선시대 성리설의 논쟁에서 가장 뜨거운 쟁점으로 열거되고 있는 16세기 후반의 '四端七情' 논쟁, 18세기 초의 '人物性同異' 논쟁, 19세기 말의 '心主理主氣' 논쟁이 모두 마음의 문제요 心說이라고 할 수 있다."(琴章泰, 『한국유학의 心說』, 서울대학교출판부, 2002, 6쪽)

2 高橋亨, 「李朝儒學史に於ける主理派主氣派の發達」, 『朝鮮支那文化の硏究』, 京城帝國大學法文學會, 1929.

대한 각 학자들의 견해 차이를 차별화해서 분류해 보자고 하는 견해를 제시하기도 하였다.[3] 그런 관점에서 보면, 학설과 당파의 일치를 주장했던 다카하시 도오루의 입론 자체가 설 자리를 잃게 될 뿐만 아니라, 보다 역동적으로 분화 발전해 나갔던 조선 유학사상의 실상을 파악할 수 있기 때문이다. 그러나 다카하시 도오루의 주리파, 주기파 구분에 대한 다수의 비판적 견해[4]에 비해서 그 대안은 미미한 편이다. 아직 학계의 중지를 모아가는 과정이라고 할 수 있다. 아무튼 본고에서 다룰 이항로의 심주리설(心主理說)은 그러한 조선성리학사의 대미를 장식하고 있었다.

모두가 아는 바와 같이, 이항로(李恒老, 1792~1868)는 근대 위정척사운동의 비조로 알려져 있다. 특히 그는 거의 독학을 하다시피 성리학 연구에 매진하여 심주리설이라고 하는 독특한 심설을 제시한 인물로서 유명하다. 그의 심주리설은 송시열(宋時烈) 이래 확립된 심즉기설(心卽氣說)과는 달리, 심의 본체는 리(理)라고 하는 심주리적(心主理的) 견해를 주장하였다.[5] 오늘날 이항로를 비롯하여 기정진(奇正鎭)과 이진

---

3 朴性淳,「高橋亨의 朝鮮儒學史 硏究와 그 反應에 대한 檢討」,『韓國史學史學報』6, 韓國史學史學會, 2002.
4 다카하시 도오루에 대한 비판적 견해들은 대략 다음과 같다. 尹絲淳,「"高橋亨의 韓國儒學觀" 검토」,『韓國學』12, 한국학연구소, 1976; 李基東,「『李朝儒學史에 있어서의 主理派・主氣派의 발달』에 대한 分析」,『東洋哲學硏究』12, 東洋哲學硏究會, 1991; 李東熙,「朝鮮朝 朱子學史에 있어서의 主理・主氣 用語 使用의 問題點에 대하여」,『東洋哲學硏究』12, 東洋哲學硏究會, 1991; 崔英辰,「朝鮮朝 儒學思想史의 分流方式과 그 問題點」,『韓國思想史學』8, 韓國思想史學會, 1994; 趙南浩,「주리주기논쟁-조선에서 주기 철학은 가능한가」,『논쟁으로 보는 한국철학』, 예문서원, 1995; 최영성,「다카하시 도루의 한국 유학관 연구」,『다카하시 도루의 조선유학사』, 예문서원, 2001.
5 李恒老,『華西集』권15,「雜著」, 溪上隨錄二, 397쪽: 人之爲學心與理而已, 心以主本全體言, 理以發用零碎言. …… 是故言心而遺理, 言理而遺心, 非善言也.

상(李震相)은 근세의 3대 유학자로 지목되고 있다.[6] 그들의 심설이 모두 심주리적, 또는 심즉리적(心卽理的) 특성을 지닌 것이었다는 점은 당시의 독특한 일면이라 하겠다. 이와 같이 심설에서의 '주리적(主理的)' 특징 때문에 이들 학파들은 당대의 정통 산림세력을 자처한 전우(田愚)로부터 많은 비판을 받았다. 특히 전우는 화서학파를 외성내양(外性內陽), 즉 사실상 양명학파라고 비판함으로써 화서학파에게 치명적인 공격을 가하였다.

화서학파를 양명학파로 몰아세운 전우의 비판은 다분히 정치적인 의도가 담긴 언사라고 할 수 있지만, 일반적인 관점에서 볼 때 이항로의 심설은 분명히 이전의 것들과 비교해 독특한 측면이 있었다.[7] 그렇기 때문에 화서학파 내부에서조차 이항로의 고제인 김평묵(金平黙)과 유중교(柳重敎) 간에 '화서심설조보논쟁(華西心說調補論爭)'이라고 일컬어지는 학설 논쟁이 전개되었던 것이다.[8] 여기에서 필자가 주목하는 바는, 이항로의 심설이 지닌 실천적 성격이다. 이항로 심주리설의 특징은 단순한 학구적 차원을 넘어 당시의 시대적 문제를 해결하기 위한 대안으로 모색되었다는 점이다. 따라서 이점에서 더욱 지행합일(知行合一)의 사상적 체계가 두드러진다.[9]

---

6 玄相允, 『朝鮮儒學史』, 玄音社, 1982, 368쪽.
7 이항로 심설에 대한 전우의 구체적인 비판 내용은 박성순, 「華西學派의 成長과 心主理說」, 『韓國思想史學』31, 한국사상사학회, 2008, 556~557쪽 참조.
8 吳錫源, 「華西學派의 心說論爭에 對한 考察」, 『東方思想論攷』, 종로서적출판주식회사, 1983; 김근호, 「金平黙과 柳重敎의 心說論爭에 대한 小考」, 『韓國思想史學』27, 한국사상사학회, 2006.
9 陽明學의 대표 성향인 心卽理라든지, 知行合一의 경향이 지방 유림에게서 두드러진다는 것이 이 당시 유학사상의 특징이다. 그렇다고 해서 전우의 비판처럼 이들 학파들을 전부 양명학파로 단정할 수는 없다. 정통 성리학 계열 내부에서도 심즉리의 학설사적 연원은 멀리

그렇기 때문에 이항로는 병인양요 때(1866)에 조정 유일의 책사(策士)로 선발되어 당대를 대표하는 위정척사론자로 등극하였으며, 이후에도 화서학파가 당대 제일의 척사학파로서 정국을 주도해 나갈 수 있었던 것이다. 따라서 본고에서는 이항로의 심주리설이 기존의 성리학설[心卽氣說]과 비교하여 어떤 논리구조를 갖추었으며, 그것이 이항로가 주장한 위정척사론과 어떻게 연결되고 있었는지를 고찰해 보고자 한다.

II. 심주리설心主理說의 논리적 구조

1. 태극에 대한 새로운 이해

심주리설이란, 말 그대로 심의 본체를 리로 보는 학설이다. 성리학의 보편적 관점이 심즉기(心卽氣) 성즉리(性卽理)에 근거를 두고 있던 것에 비추어 보면, 이항로가 주장한 심주리설은 심성정(心性情)을 일리(一理)로 보는 특징을 갖고 있었다.[10] 그렇다고 이항로가 완전히 기존의 성리학적 관점을 부정한 것은 아니었다. 심에 있어서 리기(理氣)의 불상리(不相離)와 불상잡(不相雜)이라는 기본 원칙을 인정하여 양명학에서처럼 극단적으로 심즉리(心卽理)를 주장하는 데에까지 이르지는 않았다.

退溪로까지 소급해갈 수 있기 때문이다. 본고에서는 우선 당시의 상황에 조우해서 이항로의 심설이 어떻게 위정척사운동으로 연결되었는지, 사상과 운동의 논리적인 연결고리를 밝혀보려고 한다.

10 『華西集』권15, 「雜著」, 溪上隨錄二, 396上中쪽 : 合言則, 心也性也情也, 一理也. 渾然無彼此內外終始本末之間, 此理之全體也.

이항로는 심에 있어서 리기의 불리부잡설(不離不雜說)을 송시열이 말한 '이기언자(以氣言者) 이리언자(以理言者)'라는 구절을 앞세워 심을 논하는 '팔자타개(八字打開)'라고 말한 바 있다.[11]

이러한 모습 때문에 혹자는 이항로를 송시열과 직접 연결시켜, 이항로가 송시열의 학문과 사공(事功)을 계승한 것처럼 인식해 온 것도 사실이다.[12] 그러나 이항로의 송시열에 대한 입장을 객관적으로 평가하자면, 송시열에 대한 사공의 측면을 높이 평가하고 계승코자 한 것은 사실이지만, 학문적인 면에서는 전적으로 송시열의 심즉기설에 동조한 것은 아니었다. 이항로는 송시열의 '팔자타개'를 심설을 논하는 데 매우 중요한 전제라는 점을 인정하였지만, 예부터 성현들의 논의 속에서는 심을 기로 말한 것보다는 리로 말한 것이 더 많을 뿐만 아니라, 심을 리로 말하는 것이 항상 중요하고 기로 말하는 것은 항상 가벼운 것이라고 주장하였다.[13] 또 심을 리와 기로 말한 것이 있음은 사실이지만, 리로 말한 것이야말로 심의 본체라는 점을 강조하였다.[14] 심즉기 성즉리의 일반적 인식과 구별되는, 심주리에 대한 자신의 확고한 입장을 밝힌 것이다.

---

11 李恒老, 『華西雅言』 권3, 說心, 8쪽 : 宋子曰, 心有以氣言者, 有以理言者, 此二句, 實是論心之八字打開也.

12 이러한 점은 화서학파 내부에서 존재하던 시각이기도 했다. 특히 이항로 사후 화서학파를 새로운 노론 산림세력으로 자리매김시킴으로써 학파의 발전을 도모했던 金平默의 입장이 그러하였다. 朴性淳, 「華西學派의 成長과 重菴 金平默의 役割-心主理說의 옹호를 중심으로」, 『대동문화연구』61, 2008 참조.

13 『華西集』 권25, 「雜著」, 宋子大全雜著數條記疑, 639쪽 : 恒老按朱子曰, 心有以氣言者亦有以理言者, 此二句 實是論心之八字打開也. … 又曰心也性也天也一理也, 觀此則心以理言者常多, 而以氣言者常少, 以理言者常重, 而以氣言者常輕.

14 『華西集』 권9, 「年譜」, 著說論心性理氣之辨, 1017上右쪽 : 此類不一而足於是始知, 心固有以氣言者, 亦有以理言者, 而其以理言者, 乃此心之本體也.

아울러 이항로가 「송자대전기의(宋子大全記疑)」(1847)를 저술한 것도 이항로가 송시열의 학설을 액면 그대로 따르지 않았음을 보여주는 것이다. 이것은 송시열의 사공만을 인정한 채 그의 학문을 그대로 따르지 않았던 낙학파(洛學派)의 입장과 같은 맥락에 있었음을 보여준다. 「송자대전기의」를 통해서 이항로가 송시열과 가장 근본적인 견해 차이를 보인 것은 바로 태극의 활동성, 내지는 신묘함에 대한 입장이었다. 송시열은 「태극도설(太極圖說)」에 나오는 "태극이 움직이면 양을 낳고, 고요하면 음을 낳는다"라는 말에 평소 의심을 품어, 태극은 낳는다[生]고 하는 작용 자체가 불필요한 소위 '무위저물사(無爲底物事)'라고 보았다. 그리고 주자의 말을 인용하여, "움직여 양이 되는 소이요, 고요하여 음이 되는 소이의 본체"라는 점을 강조하였다.[15] 이에 대해서 이항로는 송시열이 비판한 「태극도설」 중의 '생(生)' 자 하나야말로 가장 중요한 근뉴(根紐)와 명맥으로서, 태극이란 '생생지도(生生之道)'에 불과하다고 주장하였다. 그 논거로 그는 공자를 인용하여, 공자의 역(易)에도 있는 바와 같이, "태극은 양의(兩儀)를 낳고 양의는 사상(四象)을 낳고 사상은 팔괘(八卦)를 낳는다"고 할 때의 생 자임을 주장함으로써[16] 태극의 작위성을 강조하였다.

이항로는 태극=리이기 때문에 만물을 주재(主宰)하고 운용(運用)하는 신묘함을 지니고 있는 것으로 인식하였다. 만약에 태극인 리가 사

---

15 『華西集』 권21, 「雜著」, 宋子大全記疑, 547下右쪽 : 太極圖說曰, 太極動而生陽, 靜而生陰, 尋常於此, 有不能領解者. 蓋太極是無爲底物事, 何以能生陽生陰, 及見朱子解太極曰 所以動而陽, 靜而陰之本體也.
16 『華西集』 권21, 「雜著」, 宋子大全記疑, 547下左쪽 : 愚按, 太極圖說中一生字, 實爲根紐命脈, 所謂太極亦不過是生生之道也 … 此生字, 實有來歷, 卽孔子易有太極, 是生兩儀 兩儀生四象, 四象生八卦之生字也.

물을 주재하고 운용할 수 있는 능력이 없다면 그것은 오히려 리라고 할 수 없다는 것이다. 그러나 사람들은 육안으로 리가 주재하는 자취와 리가 운용하는 형체를 볼 수 없기 때문에 리를 신묘하다고 말한다는 것이다.[17] 이항로가 이이(李珥)의 리통기국설(理通氣局說)을 긍정적으로 평가한 것도 리의 신묘한 작용에 중점을 두었기 때문이다.[18] 이항로는 "율곡선생의 리통기국(理通氣局)은 앞사람의 말을 답습한 것이 아니"라고 하여 리통기국설의 사적(史的) 의의를 부각시켰다. 그리고 다시 한번 "태극이 스스로 동정(動靜)하지 못한다면 이는 태극이 실체도 없고 쓰임도 없는 자리를 차지하고 있을 뿐"이라고 말하였다.[19]

이항로에 의하면, (리의 작용이) '묘하다[妙]'는 말은 신기한 조화를 측량할 수 없고, 운용의 자취가 없다는 뜻이다. 이항로는 묘함이야말로 "율곡의 리통기국설과 서로 표리 관계에 있는 것으로서, 주자(朱子)가 태극의 성정(性情)을 발견한 공효(功效)의 요체는 바로 묘자(妙字)에 있다"고 부연하였다.[20] 이를 바탕으로 심의 네 가지 요소인 형(形)·기(氣)·신(神)·리(理) 중 신에 대한 이항로 특유의 해석이 등장한다. 대체로 형·기·리의 소속에 대해서는 별반 이견이 없었지만, 신의 소속에

---

17 『華西集』 권25, 「雜著」, 太極者本然之妙說, 641쪽 : 妙之爲言, 主宰運用之意也, 太極理也, 理有主宰乎 ⋯ 太極理也. 理有運用乎 ⋯ 故謂之理, 若不能運用是物, 則烏可謂之理乎 ⋯ 主宰也, 而不見其主宰之迹, 運用也, 而不見其運用之形, 是故名之曰妙.

18 『華西集』 권15, 「雜著」, 溪上隨錄二, 396下右쪽 : 理本尊而無對者也, 氣本卑而有對者也, ⋯ 有對故一定不易, 而局一方而不通, 周子所謂物則不通神妙萬物, 栗谷所謂理通氣局是也.

19 『華西集』 권24, 「雜著」, 太極說, 630下右쪽 : 栗谷先生曰, 理通氣局, 此非蹈襲前人之言 ⋯ 太極若不能自會動靜而陰陽之氣自會動靜, 則所謂太極, 是無實無用之位而已.

20 『華西集』 권24, 「雜著」, 妙字說, 631쪽 : 妙之爲言, 神化不測之意, 運用無迹之謂 ⋯ 與栗谷理通氣局之說相表裏者也 ⋯ 朱子之見太極之性情功效, 要在妙字 ⋯⋯ 妙性情之德者心也⋯⋯天理之主宰也.

대해서는 전적으로 리나 기로 설명하는 것이 어려운 상황이었다. "형·
기는 음양에, 리는 태극에 짝이 되는 것을 사람들이 다 알지만, 신의
소속은 모른다"라는 이항로의 주장은 그러한 상항을 대변한다. 그러나
이항로는 신은 태극의 묘용이 하는 일로서, 리와 더불어 태극의 체용
(體用)이 된다고 보았다.[21] 신=심의 묘용, 리=심의 실체로서 리선기후(理
先氣後), 리통기국(理通氣局), 리수기역(理帥氣役)의 차서는 한순간도 변
할 수 없는 원칙으로 보았다.[22] 결국 리와 신을 심의 실체와 묘용으로
인식함으로써, 리의 작용성은 물론 명덕의 실체를 주리의 측면에서 해
석할 수 있는 근거를 마련한 것이다.

이렇게 이항로는 신을 태극의 용(用)에 배정함으로써, 기존의 심즉
기설과 차별성을 띠게 된다. 그리고 이것은 그의 명덕설(明德說)을 뒷받
침하는 근거가 되었다. 이항로는 송시열, 장횡거(張橫渠), 주자, 김원행(金
元行) 등의 견해들을 소개, 비교하면서 명덕을 기로 단정할 수 없을 뿐
만이 아니라, 이것은 주자가 신을 기에 전속시키지 않은 것으로부터 말
미암은 것이라고 주장하였다.[23] 비록 이항로가 명덕은 리기의 합이라는
점을 인정하긴 했으나,[24] "명덕은 만물의 영장인 사람만이 마음에 품고

---

21 『華西集』 권24, 「雜著」, 形氣神理說, 634上쪽 : 特此神之一字, 疑於所屬, 屬乎理歟,
則嫌其微有形迹, 屬乎氣歟, 則嫌其雜糅陰陽 … 神爲太極之妙用之爲都無事也耶, 如是
則形屬陰氣屬陽, 而陰陽分作兩儀 卽太極所乘之氣也. 理爲體神爲用, 而體用合爲太極,
卽陰陽所載之道也. 然後形氣神理四字, 字得其職而其實, 四字闕一 則不能成一物.
22 『華西集』 附錄 권9, 「年譜」, 1017下쪽 : 形乃心之所會, 氣乃心之所乘, 神乃心之妙用
理乃心之實體 … 但理先氣後, 理通氣局, 理帥氣役之序, 造次不可亂此.
23 『華西集』 권9, 「書」, 別紙, 229下左쪽 : 尤菴曰, 明德心性情之總名. 又曰, 心性情微有
賓主之分, 此卽本於張子心統性情之從也, 而張子此說, 朱子已取之, 則心統性情之心, 果
可斷以氣看而無疑乎. 渼湖曰, 明德豈可全以氣看, 吾於主氣改之已久(大旨如此), 此是成
德後末年書也, 此亦本出於朱子神字不可全屬氣之說. 此皆斷之以氣而無疑乎.
24 『華西集』 권19, 「雜著」, 明德理氣人物性同異辨, 490下左쪽 : 余曰, 理氣本不相離之

있는 만덕을 총합한 신령스러움"이라고 하여, 사람의 마음에만 갖추어진 신령스런 리의 작용성을 강조하였다.[25] 한 걸음 더 나아가 이항로는 이와 같은 주리적 명덕설이 주자와 같은 성현이 아니라면 결코 미칠 수 없는 바[26]라고 함으로써 자신의 견해를 정당화시키고자 하였다.

그렇다면 이항로는 왜 태극, 즉 리가 지닌 주재와 묘용의 측면을 적극적으로 강조하면서 그것을 명덕, 즉 심의 본질이라고 하는 입장을 표명하게 된 것이었을까? 그것은 첫 번째로 리와 기를 상보적인 것으로 보는 기존의 심설[27]에서 벗어나 리와 기의 차별성을 보다 분명하게 강조하려고 한 것이다. 그것을 바탕으로 오직 영장류인 인간만이 명덕을 소유하고 있음을 강조함으로써 형기에 비교될 수 없는 도덕적 우위를 강조하고자 한 것이다. 심은 태극이고, 성(性)과 정(情)은 태극의 체용(體用)이자, 곧 심의 체용이라는 주장이 그것을 보다 구체적으로 뒷받침한다.[28] 이는 사람의 본심은 하늘의 법칙을 본받은 것이라는 천명사

物 何待人去合之而後始合乎.

25 『華西集』附錄 권9, 「年譜」, 1013上左쪽 : 故曰得於天也, 是所謂具於心者也, 何謂具之於心也. 人為萬物之靈, 而心為萬事之綱, 其虛靈之體, 足以管萬物之理, 其知覺之運, 足以應萬事之宜, 故包萬德而總會於人之一心, 而合而名之曰明德也 …… 於此可以見人所獨得, 而非萬物之所可與也.

26 『華西集』附錄 권9, 「年譜」, 1013下右쪽 : 又曰具衆理於此, 可以見衆物之理, 咸備於此而其總目, 則仁義禮智是也. 又曰應萬事於此可以見感通天下之故, 而泛應曲當之妙也, 合是數者而觀之, 則理氣之分, 內外之合, 動靜之妙, 體用之原, 無不全備而昭詳, 非朱子幾乎聖者, 決不能及此也.

27 李珥의 학문적 요체를 理氣不相離와 氣發理乘一途說이라고 평가한 李桒의 인식에서 일반 성리학계의 전형적인 리기관을 엿볼 수 있다.(『巍巖遺稿』권13, 「雜著」, 題林趙二公理氣辨後 : 蓋先生之言, 只有兩句, 一則曰理氣不相離, 一則曰氣發而理乘.)

28 『華西集』권15, 「雜著」, 溪上隨錄二, 395下左쪽 : 心者, 人之神明而合理氣包動靜者也. 性則心之體而理之乘氣而靜者也. 情則心之用而理之乘氣而動者也. 『華西集』권15, 「雜著」, 溪上隨錄二, 396上右쪽 : 以理言, 則心有太極之統四德. 性猶利貞, 情猶元亨, 利貞萬理之歸藏也, 太極之體也, 元亨萬理之發施也, 太極之用也.

상으로 연결되고, 사람은 이것을 지켜야 한다는 윤리적 당위성과 연결되었다.

2. 인심도심설人心道心說의 강조

이항로가 태극, 즉 리의 주재, 묘용을 강조함으로써 리와 기의 차별성을 강조한 것은 "리기의 가치가 전도되는 것은 있을 수도 없고, 또 그처럼 위태로운 것도 없다"는 문제의식에서 발원하였다.[29] 이항로는 본심을 심의 주재, 즉 리로 규정함으로써 심주리의 입장을 명확하게 보여주었다. 나아가 이와 같이 주리적 측면에서 보았을 때 본심은 곧 도심(道心), 주재(主宰), 천군(天君), 기수(氣帥), 명덕(明德), 본원(本原), 본체(本體) 등으로 명명될 수 있음을 주장하였다.[30] 심에 대한 이항로의 견해를 종합하면, "강령은 심이고 조목은 리이다. 형·기·신·리 중에서 형[陰]과 기[陽]는 형이하지기(形而下之器)로서 기국(氣局)이며, 리[體]와 신[用]은 형이상지도(形而上之道)로서 리통(理通)"에 해당된다.[31]

이와 같은 이항로의 심주리적 태도는 궁극적으로 인심도심설을 설파하기 위한 전제로서 인식되어질 수 있다. 이항로의 학문이 인심도심

---

29 『華西集』 권13, 「書」, 答柳汝聖, 338上右쪽 : 理氣倒置, 實與手足之倒懸無異, 而其勢之急殆有甚焉.
30 『華西集』 권24, 「雜著」, 易有太極心爲太極說, 637下右쪽 : 本心爲心之主宰. … 心者合理與氣而立名也. 單指理一邊, 則曰本心也曰道心曰主宰曰天君曰氣帥曰明德曰本原曰本體曰天地之心之類, 皆指理一邊而言也.
31 『華西集』 권24, 「雜著」, 妙字說 632上左쪽 : 綱領者心也, 有條者理也";『華西集』 권24, 「雜著」, 形氣神理說 633下쪽 : 形陰而氣陽, 皆形而下之器也. 理體而神用, 皆形而上之道也. 然形與氣, 有跡而對立, 故局而爲二, 神與理, 無跡而流行, 故通而爲一, 一者何也, 太一(極)是也. 二者何也, 兩儀是也 …… 問此心形而上之道, 則神與理而已矣. 問此心之形而下之氣, 則形與氣而已矣.

설을 대종지로 삼았다는 후세의 평가는[32] 결국 이항로가 천부적 도덕심과 사적 욕망을 구분하고 경계하는 데 평생의 정력을 쏟았음을 말해준다. "태극은 도심(道心)[리]이고 음양은 인심(人心)[기]이다. 대체(大體)는 태극이고 소체(小體)는 음양이다. 대인은 대체를 따라야 한다."라는 이항로의 주장은 그가 굳이 태극을 주재 묘용의 리로 규정하고 그 종속물인 음양에 비교하면서, 다시 그것들을 왜 도심과 인심으로 배당하였는지를 잘 보여준다. 학문의 목표는 대인의 경지에 오르는 것이며, 그것은 먼저 인심과 도심의 구별에서 출발하는 것임을 말하고자 한 것이다.[33] 아울러 이항로는 이러한 핵심적 요지를 '알인욕(遏人欲) 존천리(存天理)'라는 한 마디로 천명한 것은 『맹자(孟子)』의 전편에 흐르는 명맥으로서, 공자의 가르침을 발명한 것으로 이보다 더 훌륭한 것은 없다는 입장을 피력하였다.[34]

이항로는 인심과 도심을 구분해야 하는 이유를 다음과 같이 설명하였다.

> 인심은 사사로운 욕망으로 쉽게 흐르는데, 그것은 세(勢)이다. 도심의 명을 듣는 것은 직(職)이다. 인심을 주인 삼아 도심의 명을 듣지 않으면 그 세가 위태롭고 그 직이 어지럽다. 도심을 주인 삼아 인심이 명을 들으면 그 직이

---

32 『華西集』附錄 권9, 「年譜」, 1014下右쪽 : 先生爲學以人心道心說, 爲大宗旨, 以爲心之存亡得失人之賢愚邪正國家天下之治亂安危, 皆從此處判斷. 捨此則更無可着手幹旋之地也.

33 『華西集』권21, 「雜著」, 人心道心說, 541上中쪽 : 孟子曰 … 飮食之人, 則人淺之矣, 爲其養小而失大也. 又曰養其大體爲大人, 養其小體爲小人.

34 『華西集』권24, 「雜著」, 太極說 630上右쪽 : 人心卽陰陽也, 道心卽太極也 … 孟子曰從其大體爲大人, 從其小體爲小人, 蓋大體卽太極之謂也, 小體卽陰陽之謂也. 遏人欲存天理, 是孟子全篇命脈 發明孔子之學, 莫盛於孟子.

다스려지고 그 세가 편안하다.[35]

위의 인용문에서 '세(勢)'는 추세라고 하는 일반적 의미로, 직(職)은 분수라고 하는 당위의 의미로 쓰였음을 알 수 있다. 사람이 개인적인 욕망에 흐르는 것이 일반적 추세라면, 인간으로서 하늘로부터 품부받은 리법(理法)을 지키는 것은 당위에 해당하는 일이라는 것이다. 이항로가 인심과 도심의 중요성을 강조한 것은 서세동점이라고 하는 당시의 특수한 상황과 밀접한 연관이 있었다. 이항로가 제자 박경수(朴慶壽)[36]에게 준 편지(1863)에서 말하길, "무릇 지금의 서양인들은 리자를 의심하는 고집에 빠져 있기 때문에 멋대로 광활(廣闊)한 설들을 쏟아낸다. 이는 모두 각자가 자기의 사견을 고집하는 것으로, 그것이 도를 어지럽히고 리를 해치는 것이 가면 갈수록 심해지고 있다"[37]고 한 것에서, 그 문제의식의 일단을 엿볼 수 있다.

여기에서 확인할 수 있는 것은 이항로가, 리로 표현되는 물아일체적 도덕률, 즉 천명의식을 부정하고 인간의 욕망을 긍정하는 서양인들의 윤리관에 대해서 반대하고 있었다는 점이다. 이항로는 그러한 점을 극복하기 위해서 저 고원한 태극으로부터 시작해서 심의 본체를 설명하는 다소 복잡한 논리를 전개한 것이다. 그가 말하고자 하는 요지는 '도덕심이란 것은 인간이 사사로이 거스를 수 없는 태극의 원리, 즉 천

---

35 『華西集』 권13, 「書」, 答柳汝聖, 337上左쪽 : 人心易流於私欲者勢也, 聽命於道心者職也. 人心爲主而不聽於道心, 則其勢危而其職亂, 道心爲主而人心聽命, 則其職治而其勢安云云.
36 字는 善卿, 호는 弘庵, 父參判宗學, 官縣監, 潘南人.(『蘗溪淵源錄』, 125쪽)
37 『華西集』 권10, 「書」, 答朴善卿 (癸亥 6月), 270쪽.

명'이라는 사실이었다. 그 태극이 곧 우리 마음의 본체라는 점을 깨닫는다면, 이른바 '도로 표현될 수 있는 다른 어떤 가르침들도 모두가 허황할 뿐이라는 것이다.[38]

이와 같이, 이항로가 인간이 사사로이 거부할 수 없는 도덕심의 당위성을 강조한 것은 그것 이외에는, 당시 조선사회를 격동시키던 서양 문화의 힘을 제어할 수 있는 방법이 없다고 생각했기 때문이었다. "요(堯)·순(舜), 맹자, 정(程)·주(朱) 때에도 그 시대마다 도를 어지럽힌 세력이 있었지만 지금의 서양은 그보다 더하다"는[39] 이항로의 탄식이 그의 위기의식을 잘 보여준다. 그렇다면 그 이유는 무엇인가? 이항로의 주장에 의하면, 서양의 도는 결국 무부무군(無父無君)의 주본(主本)이고 통화(通貨)·통색(通色)만을 주장하기 때문이라는 것이다.[40] 이항로는 그 문제점을 다음과 같이 말하였다.

> 맹자의 글을 읽다가 양혜왕(梁惠王)이 "어떻게 하면 우리나라에 이익이 되겠소?"라고 묻는 장면에 이르러, 책을 덮고 탄식하지 않을 수 없었다. "오호라, 이익은 진실로 어지러움의 시작일진저". 부자(夫子)께서는 이익에 대해서 드물게 말씀하시어, 항상 그 근원을 막으셨다. 그러므로 말씀하시길 "이

---

38 『華西集』 권15, 「雜著」, 溪上隨錄二, 386下右쪽 : 興亡成敗, 驗於心足矣, 無他虛實之道也.

39 『華西集』 권15, 「雜著」, 溪上隨錄二, 385下左쪽 : 今之西洋, 視楊墨佛老, 禍速而害甚何也. 有許多機巧方術, 而陰而貨色之欲, 誘陷衆生, 沈漬頗僻, 莫可救回, 若使孟朱當之宜如何關距也.

40 『華西集』 권15, 「雜著」, 溪上隨錄二, 386下右쪽 : 孟子曰, 能言距楊墨者, 聖人之徒也. 此據孟子時而言也. 今之學者, 能知西洋之禍, 則猶爲善邊人也. 西洋之說, 雖有千端萬緒, 只是無父無君之主本, 通貨通色之方法. 邪說之染人, 如時氣之輪行, 人雖百方畏避, 猶不得免焉, 況慕嚮悅樂之乎. 亦陷溺死亡而已矣, 不亦慘乎.

익을 막으면 많은 이들이 원망을 하는데 천자로부터 보통 사람들에까지 이른다"고 하셨다. 이익을 좋아하는 폐단이 어찌 다르겠는가?[41]

이익만을 추구하는 행위는 사회를 혼란케 하는 시작일 뿐 아니라, 그 폐단은 동·서양의 구분을 뛰어넘는 것으로 파악한 것이다. 따라서 이항로가 "이용후생(利用厚生)의 순서는 정덕(正德)이 먼저이어야만 하고, 죽을 백성도 신뢰가 있어야 살릴 수 있다"고[42] 한 것은, 사람이 살아가는 현장에서 가장 중요한 덕목이 무엇인가를 일깨우려 한 것이다. 이항로는 양학(洋學)은 그러한 가치를 전도시켜 통화와 통색만을 중시함으로써 윤리와 나라를 해치고 사람을 금수로 만든다고 생각하였다.

근세 양학에는 허다한 기계와 깨달음이 있다. 그러나 그들이 주장하는 것은 물건과 인간을 (등가로) 교환시켜 분수의 의로움을 훼손할 뿐이다. 재화(財貨)와 색(色)은 절실하고 비근한 인간의 욕망이다. 그러므로 그 세계는 반드시 먼저 재화와 색을 통하는 것부터 시작하니, 이 어찌 윤리와 나라를 어지럽히는 큰 도적이 아니겠는가? 다만 그 해가 윤리와 나라를 어지럽히는 데 이르는 것만 알고, 실제로 그 해가 통화와 통색의 화로부터 유래함을 궁구하지 않는다면 기다리지 않아도 한 번 굴러 금수(禽獸)와 이적(夷狄)의 소굴로 빠질 것이다. 혹 다만 통색으로 금수가 됨만을 알고, 통화의 화

---

41 『華西集』권14, 「雜著」, 溪上隨錄一, 370上左쪽 : 讀孟子書, 至梁惠王問何以利吾國 未嘗不廢書而歎. 曰嗟呼, 利誠亂之始也. 夫子罕言利, 常防其源也, 故曰 防於利而行多怨 自天子以至於庶人, 好利之弊何以異哉.

42 『華西集』권23, 「雜著」, 財用論, 605쪽 : 利用厚生之序, 必以正德爲本, 而理財之方, 亦不過正其辭禁民爲非而已 … 自古皆有死民, 無信不立, 所以關死生細故也.

를 알지 못한다면 통색과 더불어 별로 차등이 없거나 또 그보다 심할 것이니 어째서인가? 재화는 생령을 구하는 물건이다. 색은 동물을 낳는 근본이다. 사람과 동물의 낳음은 정욕에 절근하여 제거해 버릴 수 없는 것이다. 여기에 피아의 구분을 두지 않고 재량으로 내 마음에 갖추어진 바의 의리로써 하면 그 다투고 의심하고 시기하는 사이에 예측하지 못한 화변이 생겨나 무릇 생명을 해치고 죽이는 일이 장차 이를 것이니, 천지를 어지럽히는 자를 누가 막을 수 있겠는가? 그러나 색은 사람의 정력이 왕성해지기 전이나 쇠미해진 후에는 정욕의 싹이 트지 않고 하루 사이에도 처지가 달라지거나 가까이하지 않는 때가 있는 것이다. 식화(食貨)에 이르러서는 그렇지 않다. 사람과 동물이 세상에 태어난 처음에 입이 음식을 찾고, 몸이 온기를 찾는 것은 일각도 쉴 겨를이 없고 점차로 더욱 그러한 욕구를 늘려나가 곧바로 기운이 끊어지는 데 이르고 호흡할 수 없는 때에 이르러 그만두는 것이니, 이는 또한 색보다도 중하고 어려운 일인 것이다.[43]

위에서 이항로가 지적한 것처럼 통화와 통색으로 대표되는 인심(人心)은 우리 실생활에 절박하고 비근한 것이라 누구든지 빠져들기 쉬운 것이다. 입이 맛을 보려하고, 눈이 색을 보려 하고, 귀가 소리를 들

---

43 『華西集』권26,「雜著」, 書付埈璞壤, 661下쪽 : 近世洋學有許多機悟. 然其存主, 只是通物我毁分義而已. 貨色人慾之切近者也. 故其世必先自通貨色始, 是豈非亂倫亂國之大賊乎. 只知其害之至於亂倫亂國, 而實不究其害之由於通貨通色之禍, 不待一轉而陷入於禽獸夷狄. 或但知通色之爲禽獸, 而不能知通貨之禍, 與通色小無差等, 而又有甚焉何也. 貨者濟生之物也, 色者生物之本也. 人物之生, 切近情欲而不可捨去者也, 於此而不立彼我之分而裁之, 以吾心所具之義理, 則其爭競疑忌之間, 生出不測禍變, 凡害生戕生之事將至, 滔天飜地者, 孰得以禦之哉. 然色者, 人生精壯之前精衰之後, 則無情欲之萌, 一日之間亦有異處, 不近之時矣. 至於食貨不然, 自人物墮地之初, 口之欲食, 體之欲溫 容有一刻休歇之時乎. 漸次支蔓推衍張大直至氣絶, 不會呼吸時方時休了, 此又較重較難於色者矣.

으려 하고, 코가 냄새를 맡으려 하고, 사지가 안일을 취하려 하는 것으로, 무릇 형기와 신체 따위에 관계된 것이 모두 인심에 해당된다. 반면, 도심(道心)은 부모를 사랑하고 형을 공경하며 임금께 충성하고 어른께 공손하며 선한 것을 좋아하고 악한 것을 미워하는, 인의예지(仁義禮智)에 관계된 것이다.

그러나 형기와 신체는 형상이 있는 물건이고, 성명(性命)과 도의(道義)는 형체가 없는 리이다. 형상이 있는 까닭에 쉽게 보고 쉽게 알 수 있다. 형체가 없는 까닭에 보기도, 알기도 어렵다. 보기 쉽고 알기 쉬운 즉 득실과 이해가 절근하고 긴급하다. 보기 어렵고 알기 어려운즉 시비 존망이 우원(迂遠)하고 완헐(緩歇)하다. 이 때문에 보통 때 발용할 경우 절근하고 긴급한 것이 위주가 되고 내측이 되며, 우원하고 완헐한 것이 빈객이 되고 밖이 된다. 도심이 비록 지대 지중하지만 도리어 작고 가벼운 것이 되며, 인심이 비록 지소하고 지경한 것이나 도리어 크고 중한 것이 되어 항상 일신의 주인이 되고 만사의 벼리가 되는 까닭이 여기에 있다. 도심이 다행이 다 민멸되지 않아 때때로 혹 인심의 틈바구니에서 발현되지만 있는 듯 없는 듯 끝내는 스스로가 주장이 될 수 없어 심하면 소마(消磨), 멸식(滅息)되어 어지러이 다시는 존재하지 않는 것은 이것이 선(善)이기 때문이다. 즉 의식하고 경계하지 않으면 선은 지켜내기가 힘들다는 말이다.

인심과 도심은 사람에게 있는 것으로 본래 한 가지라도 폐할 수 없는 형세이다. 하지만 도심은 천하의 공물(公物)로서 지대하고 지중한 반면, 인심은 하나의 사물(私物)로서 지소(至小)하고 지경(至輕)하다는 점을 이항로는 말하고자 한 것이다. 또한 그가 맹자의 말을 인용하여 "먹고 마시는 것만 추구하는 사람은 다른 사람이 천하게 여긴다. 작을 것만을 받들어 큰 것을 잃기 때문이다. 또 대체(리)를 받들면 대인이 되고 소체(형기)를 받들면 소인이 된다."라고[44] 한 것도 도심을 지키기 위한 당위성을 다시금 천명한 것이다.

III. 척사소 斥邪疏의 내용과 요지

1. 척사소의 내용

앞에서 살펴본 것처럼, 이항로는 인심과 도심의 구분을 통해서 인간으로서 도심을 준수해야 할 당위성을 설파하였다. 사람은 의식(衣食)이나 이익의 추구도 중요하지만, 사람을 금수와 다른 고결한 존재로 만드는 것은 준수해야 할 도심이 있기 때문이다. 이러한 주장은 그의 척사 상소에서 보이는 척사론의 맥락과 그대로 맞닿아 있다. 프랑스함대의 강화읍 점령(병인양요, 1866)에 따른 대책회의에서 동부승지로 발탁된 이항로는 9월 12일 국왕인 고종에게 강경한 척사상소를 올려 프랑스함대와 결전을 치를 것을 주청하였다. 당시 이항로는 75세의 고령으로 척사의 뜻을 올리기 위하여 견여(肩輿)에 실려 상경하였다.

이항로가 공식적으로 서양에 대한 주전론을 전개한 것은 1866년 9월 12일에[45] 올린 「사동부승지겸진소회소(辭同副承旨兼陳所懷疏)」였다.

---

44 『華西集』 권21, 「雜著」, 人心道心說, 541上쪽 : 孟子曰 … 飮食之人, 則人淺之矣, 爲其養小而失大也. 又曰 養其大體爲大人, 養其小體爲小人.

45 『華西集』 권3, 「疏箚」, 辭同副承旨兼陳所懷疏. 이 소는 『華西集』에 의하면 丙寅 9월 13일에 올린 것으로 기록되어 있으나 『高宗實錄』과 『承政院日記』에 의하면 이 상소는 9월 12일에 고종에게 보고가 된 것으로 되어 있다; 『高宗實錄』 권3, 고종 3년 9월 12일; 『承政院日記』 고종 3년 丙寅 9월 12일조 참조.

이항로는 당시의 국론을 국변인(國邊人)과 적변인(賊邊人)으로 구분하였다. 현재의 국론이 양이(洋夷)와 화친하자는 쪽과 싸우자는 쪽의 두 가지 설이 있는데, 양이들을 치자고 하는 것은 나라의 입장에 선 사람, 즉 국변인이며, 양이와 화친하자고 하는 것은 적들의 입장에 선 사람들, 즉 적변인이라고 구분하였다. 따라서 국변인의 주장을 따르면 나라 안의 사람들과 문물제도를 예전과 같이 보전할 수 있지만, 적변인의 주장을 따르면 사람들을 짐승이나 다름없는 지경에 빠뜨리게 될 것임을 경고하였다.[46]

이항로는 또한 나라의 입장에 서서 주장하는 논의에는, 싸우면서 굳게 고수하자는 전수지설(戰守之說)과 수도를 버리자는 거빈지설(去豳之說) 두 가지가 있다고 구분하였다. 그중에서 이항로는 싸우면서 고수하자는 것은 일반적인 원칙이며, 수도를 뜨는 것은 임시방편을 능란하게 취해야만 하는 것이라고 전제하였다. 그러나 일반적인 원칙은 사람마다 다 지킬 수 있지만 임시방편을 능란하게 취하는 문제는 성인이 아니고서는 할 수 없는 일이라고 하여 전수지설을 주장하였다. 그리고 차라리 일반적인 원칙을 지킬지언정 갑자기 성인들이 한 일과 고종 자신을 비교하는 일이 없도록 하라고 청하였다. 즉 이항로는 양이의 침범에 당당하게 맞서 싸울 것을 고종에게 촉구했던 것이다.[47]

---

46 『高宗實錄』권3, 고종 3년 9월 12일 : 同副承旨李恒老疏略 … 則今日國論, 兩說交戰, 謂洋賊可攻者, 國邊人也, 謂洋賊可和者, 賊邊人也. 此則邦內保衣裳之舊, 由彼則人類陷禽獸之域.; 『華西集』권3, 「疏箚」, 辭同副承旨兼陳所懷疏 丙寅 9월 13일 10쪽; 『承政院日記』고종 3년 병인 9월 12일, 127쪽.

47 『高宗實錄』권3, 고종 3년 9월 12일 : 其主國邊之論者, 又有兩說. 其一 戰守之說也. 其一 去豳之說也. 臣謂戰守常經也, 去豳達權也. 常經人皆可守, 達權非聖人不能也, 何者, 蓋有太王之德則可, 無太王之德則無歸市之應矣. 百姓一散, 不可復合, 大勢一去, 不可復來, 此愚臣所以先事深憂. 願殿下, 脫有事變, 寧守常經而無遽以聖人之事自況也. 若於戰

그는 이어서 토목공사나 백성들에 대한 가렴주구를 금하고 궁실의 사치를 줄여 백성들의 여력을 확보해야지만 양적(洋賊)을 몰아내고 나라를 보존할 수 있을 것이라는 현실적인 대책을 상주하였다.[48] 이에 고종은 "제의한 여러 조항의 문제들이 어느 것이나 다 잘못을 고치기 위한 바른말이 아닌 것이 없다. 마땅히 유의 하겠다"는 우악(優渥)한 비답을 내리고 이항로에게 사직하지 말 것을 권하였다.[49]

이튿날인 9월 13일(양력 10월 21일)에는 고종이 친히 동부승지 이항로를 불러들여 접견하였다. 이날 경복궁 희정당(熙政堂)에서 있은 고종과의 알현에서 이항로는 다시 한 번 심법(心法)을 강조하여 천하국가의 대본(大本)은 인주(人主)의 일심(一心)에 달려있음을 역설하였다. 어적지방(禦賊之方)에 대해서는 적들과 대치한 진영에 파견한 장수들에게 전권을 위임하고 무조건 신임할 것을 조언하였다. 고종도 이항로의 제의를 흔쾌히 수용하였다.[50] 다음날인 9월 14일에는 이항로를 특별히 발탁하여 공조참판(工曹參判)(종2품)으로 임명하였다.[51] 이틀 뒤인 9월 16일 공조참판직을 사임하는 이항로의 상소가 올라갔으나 고종은 승인하지 않는다는 비답을 내렸다.[52]

공조참판직을 사임하는 「재소(再疏)」에서 이항로는, 조정 의론이 전

守之說, 堅定聖志, 喑聾跛躄, 且增百倍之氣.; 朴性淳, 「丙寅洋擾와 李恒老의 斥邪上疏」, 『한국독립운동사연구』19, 2002, 19쪽 인용.

48 『華西集』 권3, 「疏箚」, 辭同副承旨兼陳所懷疏 丙寅 9월 13일, 13쪽.

49 『高宗實錄』 권3, 고종 3년 9월 12일; 『承政院日記』 고종 3년 병인 9월 12일, 130쪽; 朴性淳, 앞의 글(2002), 20쪽 인용.

50 『高宗實錄』 권3, 고종 3년 9월 13일; 『華西集』 권3, 「疏箚」, 熙政堂奏箚 丙寅 9월 14일.

51 『高宗實錄』 권3, 고종 3년 9월 14일.

52 『高宗實錄』 권3, 고종 3년 9월 16일; 『華西集』 권3, 「疏箚」, 辭工曹參判疏, 丙寅 9월 15일.

수(戰守)를 정론(定論)으로 삼았다는 소식에 뛸 듯이 기쁘다는 소회를 표명하였다. 그리고 척사론(斥邪論)과 전수론(戰守論)을 확정한 정부의 정책을 지지하였다.[53] 9월 21일의 「삼소(三疏)」에서 이항로는 양기(洋氣)를 쓸어내는 근본으로서 국왕의 일심을 강조하고, 양물(洋物)을 막아야만 나라가 바로 될 것이라고 하면서 양물금단론(洋物禁斷論)을 주장하였다.

고종 3년 10월 4일(양력 11월 10일)에 이항로는 호군(護軍)(병조 오위정4품)직을 사임하는 상소를 올렸다. 여기에서 그는 서양에 대한 척사론을 다음과 같이 피력하였다.

예로부터 이단적인 교리가 사람들의 마음을 좀먹은 것으로 말하면 어찌 이루 다 헤아릴 수 있겠습니까마는 서양 교리보다 더 심한 것은 없으며, 오랑캐들로서 남의 나라에 화단을 끼친 자들도 어찌 헤아릴 수 있겠습니까마는 또한 양이보다 더 심한 자들은 없습니다. 대체로 우리나라에 몰래 잠입하여 불순한 학문을 널리 전파하는 것은 자기의 패거리들을 늘려서 안팎에서 서로 호응함으로써 우리나라의 형편을 탐지하여 군사를 거느리고 쳐들어와 우리의 문물제도를 어지럽히고 우리나라의 재물과 여자들을 약탈함으로써 제 놈들의 끝없는 욕심을 채우려고 하는 데 있습니다.[54]

이와 같이 이항로는 서양 오랑캐야말로 오랑캐 중 오랑캐이며, 그들의 교

---

53 『華西集』 권3, 「疏箚」, 再疏 丙寅 9월 16일, 16쪽.
54 『高宗實錄』 권3, 고종 3년 10월 4일 : 自古異端蠱人心術者何限, 而莫甚於洋敎, 夷狄禍人國家者何限, 而亦莫甚於洋賊. 蓋潛入我國, 廣傳邪學者, 欲以植其黨與, 表裏相應, 偵我虛實, 率師入寇, 冀穢我衣裳, 攘奪我貨色, 以充其豁壑之慾也.; 『華西集』 권3, 「疏箚」, 辭同義禁疏 丙寅 10월 초3일 22쪽.

리 또한 사람의 마음을 좀먹는 가장 해악한 것으로 인식하였다. 그리고 서양인들은 우리에게 대단히 위험한 야심을 숨기고 있다고 지적하였다. 이러한 위기의식은 천명으로서의 리를 지켜야만 한다는 절박함을 그에게 제공하였다. 이항로는 이 상소를 통해서 서양과의 통상불가론을 주장하였다.[55]

2. '의소擬疏'의 요지

이항로 척사소의 요지는 한 마디로 도심보다는 인심을 조장하는 서양과의 통상을 막아내야 하며, 그러한 정책을 확고하게 추진하기 위해서는 무엇보다도 군주의 일심이 흔들리지 말아야 한다는 것이었다. 다시 말하면, 이항로가 제안한 주전론과 서양과의 통상금지 정책은 결국 인심의 발흥을 막고 도심을 고수하기 위한 방편으로서의 성격이 짙은 것이었다.

이항로의 척사소를 대표하는 「사동부승지겸진소회소」에서는 주전론을 포함한 시급한 현실 타개책들이 주로 제시되었다. 예를 들면, 토목공사를 중지하고 가렴주구의 정치를 금하며 사치한 풍습을 제거하여 민사(民事)에 진력하라는 민심 회복의 방안들이 그것이었다. 그런 와중에서도 이항로는 적이 쳐들어오면 절충어모(折衝禦侮)로써 왕실을 보위하고, 적이 물러나면 이륜(彝倫)을 닦아 사교를 불식시키는 것이 전

---

[55] 『高宗實錄』권3, 고종 3년 10월 4일 : 況彼之爲物生於手而日計有餘, 我之爲物, 産於地而歲計不足, 以不足交有餘, 我胡以不困, 以日計接歲計, 彼胡以不贍 … 然救之有道. 凡洋物之用於家鬻於市者, 竝抵重罪, 使羣臣百姓, 無一人用之者, 則彼之所恃, 便同章甫之入越. 而不售於我矣, 故禁絶洋物, 爲內修之機要, 而不本於殿下身心, 則是猶治其末而塞其流也 … 批曰, 此時此言, 實是光明正大, 可不體念乎.

화위복의 기회라는 점을 빠뜨리지 않았다.[56]

이항로는 「사동부승지겸진소회소」가 화급을 다투는 그의 첫 번째 척사소라는 점을 고려하여, 주전론이라든지 그밖에 시급한 현실개선 방안들을 주 내용으로 하여 상주한 것으로 보인다. 그러나 이항로는 평생을 도심의 배양에 주력한 도학자였고, 그 결과 역시 인심도심설에 입각한 성리학적 해결 방안들이 「사동부승지겸진소회소」를 이은 여러 차례의 주차(奏箚)와 상소 등에서 쏟아져 나오기 시작했다. 한 가지 주목할 점은 인심도심설을 기조로 하는 그의 척사소 내용이 사실은 1864년 무렵에 작성한 「의소(擬疏)」를 기초로 한 것이었다는 점이다. 즉 병인양요시에 전개된 그의 척사론은 평소에 그가 생각하고 온축해두었던 사유체계가 유감없이 발양된 것이라는 점을 확인시켜 주는 것이다. 그 「의소」에서 이항로는 인심과 도심, 즉 '주기'와 '주리'의 사이에서 국왕 일신의 성광(聖狂), 조정의 이란(理亂), 생민의 휴척(休戚), 사직·종묘의 안위·존망이 매여 있다는 점을 강조하였다.

먼저 그 「의소」의 내용을 살펴보면 대략 다음과 같다. 첫째 이항로가 어려서부터 종유한 사우들로부터 들은 바에 의하면, 예부터 성현들이 가르친 모훈(謨訓)의 대개는 "인주(人主)의 일심이 만사의 근본"이라는 것이었다. 그 심은 리와 기의 구분이 있는데, 둘 중에 어떤 것을 주로 하느냐에 따라서 조정과 생민은 물론 종묘사직의 안위가 결정된다는 것이다.[57] 이렇게 보면, 이항로의 「의소」는 맨 첫머리에서부터 자신이 체계화시킨 심주리설의 당위성을 천명하고 있는 셈이다. 이 「의소」의

---

56 『華西集』권3, 「疏箚」, 辭同副承旨兼陳所懷疏.
57 『華西集』권3, 「疏箚」, 擬疏, 81左쪽.

내용이 왜 병인양요 때 제시된 수많은 이항로의 척사소들에 그대로 투영될 수밖에 없었는지를 이해할 수 있다. 이항로는 「의소」에서 또 다음과 같이 주장하였다.

> 그러므로 순(舜)이 천하를 우(禹)에게 전한 것이 얼마나 큰일이었으면 정령 인심과 도심이 위미(危微)하니 정일집중(精一執中)하라는 말만을 경계시키고 다른 것은 더하지 않았을까! 순우(舜禹)로부터 성탕문무(成湯文武), 공맹정주(孔孟程朱)를 거쳐 우리 조정의 한두 선정(先正)에 이르기까지 서로 더불어 강명하고 전수한 것은 이것이 아닌 것이 없다.[58]

이항로는 계속해서 "성색(聲色)과 모상(貌象)을 가지고 우주 사이에 존재하는 것들로 리를 주인 삼고 기를 그릇으로 삼지 않은 것이 없는데 하물며 사람의 일심에 있어서는 어찌 유독 그렇지 않겠는가?"라고 반어법을 구사하였다. 이항로의 설명에 의하면, 리기는 원래 불상리(不相離)해서 묘합무간(妙合無間)한 것이지만, 심에서 주인 삼는 것에 따라 리를 주인으로 하면 도심, 기를 주인으로 하면 인심이라는 구분이 생긴다. 도심은 인의예지에 관련된 것이고, 인심은 일신의 형기에서 나오는 욕심과 관련된 것이다.

  인심과 도심은 본디 하나라도 폐할 수는 없지만, 도리는 천하의 공물이므로 지극히 중대하고, 형기는 한 몸의 사물이므로 지극히 작고 가벼운 것이다. 이런 차이는 그것들이 생겨날 때부터 원래 그런 것이기 때문에, 그 정해진 분수는 마치 하늘과 땅이 정해진 위치가 있는 것처

---

58 앞의 책, 같은 곳.

럼 사람이 마음대로 돌려놓거나 옮길 수 없는 것이다. 그러나 도리는 형체가 없어서 보기도 어렵고 알기도 어렵다. 그러나 형기는 형상이 있어서 보기도 쉽고 알기도 어렵다. 사람의 눈에 보이지 않으면 무시당하기 싫고, 오히려 형기에 관련된 일들이 더 절근하고 중요한 일로 오해되기 싫다. 이것이 바로 '인심유위(人心惟危) 도심유미(道心惟微)'라는 뜻이다. 그러므로 성인이 그것을 염려하여 '정일집중(精一執中)'의 가르침을 전해준 것이다. 그러므로 국왕은 이러한 도를 먼저 강학하여 진위(眞僞)와 사정(邪正)의 소재를 밝히는 것이 정사와 형벌을 바르게 하고 좋은 정치를 여는 기틀이라고 주장하였다.[59]

9월 14일에 올린 「희정당주차(熙政堂奏箚)」의 내용도 역시 같은 맥락의 내용을 담고 있었다.

> 엎드려 생각건대 천하국가의 대본은 인주의 일심에 달려있습니다. 심이 바름을 얻으면 만사가 순리(順利)할 것이고, 심이 그 바름을 잃을 시에는 만사가 어그러질 것입니다. 이런 까닭으로 때의 간위(艱危)와 승평(昇平)을 묻지 말고 평소에 엄숙하고 공경스런 자세로 마음을 지키고 길러 이 마음의 체(體)를 세우고, 강학으로 리를 밝혀 이 마음의 용(用)에 통달하면 이것이야말로 요순 이래 천고상전(千古相傳)의 心法인 것입니다.[60]

9월 21일의 「삼소(三疏)」에서 이항로는 "금일에 이른 양이의 화는 홍수나 맹수보다도 더한 것으로서 전하께서는 안으로는 유사(有司)로

---

59 앞의 책, 82~83쪽.
60 『華西集』 권3, 「疏箚」, 熙政堂奏箚.

하여금 사학지당(邪學之黨)을 잡아 베고, 밖으로는 장사(將士)를 출정시켜 바다에 침입한 양적(洋賊)을 징벌하므로써 인수(人獸)의 관건과 존망의 기미를 호흡지간에서 결정해야 할 것"이라고 아뢰었다. 여기에 덧붙여 이항로는 주희의 "그 근본을 바루는 것은 비록 우완(迂緩)한 듯하나 실로 힘을 쓰기가 쉽고, 그 말단을 구하는 자는 비록 절근한 것 같으나 실은 공을 이루기가 어렵다"[61]는 말로써 본말론(本末論)을 전개하였다. 그리고 역시 양기(洋氣)를 쓸어내는 근본은 국왕의 일심에 달려있음을 강조하였다. 이항로는 군주의 일심을 다스리는 데에는 외물에 의해서 견제요탈(牽制搖奪) 되는 바가 심한데 그 중 최고 심한 것은 양물(洋物)이므로 이를 막아야만 나라가 바로 될 것이라고 하면서 양물금단론을 주장하였다.

국왕이 직접 지혜로운 마음으로 단안을 내려 복식(服食)과 기용(器用) 등을 일상에서 접할 때에 하나라도 양물이 그 가운데 끼어 있으면 모두 찾아내어 대궐 뜰 안에서 불살라 호오(好惡)의 소재를 보여준다면 이는 극기정심(克己正心)의 부험(符驗)이 될 것이고 국왕의 몸이 또한 바르게 될 것이라고 주장하였다. 국왕의 그러한 행동으로써 궁궐과 종척들을 놀라게 하면 궁궐과 종척이 그 뜻을 따르지 않는 자가 없을 것이고, 그로써 조정을 놀라게 하면 안으로는 조정으로부터 밖으로는 멀리 있는 신하들도 그 뜻을 따르지 않는 자가 없어 나라가 바르게 될 것이라고 주장하였다.

이렇게 되면 서양과의 교역은 더 이상 이루어질 수가 없게 된다는

---

61 『華西集』 권3, 「疏箚」, 三疏, 89左쪽 : 正其本者, 雖若迂緩, 而實易爲力, 救其末者, 雖若切至, 而實難爲功.

것이다. 이항로의 양물금단론은 다음과 같은 단계로 전개되었다. 먼저 몸이 닦이고 가정이 다스려져서 나라가 바루어져야만 양물이 쓰이는 바가 없게 되고, 교역하는 일이 단절될 것이라고 하였다. 교역이 단절되어야 서양의 기기음교(奇技淫巧)한 물건을 팔 수 없을 것이고, 기기음교한 물건을 팔 수 없어야 서양인들이 할 일이 없어져 오지 않을 것이라고 하였다. 이항로는 결국 양물금단론의 기점을 수신에 두고 있었으며, 그중에서도 심법의 수양을 가장 중요하게 강조하였던 것이다.[62]

10월 3일에 올려진 「사동의금소(辭同義禁疏)」에서는 내응설(內應說)과 함께 '양적(洋賊)'의 의도와 양교(洋敎)의 폐단에 대해서 다음과 같이 설명하였다.

> 근일 양적이 창궐하는 것은 진실로 그 연고를 캐보면 실로 우리 백성의 내응에서 유래하는 것입니다. 우리 백성의 내응은 민심의 원망과 배반에서 유래하고, 민심의 원망과 배반은 항산이 고갈된 데에서 유래하고, 항산의 고갈은 취렴이 그치지 않는 데에서 유래하고, 취렴의 그치지 않음은 토목공사를 확장하는 데에서 유래하여 백성을 원망케 하고 배반케 하여 줄을 세워 끓는 불속에 밀어 넣는 것이니 상황이 매우 심각합니다. 자고로 이단이 사람의 심술을 좀먹는 것은 어찌 한계가 있겠습니까마는 양교보다 심한 것이 없습니다. 대개 양이가 우리나라에 잠입하여 널리 사학(邪學)을 전파하는 것은 어찌 다른 것이 있겠습니까? 그 당여를 부식시켜 표리상응하여 우리의 허실을 정탐하여 군대를 끌고 들어와 우리의 의상을 더럽히고 우리의 화색(貨色)을 약탈하여 계곡과 도랑을 채울 욕심인 것입니다. 정상

---

62 『華西集』 권3, 「疏箚」, 三疏.

이 이미 드러나 부녀자와 아이들도 알고 있으니 내수외양의 거사를 근본과 지엽이 상수(相須)하는 것처럼 하나라도 빠뜨려서는 안 될 것입니다.[63]

이항로는 이 상소를 통해서 서양세력의 침범에 대한 대응책을 제시하기도 하였다. 사류(士類)를 잘 수습하여 정학(正學)을 강명(講明)케 하고 서양 세력과 내응하는 자들을 색출 처단하는 것이 그것이었다. 비록 그것도 중요한 일이었지만, 가장 중요한 일은 양물을 금절(禁絶)하는 것이었다. 이항로에 의하면, 당시 조선에 들어오던 양물의 항목이 매우 많지만, 중요한 것은 모두가 기이한 기술과 음란한 사치품들로 백성들의 일상생활에 유익한 것이 없고 화를 끼치는 것이 많다고 주장하였다.

더구나 그들의 물건은 손으로 생산되어 날마다 세어도 남음이 있지만, 우리의 물건은 땅에서 생산되어 한 해에 한 번 계산해도 부족한 차이가 있다는 것이다. 부족한 것을 가지고 남아도는 것과 교역하면 우리가 어떻게 곤란한 생활을 겪지 않을 수 있으며, 날마다 계산되는 물건을 가지고 한 해에 한 번 계산되는 물건과 바꾼다면 저들이 어찌 넉넉하게 되지 않을 수 있겠느냐고 주장하였다. 이러한 논리에서 이항로는 서양과의 통상불가론을 주장한 것이다.

이항로는 서양과의 통상을 막는 대책으로서 서양 물건을 사용하는 일체의 집들과 시장을 파하고 다 같이 중죄로 다스림으로써 여러 신하들과 백성들로 하여금 한 사람도 사용하는 사람이 없게 해야 한다고 주장하였다. 그렇게 해야만 통상을 요구하는 서양인들의 기대가

---

63 『華西集』 권3, 「疏箚」, 辭同義禁疏, 91쪽.

허사로 될 것이며 우리에게 물건을 팔 수 없을 것이라고 하였다. 때문에 서양 물건을 금지하는 것을 내부를 잘 다지는 중요한 요점으로 삼아야 하는 것이라고 주장하였다. 그러나 "그것도 전하의 마음에 근본을 두지 않는다면 이는 지류를 다스리면서 큰 강물을 막자고 하는 것이나 같다"고 하여 역시 통상불가론의 궁극적인 해결책을 군주의 도심으로 귀결시켰다.[64]

지금까지 살펴본 바와 같이, '양이'의 침투에 맞서 주전론과 통상불가론 등을 피력한 이항로의 척사소는 그 궁극적인 해결책으로서 군주의 도심을 강조하는 형식을 띠고 있음을 살펴보았다. 이러한 형식상, 내용상의 특징은 병인양요가 일어나기 이전인 1864년 무렵에 작성된 「의소」에서 그 기본적인 형태가 이미 갖추어져 있었음을 확인하였다. 그리고 이와 같이 인심도심설을 중심으로 하는 이항로 척사소의 특징은 리기의 차별을 부각시키기 위해서 태극의 주재 묘용을 강조함으로써 주리적 심설을 확립했던 그의 심주리설에 그 논리적 근거를 두고 있음도 확인하였다. 결론적으로 말하자면, 이항로의 심설은 그대로 병인양요 때에 제시된 척사소에 반영된 것이다. 이것은 이론과 실천이 일치되었던 이항로 심주리설의 특징이자, 동시에 근세 3대 유학파의 심설이 왜 주리적 성격을 띠게 되었는지를 암시하는 열쇠이기도 하다.

---

64 『華西集』 권3, 「疏箚」, 辭同義禁疏, 92쪽.

IV. 맺음말

　근대 위정척사운동의 비조로 알려진 이항로(李恒老)는 심주리설(心主理說)이라고 하는 독특한 심설을 제시하였다. 전우(田愚)가 양명학이라고 비판했을 만큼 이항로의 심주리설은 그 심설의 독창성과 더불어 강력한 실천을 수반했다. 본고에서는 이항로의 심주리설이 기존의 성리학설[心卽氣說]과 비교하여 어떤 차별성이 있으며, 그것이 이항로가 주장한 위정척사론과 어떻게 연결되고 있었는지를 고찰해 보았다. 이하 본문의 내용을 요약하면 다음과 같다.

　심주리설이란, 말 그대로 심의 본체를 리로 보는 학설이다. 이항로는 송시열이 비판한 「태극도설」 중의 '생(生)' 자 하나야말로 가장 중요한 근뉴(根紐)와 명맥으로서, 태극이란 '생생지도(生生之道)'에 불과하다고 주장하였다. 이항로는 리의 신묘한 작용에 중점을 둔 이이(李珥)의 리통기국설(理通氣局說)이 지닌 사적(史的) 의의를 높이 평가했다. 그리고 다시 한 번 "태극이 스스로 동정하지 못한다면 이는 태극이 실체도 없고 쓰임도 없는 자리를 차지하고 있을 뿐"이라고 하여 리의 묘용성을 강조하였다. 이를 바탕으로 심의 네 가지 요소인 형(形)·기(氣)·신(神)·리(理) 중 소속이 애매했던 신을 리와 더불어 태극의 체용(體用)에 배정함으로써 명덕의 실체를 주리의 측면에서 해석할 수 있는 근거를 마련하였다.

　이항로는 태극, 즉 리가 지닌 주재와 묘용의 측면을 적극적으로 강조하면서 그것을 명덕, 즉 심의 본질이라고 하는 입장을 표명한 것이다. 그것은 리와 기를 상보적인 것으로 보는 기존의 심설에서 벗어나 리와 기의 차별성을 보다 분명히 하려고 했던 것으로 보인다. 그것을 바탕으로 오직 영장류인 인간만이 명덕을 소유하고 있음을 강조함으로써 형기에 비교될 수 없는 도덕적 우위를 강조하고자 한 것이다.

이항로가 태극, 즉 리의 주재, 묘용을 강조함으로써 리와 기의 차별성을 강조한 것은 "리기의 가치가 전도되는 것은 있을 수도 없고, 또 그처럼 위태로운 것도 없다"는 문제의식에서 발원하였다. 이와 같은 이항로의 심주리적 태도는 궁극적으로 인심도심설(人心道心說)을 설파하기 위한 근거로서 기능하였다. 이항로의 학문이 인심도심설을 대종지로 삼았다는 후세의 평가는 결국 이항로가 천부적 도덕심과 사적 욕망을 구분하고 경계하는 데 평생의 정력을 쏟았음을 말해준다. 학문의 목표는 대인의 경지에 오르는 것이며, 그것은 먼저 인심과 도심의 구별에서 출발하는 것임을 말하고자 한 것이다.

이항로가 인심과 도심의 중요성을 강조한 것은 서세동점이라고 하는 당시의 특수한 상황과 밀접한 연관이 있었다. 이항로는 리로 표현되는 물아일체적 도덕률, 즉 천명의식을 부정하고 인간의 욕망을 긍정하는 서양인들의 윤리관에 대해서 반대하고 있었다. 이항로는 그러한 점을 극복하기 위해서 태극이 곧 우리 마음의 본체라는 점을 일깨우려고 한 것이다. 그가 말하고자 하는 요지는 '도덕심이란 것은 인간이 사사로이 거스를 수 없는 태극의 원리, 즉 天命'이라는 사실이었다. 이와 같이 이항로가, 인간이 사사로이 거부할 수 없는 도덕심의 당위성을 강조한 것은, 그것 이외에는 당시 조선사회를 격동시키던 서양 문화의 힘을 제어할 수 있는 방법이 없다고 생각했기 때문이었다. 이항로의 주장에 의하면, 서양의 도는 결국 무부무군의 주본이고 통화·통색만을 주장하는 것이었기 때문에 도심을 해치고 인심을 조장하는 주범이었다.

병인양요(1866)가 발생하자, 이항로는 동부승지로 발탁되어 상소와 주차(奏箚) 등을 통해서 척사의 방책을 진달하였다. 평소 인심과 도심의 구분을 통해서 인간으로서의 도심을 준수해야 한다고 역설한 그의 주장은 척사 상소에서도 그대로 전개되었다. '양이'의 침투에 맞서 주전론과 통상불가론 등을 피력한 이항로의 척사소는 그 궁극적인 해결책으로서 군주의 도심을 강조하는 형식을 띠었다. 결론적으로 말하자면, 이항로의 심설은 그대로 병인양요 때에 제시된 척사소에 반영된 것이다. 이것은 이론과 실천이 일치될 수밖에 없었던 이항로 심주리설의 특징이자, 동시에 근세 3대 유학파의 심설이 왜 주리적 성격을 띠게 되었는지를 암시하는 열쇠이기도 하다.

11
화서 이항로 척사위정사상의 이론적 근거와 실천
-『주역전의동이석의周易傳義同異釋義』와 척사소斥邪疏를 중심으로-

김병애

I. 머리말

　화서(華西) 이항로(李恒老,1792~1868)는 평생 성리학에 정진하였다. 그의 성리학이론은 '심주리설(心主理說)'로 압축되며, 이것이 현실과 만나 '척사위정론(斥邪衛正論)'으로 발양되었다. 이항로의 이론은 『화서집』 등에 방대하게 펼쳐있으며, 이항로의 실천의지는 현실에 직면한 척사소(斥邪疏)를 통해 표출되었다. 특히 그의 척사의리(斥邪義理)는 애국과 호국의 정신적 지침이 되어 한말 국가위난의 시기에 그 효과를 드러내었을 뿐만 아니라 문인(門人)을 통해 의병으로 이어져 항일운동에 큰 족적을 남겼다.

---

*　김병애(한국전통문화대학교 한국철학연구소 전임연구원) 이 글은 「화서 이항로의 斥邪衛正思想에 대한 이론적 근거와 실천-『周易傳義同異釋義』와 斥邪疏를 중심으로-」(『民族文化』 제53집, 한국고전번역원, 2019. 6.)이란 제목으로 게재되었던 것을 고쳐 쓴 원고임을 밝혀둔다.

이항로는 환갑에서 얼마 지나지 않은 때에 장남과 삼남을 여의는 상명(喪明)의 슬픔을 겪고 본격적으로 『주역』을 손에 잡아 65세(1856년)에 『주역전의동이석의(周易傳義同異釋義)』를 완성하였다. 당시는 조선 철종(哲宗) 재위 후반기인데, 이때부터 고종(高宗) 초기에 해당하는 10여 년이 이항로에게 있어서 조정과 관련 있는 시기가 된다.[1] 일찍이 49세(1840년)에 휘경원 참봉에 천거된 일이 있지만 그때는 벼슬에 나가야 하는 절박한 명분이 없었으므로 벼슬에 나가는 것을 스스로 용납하지 않고 당연히 나아가지 않았다.

주지하다시피 거의 강학과 저술로 점철된 이항로가 평생 집적한 저술은 방대하다. 그 중에서 『주역전의동이석의』는 『주역』이라는 하나의 텍스트를 연구하는 과정에 평소 집적된 학문과 사상이 융합되어 있다는 특징이 있다. 무엇보다도 이 저술을 분수령으로 해서 이전의 학문이 치열하게 철학적·사변적이었다면, 이후 그의 학문은 대체로 「벽사록변」과 같은 현실적 문제를 다루었다는 데서 그 변화를 찾을 수 있다. 특히 산림(山林)이었던 그의 사상과 시무(時務)가 고스란히 상달(上達)된 것이 생애 말년의 일련의 '척사소'이므로, 본고는 이항로 생평의 저술 가운데 이 두 가지를 대상으로 구한말 조선의 성리학자인 화서 이항로가 이룩한 척사위정사상에 대한 이론적 근거와 실천을 조명해 보는데 그 의의를 두고자 한다.

---

[1] 『조선왕조실록』에 '이항로'는 철종13년(1862년)부터 검색된다. 당시 이항로가 李夏銓의 역모에 연루되었으나, 무고임이 밝혀져 放送된 사실이 실려 있다. 이후 고종1년(1864년) 1월에 大臣의 상주로 掌苑署 別提가 되고 全羅道 都事가 되었으나, 나아가지 않았으며, 7월에 사헌부 持平이 되고, 이해 겨울에 사헌부 장령이 되었으나, 나아가지 않았다는 사실이 연보에 기록되어 있다. 여기에서 '10여년'이라는 것은 그가 실제로 벼슬에 나아갔다는 말이 아니라, 조정의 부름이 이어진 시기를 합하여 지칭한 것이다.

Ⅱ. 『주역전의동이석의』를 통해 본 심론과 출처관

1. 관괘觀卦와 곤괘坤卦를 통해 본 심론

이항로는 태극(太極)이 곧 리(理)이며 신묘한 작위를 함으로써 만물을 주재하고 운용한다고 인식하였다. 천지자연을 인사에 반영하면 태극이 곧 사람에게 있어서는 심(心)이라고 하였다. 사람에게 심(心)이 없다면 성정(性情)이 통제되지 않을 것이니 그 폐해가 인륜을 무너뜨릴 것이며, 나라가 뿌리째 흔들릴 것이라고 우려하였다. 그의 척사위정론(斥邪衛正論)은 태극이 곧 심(心)이라는 기본 명제를 근간으로 하고 있다. 태극이 곧 心이라는 것은 태극이 작위한다는 전제가 있어야 한다. 『주역전의동이석의』의 관괘(觀卦)와 곤괘(坤卦)에서 이러한 이론을 찾아 살펴보겠다. 먼저 관괘(觀卦)이다.

관괘「단전」은 "큰 볼 것으로 위에 있어 순하고 공손하며 중정(中正)함으로 천하에 보여주니, 괘사에서 '관관이불천유부옹약(觀盥而不薦有孚顒若)'[2]이라고 한 것은 아랫사람들이 보고 교화(敎化)되는 것이다. 하늘의 신도(神道)를 봄에 사시(四時)가 어긋나지 않으니, 성인이 신도로 가르침을 베풂에 천하가 복종한다."[3]이다. 여기에서 "하늘의 신도를 살펴봄에 사시가 어긋나지 않으니, 성인이 신도로 가르침을 베풂에 천하가 복종한다."에 대하여『정전』에서 설명하기를 "천도가 지극히 신묘하

---

2 『정전』으로 보면 "觀卦는 손만 씻고 祭需를 올리지 않았을 때처럼 하면 백성들이 정성을 다하여 우러러 존경할 것이다."라고 해석할 수 있으며,『본의』로 보면 "觀卦는 손만 씻고 祭需를 올리지 않으면 정성이 있어서 백성들이 정성을 다하여 우러러 존경할 것이다."라고 해석할 수 있다.(밑줄은『정전』과 다른 부분임.)
3 『주역전의대전』,「관괘 단전」: 象曰 : 大觀在上, 順而巽中正, 以觀天下, 觀盥而不薦有孚顒若, 下觀而化也. 觀天之神道而四時不忒, 聖人以神道設敎而天下服矣.

기 때문에 '신도(神道)'라고 말한 것이다. 하늘의 운행을 살펴봄에 사시가 어그러짐이 없으면 그 신묘함을 알 수 있으니, 성인이 천도의 신묘함을 보고 신도를 체행하여 가르침을 베풀기 때문에 천하에 복종하지 않는 이가 없는 것이다."4라고 하였다. 정이는, 천도가 지극히 신묘하므로 그 결과 사시를 운행하고 만물을 화육하여 어그러짐이 없는데, 지극히 신묘한 도를 오직 성인이 체행하여 정교(政敎)를 행하니, 천하 사람들이 덕에 무젖고 있으면서도 그 공을 알지 못하고 교화에 고무되면서도 그 쓰임을 측량하지 못하여 자연히 우러러 보고 복종하는 것이라는 말로 설명을 더하였다. 『본의』에서는 "사시가 어그러지지 않음은 하늘이 보여주는 것이고, 신도로 가르침을 베풂은 성인이 보여주는 것이다."5라고 하였다. 이에 대하여 이항로는 '신도'에 대하여 『정전』과 『본의』가 남김없이 밝혔다고 하며 신(神)과 도(道)를 설명하였다. 즉 '신'과 '도'는 하나의 이치인데, 헤아릴 수 없는 쪽에서 말하면 '신'이고, 운행하는 쪽에서 말하면 '도'라고 하였다.

이를 보면 이른바 '신'이란 곧 하나의 태극인데, 하늘로부터 말하면 상제이고, 사람에게 보존된 것으로 말하면 명덕이며, 만물로부터 말하면 "사물이 있으면 법칙이 있다."6는 것이 이것이다.7

---

4 『주역전의대전』, 「관괘 단전 정전」: 天道至神, 故曰神道. 觀天之運行四時無有差忒, 則見其神妙. 聖人見天道之神, 體神道而設教, 故天下莫不服也.

5 『주역전의대전』, 「관괘 단전 본의」: 四時不忒, 天之所以爲觀也. 神道設教, 聖人所以爲觀也.

6 『詩經』, 「蒸民」: 天生烝民, 有物有則. 民之秉彝, 好是懿德.

7 李恒老, 『周易傳義同異釋義』(『한국경학자료집성』易經-28책): 觀此則所謂神者, 卽一太極也, 由天而言, 則上帝也, 由存乎人而言, 則明德也, 由萬物而言, 則有物有則是也.

이항로가 신(神)과 태극을 겸하여 설명한 것은 태극이 만물을 주재한다는 차원으로 말한 것이다. 그는 태극은 신묘한 작위가 있으니 이것이 곧 리(理)라고 하였으며 사람에게 보존된 것으로 말하면 곧 명덕(明德)이며 심(心)이라고 주장하였다. 이항로는 심설에 있어서 어디까지나 주리(主理)의 견해를 견지하지만 심은 리와 기를 겸하여 성립한다.

즉, 심은 사람의 신명이어서 리와 기를 합하고, 움직임과 고요함을 포함한 것으로 설명하였다. 이를 성(性)·정(情)의 관계로 말하면 성은 심의 체여서 리가 기를 타고 고요한 것이며, 정은 심의 용이어서 리가 기를 타고 움직이는 것이라고 하였다.[8] 또한 별도로 「태극자본연지묘설(太極者本然之妙說)」을 지어 '묘(妙)[신묘한 작용]'를 태극이 '주재'와 '운용'의 양면을 모두 겸하고 있게 하는 뜻으로 설파하였다.[9] 양명학(陽明學)의 '심'으로 오해받는 것은 바로 이점 때문이다. 그러나 이항로의 심은 이론적으로는 리기불리(理氣不離)이나, 현실에서는 '리기부잡(理氣不雜)'의 질서 위에 리가 위주인 심의 능동성을 강조하였으며, 이것이 바로 그의 실천의 밑바탕이기도하다.

이항로는 태극은 만물을 주재하고 운용하기 때문에 '리'가 위주라고 하였다. 리와 기에 대해서, 리와 기는 묘합(妙合)하므로 서로 떨어질 수 없으나, 리는 리이고 기는 기이니 서로 섞일 수도 없다고 주장하였다. 예컨대 심에서 리·기를 분별하여 말하면 리가 도심(道心)이고 기가

8　李恒老, 『雅言』, 「神明」: 心者, 人之神明而合理氣包動靜者也, 性, 則心之體而理之乘氣而靜者也, 情, 則心之用而理之乘氣而動者也.
9　李恒老, 『華西集』 권25, 「太極者本然之妙說」(『한국문집총간』 305집): 妙之爲言, 主宰運用之意也. 太極理也, 理有主宰乎? 爲其主宰是物也, 故謂之理. 若不能主宰是物, 則烏可謂之理乎? 太極理也, 理有運用乎? 爲其運用是物也, 故謂之理.

인심(人心)이며, 형기(形器)에서 리·기를 분별하여 말하면 리가 형이상(形而上)이고 기가 형이하(形而下)이며, 성(性)에서 리·기를 분별하여 말하면 리가 본연지성(本然之性)이고 기가 기질지성(氣質之性)이며, 정의(情意)에서 리·기를 분별하여 말하면 극기복례(克己復禮)와 알인욕존천리(遏人慾存天理)에 있어서 기(己)와 인욕(人慾)이 기이고, 예(禮)와 천리가 리가 되니,[10] 엄격한 차이가 있음을 언설하였다. 심은 리로 말하는 것이 있고 기로 말하는 것이 있다는 주장은 이른바 송시열의 '이리언자 이기언자(以理言者 以氣言者)'에서 찾을 수 있다.[11] 그런데 이 논리와 이항로의 리기론이 다른 점은 이항로의 리기묘합설에는 철저하게 리존기비(理尊氣卑)가 작용한다는 것이다. 그래서 이항로는 주장하기를 "심을 리라고만 여기고 기가 그것을 구속하고 엄폐하려고 하는 것을 밝혀 단속하지 않으면 그 해로움은 진실로 말로 다할 수 없다. 심을 기라고 가리키고 천명의 주재를 알지 못하면 그 리 또한 분명하지 않을 것이다."[12]라고 하였는데 여기에서 그의 '심주리설(心主理說)'이 분명해진다.

태극·리·명덕·심을 하나로 인식한 이항로는 만약 태극이 주재운행의 묘용이 없다면 자칫 허무적멸한 것으로 오인될 수 있으므로, '신묘한 작위'라는 개념을 통해 그 실질적인 작용을 드러내주어야 한다고

10　李恒老,『華西集』권18,「남당집기의」(『한국문집총간』305집) : 理氣妙合, 不可以相離, 然理自理、氣自氣, 亦不可以相雜也. 故從古聖賢皆分別言之, 道心人心,【在心上分別理氣】形而上下,【在形器上分別理氣】本然氣質,【在性上分別理氣】克己復禮, 遏欲存理,【在情意上分別理氣】

11　李恒老,『雅言』,「神明」: 宋子曰 : "心有以氣言者, 有以理言者." 此二句實是論心之八字打開也.

12　李恒老,『雅言』,「神明」: 認心爲理, 而不問氣欲之拘蔽, 則其害固不可勝言; 指心爲氣, 而不知天命之主宰, 則其理亦有所不明矣.

설명하였다.[13] 그는 태극의 존재와 작용을 경험적으로 감각하고 지각할 수 없다고 해서 태극을 죽은 것으로 여기거나, 기로 여기거나, 허깨비로 여기는 일각의 논조에 통탄하였다.[14]

만일 진실로 태극의 신묘함을 알아 천하의 미혹을 해결하고 천하의 혼란을 구제할 수 있는 자가 있다면 나는 그의 수레를 끄는 마부라도 되겠다.[15]

이 다짐에서 알 수 있듯이 그는 '태극의 신묘한 작위'를 올바로 인식하는 것이야말로, 혼란한 세상을 밝히는 길잡이가 될 것이라고 언설하였다. 이항로는『주역전의동이석의』에서 "예의 삼백과 위의 삼천이 신의 행위가 아닌 것이 없고, 가득히 발육하여 하늘을 덮고 땅을 덮는 것이 신의 행위가 아닌 것이 없다. 물 뿌리고 쓸고 응대하고 진퇴하고

13　李恒老,『華西集』권29,「形氣神理說」(『한국문집총간』305집) : 太極而無主宰運行之妙用, 則未免淪入於玄虛寂滅, 而天下之禮樂刑政, 不得自天子出矣. 兩儀而疑於應接之虛禮, 則失其恭敬辭讓之實, 而未免有不速之客三人.{陰一人, 陽一人, 不屬陰不屬陽者一人.} 來之凶矣. 神而名不正事不順, 則進不得爲太極, 退不得爲陰陽, 彷徨兩歧, 不免爲列國之寓公天地之贅疣矣. 神之一字失其本職, 和形氣理三字而均失其職, 則推此以往, 天下萬物, 無不受病矣. …… 如是則形屬陰氣屬陽, 而陰陽分作兩儀, 卽太極所乘之器也. 理爲體神爲用, 而體用合爲太極, 卽陰陽所載之道也.

14　박성순,「華西 李恒老의 心說과 斥邪論理의 相關 關係」, 동양고전연구34집, 2009, 262~263면 : 이항로가『송자대전기의』를 통해서 송시열과 가장 근본적인 견해의 차이를 보인 것은 바로 태극의 활동성, 내지는 신묘함에 대한 입장이었다. 송시열은「太極圖說」에 나오는 "태극이 움직이면 양을 낳고, 고요하면 음을 낳는다"라는 말에 평소 의심을 품어, 태극은 낳는다[生]고 하는 작용 자체가 불필요한 소위 '無爲底物事'라고 보았다. 이에 대해서 이항로는 송시열이 비판한「태극도설」중의 '生'字 하나야말로 가장 중요한 根紐와 命脈으로서, 태극이란 '生生之道'에 불과하다고 주장하였다. 그 논거로 그는 공자를 인용하여, 공자의 易에도 있는 바와 같이, "태극은 兩儀를 낳고 양의는 四象을 낳고 사상은 八卦를 낳는다"고 할 때의 生字임을 주장함으로써 태극의 작위성을 강조하였다.

15　李恒老,『華西集』권29,「太極者本然之妙說」(『한국문집총간』305집) : 如有眞知太極之妙, 而解天下之惑, 救天下之亂者, 吾爲之執鞭矣.

절하고 읍하는 것이 신의 작용이 아닌 것이 없고, 격물·치지·성의·정심·수신·제가·치국·평천하가 신의 드러남이 아닌 것이 없다."고 하였다.[16]

『봉강질서』에서는 「태극도설」을 인용하여 리가 본래 주재함이 있음을 강조하였다. 즉 「태극도설」의 "무극이면서 태극이니 태극이 움직임으로 양을 낳고 고요함으로 음을 낳아 양이 변하고 음이 합해져서 수·화·목·금·토를 낳는다. 다함이 없는 진(眞)과 음양오행의 정수가 신묘하게 융합[妙合]하고 응결해서 건도(乾道)로 남(男)을 만들고 곤도(坤道)로 여(女)를 만들어 만물을 화생한다."라는 말에서 음양오행을 주재하는 것이 태극이고, 남녀만물을 주재하는 것이 태극임을 알 수 있다고 하였다. 그러므로 하늘에 있어서는 상제(上帝)라고 하니 상제는 곧 귀신(鬼神)과 조화(造化)를 주재(主宰)하고, 사람에 있어서는 심이라고 하니 심은 곧 성정(性情)과 덕행(德行)을 주재하며, 오륜(五倫)에 있어서는 임금이라 하니 임금은 곧 예악(禮樂)과 형정(刑政)을 주관한다는 것으로 태극의 주재설을 적극적으로 비유하였다. 물건마다 각각 주재자가 있고 일마다 각각 주재자가 있다. 이러므로 하늘에 상제가 없다면 귀신이 행해지지 않고 조화가 운행되지 않을 것이며, 사람에게 마음이 없다면 성정이 통제되지 않고 덕행이 통솔되지 않을 것이며, 천하에 임금이 없다면 예악이 나오지 않고 형정이 서지 못할 것이라는 것이다.

태극이 만물을 주재한다는 그의 주장은 「태극도(太極圖)」에 이미

16　李恒老, 『周易傳義同異釋義』(『한국경학자료집성』易經-28책) : 禮儀三百, 威儀三千, 旡非神之所行也, 洋洋發育, 蓋天蓋地, 旡非神之所爲也, 洒掃應對, 進退拜揖, 旡非神之用也, 格致誠正, 修齊治平, 旡非神之著也.

천서(天叙)와 천질(天秩)이 갖춰있음으로 설명하였다. 즉 태극이 음양오행을 통솔하고 음양오행이 태극에 하나로 귀결됨은 곧 임금이 만민을 다스리고 만민이 임금을 추대하는 상으로 '군신간(君臣間)'의 질서이며, 양이 음을 낳고 음이 양을 낳는 '낳고 낳음'이 쉼이 없어 소(昭)가 목(穆)을 낳고 목(穆)이 소(昭)를 낳음은 잇고 이어져 다함이 없는 상으로 '부자간(父子間)'의 질서이고, 양이 변하고 음이 합함은 곧 부부가 짝을 이루는 상으로 '부부간'의 질서이며, 천일(天一)이 수(水)를 낳고 지이(地二)가 화(火)를 낳으며 천삼(天三)이 목(木)을 낳고 지사(地四)가 금(金)을 낳으며 천도(天五)가 토(土)를 낳음은 차례가 있는 상으로 '장유간(長幼間)'의 질서이고, 오행이 서로 낳고 이기는 관계는 절차탁마하는 '붕우간(朋友間)'의 질서라고 하는 구조로 설명하였다.[17]

『주역전의동이석의』에서 이항로가 밝힌 주재(主宰)의 정의는, 만 가지로 분산된 데서 하나로 귀결되는 것 즉 '리일(理一)'이 '주(主)'이며, 하나로 귀결된 데서 만 가지로 분산되는 것 즉 '만수(萬殊)'가 '재(宰)'이다. 주재자로서의 태극은 하나일 뿐이다. 태극이 혹 움직여 양의 본체가 되기도 하고, 혹 고요하여 음의 본체가 되기도 하는데, 양은 본래 태극에 뿌리내리고 있고, 음도 태극에 뿌리내리고 있으며, 음은 본래 태극을 갖추었는데, 양 역시 태극을 갖추고 있으니, 천하의 사물은 어떤 길함이 있으면 바로 이 길함의 가운데 이미 흉함이 일어날 조짐을 품고

17　李恒老, 『華西集』권17, 「봉강질서」(『한국문집총간』 305집) : 「太極圖」已具天叙天秩. 太極統二五, 二五一太極, 卽君臨萬民, 萬民戴君之象也. 陽生陰陰生陽, 生生不息, 卽昭生穆穆生昭, 承承不匱之象也. 陽變陰合, 卽夫婦伉儷之象也. 天一生水, 地二生火, 天三生木, 地四生金, 天五生土, 卽兄弟此次第之象也. 五行生克, 卽朋友切磋之象也. 理之本體上, 已具此五典, 故曰天叙天秩.

있고, 또한 어떤 질병이 있으면 바로 이 질병의 가운데 이미 다스릴 수 있는 처방을 간직하고 있다.[18] 이러한 인식의 근거는 그가 『주역』연구를 통해 얻은 객관적 잣대라고 할 수 있다.

다음은 곤괘(坤卦)이다. 「곤괘(坤卦) 문언전(文言傳)」의 육이(六二) 「소상전」에 대한 『주역전의동이석의』에서는 사덕(四德: 원형리정)과 함께 심주리(心主理)를 밝혔다. 「곤괘(坤卦) 육이」효사는 "곧고 방정하고 위대하니 익히지 않아도 이롭지 않음이 없다.[直方大, 不習, 无不利]"이다. 이에 대해 『정전』에서는 "덕은 사용해서 두루 하지 않는 곳이 없고 베풀어서 이롭지 않은 곳이 없으니, 누가 의심하겠는가?"[19] 라고 하여 곤의 덕인 직방대는 의심의 여지없이 이롭지 않음이 없다고 결과적으로 말한 반면에, 『본의』에서는 "의심하기 때문에 익힌 다음에 이롭다. 의심하지 않으면 어찌 익히겠는가?"[20]라고 하여, 의심하지 않으면 안일하여 하는 일이 없는 것이고, 의심한 뒤에 익히기 때문에 이롭다고 하여 역시 삼가고 노력하는 사람의 의지를 피력했다. 여기에서 의심함이란 신중히 한다는 말이다. 『주역전의동이석의』에서 이항로는 『역경』에서는 상(象)과 점(占)으로 말했고, 「문언전」에서는 심학(心學)으로 말했음을 구분하고 문언전의 글귀를 가지고 심을 설명하였다. 「문언전」의 해당 문장은 아래와 같다.

---

18 李恒老, 『周易傳義同異釋義』(『한국경학자료집성』 易經-28책) : 蓋太極一而已矣, 或爲動而陽之本體, 或爲靜而陰之本體. 陽固根於太極, 而陰亦根於太極矣. 陰固具一太極, 而陽亦具一太極矣. 是以天下之物, 纔有一吉, 則卽此一吉之中, 已含起凶之兆. 亦有一疾, 則卽此一疾之中, 已蓄可治之藥.

19 『주역전의대전』, 「곤괘 문언전」: 无所用而不周, 无所施而不利, 孰爲疑乎?

20 『주역전의대전』, 「곤괘 문언전」: 疑, 故習而後利. 不疑, 則何假於習.

직(直)은 올바름이고 방(方)은 의로움이다. 군자가 경(敬)으로써 안을 곧게 하고 의(義)로써 밖을 방정하게 하여, 경(敬)과 의(義)가 확립되면 덕(德)이 외롭지 않으니, '직방대불습무불리(直方大不習无不利)'는 그 행하는 바를 의심하지 않는 것이다.[21]

이항로는 이상의 「문언전」을 분석하여 심의 체용과 준칙과 동정을 가리키는 것으로 나누고, 이것을 잃지 않는 것이 온전한 심덕(心德)이라고 하였다.

경(敬)과 의(義)는 마음의 체용이고, 곧음과 방정함은 마음의 준칙이며, 안과 밖은 마음의 동정이다. 체용을 겸하고 동정을 갖추어서 준칙을 잃지 않는 것이 바로 마음의 덕이 온전한 것이다.[22]

직(直)과 방(方)은 그렇게 해야 하는 것, 즉 리(理)이니 마음의 준칙이다. 그 체는 경(敬)이며 그 용(用)이 의(義)이다. 마음이 밖으로 드러나기 전의 고요함이 안이고, 밖으로 드러나 움직임이 밖이니 안과 밖을 마음의 동정이라 한다. 일찍이 『주역』은 '세심경(洗心經)'이라는 이칭을 가지고 있듯이 이항로도 『주역』을 심학(心學) 그 자체로 인식하였으며,[23] 심학공부의 바른 길잡이로 삼았다. 이항로가 보는 심론(心論)은

---

21 『주역전의대전』, 「곤괘 문언전」 : 直, 其正也, 方, 其義也, 君子敬以直內, 義以方外, 敬義立而德不孤, 直方大不習无不利, 則不疑其所行也.
22 『주역전의대전』, 「곤괘 문언전」 : 敬與義, 心之體用也, 直與方, 心之準則也, 內與外, 心之動靜也. 包體用該動靜, 而不失準則, 卽心德之全也.
23 李恒老, 『華西集』 권4, 「語錄」(『한국문집총간』 305집) : 易是心學 …… 若有私心則不可以玩易也.

심이 만사만물을 주재한다는 것이니, 이러한 주장인 이른바 '심주리(心主理)'는 앞에서 언급한 바와 같이 태극이 곧 리이고 태극이 사람에 보존된 것이 곧 명덕(明德)이며 심(心)이다. 심에 리와 기 둘이 있으나, 주재하는 심의 중심은 어디까지나 리이어야 한다는 것이 이항로 심론의 핵심이다. 리가 주가 되고 기가 리에 부려지면 그 결과 선(善) 아닌 것이 없지만 기가 주가 되고 리가 부려지면 그 결과 악(惡) 아닌 것이 없기 때문이다.[24] 따라서 리기의 불리(不離)와 부잡(不雜)의 관계를 전제하면서도 '부잡'의 측면을 강조하였다. 리와 기가 떨어질 수 없는 관계에 있을지라도, 기를 통솔하고 기의 기준이 되는 것은 리에 있으므로 기보다 리를 중시해야 한다는 주리론적 관점을 견지한 것이다. 즉 리와 기가 떨어질 수 없는 것일지라도, 현실에서는 기를 통솔하고 기의 기준이 되는 것이 리이어야 한다는 것이다.

그러면 리기(理氣)와 성정(性情)의 관계는 어떤가? 『주역』에서 인도(人道)는 곤괘(坤卦)에서 직방대의 효사로 규명하였고, 천도(天道)는 건괘(乾卦)에서 사덕(四德)인 원형이정의 괘사로 규명하였는데,[25] 이항로는 이 부분에서 성정을 끌어다가 논설하였다. 심을 리와 기로 나누어 말할 경우, 리로 말하면 심은 태극이 사덕을 통솔하는 것과 같다. 리정(利

---

[24] 李恒老, 『華西集』 권15, 「계상수록」(『한국문집총간』 305집) : 理氣合而爲人, 故人身之中, 只有此二者而已, 更無他物. 但理爲主而氣爲之役, 則無往而不善; 氣爲主而理反爲役, 則無往而非惡.

[25] 건괘사인 '원·형·리·정'에 대한 『정전』과 『본의』의 해석이 다르다. 『정전』은 네 가지 덕으로 보았으나, 『본의』는 "元亨하고 利貞하니라"의 뜻으로 해석하였다. 이에 대해 이항로는 『주역전의동이석의 乾卦』의 해석에서 "네 가지 덕으로 해석하면 점으로 볼 수 없기 때문에, 정자가 해석한 다른 괘의 예에 따라 '크게 善하며 형통하고 정고하면 이롭다'로 해석하였다."라고 밝혔다. 元을 程頤는 "專爲善大"라고 하였고, 朱熹는 "大也"라고 하였다. 이에 대한 이항로의 논설은 별도로 「朱子元亨利貞說句解」에 자세히 보인다.

貞)은 온갖 리가 귀결되어 수장되는 것이니 성(性)과 같으며 태극의 체이고, 원형(元亨)은 온갖 리가 발현하여 베풀어지는 것이니 정(情)과 같으며 태극의 용이라고 하였다.[26] 기(氣)로 말하면 심은 원기가 사시를 통솔하는 것과 같은데, 만물이 이루어져 마치는 추동(秋冬)은 성(性)에 해당하며, 만물이 생겨나는 춘하(春夏)는 정(情)에 해당한다는 것[27]이 이항로의 설명이다. 결론적으로 사람에게 있어서 심은 묘용(妙用)으로 리기를 합하고 동정을 포괄한다는 것이다. 따라서 성(性)은 심의 체로서 리가 기를 타고 있는 고요한 것이며, 정(情)은 심의 용으로서 리가 기를 타고 있는 움직이는 것이다.[28] 이는 나누어 보면 각각 가리키는 바가 있는 것이니 뒤섞어 볼 수 없다. 심은 온갖 리가 모두 모인 것이고, 주재하는 것이며, 성은 적연하여 움직이지 않으나 온갖 리가 다 갖추어진 것이고, 정은 감응하면 드디어 통하게 되어 온갖 리가 발현하여 쓰이는 것이다.[29] 따라서 심·성·정은 하나이며 피차·내외·시종·본말의 간격이 없이 동시에 존재하는 세계이다.[30] 그러나 간격이 없는 가운데 존비와 주객과 경중의 차이가 있어야 이항로가 주장하는 심이 설명된다.

26　李恒老, 『華西集』 권15, 「계상수록」(『한국문집총간』 305집) : 以理言則心猶太極之統四德, 性猶利貞, 情猶元亨. 利貞, 萬理之歸藏也, 太極之體也; 元亨, 萬理之發施也, 太極之用也.

27　李恒老, 『華西集』 권15, 「계상수록」(『한국문집총간』 305집) : 以氣言, 則心猶元氣之統四時, 性猶秋冬, 情猶春夏. 秋冬, 萬物之成終也; 春夏, 萬物之生始也.

28　李恒老, 『華西集』 권15, 「계상수록」(『한국문집총간』 305집) : 心者, 人之神明, 而合理氣包動靜者也, 性則心之體, 而理之乘氣而靜者也; 情則心之用, 而理之乘氣而動者也.

29　李恒老, 『華西集』 권15, 「계상수록」(『한국문집총간』 305집) : 分言則心者, 萬理之總會、主宰者也; 性者, 寂然不動, 而萬理咸備者也; 情者, 感而遂通, 而萬理發用者也. 各有所指, 不可混淪看.

30　李恒老, 『華西集』 권15, 「계상수록」(『한국문집총간』 305집) : 合言則心也、性也、情也, 一理也. 渾然無彼此內外, 終始本末之間, 此理之全體也.

인물성동이론과 관련해서는 동론의 입장을 견지하였다는 것이 학계의 중론이다.[31] 이항로의 강력한 '화이론'을 염두에 둘 때 얼핏 이 주장은 모순이 되는 것처럼 보인다. 그러나 이항로는 인물성이 같다는 주장을 항아리의 물에 비유하여 "항아리의 물은 하나이나 나누어 소금에 부우면 짠물이 되고 꿀에 부우면 단물이 되는 것처럼, 짠물과 단물의 쓰임이 비록 각각 다르지만 물의 본연은 같다."[32]라고 하였다. 짠물과 단물의 쓰임이 다른 이유에 대해서는 담겨있는 기(器)가 다르기 때문이라고 설명하였으니, 비록 본연은 같으나 기의 다름에 따라 만수(萬殊)의 구별이 있으며, 타는 바의 기가 다른 것이니 그 본연이 같다는데 문제될 것이 없다는 것이다. 이항로의 주장은 어디까지나 본연이 같다는 입장에서 동론(同論)에 소속시키는 것이다. 그가 만수(萬殊)의 구별에서 화(華)와 이(夷)를 엄격히 구별하고 있음에 주목해야 한다. 이(夷)는 금수이니 선(善)으로 돌이킬 수 없는 존재이고 이적 중에서도 양이(洋夷)가 특히 심하다는 것이 이항로가 주장하는 척사론의 핵심이다. 이항로 자신도 자신의 철두철미한 양이배척에 대해서 서양에 대한 무지의 소치일지도 모른다는 우려가 있기도 하였으나, 그보다는 도학을 보호하고 국가를 보호하려는 의지가 더 강했다. 이런 의식이 그의 대서양관(對西洋觀)을 고정시켰다.

---

31 『현상윤의 조선유학사』, 이형성교주, 심산, 567쪽 : 현상윤은 『조선유학사』에서 "이항로는 호론과 낙론에 대해서는 어느 한 편에 치우쳐 주장하지 아니하고 때로는 人物性同論을 주장한 낙론을 찬성하기도 하고 또, 때로는 人物性異論을 주장한 호론을 찬성하기도 하였다."

32 李恒老, 『華西集』 권19, 「明德理氣人物性同異辨」(『한국문집총간』 305집) : 此不難辨, 有一甕水於此. 水一而已矣, 或分而注之於鹽, 則爲醎水, 注之於蜜, 則爲甘水; 煎過附子, 則爲熱水, 煎過芒硝, 則爲冷水. 水則一也, 有此醎, 甘, 熱, 冷之不同, 何也? 所乘之器不同也.

2. 정괘井卦를 통해 본 출처관

「정괘(井卦) 구삼(九三)」효사는 "정설불식 위아심측 가용급 왕명 병수기복(井渫不食, 爲我心惻, 可用汲, 王明, 並受其福.)"이다. 이에 대한 「상전(象傳)」에 "정설불식 행측야(井渫不食, 行惻也.)"라고 하였는데, '행측야(行惻也)'에 대한 언해를 보면 『정전』은 "행(行)을 측(惻)홈이오"라고 하였고, 본의는 "행(行)이 측(惻)홈이오"라고 하였다. 이를 적용하여 상사를 풀면 『정전』은 "우물이 깨끗한데도 먹지 않음은 행함을[행하지 못함을] 서글퍼함이요"이고, 『본의』는 "우물이 깨끗한데도 먹지 않음은 길 가는 사람이 서글퍼함이요"이다. 즉 『정전』은 "우물이 청소되어 다스려졌는데도 먹어주지 않는 것은 바로 사람이 재주와 지혜가 있는데도 쓰이지 않는 것이니, 행하지 못함을 근심하고 안타까워하는 것이다."[33]이고, 『본의』는 "'행측(行惻)'은 길가는 사람이 모두 안타깝게 여기는 것이다."[34] 라고 하였다. 이에 대해 『주역전의동이석의』를 살펴보겠다.

이항로는 공자가 "남이 알아주지 않아도 성내지 않으면 군자가 아닌가."라고 한 말과 주희가 해석한 "배움은 나에게 있고 알아주고 못 알아주고는 남에게 달려있으니 어찌 화가 나겠는가."를 인용하면서 말하였다. 지금 물이 맑거나 맑지 않음은 우물의 덕이고 물을 긷거나 긷지 않음은 사람의 일인데, 만약 사람들이 물을 버려두고 길어 먹지 않는다고 슬퍼하면서 마음을 구속한다면 우물은 이미 더럽고 탁해져서

33 　李恒老, 『周易傳義同異釋義』(『한국경학자료집성』易經-28책) : 井渫治而不見食, 乃人有才知而不見用, 以不得行爲憂惻也.
34 　李恒老, 『周易傳義同異釋義』(『한국경학자료집성』易經-28책) : 行惻者, 行道之人, 皆以爲惻也.

스스로 그 맑음을 잃어버리게 될 것이고, 이런 상태로 오래되면 사람들이 침을 뱉고 먹지 않을 것이니, 어찌 길어 먹을 만한 맑음이 있겠느냐고 하였다. 정괘(井卦)는 구삼이 양의 굳셈으로 하괘의 위에 있어 이미 초육의 진흙의 더러움과는 거리가 멀고 구이처럼 동이가 깨질 염려도 없다. 위에 있기 때문에 맑아서 찌꺼기가 없고 양으로 굳세기 때문에 샘에 물이 나와 마르지 않으니 나와서는 물건을 윤택하게 하고 길어 마시면 사람을 기를 수 있다. 다만 자리가 하체를 떠나지 못했고 구오와 육사에게 막혀 때의 쓰임이 되지 못하니 쓸 만한 물건인데 쓸 수 없는 처지에 버려진다면 보는 자마다 누구라도 한탄하면서 아깝게 여기지 않겠느냐고 했다. 바다에 밝은 진주가 모래자갈 속에 섞여있음을 진주가 아픔으로 여기지 않고 골짜기에 지초와 난초가 잡초와 풀 더미에 섞여 있는 것을 난초는 부끄러워하지 않는 이유는 그 진주의 밝은 빛은 저절로 위로는 면류관을 장식하고 아래로는 패물을 장식하며, 난초의 향기는 위로 신명이 흠향하고 아래로는 냄새나는 잡초를 덮어서이니, 진주와 난초의 미물도 사람이 애석해하는데 하물며 사람에 있어서이겠느냐고 반문하였다.[35] 이항로는 이 부분의 전의의 동이를 풀이할 때 공자의 "만약 나를 쓰는 자가 있다면 1년이면 가능하다."와 맹

---

35 李恒老, 『周易傳義同異釋義』(『한국경학자료집성』易經-28책) : 今夫渫與不渫, 井之德也, 汲與不汲, 人之事也. 若以人之不汲棄而不食, 惻惻悲傷以累其心, 則井已汚穢滓濁, 自失其渫久矣, 人將唾而不食矣, 焉有可汲之渫乎哉. 夫井之爲卦, 九三以陽剛居下體之上, 旣遠初六泥濁之汚, 又無九二甕漏之患. 以其居上也, 淸而无滓, 以其陽剛也, 泉而不渴, 出可以澤物, 汲可以養人. 但爲居不離於下體, 又爲九五六四之所隔, 未爲時用, 以有用之物, 濱棄於无用之地, 則見者孰不爲咨嗟而惋惜之乎. 夫海有明珠, 混在沙礫, 非珠之病也, 谷有芝蘭, 雜在草卉, 非蘭之恥也. 行路之人, 莫不動心, 不待和氏歧伯而後惜之也. 其故何也. 由其珠之光白, 自可以上餙冕琉, 下餙雜佩也. 蘭之馨香, 自可以上享神明, 下辟臭穢也. 珠蘭一微物耳 人尙愛惜, 而況於人乎.

자의 "나라에 거할 때 임금이 현인을 쓰면 나라가 편안하며 부유해지고 자제들이 따르면 효제충신을 한다."의 문장을 비유로 들었다. 나아가 나라에서 인재를 등용하는 일은 남에게 달렸고 하늘에 달려서 현인이 관여할 바가 아니며, 자기에게 있어서 도를 즐기는 즐거움을 다하지 못하는 자는 남에 있어서도 필시 현인을 좋아하는 정성을 다할 수 없다는 말을 보탰다. "주자가, 사람들이 '심측(心惻)'의 '측(惻)'의 주체가 우물에 있다고 여길까봐 우려하여 '길가는 사람이 다 슬퍼한다[行惻]'라고 하였다"고 이항로는 『본의』를 대변해서 효사를 설명했다.[36] 『정전』은 재주와 지혜가 있는데도 쓰여지지 않으니 스스로 슬퍼함인 반면에, 『본의』는 재주와 지혜가 있는데도 쓰여지지 않으니 길가는 사람도 이를 탄식하여 슬퍼한다고 한 것이다. 『정전』은 출처에 대해 소극적인 반면에, 『본의』는 매우 적극적이다. 나와 타자사이에 나를 옹호하는 제3의 타자가 있어 나는 그들에게 나의 덕을 베풀 수 있어 외롭지 않다. 이항로는 성현의 도를 행함에 싫어함이 없었으며 그의 실천의지는 사후에도 이들과 함께 척사의리의 정신을 꽃피웠다. 성현의 가르침을 따르고 강마하는 유학자는 위기지학을 하는 초야의 은둔자라해도 제중(濟衆)의 덕목을 잊지 않는다. 위기지학을 하는 일상이 세상을 무시하는 것이 아니라, 항상 세상의 문제를 파악하고 있다. 그래서 국가의 위난에 축적된 재야 지사의 지혜가 필요한 것이며, 재야 지사 또한 출사

36　李恒老, 『周易傳義同異釋義』(『한국경학자료집성』易經-28책) : 用舍行廢, 或由於人, 或由於天, 非賢者之所爲也. 然則其德在己, 則不以通塞爲欣戚. 其德在人, 則必以擧措占否泰, 其故何也. 道德在己, 故樂而忘憂, 道德在人, 故好而无斁, 其實一也. 在己不能盡樂道之樂者, 在人必不能盡好賢之誠者也. 孔子慮心惻之惻疑在於井, 故釋之曰, 行惻也. 本義從之釋之曰, 行道之人, 皆以爲惻也. 此係易之大義, 讀者不可草草放過也.

가 평소의 지조에 역행하는 일이 아니다.

연보에 의하면 이항로는 17세에 반시(泮試)에 응시하였으나, 당시 재상이 자신의 아들과 교유할 것을 요구하자, 과거를 포기하고 즉시 귀향하였으며 이듬해에 한성시(漢城試)에 합격하였다. 그러나 몇 년 뒤 순조 7년과 8년 연간에 조정에서는 토역과(討逆科)를 열어 인재를 등용하고자 하였는데, 이 때 역적으로 지목된 자들이 노론 벽파인 심환지(沈煥之)·김종수(金鍾秀) 등의 재상이라는 사실을 안 부친 이회장(李晦章)이 매우 놀라며 아들 이항로에게 과거에 나가지 말 것을 명령했다.[37] 그 뒤 이항로는 과거시험을 단념하고 위기지학에 전력하였다. 그는 몇 차례 조정의 부름을 받았으나 끝내 나아가지 않다가 1866년 병인양요로 나라가 위급하자 조정에 나아간다. 물론 몸이 노쇠한 한계로 말미암아 막중한 소임을 맡을 수 없는 사정이 절박했으므로 애초에 조정의 신하로 오래 머무를 수 없음을 하소연하지만, 나라의 위난에 처사로서 자신의 소임을 다하는 모습은 출사의 순수함과 진정한 지사(志士)의 진면목을 보여준 것으로 평가된다.

Ⅲ. 척사소를 올리다

19세기 중반 세계정세가 급변하고 있을 때, 조선(朝鮮)에서는 훈척

37　李恒老,『華西集』권28,「皇考友鹿軒府君遺事」(『한국문집총간』305집) : 丁卯戊辰年間, 朝家設科外, 議以爲四大臣討逆科. 四大臣云者, 金相國鍾秀, 沈相國煥之諸公也. 聞之愕然, 命不肖停科行.

귀족의 세도정치가 시작되었다. 헌종은 순원왕후(純元王后)[38]가 수렴청
정을 거둔 1841년에 비로소 친정(親政)의 길로 들어갔으나 과거제도 및
삼정(三政:田政·軍政·還穀)의 문란 등으로 국정이 혼란에 빠졌다. 헌종
재위 15년 중 9년에 걸쳐 수재(水災)가 발생하여 민생고가 가시지 않았
으며, 가혹한 수취가 만연하였다. 모반사건이 일어났고, 헌종 말년부터
이양선(異樣船)에 의한 행패가 심해 민심이 어수선하였다. 순조 때의 천
주교 탄압정책을 이어받아 많은 천주교 신자를 학살하였으며(기해박해),
천주교인을 적발하기 위하여 오가작통법(五家作統法)을 실시하였다. 철
종 재위기간에 정치의 실권은 안동김씨 일족이 좌우하였는데, 삼정의
문란이 더욱 심해지고 탐관오리가 횡행하여 백성이 도탄에 빠졌다. 이
런 사태는 결국 1862년 진주민란으로 폭발하였고, 이후 삼남을 중심
으로 여러 곳에서 민란이 일어났다. 철종은 삼정의 폐해에 대한 정책을
세워 민란을 수습하고자 하였으나, 뿌리 깊은 세도의 굴레에 얽매여
제대로 정치를 펼 수 없었다. 이런 국내의 혼란한 정세에 가중하여, 19
세기 중반 이후 서학의 침투에 따른 군사적·경제적 압박은 조야의 지
식인들에게 국가적·민족적 위기감을 갖게 하였다.

국가위기에 임하는 조정의 대처는 '병인사옥(丙寅邪獄:1866년)'을 강
행하는 특단의 조치로 나타났다. 당시는 고종 3년이며 고종 즉위년부
터 섭정을 맡았던 신정왕후(神貞王后)에 이어 흥선대원군 이하응(李昰
應)이 섭정하고 있던 시기로서 모든 정책이 그에게서 나왔다. 병인사옥

---

38 純元王后 : 純祖妃이며, 안동김씨인 金祖淳의 딸이다. 순조의 손자이자 孝明世子(妃 :
神貞王后, 풍양조씨인 趙萬永의 딸)의 아들인 憲宗이 8세의 나이로 즉위하자 왕대비로서 그
녀가 수렴청정을 했으며, 헌종이 후사 없이 죽자 그녀의 영향아래 哲宗이 즉위하였는데, 이때
에도 대왕대비로서 수렴청정에 임하였다.

은 천주교에 대한 대대적인 박해로서 국내인 8천여 명의 천주교 신자와 9명의 프랑스인 선교사가 처형되었다. 이로 인해 같은 해 프랑스 군함이 강화도를 침공(병인양요)하였다. 9월 6일 프랑스군이 강화도에 상륙하자, 처음에 조선군은 속수무책으로 그들의 신식총탄 앞에 쓰러졌지만, 10월 3일, 지략과 용기로 대처한 양헌수(梁憲洙)의 활약으로 프랑스군은 모두 도주하였다.[39]

이런 일련의 사건 안에 이항로의 '척사소(斥邪疏)'가 있다. 이 척사소는 분류상 '사직상소(辭職上疏)'에 속하나, 이 시기에 올린 7편의 소차(疏箚)안에 국가의 위기의식을 절감한 척사위정(斥邪衛正)의 사자후가 담겨있으므로, 본고에서는 당시 시대조류를 배경으로 등장한 척사소의 하나로 간주하여 '척사소'라고 명명하였다. 그의 척사소는 1866년 9월 12일부터 시작하여 다음 달인 10월 7일에 사직이 윤허되면서 끝난다. 사실 그의 인생을 돌이켜볼 때, 한 달이 채 되지 않는 이 기간이 짧고도 깊은 그의 사환기인 셈이다. 동시에 이 시기는 일생 연마하고 축적했던 사상과 이론이 국가의 현실 앞에서 펼쳐진 때이기도 하다. 유가의 삶이 무엇인가. 선비가 왜 학문하는가. 그들이 중요시하는 『대

---

39 鼎足山城에서 조선관군이 프랑스 군을 격퇴한 작전 및 전투 상황에 대하여는 梁憲洙 (1816~1888)의 『御洋日記』에 자세히 기록되어있다. 양헌수는 이항로의 문인이다. 당시 화서학파는 선비가 출세를 위해 학문하는 것은 선비의 도리가 아니라 해서 문인들이 대부분 과거를 거부하거나 등과하였어도 관직에 출사하지 않았는데, 양헌수는 집이 매우 가난하여 가족의 생계를 위해 그의 아버지가 스승 이항로에게 출사의 허락을 받았다고 전해진다. 평소 척사위정에 경도되어 몸소 실천하는 문인 중 한사람이다. 『한국역대인물종합시스템』: "헌종 14년에 무과에 급제하여 선전관이 되었고, 1866년에는 어영청의 千摠으로 濬川司의 都廳을 겸하다가 병인양요를 당해 鼎足山城의 守城將이 되었다. 10월 3일 프랑스함대의 로즈(Rose)제독이 보낸 해군대령 올리비에(Ollibier) 부대 160명을 맞아 치열한 전투 끝에 프랑스군 6명을 죽이고 많은 부상자를 냈으며, 다수의 무기를 노획하는 전과를 세워 프랑스군이 패퇴하는 데 결정적인 역할을 하였다. 이 공로로 한성부좌윤에 임명되었다가 1869년 황해도병마절도사로 부임하고, 여러 관직을 거쳐 1884년 공조판서를 역임한 인물이다."

학(大學)』의 가르침은 격물치지로부터 세상을 향한 열림이 있다. 그들이 익히는 학문의 범위는 일상 밖에 있지 않다는 룰(rule)이 있다.[40] 이것이 주희(朱熹)가 말한 실학(實學)이다.[41] 그들은 숙고하는 삶을 살지만 활동하는 삶을 무시하는 것이 아니다. 이항로의 척사의리는 적어도 그가 숙고한 사상의 실천이다. 그가 척사의리를 천명하여 선봉에 선 것은 그의 학문 세계가 관념적 공허에 빠지지 않았음을 증명한다. 그에게 건강한 몇 년이 더 주어졌다면 그는 다른 방식으로 그의 실천을 보여주었을 것이다. 이항로가 신병(身病)을 이유로 사직을 청한 일은 의례적인 투식이 아니었다고 생각한다. 병인년 9월 입궁하여 혼신의 힘을 다한 그는, 그의 염려대로 귀향 후 2년도 채우지 못하고 이태가 되는 3월에 타계하였다.

병인양요(1866년)가 발발했을 때, 조정에서는 김병학(金炳學)의 천거로 재야에 있던 이항로를 동부승지(同副承旨)로 발탁하였다. 이항로는 곧바로 9월 12일 궁궐 앞에서 신병이 있으므로 체차해 주기를 바라는 굳은 결의의 상소를 올린다. 이 상소는 평소 품었던 국가위난의 방책인 척사위정(斥邪衛正)의 결연한 의지가 농축된 것이다. 당시 그의 나이는 75세의 고령인데다 병중에 있었음에도 불구하고 국가의 어려움에 그대로 앉아 있을 수 없음과 특별채용에 대한 사은을 겸하여 사직소를 직접 올리고자 입성하였던 것이다. 아울러 이 상황은 이항로가 보다 가까이 군주와 소통할 수 있는 기회이기도 하였다. 그는 평소 천

---

40 「大學章句序」: 不待求之民生日用彝倫之外.
41 『中庸章句』: 此篇乃孔門傳授心法, 子思恐其久而差也. 故筆之於書, 以授孟子, 其書始言一理, 中散爲萬事, 末復合爲一理, 放之則彌六合, 卷之則退藏於密, 其味無窮, 皆實學也.

주교가 국가의 질서를 와해하고 윤리를 무시하여 유교적 틀을 무너뜨리는 폐단을 통감하고 이 사태에 대하여 남다른 보국의식과 척사론을 세웠는데, 서양의 침벌이 현실화되자 당연히 양이(洋夷)를 싸워 물리쳐야 한다는 전수론(戰守論)의 입장에서 국가 시국을 타개하고자 하였다.

오늘날의 국론은 두 가지 설이 서로 다투고 있는데, 서양 적과 싸우자는 것이 '나라의 입장에 선 사람의 말[國邊人]'이고 서양 적과 강화하자는 것이 '적의 입장에 선 사람[賊邊人]'의 말입니다. 앞의 말을 따르면 나라 안에 전해 내려 온 문물제도를 보전할 수 있지만 뒤의 말을 따르면 인류가 금수와 같은 지경에 빠지게 될 것이니, 이는 커다란 분계점입니다.[42]

이상은 『조선왕조실록』과 『승정원일기』에 실려 있고, 「화서집소차」에는 「사동부승지겸진소회소(辭同副承旨兼陳所懷疏)」의 제목으로 실려 있다. 병인양요 발발 직후 조정의 여론은 대원군의 의지에 반하여 암암리에 프랑스의 통상조건을 수락하고 강화를 허락해야 한다는 쪽이 고개를 들고 있었다. 이미 중국이 아편전쟁을 거친 상황을 알고 있었으므로 조선도 버티지 못할 것이라는 판단에서이다. 이들이 이항로가 이른 바 '적변인(賊邊人)'이다. 그러나 경기도 양근에서 노구를 이끌고 올라 온 이항로의 생각은 달랐다. 그의 주장은 양적(洋賊)과 싸워 물리쳐야 나라 안에 전해 내려 온 문물제도를 보전할 수 있다는 것이니 이른

---

42 『승정원일기』 고종3년 9월12일 : 今日國論, 兩說交戰, 謂洋賊可攻者, 國邊人之說也, 謂洋賊可和者, 賊邊人之說也. 由此則邦內保衣裳之舊, 由彼則人類陷禽獸之域, 此則大分也.(인용한 史料의 원문과 번역문은 한국고전번역원 DB를 활용하였으며, 뒤에도 마찬가지임을 밝힘)

바 이것이 '국변인(國邊人)의 말'이다. 이항로가 국변인과 적변인의 구별을 둔 것은 일고의 가치도 없이 국변인의 주장을 당연시하고 있는 것이다. 그런데 문제는 국변인이라 하더라도 서로 대처하는 것이 다르다는 점이다.

> 나라의 입장에 선 논의를 주장하는 사람들도 또 두 가지 설이 있는데, 그 하나는 '싸워 지키자는 설[戰守之說]'이고 또 하나는 '오랜 도읍지를 떠나자는 설[去邠之說]'입니다. 신의 생각으로는, 싸워 지키는 것은 떳떳한 도리이고 도읍지를 떠나는 것은 임기응변의 방편입니다.[43]

국변인이라 하더라도 '전수(戰守)'와 '거빈(去邠)'의 입장이 다르다. 이항로는 싸워 지키는 것은 떳떳한 도리이고, 도읍지를 떠나는 것은 임기응변의 방편이라고 강경하게 말하였다. 또한 떳떳한 도리는 사람들이 모두 지킬 수 있지만, 임기응변은 성인이 아니면 제대로 할 수 없는 것이니, 태왕(太王)[44]과 같은 덕을 지녔다면 가하지만 태왕과 같은 덕이 없다면 뭇사람들의 호응이 없을 것이라고 단호하게 말하였다. 백성은 한번 흩어지면 다시 모을 수 없고 대세는 한번 지나가면 다시 오게 할 수 없으니, 원컨대 전하께서는 혹시 사변이 일어난다 해도 차라리 떳떳한 도리를 지킬지언정 갑자기 성인과 같은 처지로 견주어서는 안 된다

---

43 『승정원일기』 고종3년 9월12일 : 其主國邊之論者, 又有兩說, 其一, 戰守之說也, 其一, 去邠之說也. 臣謂戰守常經也, 去邠達權也.
44 『孟子』, 「梁惠王」: 太王은 周나라 文王의 조부이다. 太王이 狄人이 침입해 왔을 적에 백성을 보호하기 위해 혼자서 邠을 떠나 岐山 아래에 도읍을 정하고 거주하자, 邠의 주민들이 "인자한 사람이니 놓쳐서는 안 된다."고 하면서 모두 그곳으로 따라와 살았다는 고사가 있다.

고 경계하였다.⁴⁵ 이는 전수(戰守)가 옳은 길임을 군주의 용단으로 결정할 일이라고 강변한 것이다. 이항로는 이에 대해 구체적으로 방법을 제시하였다.

> 대신을 삼가 믿어 체통을 높이고, 삼사(三司) 이외에 언로를 넓게 열고, 장수를 뽑고 무사(武事)를 수리하되 덕망을 지닌 사람들을 최대한 등용해야 할 것입니다. 또 팔도 안에서 각각 본도의 가장 덕망이 높은 한 사람을 호소사로 삼아 그에게 권위를 부여하고 높이는 뜻을 보여주며 영화로운 작록이 그의 부관들에게까지 미치도록 하여, 그로 하여금 충효와 기절(氣節)을 지닌 사람들을 수습하여 의병으로 삼아 관군과 서로 호응하도록 해야 할 것입니다. 그리하여 적이 오면 적의 칼날을 꺾고 막아내어 왕실을 호위하도록 하고, 적이 가면 윤리와 강상을 닦고 밝혀 사교(邪敎)를 잠재우도록 해야 할 것입니다. 이와 같이 한다면 전화위복의 계기를 또한 여기에서 얻을 수 있을 것입니다.⁴⁶

그가 주장하는 전수(戰守)는 평소 준비되어 있어야 쓸 수 있는 것이다. 등용한 인재는 믿고 써야하며, 언론을 맡고 있는 삼사(三司:사간원·사헌부·홍문관) 이외에도 언로를 넓혀야 국가정책이 바른 길로 나아

---

45 『승정원일기』 고종3년 9월12일 : 臣謂戰守常經也, 去齦達權也, 常經人皆可守, 達權非聖人不能也, 何者? 蓋有太王之德則可, 無太王之德, 則無歸市之應矣. 百姓一散, 不可復合, 大勢一去, 不可復來, 此愚臣所以先事深憂, 願殿下, 脫有事變, 寧守常經, 而毋遽以聖人之事自況也.

46 『승정원일기』 고종3년 9월12일 : 敬信大僚, 以尊體統, 三司之外, 廣開言路, 選將繕武, 極用人望, 八道之內, 又各擇本道人望所歸者一人, 爲號召使, 假之以盛權, 示之以尊寵, 爵祿之榮, 及於副貳, 使之收拾忠孝氣節之人, 以爲義旅, 與官軍相爲應援, 賊來則折衝禦侮, 以衛王室, 賊去則修明彝倫, 以息邪敎, 則其轉禍爲福之幾, 又得之於此矣.

갈 것이로되, 결코 문약(文弱)에 치우쳐서는 안 된다고 주도면밀하게 언지(言志)하였다. 그리하여 덕망을 갖추어 세상 사람들이 따르는 장수를 뽑아야 하며, 무사(武事)를 정비하는 것이 필요하다고 하였다. 더 구체적으로 말하면, 국난에 대비하여 본도에서 가장 덕망이 높은 사람을 '호소사(號召使)'로 뽑아 팔도의 호소사에게 의병을 모집하게 하여 관군과 서로 호응하도록 해야 할 것이라고 하였다. 호소사는 본래 있어 왔던 제도이지만, 이항로는 이들을 적극적으로 활용할 것을 건의한 것이다. 즉 일의 능률을 높이기 위하여 호소사에게 일정한 권위를 부여해 주어야 한다고 하였다. 또 그를 높이는 뜻을 보여줌과 동시에 넉넉한 작록이 그의 부관들에게까지 미치도록 하여 스스로 충효와 기절을 다할 수 있도록 장려한다면, 적이 오면 적의 칼날을 꺾고 막아낼 것이고, 적이 가면 윤리와 강상을 닦고 밝혀 사교(邪敎)를 잠재울 수 있을 것이라고 하여 지금의 위난을 돌려 애국의 길을 모색하는 계기로 삼을 것을 아뢰었다. 이러한 주장은 당시 집권하던 대원군의 정책에 힘을 실어주어 양헌수(梁憲洙)의 승전으로 이어진다.

> 물은 배를 띄워 주지만 또한 배를 뒤엎을 수도 있는 것과 마찬가지로 백성도 나라를 지켜 주지만 또한 나라를 망하게 할 수도 있다고 합니다.[47]

또 나라의 근본은 민심에 있으므로 국왕은 백성을 자애하는데 힘써야 함을 강조하였다. 인심이 산천(山川)보다 더 험준하다고 하는 교훈

---

47 『승정원일기』고종3년 9월12일 : 水所以載舟, 亦能覆人之舟, 民所以衛國, 而亦能亡人之國.

을 되새겨 나라가 망하는 것은 인심이 떠난 데 기인함을 주지할 것을 당부하였다. 따라서 토목의 역사를 정지하여 백성을 수탈하는 정사를 금하고, 사치한 습관을 버려 궁실을 낮추고 음식을 소박하게 차리고 의복을 검소하게 입어 백성의 일에 힘을 다하여야 할 것[48]을 상주하였다. 이날 상소에 대한 임금의 비답은 사직하지 말고 숙배하라는 것이었다. 이항로는 명을 받고 이튿날 입궁하여 고종을 알현하는 어전에서 충정의 심정을 직접 토로하였다.

천하 국가의 큰 근본은 임금의 일심(一心)에 달려 있으니, 마음이 바르면 온갖 일이 순조롭고 마음이 바르지 못하면 온갖 일이 번잡해지기만 하는 법입니다. 이에 어려운 때이건 태평한 때이건 간에 이 마음을 엄숙히 삼가고 잡아 길러서 그 체를 세우며 학문을 익히고 이치를 밝혀 그 용을 통달하도록 해야 합니다. 이것이 요순 이래 천고를 내려오면서 서로 전하였던 심법(心法)입니다.[49]

위 내용은 『화서집 소차』에 「희정당주차(熙政堂奏箚)」의 제목으로 실려 있다. 고종의 면전에서 이항로가 처음 올린 말은 심법(心法)이었다. 요순 이래 천고를 내려 온 심법(心法)은 도심(道心)이 주가 되어 인심(人心)을 통솔해야 함을 주달한 것이다. 사사로운 욕망으로 흐르기

---

48 『승정원일기』고종3년 9월12일 : 人心險於山川, 殿下歷覽古史, 興邦之慶, 孰不本於人心之歸嚮, 喪邦之禍, 孰不由於人心之離叛也? …… 停土木之役, 禁斁民之政, 去侈大之習, 卑宮室菲飮食惡衣服, 而盡力於民事.
49 『승정원일기』 고종3년 9월13일 : 第伏念天下國家之大本, 在於人主之一心, 心得其正時, 萬事順利, 心失其正時, 萬事蕞胜, 是故無聞時之艱危昇平, 莊敬持養, 以立此心之體, 講學明理, 以達此心之用, 此自堯·舜, 以來, 千古相傳之心法也.

쉬운 것이 인심이다. 나라를 다스리는 근본이 국왕의 마음에 달려 있으니, 도심을 기르고 인심을 단속하면 만사가 순조로울 것이다. 눈앞에 이미 양이(洋夷)의 출현을 당하고 나서 조정의 다급한 발탁으로 국왕 앞에 나아온 신하의 주차(奏箚)가 이런 것은 10대 초반의 어린 군주를 향한 노성한 산림지사의 우국충정의 덕담이었을 것이다. 그리고 친정(親政)에 임할 때 무엇보다도 좌우명이 되어야 할 언사를 강조해 준 것일 수도 있다. 그가 올린 심법에 관한 일성(一聲)은 당연히 그가 평생 기울여 온 심주리에 기반한 것이다.

심주리의 기본틀인 인심도심설은 『화서집』에 보이는 「의소(擬疏)」의 핵심이기도 하다. 「의소」는 일종의 '모의 상소'라고 할 수 있는데 병인양요가 일어나기 전인 1864년 무렵에 작성한 것으로 지사(志士)로서의 우국충정(憂國忠情)이 담겨있어 실제로 병인년의 척사소는 몇 해 전부터 준비해온 소차였다는 연구가 있다.[50] 이른바 '인심유위 도심유미(人心惟危 道心惟微)'라는 심법을 빌어 이항로가 말하고자 했던 척사소의 요지는 도심을 모르고 인심만 조장하는 서양과의 통상을 막아내야 하며, 그러기 위해서는 군주가 일심(一心)으로 척사의 정책을 확고하게 추진해 나아가야 한다는 것이다. 이항로가 건의한 양이배척의 방도를 좀 더 보겠다.

적을 막아내는 방도에 있어서는, 조정에서 이미 명망 있는 사람을 장수로 명하여 진영에 나아가도록 하였으니 곤외(閫外)의 일을 모두 위임하여 기미

---

50 박성순, 「華西 李恒老의 心說과 斥邪論理의 相關 關係」, 東洋古典硏究 34집, 2009, 275~276면.

에 따라 대응하도록 하고 나서 그 성공을 책임 지워야 할 것입니다. 이것이 곧 장수를 명하는 예체(禮體)입니다."⁵¹

　　전일 올렸던 상소에 이미 시종을 갖추어 상세히 건의한 내용이지만 용안을 대하고 충정을 다하여 시급한 대책을 말한 것이다. 만약 조정에서 등용한 장수를 믿지 못하고 주변의 말에 휩쓸려 아침에는 갑(甲)의 말을 따라 어떤 계책을 분부하고 저녁에는 을(乙)의 말을 따라 어떤 일을 분부한다면 좌우로 견제당하고 앞뒤로 모순되어 일을 이루지 못할 것이라고 거듭 당부하였다.⁵² 이날 이항로는 입궁한 자리에서 자신이 동부승지에 제수된 일에 대하여 '70세 이후에 승정원에 공직하는 것은 조정의 격례에 어긋나는 일이며, 병이 심하여 색책하기 어려운데 이를 무릅쓰고 명을 받는다면 실로 염치에 관계되는 일'이라며 거듭 사직을 청하였다. 그러나 오히려 고종은 그에게 공조참판(工曹參判)으로 자급을 올려주고 보필할 것을 명한다. 며칠 뒤 이항로는 다시 사직상소를 올렸다. 『승정원일기』에는 9월 15일·16일·19일에 올린 상소가 실려 있다. 이 내용이 『화서집 소차』에는 「사공조참판소(辭工曹參判疏)」의 제목으로 실려 있으며, 날짜별로 재소(再疏)·삼소(三疏)·사소(四疏)의 구분을 두었는데, 사료(史料)에 비해 사소(四疏)에 해당하는 한 편이 더 실려 있음을 밝힌다. 도성에 머무는 날이 지날수록 병세는 심해져서 점점 쇠약한 몸임을 하소연하고 있으면서도 전일에 올린 시책

51　『승정원일기』 고종3년 9월13일 : 至於禦賊之方, 則朝廷旣以時望, 命將對陣, 則閫外之事, 一切委任, 隨機應變, 責其成功, 此乃命將之體也.

52　『승정원일기』 고종3년 9월 13일 : 若發言盈庭, 朝從甲說, 分付某策, 暮從乙說, 分付某事, 則左右牽掣, 前後矛盾, 事必不成.

(時策)을 거듭 강조하고 있다. 특히 7편의 상소를 세칭 척사소(斥邪疏)라고 하는 이유는 무엇보다도 당시 서양세력의 침투가 국가의 존망을 운운할 정도로 심각하였음을 인지하고 이에 대한 대책을 척사위정의 입장에서 상주했기 때문인데, 삼소(三疏)에서 피력한 심정은 더욱 척사에 대한 의지가 구체적이고 노골적이다.

> 양이의 재앙이 오늘날에 이르러 홍수나 맹수보다도 더 심합니다. 전하께서 밤낮없이 염려하며 두려워하고 계신데, 안으로는 유사로 하여금 사학의 무리를 잡아 주벌하고 밖으로는 장교와 사병들로 하여금 나아가 바다로 들어간 도적들을 정벌하도록 하여야 할 것입니다. 사람이 되느냐 짐승이 되느냐 하는 관건과 살아남느냐 망하느냐 하는 기틀이 호흡지간에 달려 있으니 실로 조금도 늦출 수 없습니다.[53]

이항로의 대서양(對西洋)인식은 서양인이 종교를 빙자하여 욕망을 자행하니 그 해악이 홍수나 맹수보다도 심하다는 것이다. 그의 척사의 리는 화이론에서 출발한다. 『춘추』의 '존왕양이'를 불멸의 원칙으로 여기고 천하를 화하(華夏)와 이적(夷狄)으로 나누어 중화를 높이고 이적을 물리친다는 대의를 신봉하였다. 본래 한족(漢族)에 국한되었던 화(華)의 개념은 지역과 혈연을 넘어 예에 의한 문화지향을 인정하는 것으로 개방되었다. 즉 명(明)나라가 망한 이후로는 우리나라가 그 문화

---

53 『승정원일기』 고종3년 9월19일 : 洋夷之禍, 至於今日, 雖洪水·猛獸, 無以加焉.殿下, 宵旰憂悸, 內則使有司, 捕誅邪學之黨, 外則使將士, 出征入海之寇, 人獸之關, 存亡之機, 決於呼吸, 誠不可少緩也.

를 보존하고 있으니 우리가 '화(華)'이고 서양이 '이(夷)'라는 것이다. 이것이 이른바 '조선중화주의'인데, 이는 중국 강역에서만 화(華)가 성립될 수 있다는 전통적 화이관(華夷觀)이 붕괴되고, 망해버린 명나라의 뒤를 이어 유일하게 조선이 중화의 전통을 계승하였다[54]는 논리에서 나온 말로서 척사위정파에서 주장하는 정통론이기도 하다. 이항로는 "중화가 이적을 교화하고 이적이 중화를 열모하는 것은 천리의 본연과 인심의 당연함에서 나오는 것이다."[55]라고 하여 서양의 일체를 거부하였고, 문화적으로 우월한 조선이 서양세력에 의해 교화될 수 없음을 분명히 하였다. 그리하여 밖으로 이들과 맞서 싸워야 한다는 주전론을 폈으며, 이와 짝하여 안으로 가장 심각한 일은 서양의 기물을 퇴치해야 하는 것이라고 지목하였다. 그래서 임금이 스스로 결단하여 매일 접하는 복식(服食)과 기용(器用) 중에 하나라도 서양기물이 끼여 있으면 모두 찾아내어 대궐 뜰에 모아 놓고 불태워버림으로써 임금이 좋아하고 싫어하는 바가 어디에 있는지를 조야에 분명히 보여 달라고 주문하였다. 이것이 바로 사욕을 이기고 마음을 바르게 한 증험이 될 것이라고 진력으로 강조하였다.[56] 본인 또한 평소 서양 옷감을 걸치지 않고 서양 기물을 쓰지 않음으로써 일가를 다스리고 있다는 사적인 말로 확고

54 　최영성, 『사상과 문헌을 통한 한국사의 재발견』, 문사철, 2018, 294면 : '조선중화주의'는 정옥자의 『조선중화주의의 연구』(1998)에 의한 정의임을 밝히고 이에 대해 설명하였다.
55 　李恒老, 『華西集』권25, 「用夏變夷說」(『한국문집총간』 305집) : 中華之敎化夷狄, 夷狄之慕悅中華, 亦出於天理之本然人心之當然.
56 　『승정원일기』 고종3년 9월19일 : 所謂外物者, 事目甚多, 不可枚擧, 而洋物爲最甚. 臣願殿下, 斷自睿衷, 凡服食器用, 逐日常接之際, 一有洋物, 介於其間, 悉行搜出, 聚之闕廷而燒之, 昭示好惡之有在, 則是克己正心之符驗, 而殿下之身正矣.

한 자신의 뜻을 피력하였다.[57]

이항로는 전후로 7차례에 걸쳐 상소를 올렸는데, 프랑스군이 퇴각한 뒤에야 비로소 귀향의 윤허를 받는다. 이 내용은 『화서집 소차』에 「사직고귀겸진소회소(辭職告歸兼陳所懷疏)」의 제목으로 실려 있다. 여기에서 고령의 지사(志士)는 당면한 급선무를 조목별로 올리며 경계를 늦추지 않았다.

① 어진 자를 임용하고 사악한 자를 제거하여 조정을 맑게 할 것.
② 요역을 가볍게 하고 세금을 줄여 주어 백성들의 힘을 펴게 할 것.
③ 장수를 선발하고 군졸을 훈련시켜 무비(武備)를 갖추도록 할 것.
④ 병농(兵農)을 합치시켜 군대의 식량을 풍족하게 할 것.
⑤ 진기한 물품들을 금지시켜 화의 근본을 끊어버릴 것.
⑥ 공도(公道)를 넓혀 사사로운 길을 끊어버릴 것.
⑦ 안으로 성실을 쌓아 형식적인 것을 제거하도록 하고, 밖으로 상벌을 알맞게 해서 기강을 세울 것.[58]

이항로는 무비(武備)를 갖추어 밖으로 전수(戰守)에 임하여야 함을 주장함과 동시에 내치(內治)의 급선무를 아울러 상세히 아뢰었다. 이는 멀리 가는 부모가 자식에게 일일이 손꼽아가며 경계하는 것과 같은 심정으로 읽힌다. 나이로 보면 조손의 차이를 뛰어넘고, 학식으로 보면

---

57 『승정원일기』 고종3년 9월19일 : 臣平生, 身不着洋織, 家不用洋物, 以成一家之政.
58 『승정원일기』 고종3년 10월7일 : 任賢去邪, 以淸朝廷; 輕徭薄斂, 以寬民力; 選將鍊卒, 以繕武備; 兵農合一, 以足軍食; 禁絶珍玩, 以息禍本; 恢張公道, 以絶私逕; 內積誠實, 以祛文具, 外協賞罰, 以立紀綱, 此皆當今之急務也.

사제의 차이를 뛰어넘으며, 앞으로 조정에 임할 날로 보면 또 언제가 될지 장담할 수 없으니 노신(老臣)의 심정이 어떨지 짐작이 간다. 이항로는 그렇게 평생 경도되었던 학문과 사상을 녹여 달포가 되지 않는 기간 동안 군주의 곁에서 척사의 당위성과 그 실천방도를 상달하였다.

Ⅳ. 맺음말

구한말 굴지의 성리학자인 화서 이항로의 『주역전의동이석의』는 방대한 그의 저술 가운데 하나이다. 이 책은 『정전(程傳)』과 『본의(本義)』의 주역해석의 동이(同異)를 중심으로 그의 관점을 밝혔는데, 『주역(周易)』이라는 하나의 텍스트에 평소 집적된 그의 학문과 사상이 융합되어 있다. 그의 다른 저술에서 보이는 주관과 마찬가지로 역을 보는 관점에서도 그의 이론은 '심주리(心主理)'로 압축된다. 그는 심주리의 입장에서 도심이 위주가 되어야 함을 강변하였으며, 여기에서 나아가 『춘추(春秋)』의 존왕양이에 입각하여 화이론(華夷論)의 존비의식이 세계질서를 바로잡는 기준이라고 역설하였다. 『주역전의동이석의』를 분수령으로 이전의 학문이 치열하게 철학적·사변적이었다면, 이후 그의 학문은 대체로 현실적 문제를 다루었다. 특히 생애 말년의 일련의 척사소는 이항로가 이룩한 척사위정사상의 실천의지를 뒷받침한다.

국가의 위난을 막기 위해 그가 건의한 대책은 간사함을 척결함에 있어서 무비(武備)를 갖추어 밖으로 전수(戰守)해야 하며, 안으로 위정(衛正)해야 하는 것이었다. 서양의 종교가 들어오고 서양의 선박이 해안에 출현하자 이항로는 서양의 근성이 탐욕에 있다고 단정하였다. 도심(道心)을 모르고 인심(人心)을 자행하는 그들과 통교하면 그것이 바로 나라를 망하게 하는 길이라고 절박한 심정으로 경계하였다. 성리학을 보존하여 도덕적 문화질서를 구현하는 것이 그가 꿈꾸는 이상향이다. 이항로는 평소 척사의리를 강조하여 그의 서숙에 국한하지 않고 사회적 실천운동으로까지 적극적으로 전개해 간 지행합일의 유자이다.

이항로에게 흔히 척사위정사상의 종장·비조·선구자 등의 수식어가 붙는 것은 이러한 그의 정신과 활동에서 나온 결정(結晶)이다. 그의 척사의리는 애국과 호국의 정신적 지침이 되어 한말 국가위난의 시기에 그 효과를 드러내었을 뿐만 아니라 문인을 통해 의병으로 이어져 항일운동에 큰 족적을 남겼다.

12
성재 유중교의 경학과 경세론

이상익

I. 서론

　성재(省齋) 유중교(柳重教, 1832~1893)¹는 화서(華西) 이항로(李恒老, 1792~1868)의 고제(高弟)로 일컬어지는 한말(韓末)의 유학자이다. 화서학파는 무엇보다도 '위정척사론'과 '심설논쟁'으로 잘 알려져 있거니와, 성재는 중암(重菴) 김평묵(金平默, 1819~1891)과 함께 그 중심에 있었던 인물이다. 중암과 성재, 나아가 화서학파의 모든 인물들은 '위정척사(衛正斥邪)'에 있어서는 전적으로 보조를 같이 했지만, '심설(心說)'에 있어서는 견해를 달리 하여 학파가 분열되는 양상을 보여주기도 했다.² 성재

---

*　이상익(부산교육대학교 윤리교육과 교수) 이 글은 「省齋 柳重教의 經學과 經世論」(『泰東古典研究』 제27집, 한림대학교 태동고전연구소, 2011. 12.)이란 제목으로 게재되었던 것을 고쳐 쓴 원고임을 밝혀둔다.
1　省齋의 字는 稚程, 諡號는 文簡, 本貫은 高興으로, 漢陽에서 태어나 京畿道 楊根 등지에서 살았다.
2　省齋가 55세 때 스승의 心說에 대해 '調補'의 필요성을 제기함으로써, 師說을 그대로 고수하려는 重菴과 자못 심각한 논쟁이 벌어졌던 것이다. 심설논쟁의 전말에 대해서는 최영성, 『韓國儒學思想史』 IV, 아세아문화사, 1995, 429~435쪽 참조.

는 스승 화서의 심설에 문제가 있다고 판단하고 그것을 보완하고자 했을 만큼 성리설에 깊은 조예가 있었다. 그런데 성재는 경사(經史)에도 두루 밝았고, 예악(禮樂)에도 깊은 조예가 있었다.

성재의 시대는 조선이 점점 파국으로 치닫던 시대였다. 순조(純祖)의 등극 이후 세도정치(勢道政治)가 본격화되면서 관리들의 탐학과 부정은 더욱 기승을 부렸으며, 부패하고 무능한 관료들은 서세동점(西勢東漸)에도 제대로 대응하지 못하였다. 이러한 와중에서 내우외환이 점점 심화되었거니와, 1862년에는 전국적으로 민란(民亂)이 발생하고, 1876년에는 일본의 압력에 굴복하여 문호(門戶)를 개방하게 된 것이다.

성재는 본래 초야(草野)의 유학자였으나, 이러한 시국을 근심하고 대책을 모색하였다. 1862년의 전국적인 민란은 삼정(三政, 田政 軍政 還政)의 폐단으로 인한 것이었다. 각지에서 민란이 일자, 당황한 국왕[哲宗]은 서둘러 삼정이정청(三政釐整廳)을 설치하고, 한편으로는 구언(求言)을 실시하여 중지를 모으고자 했다. 이에 성재는 〈삼정책(三政策)〉을 제진하여 삼정의 전말을 논하고 그 구제책을 제시했다. 한편, 1880년에 김홍집(金弘集)이 황준헌(黃遵憲)의 〈조선책략(朝鮮策略)〉을 바친 것을 계기로 다시 한 차례 개화(開化)와 척사(斥邪)를 두고 전국적인 논란이 일자, 성재는 1882년 〈제사헌부지평후진정소(除司憲府持平後陳情疏)〉를 올려 조정의 개화정책을 비판하고 전통적 내수외양론(內修外攘論)을 옹호하였다. 이처럼 성재는 초야의 유학자였으면서도 경세(經世) 문제에도 지대한 관심을 지니고 있었다.

본고의 목적은 성재의 경세론과 경학이 어떤 연관성이 있는가를 살피는 것이다. 본래 유교의 경전은 수신(修身), 제가(齊家), 치국(治國), 평천하(平天下)의 원리를 논한 것인 만큼, 경학과 경세론은 표리(表裏)를 이루는 것이다. 유학자들에게 경세란 경전을 통해 익힌 원론(原論)을 현실에 맞게 적용시키는 일이었거니와, 이는 성재의 경우도 마찬가지이다. 다만 경전의 주요 구절에 대한 해석상의 차이나 경전의 어느 대목을 중시하느냐 하는 초점의 차이에 따라, 각자의 경세론이 약간 다르기도 한 것이다.

본고에서는 먼저 성재의 경학을 개관하고, 성재의 경세론을 살핀 다음, 양자의 관계를 논의하고자 한다. 논의의 순서는 다음과 같다. 먼저 제2장에서는 성재 경학의 특징과 주요 논제들을 살필 것이다. 제3장에서는 삼정책과 위정척사론을 중심으로 성재의 경세론을 살피고, 그 특징을 논할 것이다. 제4장에서는 성재의 경학과 경세론이 서로 표리를 이루는 양상을 살필 것이다.

II. 성재 경학의 특징과 주요 논제들

성재는 비교적 많은 경학적 저술을 남겼다.[3] 성재의 경학은 자구(字句) 하나하나의 의미를 천착하는 것보다는 오서(五書)[4] 및 육경(六經)의 유기적 위상을 논하고 각 경전의 본래 취지를 해명하는 데 주력했다는 점이 특징이다. 이 장에서는 먼저 오서 및 육경의 유기적 위상을 논한 내용을 살펴보고, 경세론의 일반적 토대가 되는 경학의 주요 논

---

3 省齋는 師友門人과 주고받은 편지에서 經義를 논한 것 외에도 8卷(『省齋集』卷23~30)의 경학적 저술을 남겼다.

4 栗谷은 『擊蒙要訣』「讀書章第4」에서 『小學』을 四書(『大學』, 『論語』, 『孟子』, 『中庸』)와 함께 일컬어 '五書'라 말한 바 있다.

제들을 살펴보기로 하겠다.

성재는 〈소대학총설(小大學總說)〉에서 오서의 유기적 위상을 다음과 같이 설명한다.

삼대(三代)의 융성한 시대에는 소학(小學)과 대학(大學)을 세워, 어린이와 어른을 나누어 가르쳤다. 어릴 때에는 비록 왕·공(王公)의 자식이라도 또한 서민과 함께 가르쳐서 그 근본을 확고하게 했고, 어른이 되면 비록 범민(凡民)의 수재(秀才)와 공·경(公卿)의 주자(胄子)가 함께 공부하게 하여 그 재주를 통달하게 했다. …… 주자(朱子)는 공자(孔子)보다 1500년 뒤에 태어났으나, 이정(二程)을 인해서 그 전함을 얻었으니, 『대학』에 대해서는 장구(章句)를 찬차(撰次)하고 궐문(闕文)을 보완했으며, 『소학』에 있어서는 전기(傳記)를 수집하여 추가로 하나의 경전을 만들었다. …… 『중용』은 『대학』을 잇는 경전이다. 자사(子思)가 성문(聖門)의 소학·대학의 가르침에 근거하여 그 본원을 미루어서 책으로 지었는데, 첫머리에서 "하늘이 명한 것을 본성이라 하고, 본성을 따르는 것을 도(道)라 하며, 도로써 닦는 것을 교육이라 한다."고 했으니 그 귀취(歸趣)가 있는 곳을 볼 수 있다. 『논어』와 『맹자』는 두 성사(聖師)께서 평소에 사람들을 가르친 말씀을 종합해서 만든 책으로, 『소학』·『대학』의 뜻을 부연한 것이다. 『논어』는 여러 사람들이 각각 들은 바를 기록하여 책으로 엮은 것으로, 학자에게 도(道)에 들어가는 문과 덕(德)을 쌓는 기초를 보여주려 했던 것이다. 그러므로 수편(首篇)의 내용은 모두 『소학』의 '근본에 힘쓰는 뜻'에 해당하며, 그 뒤로는 점차 천하의 이치를 널리 언급한 것이다. 맹자는 제·양(齊梁)에서 돌아와서 스스로 『맹자』를 지었는데, 당시의 군왕들에게 베풀었으나 수용되지 않은 가르침을 만세에 드리워 보여준 것이다. 그러므로 수편의 내용은 모두 『대학』의 '치국·평천하의 일'에 해당하며, 그 뒤로는 또한 천하의 이치를 곡진하게 반복한 것이다. 대개 학자의 학업 순서로 말하면, 주자의 "먼저 『소학』·『대학』을 읽고, 다음에 『논어』·『맹자』를 읽고, 『중용』에서 그 지극함을 이해한다"는 말씀을 바꿀 수 없다.[5]

성재는 『소학』의 취지는 '근본을 확고하게 함'에 있고 『대학』의 취지는 '재주를 통달하게 함'에 있다고 설명하면서,[6] 두 경전이 서로 짝을 이루는 것으로 인식했는데, 이는 『소학』의 위상을 한층 강화시킨 것이다. 성재는 또 『소학』의 연장선상에서 『논어』의 위상을 설정하고, 『대학』의 연장선상에서 『맹자』의 위상을 설정했다. 『논어』는 무엇보다도 '도(道)에 들어가는 문'과 '덕(德)을 쌓는 기초'를 제시하는 경전인데 이는 『소학』의 '근본에 힘쓰는 뜻'에 해당하고, 『맹자』의 주요 내용은 당시의 군왕들과 정사를 논한 것이니 이는 『대학』의 '치국·평천하의 일'에 해당한다는 것이다. 요컨대 성재는 『소학』과 『논어』는 '수기(修己)'에, 『대학』과 『맹자』는 '치인(治人)'에 비중을 둔 경전으로 인식했다. 성재는

---

[5] 『省齋集』 卷23 頁1~2, 「小大學總說」: 三代之隆, 乃立小學大學, 以分敎幼者與長者. 方其幼也, 雖王公之子, 且與庶民同敎, 以固其本; 及其長也, 雖凡民之秀, 亦與冑子同學, 以達其材. …… 朱夫子, 生乎千五百年之下, 因二程氏而得其傳. 於大學則撰次章句, 而補其闕文; 於小學則蒐輯傳記, 以追設一經. …… 中庸者, 繼大學而一經者也. 子思子蓋據聖門二敎之旨, 推極其本源而著之書, 首言天命之謂性, 率性之謂道, 修道之謂敎, 可見其歸趣之所在也. 論語孟子者, 二聖師平日敎人之言, 而雜記成書, 蓋小學大學之衍義也. 論語諸子各記所聞而編書者, 又欲以示學者入道之門積德之基, 故首篇所記, 皆小學務本之意. 其後乃漸次泛及天下之理. 孟子歸自齊梁, 自著七篇之書, 將以其所陳於時君而不遇者, 垂示萬世, 故首篇所記, 皆大學治平之事, 其後亦反復曲盡天下之理, 蓋以學者進業之序論之, 則朱子所言先讀二學, 次及語孟, 而會其極於中庸者, 不可易也.

[6] 성재는 "『小學』은 그 근본을 배양하기 위한 것이요, 『大學』은 그 가지에 통달하고자 하는 것이다"라고 설명하기도 했다(『省齋集』 卷23 頁4, 「小學說」: 小學, 所以培其根也; 大學, 所以達其枝也).

『중용』에 대해서는 '『소학』과 『대학』의 본원'을 미루어서 밝힌 경전이라 했다. 이에 따른다면, 『소학』·『대학』·『논어』·『맹자』의 가르침 또는 유교의 수기치인론은 모두 『중용』의 "하늘이 명한 것을 본성이라 하고, 본성을 따르는 것을 도(道)라 하며, 도로써 닦는 것을 교육이라 한다."는 내용으로부터 도출된 것이다. 한편, 성재는 〈삼서연의〉[7]에서는 『중용』의 의의를 다음과 같이 설명했다.

> 그윽이 생각건대, 하늘과 땅이 비로소 나뉨에 성신(聖神)이 지극한 표준을 세워 만세에 도통(道統)을 드리우셨다. 요(堯)는 '윤집궐중(允執厥中)'을 말씀하셨으니, 인도(人道)의 지극한 표준을 가리켜 보여주신 것이다. 순(舜)의 '유정유일(惟精惟一)'은 반드시 이와 같이 한 다음에야 '윤집궐중'의 공부를 이룰 수 있음을 밝힌 것이다. 우(禹)의 '황건기유극(皇建其有極)'은 여기에 이른 다음에야 '윤집궐중'의 공효가 극진할 수 있음을 밝힌 것이다. 이 세 성왕의 말씀은 그 뜻이 서로 보완되어 완전해졌으니, 네 계절이 차례대로 번갈아가면서 한 해를 이루는 것과 같다. 우리 부자(夫子)는 주(周)나라 말기에 태어나셔서 이미 정교(政敎)의 지위를 얻지 못함에, 학문으로써 요(堯)의 도통을 이으셨다. 그 손자 자사(子思)는 책을 지어서 그것을 밝히셨으니, 『중용』이 그것이다. 『중용』에서는 정일집중(精一執中)의 본지를 진실로 이미 상세하게 논했거니와, 이른바 "중화(中和)를 이루면 천지가 자리잡고 만물이 자라난다"는 것은 바로 천지 사이에 인간의 지극한 표준을 세워 만물로 하여금 함께 그 복(福)을 받도록 한 것이다. 이것은 〈홍범〉의 "임금은 그 지

---

7   '三書'란 堯·舜·禹 세 聖王에 대한 기록을 뜻한다. 「三書衍義」는 『書經』의 「堯典」·「舜典」과 「大禹謨」·「洪範」의 주요 구절에 대해서 省齋가 그 뜻을 敷衍한 글이다.

극한 표준을 세워, 이 오복(五福)을 모아 그 백성들에게 베풀어주라"와 말은 비록 지위로 인해 달랐지만, 그 이치는 처음부터 다른 것이 아니었다.[8]

위의 인용문에 의하면, 요의 '윤집궐중', 순의 '유정유일', 우의 '황건기유극'은 서로 보완하면서 뜻이 완전하게 되었는데, 『중용』은 바로 이 세 성왕의 가르침을 집대성한 책이라는 것이다. 위의 인용문에서는 또 요-순-우의 도통이 공자-자사로 이어진 것으로 규정하면서, 『서경』의 연장선상에서 『중용』의 위상을 설정했다. 그렇다면 오서와 육경도 서로 긴밀하게 연결됨은 물론일 것이다.

성재는 〈육경총설〉에서 육경의 유기적 위상을 다음과 같이 설명한다.

성주(成周)의 제도에, 악정(樂正)이 시·서·예·악(詩書禮樂)으로 국자(國子)를 가르쳤는데, 봄·가을에는 예·악으로 가르쳤고, 겨울·여름에는 시·서로 가르쳤다. 대개 시·서는 모두 말로 가르치는 것인데, 시(詩)로는 성정(性情)을 다스리고, 서(書)로는 정사(政事)를 꿰뚫었다. 예·악은 모두 몸으로 가르치는 것인데, 예(禮)로는 의칙(儀則)을 바루고 악(樂)으로는 정신의 기운을 화평하게 했다. 이것이 선비를 양성하는 큰 법도였다. 우리 부자(夫子)께서 …… 위(衛)나라에서 노(魯)나라로 돌아와서 다시 시서를 깎고 예악을 바루었다고 한 것은 바로 악정(樂正)의 시서예악 문적(文籍)을 취해 번거로운

---

[8] 『省齋集』卷26 頁14~15,「三書衍義」: 竊惟天地肇判, 聖神立極, 以垂統於萬世. 堯曰執中, 所以指示人道之極也; 舜之言精一, 明執中之工, 必如是而後可得也; 禹之言建極, 明執中之效, 必至此而後爲盡也. 其義相須而足, 若四時代序而成一歲之功也. 吾夫子生於周末, 旣未得政敎之位, 以學問而紹堯之統焉, 則其孫子思著書以發明之, 所謂中庸者是也. 其於精一執中之旨, 固已詳矣. 至如所謂致中和天地位萬物育, 則乃立人極於天地之間, 使萬物並受其福也. 此與皇建有極斂福錫民者, 言雖以位而殊, 而其理則未始不一也.

것을 깎아내고 오류를 바루어 만세의 정경(正經)을 확립한 것이다. 또 태복(太卜)의 관리에게 『주역』을 취해 몇 년 동안 배우고 나서 십익(十翼)을 지어 복희·문왕·주공의 개물성무(開物成務)의 유지(遺旨)를 밝혔고, 노나라 태사(太史)의 관리에게 『춘추』를 취해 필삭(筆削)을 행함에 왕자(王者)의 서질명토(叙秩命討)의 법에 가탁하여 세상의 난신적자(亂臣賊子)를 두렵게 했으니, 시·서·예·악과 더불어 서로 경위(經緯)가 된다.[9]

성재는 우선 시·서·예·악을 '계절'에 배분하기도 하고, '말로 가르치는 것'과 '몸으로 가르치는 것'으로 구분하기도 했으며, '성정을 다스림'과 '정사를 꿰뚫음', '의칙을 바룸'과 '정신의 기운을 화평하게 함'으로 대조시키기도 했다. 이처럼 시·서·예·악은 상호간에 매우 대조적인 성격을 지니거니와, 이것들을 조화롭게 가르치는 것이 '선비를 양성하는 큰 법도'였다는 것이다. 성재는 『주역』과 『춘추』에 대해서는 '개물성무'와 '충역(忠逆)의 포폄'으로 대비시키고, 시·서·예·악과 더불어 경위가 된다고 설명했다. 성재는 다음과 같이 말하기도 한다.

육경에는 천지와 사시의 상(象)이 있다. 시(詩)는 감발(感發)을 주로 삼고, 서(書)는 기록을 주로 삼으니, 이는 봄에는 낳고 가을에는 거두어들이는 것과 같다. 악(樂)은 화창(和暢)을 주로 삼고, 예(禮)는 엄숙을 주로 삼으니, 이

---

9 『省齋集』卷27 頁1, 「六經總說」: 成周之制, 樂正以詩書禮樂四術敎國子, 春秋敎以禮樂, 冬夏敎以詩書. 盖詩書, 皆以言敎者也, 而詩以理性情, 書以貫政事; 禮樂, 皆以身敎者也, 而禮以正儀則, 樂以和神氣. 此造士之大典也. 吾夫子 …… 自衛反魯, 復言刪詩書正禮樂者, 乃取樂正四術之籍, 刪繁正繆, 以立萬世之正經也. 旣又取周易於太卜之官, 學之數年, 定著十翼, 以明伏羲文王周公開物成務之遺旨; 取春秋於魯太史之官, 行筆削, 寓王者叙秩命討之法, 以懼世之亂臣賊子, 與詩書禮樂四經, 相爲經緯.

는 여름에는 덥고 겨울에는 추운 것과 같다. 『주역』은 만물에 앞서서 상(象)을 드리우고, 『춘추』는 만사의 뒤에 법을 본받는 것이니, 이는 곧 하늘은 만물을 덮고 땅은 만물을 실어주는 것과 같다.[10]

위의 인용문에서는 육경의 주지(主旨)를 대별하고, 그것을 각각 천지와 사시에 대응시켰다. 요컨대 성재는 '육경은 천지·사시와 대응한다'고 인식한 것인데, 이러한 주장은 다음과 같은 중요한 의미를 지닌다. 첫째, 천지와 사시가 서로 유기적으로 대비되듯이, 육경도 서로 유기적으로 대비되는 경전이라는 것이다. 둘째, 천지와 사시는 각각 고유하면서도 필수적인 의의를 지니듯이, 육경도 각각 고유하면서도 필수적인 의의를 지닌다는 것이다.[11] 셋째, 천지와 사시가 전체적으로는 '하나의 통일적 체계'이듯이, 육경도 전체적으로는 '하나의 통일적 체계'라는 것이다. 넷째, 천지와 사시는 지나침이나 모자람이 없는 완전한 체계인바, 육경도 마찬가지로 완전한 체계라는 것이다. 육경이 과연 천지와 사시에 대응하는 것이라면, 육경을 완전하게 익힐 필요가 있는 것이요, 또 이를 통해서 인간의 세상도 바람직하게 경영될 수 있는 것이다.

이제 성재의 경세론과 연관되는 성재 경학의 몇 가지 논제들을 살펴보기로 하자.

---

10 『省齋集』 卷27 頁1, 「六經總說」 : 六經有天地四時之象, 詩主感發, 書主記識, 猶春生秋收; 樂主和暢, 禮主嚴肅, 猶夏熱冬寒. 易垂象於萬物之先, 春秋效法於萬事之後, 卽天覆地載也.

11 그런데 樂經은 失傳되고 말았으니, 이는 儒敎 經典에 있어서 커다란 문제점이 아닐 수 없는 것이다. 그리하여 성재는 樂에 많은 정성을 기울여 『絃歌軌範』을 지었고(『省齋集』 卷49~50), 일상생활에서도 樂을 많이 활용하였다. 이에 대한 제세한 논의는 금장태, 「성재 유중교의 음악론(樂論)」(『종교와 문화』 제13집, 서울대 종교문제연구소, 2007) 참조.

첫째, 성재는 경전을 논함에 있어서 '근본과 말단'의 문제를 중시했다. 예컨대 성재는 『대학』의 "물유본말 사유종시 지소선후 즉근도의(物有本末 事有終始 知所先後 則近道矣)"를 논하면서 다음과 같이 말한다.

그 순서에 따르면 다스려지고, 그 순서를 어기면 혼란해지는 것이 천하의 상리(常理)이다. 그러므로 "먼저 할 것과 뒤에 할 것을 알면 곧 도(道)에 가깝게 된다"고 한 것이다. 이 구절은 본장(本章, 『大學章句』 經1장)에 있어서 다만 앞 문장을 끝맺음하는 말이지만, 그러나 그 말을 두고서 곰곰이 생각해본다면 의미가 깊고도 넓어서 아무리 써도 다함이 없으니, 비록 스스로 한 장(章)의 명훈(名訓)을 삼아도 될 것이다.[12]

또한 성재는 『논어』의 "본립이도생(本立而道生)"을 논하면서 다음과 같이 말한다.

"본립이도생(本立而道生)"이라는 말은 그 이치가 가장 좋다. 잘 읽는 사람이 깊이 체험하여 얻음이 있다면 철상철하(徹上徹下) 아무리 써도 다함이 없을 것이다. 유자(有子)가 효제(孝弟)를 논하면서 평범하게 말한 것이 이처럼 좋은 말이었다. 『대학』의 "물유본말 사유종시 지소선후 즉근도의(物有本末 事有終始 知所先後 則近道矣)"라는 말과 마찬가지로 앞 문장을 이어받아 간략하게 끝맺음한 말에 불과하지만, 그러나 이 한 구절만 떼어 놓아도 또한 만

---

12 『省齋集』卷24 頁5, 「大學說」: 順其序則治, 逆其序則亂, 天下之常理也, 故曰知所先後則近道矣. 此在本章, 固只是承結上文之辭, 然執其辭而潛繹之, 則意味深廣, 受用不盡, 雖自專爲一章名訓, 可也.

세의 법언(法言)이 될 수 있다.[13]

성재는 『논어』의 무본론(務本論)이나 『대학』의 선후본말론(先後本末論)에 대해 '가장 좋은 이치' 또는 '천하의 상리(常理)'를 밝힌 것으로 평가하고, '만세의 법언'이라고까지 극찬했다. 『대학』의 선후본말론은 결국 '수기와 치인'을 '근본과 말단'의 관계로 설정하고, 치인에 앞서서 수기가 긴요함을 밝힌 것인데,[14] 성재의 경세론도 기본적으로 이러한 논리에 입각한 것이다.

둘째, 성재는 경전을 논함에 있어서 '사람과 금수', '통치자와 피치자', '군자와 소인' 등의 구분을 중시했다. 성재는 『대학』의 '명명덕(明明德)'을 논하면서 다음과 같이 말한다.

> 사람과 금수는 다만 하나의 밝음과 어둠을 다툴 뿐이요, 성인(聖人)·현인(賢人)·중인(衆人)은 또 그 밝음의 지극함과 지극하지 못함에 따라 이름 지은 것이다.[15]

위의 인용문은 '명덕의 유·무'로 '사람과 금수'를 구분하고, '명덕을 밝힘의 정도'로 '성인·현인·중인'을 구분한 것이다. 사람은 누구나

---

13 『省齋集』卷25 頁6, 「論語說」: 本立而道生, 此理最好. 善讀者深體而有得焉, 則徹上徹下, 受用不盡. 有子因論孝弟事, 尋常說過如此好語, 如大學物有本末, 事有終始, 知所先後, 則近道矣. 此不過承接上文, 略略收結之辭, 然孤行此一節, 亦可爲萬世法言.

14 『大學章句』經1章, 朱子註: 明德爲本, 新民爲末; 知止爲始, 能得爲終. 本始所先, 末終所後.

15 『省齋集』卷24 頁2, 「大學說」: 人與禽獸, 只爭一箇明與闇而已. 聖人賢人衆人, 又隨其明之盡與不盡而名焉耳.

명덕을 지니고 있는데, 이것이 사람이 금수와 다른 점이다. 또한 사람에 따라 명덕을 밝히는 정도가 다른데, 이로부터 사람됨의 등급이 결정된다. 한편, 자신의 명덕을 전혀 밝히지 못하는 사람은 결과적으로 금수와 다름이 없게 된다. 이러한 맥락에서, 성재는 『소학』과 『대학』의 차이를 논하면서 다음과 같이 말한다.

> 『소학』이 입교(立敎)·명륜(明倫)·경신(敬身)으로 삼강령을 삼는 것은 『대학』의 삼강령과 서로 짝을 이룬다. 『소학』은 학문의 시작이니 입교가 삼강령의 총뇌(總腦)가 되고, 『대학』은 학문의 완성이니 지어지선(止於至善)이 삼강령의 결초(結梢)가 됨은 진실로 당연하다. 다만 『소학』에서는 명륜이 앞에 있고 경신이 뒤에 있어서, 『대학』에서 명명덕(明明德)이 앞에 있고 신민(新民)이 뒤에 있는 것과 그 순서가 다른 것은 무슨 까닭인가? 『소학』의 가르침에서 급하게 여긴 것은 '사람이 금수와 다른 까닭'에 있었으니, 그러므로 첫머리에서 인륜의 대강을 밝힌 다음 경신으로 그 근본을 소급한 것이다. 그런데 『대학』의 가르침에서 중요하게 여긴 것은 '대인(大人)이 서민(庶民)·소자(小子)와 다른 까닭'에 있었으니, 그러므로 먼저 명덕의 본체를 밝힌 다음 신민으로 그 용(用)을 미루어 나간 것으로서, 이는 또한 바꿀 수 없는 순서이다.[16]

성재에 의하면, 『소학』의 초점은 '사람이 금수와 다른 까닭'을 밝힘

---

16 『省齋集』卷23 頁4, 「小學說」: 小學書以立教明倫敬身爲三綱領, 與大學之三綱領相配. 小學學之始也, 立教爲三綱領之總腦; 大學學之成也, 止至善爲三綱領之結梢, 此固然矣. 但小學先明倫而後敬身, 與大學之先明德而後新民, 其序若不同, 何也? 小學之教所急, 在人之所以異於禽獸者, 故首之以人倫之大綱, 而後溯其本於敬身; 大學之教所重, 在大人之所以異於庶民與小子者, 故表之以天德之本體, 而後推其用於新民, 亦不易之序也.

에 있기 때문에 먼저 인류의 대강을 제시한 다음 경신을 거론하고, 『대학』의 초점은 '대인이 서민·소자와 다른 까닭'을 밝힘에 있기 때문에 먼저 명덕을 논한 다음 신민으로 미루어 나갔다는 것이다. 이처럼 성재의 경학에서는 '사람과 금수'의 구별이나 '통치자와 피치자'의 구별을 중시했다.

성재가 '사람과 금수'의 구별을 중시한 까닭은, 금수의 도살(屠殺)을 정당화하려는 것이 아니라,[17] 사람다움의 근거로서의 '인도(人道, 人倫)'를 옹호하기 위한 것이었다.

> 『대학』의 도(道)가 행해지지 않으면 인류가 금수에 빠지고 천지가 긴 어둠에 빠져서, 장차 구제할 방법이 없게 된다. 무릇 성인(聖人)의 무리가 된 자들은 깊이 생각하지 않을 수 없다.[18]

성재는 인도를 옹위하여 인류가 금수에 빠지고 천지가 긴 어둠에 빠지는 비극을 막는 것이 유학자의 책임이라고 보았던 것이다. 성재의 이러한 인식은 경세론에 있어서 위정척사론의 논거가 된다.

성재가 '통치자와 피치자'의 구별을 중시한 까닭은, 통치자의 특권을 옹호하려는 것이 아니라, '통치자의 막중한 책임'을 일깨우기 위한 것이었다.

---

17 성재는 오히려 人道를 확립하면 萬物도 함께 그 福을 받는다고 보았다(『省齋集』 卷26 頁15, 「三書衍義」 : 所謂致中和天地位萬物育, 則乃立人極於天地之間, 使萬物並受其福也).

18 『省齋集』 卷24 頁19, 「大學說」 : 大學之道不行, 則人類之入於禽獸, 天地之入於長夜者, 將無術而可救矣. 凡爲聖人之徒者, 不可以不深念之也.

무릇 인간 사회에 군주(君主)의 자리가 있는 것은 무엇을 위해서 설치한 것인가? 답하기를, 사람은 천지의 중절(中節)한 기(氣)를 받아서 태어났는데, 그 중절한 가운데 또 조금 지나치거나 모자라는 사람도 있다. 그러므로 반드시 중절한 사람은 부중절한 사람을 기르고, 부중절한 사람은 중절한 사람에게 길러진 다음에야 알맞게 되어 사람으로서 쓰일 수 있다. 이것이 군주의 자리를 설치한 까닭이다. 그런데 군주의 자리는 '사람의 자리' 가운데 크게 중절한 것이요, 성인(聖人)은 '사람의 덕(德)' 가운데 크게 중절한 것이다. '대중(大中)의 덕'으로 '대중(大中)의 자리'에 있어야만 비로소 그 쓰임새를 다할 수 있다.[19]

위의 인용문은 이른바 내성외왕론(內聖外王論)을 전개한 것으로서, 성왕의 임무는 부중절한 사람을 중절한 사람으로 양육함에 있다는 것이다. 전통 유교에서 성왕의 임무는 대개 둘로 규정되었다. 하나는 '양민(養民)'으로서 백성의 항산(恒産)을 보장하는 것이요, 하나는 '교민(教民)'으로서 백성의 항심(恒心)을 길러주는 것이다. 성재도 같은 맥락에서 '인륜을 밝혀서 인도를 확립하고, 재용(財用)을 다스려서 민생(民生)을 구제함'을 통치자의 핵심 과제로 설명했다.[20] 성재의 이러한 인식은 경세론에 있어서 통치자의 '솔선수범(率先垂範)'과 '여민동락(與民同樂)'을 강조하는 논거가 된다.

---

19 『省齋集』卷26 頁2, 「三書衍義」: 夫人之有君位, 何爲而設也? 曰人得天地之中氣以生, 而於其中又有小過不及者焉, 故必中也養不中, 不中也養於中, 然後, 合而成人之用, 此君位之所以設也. 然君位者, 人位之大中者也; 聖人者, 人德之大中者也. 以大中之德, 在大中之位, 然後, 始可以盡其用也.
20 『省齋集』卷24 頁27, 「大學說」: 凡爲家爲國爲天下, 皆明人倫, 以立其道, 理財用, 以濟其生, 是其大端也.

셋째, 성재는 경전을 논함에 있어서 '인심과 도심' 또는 '천리와 인욕'의 문제를 중시했다. 성재는 『대학』의 〈성의장(誠意章)〉을 논하면서 "천리와 인욕이 교전(交戰)하는 관문이요, 군자와 소인이 갈라지는 경계이다."[21]라고 하여, 천리인욕론과 군자소인론은 궤를 같이 하는 것으로 보았다. 성재는 『대학』의 삼강령을 논하면서 다음과 같이 말한다.

> 명명덕(明明德)과 신민(新民)은 모두 사목(事目)이요, 지어지선(止於至善)은 곧 명덕을 밝히고 백성을 새롭게 하는 일의 준적(準的)이다. …… 만약 '지선(至善)'의 준적을 세우지 않고 '지(止)'를 구한다면, 다만 천하 사람들에게 각각 그 자품(資禀)에 얻은 바를 행하는 것으로 만족하게 하는 것이니, 어찌 『대학』의 가르침을 쓰겠는가? 천하의 이치에는 큰 구분도 있고, 작은 구분도 있다. 선(善)과 악(惡)은 큰 구분이다. 선 가운데 또 세세하게 미루어 충분히 지극한 곳에 이르러 조금도 흠이 없게 하는 것을 지선(至善)이라 하니, 이는 바로 '천리(天理)의 본연의 바름'이다. 하나라도 여기에서 벗어난다면 곧 인욕에 얽매인 것으로서, 다시는 '본연의 바름'이 아닌 것이다.[22]

성재는 『대학』의 '지선(至善)'을 '천리의 본연의 바름'으로 설명하고, 이를 표준으로 삼은 다음에야 명명덕과 신민도 의미가 있게 된다고 주장했다. 요컨대 성재는 천리인욕론을 『대학』을 관통하는 논리 가운데

---

21 『省齋集』 卷24 頁23, 「大學說」: 誠意一章, 天理人欲交戰之關, 君子小人剖判之界也.
22 『省齋集』 卷24 頁3~4, 「大學說」: 明明德新民, 皆事目也; 止於至善, 卽行此二事之準的也. …… 若不立至善之準的而求止焉, 則只令天下之人, 各行其資禀所得足矣, 焉用大學之教爲哉? 天下之理, 有大分焉, 有細分焉. 善與惡, 大分也. 於善之中, 又細推到十分至極, 無一毫欠, 則謂之至善, 是乃天理本然之正也. 一出乎此, 卽是人欲之所累, 而非復本然之正也.

하나로 본 것이다.

또한 성재는 『서경』의 "인심유위 도심유미 유정유일 윤집궐중(人心惟危 道心惟微 惟精惟一 允執厥中)"을 논하면서 "인심은 사람과 금수가 함께 지닌 것이요, 도심은 우리 사람만이 홀로 지닌 것이다."[23]라고 하여, 인심도심론과 인수대별론(人獸大別論)은 궤를 같이 하는 것으로 보았다. 성재는 이어서 다음과 같이 말한다.

> 인심은 위태롭고 도심은 은미한데, 반복해서 서로 쌓인다면 결국 장수와 병졸의 자리가 뒤집히고 자식과 도적이 뒤섞여서 만사가 다스려지지 못한다. 이것이 옛날이나 지금이나 집안, 국가, 천하에 다스려진 날은 항상 적고 혼란한 날은 항상 많은 까닭이다. …… 인심과 도심이 한 곳에서 교전(交戰)하면서 승부가 무상(無常)한 것은 천하의 지극히 정밀한 사람이 아니면 누가 능히 깊이 살펴서 밝게 분변할 수 있겠는가? 이미 밝게 분변했으면, 또 반드시 도심으로 하여금 항상 '일신(一身)의 주인, 만사의 강령'이 되게 해야 한다. 무릇 인심의 쓰임이 한결같이 도심의 절제를 받아서, 안으로부터 밖에 이르기까지 조금도 의심이 없고, 처음부터 끝까지 잠시라도 스스로 방자함이 없다면, 이것이 이른바 '도심과 하나가 된 것'이다. 이렇게 한 다음에야 예전의 위태로운 것이 평온한 물결이 물길을 따라 흐르듯 그 본분의 편안함을 지키고, 예전의 은미한 것이 건곤(乾坤)의 자리가 정해지듯 그 본체가 드러남을 회복할 수 있다. 이것이 성인(聖人)이 사람들에게 마음을 다스리는 방법을 가르쳐서 만세를 개도(開導)한 공으로서, 참찬화

---

23 『省齋集』卷26 頁5,「三書衍義」: 人心禽獸之所同, 而道心吾人之所獨.

육(參贊化育)의 큰 단서가 되는 것이다.[24]

성재는 '옛날이나 지금이나 다스려진 날은 항상 적고 혼란한 날은 항상 많은 까닭'은 인심과 도심을 분간하지 못하고 도심이 인심을 주재하지 못하기 때문이라고 설명했다. 이러한 맥락에서 성재는 유정유일(惟精惟一)을 수제치평(修齊治平), 나아가 참찬화육(參贊化育)의 큰 단서로 삼았던 것이다. 성재의 이러한 주장은 경세론에 있어서는 '올바른 통치를 위해서는 먼저 통치자의 심법(心法)을 바루어야 한다'는 주장으로 전개된다.

Ⅲ. 성재의 경세론과 그 특징

1. 삼정책三政策과 그 특징

성재의 삼정에 대한 대책은 〈삼정책〉에 잘 나타나 있다. 삼정의 문란이 극에 달하여 마침내 각지에서 민란이 계속되자, 조정에서는 임시방편으로 삼정이정청(三政釐整廳)을 설치하고, 언로(言路)를 열어 삼정에 대한 대책을 물었다. 철종(哲宗)은 "국초(國初)의 삼정은 본래 나라와 백

---

[24] 『省齋集』卷26 頁5~6,「三書衍義」: 一危一微, 反復相因, 馴致乎帥役倒位, 子賊混塗, 而萬事不得其理矣. 此古往今來, 家國天下之所以治日常少, 而亂日常多也. …… 兩頭交戰於一處, 而勝負無常者, 非天下之至精, 其孰能察之深而辨之明哉? 旣辨之明焉, 則又必使道心常爲一身之主, 萬事之綱, 而凡人心之用, 一聽其節制, 斬斬乎由內達外, 無一毫之或貳, 兢兢乎自始至終, 無一息之自肆, 是則所謂致一於道心也. 夫然後, 向之危者, 守其本分之安, 而如穩流之就道; 向之微者, 復其本體之著, 而如乾坤之定位. 此則聖人敎人治心, 開導萬世之功, 所以爲參贊化育之大端也.

성을 위해 설치한 것"이라고 전제하고, "법이 오래되면 폐단이 생기는 것은 옛날부터 그런 것이나, 지금의 삼정은 그 폐단이 극에 달했다"고 인정하면서 구언(求言)을 실시한 것인데,[25] 성재도 이에 응하여 〈삼정책〉을 제진한 것이다.

철종이 "삼정은 본래 나라와 백성을 위해 설치한 것"이라고 한 것과 마찬가지로, 성재도 삼정이 설치된 취지를 충분히 인정했다. 성재는 다음과 같이 말한다.

> 옛날에, 전답에는 정공(正貢)이 있었는데 공(公)과 사(私)를 고르게 하기 위한 것이요, 백성에게는 보오(保伍)가 있었는데 완급(緩急)에 대비하기 위한 것이며, 곡식에는 조적(糶糴)이 있었는데 흉황(凶荒)을 막기 위한 것이었습니다. 이는 모두 선왕(先王)의 불인지정(不忍之政)이었습니다. 그 마음이 있으면 그 정치가 거행되고, 그 마음이 없으면 그 정치가 폐지됩니다. 어찌 애초에 법을 제정한 취지가 아름답다고 하여 마침내 그것이 영원히 폐단이 없을 것이라고 믿을 수 있겠습니까?[26]

성재는 삼정은 본래 '선왕의 불인지정'에서 비롯된 것이라고 하여, 삼정의 근본 취지를 십분 긍정하였다. 그런데 어떤 제도의 취지가 아름답다고 하여 그것만으로 폐단이 없게 되지는 않는다는 것이다. 어떤

---

25 『省齋集』卷32 頁1,「三政策」: 國初三政, 本是爲國爲民而設, 田不收賦, 軍不衛邦, 穀不議賑, 而能成國者, 未之有也. 國不成國, 民將疇依, 然則三政不理, 其責在於君國子民之地. 法久弊生, 從古已然, 而今日三政, 可謂弊到極處矣.
26 『省齋集』卷32 頁3,「三政策」: 古者, 田有正貢, 所以均公私也; 民有保伍, 所以備緩急也; 穀有糶糴, 所以禦匈荒也. 是皆先王不忍人之政也. 有其心則其政擧, 無其心則政隨而廢, 何可以當初制法之良美, 而遂恃其永久而無弊也?

제도가 본래의 취지와 달리 폐단을 낳는 까닭은, 첫째는 제도의 운용자들이 본래의 취지를 외면하고 왜곡하기 때문이요, 둘째는 제도 자체가 주어진 실정에 맞지 않기 때문이다. 이러한 맥락에서, 성재는 '삼정의 폐단을 구제하는 방도'를 논함에 있어서, 그것을 다시 '폐단을 구제하는 근본'과 '폐단을 구제하는 방법'으로 구분하여 접근하였다. 성재는 '제도 운용자들의 심법을 바루는 것'을 '폐단을 구제하는 근본'으로 설정했고, '제도를 실정에 맞게 개혁하는 것'을 '폐단을 구제하는 방법'으로 설정했다.

먼저 '폐단을 구제하는 근본'에 대해 살펴보자. 위의 인용문에서는 "그 마음이 있으면 그 정치가 거행되고, 그 마음이 없으면 그 정치가 폐지된다"고 했는데, 이는 모든 제도의 성패는 그것을 운용하는 사람의 마음에 달려있다는 뜻이다. 그리하여 성재는 삼정의 대책을 논함에 있어서 무엇보다도 '군왕의 심법'을 문제 삼았다.

> 무릇 옛날에도 이 백성이요 지금도 이 백성인데, 옛날의 백성은 윗사람을 위해서 섬기다 죽었으나 지금의 백성은 윗사람을 배반하여 형벌에 죽는 것은 무슨 까닭이겠습니까? 이것은 공법(公法)의 폐단이 백성을 핍박한 것입니다. 옛날에도 이 법이요 지금도 이 법인데, 옛날의 법은 백성을 기르는 것이었으나 지금의 법은 도리어 백성을 해치는 것은 무슨 까닭이겠습니까? 이것은 인심(人心)의 폐단이 법을 무너뜨린 것입니다. 인심의 폐단을 논하자면 또한 상하(上下)와 본말(本末)의 차례가 있습니다. 맹자가 "그 마음에서 생겨나 그 정치를 해치며, 그 정치에서 생겨나 그 사업을 해친다"고 하고, 주자가 "남강(南康)의 군정(軍政)을 논하려면 반드시 먼저 폐하의 마음을 논해야 한다"고 한 것이 이것입니다. 그렇다면 지금의 '폐단을 구제하는

방법'은 동중서의 "군왕의 마음을 바루어 조정을 바루고, 조정을 바루어 백관을 바루며, 백관을 바루어 만민을 바룬다"는 말보다 나은 것이 무엇이 겠습니까? 이것이 신(臣)이 전하의 말씀 가운데 '불인적자(不忍赤子)'라는 네 글자를 '우리나라 종사(宗社)와 생령(生靈)의 복'이라고 여기는 까닭입니다. 전하께 진실로 이 마음이 있어서, 자강불식하여 혹시라도 스스로 게을리 하지 않으신다면, 조정에서는 기강이 저절로 확립되고 공도(公道)가 저절로 실행될 것입니다. 기강이 서고 공도가 행해지면 백관의 적임자를 얻지 못하고 여러 업무를 제대로 다스리지 못함은 근심할 바가 아닙니다.[27]

위에서 "옛날에도 이 백성이요 지금도 이 백성이며, 옛날에도 이 법이요 지금도 이 법이다"라고 한 것은 '폐단을 구제하는 근본'은 '백성'이나 '공법(公法)'에 있지 않음을 지적한 것이다. 백성도 변함이 없고 공법도 변함이 없다면, 남는 것은 '백성들에게 그 공법을 운용하는 사람들의 마음'이다. 이러한 맥락에서 성재는 백성의 배반은 공법을 운용하는 '사람들의 마음'이 잘못되었기 때문이라고 규정했다.

성재는 '사람들의 마음'을 거론함에 있어서 다시 '상하와 본말의 차례'를 문제 삼았다. 내외백관의 마음가짐이 모두 문제가 되지만, 그 중

---

[27] 『省齋集』卷32 頁10~11, 「三政策」: 夫古亦斯民, 今亦斯民, 而古之爲民者, 爲其上而死於事; 今之爲民者, 畔其上而死於刑, 何也? 此公法之弊, 有以迫之也. 古亦斯法, 今亦斯法, 而古之爲法者, 所以養民; 今之爲法者, 反以戕民, 何也? 此人心之弊, 有以壞之也. 至論人心之弊, 則又有上下本末之序焉. 孟子所謂作於其心, 害於其政, 發於其政, 害於其事, 朱文公所謂欲論南康軍政, 須先論陛下一心者, 此也. 然則今日救弊之方, 孰有過於董子所謂正君心以正朝廷, 正朝廷以正百官, 正百官以正萬民者耶? 此臣之所以斷斷以聖策中不忍赤子四字, 爲我東方宗社生靈之福也. 殿下苟有此心, 而自强不息, 毋或有自懈, 則朝廷之上, 紀綱自立, 公道自行矣. 紀綱立而公道行, 則百官之不得其人, 庶務之不得其治, 非所憂也.

에서 근본이 되는 것은 윗사람 즉 '군왕의 마음가짐'이라는 것이다. 이런 맥락에서 성재는 당시 민란의 근본 원인을 '군왕의 마음'으로 귀결시키고, 군왕이 심법을 바르게 하면 나머지 문제들은 저절로 해결된다고 보았다.

어떤 제도가 본래의 취지와 달리 운용되는 또 하나의 이유는 그 제도가 실정에 맞지 않기 때문이다. 성재는 삼정이 당시의 실정에 맞지 않는 원인과 실상들을 곡진하게 설명한 다음, 자신이 구상하는 '폐단을 구제하는 방법'을 제안했다. 먼저 성재의 다음과 같은 말을 보자.

> 국가의 오랜 폐단을 고치는 것은 사람의 오랜 질병을 치료하는 것과 같습니다. 오랫동안 질병을 앓고 나면 진원(眞元)의 기운은 소진되고 객사(客邪)의 기운만 가득하게 됩니다. 그리하여 크게 보충하려고 하면 원기(元氣)가 감당하지 못하고 도리어 다른 증상을 낳게 되며, 급하게 물리치려고 하면 사기(邪氣)가 쉽게 제압되지 않고 한갓 그 독(毒)만 늘어납니다. 그러므로 반드시 공(攻)과 보(補)를 병행한 다음에야 회복을 기약할 수 있습니다. 그러므로 지금 삼정을 개혁하는 방법은 완급(緩急)을 조절하는 것에 그 요령이 있을 뿐입니다.[28]

성재는 '폐단을 구제하는 방법'을 논함에 있어서 먼저 대원칙으로 '공보쌍행(攻補雙行)'을 제시했다. '공(攻)'이란 '사기(邪氣)를 물리침'을 말

---

28 『省齋集』卷32 頁11, 「三政策」: 醫國之痼瘼, 如醫人之久病. 久病之餘, 眞元漸陷而客邪充盈, 欲大補則元氣不能承當而反生他症, 欲急攻則邪氣未易制伏而徒肆其毒, 故必攻補雙行然後, 回陽可期也. 故今日三政釐革之方, 其要亦在乎緩急繰縵之間而已.

하고, '보(補)'란 '원기를 보충함'을 말한다. 성재는 공·보 어느 한편에 치중하면 도리어 폐단을 심화시킨다고 주장하고, '완급의 조절'을 강조했다. 요컨대 '공보쌍행'이란 '이상과 현실의 절충'을 뜻하는 것이다. 성재는 이러한 입장에서 "고제(古制)를 채택하되 시의(時宜)를 참작하고, 또 노련한 벼슬아치들 및 향리(鄕里)의 일을 해결하는 사람에게 널리 물어서" 삼정의 대책을 마련하였다.[29]

전정(田政)에 대해서, 성재는 "해마다 순차적으로 전답을 다시 측량하고 또 소리(小吏)의 급료를 강정(講定)하여 후폐를 예방하라"고 했다. 양전(量田)은 무엇보다도 백성들에게 부세(賦稅)를 공평하게 부과하기 위해서 필요한 조치였다. 『경국대전(經國大典)』에서는 20년마다 다시 전답을 측량하도록 규정해놓았으나,[30] 이 법은 거의 지켜지지 않았다. 양전은 많은 비용과 노력을 필요로 하는바 그것을 뒷받침하기 어려웠고, 또 삐뚤빼뚤한 전답에 대한 측량은 정확하기가 어려워 오히려 분란과 부정의 소지만 키웠기 때문이었다. 이에 대해 성재는 두 가지를 제안했다. '양전의 주기'에 대해서는 '일시에 전국적으로' 측량하는 것 대신 '해마다 일부지역씩 순차적으로' 측량하라는 것이다. '양전의 방법'에 대해서는 '결망개방법(結網開方法)'이라는 새로운 방식을 제안했다.[31] 성재는 '소리(小吏, 鄕吏)'의 문제에 대해서는 다음과 같이 거론하였다.

---

29 『省齋集』卷32 頁11,「三政策」: 臣妄嘗於此採摭古制, 參酌時宜, 而又廣質於所識老鍊吏治者, 及鄕里解事之人, 而得其數語.
30 『經國大典』卷2「戶典」'量田'條 : 凡田分六等, 每二十年改量成籍, 藏於本曹本道本邑.
31 '結網開方法'이란 바둑판 모양의 그물을 짜서 삐뚤빼뚤한 전답의 면적을 측량하는 방법으로서, 당시 淸風府使 權用正이 고안하여 시행했던 것인데, 성재가 그것을 배워 조정에 건의한 것이다(『省齋集』卷32 頁12 참조).

무릇 '소리(小吏)'는 관(官)과 민(民)이 교섭하는 데 가장 요긴한 직임인데, 일정한 녹(祿)이 없기 때문에 혹은 공납(公納)에 손을 더럽히고 혹은 민징(民徵)에 손을 뻗치는 것입니다. 이는 전부(田賦)에서만 그런 것이 아니요, 사실은 삼정에 공통된 근심거리입니다. 그러므로 삼정을 논하고자 하면서 이 문제를 거론하지 않는다면, 요령을 아는 논의가 아닙니다. 이제 마땅히 각 도(道)와 현(縣)으로 하여금 먼저 이안(吏案)을 정리하여 쓸데없는 잡직을 도태시키고 실제로 필요한 인원만 책정하도록 하고, 또 일정한 급료를 강정하여 농경(農耕)을 대신하기에 충분하도록 한 다음에야 비로소 법으로 통솔할 수 있을 것입니다.[32]

성재는 삼정의 폐단은 근원적으로 향리에게 급료를 지급하지 않는 데서 비롯된다고 보고, 쓸데없는 잡직을 도태시킨 다음 나머지 향리들에게는 일정한 급료를 지급하라고 제안한 것이다.

군정(軍政)에 대해서, 성재는 "동(洞)마다 군포(軍布)를 고르게 징수하고, 또 별도로 양병(養兵)의 법을 제정하여 실용에 대비하라"고 했다. 성재는 먼저 군포를 둘러싼 문제에 대해 "번상(番上) 제도를 폐지하고 군포를 거둔 것은 비록 옛 법도가 아니나, 행한 지가 이미 오래 되어서 갑자기 혁파하기는 어렵다. 그렇다면 또한 반드시 고르게 배정하여 가볍게 징수한 다음에야 가난한 백성을 조금이라도 넉넉하게 할 수 있으며 도망한 한정(閑丁)을 다시 모집할 수 있다."고 지적했다. 군포

---

[32] 『省齋集』 卷32 頁14, 「三政策」: 夫小吏於官民之交, 爲任最要, 而其祿無恒, 故或染指於公納, 或藉手於民徵, 不但於田賦爲然, 實三政之通患也. 故欲論三政而不此之議者, 非識要之論也. 今宜令各道各縣, 先就吏案, 汰去冗雜, 定爲實額, 又講定恒料, 使足以代其耕, 然後, 始可率之以法也.

를 고르게 징수해야 한다는 것은 당시 모든 식자(識者)들의 한결같은 주장이었다. 다만 그 방법에 있어서는 결포법(結布法), 호포법(戶布法), 동포법(洞布法) 등이 거론되고 있었는데, 성재는 그 가운데 동포법이 최선이라고 보았다.[33]

성재는 "선왕의 정치는 전답이 있는 사람에게는 가을에 곡식을 거두고, 가호(家戶)가 있는 사람에게는 여름에 포(布)를 거두며, 몸이 있는 사람에게는 겨울에 역역(力役)을 거두었으니, 이 세 가지 정세(征稅)는 실로 고금의 통의(通義)이다."[34]라고 하여, 부세(賦稅)는 전답(田畓)·가호(家戶)·신역(身役)을 모두 반영해야 한다고 보았다. 결포법은 전결(田結)의 많고 적음에 따라 군포를 배정하는 것이다. 성재는 이에 대해서 언뜻 보기엔 참으로 균포(均布)의 묘책일 수 있으나, 사실은 불공평한 점이 있다고 지적했다. 부지런히 일해 넓은 전답을 소유한 집은 한 몸으로서 백부(百夫)의 군포를 부담하고, 농사를 거두어 한산한 집안은 1년에 하루의 군역도 부담하지 않게 되니, 이는 양쪽에 모두 불공평하다는 것이다. 호포법은 결포법보다는 조금 낫지만, 호(戶)마다 일률적으로 군포를 배정하면, 조사(朝士)와 유생(儒生)에게도 함께 역포(役布)를 징수하게 되니,[35] 명분에 어긋난다는 것이다. 성재는 이처럼 결포법과 호

---

33 『省齋集』卷32 頁14, 「三政策」: 所謂軍布之必排洞均徵者, 廢番收布, 雖非舊規, 而行之旣久, 卒難中罷, 則又必均排而薄徵之然後, 窮民之憔悴者, 少可以寬紓, 而閑丁之逃竄者, 復可以搜募矣. 今之論均布者, 其法大槩有三, 曰結布, 曰戶布, 曰洞布, 而三法之中, 洞布最可行.

34 『省齋集』卷32 頁15, 「三政策」: 先王之政, 有田者有粟米之征, 而取之於秋; 有家者有絲縷之征, 而取之於夏; 有身者有力役之征, 而取之於冬. 此三者之征, 實古今之通義也.

35 조선시대에는 朝士와 儒生은 그 자체가 身役(職役)에 해당하는 것으로 인식했었다. 이는 오늘날 특정한 직종에 종사하는 사람에 대해서는 兵役을 면제하는 제도와 같은 취지이다.

포법을 비판하고, 다음과 같이 동포법을 주장한다.

먼저 현읍(縣邑)에서는 매년 세입의 총액 및 경내 역호(役戶)의 총수를 계산하여, 매호(每戶)마다 배정할 군포의 수를 상정(商定)하고, 이로써 각 동·리(洞里)에 고르게 배정하되, 그 역호의 많고 적음에 따라 일정한 액수를 정하여 동장(洞長)과 이임(里任)으로 하여금 스스로 배정하여 납부하게 합니다. 또 10년마다 한 차례씩 호수(戶數)의 증감을 조사하여 고르게 배정한 양을 조정합니다. 이렇게 하면 지금과 같은 혼란은 거의 없을 것입니다. 무릇 오늘날 역(役)을 채우거나 면제하는 것은 관리의 손에 달려 있기 때문에, 역을 회피한 사람은 처벌할 방법이 없고 역이 억울한 사람은 하소연할 곳이 없습니다. 만약 한 동(洞) 안에서 스스로 고르게 배정하게 한다면, 어찌 동쪽의 이웃은 명목 없는 역을 거듭 부담하고 서쪽의 이웃은 한정(閒丁)·누호(漏戶)로서 역에서 누락되는 일이 있겠습니까?[36]

위에 보이듯이, 성재의 동포법에는 두 취지가 있었다. 첫째는 동·리(洞里)를 단위로 삼아 군포를 고르게 배정하자는 것으로서, 이는 군포의 책정에 전답·가호·신역을 모두 반영하기 위한 방법이었다. 둘째는 동·리(洞里)에 배정된 군포를 다시 각호(各戶)에 배정하고 수납하는 실무는 동장이나 이임에게 맡기자는 것으로서, 이는 관리의 부정과 횡

---

36 『省齋集』 卷32 頁15〜16, 「三政策」: 須先自縣邑筭計每年入錢都數, 及境內役戶都數, 相對商定得每戶所排之數, 因以均配于各洞各里, 隨其役戶多少, 而立定恒數, 令洞長里任, 自爲排納, 而每十年一次準考戶數之增減, 而推移均配, 則庶不至如今日之擾擾矣. 夫今日充役脫役, 在於官吏之手, 故逃役者無所取謗, 而冤役者無所歸咎. 若於一洞之內而使自均排, 則豈容東隣有虛名疊役, 而西隣有閒丁漏戶乎?

포를 막기 위한 방법이었다. 당시 군역이 불공평했던 것은 전답·가호·신역 가운데 무엇을 기준으로 삼느냐에서 비롯된 것이기도 했지만, 관리의 부정과 횡포에 의한 것이기도 했다. 성재는 관리들 스스로 부정과 횡포를 일삼는 상황에서 그 시정(是正)의 주체는 관리일 수 없다고 보고,[37] 향촌민들의 자율성을 고양시키는 방향에서 그 해법을 찾았던 것이다.

성재는 양병(養兵)의 방법으로는 실제로 복무할 수 있는 장정만으로 부오(隊伍)를 편성할 것, 해마다 2월과 10월에 군대를 검열하면서 호궤(犒饋)를 베풀어 사기(士氣)를 진작시킬 것, 무예를 시험하여 우수한 자에게는 군작(軍爵)이나 전포(錢布)로 포상할 것 등을 제안했다.

환곡(還穀)에 대해서, 성재는 "빈 장부(帳簿)를 채우고, 또 마을의 사창(社倉)으로 내려보내 백성들의 실정에 편리하게 하라"고 했다. 성재는 "백성을 구휼하는 수단으로 환곡만큼 절실한 것이 없다"고 인정하면서도, 당시의 환정이 "아래로는 빈 껍데기로 백성을 속이고, 위로는 빈 장부로 군왕을 속인다"고 비판하였다. 성재는 환정(還政)의 재원(財源)을 마련하는 방법으로는 내탕금(內帑金)에서 출연할 것, 불필요한 각사(各司)를 혁파할 것, 상작(賞爵)으로 부민(富民)을 독려할 것 등을 제안했다. 그리고 환곡의 실무는 각 동리(洞里)의 사창에서 담당하게 하는 것이 '공·사(公私) 양쪽 모두 편리한 방법'이라고 제안했다. 성재는 "사람의 마음을 헤아리기 어려운 것은 관리나 백성이 마찬가지이다. 그렇다면 사창의 말폐가 지금과 같지 않으리라고 어떻게 알 수 있겠는가?"라는 우려에 대해서 다음과 같이 답변했다.

---

37 당시에는 地方官이 行政權과 刑罰權을 동시에 쥐고 있었다.

곡식이 공창(公倉)에 있을 경우, 상·하(上下)가 현격하기 때문에, 백성들은 비록 기만을 당하더라도 감히 어찌할 수 없었습니다. 만약 이창(里倉)으로 내려보내 맡겨서 함께 이익을 도모하도록 한다면, 설령 한두 사람이 헤아리기 어려운 마음을 품더라도, 중의(衆議)가 있으니 누가 그것을 수긍하겠습니까? 지금 향리(鄕里)의 사람들은 재물을 모아 계(契)를 조직하여 영사(營私)의 계책을 삼고 있는데, 율령과 약속이 오히려 군율처럼 엄격합니다. 하물며 공물(公物)로 자본(資本)을 삼은 경우이겠습니까?[38]

성재는 관(官)의 부정에 대해서 민(民)은 형세상 저항하기 어렵다는 점과 향촌민의 자율적 기강이 군율처럼 엄정하다는 점을 주목하여, 환곡의 실무를 이창(里倉)에 맡기자고 주장했던 것이다. 이는 군포의 배정과 수납을 동장이나 이임에 맡기자고 한 것과 궤를 같이 한다.

이상에서 성재의 삼정책을 살펴보았거니와, 이제 그 특징을 정리해보기로 하자. 첫째, 성재는 본말론의 관점에서 삼정의 대책을 논했다. 군주의 마음을 바루는 것이 폐단을 구제하는 근본이요, 구체적인 대책을 수립하고 시행하는 것은 그 말단이라는 것이다. 둘째, 성재는 폐단을 구제하는 방법론에 있어서는 '공보쌍행(攻補雙行)'을 주장했다. '공보쌍행'은 '이상과 현실의 조화'를 뜻하기도 하고, '점진적 개혁'을 뜻하기도 한다. 셋째, 삼정의 개혁은 '손상익하(損上益下)'를 본지로 삼아야 한다는 것이다. 이는 한편으로는 조세부담의 균등을 추구한 것이

---

38 『省齋集』卷32 頁19,「三政策」: 穀之在公倉也, 上下相懸, 故民雖見瞞而不敢如何矣. 若降付里倉, 合謀共利, 則設令一二人有叵測之心, 衆議所在, 誰肯容之哉? 今鄕里之人, 鳩財立契, 以爲營私之計, 其律令約束, 猶斬斬如軍中, 況以公物爲資本哉?

요, 한편으로는 통치계급의 절검(節儉)을 촉구한 것이었다.[39] 넷째, 성재는 향촌민들의 자율성을 고양하는 방향의 개혁을 추구했다. 향촌민들의 자율에 맡기면, 백성에게도 편리하고 부정의 소지도 줄어들어, 결과적으로 공·사 양쪽이 모두 편리하게 된다는 것이다.

2. 위정척사론과 그 특징

성재의 위정척사론은 1882년(高宗 19년)에 올린 〈제사헌부지평후진정소(除司憲府持平後陳情疏)〉에 잘 나타나 있다. 성재는 이 상소에서 존화양이(尊華攘夷)의 당위성과 개국(開國)·개화(開化)의 부당성을 개진하고, 전통적 내수외양론을 전개했다. 먼저 성재의 존화양이론을 살펴보자. 성재는 '중화(中華)'의 핵심을 '삼강오상의 도(道)'에서 찾았다.

> 사람이 사람이 되어서 능히 천지를 주재하고 만물을 자라게 할 수 있는 까닭은 다만 하나의 '도(道)'가 있기 때문입니다. 무릇 '도'란 베풀면 삼강이 되고, 지키면 오상이 되는 것으로, 하늘이 부여한 본성에 근본하고 성인(聖人)이 닦은 가르침에 드러난 것입니다. 이 '도'는 중국(中國)에 행하여 이루어진 효험이 있고, 만세(萬世)에 드리워 폐단이 없었던 것입니다.[40]

---

39 『省齋集』卷32 頁19,「三政策」: 盖今日三政救弊之方, 擧其大綮, 不過如此, 而要其歸趣, 則一則曰損上益下, 二則曰損上益下. 臣固知今日國廩有限, 經費無窮, 纔損一分則便致顯欠, 而猶嗲嗲以是言進之者, 亦有其說. 書曰 民惟邦本, 本固邦寧; 有子曰, 百姓足, 君誰與不足, 百姓不足, 君誰與足. 然則今日經費固無窮, 而其當務之急, 孰有先於活民固本之經費乎? 且凡理財之道, 量入以爲出則常有餘裕, 量出以爲入則常患不足. 第見今日公私之用, 果由前之說乎? 抑由後之說乎? 家不過百金之産, 而濫千金之用; 官不過千鍾之俸, 而輕萬鍾之費. 及其不贍, 則犯義犯分, 交相征利, 而猶朝夕遑遑, 有汲漏甕沃焦釜之勢. 以是而言, 則國家經費之難繼, 非財之不足也, 乃用之無節也.

40 『省齋集』卷2 頁1~2,「除司憲府持平後陳情疏」: 人之所以爲人, 而能主天地長萬物

성재에 의하면, 사람이 사람다울 수 있는 근거는 '삼강오상의 도'에 있다. "중국에 행하여 이루어진 효험이 있고, 만세에 드리워 폐단이 없었다"는 말은 이 도의 효용과 정당성을 밝힌 것이다. 삼강오상은 모든 사람의 천부적 본성에 근본한 것이요, 동시에 성인의 가르침을 통해 확립된 것이기에, 이러한 효용과 정당성을 확보하게 된 것이다.

그런데 이 도(道)에는 때때로 굴신(屈伸)과 폐흥(廢興)이 있다는 것이다. 성재는 그 까닭을 "사방 오랑캐의 풍속이 그 정교(政敎)를 어지럽혀 중국과 더불어 서로 소장(消長)하고, 이단사음(異端淫邪)의 학설이 그 심법(心法)을 무너뜨려 정학(正學)과 더불어 서로 승부를 겨루기 때문"이라고 설명했다.[41] 요컨대 역사란 '중화와 이적' 및 '정학과 이단'이 서로 승부를 겨루는 일치일란(一治一亂)의 과정이기 때문에, 삼강오상이 때때로 온전히 실현되지 못한다는 것이다. 성재는 이러한 관점에서 '유학(儒學)의 전개과정' 또는 '도통(道統)의 전승과정'을 '존화양이(尊華攘夷)' 또는 '위정척사(衛正斥邪)'의 과정으로 인식했다.

그러므로 공자는 『춘추』를 지었는데 그 의리는 '중화를 높이고 이적을 물리친 것'보다 큰 것이 없으며, 맹자는 『맹자』를 지었는데 그 의리는 '선성(先聖)의 가르침을 지키고 음사(淫邪)를 물리친 것'보다 큰 것이 없습니다. 이러한 것들은 모두 『주역』의 '부양억음(扶陽抑陰)'의 도에 근본한 것으로서, 대우(大禹)가 홍수를 막고 무왕(武王)이 맹수를 몰아낸 것과 공이 같은 것입

者, 只有一箇道而已. 夫所謂道者, 張之爲三綱, 紀之爲五常. 本之上天所賦之性, 而著於聖人所修之敎; 行之中國而有成效, 垂之萬世而無後弊.

41 『省齋集』卷2 頁2,「除司憲府持平後陳情疏」: 其有時而有屈伸廢興者, 特以四方夷狄之俗, 淆亂其政敎而與中國相消長, 異端淫邪之說, 壞亂其心法而與正學相勝負也.

니다. 두 성왕 이후로 이적(夷狄)의 화(禍)가 날로 더욱 심해지고, 음사(淫邪)의 해(害)가 여러 가지로 드러났습니다. 송나라의 주자 및 우리나라의 선정(先正) 송시열 같은 분은 각각 만난 변고에 따라 『춘추』와 『맹자』의 의리를 미루어 밝혀서 일치(一治)의 공을 이루었습니다. 근래에 이르러서 서양 오랑캐가 천하를 어지럽히는 것은 또 이적이 전락하여 금수가 된 것이요, 음사(淫邪)가 극에 달하여 도깨비가 된 것입니다. 만약 성현이 계시다면 있는 힘을 다해 공토(攻討)할 것인바, 결코 그만두지 않고 도리어 옛날보다 백배의 공력을 기울일 것입니다.[42]

성재는 공자의 업적을 '존화양이'로, 맹자의 업적을 '위정척사'로 규정하고, 이는 모두 '부양억음'의 일환이라고 설명했다. 성재는 주자나 송시열에 대해서도 '일치(一治)의 공(功)'을 이루었다고 칭송했다. 요컨대 위의 인용문은 위정척사라는 관점에서 도통의 계보를 제시한 것이다.

위의 인용문에서 또 하나 주목할 점은 '서양 오랑캐'를 '금수'로 규정하고 있다는 점이다. 이제까지 중화를 위협했던 이적은 그래도 사람의 축에 드는 '야만'이었던 반면, 당시에 새롭게 몰려오는 서양 오랑캐는 사람의 축에 들지 못하는 '금수'라는 것이다. 따라서 이러한 금수를 상대하려면 옛날보다 백배의 노력을 기울여 위정척사에 힘써야 한다는 것이다.

---

42 『省齋集』卷2 頁2, 「除司憲府持平後陳情疏」: 是以, 孔子作春秋, 其義莫大乎尊中華攘夷狄; 孟子作七篇之書, 其義莫大乎閑先聖放淫邪. 是皆本之大易扶陽抑陰之道, 而與大禹之抑洪水, 武王之驅猛獸, 同其功矣. 自二聖以後, 夷狄之禍, 日以益甚, 淫邪之害, 不一其端, 而若宋之朱子, 及我國先正臣宋文正公時烈, 各因其所値之變, 推明春秋孟子之義, 以做一治之功矣. 至於近日洋夷之騁怪宇內, 則又夷狄之降而爲禽獸者也, 淫邪之極而爲鬼魅者也, 使聖賢而在者, 其所以肆力攻討者, 決不但已, 而抑恐有百倍於前者矣.

성재는 당시 서양의 문물이란 '작고 사사로운 지혜'에 불과한 것이어서 본래 중화의 나라에 용납될 만한 것이 못된다고 규정했다. 그런데 서양의 문물에는 세 가지 특징이 있어서 우리의 군민(君民)을 유혹한다는 것이다. 첫째는 '병기(兵技)'이다. "그 군사기술로 사람을 해침에는 벌과 전갈의 독이 있으니, 그러므로 자강에 힘써 그 영토를 지킬 수 없는 군왕들은 모두 머리를 숙이고 그 압제를 받아들인다"는 것이다. 둘째는 '기욕(嗜欲)'이다. "그 기욕으로 사람을 유혹함에는 호고(狐蠱)의 음란함이 있으니, 그러므로 교육을 받지 못해 그 성정을 지킬 수 없는 백성들은 모두 그 속으로 빨려 들어간다"는 것이다. 셋째는 '정밀한 기술'이다. "그 민첩한 재주와 정밀한 기술은 신기루의 환영처럼 사람의 이목을 현혹시키니, 그러므로 신기한 것을 좋아하고 정학(正學)을 싫어하는 학자들은 눈썹을 치켜뜨고 부러워한다"는 것이다. 성재는 당시 우리 군민(君民)들이 서양 문물에 휩쓸리는 상황을 '홍수가 계속되어 산을 삼키는 형국'에 비유했다.[43]

성재가 〈제사헌부지평후진정소〉를 올린 시점은 〈조선책략〉의 채택 여부를 둘러싸고 개화파와 척사파 사이에 한창 공방이 있었던 직후였다.[44] 주지하듯이 황준헌의 〈조선책략〉에서는 조선의 국가적 현안을 '방아(防俄, 러시아의 南下를 막는 것)'로 규정하고, 이를 위해서 조선은 친중국(親中國), 결일본(結日本), 연미국(聯美國)의 외교정책을 써야 하며, 서양 각국과 수호통상(修好通商)하여 산업과 무역의 진흥을 꾀하고, 서양

---

43 「省齋集」卷2 頁2, 「除司憲府持平後陳情疏」 참조.
44 역사학계에서는 이 공방을 '辛巳斥邪開化論爭'이라 부른다. 辛巳年은 1881년으로서, 성재의 「除司憲府持平後陳情疏」는 그 다음해 9월에 올린 것이다.

의 기술을 습득하여 부국강병을 이루어야 한다고 주장했다. 같은 맥락에서 〈조선책략〉을 지지하는 사람들, 즉 당시의 개화파[45]는 다음과 같이 주장하고 있었다.

> 안으로는 반드시 서사(西師)를 영입하여 기술을 전수받은 다음에야 부국강병을 이룰 수 있고, 밖으로는 반드시 서국(西國)과 연합하여 당여(黨與)를 맺은 다음에야 러시아 오랑캐를 막아낼 수 있다. 이렇게 하면 하루라도 국가를 보전할 수 있으나, 이렇게 하지 않으면 장차 조석(朝夕)으로 큰 재앙이 닥칠 것이다. 무릇 예전에 관방(關防)을 엄격하게 확립했던 조치들은 모두 상황이 바뀌고 사세가 변하였으니 고수(固守)하기에 부족하다. 오직 이른바 야소학(耶蘇學)은 하지 못하도록 경계하면 된다.[46]

성재는 위와 같은 주장에 대해 한 마디로 '생각하지 못함이 심한 것'이라고 비판했다. 당시 조선의 초미의 과제는 '부국강병'이며, 군사기술에서는 '서양이 조선보다 우수하다'고 인정한 점에 있어서는 개화파와 척사파 사이에 이견이 없었다. 다만 양자는 부국강병의 방법론과 서양문물의 수용 여부에 대해서 견해를 달리했던 것이다.

위에 보이듯이, 당시의 개화파는 우수한 서양의 기술을 수용하여

---

[45] 당시「朝鮮策略」을 수용하자고 주장한 사람들은 대부분 '東道西器論'을 취한 것으로, 甲申開化黨이 '西道西器論'을 취했던 것과는 구별된다. '東道西器論, 西道西器論, 東道東器論'에 대해서는 이상익,「韓末 文明論에 있어서 道와 器의 문제」,『哲學』제58집, 한국철학회, 1999 참조.

[46] 『省齋集』卷2 頁4,「除司憲府持平後陳情疏」: 議者之言曰, 內必延西師傳技術然後, 可以富國强兵; 外必聯西國結黨與然後, 可以防禦俄夷. 如是則宗國可以保全一日, 不如是則大禍將見朝夕且作. 凡前日之嚴立關防者, 皆時移事變, 不足以固守, 惟所謂耶蘇之學, 則戒不爲之耳.

부국강병을 달성하되, 기독교에 대해서만은 금압정책을 지속하자고 주장했다. 요컨대 그들은 '동도서기론(東道西器論)'을 주창한 것이다. 그러나 성재는 서양의 기술적 우월성을 인정하면서도, 서양의 기술을 수용하자는 것에 대해서는 '짧은 생각'이라고 비판했다. 요컨대 성재는 '동도동기론(東道東器論)'을 고집하면서 개화와 개국을 반대했다. 이제 성재의 개화 반대론을 살펴보자. 성재는 다음과 같이 말한다.

선왕의 정치에 부국(富國)의 방도가 있으니, 근본[農業]에 힘쓰고 말작(末作, 商工)을 억제하며, 수입을 헤아려 지출을 정하는 것뿐입니다. 강병(强兵)에도 방도가 있으니, 충효(忠孝)를 배양하고 절의(節義)를 장려하여, 백성들로 하여금 윗사람을 친하게 여기고 어른을 위해 죽을 수 있도록 하는 것입니다. 이렇게 한다면 기계가 예리하지 못하고 기술이 정밀하지 못한 것은 근심할 바가 아닙니다. 어찌 근본을 버리고 말작을 쫓으며 극도로 사치와 방탕을 일삼는 무리들에게 기술을 전수받아 부국을 이루고, 의리를 등지고 사욕을 쫓아서 부모와 임금을 무시하는 무리들에게 가르침을 받아 강병을 이룬다는 말입니까? 또한 우리 백성들로 하여금 그들을 존중하여 스승으로 삼고, 그들과 친하여 함께 일하게 하되, 구구하게 금계(禁戒)를 베풀어 서로 그 심술(心術)과 기량(伎倆)을 배우지 못하게 하고자 한다면, 이는 규문(閨門) 안에 창기(娼妓)를 두고서 집안사람들에게는 음란한 곳에 빠지지 말라고 경계하는 것이나 학사(學舍) 안에 승려를 기르면서 학도들에게는 선학(禪學)에 물들지 말라고 경계하는 것과 무엇이 다르겠습니까?[47]

---

47 『省齋集』卷2 頁4,「除司憲府持平後陳情疏」: 先王之政, 富國有道, 務本抑末, 量入爲出而已. 强兵有道, 培養忠孝, 奬勵節義, 使之親其上而死其長, 則器械之不利, 技藝之

위의 인용문은 전통유교의 지론에 입각하여 부국강병의 방책을 제시한 것으로서, 그 요점은 다음과 같이 정리된다. 첫째, 산업에 있어서는 근본인 농업보다 말작인 상공업에 치중할 수는 없다. 둘째, 재정에 있어서는 세입을 늘리는 것보다는 지출을 억제하는 것이 더 긴요하다. 셋째, 군사에 있어서는 예리한 무기보다는 백성의 충성심이 더 중요하다. 넷째, 서양의 과학기술자를 초빙하면 결국 기독교의 전파를 막을 수 없다. 위의 네 논점은 결국 동도동기론(東道東器論)을 옹호한 것으로서, 앞의 세 논점은 '근본적으로 서양의 과학기술자를 초빙할 이유가 전혀 없다'는 주장이요, 넷째 논점은 '개화를 추진하면서 인도(人道)를 옹위한다는 것은 불가능하다'는 주장이다.

〈조선책략〉을 지지하는 개화파는 러시아의 남하를 막기 위해서 미국·일본과의 긴밀한 외교가 필요하다고 주장했다. 조정에서는 이들의 주장을 수용하여, 1882년 4월에는 미국·영국과, 5월에는 독일과 차례로 수호조약을 체결했다. 조정에서는 결국 서구열강에 대해서도 문호를 활짝 개방한 것이다. 그러나 성재는 전통적인 외양책(外攘策)을 옹호하면서 문호의 개방을 반대했다. 성재는 다음과 같이 말한다.

> 외부의 오랑캐를 방어하는 방도에 대해서도 또한 그 설명이 있습니다. 무릇 중화가 중화가 되고 오랑캐와 다른 까닭은 삼강과 오상의 중대함, 예악(禮樂)과 문장(文章)의 성대함, 도학(道學) 연원의 바름이 있기 때문입니다. 국정(國政)을 도모하는 자들은 마땅히 이를 부식(扶植)하고 밝혀서 국가의

不精, 非所憂也. 豈有傳業於棄本逐末窮奢極淫之徒以爲富, 受敎於背義徇私無父無君之類以爲强者耶? 且旣使吾民, 尊其人爲師, 親其人共業, 而區區設戒, 欲其心術伎倆之無相學, 則是何異於蓄娼閨門之內而戒勿誨淫於家人, 養僧學舍之中而戒勿染禪於學徒耶?

명맥을 보전하는 계책으로 삼고, 남는 힘으로는 또 앞에서 말한 것처럼 '근본에 힘쓰고 쓰임새를 절약하며, 백성들이 윗사람을 친하게 여기도록 가르침'으로써 우환에 대비하는 방책을 강구하여, 사방의 예상치 못한 변고에 대비해야 합니다.

이렇게 한다면 저 오랑캐들이 비록 강하고 사납다고 하더라도 또한 사람의 본성을 지니고 있으니, 어찌 감히 명분이 없는 군대를 일으켜 순리를 거역하는 폭거를 자행할 수 있겠습니까? 설령 못된 이리와 호랑이처럼 어리석고 완고하여 침범해 온다고 하더라도, 우리의 대응은 주인으로 객(客)을 기다리고 수비로 공격을 기다리며 정직(正直)으로 사곡(邪曲)을 제어하는 것이어서, 백령(百靈)이 돕고 만민(萬民)이 분발하는 바이니, 어찌 쉽사리 저들에게 꺾이겠습니까?

불행히도 대적할 수 없는 형세라 하더라도, 군신상하(君臣上下)는 또한 마땅히 한 마음을 깨끗하고 밝게 하여 바름을 지키고 굽히지 말아야 합니다. 그리하여 마침내 나라로써 순도(殉道)한다면, 목전의 형세는 비록 굽혀졌더라도, 후세에 펴지는 것은 장차 일월(日月)과 그 빛을 함께 할 것이요 천지와 그 장구함을 함께 할 것이니, 또한 큰 불행은 되지 않을 것입니다.

어찌 내수(內修)의 근본에 힘쓰지 않고 외양(外攘)의 방책을 생각하지 않으면서, 미리 '아직 실체가 드러나지 않은 오랑캐'를 걱정하여, 먼저 '눈앞의 방자하고 흉악한 오랑캐'와 외교(外交)를 맺어 그들과 한 무리가 되고자 한다는 말입니까?[48]

---

48 『省齋集』卷2 頁4~5, 「除司憲府持平後陳情疏」: 至於防禦外夷之道, 亦有其說. 夫中華之所以爲中華, 而異於夷狄者, 以其有三綱之重, 五常之大, 禮樂文章之盛, 道學淵源之正也. 謀國者, 政宜扶植此物, 脩明此物, 以爲保全宗社之命脉, 餘力又講陰雨之備, 如上所言務本節用敎民親上之說, 以待四方不虞之變, 則彼夷狄者, 雖曰強悍, 亦有人性, 豈

위의 첫째 문단은 전통적 내수외양책을 다시 피력한 것이다. 성재는 내수를 제대로 한다면 외양은 결코 어려운 일이 아니라고 보았다. 둘째 문단은 명분으로 보거나 주·객의 형세로 보거나 우리는 능히 외적을 막아낼 수 있다는 것이다. 명분으로 본다면, 외적은 우리를 침략할 명분이 없는 것이다. 그럼에도 불구하고 외적이 침략을 자행할 경우, 주·객의 형세로 보면 공격보다는 방어가 유리한 것이요, 명분이 바른 우리는 백령(百靈)의 도움과 만민의 분발을 기대할 수 있으니, 능히 외적을 제압할 수 있다는 것이다.[49] 셋째 문단은 최악의 경우 '이국순도(以國殉道)'를 각오하자는 것이다. 우리가 비록 망국에 이를지라도 끝까지 도(道)를 등지지 않는다면, 옳음은 우리에게 있고 그름은 저들에게 있게 된다. 그러므로 우리는 영원히 떳떳할 수 있으며, 또한 언젠가는 사필귀정(事必歸正)의 날이 돌아오는 것이다. 그러므로 성재는 "목전의 형세는 비록 굽혀졌더라도, 또한 큰 불행은 되지 않을 것"이라고 주장한 것이다. 넷째 문단은 개화파의 방아책(防俄策)의 무모함을 다시 비판한 것이다. '아직 실체가 드러나지 않은 오랑캐'란 러시아를 가리키고, '눈앞의 방자하고 흉악한 오랑캐'는 서구열강을 가리키거니와, 러시아를 막고자 서구열강을 끌어들이는 것은 터무니없는 계책이라는 것이다.

敢興無名之師, 而行犯順之擧乎? 設令有豺虎之冥頑不諒而至者, 吾之所以應之者, 以主待客, 以守待戰, 以正制邪, 以直制曲, 百靈所扶持, 萬姓所奮發, 豈有遽受其挫折哉? 不幸勢有所不敵, 君臣上下, 亦宜精白一心, 守正不撓, 卒之以國殉道, 則目前事形, 雖有所屈, 而其所伸於後者, 將與日月同其光顯, 天地同其久長矣, 亦未爲大不幸也. 豈有不務內修之本, 不思外攘之策, 豫慮將來未形之夷, 而先結當面肆凶之夷, 以求爲之黨者耶?

49 성재의 이러한 주장은 '우리나라가 본래 强國'이라는 인식에 기초한 것이기도 하다. 성재는 우리나라가 隋煬帝 唐太宗의 大軍은 물론 수많은 오랑캐의 침략을 물리친 사례를 들어 "우리나라가 본래 强國임은 진실로 천하에 소문이 나 있다"고 상기시킨 바 있다.(『省齋集』卷32 頁17, 「三政策」 참조).

위의 인용문은 서구열강과의 수교(修交)를 비판한 것인바, 성재는 1876년 일본과의 수교도 잘못된 것이었다고 주장했다. 일본은 더 이상 '옛날의 일본'이 아니요 '새로 만들어진 서양의 나라'라는 것이다. '서양의 앞잡이'에 불과한 일본과의 수교는 결국 서양 여러 나라에 교통로를 열어준 것이요,[50] 그 결과 일본과의 수교 이후 대의(大義)가 무너지고 인심이 이반하게 되어, 마침내는 임오군란과 같은 갖가지 변란을 초래하게 되었다는 것이다.[51]

이제까지 〈제사헌부지평후진정소〉[52]를 중심으로 성재의 위정척사론을 살펴보았거니와, 이제 그 특징을 정리해보기로 하자. 첫째, 성재는 과거의 역사와 당시의 현실을 '중화와 이적' 또는 '정학과 이단'의 대립구도로 인식했다. 이러한 대립 속에서 역사는 일치일란으로 전개되었다는 것이다. 둘째, 성재는 도통의 전승과정을 존화양이 또는 부양억음의 과정으로 인식했다. 도통을 계승한 성현이란 곧 일치일란의 역사속에서 일치(一治)의 업적을 이룬 분들이라는 것이다. 셋째, 성재는 당시의 제국주의 열강을 단순한 이적이 아닌 '금수'로 인식했다. 금수와는 인도(人道)를 공유하기가 더욱 불가능하므로, 쇄국과 반개화(反開化)

---

50 『省齋集』卷2 頁3,「除司憲府持平後陳情疏」: 夫日本者, 我接壤之國也. …… 燕人亦言其非舊日之日本, 乃新造之洋國也. 我國縱不能興師問罪, 以明大義, 其忍與之交通修好, 以辱國體, 因以啓西洋接踵之路耶?

51 『省齋集』卷2 頁5,「除司憲府持平後陳情疏」: 自六月以來, 變亂百出. …… 苟求其故, 實由講和以後, 大義壞廢, 人心離叛, 有以致之.('6월의 變亂'이란 '壬午軍亂'을 말하고, '講和'란 1876년의 '丙子修護條約'을 말한다)

52 이 上疏에 대해, 高宗은 "上疏를 보고 잘 알았다. 그대는 스스로 西洋의 豪傑에 비견하고자 하는가. 책을 읽었다는 자도 오히려 이러하니, 어리석은 백성들이 서로 訛言을 일삼는 것이 어찌 괴이하겠는가?"라는 冷笑的인 批答을 내렸다(『省齋集』 卷2 頁8,「除司憲府持平後陳情疏」: 批曰, 省疏具悉, 爾欲自比於西州豪傑乎? 讀書者尙如此, 何怪愚民之胥訛也).

가 필수적이라는 것이다. 넷째, 성재는 위정척사의 성공가능성을 전통적 내수외양론에서 찾았다. 전통적 내수외양론은 인륜의 확립을 부국강병의 선결조건으로 삼고, 산업에 있어서는 무본억말(務本抑末)을 기치로 삼는 것이었다. 마지막으로, 성재는 목전의 성패보다 정명(正名)을 더욱 중시했다. 명분이 바르면 우리의 대의(大義)는 영원히 빛날 것이며, 목전의 실패도 언젠가 다시 만회할 수 있으므로, 크게 불행한 일이 못 된다는 것이다.

성재가 '명덕을 밝히기 위한 공부방법'은 '때때로 드러나는 명덕을 단서로 삼아 기품과 물욕을 다스려, 명덕의 본체를 회복하는 것'이라고 설명한 것은 〈삼정책〉의 다음과 같은 내용과 정확히 상응한다. 철종(哲宗)이 삼정에 대한 구언(求言)을 실시하면서 '조종(祖宗)의 적자(赤子)가 날로 도탄에 빠지는 것을 차마 볼 수 없다'는 심정을 피력한 것을 두고,[53] 성재는 다음과 같이 말한 바 있다.

> '명덕을 밝힘'은 마땅히 세 절(節)의 공부로 이해해야 한다. 먼저 '명덕이란 본래 어떤 물건인가'를 이해하고, 다음으로 '명덕이 중간에 밝혀지지 못함은 무슨 곡절로 인한 것인가'를 이해하고, 다음으로 '이제 명덕을 밝히려면 마땅히 어떻게 공부를 해야 하는가'를 이해해야 한다.[54]

성재는 '명덕'이란 '사람이 하늘로부터 얻은 밝은 덕'이라 했고, '명

---

[53] 『省齋集』 卷32 頁2, 「三政策」: 予以寡德, 承祖宗遺大投艱之緒, 忍見祖宗赤子日趨溝壑, 中夜繞壁, 錦玉何安?

[54] 『省齋集』 卷24 頁1, 「大學說」: 明明德, 當作三節工夫. 先理會明德元是何㨾物, 次理會中間不明是緣何委折, 次理會今欲明之, 當作如何工程.

덕이 중간에 밝혀지지 못하는 까닭'은 '기품의 구애'와 '물욕의 가림' 때문이라 했으며, '명덕을 밝히기 위한 공부방법'은 '때때로 드러나는 명덕을 단서로 삼아 기품과 물욕을 다스려, 명덕의 본체를 회복하는 것'이라 했다.[55] 성재의 이러한 설명은 주자의 설명과 다른 점이 없다. 본고에서 주목하는 것은, '명명덕'을 3단계의 공부로 나누어 접근하는 방법은 곧 성재가 '경세'에 대해 접근하는 방법이기도 했다는 점이다.

성재는 〈삼정책〉에서 삼정의 본래 취지를 십분 긍정하면서도, '제도의 취지가 아름답다고 하여 그것만으로 폐단이 없게 되지는 않는다'고 주장하고, 어떤 제도가 본래의 취지와 달리 폐단을 낳는 까닭을 '제도의 운용자들이 본래의 취지를 외면하고 왜곡함'과 '제도 자체가 주어진 실정에 맞지 않음'으로 설명했다. 성재의 이러한 접근법은 그의 '명명덕'에 대한 접근법과 정확히 상응한다. 요컨대 '삼정은 본래 아름다운 취지에서 시작되었다'는 주장은 '명덕이란 사람이 하늘로부터 얻은 밝은 덕'이라는 주장과 상응하고, '삼정이 폐단을 낳는 까닭'에 대한 설명은 '명덕이 중간에 밝혀지지 못하는 까닭'에 대한 설명과 상응하며, '삼정을 개혁하는 방법'에 대한 설명은 '명덕을 회복하는 방법'에 대한 설명과 상응한다. 이 점을 좀 더 자세히 살피기로 하자.

성재가 '어떤 제도가 본래의 취지와 달리 폐단을 낳는 까닭'을 '제도의 운용자들이 본래의 취지를 외면하고 왜곡함'과 '제도 자체가 주어진 실정에 맞지 않음'으로 설명한 것은 '명덕이 중간에 밝혀지지 못하는 까닭'을 '기품의 구애'와 '물욕의 가림'으로 설명한 것과 상응한다. '제도의 운용자들이 본래의 취지를 외면하고 왜곡함'은 제도의 운용자들이

---

55 『省齋集』卷24 頁1~3,「大學說」 참조.

'사리사욕[人欲]'에 얽매여 '본래의 취지[天理]'를 왜곡한 것이니, 이는 바로 '물욕의 가림'에 상응하는 것이다. '제도 자체가 주어진 실정에 맞지 않음'은 시대의 상황이나 풍토의 조건이 제도의 본래 취지를 구현할 수 없게 만든 것이니, 이는 바로 '기품의 구애'에 상응하는 것이다.

Ⅳ. 경학과 경세론의 상관관계

유교는 본래 수제치평(修齊治平)을 추구하는 이념체계이거니와, 따라서 유교의 경전과 경세론은 본래 표리를 이루는 것이다. 유교의 경전에서는 수제치평의 원리를 제시하고, 역사의 치란에 대한 성찰로부터 도출된 교훈을 통해 그 원리의 정당성을 뒷받침하고 있다. 따라서 경전은 그 자체 경세론의 체계이기도 한 것이다. 이러한 맥락에서, 모든 유학자들의 경학과 경세론은 밀접한 연관성을 지니게 되는데, 이 점은 성재의 경우도 마찬가지이다. 이제 성재의 경학과 경세론이 서로 표리를 이루는 양상을 간단히 살펴보기로 하자.

우선, '경세'에 대한 성재의 접근방법은 기본적으로 『대학』의 '명명덕'에 대한 논의와 궤를 같이 하는 것이다. 성재는 〈대학설〉에서 다음과 같이 말한 바 있다.

군주가 '적자(赤子)가 도탄에 빠지는 것을 차마 볼 수 없다'는 심정을 품는 것은 옛날의 철벽(哲辟)도 반드시 모두 품었던 심정이 아닙니다. 그런데 지금 바로 우리 임금께 이러한 말씀을 들으니, '종사(宗社)와 생민(生民)의 행복'이 이보다 더 큰 것이 있겠습니까? 무릇 '소에게 차마하지 못하는 마음

[不忍牛之心]'을 '사람에게 차마하지 못하는 마음[不忍人之心]'으로 미루어나가는 것은 오히려 피·차의 간격이 있어서, '반우(反隅)의 어려움'[56]이 있는 것입니다. 그런데 이제 곧바로 '사람에게 차마하지 못하는 마음[不忍人之心]'으로 '사람에게 차마하지 못하는 정사[不忍人之政]'를 베풀고자 한다면, 그 기틀은 다만 '확충하느냐, 못하느냐'의 사이에 있을 뿐입니다. 만약 전하의 이 마음이 한 때의 어떤 일을 위해서 발한 것으로서, 그 단서를 확충시킬 생각을 하지 않으신다면, 진실로 드릴 말씀이 없겠습니다. 그러나 만약 그렇지 않아서, 불이 처음 타오르고 샘이 처음 뚫리는 것과 같은 형세가 있게 된다면, 폐정(弊政)을 개혁하지 못함을 어찌 근심하겠으며, 생민(生民)을 구제하지 못함을 어찌 근심하겠습니까?[57]

위에 보이듯이, 성재는 한때 드러난 철종의 불인지심(不忍之心)을 주목하고, 그 단서를 확충시킴으로써 폐정을 개혁하고 생민을 구제하고자 한 것이었다.

다음, 성재는 경전을 논함에 있어서 선후본말론·인수대별론·인심도심론 등을 매우 중시했는데, 이러한 논제들은 성재의 경세론을 관통하는 핵심 논리이기도 했다. 이제 각각의 예를 살펴보기로 하자. 성재는 〈삼정책〉에서 경세의 선후본말을 거론하면서 다음과 같이 말한다.

---

56 『論語』「述而」 제8장의 "不憤 不啓 不悱 不發 舉一隅 不以三隅反 則不復也"에서 나온 말로, '한 모퉁이를 들어주었을 때 세 모퉁이를 들어 반응하기가 쉽지 않음'을 말한다.
57 『省齋集』 卷32 頁3, 「三政策」: 至若人主心上不忍赤子之一念, 此古昔哲辟之所未必盡有者, 而今乃得之於吾君, 則宗社之幸, 生民之福, 孰有大於此者乎? 夫以不忍牛之心, 推不忍人之心, 猶有彼此反隅之難. 今直以不忍人之心, 行不忍人之政, 則其機只在擴充不擴充之間而已. 若殿下此心, 出於一時有為而發, 而不思所以擴充其端, 則誠無可言. 如其不然, 而有火然泉達之勢, 則何憂乎弊政之不可擧, 何患乎生民之不可救也?

천하·국가를 다스리는 데에는 근본이 있고 말단이 있습니다. '근본'이란 '군주의 마음'을 말하고, '말단'이란 '정법(政法)과 서사(庶事)'를 말합니다. 그 마음을 지니고 그 법을 다스리는 사람은, 비록 폐단이 쌓여 고질이 된 경우라 하더라도, 비색(否塞)함을 무너뜨려 태통(泰通)함을 회복하는 것이 마치 봄바람이 만물의 싹을 돋게 하는 것과 같아, 천두만서(千頭萬緖)가 저절로 질서정연하게 되어 어지럽힐 수 없는 것입니다. 그러나 그 마음이 없이 그 법에 힘쓰는 자는, 비록 임시방편으로 때워 구차하게 시일을 연장하더라도, 모래 위에 뿌리 없는 나무를 심은 것과 같아서, 동쪽을 떠받치면 서쪽이 기울고, 서쪽을 떠받치면 동쪽이 기울어, 결국에는 쓰러지고 마는 것입니다. 그러므로 맹자는 전국(戰國)의 때를 당하여 생민이 날로 도탄에 빠지는 것을 보고 황급하게 구원하고자 하는 마음에 천리 길을 가서 제선왕을 만났던 것입니다. 그 정령(政令)을 거조(擧措)하는 사이에 말할 것이 하나 둘이 아니었을 터인데도, 평범하게 '소를 양으로 바꾼 일'로 제선왕의 불인지심(不忍之心)을 일깨우고, "이 마음을 들어서 정사에 베푼다면 백성을 보호하여 왕자(王者)가 되는 것은 손바닥을 움직이는 것처럼 쉽다"고 했습니다. 당시의 군신상하가 누구인들 그 말이 '사정(事情)에 우원(迂遠)하다'고 여기지 않았겠습니까? 그런데도 맹자는 오히려 확고하게 자신하여 "비록 성인이 다시 태어나셔도 내 말을 바꾸지 않을 것"이라고 했습니다. 이는 참으로 천하의 일은 '먼저 그 근본을 세우지 않고는 능히 그 말단을 구제할 수 없기 때문'입니다.[58]

---

58 『省齋集』卷32 頁2,「三政策」: 爲天下國家, 有本有末. 本者人主一心之謂也, 末者政法庶事之謂也. 有其心而治其法者, 雖在積弊痼瘼之餘, 其所以傾否回泰者, 若春噓而物苗, 千頭萬緖, 自有天然之序而不可亂也; 無其心而務其法者, 雖架漏牽補, 苟延時日, 而如無根之木, 聚沙而植之, 拄東則西傾, 撐西則東倚, 終於頹仆而已矣. 故孟子當戰國之時,

성재가 '삼정의 폐단을 구제하는 방도'를 논함에 있어서 '제도 운용자들의 심법을 바루는 것'을 '근본'으로 설정하고, '제도를 실정에 맞게 개혁하는 것'을 '방법'으로 설정했던 것은 바로 위와 같은 선후본말론에 입각한 것이었다.

성재의 위정척사론은 무엇보다도 인수대별론을 핵심 논리로 삼은 것이었다. 성재는 〈제사헌부지평후진정소〉에서 다음과 같이 말한다.

천하의 일은 정명(正名)이 우선입니다. 한 번 '양이(洋夷)의 당여(黨與)'라는 이름이 붙는다면, 비록 그 봉강(封疆)이 아직 바뀌지 않고 의관(衣冠)도 아직 바뀌지 않았다고 하더라도 다시는 '옛날의 소중화(小中華)'가 될 수 없는 것입니다. 하물며 대본(大本)이 한 번 어긋나면, 지난 날 임금을 팔아먹은 무리들은 염치를 모두 극도로 잃어버렸으니, 비록 의관을 찢어버리라고 요청하더라도 또한 무엇을 꺼려 그렇게 하지 않겠습니까? 춘추(春秋)의 법에, 난신적자(亂臣賊子)는 먼저 그 당여를 다스린다고 합니다. 만약 왕자(王者)가 일어나서 양이(洋夷)의 죄를 토벌한다면, 우리나라는 치죄(治罪)의 대상이 되겠습니까, 허여(許與)의 대상이 되겠습니까? 먼저 다스릴 대상이 되겠습니까? 뒤에 다스릴 대상이 되겠습니까? 오호라. 요·순 이래 사천년 동안 서로 전한 중화(中華)의 일맥이 우리 동방에 의지하고 있으며, 공·맹 이래 이천년 동안 서로 전한 도학(道學)의 정통 또한 우리 동방에 의지하고 있습니다. 그런데 어찌하여 하루아침에 그 나라를 들어서 금수귀매(禽獸鬼魅)의

目見生民之日就塗炭, 而以汲汲救援之心, 千里而見齊王, 其於政令擧措之間, 可言者宜非一端, 而顧乃以尋常易牛一事, 提起齊王戚戚之心, 以爲擧此而加之則保民而王, 如運掌之易也. 當時君臣上下, 孰不以其言爲迂遠事情? 而孟子猶斷斷自信, 以爲雖聖人復起, 不易吾言者, 誠以天下之事, 未有不先立其本而能救其末者也.

당여로 만들고, 그 백성을 몰아서 금수귀매의 교도(敎徒)로 만들어, 위로는 황천(皇天)과 조종(祖宗)이 부탁한 무거운 책임을 등지고, 아래로는 만세의 강상(綱常)을 무너뜨리는 재앙을 끼친다는 말입니까?[59]

성재의 위정척사론은 동도동기론에 입각하여 전통적 내수외양론을 전개한 것이지만, 그것은 근본적으로 '사람과 금수 사이의 명분을 바로잡아야 한다'는 인수대별론에 입각한 것이다. 다시 말해, 성재의 위정척사론은 단순히 내수외양을 통해 우리의 주권을 지키자는 것에 그치는 것이 아니었다. 그것은 보다 근본적으로 우리가 추구해야 하는 '문명의 본질'을 문제 삼은 것이다. 성재는 바로 인수대별론에 입각하여 동도동기론과 존화양이론을 옹호했다.

이상에서 선후본말론과 인수대별론이 경세론과 연결되는 양상을 소개했거니와, 인심도심론은 선후본말론·인수대별론과 표리를 이루는 것이다. 다시 말하면, 인심도심론은 '먼저 통치자의 심법을 바루는 것이 경세의 근본이다'라는 맥락에서는 선후본말론과 연결되고, '도심을 일신의 주재자로 삼으면 사람이 되고, 인심을 일신의 주재자로 삼으면 금수가 된다'는 맥락에서는 인수대별론과 연결된다. 인심도심론이 이처럼 선후본말론·인수대별론과 표리를 이룬다는 것은 인심도심론이 유

---

[59] 『省齋集』卷2 頁5,「除司憲府持平後陳情疏」: 天下之事, 正名爲先. 名之曰洋夷之黨, 雖其封疆有未改, 衣冠有未更, 而不得復爲舊日之小中華矣. 況大本一差, 異日販君賣父之徒, 廉恥都喪之極, 雖毀冠裂裳之請, 亦何所憚而不爲耶? 春秋之法, 亂臣賊子, 先治其黨與, 有王者作, 顯討洋夷之罪, 則我國當在所治乎? 在所與乎? 當在所先乎? 在所後乎? 嗚呼. 自唐虞以下四千年相傳中華一脉, 寄寓在吾東一邦, 自孔孟以下二千年相傳道學正統, 亦寄寓在吾東一邦, 奈之何一朝欲擧其國, 爲禽獸鬼魅之黨與, 驅其民, 爲禽獸鬼魅之敎徒, 上負皇天祖宗顧托之重, 下貽萬世綱常無疆之禍也?

교 경전 전반을 관통하는 포괄적 명제라는 뜻이기도 하다. 성재는 〈삼서연의〉에서 다음과 같이 말한 바 있다.

> "인심유위 도심유미 유정유일 윤집궐중(人心惟危 道心惟微 惟精惟一 允執厥中)"이라는 네 구절의 말씀은 제왕이 도통을 전한 대훈(大訓)일 뿐만 아니라 아주 오래된 유가의 명리(名理)의 근원이요 학문의 비조(鼻祖)였던 것이다. …… 옛날부터 여러 선비들이 심·성(心性)과 리·기(理氣)를 논한 것이 진실로 단서가 많지만, 그 요점이 모두 여기에 갖추어진 것이다. 공·맹의 '극기복례(克己復禮)'와 '알인욕존천리(遏人欲存天理)'라는 큰 종지(宗旨)도 실로 이른바 '유정유일(惟精惟一)'에 근본한 것이요, 『대학』의 '격치성정(格致誠正)'과 『중용』의 '택선고집(擇善固執)'도 이미 '유정유일' 가운데 포함되어 있었던 것이다. '중(中)'은 '인도(人道)의 지극한 표준'을 뜻하고 '윤집(允執)'은 '성·경(誠敬)을 종합한 것'이라는 점은 앞에서 이미 말한 바 있는데, 이는 진실로 성학(聖學)의 귀숙처(歸宿處)인 것이다. 후세에 성학에 종사하려는 자가 비록 여러 법도를 모두 갖춘다 하더라도, 어찌 이 네 구절을 벗어나 별도로 일설(一說)을 구할 수 있겠는가?[60]

성재는 인심도심론을 '유가의 명리의 근원'이요 '학문의 비조'로서, 사서(四書)의 종지(宗旨)를 모두 포괄하는 '성학의 귀숙처'라고 규정하고,

---

60 『省齋集』卷26 頁6~7, 「三書衍義」: 此四言者, 不惟帝王傳統之大訓, 乃千古儒家名理之源, 問學之鼻祖也. …… 古來諸儒論心性理氣者固多端, 而其大要則皆備於此也. 所謂精一者, 孔孟二聖克復遏存之大宗旨, 實本於此, 而大學之格致誠正, 中庸之擇善固執, 亦已該包於其中矣. 至若中之爲人道之極, 允執之爲誠敬之合, 則上固已言之, 而實聖學歸宿之地也. 後之欲從事於此學者, 雖備盡諸法, 豈可外此而別求一說耶?

후학들에게 '오직 인심도심론의 취지를 충실하게 실천하라'고 권장한 것이다.

위의 인용문 가운데 "중(中)은 인도(人道)의 지극한 표준을 뜻한다"는 말 속에는 인수대별론의 취지가 담긴 것이다. 성재는 "인심은 사람과 금수가 함께 지닌 것이요, 도심은 우리 사람만이 홀로 지닌 것이다."[61]라고도 했는데, 이로써 인심도심론과 인수대별론이 표리를 이룸이 충분히 확인되는 것이다. 이제 인심도심론과 선후본말론이 결합되어 경세론에 적용된 예를 보자. 성재는 〈삼정책〉에서 다음과 같이 말한다.

> 대개 천지는 만물을 낳는 것으로 마음을 삼으니, 그러므로 천지 사이의 사물로서 그 마음을 받아서 태어난 것은 모두 측달자애(惻怛慈愛)의 덕을 지니는 것입니다. 비록 태어나면서부터 기질이 방해하고, 태어난 다음에는 물욕이 가리더라도, 물의 차가움과 불의 뜨거움이 바뀌지 않는 것처럼, '본심의 바름'은 일찍이 없어지지 않습니다. 그러므로 윗사람이 진실로 이 마음으로 선창(先倡)하면 저 아랫사람이 흥기(興起)함은 천둥이 치면 바람이 따르는 것과 같은 형세입니다. 이는 천지 사이의 '감응의 상리(常理)'입니다. …… 엎드려 바라옵건대, 전하께서는 삼정의 업무를 잠시 몇몇 대신에게 맡겨서 성공시키도록 책임지우고, 한편으로는 널리 숙덕(宿德)을 찾고 빈료(賓僚)를 베풀어 날마다 경연을 열어 경훈(經訓)을 토론하시어, 선단(善端)을 개발하고 기질을 함양하는 것으로 급선무를 삼으십시오. 이렇게 하면 지금

---

[61] 『省齋集』 卷26 頁5, 「三書衍義」: 人心禽獸之所同, 而道心吾人之所獨.

과는 비교할 수 없을 정도로 일세(一世)를 흥동(興動)시킬 것입니다.[62]

성재는 '삼정의 업무는 대신에게 맡기라'고 청했거니와, 이는 '삼정의 구체적 업무'는 '경세의 말단'에 속한다는 뜻이다. 또 '숙덕(宿德)과 함께 경훈을 토론하여 선단을 개발하고 기질을 함양하는 것으로 급선무를 삼으라'고 청했는데, 이는 '군왕의 심법(心法)을 바루는 것'이야말로 '경세의 근본'이라는 뜻이다. 성재는 자신이 요청한 대로 실천하면, 심법은 외면한 채 삼정의 말단에 매달리는 것보다 훨씬 큰 효과를 볼 수 있을 것이라고 자신했다.

위의 인용문에서 또 하나 주목할 것은 '날마다 경연을 열어 경훈을 토론하라'는 구절이다. 경세의 근본은 '군왕이 심법을 바루는 것'인데, 날마다 경연을 열어 경훈을 토론하는 것이 곧 심법을 바루는 첩경이라는 것이다. 요컨대 성재는 경학을 경세의 근본으로 인식하고 있었다.

이상에서 살핀 것처럼, 성재 경세론의 골격은 모두 경학의 주요 논제들로부터 도출된 것이다. 다만 삼정의 구체적 방책들은 성재의 고유한 생각들이 많이 반영된 것인데, '구체적 방책들'은 성재의 말로 표현하자면 '말단'에 해당하는 것이었다.

---

62 『省齋集』卷32 頁20~21,「三政策」: 盖天地以生物爲心, 故凡爲物於天地之間而受其心以生者, 莫不有惻怛慈愛之德, 雖其氣質拘之於有生之初, 物欲蔽之於旣生之後, 而其本心之正則有未嘗泯者, 如水寒火熱之不可易. 故在上之人, 苟以是心先倡之, 則彼在下而興起焉者, 有雷動風隨之勢, 此天地間感應之常理也. …… 伏願殿下, 以今日三政之務, 姑且托付於一二大臣, 以責其成效, 一邊延訪宿德, 廣置賓僚, 日開講筵, 討論經訓, 汲汲以開發善端, 涵養氣質, 爲急先之務, 則其所以興動一世者, 又不但今日之比而已也.

V. 결론

성재의 경세론은 삼정책과 위정척사론으로 대별된다. 성재는 삼정의 대책을 논함에 있어서는 군주의 심법을 바루는 것을 근본으로 삼았고, 구체적인 방책을 마련하여 시행하는 것을 말단으로 삼았다. 이는 경학의 선후본말론에 입각한 것이다. 위정척c사를 주창함에 있어서는 무엇보다도 '중화와 이적', '사람과 금수'의 구별에 입각하여 개화를 반대하고, 전통적 내수외양론을 그 대안으로 제시했다. 이는 경학의 인수대별론에 입각한 것이다. 이처럼 성재의 경세론은 선후본말론과 인수대별론을 주축으로 삼았는데, 양자를 관통하는 또 하나의 논리는 인심도심론이었다. 인심도심론은 '먼저 통치자의 심법을 바루는 것이 경세의 근본이다'라는 맥락에서는 선후본말론과 연결되고, '도심을 일신의 주재자로 삼으면 사람이 되고, 인심을 일신의 주재자로 삼으면 금수가 된다'는 맥락에서는 인수대별론과 연결되었던 것이다. 이처럼 성재 경세론의 주요 골격은 선후본말론, 인수대별론, 인심도심론 등과 같은 경학의 주요 논제들로부터 도출된 것이었다. 성재의 경세론에는 통치자의 솔선수범(率先垂範)과 여민동락(與民同樂)을 강조하는 내용이나 시의(時宜)에 맞는 개혁을 추진하라는 내용 등도 많이 보이는데, 이 또한 유교 경전의 지론이었던 것이다.

경학으로부터 경세론을 도출하는 것은 모든 유학자들의 공통점으로서, 성재만의 특징이라 할 수 없다. 유교의 경전은 본래 수제치평(修齊治平)을 지향하는 것이었으니, 이러한 맥락에서 경학과 경세론이 표리를 이룸은 당연한 것이다. 다만 경전에 대한 해석상의 차이나 경전의 여러 논제들 가운데 무엇을 주목하느냐에 따라 경세론이 다소 다르게 전개될 수도 있는 것이다. 그런데 성재는 충실한 주자학자였고, 주자학은 한말 유학자들이 공통의 기반으로 삼은 것이었기에, 성재 경세론의 기본 골격은 다른 유학자들과 별 차이가 없다.

또한 성재의 위정척사론은 당시의 일반론과 궤를 같이하는 것으로서, 성재만의 고유한 특징이라고 볼 수 있는 것은 거의 없다. 이 세계를 '중화와 이적'의 대립구도로 인식하는 것, 당시의 제국주의 열강을 단순한 이적이 아닌 '금수'로 인식하여 개국과 개화를 반대하는 것, 위정척사의 성공가능성을 전통적 내수외양론에서 찾는 것, 목전의 성패보다 정명(正名)을 더욱 중시하는 것 등은 한말 위정척사론의 공통된 내용이었다.[63]

다만 성재가 제시한 삼정의 구체적 개혁방안에 있어서는 몇 가지 독특하고도 주목할 만한 내용을 볼 수 있었다. 첫째, 전정(田政)의 주기에 대해 '해마다 순차적으로 전답을 다시 측량하라'고 제안한 것은 당시의 현실에 맞는 적절한 방법이었던 것으로 보인다. 성재가 소개한 결망개방법(結網開方法)도 당시의 수준에서는 매우 효과적인 토지측량방법이었을 것이다. 둘째, 군포(軍布)에 대해 동포법(洞布法)을 제안하고 그 실무를 동장(洞長)·이임(里任)에게 맡기라고 한 것은 균역(均役)을 기하고 관리의 횡포를 막을 수 있는 적절한 방법이었던 것으로 보인다. 셋째, 환곡(還穀)에 대해 '그 실무를 이창(里倉)으로 내려보내라'고 제안한 것은 공·사(公私) 양쪽에 모두 편리하면서도 관리의 횡포를 막을 수

---

[63] 韓末 衛正斥邪論에 대한 포괄적 논의는 이상익, 『서구의 충격과 근대 한국사상』, 한울, 1997 참조.

있는 적절한 방법이었던 것으로 보인다.[64]

위와 같은 구체적 방안들은 모두 주목할 만한 것이지만, 그 중에서도 특히 주목할 것은 관리의 횡포를 막는 방법으로 '향촌민들의 자율에 맡기는 방법'을 적극 제안했다는 점이다. 주지하듯이, 당시 삼정의 폐단은 무엇보다도 관리들의 탐학과 부정에 의한 것이었다. 그런데 지방관들이 행정권과 형벌권을 동시에 쥐고 있는 현실에서는 이를 시정(是正)하기가 어려웠거니와, 성재는 이 점을 직시하고 관리의 권한을 줄이는 방법을 모색했다. 성재는 한편으로는 당시 향촌민들의 자치역량을 주목하고, 군포와 환곡 등의 실무에 대해 그 권한과 책임을 향촌민들에게 위임하라고 제안했던 것이다.

그런데 위와 같은 경세의 구체적 방안들이 성재의 경학과 직접적 관계가 있는 것은 아니다. 경학에서는 다만 '백성을 사랑하라, 시의에 맞는 개혁을 모색하라'는 지침을 제공할 뿐이다. 성재는 그러한 지침에 따라 현실에 대해 고민하고 통찰하여, 위와 같은 개혁방안들을 모색했던 것이다.

---

64 오늘날에는 '三權分立'을 통해 官員의 횡포를 예방하고자 하는데, 성재는 三權分立과는 다른 맥락에서 官員의 權限 자체를 축소하려고 한 것이다.

13
면암 최익현의 성리설과 수양론

금장태

I. 면암의 학풍

면암(勉菴) 최익현(崔益鉉, 1833~1906)은 조선왕조 말기의 역사적 격변을 앞장서서 정면으로 부딪쳤던 인물이다. 화서학파(華西學派)가 이 시대 속에서 도학정신을 가장 격렬하게 발휘하였지만, 특히 면암은 화서학파의 여러 인물들 가운데서도 도학이념을 가장 뚜렷하게 시대의식으로 구현하였다. 그만큼 면암의 활동과 사상을 통하여 화서학파의 역사인식과 시대의식이 지닌 특성을 더욱 선명하게 확인할 수 있다.

면암(勉菴) 최익현(崔益鉉)은 11세 때 양근(楊根) 후곡(厚谷)[현 양평군(楊平郡) 서종면(西宗面) 서후리(西厚里)]으로 이사하였는데, 14세 때부터 가까이 벽계(檗溪)[노문리(盧門里)]에서 강학하던 화서(華西) 이항로(李恒老)의 문하에 나아가 수학(受學)하게 되었다. 화서(華西)는 그의 탁월한

---

*   금장태(서울대학교 종교학과 명예교수) 이 글은 「勉菴 崔益鉉의 性理說과 修養論」(『大東文化研究』 제34집, 성균관대학교 대동문화연구원, 1999. 6.)이란 제목으로 게재되었던 것을 고쳐 쓴 원고임을 밝혀둔다.

자질을 사랑하여 수양에 절실한 경구(警句)로 '낙경민직(洛敬閩直)'[정자(程子)의 '경(敬)'과 주자(朱子)의 '직(直)'], '존심명리(存心明理)'[마음을 간직하고 이치를 밝히라]라는 문구를 써주어 격려하였다. 그가 15세 때 화서(華西)가 써 준 '면암(勉菴)'이란 두 글자는 그의 호가 되었다. 면암은 16세 때부터 스승 화서(華西)에게 성리설과 수양론 및 경학·예학에 관한 쟁점들을 정밀하게 검토하는 질문을 할 정도로 일찍부터 도학(道學)의 본격적 영역에 뛰어들어 학구적인 자세를 유감없이 발휘하였다. 또한 그는 18세 때 괴원(槐園) 이준(李埈)이 화서(華西)의 명에 따라 홍천(洪川) 삼포(三浦)에서 『주자대전차의집보(朱子大全箚疑輯補)』를 편찬할 때 이에 참여하였다. 이런 사실은 그가 그만큼 화서문하에서 인정을 받고 있었음을 말해준다.

면암은 18세 때 자신의 성리학적 인식을 정리하여「항양만록(恒陽漫錄)」을 저술하고 있었으니, 그의 성리설은 이때 기본틀이 형성되었던 것으로 보인다. 그는 소년 시절에 정립한 성리설에 기초하여 평생 화서(華西)를 계승하는 입장에 흔들림이 없었다. 중암(重菴) 김평묵(金平默)과 성재(省齋) 유중교(柳重教)를 두 축으로 하는 화서학파의 학맥에서 격렬한 심설(心說)논쟁이 일어났을 때, 면암(勉菴)은 중암(重菴)과 더불어 화서(華西)의 심주리설(心主理說)을 옹호하면서도 성재(省齋)의 수정안(修正案)이 지닌 의의(意義)를 적극적으로 받아들였다. 여기서 그가 사실상 양자의 논쟁을 조정하는 중요한 역할을 하였던 사실을 확인할 수 있다. 또한 그는 심주리론(心主理論)의 성리설에 근거하여 화서(華西)로부터 전수받은 존심명리(存心明理)의 수양론(修養論) 내지 위학론(爲學論)의 과제를 역설하고 있다.

면암은 벼슬길에 나가 19세기말 한말(韓末)사회의 급변하는 정국

(政局)에서 도학적 정통의식과 의리론의 신념에 따라 대응논리를 제시하는 데 가장 많은 관심을 보여주었다. 따라서, 그의 학문체계에서는 이른바 '위정척사론(衛正斥邪論)'으로 일컬어지는 화서학파의 현실의식이 주류를 이루고 있는 것이 사실이다. 그러나 면암(勉菴)사상을 한층 더 심도 있게 해명하기 위해서는 지금까지 주로 관심을 집중시켜 왔던 면암(勉菴)의 의리론적 시대인식의 기반에 놓여 있는 그의 철학적 사유구조로서 성리설과 수양론을 조명할 필요가 있다. 따라서 본 논문에서는 면암(勉菴)의 성리설과 수양론을 중심으로 철학사상적 성격을 해명함으로써, 면암(勉菴)사상의 전체적 이해를 위한 시야를 넓혀가고자 한다.

II. 리기·심설론의 주리론적 정립

1. 리기설理氣說의 주리적主理的 전환

면암은 '태극'개념을 하나의 '생생(生生)하는 도(道)'로서 지극하여 더 보탤 것이 없다는 뜻에서 '극(極)'이라 한다 하여, 생생(生生)하여 유행(流行)하는 도(道)의 안에서 '태극'의 존재를 확인하고 있다.[1] 그만큼 그는 '태극'을 현상세계에 내재하는 것으로 파악하고 있으며, 현상세계를 넘어서 있는 초월적 존재로 인식하지 않는 일원론적 입장을 분명히 하였다. 여기서 그는 "주재가 되는 것은 누구인가. 천지에서는 주재

---

[1] 『勉菴集』, 권16, 19, 「尹相濂字說」: 太極者, 只一箇生生之道也, 以其至極無以復加而謂之極, 非道外復有所謂太極也.

를 상제(上帝)[제(帝)]라 하고, 만물에서는 주재를 신(神)이라 하고, 사람에서는 주재를 심(心)이라 하니, 실지는 하나의 태극이다"[2]라고 하여, 주재(主宰)하는 존재로서 상제(上帝)·신(神)·심(心)을 포괄하여, 태극을 추상적 관념이 아니라 '주재(主宰)'하는 주체로 파악하고 있다. 나아가 그는 리(理)와 태극의 관계에 대해, "리(理)가 음양(陰陽)에 있는 것을 '태극(太極)'이라 하고, 사람에 있는 것을 '심(心)'이라 한다"[3]고 하여, 리(理) - 태극(太極) - 심(心)을 일치시켰다. 그는 주재(主宰)의 개념에 있어서 상제(上帝)·신(神)·심(心)에 비해 '태극'을 일반화된 개념으로 쓰고, 태극(太極)·심(心)에 비해 '리(理)'를 더욱 일반화된 개념으로 쓰고 있음을 엿볼 수 있다.

면암의 리(理)·기(氣) 개념은 기(氣) 없는 리(理)나 리(理) 없는 기(氣)가 성립할 수 없다는 리기불상리(理氣不相離)의 원칙에 근거한다. 따라서 그는 리(理)를 '기(氣)의 본체(本體)'요 기(氣)를 '리(理)의 당체(當體)'[4]라 하여, 본체와 현상의 분리될 수 없는 관계로 제시하기도 한다. 그는 리(理)를 일(一)이요 기(氣)를 이(二)라 하고, '리(理)'는 형체(形體)와 방소(方所)가 없는 것이요 '물(物)'은 상수(象數)와 방면(方面)이 있는 것이라 한다.[5] 그것은 리(理)·기(氣)를 리통(理通)·기국(氣局)이나 리일(理一)·기분수(氣分殊)의 질서로 제시하는 것으로 보인다. 또한 그는 리(理)

---

2 『勉菴集』, 권16, 28, 「以堂說贈鄭學元(經源)」: 做主者誰歟, 在天地, 則主宰謂之帝, 在萬物, 主宰謂之神, 在人, 主宰謂之心, 其實一太極也.

3 『勉菴集』, 권12, 9, 「答朴道謙海量」: 理之在陰陽者, 謂之太極, 在人者, 謂之心.

4 『勉菴集』, 권12, 42, 「答文德卿(達煥)」: 理是氣之本體, 氣乃理之當體.

5 『勉菴集』, 권16, 1, 「恒陽漫錄」: 理一而氣二, 無形體無方所者理也, 有象數有方面者物也.

를 '물(物)의 당연지칙(當然之則)'으로서 '형이상(形而上)의 도(道)'라 하고, 기(氣)를 '물(物)의 능연지구(能然之具)'로서 '형이하(形而下)의 기(器)'라 한다.[6] 곧 리(理)·기(氣)를 규범적 법칙[當然之則]과 작용의 장치[能然之具]로 대비시킴으로써 리(理)·기(氣)가 본래 하나의 존재임을 강조하고 있는 것이다.

나아가 그는 리(理)와 기(氣)의 분별이 실지의 사물에서 분리될 수 있는 것이 아니라, 단지 사람이 나누어 보거나 합하여 보는 데 따른 것이라 하여, 인식상(認識上)의 분별로서 지적한다.[7] 이러한 리(理)·기(氣) 개념의 파악은 리(理)·기(氣)를 현실에서 분리시킬 수 없다는 불상리(不相離)의 일체성을 철저히 관철하고 있는 것이다. 바로 이 점에서는 율곡(栗谷)으로부터 내려온 기호(畿湖) 성리학의 전통을 계승하고 있는 것이라 하겠다.

그러나 그는 일단 리(理)·기(氣)가 인간의 인식 속에서 분별이 되고 있다는 것을 전제로 리(理)·기(氣)의 관계가 리선기후(理先氣後), 리통기국(理通氣局), 리주기객(理主氣客), 리사기졸(理帥氣卒)의 질서로 분별될 수 있는 것임을 강조하고 있다.[8] 여기서 그는 율곡이 제시한 '리통기국(理通氣局)'만 받아들이는 것이 아니라, 퇴계가 언급하는 '리선기후(理先氣後)', '리주기객(理主氣客)', '리사기졸(理帥氣卒)'의 개념도 받아들이고 있는 것이다. 또한 주자가 『중용장구』의 첫머리에서 "하늘이 음양(陰

---

6 『勉菴集』, 권13, 51, 「答魏殷弼(商良)」: 理氣原是合一之物, 以是物當然之則, 謂之理, 卽形而上之道也, 以是物能然之具, 謂之氣, 卽形而下之器也.

7 『勉菴集』, 권16, 2, 「恒陽漫錄」: 天下無無氣之理, 亦無無理之氣, …… 所謂理氣, 只在人分合看.

8 『勉菴集』, 권16, 44, 「書示高淸汝(石鎭)」: 凡物皆有理氣, 關一不成物, 惟理先而氣後, 理通而氣局, 理爲主而氣爲客, 理爲帥而氣爲卒, 此則大分, 毫忽不可亂也.

陽)·오행(五行)으로 만물(萬物)을 화생(化生)한다"고 말한 것은 리선기후(理先氣後)요, "기(氣)로써 형(形)을 이루니 리(理)도 또한 여기에 부여되었다"고 말한 것은 기선리후(氣先理後)에 해당하는 것이라 분석한다. 그러면서도 그는 '기(氣)가 리(理)보다 앞선다'는 말은 병폐가 있는 것이라 하여 '리선기후(理先氣後)'를 리기(理氣)관계의 기본질서로 제시하였다.[9] 따라서 그는 '리선기후(理先氣後)'로 리(理)를 앞세우는 주리론(主理論)을 자신의 기본입장으로 확인하고 있다. 그만큼 그는 스승 화서(華西)의 견해를 따라 리(理)의 선행적(先行的) 역할과 주재적(主宰的) 지위를 중시하는 주리론(主理論)의 입장으로 전환하고 있는 것이다. 나아가 그는 「태극도설(太極圖說)」에서 "태극이 동(動)하여 양(陽)을 생(生)하고, 정(靜)하여 음(陰)을 생(生)한다."[太極動而生, …… 靜而生陰]는 구절을 음미하면서, 태극(太極) 및 리(理)를 무위(無爲)와 유위(有爲)의 양면을 포괄하는 것으로 파악한다. 그것은 율곡이 굳게 지키는 리무위설(理無爲說)을 인정하면서도 여기에 머물지 않고 리유위(理有爲)를 수용하는 주리론(主理論)의 입장으로 전환하고 있음을 명확하게 보여주는 것이다. 곧 그는 "사람들이 리(理)가 무위(無爲)하다고 말하기를 좋아하지만, '동(動)하여'[動而] '정(靜)하여'[靜而]라고 말한다면 이것은 유위(有爲)요 무위(無爲)가 아니다. 무릇 리(理)는 진실로 무위(無爲)이지만 유위(有爲)의 주인이 된다. 이미 주인이 되면 곧 '동(動)하게 하고'[動之] '정(靜)하게 하는'[靜之] 것이 태극이 아니고 무엇인가?"[10]라고 하여, 태극(太極) 내지

---

9 『勉菴集』, 권13, 35, 「答李昌穆(文相)」: 曰天以陰陽五行化生萬物, 則是理先而氣後也, 曰氣以成形, 理亦賦焉, 則是氣先而理後也, 氣先於理四字, 不無語病.

10 『勉菴集』, 권16, 45, 「書示高淸汝(石鎭)」: 人好言理無爲, 若言動而靜而, 則是有爲也, 非無爲也, 夫理固無爲, 而能爲有爲之主, 旣爲之主, 則動之靜之者, 非太極而何.

리(理)는 무위(無爲)이지만 동(動)·정(靜)하는 유위(有爲)의 주인이 되는 만큼 유위(有爲)하는 것이라 볼 수 있음을 강조한다. 여기서 리(理)[태극]의 유위(有爲)를 인정하는 근거는 리(理)가 유위(有爲)의 주인이 된다는 것이요, 그것은 바로 주재(主宰)의 지위를 지니는 것이 곧 작위(作爲)를 포함하는 것이라 파악한다. 따라서 그는 『중용장구』의 "天以陰陽五行化生萬物"[하늘이 음양오행으로써 만물을 화생한다]이라는 구절에서 '이(以)' 자(字)는 분부[명령]하는 주권의 의미가 있으며, 하늘이 리(理)요, '이(以)'하는 주체가 바로 리(理)임을 강조한다.[11] 곧 '분부하는 주권'이란 바로 모든 유위(有爲)의 주인이 되는 주재(主宰)요, 그런 분부하는 행위는 바로 리(理)에 유위(有爲)가 있음을 뜻한다고 본다.

2. 심心·성性개념의 주리론적 인식

면암은 리(理)·기(氣)개념을 서로 떠날 수 없다는 불상리(不相離)의 일체(一體)를 이루는 것으로 전제하면서도, 구체적 존재를 인식하는 과정에서 리(理)·기(氣)를 분석하여 해명하지 않을 수 없음을 강조한다. 그는 '심(心)'·'성(性)'·'변화(變化)'라는 인간 심성(心性)의 양상은 리(理)·기(氣)로 분석될 수 있음을 확인해주고 있다.[12] 곧 '심(心)'은 기(氣)로 인식하면 '기(氣)의 정상(精爽)[정령(精靈)]'이요, 오장(五臟)의 하나인

---

11 『勉菴集』, 권13, 50, 「答李景五(奎烈)」: 天, 理而已, 章句以陰陽五行之以字, 卽有分付主權之意, 陰陽五行化生萬物, 旣有所以之, 則此以之者, 非理而何.

12 『勉菴集』, 권16, 2, 「恒陽漫錄」: 至於理氣之云, 則心上也, 有理氣之分, 性上也, 有理氣之分, 變化亦然. 여기서 '變化'란 乘載·運用과 主宰·統攝의 작용과 역할을 포함하는 것으로서 心·性의 작용현상을 가리키는 용어로 면암이 독특하게 사용하고 있는 것이다. 성리학에서 일반적으로 사용하는 情·意개념을 포함하면서 좀더 폭넓게 사용하고 있는 것으로 보인다.

심장(心臟)이라는 것이며, '심(心)'을 리(理)로 인식하면 '일신(一身)의 주재(主宰)가 되고, 만화(萬化)의 강령(綱領)'이라 구별된다. '성(性)'은 기(氣)로 인식하면 기질지성(氣質之性)이요, 리(理)로 인식하면 본연지성(本然之性)으로 구별된다. 또한 '변화(變化)'는 기(氣)로 인식하면 '타고 싣거나 운용하는'[승재(乘載)·운용(運用)] 작용이요, 리(理)로 인식하면 '주재하고 통섭하는[주재(主宰)·통섭(統攝)] 역할로 구별할 수 있다. 그는 이렇게 리(理)·기(氣)로 구별하여 심(心)·성(性)·변화(變化)를 파악하고 보면, "리(理)가 주체의 역할을 하고 있으며 기(氣)도 리(理)에 포섭되고 있음을 알 수 있다"고 하여, 주리론(主理論)이 정당함을 확인하고 있다.[13]

心	以氣言 →	氣之精爽, 五臟之一
	以理言 →	一身之主宰, 萬化之綱領
性	以氣言 →	氣質之性
	以理言 →	本然之性
變化	以氣言 →	乘載運用
	以理言 →	主宰統攝

또한 그는 '성(性)'을 리(理) 한편으로만 가리키면 '본연지성(本然之性)'이라 하지만, 기(氣)를 겸하여 가리키면 '기질지성(氣質之性)'이라 한다 하여, 전자는 '단지(單指)'인 데 비해 후자는 '겸지(兼指)'가 된다고 언급하기도 한다. 이처럼 리(理)·기(氣)를 단지(單指)·겸지(兼指)하여 구별하는 것은 심(心)·성(性)·정(情)의 어디에나 적용될 수 있는 것이요, 그

---

13 같은 곳 : 以氣言心, 則不過曰氣之精爽, 五臟之一也, 以理言之, 則一身之主宰, 萬化之綱領, 以性言之, 則有本然之性, 氣質之性, 以變化言之, 則有乘載運用者, 有主宰統攝者, 此可見理爲主而氣亦不外是矣.

것은 존재상에서 분리되는 것이 아니라 인식상의 분간(分揀)[구별]에 따른 것임을 다시 확인하고 있다.[14]

그는 심(心)과 성(性)을 대비시켜 해명하면서, 심(心)과 성(性)이 두 가지 존재가 아닌 하나의 실체임을 전제하고, "심(心)은 성(性)의 주재(主宰)이고 성(性)은 심(心)의 체단(體段)이다"[15]라고 하여, 인간의 심성(心性)에서 '심(心)'이 주재(主宰)의 능동적 역할을 하는 측면이요, '성(性)'은 체단(體段)[구조(構造)]으로서 존재근거의 측면이라고 제시한다. 또한 심(心)과 성(性)·정(情)의 관계를 밝히면서, '심(心)'의 체(體)가 '성(性)'이요, '심(心)'의 용(用)이 '정(情)'이라 하여, 성(性)·정(情)을 심(心)의 체(體)·용(用)관계로 통합하여 파악하고, "심(心)이 성(性)·정(情)을 통섭(統攝)한다[心統性情]"하여, 성(性)·정(情) 양자를 포괄하는 주체로 파악한다.[16] 나아가 심(心)의 작용현상으로서 '정(情)'과 '의(意)'의 개념을 구별하여 '정(情)'은 곧바로 발현되어 나오는 것이고, '의(意)'는 계량하고 비교하며 왕래하는 것으로 대비시키고 있다. 따라서 마음이 곧바로 발동되어 나오는 정(情)은 그 자체가 꾸밈이나 판단이 들어있지 않은 진실한 것이므로 '정(情)을 참되게 한다'[誠情]는 말은 성립할 수 없지만, '의(意)를 참되게 한다'[誠意]라는 말은 성립되는 것임을 지적하고 있다.[17]

이러한 그의 심성론은 두 가지 관심에 초점을 맞추고 있다. 하나는

---

14 『勉菴集』, 권12, 45, 「答李鳳瑞(秉燮)」: 單指理一邊, 則曰本然之性, 兼指其氣, 則曰氣質之性, 非獨性字爲然, 心亦有理氣之別, 情亦有理氣之辨, 只在人分揀得如何耳.

15 『勉菴集』, 권16, 3, 「恒陽漫錄」: 心性非二物, 心是性之主宰, 性是心之體段.

16 같은 곳, 「心之體卽性也」: 心之用卽情也, 故曰心統性情.

17 『勉菴集』, 권12, 46, 「答李鳳瑞(秉燮)」: 情是直邃底, 意是計較往來底, 則只可曰誠意, 而不當曰誠情.

심(心)·성(性)·정(情)·의(意)의 다양한 양상으로 드러나는 차이를 정의하면서도 그 실체에서는 하나의 심(心)으로 통합되어 있음을 확인하는 것이다. 곧 존재에서는 하나이지만 리(理)·기(氣) 내지 체(體)·용(用)으로 인식상에서 구별되는 것임을 제시하고 있다. 다른 하나는, 심(心)·성(性)·정(情)을 리(理)·기(氣)로 분석하여 인식할 때에 항상 리(理)가 주체가 되고 기(氣)가 도구적인 것으로 내포되어있음을 지적하여 주리론적(主理論的) 관점을 관철하고 있는 것이다.

여기서 그는 조선시대 성리학의 고전적 문제인 사칠론(四七論)에 대해 리발(理發)·기발(氣發)의 의미를 재검토하여 자신의 주리론적(主理論的) 기반을 더욱 확고하게 정립하고 있다. 면암이 16세 때 스승 화서(華西)에게 제기한 질문의 하나로 사칠(四七)의 리발(理發)·기발(氣發)문제에 대해 그는 발용(發用)의 때에 '리(理)가 위주(爲主)가 되고 기(氣)가 용사(用事)하지 않는 것'을 '리(理)의 발(發)'이라 하고, '기(氣)가 위주가 되어 리(理)가 용사(用事)하지 않는 것'을 '기(氣)의 발(發)'이라 정의한다. 나아가 그는 사단(四端)과 칠정(七情)의 양쪽 모두 '절도에 맞는 것'[중절(中節)]은 리(理)의 발(發)이요, '절도에 맞지 않는 것'[부중절(不中節)]은 기(氣)의 발(發)이라 지적함으로써, 사단과 칠정을 양쪽으로 나누어 사단을 '리(理)의 발(發)'로, 칠정을 '기(氣)의 발(發)'로 나누는데 반대하는 견해를 제시하고 있다.[18] 곧 사단설(四七說)에 관해 퇴계나 율곡의 견해와도 다른 제3의 견해를 제시하고 있는 것이다.

---

18 『勉菴集』, 권6, 8,「上華西先生問目」: 但其發用之時, 理爲主而氣不用事, 則謂之理之發, 氣爲主而理不用事, 則謂之氣之發, 故雖四端之中, 中節者謂之理發, 其不中節者, 亦可謂氣發, 雖七情之中, 中節者謂之理發, 其不中節者之氣發, 何可遽以四端七情分爲兩面, 一屬理之發, 一屬氣之發. 有若氷炭水火之不相入也耶.

이에 대해 화사(華西)는, 퇴계(退溪)가 『주자어류(朱子語類)』의 '사단은 리(理)의 발(發)이요, 칠정은 기(氣)의 발(發)이다'라는 설(說)을 따라서 「심통성정도(心統性情圖)」를 저술하였고, 율곡(栗谷)이 사단칠정을 모두 '기발이이승(氣發而理乘)'이라 제시하였으며, 우암(尤菴)이 사단칠정의 중절자(中節者)를 리발(理發)이라 하고 부중절자(不中節者)를 기발(氣發)이라 하였다고 하여 선유(先儒)들의 3가지 견해를 대비시키면서, "세 선생의 설(說)을 다만 각각 익숙하게 완미하여 각각의 취지를 극도에 이르게 하면 그 뜻을 저절로 알 수 있을 것이다. 그 득실(得失)은 털끝같은 차이에 있지만, 처음 배우는 자가 얕은 견해와 거친 지식으로 쉽게 분변하여 말할 수 있는 것이 아니다"[19]라 하여, 깊이 궁구해갈 것과 경솔하게 판단하지 말도록 충고하고 있다. 이때부터 이미 면암은 우암(尤菴)의 견해를 주목하면서 화서(華西)의 주리설(主理說)에로 나가고 있었던 것이 사실이다. 화서학파의 주리론적 성리설은 율곡으로부터 내려오는 기호(畿湖)학파의 전통 속에서 우암(尤菴)의 언급 가운데 '리발(理發)'이나 '주리(主理)'에 관련된 것을 끌어들여 이를 발판으로 자신의 주리론적 입장을 확보하고 있었던 것이다.

Ⅲ. 심주리론(心主理論)의 성립근거와 논증

화서학파 성리설의 핵심문제는 '심(心)' 개념의 주리론적(主理論

---

19 『勉菴集』, 권6, 8~9, 「上華西先生問目」: 三先生之說, 第各熟玩, 而各極其趣, 則其義自可見矣, 且其得失有在毫釐之差, 初學不可以淺見麤識, 容易辨說也.

的) 인식에 있다. 18세때 저술한 「항양만록(恒陽漫錄)」에서 면암은 이미 스승 화서(華西)의 심설(心說)을 계승하는 입장에서 '심(心)' 개념을 중심문제로 제기하고 또한 주리론(主理論)으로 인식하는 입장을 확립하고 있다.

그는 예(禮)·악(樂)·형(刑)·정(政)의 '치(治)'[정치]가 사물이 마땅이 행하여야 할 이치로서 '도(道)'[도리]에 근본하고 있다면, '도(道)'는 '심(心)'에 근본하고 있는 것이라 하여, 마음이 도리와 정치를 주관하고 있는 것이라 밝힌다.[20] 그것은 심(心)이 현실사회의 구체적 사무에서부터 도덕적 원리에 이르기까지 모든 영역을 주관하는 중심임을 확인하고 있는 것이다. 그는 심(心)·성(性)을 상대시켜 말할 때는 성(性)이 리(理)라면 심(心)을 기(氣)라고 할 수 있으며, '심기성리(心氣性理)'라는 말은 기호(畿湖)성리설에서 대동(大同)의 공통적 견해임을 인정한다. 이와 더불어 '심(心)'만을 보면 기(氣)로써 말하는 것도 리(理)로써 말하는 것도 있음을 강조하며, 스승 화서(華西)의 심설(心說)이 지닌 근본전제는 바로 '심(心)'개념을 주리(主理)·주기(主氣)의 양면으로 인식하는 것이 가능하다는 것임을 확인하고 있다.

여기서 그가 심(心)·성(性)을 상대시켜 말하면서도 '성(性)'을 조리(條理)와 절목(節目)으로 말하고, '심(心)'을 주관(主管)과 통령(統領)으로 말하는 것은, 심(心)·성(性)의 양쪽을 리(理)의 편에서 파악한 것으로서 스승 화서(華西)의 관점과 '심기성리(心氣性理)'의 일반적 관점을 구별하

---

20 『勉菴集』, 권16, 3, 「恒陽漫錄」: 治本於道, 道本於心, 治者禮樂刑政之屬也, 道者事物當行之理也, 心者主管此道與治者也.

여 혼동하지 말 것을 요구한 것이다.[21] 그만큼 첫째 단계로 심(心)이 성(性)과 대비시킬 때 '심기성리(心氣性理)'라는 기호(畿湖)성리학의 일반적 관점을 인정하고, 둘째 단계로 심(心)에서 주리(主理)·주기(主氣)의 두 관점이 가능함을 전제로 밝히면서 심(心)의 주리적(主理的) 관점이 가능하다는 근거를 확보하며, 셋째 단계로 심(心)을 주리(主理)로 인식하는 것이 심(心)의 본체(本體)를 인식하는 기준이 되는 것으로 나아감으로써, 심주리론으로의 전환과정을 제시해주고 있다.

이러한 '심(心)' 개념의 다면성에 대해 '심(心)'을 가리키는 용어의 사용에서 3가지 양상이 나타나고 있음을 분석하였다. 곧 오장(五臟)의 하나인 '혈육지심(血肉之心)'은 형(形)이라면, 리(理)가 기질(氣質) 속에 떨어져 있어서 기질의 청(淸)·탁(濁)이 고르지 않은데 따라 성(聖)·범(凡)의 차이가 뚜렷하게 드러나게 되는 '기질지심(氣質之心)'은 기(氣)요, 기질(氣質)에 차이가 있더라도 리(理)의 본체(本體)가 처음부터 가감(加減)됨이 없으며 허령(虛靈)하고 광명(光明)하여 모든 것을 꿰뚫어 살피는 '본연지심(本然之心)'은 리(理)라는 것이다.[22]

---

21 『勉菴集』, 권12, 40, 「答文德卿(達煥)」: 相對說, 則性是理而心則氣也, 但擧心一字而言, 則心有以氣言者, 有以理言者, 須將先師雅言, 而沉潛反復, 則庶可瞭然如指掌矣."『勉菴集』, 권12, 40-41, '答文德卿(達煥)', "心性對言, 則性以條理節目言, 心以主管統領言, 謂屬理邊看云爾, 若夫心氣性理之言, 固是大同之論, 而先師本旨, 則自有別焉, 不可混而一之也.

22 『勉菴集』, 권13, 47, 「答文潤伯(圭簡)」: 血肉之心者, 五臟之一也, 氣質之心者, 此理墮在氣質中, 不能無淸濁之不齊, 聖凡之相懸者也, 本然之心者, 人之氣質, 雖淸濁不齊, 聖凡相懸, 而此理本體, 初無加損, 虛靈光明, 洞澈無間者也. 血肉之心, 形也, 氣質之心, 氣也, 本然之心, 理也.

血肉之心[形]-五臟之一

氣質之心[氣]-理墮在氣質中, 不能無淸濁之不齊, 聖凡之相懸者

本然之心[理]-理本體, 初無加損, 虛靈光明, 洞徹無間者

여기서 그는 기(氣)로서의 '기질지심(氣質之心)'이 리(理)를 벗어나 있는 것이 아니라 성인(聖人)과 범인(凡人)의 차별을 일으키는 기질의 차이를 가리키는 것이요, 마찬가지로 리(理)로서의 '본연지심(本然之心)'도 기질(氣質)을 벗어나 있는 것이 아니라 기질 속에 내재되어 있는 리(理)의 본체(本體)를 가리키는 것임을 보여준다. 이것은 주리(主理)·주기(主氣)의 분별이 실제의 사물에서 달라지는 것이 아니라 인식상의 분별에서 나누어지는 것임을 말한다.

또한 그는 심(心)·성(性)을 상대시켜 '심(心)'을 물(物)이라 하고, '성(性)'을 칙(則)이라 하는 것은 상식이라 전제하고서, '심(心)'을 전언(專言)하면 인(仁)·의(義)·예(禮)·지(智)는 심(心)의 리(理)요, 측은(惻隱)·수오(羞惡)·사양(辭讓)·시비(是非)는 심(心)의 정(情)이며 성(性)·정(情)을 통섭하고 있는 심(心)을 통언(統言)하면 '명덕(明德)'이라 하여, 주리적(主理的) 양상을 위주로 심(心)개념을 제시한다. 이에 비해 심(心)에서 기(氣)의 측면인 '정상(精爽)'이나 형(形)의 측면인 화장(火臟)[심장(心臟)]은 군자(君子)가 심(心)으로 삼지 않는 것이라 하여, 관심의 중심이 심(心)의 리(理)에 있는 것임을 강조하고 있다.[23]

---

23 『勉菴集』, 권16, 46, 「書示高淸汝(石鎭)」: 若專言心, 則仁義禮智, 心之理也, 惻隱羞惡辭讓是非, 心之情也, 統而言之, 則曰明德也, 精爽, 心之氣也, 火臟, 心之形也, 此則君子有不心者焉.

심(心)을 '기(氣)'라 하고 '물(物)'이라 하지만, 심(心)의 허령(虛靈)하고 신명(神明)함은 기(氣)로만 전담할 수 없기 때문에 심(心)을 리(理)·기(氣)의 결합이라 파악하게 되는 것임을 밝히고 있다. 여기서 심(心)이 리(理)·기(氣)의 결합이라면 진(眞)·망(妄)과 사(邪)·정(正)의 구분이 없을 수 없고, 진(眞)과 정(正)을 구별하여 가려내지 않을 수 없다고 한다. 이것이 바로 '리(理) 위주(爲主)의 심(心)'(理爲主底心)이라는 것이다.[24] 이처럼 '리(理) 위주(爲主)의 심(心)'을 가리키는 용어로서『주역』의 '천지지심(天地之心)',『서경』의 '도심(道心)',『대학』의 '명덕(明德)',『맹자』의 '인의지심(仁義之心)'·'양심(良心)'·'대인심(大人心)'·'적자심(赤子心)', 성리학에서 말하는 '본심(本心)'·'주재(主宰)'·'천군(天君)'·'심위태극(心爲太極)'·'심야성야천야일리야(心也性也天也一理也)'등을 열거한다. 이러한 리(理)로서의 심(心)은 심(心)의 본체(本體)를 가리켜 말한 것이라 확인한다. 또한 진(眞)·망(妄)과 선(善)·악(惡)이 혼합된 상태의 '심(心)'을 가리키는 용어로서 공자(孔子)가 말하는 '조존사망지심(操存捨亡之心)',『대학』에서 말하는 '정심(正心)', 맹자(孟子)가 발·눈·입·귀와 함께 들고 있는 심(心), 성리학에서 "심(心)은 비유하면 곡식종자와 같다"라고 하고 "심(心)은 태극(太極)을 갖추고 있다"고 하는 심(心)을 제시한다. 이러한 리(理)·기(氣)의 혼합으로서의 심(心)은 심(心)의 당체(當體)를 가리킨 것이라 한다. 여기서 심(心)의 당체(當體)란 혼륜설(渾淪說)로 말한 것이요, 심(心)의 본체(本體)란 간별설(揀別說)로 말한 것이라 하여, 혼륜설(渾淪說)과 간별설

---

24 『勉菴集』, 권16, 47,「書示高淸汝(石鎭)」: 曰心氣也物也, 然虛靈神明, 非氣之所能專, 故合下是理氣合之名, 旣是理氣合之名, 則不能無眞妄邪正之分, 必揀別出眞而正者, 然后始得謂之理爲主底心.

(揀別說)로 대비시키며, 당체(當體)[현상]는 형이하(形而下)요 본체(本體)는 형이상(形而上)이 되는 것으로 구별하고 있다.[25]

나아가 면암은 심(心)과 리(理)를 더욱 적극적으로 일치시켜 파악하면서, "심(心) 바깥에 리(理)가 없고, 리(理) 바깥에 심(心)이 없으니, 심(心)과 리(理)는 하나의 리(理)일 뿐이다"라 하여, '심(心)'개념의 주리적(主理的)성격을 적극적으로 주장하였다. 이어서 그는 심(心)과 리(理)의 관계를 분석하여 대비시키면서, "리(理)의 주재(主宰)를 심(心)이라 하고, 심(心)의 조리(條理)를 리(理)라 하며, 변화(變化)란 리(理)의 주재(主宰)와 심(心)의 조리(條理)가 결합하여 모든 변화를 발휘(發揮)하고 대본(大本)을 수립하며 달도(達道)를 행하는 것이다"라 한다. 나아가 주재(主宰)인 '심(心)'을 '상제(上帝)'에 비유하고, 유행(流行)하는 '변화(變化)'를 '도(道)'에 상응시킴으로써, 심(心)의 핵심적 성격을 주재(主宰)의 역할로 확인하고 있다. 또한 그는 심(心)·리(理)·변화(變化)의 관계에 대해, 그 발현 양상이 서로 다르지만 하나의 이치요, 하나의 이치이지만 구별하여 혼동하지 말아야 하는 것임을 밝히고 있다.[26] 이처럼 그는 심(心)이 리(理)와 일치하지만 리(理)가 조리(條理)의 측면이라면 심(心)은 주재(主宰)의 측면인 것으로 구별함으로써, 심(心)을 주리(主理)로 파악하는 동시에 주재(主宰)로서의 역할을 강조하고 있는 것이다.

---

25 같은 곳 : 當體渾淪說, 本體揀別說, 當體之爲形而下, 本體之爲形而上, 則雖聖賢復起, 恐不能以易也 : 勉菴이 언급하는 '渾淪'과 '揀別'의 구분은 退溪가 말하는 '渾淪'과 '分開'의 구분에 해당하는데, '揀別'이란 '分開'에서 분별한다는 의미와 더불어 理를 표준으로 선택한다는 의미까지 포함하고 있는 것으로 보인다.

26 『勉菴集』, 권16, 1, 「恒陽漫錄」: 心外無理, 理外無心, 心理卽一理而已, 就其中欲知心理之分, 則理之主宰謂之心, 心之條理謂之理, 變化者合理之主宰, 心之條理, 而發揮萬變, 立大本而行達道者也. 猶主宰謂之上帝, 流行謂之道, 然則心·理·變化者, 雖殊而其爲理則一而已, 理雖一, 而亦不可儱侗無別, 混然說去也.

또한 그는 '심(心)'과 '명덕(明德)'의 개념에 대해 주리(主理)·주기(主氣)로 견해가 갈라져 있는 것은 근제(近世)의 강학가(講學家)들에게 하나의 커다란 문제를 이루는 항목이 되고 있음을 지적하면서, 갑자기 단정하려 들지 말고 자신의 마음 속에 한 두가지 일정한 견해를 수립하고 나서 학문을 연마해가야 표준을 세울 수 있는 것임을 지적한다.[27] 이처럼 그는 심(心)개념의 인식에서 주리(主理)·주기(主氣)의 두 견해가 모두 가능함을 전제로 심(心)을 주리(主理)로 파악하는 것이 가치기준을 확립하기 위한 것임을 해명함으로써, 화서(華西)의 심주리론(心主理論)이 지닌 정성성의 근거를 단계적으로 설득력있게 해명해가고 있었던 것이다.

Ⅳ. 위학론과 '명인륜'의 과제

면암의 위학론(爲學論)과 수양론(修養論)은 리기(理氣)·심성론(心性論)의 성리학적 인식에 확고하게 기초하여 전개시켜가고 있는데 그 특징이 드러나고 있다. 그는 사람이 하늘에서 생명을 받아 태어날 때는 선한 성품을 지니고 있지만, 기질에 얽매여 혼미해지고 욕심에 이끌려 방탕해지면 뱃속이 더럽고 혼탁한 것으로 가득차 마음의 본체(本體)를 회복하지 못하고 만다고 인간존재의 현실적 상황을 진단한다. 여기에 성인(聖人)이 항상 조심하여 '배워서 모아들이고, 물어서 분변하며'[학긴

---

27 『勉菴集』, 권16, 46, 「書示高淸汝(石鎭)」: 惟其心明德主理主氣之論, 爲近世講學家一大題目, 惟於自己心中有一兩定見, 然後爲學有準的.

(學緊)·문변(問辨)], '정밀하고 한결같이 하고, 사욕을 이기고 예법을 회복하는'[정일(精一)·극복(克復)] 여러 단계의 학문과 수양의 방법을 제시한다는 것이 다 이러한 성인(聖人)의 학문과 수양방법은 옥(玉)을 다듬는 데 비유할 수 있으니, 쪼으고 또 쪼으며, 갈고 또 갈아서, 옥을 정밀하게 다듬고 나서도 더욱 정밀하게 다듬어가면 마침내 찌꺼기가 없이 원만한 모습을 이루는 것과 같다는 것이다.[28] 이처럼 옥을 다듬는 과정은 바로 학문과 수양의 과정이며, 심성론의 인식을 토대로 심성의 온전한 이상을 실현하는 것이다. 이처럼 면암은 도학(道學)에서 성리설의 인식은 위학론·수양론을 통해 실현되고 완성되는 것이라는 사실에 다시금 주의를 환기시키고 있었던 것이다.

나아가 그는 도(道)를 밝히고 학문을 성취하기 위해 구체적 준거를 확립하는데 깊은 관심을 기울이고 있다. 도(道)에 형상(形象)이 없고 가르침의 단서는 무수히 많아 기준을 확보하기가 어렵다는 현실을 인정하면서, 사람마다 제각기 자신의 판단에 의존하여 일정한 기준을 확립할 수 없게 되면 인간다운 문화가 파괴되어 이적(夷狄)·금수(禽獸)에 빠져들 것이고, 제멋대로 하는 혼란을 벗어날 수 없음을 경계하고 있다. 여기서 그는 바로 천리(天理)를 드러내는 기준이 되고 인사(人事)의 규범이 되는 '예(禮)'를 강조한다.[29] 『주역』 '대장괘(大壯卦)'의 상(象)에서

---

28 『勉菴集』, 권16, 26, 「小玉說寄魏啓溫大人」: 民生於天, 無不善者, 氣牿而昏, 欲牽而蕩, 則滿腔子只塵土草木, 淫穢氛濁, 而非復心之本體矣, 聖人未始不兢兢也, 於是乎有學聚問辨, 精一克復之許多階級, 譬如攻玉者, 琢之又琢, 磨之又磨, 治之已精, 而益求其精, 然後查滓便渾化.

29 『勉菴集』, 권16, 21~22, 「書贈文成汝(炳斗)」: 道無形象, 何處下手, 古訓千萬, 又何從入, 夫以千萬人不同之心, 聽其各自思量, 各自準擬, 無一定規矩, 則所謂道所謂學者幾何, 其不爲夷狄禽獸之歸, 而免得猖狂自恣之弊乎, 夫禮也者, 天理之繩墨, 人事之矩範也.

"비례불리(非禮不履)"라 하고, 『중용』(19장)에서 "비례부동(非禮不動)"이라 언급한 것도 바로 예(禮)를 실천원리의 핵심적 기준으로 제시한 것이라 확인하고 있다. 이처럼 학문의 기준으로 '예(禮)'를 제시하고 있는 것은 그가 강조하는 화이론(華夷論)의 의리론이 예교(禮敎)질서를 천리(天理)와 인도(人道)의 기준으로 확인하는 것이요, 성리설과 위학론·수양론과 의리론을 일관시켜 인식하고 있음을 보여주는 것이다. 면암의 교학(敎學)방법은 구체적으로 주자의 『소학(小學)』과 더불어 율곡의 『격몽요결(擊蒙要訣)』을 학문과 수양의 기초로 강조하는데 특징이 있다. 그는 『소학(小學)』을 "존양심성(存養心性)의 기본(基本)이요, 일용상행(日用常行)의 노정(路程)"이라 하고, "반신득력(反身得力)하는 데 가장 절실한 서(書)"라 하며, "사람의 바탕꼴을 만드는 것"[做人底坯璞樣子]이라 하고, "선(善)한 단초(端初)를 감발(感發)시키고 흩어진 마음을 수렴(收斂)하며, 평생(平生) 받아서 써야하는 기본전지(基本田地)이다"라고 강조하였다.30 또한 그는 조선시대 유학자로서 한훤당(寒暄堂) 김굉필(金宏弼)과 청음(淸陰) 김상헌(金尙憲)이 『소학』을 중시하였던 사실을 모범으로 제시하기도 한다. 특히 삼대(三代)의 교인(敎人)하는 방법은 인륜(人倫)을 밝히는 것이며, 인륜(人倫)에서 인간이란 금수(禽獸)에 대립하는 것이라고 인식하고, 인륜을 밝히고 성품을 간직하는 책으로 『소학』을 강조하였다. "하루라도 강(講)하지 않으면 중국(中國)이 이적(夷狄)이 되고, 인류(人類)가 금수(禽獸)에 떨어질 것"이라 한다.31 그만큼 화이론적(華夷論的)의

---

30 『勉菴集』, 권16, 26, 「書贈金德文(純默)」; 같은 책, 권16, 37, 「書贈文慶春(思澈)」; 같은 책, 권14, 5~6, 「答張稚明(善)」; 같은 책, 권14, 7, 「答文濟勛」.
31 『勉菴集』, 권16, 38~39, 「書贈車熙淑(祥炫)」: 三代敎法, 皆所以明人倫也, 人倫之人字, 政對禽獸字說, 人所以爲人, 正在與禽獸異處, …… 小學一書, 節目甚多, 而不過是明倫存

관심에서 이적(夷狄)·금수(禽獸)로부터 인도(人道)의 문명을 지키는 기본 문헌으로『소학』의 중요성을 역설하고 있는 것이다.

또한 그는 율곡의『격몽요결』을『소학』과 병칭하여 강조하면서, 특히 중암(重菴) 김평묵(金平默)이 찾아오는 학자들에게는 아무리 학식이 높아도 반드시『격몽요결』을 부지런히 읽게 하여 근본을 수립하도록 하였던 사실을 들기도 하였다.[32] 이처럼 그는『소학』과『격몽요결』에 의해서 인륜(人倫)을 밝히고 심성을 수양하기 위한 구체적이고 기본적인 과제를 확립하였다. 그럼으로써 그는 학문과 수양의 기본방향을 정립하고 나아가 인도(人道)를 수호하는 의리의 기반을 확보하는 데 비상한 관심을 기울였던 것이다.

V. 심성론에 기반한 수양론의 전개

면암은 심주리론(心主理論)의 성리학적 입장에서 심(心)개념의 인식을 기반으로 주리론적(主理論的) 수양론으로 전개되어 나오는 통로를 제시하고 있다. 곧 그는 "심(心)은 신명(神明)이 영철(靈徹)하니, 성명(性命)과 형기(形氣)의 양쪽에 두루 통하는 것이다"라고 정의하여, 신명(神明)한 지각의 주체로서 심(心)은 영철(靈徹)하는 지각의 작용을 하며, 성명(性命)[형이상(形而上)/리(理)]과 형기(形氣)[형이하(形而下)/기(氣)]의 양쪽에 모두 소통되는 존재임을 밝힌다. 여기서 그는 "심(心)을 리(理)로써

性之書也, 一日不講, 則中國而夷狄, 人類而入於禽獸.
32 『勉菴集』, 권16, 37,「書贈金氏斂少年」; 같은 책, 권16, 16,「書贈崔汝琬」; 같은 책, 권10, 35,「答元文三汝(禮鎭)」; 같은 책, 권14, 11,「答林基龍」.

배양하면 고명(高明)하고 광대(廣大)해져서 소통하고 쇄락하여 나날이 천리(天理)로 나아가게 되고, 심(心)을 기(氣)로써 배양하면 구차하고 비천해지며 뒤집히고 뒤섞여서 나날이 인욕(人欲)으로 달려갈 것이다."[33] 라 하여, 마음을 리(理)로써 배양하는 방향과 기(氣)로써 배양하는 방향의 차이를 제시한다. 따라서 심(心)의 존망(存亡)과 득실(得失)이 형기(形氣)나 성명(性命)의 어느 쪽으로 지향하느냐에 따라 갈라지게 되는 것임을 강조하고, 이제이왕(二帝三王)[요(堯)·순(舜)과 우(禹)·탕(湯)·문(文)·무(武)]이 인심(人心)·도심(道心)의 차이를 정밀하게 관찰하고 중용을 굳게 지켜 자신을 다스리고 남을 다스리는데 급급하였던 핵심과제가 바로 여기에 있음을 주목하고 있다. 그것은 바로 도심(道心)을 확립하여 천리(天理)를 드러내는 심성(心性)의 주리론적 수양방법을 제시하고 있는 것이다.

스승 화서(華西)가 그에게 대자(大字)로 써주었던 '존심명리(存心明理)'에 대해 그는 이 구절을 성취하였던 것이 주자(朱子)가 성인(聖人)이 될 수 있었던 까닭이라 하여 매우 강조하고 있다. 곧 "마음의 허령(虛靈)함을 알지 못하여 마음을 간직하지 못하면, 어둡고 혼잡하게 되어 모든 이치의 오묘함을 궁구할 수 없게 되고, 모든 이치의 오묘함을 알지 못하여 이치를 궁구하지 못하면, 편협하고 막혀서 이 마음의 온전함을 다 발휘할 수 없게 된다"[34]라고 하여, 성리학적 인식[지심지의(知心

---

33 『勉菴集』, 권16, 3, 「恒陽漫錄」: 心者神明靈徹, 周通乎性命形氣兩者之物也, … 故以理養之, 則高明廣大, 疏通灑落, 日進乎天理矣, 以氣養之, 則苟賤汙下, 顚倒錯亂, 日趨乎人欲矣, 此則心之存亡得失, 只在乎形氣性命兩者之間, 而二帝三王, 所以汲汲乎精察固守, 自治而治人者也.

34 『勉菴集』, 권16, 1, 「恒陽漫錄」: 存心明理四字, 是朱子所以爲聖人處也, 蓋不知此心之靈, 而無以存之, 則昏昧雜擾, 而無以窮衆理之妙, 不知衆理之妙, 而無以窮之, 則偏狹

之意)]이 없으면 수양의 수행[존심(存心)]이 불가능하게 되고, 수양이 이루어지지 않으면 학문[궁중리지묘(窮衆理之妙)]이 이루어질 수 없는 것이라 한다. 동시에 성리학적 인식[지중리지묘(知衆理之妙)] 없으면 학문의 수행[궁중리(窮衆理)]이 어렵게 되고, 학문의 수행이 없이는 수양의 실천[진심지전(盡心之全)]도 불가능하게 됨을 제시한다. 이처럼 성리학과 위학론과 수양론이 서로 연관되어 하나의 고리를 이루고 있음을 보여준다.

나아가 그는 "성인(聖人)의 가르침이란 사람들로 하여금 이 마음의 허령(虛靈)함을 묵묵히 인식하여 단정하고 장중하며 고요하고 한결같은 속에 이 마음을 간직하여 이치를 궁 구하는 근본을 삼게 하며, 사람으로 하여금 모든 이치의 오묘함을 알게 하여 배우고 묻고 생각하고 변론하는 즈음에 궁구하게 하여 마음을 다 발휘 하는 공부를 이루게 하는 것이다."[35]라고 하여, 성리학적 인식[지심지령(識心之靈)/지중리지묘(知衆理之妙)]과 위학론(爲學論)[궁리(窮理)]내지 수양론(修養論)[존심(存心)/진심(盡心)]의 실천이 연결되어 있는 구조를 보여준다. 특히 그는 수양(修養)[존심(存心)]이 학문[궁리(窮理)]에 근본이 되는 것이라 하고, 학문[궁리(窮理)]이 수양[진심(盡心)]의 공부가 되는 것이라 밝힘으로써 위학론과 수양론 사이에 본(本)·말(末)과 공(功)·효(效)로 결합되어있는 상관관계를 해명해주고 있다. 또한 그는 조존(操存)·성경(誠敬)의 수양으로 통해 예(體)를 세우고 학취(學聚)·문변(問辨)의 학문을 수행하여 용(用)을 통달하게 함으로써 진덕(進德)의 수양과 수업(修業)의 학문에 득력

固滯, 而無以盡此心之全.
35 『勉菴集』, 권16, 1,「恒陽漫錄」: 是以聖人設教, 使人默識此心之靈, 而存之於端莊靜一之中, 以爲窮理之本, 使人知有衆理之妙, 而窮之於學問思辨之際, 以致盡心之工.

(得力)할 수 있음을 강조하여, 수양론과 위학론을 예(體)·용(用)구조로 제시하기도 한다.³⁶

성리학적 심성(心性)구조에서 보면 성(性)·정(情)은 심(心)의 체(體)·용(用)을 이루고 있는 것이다. 곧 사람에 있는 태극(太極)[리(理)]으로서의 '성(性)'은 심(心)에 갖추어 있는 체(體)이며, '정(情)'으로 발용되어 용(用)을 통달한다. 이에 따라 성(性)[체(體)]·정(情)[용(用)]을 갖추고 있는 '심(心)'에는 기질의 청(淸)·탁(濁)에 따라 혼(昏)·명(明)의 차이가 있게 되고, 발용되어 나오는, '정(情)'에는 과(過)·불급(不及)의 폐단이 발생하게 되는 현상을 제시한다. 이러한 심(心)·성(性)·정(情)의 성리학적 인식에 근거하여 극치(克治)하는 수양 공부를 함으로써 성(性)이 온전하게 드러날 수 있게 되는 수양론이 성립하게 된다. 이러한 극치(克治)의 수양방법으로서 경전에서는 『서경』에서 요(堯)·순(舜)사이에 '정(精)·일(一)'[유정(惟精)·유일(惟一)]의 방법이 제시되고, 『논어』에서 공자(孔子)·안자(顏子) 사이에 '극(克)·복(復)'[극기(克己)·복례(復禮)]의 방법이 제시되며, 『맹자』에서는 '존양(存養)'·'성찰(省察)'·'과욕(寡欲)'·'존리(存理)'의 방법이 제시되고 있다는 것이다.³⁷ 따라서 수양론은 성(性)의 선(善)함을 온전히 드러낼 수 있도록 마음에 작용하고 있는 기품(氣稟)의 속박이나 물욕(物欲)의 은폐를 제거하는 것을 기본과제로 삼고, '정(精)·일(一)'과 '극(克)·복(復)'의 방법을 통하여 악(惡)을 제거하여 선(善)을 따르며, 인

---

36 『勉菴集』, 권16, 16,「書贈河兼洙(智鎬)」: 苟無操存誠敬以立其體, 學聚問辨以達其用, 則吾所謂志者, 適足爲弄假文具, 而無以得力於進德修業之地矣.
37 『勉菴集』, 권16, 46,「書示高淸汝(石鎭)」: 性固在人之太極也, 然體具於心而用達於情, 心有昏明之異, 而情有過不及之弊, 故必加克治之工, 然後此性始全, 堯舜之精一, 孔顏之克復, 思孟之存養·省察·遏欲·存理, 皆無非此說, 其用工節度, 不待究而自明矣.

욕(人欲)을 물리치고 천리(天理)를 높이는 것이라 밝히고 있다.[38] 이처럼 수양론은 성리학을 통한 심성(心性)의 인식에서 선(善)의 기준이 되는 것을 지키고 배양하며, 악의 원인이 되는 것을 물리치고 억제하는 양면적 방법을 적용시키고 있는 것이다. 곧 심(心)에서 인심(人心)·도심(道心)을 구분하고, 성(性)에서 본연(本然)·기질(氣質)을 구별하여, 선(善)의 기준이 되는 도심(道心)을 간직하고 본연지성(本然之性)을 배양하며, 인심(人心)과 기질지성(氣質之性)은 복종하여 명령을 받게 한다는 것이다.[39] 그는 성현(聖賢)으로부터 전해온 심학(心學)의 요결(要訣)로서 '정(精)·일(一)'의 수양방법을 해명하여, "정밀하게 살핌으로써 인심(人心)이 도심(道心)을 이길 수 없게 하고, 한결같이 지킴으로써 천리(天理)가 인욕(人欲)에 빠져들지 않게 하는 것이다"[40]라고 제시한다. 곧 '정(精)'은 인심(人心)을 정밀하게 살피는 것이요, '일(一)'은 천리(天理)를 한결같이 지키는 것으로 파악하고 있다. 또한 그는 성리설의 분석에 지나치게 집착하지 말고 오히려 공(公)·사(私), 선(善)·악(惡), 시(是)·비(非), 숙(淑)·특(慝)을 분별하여 존양(存養)하고 성찰(省察)하는 수양공부를 해가면 무엇이 천리(天理)이고 무엇이 인욕(人欲)인지 점차 알 수 있게 될 것이라 하여, 수양론을 통해 성리학적 인식이 심화될 수 있는 것 임을 제시

---

38 『勉菴集』, 권16, 18, 「書贈廉敬儒(在業)」: 民生於天, 性無不善, 而氣禀之拘, 物欲之蔽, 亦與生俱生, 不可如何, 於是乎有精一克復之訓, 皆所以去惡而從善, 詘人欲而崇天理也.
39 『勉菴集』, 권12, 23, 「答安汝恩(澤煥)」: 心上有人道之分, 性上有本然氣質之辨, 養之存之, 只得以道心本然爲主, 而人心氣質, 只得聽命而已.
40 『勉菴集』, 권12, 23~24, 「答安汝恩」: 精而察之, 不使人心有以勝乎道心, 一而守之, 不使天理得以流於人欲而已, 此乃千聖心學要訣.

하기도 한다.[41]

특히 그는 수양론에서 심(心)의 중심적이고 주체적 역할을 주목하고 있다. 그는 자신이 수양방법을 익숙하게 알고 있으면서도 수양의 실천에 힘을 발휘하지 못하고 있는 원인을 분석하면서, 마음으로 하나의 '주인을 삼아'[주주(做主)] 간직하지 못하고, 입으로 말하거나 귀로 듣는데 의지하였던 허물이 있었음을 반성하고 있다. 여기서 '주인을 삼은'[주주(做主)] 존재는 바로 천지(天地)에서는 주재(主宰)하는 '상제(上帝)'요, 만물에서는 주재하는 '신(神)'이요, 인간에서는 주재하는 '심(心)'으로, 이들은 하나의 '태극'이라 확인한다.[42] 이처럼 '주인으로 삼음'은 곧 주재(主宰)로서 심(心)을 중심에 확립하는 것이요, 이때의 주재(主宰)하는 심(心)은 바로 심(心)을 주리(主理)로 파악하고 있는 것을 의미한다.

이렇게 마음이 주인이 되어 일신(一身)을 주재하고 명령하는 역할이 그의 수양론적 핵심과제로 제기되고 있다. 따라서 면암은 『주역』의 '건괘(乾卦)' 대상(大象)에서 "군자이자강불식(君子以自强不息)"이라 하고, '곤괘(坤卦)' 대상(大象)에서 '군자이후덕재물(君子以厚德載物)'이라 하는 등, 64괘 대부분의 대상(大象)에서 '군자이(君子以)'(군자는 이로써)라 언급하고 있는 사실을 주목한다. 그리하여 바로 사람의 마음이 '이(以)'자(字)의 주인이 되는 것이라 지적하고, '이(以)'로써 마음이 주재가 되고 주인이 되는 묘리(妙理)가 드러나는 것이라 해명하고 있다.[43] 여기서 그는

---

41 『勉菴集』, 권13, 22, 「答文敬於(載熙)」: 惟致力公私善惡是非淑慝之分, 而加存養省察之功, 則漸見其孰是天理, 孰是人慾.

42 『勉菴集』, 권16, 28, 「以堂說贈鄭學元(經源)」: 主者誰歟, 在天地則主宰謂之帝, 在萬物主宰謂之神, 在人主宰謂之心, 其實一太極也.

43 『勉菴集』, 권16, 28~29, 「以堂說贈鄭學元(經源)」: 六十四卦大象, 必著君子以三字, 而明用易之, 如天行健君子以自强不息, 君子以厚德載物, 此則人之心爲以字之主, 而非以則

마음을 주인으로 삼아 그 주재(主宰)로서의 역할을 확고하게 정립하는 것이 수양론의 핵심으로 파악하면서, 동시에 '이(以)'자(字)가 심(心)의 주인으로서 역할을 절실하게 드러내고 있는 사례로 확인하였던 것이다. 이에 따라 그가 심(心)을 주인으로 확립한 수양론적 체제로서『주역』전체를 해석하고 있음을 주목할 만하다.

면암은 수양론에서 성품을 배양하여 실현하는 문제와 관련하여 구체적으로 성(性)으로서 인(仁)의 덕(德)을 실현하는 방법을 해명하였다. 곧 인(仁)의 덕(德)이 형기(形氣) 속에 갇혀있기 때문에 기품(氣稟)에 구속되고 물욕(物欲)에 은폐되어 사사로운 데 빠져서 하늘이 나에게 부여해준 인(仁)의 덕(德)이 어두워지고 은폐되는 것이라 한다. 따라서 '나의 사사로움을 극복하여, 본성이 지닌 바를 밝힘'[克我之私, 明本性之所有]으로써, 넓게 터지고 크게 공변되면 천지만물과 저절로 혈맥이 관통하여 인(仁)이 두루 실현될 수 있음을 밝히고 있다.[44]

그것은 공자가 인(仁)을 실현하는 방법으로 언급하였던 '극(克)·복(復)'[극기복례(克己復禮)]이 지닌 수양론적 의미를 구체적으로 해명하는 것이며, 동시에 '인(仁)의 덕(德)'[성(性)]을 실현하는 수양론은 사사로운 자신에서 벗어나 천지만물과 혈맥이 소통하여 유기적 일체를 이루는 '물아일체(物我一體)'의 세계관을 구현하는 것임을 제시하고 있는 것이다. 이처럼 면암은 인(仁)의 덕(德)을 실현하는 수양론적 과제의 중요성

無以著心字之妙也, 以之義其大矣哉.
44 『勉菴集』, 권16, 2,「恒陽漫錄」: 是德也, 在形氣之中, 故不能無氣稟拘之於前, 物欲蔽之於後, 只知有我而不知有人, 只知有己而不知有物, 天之所以與我而爲生之德者, 昏暗蔽塞而不可復全矣, 是以克其有我之私, 而明其本性之所有, 則廓然大公, 天地萬物, 自然血脈貫通, 而仁之用無不周矣.

을 강조한다.

그는 먼저 성인(聖人)의 인(仁)을 추구하는 데 힘쓰는 것은 바로 인(人)의 심술(心術)에서 '측은히 여기고 사랑하여 스스로 그만둘 수 없는 올바른 싹'[惻怛字愛, 不能自已底端的苗脈]을 가리켜 추출하여, 이를 계발하고 충실하게 길러내는 것임을 지적한다. 이러한 '측은지심(惻隱之心)'을 계발하고 배양하여 인(仁)을 실현하는 수양론의 효과를 두 가지로 제시한다. 그 하나는 자식으로서 부모를 섬김에는 부모를 편안히 하고 드러내는 도리를 다하게 되고, 신하로서 임금을 섬김에는 임금을 사랑하고 바르게 하는 도리를 다하게 되며, 백성을 다스리는 데 임하면 백성을 사랑할 것을 생각하고, 만물에 대처하여서는 만물을 이롭게 할 것으로 마음을 먹어서, 한가지 생각을 하고 한 가지 일을 할 때마다, 사람을 사랑하고 사물을 이롭게 하는 것이라고 밝힌다. 다른 하나는 자신의 사사로움을 제거하고 물욕을 막음으로써 만물(萬物)과 일체(一體)를 이루어 혈맥이 관통하는 하나의 생명체를 이루게 되는 것임을 밝히고 있다.[45] 인(仁)의 수양론적 실현을 통해 인간의 사회적 역할을 온전하게 이루고 현실세계 속에서 조화로운 질서를 실현한다는 사회적 질서의 실현 효과와 더불어, 그것은 또한 세계 안의 만물과 혈맥이 통하는 유기적 일체감을 실현하는 물아일체(物我一體)의 우주적 조화의 실현 효과를 제시하는 것이다.

나아가 면암은 수양론의 구체적 방법과 절차를 중시한다. 곧 "마

---

[45] 『勉菴集』, 권16, 2~3, 「恒陽漫錄」: 聖人就人心術上, 指出其惻怛字愛, 不能自已底端的苗脈, 使之發達充養, 爲子事親, 則盡安親顯親之道, 爲臣事君, 則盡愛君致君之道, 臨民則以愛民爲念, 處物則以利物爲心, 起一念作一事, 愛人也, 利物也, 克去己私也, 遏絶物欲也, 可以至於萬物一體, 血脈貫通.

음은 만사(萬事)의 근본이고 성품은 만선(萬善)의 근원이니, 선유(先儒)들이 학문을 논함에는 반드시 방심(放心)을 거두어들이고, 덕성(德性)을 기르는 것으로 최초의 착수하는 자리로 삼는다"[46]고 하여, 수양방법의 첫 단계로서 '수방심(收放心)'과 '양덕성(養德性)'의 방법을 통해 심(心)·성(性)의 본원을 성취함으로써 도(道)를 이루고 학업을 넓히는 기초를 삼는 것임을 밝히고 있다. 나아가 수양방법의 둘째 단계로서 수양공부의 핵심요령을 '주일무적(主一無適)'과 '계신공구(戒愼恐懼)'의 두 가지로 제시한다. 동(動)·정(靜)에 관통하여 적용되는 '주일무적(主一無適)'의 방법으로 마음이 바깥으로 드러난 것을 제어하고, 미발(未發)에만 적용되는 '계신공구(戒愼恐懼)'의 방법으로 마음 속의 성품을 배양함으로써, 내외(內外)의 양면을 동시에 실천하는 것이 중요함을 강조한다. 또한 이러한 수양방법으로서 '삼성(三省)[『논어』, 「학이(學而)」] '삼귀(三貴)[『논어』, 「태백(泰伯)」] '사물(四勿)[『논어』, 「안연(顏淵)」]의 구체적 실천형식을 들고 있다. 여기서 그는 도학의 수양론이 바로 이러한 방법과 절차로 구성되어 있는 것임을 중시하여, 이러한 방법과 절차를 무시하고 마음의 공부를 위주로 한다면 그것은 불교의 견해에 빠져들 위험이 있는 것임을 경계하고 있다.[47]

또한 그는 수양론의 구체적 실천방법으로서 율곡(栗谷)이 '구용(九容)[『예기』, 「옥조(玉藻)」]과 '구사(九思)[『논어』, 「계씨(季氏)」]를 중시하였음

---

46 『勉菴集』, 권16, 40,「書贐二宋君(洛英·洛演)」: 心爲萬事之本, 性是萬善之源, 故先儒論學必以收放心養德性爲最初下手處, 乃所以成就本原之地, 以爲凝道廣業之基.
47 『勉菴集』, 권16, 40~41,「書贐二宋君」: 其下工之要, 亦曰主一無適·戒愼恐懼, 主一之功通乎動靜, 戒愼之境, 專在未發, 二者不可闕一, 而制於外而養其中, 尤爲緊切, 故三省三貴四勿之類, 皆就應接處言之, 是亦涵養本原之意也, 苟不如是而一以心地工夫爲主, 則鮮不墮於釋氏之見矣.

을 강조한다. 곧 '구용(九容)'은 위의(威儀)와 용지(容止)에서 삼가는 것이
요, '구사(九思)'는 언행(言行)과 사위(事爲)에서 살피는 것이라 대비시키
고, 구용(九容)과 구사(九思)가 덕성(德性)을 함양(涵養)하고 신심(身心)을
조검(照檢)하는 요령으로서 서로 돕는 것으로 어느 한쪽도 빠뜨릴 수
없음을 강조한다.[48] 이처럼 외모에서나 생각에서 가장 구체적인 행동양
식이 덕성(德性)을 함양(涵養)하고 신심(身心)을 조검(照檢)하는데 필수적
인 조건이 되고 있음을 제시하고 있는 것이다.

    나아가 그는 수양의 실천에서 주의해야 할 병통을 세 가지로 제
시하고 있다. 그 첫째는 선(善)·악(惡)을 혼동하는 것으로서 '의견(意
見)'[지식(知識)]의 병통이요, 둘째는 선(善)·악(惡)을 분별하여 판단할 줄
알면서도 선(善)을 따르고 악(惡)을 버리는 실행을 못하는 것으로서 '지
기(志氣)'[의지(意志)]의 병통이요, 셋째는 선(善)을 따르지 못함을 부끄
러워하고 악(惡)을 버리지 못함을 부끄러워 하면서도 선(善)을 선(善)이
아니라 하고, 악(惡)을 악(惡)이 아니라 말하고 있는 것으로서 '심술(心
術)'[판단]의 병통이라 한다. 그는 여기서 이 세가지 병통 가운데 가장
다스리기 어려운 것이 '심술(心術)'이요, 심학(心學)[수양론]은 바로 이 '심
술(心術)'을 다스리는 데 초점을 맞추고 있음을 지적하고 있다.[49] 이처럼
그가 '심술(心術)'의 판단력을 중시하고 있는 것은 '의견(意見)'이나 '지기

---

48 『勉菴集』, 권13, 46,「答高季文(禮鎭)」: 栗谷先生敎人以九容九思爲先者, 不可不念,
蓋九容所以謹之於威儀容止之間, 九思所以審之於言行事爲之際, …… 其爲涵養德性, 照
檢身心之要, 則二者交相資益, 不可闕一者也.

49 『勉菴集』, 권16, 19,「書贈廉敬儒(在業)」: 君子之所病於己者有三, 認善爲惡, 認惡爲
善, 意見之病也, 知善不能從, 知惡不能違, 志氣之病也, 恥其不能從也, 從而爲之辭, 曰
彼非善也, 恥其不能違也, 從而爲之辭, 曰彼非惡也, 心術之病也, 三者之中, 難治者心術,
故有心學之說.

(志氣)'의 병통은 잘못되거나 미약하더라도 거짓된 것은 아니지만, '심술(心術)'의 병통은 바로 거짓이 개입되고 있다는 점을 주목하였던 것으로 보인다. 수양론은 '심술(心術)'에 파고들기 쉬운 거짓을 깨뜨리고 진실을 회복하는 것이요, 이를 통해 심(心)에서 인욕(人欲)을 통제하고 천리(天理)를 확보하는 것임을 강조한 것이라 하겠다.

Ⅵ. 면암사상의 특성과 의의

한말도학파로서 역사적 상황에 대해 예리하게 대응하였던 화서학파의 핵심인물들 가운데서도 면암은 가장 철저한 현실인식과 대응논리를 전개시켰던 인물의 한 사람이다. 그의 사상에서 중심축은 성리설과 의리론이라는 양극적 두 영역을 포함하는 것이라 할 수 있다. 그러나 그의 학문체계가 지닌 특징은 바로 이러한 도학의 다양한 영역들 사이의 상관관계를 철저히 인식하고 있다는 점이고, 동시에 도학적 의리의 명분을 철저히 수호하면서도 현실의 변화에 대한 정확한 진단에 따라 명분적 원칙과 현실적 상황을 일관시켜 해석하고 있다는 점이라 하겠다.

그의 성리설은 스승 화서(華西)의 심주리론(心主理論)을 계승하면서 기호(畿湖)성리학의 전통과 화서(華西)의 주리론(主理論)을 연결시키거나 혹은 기호(畿湖)성리학의 전통 안에서 용납될 수 있는 정당성을 찾는 치밀한 논리를 계발하고 있다는 점에서 주목된다. 곧 그는 율곡의 심즉기설(心卽氣說)과 상반되는 화서의 심주리설(心主理說)이 어떻게 율곡의 성리학적 학문정신을 계승하고 있는지 밝히고 있으며,

우암(尤菴)을 매개로 심(心)의 주리(主理)·주기(主氣)의 양면성을 확인하고, 나아가 심주리설(心主理說)이 지닌 문제의식과 의의를 설득력있게 호소해가고 있다.

또한 그는 이기(理氣)·심성설(心性說)과 수양론(修養論)이 어떻게 연관관계를 지니고 있는지 밝히는 데 많은 관심을 기울이고 있다. 그것은 자신의 시대가 지닌 도학의 학문적 상황이 다양한 전문영역을 분화시켜 심화해가기보다는 서로 연관관계를 확인함으로써 그 정당성을 확고하게 드러낼 수 있을 것으로 파악하였던 것이다.

나아가 그는 화서학파 안에서 심설(心說)논쟁이 벌어졌을 때에도 그 자신 중암(重菴)과 더불어 스승의 심설(心說)을 수호하는 입장이지만, 반대쪽에 서 있는 성재(省齋)의 견해를 정면으로 비판하는 것이 아니라, 오히려 스승의 심설(心說)을 수호하기 위한 방법의 하나라 인정하면서 포용적 입장을 보여주고 있다.

여기서 면암(勉菴)은 성리설에서 스승 화서(華西)와 노사(蘆沙) 기정진(奇正鎭)의 공통점을 주목하여 연재(淵齋) 송병준(宋秉璿) 등 기호학파의 비판으로부터 노사(蘆沙)를 적극적으로 옹호하고 있으며, 또한 한주(寒洲) 이진상(李震相)에 대해서도 호의적 입장을 지켜갔으며, 화서(華西)의 성리설과 현저한 차이를 보이는 입장이라 하더라도 연재(淵齋) 송병준(宋秉璿)과 더불어 교유(交遊)를 지켜가고, 고산(鼓山) 임헌회(任憲晦)와 간재(艮齋) 전우(田愚)와도 교류하는 등 폭넓은 수용의 입장을 보여주었다.

14
의암 유인석의 심설과 의리실천

이선경

I. 머리말

의암(毅庵) 유인석(柳麟錫, 1842~1915)은 학자로서의 면모보다는 의병활동과 의리실천의 면모가 보다 널리 알려진 인물이다. 그러나 그는 57권의 방대한 문집을 남긴 학자이다. 그의 주요 사상을 담은 『우주문답(宇宙問答)』(1913)이나 『도모편(道冒編)』(1914) 등이 말년 만주에서 저술된 것을 생각해 본다면, 그는 생애의 마지막까지 학문과 항일무력투쟁을 병행했음을 알 수 있다.

그의 저술에는 종래의 중화 대일통(大一統) 사상에 대한 굳건한 신념을 바탕으로 일제 침탈에 대한 비판 및 의병활동의 방향과 규약에 대한 내용뿐 아니라, 문명관, 시대인식, 공화제, 자유와 평등, 신교육 등에 대한 비판적 견해가 종합적으로 실려 있으며, 성리학의 리기론, 심

---

* 이선경(한국전통문화대학교 한국철학연구소 전임연구원) 이 글은 「의암 유인석의 심설과 의리실천」(『유교사상문화연구』 제77집, 한국유교학회, 2019. 9.)이란 제목으로 게재되었던 것을 고쳐 쓴 원고임을 밝혀둔다.

성론 등이 그 이론적 기반을 형성하고 있다. 유인석에게 있어 저술활동은 투쟁의 목표와 방향에 대한 사상적 토대를 구축한 것으로, 필수불가결한 일이었을 것이다. 따라서 그의 성리설 역시 추상적 사변의 결과라기보다는 실존적 고뇌의 산물이라 해야 할 것이다. 당시 새로운 사조의 격랑 속에서도 유인석이 지녔던 의리실천의 이론적 근거는 흔들림 없이 성리학이었다. 국가존망의 위기뿐 아니라 이 땅에서 4000년을 지켜온 중화(中華)문명[1]의 붕괴를 목도한 그로서는 이론투쟁과 무력투쟁 가운데 어느 것도 소홀히 할 수 없었으리라 생각된다. 유인석은 이렇게 말한다.

　　대저 학문은 다른 것이 없다. 심(心)이 주(主)가 됨을 이해하는 것일 뿐이다.[2]

이는 유인석이 그 학문의 종지(宗旨)가 심주(心主)를 탐구하는데 있음을 드러낸 선언이라 하겠다. 심(心)이 주(主)가 된다는 것은 어떤 의미인가? 왜 성(性)이 아니라 심(心)이 한 몸의 주재가 되는가? 유인석은 왜 성즉리(性卽理)에 그치지 않고, 심을 리로 규명해야 했는가? 형이상과 형이하를 포괄하는 개념인 심은 어떻게 도덕주체로서 늘 선하고 바르게 한 몸을 주재할 수 있는가? 유인석의 현실대응에서 심주리설(心主理說)은 어떤 의미를 지니는가?

이와 같은 문제들에 답하기 위해 이글에서는 먼저 그의 리체리용

---

[1]　유인석은 조선에서 중화의 문화는 단군시대로부터 시작되었다고 한다. 본 논문 「Ⅴ. 대일통의 존화의식과 政體에 대한 인식」 참조.
[2]　『毅庵集』卷32,「雜著」: 夫學無他, 理會心主而已矣.

(理體理用)의 리기설, 심주리설, 명덕 주리설을 살펴보고, 유인석의 심설이 중화 대일통 사상을 구심으로 한 그의 사회 정치사상 및 의리실천에 어떻게 조응하는가를 논하고자 한다.

Ⅱ. 리체리용 理體理用의 주리설

유인석 리기론의 특징은 리체리용과 기(氣)에 대한 리(理)의 주재성과 능동성의 확보에 있다고 생각된다. 그는 리는 동정(動靜)의 위(位)는 없지만, 동정의 묘(妙)는 있어서, 기(氣)의 활동을 주재할 수 있다고 본다. 만약 동정의 묘까지도 부정한다면, 리는 죽은 물건이 되고 만다는 것이다. 리기의 관계는 관점에 따라 리선기후(理先氣後), 기선리후(氣先理後), 리기무선후(理氣無先後)를 모두 말할 수 있지만, 보다 중요한 것은 리에는 동정의 묘가 있다는 인식을 분명히 하는 것이다. 유인석은 체(體)는 리(理)이고, 용(用)은 기(氣)라는 리체기용(理體氣用)을 비판하고, 체용(體用)이 모두 리(理)라는 리체리용(理體理用)을 주장한다.

> "체용은 모두 리이다. 체(體)는 리(理)이고 기(氣)는 용(用)인 것이 아니다. 대저 체란 용이 숨어있는 것이고, 용이란 체가 행한 것이다. 체용은 한 근원이고, 행함과 숨음은 서로 이어져 있으니 어찌 하나는 리에 속하고 하나는 기에 속하겠는가? 용이 숨으면 체가 되니, 이미 그 리가 된다. 체가 행하면 용이 되니, 갑자기 리가 없어지겠는가?[3]"

---

3 『의암집』권 28, 「雜著」〈散言〉: 春卿問曰, 人有恒言體用也, 體是理而用是氣乎. 曰體

리체리용설은 태극의 동정에 대한 이론과 하나의 맥락을 형성한다. 유인석은 태극을 활물(活物)로 인식하고,[4] 태극은 생생(生生)의 리로서[5] 태극에는 '함동정(含動靜)'의 차원과 '묘동정(妙動靜)'의 차원이 함께 존재한다고 설명한다. '함동정'은 태극의 '실체(實體)'이고, '묘동정'은 태극의 '실용(實用)'이라는 것이다.[6] 태극에 동정이 있으므로, 태극이 생성 변화의 축이 될 수 있고, 태극이 음양을 낳기 때문에 온갖 사물의 근저가 될 수 있다는 것이다.[7] 이러한 차원에서 리는 기를 낳고[理生氣] 도는 만물을 낳는다[道生物]. 유인석은 주희가 "태극이 음양을 낳고, 리는 기를 낳는다. 음양이 이미 생기면 태극은 그 가운데에 있고, 리가 다시 기 안에 있다"라 한 말에서 그 주장의 근거를 찾는다.[8]

'리용(理用)'과 태극의 '묘동정(妙動靜)'을 주장하는 그의 이론에서 태극과 동정, 리와 기의 관계는 어떻게 정립될 수 있는가? 그는 리의 체용은 역시 기(氣)와 함께 한다고 한다. 체(體)는 리가 기를 타고 서있는 것이고, 용(用)은 리가 기를 타고 움직이는 것이라고 한다.

> 체(體)란 리가 기를 타고서 선[立] 것이고, 용(用)이란 리가 기를 타고서 행(行)하는 것이다. 그 선[立] 것에도 기가 없다고 할 수 없고, 그 행함에도 리

用皆理也, 非體理而氣用也. 夫體者用之藏也, 用者體之行也, 體用一原, 行藏相因, 豈可一屬之理而一屬之氣乎. 用藏而爲體也, 旣爲其理矣, 體行而爲用也, 忽爲無理乎.

4 『의암집』권28,「잡저」: 太極便是有爲之活物.
5 『의암집』권28,「잡저」〈산언〉: 易是生生之體, 太極是生生之理.
6 『의암집』권28,「잡저」: 太極含動靜, 太極之實體. 太極玅動靜, 大極之實用.
7 위와 같은 곳: 太極有動靜, 故爲造化之樞紐. 太極生陰陽, 故爲品彙之根柢.
8 이종상, 『의암 유인석의 철학사상연구』, 성균관대 박사학위논문, 2002, 57쪽 참조.

가 없다고 할 수 없다.[9]

그에 있어 기는 '능발(能發)' 즉 능히 발하는 작용이 있지만, 발하는 바 주체, 즉 '소발(所發)'은 리이다. 기는 리를 드러내는 작용이 있지만, 그 주체는 여전히 리라는 것이다. 이러한 관점은 율곡의 리기설을 유인석이 그 자신의 관점에서 새롭게 해석하는 데에서 드러난다.

"율곡은 발하는 것은 기요, 발하는 까닭은 리이다"라 하였고, 우암은 "발하는 것은 기요, 발하게 하는 까닭은 리이다"라 하였다. 나는 "발하는 것은 기이고, 발하게 하는 것은 리이다"라 하였는데, 다시 생각해 보니 "발하는 것은 기이고, 발하게 하는 것은 리이다"라고 하면 기만이 홀로 발하는 실(實)이 되고, 리는 여기에서 그것을 명(命)하는 것이 될 뿐이니, 리는 체(體)에만 있고 유행하는 데에는 다시 리(理)가 없게 된다. 율곡의 가르침에 "기가 아니면 발할 수 없고[非氣不能發], 리가 아니면 발하는 바가 없다[非理無所發]"고 하였으니, 마침내 그 가르침을 따라 고쳐서 "발하는 것[能發]은 기이고 발하는 바[所發]는 리이다"라 하겠다.[10]

유인석은 어떤 이가 "사단과 칠정의 감응은 기이지 리의 감응이

---

9 『의암집』권 28, 「雜著」〈散言〉: 理氣二而一也, 體用二而一也. 與其獨言氣於用, 無寧並言氣於體用乎. 夫體也者理乘氣而立者也, 用也者理乘氣而行者也. 其立也不可謂無氣也, 其行也不可謂無理也.

10 『의암집』권29, 「잡저」: 栗谷曰發之者氣也, 所以發者理也. 尤菴曰發者氣也, 所以發之者理也. 愚曾有語曰發者氣也, 發之者理也. 更思之曰發者氣也, 發之者理也, 則氣獨爲發之實, 理爲在此命彼而已, 理止在體, 而流行上無復理也. 栗谷有訓非氣不能發, 非理無所發, 遂因其訓而改之曰能發者氣也, 所發者理也.

아니다"라 하자, "기의 감응이 될 뿐이라면, 그 감응에서 리는 어느 곳에 있겠는가? 사단칠정은 모두 리가 없다고 하는 것이 옳을 것인가?"라 반문한다.[11] 이를테면 어린아이가 우물에 들어가려는 일을 느끼면 인(仁)의 이치가 바로 응한다는 것이다. 이러한 감응은 모두 기에 감촉되어 리를 느끼고 리가 응하여 기를 움직일 뿐이라는 것이다. 이것이 리세(理勢)의 당연한 것으로, 리가 기를 타서 주인이 되고, 기가 리를 실어 심부름한다는 것이다. 유인석은 심부름꾼이 주인의 말씀을 받아 손님에게 전하는 경우를 예로 들어 설명한다. 비록 심부름꾼이 손님에게 말씀을 하고는 있지만, 그 말씀의 주체는 그것을 명한 주인이라는 것이다. 유인석은 리기의 감응에 선후는 없지만 주종(主從)의 구분은 있다고 한다. 그는 이렇게 말한다.

"어찌 심부름하는 자가 아래로부터 감응하고 주인이 된 자가 감응에 참여함이 없이 그 감응하는 가운데 타고 있을 뿐인가?"[12]

유인석은 리기는 늘 함께 하는 것이지만, 다만 기가 리에 순종하여 리의 주재성이 확보되는 경우에는 굳이 기를 언급할 필요가 없다고 본다. 리가 주인이 되고 기가 심부름꾼이 되어 그 명령을 듣는 것이 리기 관계의 '본모습'이라는 것이다.[13] 유인석은 리를 작용의 원리로만 이해

---

11 『의암집』권28, 「잡저」〈산언〉: 或曰, 四端七情之感應是氣也, 非理感應也, 理何以有感應. 曰氣之爲感應而已, 則方其感應也, 理在何處. 四端七情, 都無理之可言歟. 曰理雖無感應, 氣之有感應而發也, 理乘在其中, 非無理也.

12 위와 같은 곳 : 豈有爲役者自下感應, 爲主者無與乎感應, 而特乘在於其感應之中也.

13 기가 리를 가려 리의 모습이 제대로 구현되지 못할 경우에만 기를 드러내어 말할 필요가 생긴다는 것이다. 유인석은 사람이 말을 타고 가는 사례를 들어 그의 주장을 설명한다. 리가

한 것이 아니라 작용의 주체로 이해함으로써, 도덕원리가 구체적 현실과 행위 속에서 적극적으로 개입하여 힘을 발휘할 수 있기를 목적했다고 하겠다.[14]

Ⅲ. 심의 양측면: 주재主宰와 물物

유인석의 리기설은 기의 능발(能發)을 전제하지만, 발하는 주체를 리로 보아 리의 묘용(妙用)과 태극의 묘동정(妙動靜)에 초점을 둔다고 할 수 있다. 심설에서도 이와 같은 기조는 일관되게 이어진다.

> 심이 성정(性情)을 오묘하게 갖춘다는 것은 태극이 동정(動靜)을 오묘하게 갖추는 것과 유사하다. 이렇게 말한다면 심이 태극이 된다. 심이 성(性)에 근본을 둔다는 것은 음양이 태극에 근본을 두는 것과 유사하니, 이렇게 말한다면 심이 음양이 된다. 비록 심이 태극이 된다고 해도 성(性)과 정(情)을 겸하여 관할하고 있다면 태극과 유사하지만 바로 태극인 것은 아니니, 심에 운용이 있고서야 태극인 것이 있을 수 있겠는가. 비록 심이 음양이 된다고 하지만 성(性)과 리(理)를 모두 갖추고 있다면 음양과 유사하지만 음양인 것은 아니니, 마음에 주재가 있다면 어떻게 주재가 있고서 음양인 것

정상적으로 구현되는 경우, "아무개(사람)가 어디에 간다"고 하지 "말이 어디에 간다"고 하지 않으며, 말이 탄 사람의 의도대로 움직이지 않고 잘못된 행동을 할 때 비로소 "말이 어떻게 했다"고 한다는 것이다.(『의암집』권 28, 「雜著」「散言」: 理氣元不相離, 而理却統氣, 大凡言語只當說理, 不須言氣, 惟氣助理處, 不可不言氣, 氣逆理處, 不得不言氣)

14   이종상, 『의암 유인석의 철학사상연구』, 성균관대 박사학위논문, 2002, 65쪽 참조.

이 있겠는가?[15]

주재성의 측면에서 보면 심은 리이다. 심은 대본(大本)을 세우고 달도(達道)를 행하여 천리가 주재하게 하는 것이다. 성(性)과 심(心)을 체용으로 말한다면, 성(性)은 리의 체(體)이고, 심(心)은 리의 묘용(妙用)이 되는 것이다.[16] 심통성정(心統性情)의 심, 심위태극(心爲太極)의 심을 기(氣)로 말할 수는 없다는 것이다.

리가 기를 주재한다는 것은 말이 되지만, 기가 리를 주재한다는 것은 말이 되지 않는다. 리가 통솔한다는 것은 말이 순하지만 기가 통솔한다는 것은 말이 순하지 못하다. 그러므로 심을 리로써 말한 것도 있고 기로써 말한 것도 있는데, 주재로 삼는 마음과 성정을 통솔하는 마음은 마땅히 리로써 말한 것이다.[17]

리가 기를 주재한다고 한다면 왜 성이 아니라 심이 한 몸의 주재가 되는가? 무위의 리체(理體)에 해당하는 성(性)은 심의 준칙으로서 대본

---

15 『의암집』권52, 「도모편」상 : 心妙性情, 有似太極之妙乎動靜. 以是而言則曰心爲太極也. 心本乎性, 有似陰陽之本於太極, 以是而言則心爲陰陽也. 雖曰心爲太極, 而其兼管性情, 有似乎太極非卽是太極也, 心有運用, 安有有運用而爲太極者乎. 雖曰心爲陰陽, 而其具載性理, 有似乎陰陽非卽是陰陽也, 心有主宰, 安有有主宰而爲陰陽者乎.

16 『의암집』권31, 「잡저」 : 有言性體心用, 不可也. 心立大本行達道, 天理之主宰也.…性是理之本體, 心是理之妙用, 以是而言心性則有可言體用也. 本體之體, 實所以兼大本達道之體用也, 妙用之用, 實所以爲立大本行達道之主宰也.

17 『의암집』권27, 「잡저」 : 理之爲氣主宰, 可成言也, 氣之爲理主宰, 不成言也. 理之爲統, 言可順也, 氣之爲統, 言不順也. 故心有以理言以氣言, 而爲主宰之心, 統性情之心, 當以理言.

(大本)의 체(體)라는 의미를 지니지만, 그 준칙에 입각하여 한 몸의 대본을 세우는 주체는 유위와 무위를 넘나드는 심의 운용이 아니면 안되기 때문이다. 다시 말해 리의 체인 성은 무위하므로, 리의 묘용으로서 심이 주재가 되어 리의 체를 실현한다는 것이다.

> 심은 성으로써 법칙을 삼는다. 성의 준칙에 따르면 심이 선하고, 준칙에 따르지 않으면 심이 선하지 못하다. 심은 성정(性情)의 주(主)가 되므로, 심이 주재를 얻으면 성정은 다스려지고 주재를 잃으면 성정은 어지러워진다. …… 이 두 가지에서 심에 책임이 있지 성을 책(責)할 수는 없다. 그러므로 사람에게 있어서는 심(心)이 주(主)가 되니, 책임은 주(主)에게 달린 것이다.[18]

리의 묘용으로서의 심을 강조하는 것은 도덕을 실천하는 책임 있는 주체로서 심의 위상을 정립하려는 시도라 생각된다. 생명력을 지닌 도덕실천의 주체로서 심을 바라보는 유인석은 주희의 설을 빌어 '심'을 '신(神)'이라 정의한다.

> 하늘에 있어서는 신(神)이라 하고, 사람에 있어서는 심(心)이라 하니, 심(心)이 신(神)이다. 신(神)이라는 것을 곧바로 리(理)라고 하면 온당하지 못하고, 오로지 기(氣)로 보는 것도 옳지 못하다.[19]

---

18 『의암집』 권31 : 心以性爲則, 準乎性則心善, 不準則心不善. 心爲性情之主, 心得主宰則性情理, 失主宰則性情亂. 心性之相須交正也如此, 此至妙至好之理也, 二者並行而不悖, 不可暫時有闕一也. 斯二者責之於心, 不可責之於性也, 故在人心爲主也, 責在主也."
19 『의암집』 권28, 「잡저」 : 蓋在天曰神, 在人曰心, 心是神也. 神之爲物, 謂卽是理未穩, 專作氣看又誤(朱子說).

신(神)은 리에 속하지만, 무위와 유위의 양면을 모두 지님으로써 형이하의 세계에도 걸쳐있다. 신은 형이하의 세계에 형이상의 리를 실현하는 주체로서, 리와 기를 매개하고 형이상과 형이하를 매개한다.[20] 인간사에서는 심(心)이 곧 신(神)이라 할 수 있다. "심은 신명일 뿐[心是神明而已]"으로 이러한 신명으로서의 심은 리만으로도 기만으로도 말할 수 없다. 그것은 리와 기의 합이지만 그것이 근본한 바는 리이다.[21] 심이 한 몸의 주인이 된다는 것은 심의 신명허령함이 스스로 주관하는 것이다. 이와 같은 심이 성정을 주재하여 체와 용을 통섭하는 것은 바로 천리가 주재하는 것이며, 이러한 심은 리라고 말할 수밖에 없다고 한다.[22] 유인석이 신(神)과 심(心)을 하나로 본 것은 리의 묘용을 증명함으로써, 순선한 리의 발동주체인 심의 능동적 작용성을 확보하려는 것이라 할 수 있겠다.

그런데 문제는 심이 한편으로는 주재(主宰)이지만, 한편으로는 물(物)이기도 한 양면성을 지닌다는 것이다.[23]

---

20 『의암집』권29, 「잡저」: 형이상은 道가 되고 형이하는 器가 된다. 중간에 또 신묘하여 헤아릴 수 없는 것이 있다. 道를 드러내어 쓰고 器를 움직여 부리니 이것이 무엇인가? 神이다. … 신은 道器에서 어디에 소속시킬 것인가? 음양은 器이고, 한 번 음하고 한 번 양하는 것은 道이며, 음양을 헤아릴 수 없는 것이 神이다. … 신묘하고 또 헤아릴 수 없으니 바로 道는 아니고, 하나이면서 둘이니 道에는 속하나 器에는 속하지 않는다. 道는 體이고 神은 用이며, 體用은 하나의 근원이다.

21 『의암집』권27, 「잡저」: 心者主於身者也, 理心之所具也, 氣心之所乘也. 理本無爲, 不可作主, 氣不命物, 不得爲主, 故謂心卽是理不可, 謂心卽是氣不可, 心是神明而已. 是神明也何自而爲神明, 理與氣合, 便有此神明, 其所本則理, 其所體則氣. 既有此神明, 却又具是理而乘是氣, 妙是理而命是氣.

22 『의암집』권27, 「잡저」: 作主於身, 以在人之神明虛靈, 自做主管者言, 如所謂主人翁者是也, 於此不可偏屬理氣. 主性宰情, 以爲心之本分一而不二, 兼統體用者言, 卽所謂天理之主宰者是也, 於此當以理言.

23 김형찬, 「의암 유인석의 철학연구」, 『율곡사상연구』제2집, 율곡학회, 1995, 519쪽 참조.

같은 심인데, 천리의 주재가 되기도 하고, 물(物)이 되기도 한다. …… 마음의 체단(體段)은 리와 기가 합해서 지각하는데, 리기가 합하면 선악을 겸하지 않을 수 없다. 그러나 리와 기가 합해서 체단이 되더라도 그 본체의 골간은 리이며, 리가 주가 되고, 선(善)이 그 본분이다. 본체를 주(主)로 하여 선한 것은 천리의 주재라 하고, 체단의 리와 기를 합하고 선악을 겸한 것은 물(物)이라 한다.[24]

심이 리의 묘용으로서 성정을 주재하는 '본분'을 다하기 위해서는, 오히려 심이 리기의 합으로서 형이하의 물(物)이 되는 측면을 놓쳐서는 안된다. 유인석은 유중교(柳重敎, 1832~1893)의 말을 인용하여 리와 기가 합쳐있는 것을 리의 본체라 할 수 없으며, 심(心)에는 형이하의 사물인 측면이 있으므로 성찰공부의 대상이 되는 측면이 있음을 지적한다.

성재 선생이 말씀하시기를 …… 다만 리와 기가 합하면 곧 진(眞)과 망(妄), 사(邪)와 정(正)이 섞여 있어서 다시는 리의 본체가 아니다. 그래서 단지 심이라고 말한 것이라면 형이하인 것에 근거하여 사물이라 지목할 수 있으며, 나아가 성찰 공부를 더해야한다."[25]

대저 심은 리로 말한 것도 있고 기로 말한 것도 있다. 단지 심이 리가 되는

---

24 『의암집』권52, 「도모편」상 : 一是心也, 而或爲天理之主宰, 或爲物焉, 何有此兩樣乎. 心之體段, 本理與氣合, 有爲知覺, 合理氣爲體段, 則不能無兼善惡也. 雖合理氣爲體段, 而其本體骨榦則理也, 理爲主而善者乃其本分也. 以其本體之理爲主而善者, 則曰天理之主宰也. 以其體段之合理氣兼善惡者, 則曰物也.

25 위와 같은 곳 : 省齋先生曰, …… 但理與氣合, 便有眞妄邪正之雜, 而非復理之本體, 故止曰心焉, 則只得據形而下者, 目之以事物, 而就加省察之功.

것만 알고 기가 됨을 알지 못하면 반드시 공부에서 멀어진다.[26]

따라서 물로서의 심을 리로서의 심이 제어하고 넓혀야 한다. 그것은 도심(道心)으로 인심(人心)을 제어하는 것으로 설명할 수 있다. 유인석은 마음의 근원이 하나라는 것을 전제하면서도, 도심과 인심을 뚜렷이 구별한다. 그는 "인심이 도심이 되고, 도심이 인심이 된다"는 설을 찬성하지 않는다. 비록 성인(聖人)일지라도 인심이 도심이 될 수는 없으며, 악인의 경우일지라도 도심이 인심으로 전환되지는 않는다는 것이다. 도심은 도심이고, 인심은 인심일 뿐이다. 다만 도심이 한 마음의 주재가 될 때 인심이 도심에게 제재를 받게 되고, 인심이 중심이 되면 도심이 인심에 의해 훼멸된다는 것이다.[27] 그에게서 도심은 리(理)의 발(發)로서 그 실질은 명덕(明德)과 같다. 그는 "도심은 심이 도리에서 발한 것이고, 명덕은 도리가 심에 보존된 것"[28]으로서 각자 지시하는 바는 다르지만[29] 양자는 '도리'라는 점에서는 같다고 한다. 그러므로 "도심에 깨달을 수 있는 기(氣)가 없는 것은 아니지만, 주(主)가 되어 발하

---

26 『의암집』권29, 「잡저」〈산언〉: 大抵心有以理言者, 有以氣言者. 但知心之爲理而不知其爲氣, 則必疎於工夫矣.

27 『의암집』권28, 「잡저」〈산언〉: 故上智不能無人心, 下愚不能無道心也. 道心自道心, 人心自人心, 豈可變轉相爲易哉. 聖人不可曰人心亦道心也, 只是道心爲主而人心受制於道心也已矣. 惡人不可曰道心亦人心也, 只是人心爲主而道心見滅於人心也已矣. 朱子曰, 天理之公, 卒無以勝夫人欲之私, 道心常爲一身之主, 而人心每聽命焉.

28 『의암집』권31, 「잡저」: 道心明德一也. 道心, 心之發於道理者也, 明德, 道理之在於心者也.

29 『의암집』29, 「잡저」: "道心과 明德과 性善은 가리키는 바가 은미하여 같지 않은 바가 있으나, 모두 한 가지 도리이다." "도심은 이 마음이 성명에 근원하는 것이고, 명덕은 하늘의 밝은 명령이 마음에 얻은 것이며, 성선은 天理가 마음에 품부 받은 것이다. 도심은 形氣와 분별되는 것이고, 명덕은 바르게 통한 기에서 얻은 것이며, 성선은 기질에 뒤섞이지 않은 것이다."

는 내용이 천명이 부여한 인의예지의 성(性)이므로 리의 발이라 한다"는 것이다.[30] 따라서 리의 묘용으로서 도심이 발해서 확고하게 마음의 주재가 되어야 인심이 제어되고 마음의 본체를 보존할 수 있다.

앞서 머리말에서 언급한 바와 같이 유인석이 "학문은 다른 것이 없으며, 심(心)이 주(主)가 됨을 이해하는 것일 뿐"이라 한 선언의 의미를 다시 생각해 보자. 그는 한 몸의 주인은 심이며, 그 심이 주재하는 활동의 실제 근거는 인의예지의 덕이라고 한다. 그 인의예지의 덕을 드러내 보인 것이 측은, 수오, 사양, 시비지심의 사단이며, 이러한 사덕과 사단을 모든 일에서 행동으로 실천하도록 하는 것이 심의 직분이라는 것이다. 심이 그 직분을 다하지 못하면 그 주재는 소멸하게 된다. 주(主)가 주(主)가 될 수 있는 것은 '인욕을 막아 천리를 보존'할 수 있기 때문이다.[31] 이로부터 유인석의 학문이 목적하는 바는 '인욕을 막아 천리를 보존하는' 심 주재의 활동이 끊임없이 이어지도록 하는 것이라 할 수 있겠다. 그것이 그가 리의 묘용을 주장하고, 그러한 심의 활동을 신(神)으로 규정하는 까닭이라 할 것이다. 다음 문장은 유인석이 심주(心主)를 주장하는 이유를 잘 드러낸다.

심은 리기를 통섭하고 있으므로 그 도(道)를 넓힐 수 있고 기(氣)를 제어할

---

30 『의암집』권52, 「도모편」상 : 其以道心爲理之發, 人心爲氣之發, 此乃對分左右路脉之辭. 盖道心非無能覺之氣, 特其所主而發者, 是天命所賦仁義禮智之性, 故目之以理之發. 人心非無所覺之理, 特其所主而發者, 是人身所具耳目口軆之形, 故目之以氣之發.
31 『의암집』권32, 「잡저」〈산언〉: 於是有身也, 問其主則心也, 問其主之實則德也, 問其德之所有則仁義禮智也, 其所有之著見則惻隱羞惡辭讓是非也, 其著見之所達則百行萬善也, 達無不盡而極其大則合天德也. 是其主之事也, 事其事, 主之職也. 不事其事, 主之失職也. 失職則主其罔極矣. 得職用以天也, 失職用以人也. 天公也, 人私也, 主之務, 遏人欲存天理也, 遏人欲存天理, 主能主也. 夫學無他, 理會心主而已矣.

수 있다. 기를 제어해서 도를 넓히면 심이 할 수 있는 일은 다 한 것이다.³²

Ⅳ. 명덕明德 주리설

유인석은 성정(性情)의 주재자로서 심의 위상과 책임 그리고 그 본분을 강조한다. 심주리설을 통해 리의 묘용을 강조하고, 리의 활발한 작용성을 신(神)으로 규정하는 것을 본다. 그러나 유인석에 있어서 리의 묘용으로서의 심이 곧 명덕은 아니다. 그는 명덕을 무엇이라 이해하고 있으며, 그에게 명덕은 어떤 의미와 위상을 지니는가? 명덕에 대해 유인석이 주장하는 주요한 명제는 다음과 같다.

"명덕은 리이다."
"명덕은 인의예지의 성(性)이다."
"명덕은 심에 속한다."
"명덕은 바르게 통한 기(氣)에서 얻은 것이다."³³

위의 명제들을 종합하면 '명덕은 바르게 통한 기(氣)를 매개로 얻어진 심에 속하는 리(理)이자 성(性)이다'가 될 것이다. 유인석은 이미 심주리설을 통하여 심에 리의 묘용적 측면이 있음을 주장하였다. 그러

---

32 『의암집』권28, 「잡저」: 心統攝理氣, 能弘其道, 能制其氣, 制氣以弘道, 心之能事畢矣.
33 유인석은 다음과 같이 주장한다. "명덕(明德)을 기(氣)라 하면 제대로 깨닫지 못한 것이다. 사람은 바르고 통한 기로 인하여 명덕이 있는 것이지, 바르고 통한 기가 곧바로 명덕이 될 수는 없다."(『의암집』권31 「잡저」〈산언〉: 謂明德爲氣, 未可曉也. 人因正通之氣而有明德, 不可直以正通之氣爲明德.)

나 그가 파악하는 명덕은 묘용적 측면에서의 심즉리(心卽理)는 아니다. 명덕을 '성(性)'으로 정의한다면 그것을 '유위(有爲)'라 할 수는 없는 것이기 때문이다. 강여강과 유인석의 문답을 보자.

> 강여강: "명덕은 심(心)과 성(性)에서 어디에 속합니까?"
> 유인석: "심(心)에 속한다. 명덕은 그 골자를 말하면 성(性)이고 그 성체(成體)를 말하면 심(心)이다."
> 강여강: "명덕은 인의예지의 성이 아닙니까?"
> 유인석: "주자가 말씀하시기 '바로 그렇다'라고 하셨다. ……"
> 강여강: "그렇다면, 명덕은 리입니까?"
> 유인석: "리이다. 본디 기로 인하여 명덕이 되었다. 그러나 리가 덕이 되어 밝은 것이다."[34]

위의 문답에서 '명덕은 그 골자로는 성(性)이고 그 이루어진 몸체[成體]는 심(心)'이라 한 부분과 '명덕은 기로 인하여 명덕이 되지만, 리가 덕이 되기 때문에 밝을[明] 수 있다'는 부분을 주목해 볼 수 있다. 그에게 있어 명덕은 리의 묘용을 가능하게 하는 근거라 생각된다. 그는 다른 곳에서 명덕을 "하늘의 밝은 명령을 마음에 얻은 것"이라 한다. 이 명덕은 사람과 다른 존재들을 구별하는 근거가 된다. 사람은 다른 사물과 달리 사람에게만 부여된 바르고 통한 기를 얻었기 때문이다.

---

[34] 『의암집』권31, 「잡저」〈산언〉: 曰明德於心性何屬焉. 曰屬心也. 明德言其骨子則性也, 言其成體則心也. 問明德是仁義禮智之性否. 朱子曰便是. …… 性其爲骨子, 心其爲成體也, 心其爲成體故屬心也. 曰然則明德是理歟. 曰理也. 固因氣而爲明德, 然理爲德而明也.

사람이 만물의 영장이 되는 근거가 바로 명덕에 있다. 명덕은 모든 사람에게 보편적으로 부여된 것으로, 개개인이 모두 요순(堯舜)이 될 수 있다고 하는 말은 개개인에게 모두 '명덕'이 있기 때문이다.[35]

> 사람은 이 명덕이 있어, 하늘에 근본을 하여 하늘이 사덕(四德)의 실제와 사시(四時)의 운행을 환히 드러내고, 몸에 있어서는 오상(五常)이 늘 성품으로 있고, 마음에 저절로 빛나서 사단과 칠정이 밖으로 드러남이 있으며, 일에 베풀어져서는 윤리가 행해지고 도가 심어져서 접촉하는 것마다 밝게 되어 가정과 국가와 천하가 땅을 따라 환하게 된다. 이와 같이 됨을 일러 명덕이라고 한다.[36]

유인석은 덕이 본래 밝음은 하늘에 달린 일이고, 덕이 다시 밝음은 나에게 달린 일이라 한다. 일단 기(氣)를 받은 이상 또 그에 구애되지 않을 수 없지만, 그 구애됨을 벗어나 그 명덕을 회복하는 일이 명명덕(明明德)이라는 것이다.[37] 그러면 어떻게 명덕을 밝혀야 하는가?

유인석은 명명덕의 방법으로 『대학』의 팔조목을 제시한다. 먼저 격물(格物)·치지(致知)를 통해 그 길을 밝히고, 성의(誠意)·정심(正心)·수신

---

35 『의암집』권31, 「잡저」〈산언〉: 夫曰人爲萬物之靈, 有明德之謂也. 夫曰人皆可以爲堯舜, 有明德之謂也. 夫天命性於人物, 稟之有氣, 氣有偏正通塞, 物得其偏塞, 故物性賤而所明粗通一路而已. 人得正通之氣, 故其性貴而得於心而爲德者, 光明而不昧, 體涵萬理, 用周萬事, 是曰明德. 明德人所獨得而物不與也.

36 위와 같은 곳: 人有此明德, 本之於天, 而天有顯然四德之實, 四時之運, 存之於身, 而五常恒性, 自昭于中, 四端七情, 有著乎外, 施之於事, 而倫行道藝觸處朗然, 家國天下隨地洞然, 如是之謂明德也.

37 위와 같은 곳: 德之本明, 在天之事也, 德之復明, 在我之事也. 德之復明而爲堯舜者在我也, 如之何其不明也.

(修身)을 통해 그것을 실천하고, 제가(齊家)·치국(治國)·평천하(平天下)를 통해 그 효과를 이룬다는 것이다.[38] 이는 전혀 새로울 것이 없는 당연한 이야기라 할 수도 있겠다. 그러나 유인석에게 있어, 개인이 어긋나고 시대가 어그러지는 근본원인은 당연한 원칙들이 제대로 인지되지 않고, 실천되지 않는데 있다고 할 수 있다. 따라서 무엇이 바른 것이며, 무엇이 본분인가를 분명히 밝혀 재천명하려는 것이 그 사상의 한 특징이라 할 것이다.

V. 어떻게 심의 주재를 지킬 것인가? : 거경居敬과 격물치지

명덕을 밝히는 방법으로서의 팔조목은 다시 존덕성(尊德性)과 도문학(道問學)의 공부로 환원해 볼 수 있을 것이다. 유인석은 "덕성(德性)에서 리를 궁구해야 이치가 바야흐로 절실하다. 사물에서 도리를 구해야 도리가 바야흐로 실(實)하다.[德性上窮理, 理方切. 事物上求道, 道方實.]"[39]라 하는 것이다. 유인석은 도문학의 공부로는 '격물치지'를, 존덕성의 공부로는 '거경(居敬)'을 강조한다. 그는 '격물치지'가 필요한 이유를 다음과 같이 말한다.

천지 사이에는 모든 것이 일[事]이 아닌 것이 없다. 그런데 도를 구하는데 방해가 된다하여 사물을 싫어하고 피한다. 사물을 어떻게 벗어날 수 있겠

---

38 『의암집』권31, 「잡저」〈산언〉: 明之如何. 格物致知, 明之所以致其明也. 誠意正心修身, 明之所以致其實也. 齊家治國平天下, 明之所以致其效也.
39 『의암집』권27, 「잡저」〈잡록〉.

는가? 도(道)를 벗어난 물(物)이 없고 물을 벗어나 도가 없다. 또 어떻게 물을 벗어나서 도를 구하겠는가?[40]

유인석의 '격물치지'의 공부에 있어서의 특징은 소당연(所當然)을 강조한다는 것이다. 유인석은 공부하는 이들의 인식과 실천은 소당연의 리에 대한 인식과 실천에서 출발해야 함을 말한다. 공부의 출발은 '즉물궁리(卽物窮理)'인데, '즉물(卽物)'해서 탐구하는 이치는 일차적으로 소당연의 이치라 할 수 있다. 유인석은 존재론적 차원에서는 소이연의 이치가 먼저 있다고 하겠지만, 인식과 실천의 차원에서는 "먼저 소당연을 구한 뒤에 소이연의 뜻에 도달할 수 있다"고 한다.[41] 그의 주리론은 형이상학적 이론의 탐구보다는 현실에서 출발하여 의리실천의 기초를 마련하는데 초점이 있다고 할 것이다. 유인석의 공부론에 있어서 보다 주목해야 할 것은 '경(敬)'공부이다. 그가 저술의 곳곳에서 '경'공부를 매우 강조하는 것을 볼 수 있다.

천하의 근본은 나라에 있고, 나라의 근본은 가정에 있으며, 가정의 근본은 자신에게 있다. 마음은 한 몸을 주재하고, 경(敬)은 한 마음을 주재한다.[42]

---

40 『의암집』권27, 「잡저」〈잡록〉: 天地間, 皆不可無底事也, 皆不可無底物也. 却以爲妨於求道而厭避事物, 事物如何避得. 道外無物, 物外無道, 又如何避物而求道.

41 『의암집』권11, 「書」〈答劉卿禹問目-乙未閏五月〉: 然所謂所以然所當然者, 本是卽物說理, 則恐不可以所當然爲用而覔體於所以然也. 若爲物之理, 先有所以然而後有所當然, 窮物之理, 先究所當然而後達所以然之意, 恐切當.

42 『의암집』권27, 「잡저」〈잡록〉: 天下之本在國, 國之本在家, 家之本在身. 心爲一身之主宰, 敬爲一心之主宰, 是以篤恭而天下平.

마음[心]이 경(敬)을 보존하고 있을 때에는 내 자신[一身]이 모두 살아있고, 마음이 경(敬)하지 못할 때에는 내 자신[一身]이 모두 죽은 것이다. 경(敬)은 천리가 보존되고 없어지는 틀이고 사람의 삶과 죽음을 판가름한다. 사람이 천지간에 생명이 있는 물건으로서 그 생명의 이치를 보존할 수 없어서 스스로 죽음의 길로 나아가면 옳겠는가?[43]

위의 인용문은 여러 가지 의미를 함축하고 있다. 내 자신이 살아있는 것은 마음에 경(敬)을 보존하고 있을 때이다. 거경(居敬)은 천리를 보존하는 방법이고, 생명의 이치를 보존하는 길이라는 것이다. 다시 말하면 생물학적인 육체를 보존하고 있다고 해서 살아있는 것이 아니다. 생명의 이치는 곧 천리로서, 이 천리를 보존할 때 사람은 살아있다고 할 수 있으며, 그러한 생명의 이치를 보존하는 방법이 바로 '경(敬)'공부라는 것이다. 경(敬)공부를 통하여 내면의 천리로서 태극을 자각할 수 있게 되며, 그러한 내적 구심의 확립을 통해 도덕 실천의 외적 확산이 가능하게 된다. 즉 도덕주체가 확립되면 내 자신에게 변화가 일어나고, 그러한 변화가 외적으로 확산되어 나간다는 것이다.

태극을 굳이 바깥에서 찾아 볼 것이 아니다. 단지 내 자신이 그 가운데 뿌리를 내리고 있음을 볼 수 있다. 또한 이것이 와서 내 자신 가운데에 있어서 변화를 발휘함을 볼 수 있다. 이와 같이 내 자신을 미루어가 천지만물

---

43 위와 같은 곳 : 心存敬時, 一身都活了, 心不敬時, 一身都殺了. 敬者天理存亡之機, 人身生死之判. 人爲天地間生物, 不能保其生理而自就於死道可乎.

을 다하는 것이다.[44]

공부는 거경과 격물치지, 그리고 역행의 공부가 균형을 이루어야 하지만, 경공부가 치지(致知)와 역행(力行)의 근간이 된다. 결국 명덕을 밝히는 명명덕(明明德)의 과정 역시 경공부의 과정이라 할 수 있다.

거경(居敬)은 나무에 비유하면 뿌리와 그루터기이고, 치지(致知)는 줄기와 가지이며, 역행(逆行)은 잎사귀가 붙고 열매가 달리는 것이다. 학문을 하는 데 하나라도 빠지면 하나의 학문이 이루어지지 않고, 나무가 됨에 하나라도 빠지면 한 그루의 나무가 되지 않는다.[45]

경(敬)을 행할 때에 덕(德)은 저절로 엉기고 명(明)은 저절로 생겨난다. 경(敬)이 계속하여 이어지면 엉겨서 굳게 되고 밝은 것은 통달하게 된다. 굳게 되고 통달하게 되면 천하의 어떤 것도 그것을 움직일 수 없고 천하의 어떤 것도 그것을 미혹할 수 없다.[46]

---

44 『의암집』권27,「잡저」: 太極不必自外求見, 只見得此身在這箇中着根立. 又見得這箇來在此身中, 能發揮變化如此, 推此身以窮天地萬物. 유인석은 내재적 태극으로 '心爲太極'과 '性爲太極'을 말한다. '심위태극은 태극의 위치에 해당하며, 성위태극은 태극의 실체'라고 한다. 사람의 한 몸에서 모든 변화가 비롯되어 나오는 근거를 찾으면 오직 심으로 태극의 위치에 해당하며, 다시 마음에서 모든 이치의 뿌리가 되는 근거를 찾는다면 오직 성으로 태극의 실체에 해당한다는 것이다.(『의암집』권52,「도모편」상 : 就人一身上, 求見萬化之所由出, 則惟心可以當太極之位. 更就一心上, 指出萬理之所根極, 則惟性可以當太極之. 言各有當, 固不可執此而病彼, 要其歸趣, 亦不害一身之有一太極也.

45 『의암집』권27,「잡저」〈잡록〉: 居敬譬之木則根株也, 致知軡枝也, 力行着葉成實也. 爲學闕一則不成一箇學, 爲木闕一則不成一箇木也.

46 『의암집』권27,「잡저」〈잡록〉: 敬時德自然凝, 明自生. 敬接續, 則凝乃固明乃達. 固且達, 天下莫能動焉, 天下莫能迷焉.

Ⅵ. 대일통의 존화의식과 정체政體에 대한 인식

「우주문답」과 「도모편」은 유인석의 말년 저작으로, 당시의 현실을 바라보는 그의 세계관과 문명관, 그리고 현실대응방법 등을 살펴볼 수 있다. 특히 「도모편」은 그가 병마에 시달리며 서거하기 몇 개월 전에 완성한 저작이다. 그가 감당하기 어려운 정황 속에서 이와 같이 중후한 저술을 내놓은 것은 그의 의리실천은 이론적 대응과 무력적 실천의 두 방향을 목표로 하였기 때문이라고 생각된다. 따라서 그의 현실대응에 대해서 무력투쟁의 경과와 양상을 살피는 데 그칠 것이 아니라, 그의 이론투쟁의 면모를 고찰할 필요가 있다는 것이다. 이글에서는 이론적 측면에서의 현실대응으로서 그의 존화론적 문명관과 정체(政體)에 대한 인식을 주로 고찰하고자 한다.

유인석은 당시 제국주의 침탈의 야만성을 지적하고, 그 배경이 되는 서구의 정치 및 사회이념과 정체(政體)를 전면 비판한다. 그리고 그에 대해 동양이 수천 년간 지켜온 존화적 문명관과 정체의 우수성을 분명하게 밝히고자 한다. 그는 중화문명이 인류문명의 올바른 길을 제시한다는 굳은 신념을 지니고 있었다. 그의 투쟁은 국권회복이 일차 목표이지만 궁극적으로 그러한 투쟁을 통해 바람직한 인류의 문명을 회복하고자 하는 원대한 목표를 지닌 것이었다. 그러므로 그의 현실대응론을 살펴보려면 먼저 그가 목숨을 바쳐 지키고 선양하고자 하였던 '화(華)' '중화(中華)'의 내용이 무엇인가가 토의의 대상이 되어야 할 것이다. 사실 '중화(中華)'의 개념에 대해서는 정치, 문화, 사상, 역사적 측면에서 다양한 접근이 가능하며, 그 개념을 사용하는 주체에 따라 그 의미가 달리 이해되는 복잡한 사정이 있다. 역사 현실에서 '중화'는 하나의 고정된 개념으로만 사용된 것이 아니므로, '중화'의 개념에 대해 보편적 정의를 내리기는 어려운 일이다. 따라서 이 글에서는 유인석에 초점을 맞추어 그가 생각한 중화의 개념, 조금 더 확장해서 조선의 중화론자들이 생각한 '중화'의 개념을 논하는 것으로 한정하기로 한다.

유인석 역시 조선을 '소중화(小中華)'로 인식하였다. 굳이 '소중화'의 상대어를 생각해 본다면 그것은 '대중화(大中華)'가 될 것이다. 송, 명과 같은 왕조들이 보유하였던 문명을 '중화'라 한다면, 그것은 '대중화'의 줄임말이라는 것이다. 대.소라는 접두어를 떼어버린 '중화'는 보편적 문명의 의미를 지니게 된다. 유인석은 '중화'가 어느 국가 어느 족속이라도 그 주인공이 될 수 있는 보편적인 문명이라 한다.

> "중화(中華)란 그 지역을 가지고 말하는 것이 아니고 사람을 가지고 말할 따름이다. 그 도(道)로써 말하는 것이니 중국(中國)[47]이라 하더라도 오랑캐의 도가 있다면 오랑캐로 여기는 것이다. 오랑캐라 하더라도 문명[中國]으로 진입하면 문명의 법인 것이다. 청(淸)나라로 하여금 화(華)로써 이(夷)를 변화시키면 이 또한 중화(中華)인 것이니 구별할 것이 없다."[48]

---

47 유인석은 '중국'의 의미를 복합적으로 사용하는 것으로 보인다. 이 인용문에서는 두 번의 '중국'이 나온다. "오랑캐라 하더라도 문명[中國]으로 진입하면 문명의 법인 것이다"라 할 때의 '중국'은 '문명'의 뜻으로 해석할 수 있다. 그러나 "中國이라 하더라도 오랑캐의 도가 있다면 오랑캐로 여기는 것이다."라 할 때의 '중국'은 특정한 지역을 말하는 것이지, '문명'의 의미를 읽을 수는 없다. 이와 같이 '중국'이라는 용어가 두 가지 개념이 혼용된 채 쓰이는 것은 유인석의 경우뿐 아니라 다른 성리학자들의 경우도 마찬가지이다. '중화'의 개념도 마찬가지이다. 유인석을 비롯한 조선의 유학자들이 사용하는 '중화'의 개념은 위의 인용에서 쓰인 바와 같이 지역성을 넘어선 보편문명의 뜻으로 쓰이지만, 과연 모든 경우에 지역으로서 중국의 의미를 탈각한 개념인가에 대해서는 면밀한 성찰이 필요하다.

48 『毅庵集』권33, 「雜著」: 但中華云者, 非以其地, 以其族而已. 以其道也, 故中國有夷道則夷之. 夷進於中國則中國之法也, 使淸用能華變夷, 是亦中華而無可別也. 이러한 중화의 개념은 圃隱 鄭夢周와 尤庵 宋時烈에게서 이미 제시된 바 있다.

위의 논리에 따른다면 청나라뿐 아니라 일본 및 서구의 여러 나라들 역시 중화문화의 주인이 될 수 있다는 이야기가 된다. 그렇다면 대중화·소중화를 막론하고, 공통적 보편적 요소로서 '중화'의 내용이 무엇이냐는 것이다.[49] 그의 여러 가지 언설들을 통해 그가 지향하는 바람직한 문명[中華]의 성격을 짐작할 수 있다.

첫째, 문명이란 이름은 생명을 살리고자 하는 이념과 체제에 걸맞은 이름이지, 생명을 파괴하는데 붙일 수 있는 이름이 아니다.

> 서양은 병기에 강하여 이미 그 예리함을 극도로 하였는데, 또 그 날카롭기를 궁리한다. 날카로움이 더 할 것이 없는데도 오직 그 날카롭지 못함을 한탄한다. 한 번에 백 사람 천 사람을 죽이고도 오직 사람을 더 잘 죽이지 못할까 근심하니, 그들이 병기를 얻은 이래도 사람을 죽인 숫자는 계산 잘하는 만 사람을 동원하여 헤아린다 해도 다 셀 수 없다. 천지는 만물을 살리는 마음을 갖고 있으며, 사람도 천지의 마음을 얻어 사람의 마음을 삼으니, 만물을 살리고 사랑하는 것이 사람의 마음이다. 사람으로서 사람을 죽이는 일을 더 힘쓰고 좋아하니, 어질지 못함이 어찌 이 같은 지경에 이르렀는가. 천지의 마음을 본받았으면서 도리어 천지의 마음을 거역하니, 이런 극한에 이른 것은 참으로 생각도 할 수 없는 일이거늘, 어찌 장관(壯觀)이란 말인가."[50]

---

49 좀 더 생각을 진전시켜 보면 유인석과 조선의 중화론자들이 추구하는 '華'는 '도학'의 이념을 바탕으로 한다고 해야 할 것이다. 그들이 그리는 도학의 계보는 요·순·우·탕·문·무·주공·공자·맹자·자사·주돈이·이정 형제·주희이며, 조선의 경우 정몽주와 송시열 그리고 이항로가 추가될 것이다. 즉 유인석과 조선의 중화론자들이 생각하는 '중화'란 위와 같은 도통의 계보에 들어가는 이들이 선양한 사상을 지칭하는 것이라 생각된다. 청대의 문화와 학술을 '華'에서 배제하는 조선의 중화론자들이 양명학과 한·당 유학을 '중화'로 인정하겠는가?

50 『의암집』권51, 「우주문답」〈17. 강국론〉.

둘째, 문명이란 사람들이 도덕을 지향하게 함으로써 사람다운 사람이 될 수 있도록 추동하는 것이며, 하달형기(下達形氣)를 발전시켜 경쟁을 부추기고 패권을 다투는 것이 아니다.

"사람들이 다 서양을 문명이라 하며, 오늘날은 모두 경쟁을 칭송한다. 문명이란 무엇을 말하는 것인가? …… 중국의 옛 성왕 성인은 상달도리(上達道理)에 밝았으며 오늘날 서양은 하달형기(下達形氣)에 밝다. (서양의 문명이란 것이) '하달형기'를 위한 것이 아니요 혹 어질고 사양하는 인양(仁讓)가 있다고 한다면 무엇 때문에 오직 경쟁하는 데만 종사하겠는가? '상달'이 문명이겠는가, '하달'이 문명이겠는가?"[51]

경쟁하는 것을 문명이라 한다면 당우삼대(唐虞三代)의 훌륭한 정치를 하던 시대는 문명이 아니고 춘추전국의 전쟁하던 시대가 문명이라는 말인가? 또한 경쟁과 문명은 지극히 상반된 말인데, 그와 같은 말이 어째서 서로 뒤섞여 함께 일컬어지는가.[52]

셋째, 바람직한 문명은 사회구성원들의 부(富)가 균평(均平)을 이루는 것이다. 도덕이 없는 물질의 발전은 사회적 부(富)의 양극화를 심화시킨다.

---

51 『毅庵集』권51, 「宇宙問答」: 人皆以西洋爲文明, 以今時代, 幷稱競爭, 文明其言何如? …… 中國古聖王聖人, 明是爲上達道理也, 今日西洋, 明是爲下達形氣也. 不是爲下達形氣, 宜或有仁讓, 何以專事競爭. 上達而可曰文明乎, 下達而可曰文明乎.
52 『의암집』권51, 「우주문답」〈5. 中外.東西의 대세-각론3. 동서의 문명〉.

근본을 두텁게 하기 위해서는 멀고 오랜 것을 힘써야 한다. 그러므로 중화(中和)를 이루어 천지가 바로 서고 만물이 길러진다. 무릇 물질적인 것에 뛰어남이 어찌 백성들에게 이롭겠는가. …… 물질이 더욱 발전하면 부자는 그 이로움을 얻어 더욱 부자가 될 것이나, 가난한 자들은 그 피해를 입어 더욱 가난해질 것이다. 그러니 어찌 백성에게 이익이 되겠는가. 오직 부호들에게만 좋은 것이다. 무릇 가난한 자는 더욱 곤궁해지고 부자만 더욱 즐거워할 것이니, 부자와 가난한 자들 사이에 어찌 화목이 이루어지겠는가. 무릇 균등하여 가난한 자가 없는 화목이야말로 중국이 추구하는 도(道)이다.[53]

유인석이 제시한 당시 서구문명에 대한 비판을 통해, 역으로 그가 선양하고자 하는 중화문명의 내용을 고찰할 수 있다. '중화'를 핵심으로 하는 문명의 기준은 '생명살림' '평화' '도덕' '균평'을 추구하는 인도주의가 될 것이다. 그는 조선인들의 항거를 중화문명의 주체로서 조선의 국권을 회복함은 물론 중화문명의 회복을 통해 인류의 미래를 여는 거룩한 항거로 인식한 것으로 보인다.

우리 대한의 나라를 회복하여 온 천하의 숭고한 나라를 이루고, 우리나라 사람을 살려서 만세토록 태평을 열자.[54]
우선은 자신을 보존하여 도를 지키며, 마침내는 국권을 회복하고 인류를

---

53 『의암집』권51, 「우주문답」〈16. 물질 문명론〉.
54 『의암집』권25, 書, 「與一國同胞」: 復我大韓之國, 致宇內崇高, 活我國之人, 開萬世泰平.

구제하기를 기약한다.[55]

우리 동방에는 성학(聖學)이 밝아 있으니, 천지가 이에 의지하여 보전되고, 인류가 이에 의지하여 살아날 것이다.[56]

위의 고찰을 통해 유인석이 지향하는 이상적 문명으로서 '중화'의 내용을 대략 알 수 있다. 문제는 이것이 그가 지향하는 '중화'개념의 전모라 할 수 없다는 것이다. 유인석은 『우주문답』〈중국이 되는 네 가지 이유〉에서, 문명의 중심국가가 되는 이유를 ①제왕대통(帝王大統) ②성현종교 ③윤상정도(倫常正道) ④의발중제(衣髮重制)로 제시한 바 있다. 이 네 가지 항목의 내용이 유인석이 추구하는 '중화'문명의 전체 면모가 될 것이다.

유인석이 ①'제왕대통'을 내세운 바와 같이 '화(華)'의 개념은 '존주론(尊周論)'으로서의 대일통적 정치체제와 분리해서 생각하기 어렵다. 유인석은 분명하게 고대 성왕을 표본으로 하는 중화적 세계질서를 옹호한다. 그는 중국이 대지의 한 가운데에 위치하며,[57] 이로 인해 상달도리에 밝다는 인식을 보인다.

중국은 천지가 처음 열릴 때부터 문명을 이룸이 오래되었다. 복희, 신농, 황제, 요 순, 우, 탕, 문, 무왕 등의 임금이 나와 상달(上達)의 극치를 이루었

---

55 『의암집』권37, 雜著,「通告」: 先焉爲保身守道, 終期有以復國權而救人類也.
56 『의암집』권43,「聖學齋記」: 我東明聖學, 而天地賴以存, 人類賴以生矣.
57 이때의 '중국'은 지리적, 지역적 개념과 문명의 중심국가라는 의미가 함께 쓰인 것으로 생각된다.

고 한, 당, 송, 명이 그 법도를 이어나가 설(契), 익(益), 이윤(伊尹), 주공(周公), 공자, 증자, 자사, 맹자 등의 신료가 나와 선비로서 상달(上達)의 교화를 펴고 상달의 학문을 밝히시니 앞의 성인과 뒤의 철인이 그 규정을 따라 윤리, 예악, 제도, 문물 및 도덕, 경술이 크게 성하여 빛났다. 이것이 상달하여 중화의 나라가 되는 까닭이다.[58]

유인석은 제왕이 만민을 다스리는 것과 중국이 변두리의 국가[外國]을 통할하고, 하나가 만(萬)을 다스리는 것은 만고불변의 정해진 이치라 한다. 서양의 공화에서 채택하고 있는 총통제를 채택한다면 전체가 하나로 귀결되는 대일통(大一統)은 무너지게 된다. 총통제를 시행하는 이유는 정치를 공정하게 하려는 것인데, 그러기 위해서는 오히려 덕이 가장 많은 사람을 택해서, 그가 죽은 뒤에야 바꾸는 편이 더 나은 방책이라 한다. 유인석은 민주제의 통령을 임금과 같은 존재로 인식한다. 민주제는 몇 년에 한 번씩 임금이 계속해서 바뀌고, 새로운 귀족들이 번갈아 생겨나는 것과 같다고 한다. 최고통치자가 자꾸 바뀌는데 어떻게 일관성 있는 통치가 가능하겠느냐는 물음이다. 또한 귀족을 표면적으로 없앤다고 하여 없어지는 것이 아니라, 민주제에서는 정권에 따라 새로운 귀족들이 자꾸 생겨나는 것에 불과하다는 것이다. 군주제에서의 귀족은 대대로 세신(世臣)으로서 국가의 기둥이 되는 의미가 있는데, 자꾸 바뀌는 귀족들이 과연 국가의 반석이 되는 세신이 될 수 있겠느냐는 것이다. 또한 최고통치자를 자주 교체하면 자리를 차지하지 못한 많은 사람이 그 자리에 뽑히고자 사사로운 싸움을 멈추지 않을

---

58 『의암집』권51, 「우주문답」〈3. 중국이 되는 네 가지 이유〉.

것이고, 정치의 공정성은 훼손될 것이라 주장한다. 위계가 분명하지 않음으로 인해 명분이 바로 서지 않고, 말이 순조롭지 못하며, 체계가 잡히지 않아서 일이 이루어지지 않고 백성은 안정을 얻지 못한다는 것이다.[59] 이러한 이유로 유인석은 분명하게 고대 성왕을 표본으로 하는 중화적 세계질서를 옹호한다. 제왕이 대일통의 자리에 서서 대일통의 정치를 행해야 한다는 것이다.

천지를 두고 보아도 하나의 태극이 있어, 음양오행과 남녀·만물이 생겨나고, 사람에 있어서도 한 마음이 있어야 사지·백체를 쓸 수 있다. 많은 것으로 따지면 뭇별이 태양보다 많지만 태양이 위주가 되고, 뭇 산이 태산보다 많지만 태산이 위주가 되고, 만민이 각양각색이지만 하나의 임금이 있어 그 이치를 이루는 것이다.[60]

②'성현종교'와 관련하여 유인석은 학문을 바로 잡는 것이 천하를 구하는 지름길이라 생각한다. 교(敎)는 공자가 으뜸으로, 공자는 천하

---

59 유인석은 이러한 이유로 공화정 및 자유와 평등의 이념도 반대한다. "천지에는 높고 낮음이 있고, 만물에는 크고 작음이 있고, 산에는 높은 산과 언덕이 있고, 물에는 하천과 바다가 있는데, 그와 같은 것들이 어찌 평등이라 하겠는가. 사람도 임금과 신하, 아버지와 아들, 남편과 아내, 어른과 아이, 윗사람과 아랫사람, 존귀한 사람과 비천한 사람의 구분이 있고, 신성한 사람과 평범한 사람, 지혜로운 사람과 어리석은 사람의 다름이 있는데 어찌 평등하다 하겠는가. 서양 법은 입헌제에 군주와 신민이 있고, 공화제에 대·부통령이 있으며, 의원에도 상하가 있으니 필경 평등하지는 않다. … 평등이라 하면 질서가 없고, 질서가 없으면 어지러워지고, 자유라 하면 사양하지 않고, 사양하지 않으면 다투게 된다. 오늘날 세계의 어지러운 다툼은 다름 아닌 평등·자유에서 야기되는 것이다. 평등·자유를 주장하면 어지럽게 다툴 마음이 생겨나 어지러운 다툼을 일삼게 되고, 천하가 평등·자유로 돌아가면 어지럽게 다툴 마음이 일어나 어지러운 다툼을 일삼게 된다."(「우주문답」 「4. 평등과 자유」)
60 『의암집』권51, 「우주문답」 〈22. 민주제와 군주제〉.

만세의 태극과 같다고 한다. 따라서 그 가르침을 으뜸으로 삼지 않으면 문명의 중심국[중국]이 아니며, 더 나아가 인류로서 그 가르침을 으뜸으로 삼지 않으면 인류가 아니라고 까지 단언한다.[61]

③'윤상정도'와 관련하여 유인석은 윤상(倫常)의 바른 길을 지키는 것이 우주를 유지하는 동량이며 민생을 안정시키는 초석이라 한다. 윤상이 아니고서는 나라가 나라답지 않고 사람이 사람답지 않게 된다는 것이다. 윤상을 이행하고도 나라가 유지되지 않거나 사람이 편안하지 않는 일은 없으며, 윤상을 이행하지 않고도 나라가 유지되거나 사람이 편안한 일은 볼 수 없다고 한다.[62]

④'의발중제(衣髮重制)'와 관련하여 유인석은 옷이란 몸의 위의(威儀)를 갖추는 것이기 때문에 가볍게 여길 수 없다고 한다. 그는 만일 머리카락을 잘라도 되는 것이라면 애초에 하늘이 주지 않았을 것이라고 하면서, 보발(保髮)하는 제도를 회복하는 것이 옳다고 주장한다.

이와 같은 문명관을 근거로 유인석은 동양의 중심인 중국, 조선, 일본이 중국을 중심으로 상호 우애하는 선린(善隣)관계를 회복해야한다고 주장한다. 중국이 중국이 되는 그 이유를 회복해서 문명의 중심에 서야하며, 일본은 조선에 대해 잘못을 사죄해서 동양의 삼국이 함께 연대한다면 한중일 삼국은 오히려 세계의 중심이 될 수 있다고 한다.[63]

---

61 『의암집』권51, 「우주문답」〈3. 중국이 되는 네 가지 이유〉.
62 위와 같은 곳.
63 「우주문답」〈5. 중외(中外)·동서(東西)의 대세〉: 지금 동양이라고 해도 어찌 다른 나라가 있는가. 다만 중국, 조선, 일본 등이 있을 따름이다. …… 중국은 중국이 되는 까닭을 독실히 힘써서 강함을 얻어 스스로 천지의 중앙에 서야 한다. 일본에 대하여는 오랜 혐의를 풀고 좋은 관계로서 서로 바르고 화목하게 지내야 한다. 조선에 대하여는 한 집안과 같은 정의를 더욱

조선유학자들의 중화의식을 논할 때, 늘 그들이 지닌 사대관(事大觀)이 문제가 된다. 앞서 유인석이 중화란 어느 나라 어느 족속이든 그 문화를 일으킨다면 중화의 주인공이 되며, 중국 땅에도 중화문화의 실상이 없다면 오랑캐일 뿐이라고 천명하는 것을 보았다. 그러나 그를 포함한 중화론자들에게 있어서 중화문명의 주인 또는 일원이 된다는 것과 중국에 대한 사대는 모순이 아니다. 물론 이 때의 중국은 그 지역에 중화문화의 실상이 있는 중국을 말한다. 그가 지향하는 중화의 보편문명개념에는 중화의 종주국인 중국이 현재의 국제정치질서에서도 구심으로서 역할을 해야 한다는 인식이 포함된 것이다. 그는 대종(大宗)이 대종으로서 바로 설 때 소종(小宗)이 대종을 침탈하는 일이 없게 된다고 하며, 문명의 중심으로서 중국이 제 역할을 할 때, 그에 대한 사대(事大)는 당연한 것으로 인식함을 볼 수 있다.[64] 유인석을 비롯한 조선의 중화론자들에게 있어서 조선과 중국은 독립적인 개별 국가로서 '다르다'기보다는, 동일한 중화문명을 공유한 공동체로서 '같다'는 인식이 압도적인 것으로 보인다. 더 나아가 중화문명의 발상지이자 종주국으로서의 중국은 존숭받아 마땅한 것이기에, '소중화'는 '자부심'의 근거가 될지언정 '열패감'의 원인이 되지는 않았던 것이다. 유인석은

두텁게 하고 일본을 꾸짖어 나라를 돌려주게 해야 한다. …… 조선이 비록 일본에 대하여 불구대천의 원한을 가졌지만 사죄를 받을 것이며, 시세를 보아 모름지기 좋은 관계를 맺어 서로 꾸짖고 힘쓸 것이다. …… 동양 삼국이 이와 같이 하나가 되고 강해져서 중국이 종주국이 된다면 비단 삼국뿐만 아니라 실로 세계의 종주국이 될 것이다.

64 「우주문답」〈사대론〉: 문 : 그대는 중국을 사모하는 마음이 너무 심하다. 중국을 사모함이 자기 나라보다 우선하여 오늘날 다른 사람의 비방과 웃음을 받으니 그대가 하는 바를 조금 누그려 뜨려야 하지 않겠는가? 답 : 왜 조금이라도 누그려 뜨려야 하는가. 비록 비방하여 웃는 사람이 있더라도 이 어찌 조금이라도 누그려 뜨리겠는가. 내가 중국을 사모하는 것이 나 혼자 그렇게 하는 것이 아니라 나의 세 선생과 우리 동방의 모든 선현이 그렇게 하였다.

조선이 이미 단군시대부터 인(仁)을 숭상하는 문명의 실상이 있었고, 또 소중화의 전통은 이때부터 시작된 것이라 한다.[65] 그는 우리나라는 요임금이 일어날 무렵 이미 성립하여 만물을 탄생하는 시작[震]이 되며, 상고시대로부터 해가 뜨는 곳, '태평(泰平)'이라고 불렸고, '태평'지역의 사람들은 어질어서 본디 남다른 바 있으니 중국[中州]에 버금간다고 하였다.[66][67]

중국에 의지함이 옳다는 것은 의리상으로 진실로 그렇고 대세에 있어서도 그러하다. 중국의 요임금 때 조선은 단군에 의해 건국되어 함께 나라가 섰고, 우임금 때의 도산 옥백의 모임에서는 아들 부루를 우리나라에 보냈으니, 중국과 동방의 서로 감응한 시초가 매우 깊다.[68]

단군께서 우리 동방의 시초에 승운(乘運)하여 나라를 열고 교화하신 신성(神聖)이 되어 만세(萬世)토록 소중화(小中華)의 근기(根基)를 세우셨다.[69]

---

65 유인석은 중국의 성인을 존숭하는 일은 이미 단군시대로부터 시작되었다고 한다. "단군은 조선에서 처음 나온 임금이다. 그를 존중함은 진실로 마땅하며 중국 성인도 당연히 존중해야 하니, 함께 받드는 것이 무슨 해가 되겠는가. 그들을 받드는 것은 또한 각기 그 도가 있기 때문이다. 단군을 존중함에는 마땅히 단군의 마음으로써 하여야 하니 단군도 하나라 우왕을 모시는 데에 정성을 다했고 만 리나 먼 곳에 그 아들을 보내어 도산 옥백의 회맹에 참여케 하였으니 일찍이 중국을 사모하지 않음이 없었다. 또 단군을 존중함에는 마땅히 단군의 일로써 본보기를 삼을 것이다." (『우주문답』〈31. 檀君〉)
66 이동준, 「의암 류인석의 의리사상과 문명의식」, 『한국사상의 방향』, 성균관대출판부, 250~251쪽 참조.
67 『毅庵集』권37, 雜著, 「通告京城及八道各邑士林文」: 竊以我東雖僻在海隅, 以地理則連壤中州, 風水自好而爲天下之結梢, 以天道則當帝始出, 生萬物之震焉. 以人事則日出曰泰平, 泰平之人仁, 本自別異, 亞於中州. 이는 유인석이 중국의 고대 史書에 보이는 東夷에 관한 기록을 조선의 상고역사로 인식한 것이다.
68 『의암집』권51, 「우주문답」〈28.사대론〉.
69 『의암집』권45, 「昭義續編1」,〈告檀君文〉: 惟君爲東方初頭乘運啓化之神聖, 立萬世小中華之根基.

유인석의 위와 같은 발언은 단군으로부터 역사가 시작된 조선이 유구한 역사를 지닌 나라이고, 상고시대로부터 인(仁)을 숭상하는 문명의 땅이었으며, 그 문화전통이 구한말에 이르기까지 연면하게 계승되어 내려왔으므로, 조선은 중화문화의 주인으로 손색이 없다는 주장으로 읽어야 할 것이다.

Ⅶ. 맺음말

이제 유인석의 심설이 그의 현실대응에 어떤 의미를 갖는지 살펴보는 것으로 이 글을 마치고자 한다. 앞서 유인석이 말하는 중화의 문명은 생명을 살리고, 사람을 사람답게 하며, 부의 균평과 평화를 지향하는 정치를 지향하는 것임을 고찰하였다. 유인석은 나라가 나라답게 유지되는 관건은 '윤상(倫常)'을 밝히고 실천하는데 있다고 확신하였다. 그는 이렇게 말한다.

> 윤상(倫常)의 바른 길은 우주를 유지하는 동량이며 민생을 안정시키는 기둥이며 초석이다. 하루라도 이것으로써 길을 삼지 않으면 나라가 나라답지 않게 되고 사람이 사람답지 않게 된다. …… 누가 일찍이 보았는가, 윤상을 이행하고도 나라가 유지되지 않거나 사람이 편안하지 않음을! 누가 일찍이 보았는가, 윤상을 이행하지 않고도 나라가 유지되거나 사람이 편안함을![70]

---

70 『의암집』권51, 「우주문답」〈3.중국이 되는 네 가지 이유〉.

유인석은 당대의 큰 화란의 근본 원인이 '인륜이 결여'된 데서 유래한다고 보았다. 그는 "도덕에 힘쓰는 것이 실력을 기르는데 방해가 되지 않으며, 오히려 실력은 도덕에서 나오는 것이며, 도덕에서 나오는 실력이 참된 실력"이라고 하였다.[71] 그는 당시 지식인들의 당면과제가 ①국권을 회복하고 ②화맥(華脈)을 보전하며 ③사람을 살리는 것[活人種]에 있다고 하였다.[72] 그리고 이 세 가지 일을 수행하기 위해서는 먼저 인심(人心)을 바르게 해서 인도를 바로잡고, 이로써 인륜을 바로잡아야 한다고 보았다.[73] 도(道)의 강명(講明)은 그 기초가 되는 것으로, 리기심성에 대한 논의가 요청되는 것이다. 유인석이 기(氣)의 간섭을 받지 않는 심주재의 확립과 묘용(妙用)을 강조하고, 경(敬)공부에 치중한 것은 기(氣)의 용사(用事)로 표상되는 반인륜적 시대상황 속에서도 굳건히 도덕적 행위를 이어갈 수 있는 주체의 확립이 요청되었기 때문이라고 할 것이다. 특히 유인석이 "기가 리보다 앞서서 움직여 리가 구속되고 변고가 생기는 경우에도 그 '주가 되는 것[爲主者]'은 (구애되거나 손상됨이 없이) 그대로 존재하는 것이다[自在]"[74] 라 한 언급을 주목해 볼 수 있다.

---

71 『의암집』권51, 「우주문답」〈18.도덕문제〉.
72 『의암집』36「잡저」〈貫一約節目〉: 約事, 以復國權, 保華脉, 活人種爲準的.
73 『의암집』36「잡저」〈貫一約節目〉: 이 세 가지의 기준적 일은 인심을 바르게 함으로써 인도를 바로 잡는데 그 근본이 있고, 인도를 바로잡은 것은 인륜을 밝히려는데 있다 …… 오늘날의 큰 화는 인륜이 결여된 데서 유래하므로, 오늘날의 세 가지 일도 그 결여된 것을 보완하는 것과 관련되어 있다. 그 결여된 것을 보완하기 위해서는 마땅히 도를 강명하여 수신하도록 해야 하고, 도를 강명하여 수신하기 위해서는 마땅히 소학을 강송하여 인륜을 밝히도록 해야 한다.
74 이는 유인석이 서거하기 1년 전(1914)인 「도모편」의 기록이라는 점에서 그의 만년사상이라 할 수 있다.

오직 리가 기의 주인이 되는 것이 정해진 이치이다. (리기가) 선후의 구별이 있을 때에는 참으로 리가 주가 되며, 선후가 없을 때에도 리가 주가 된다. 비록 품부받음에 있어서 기가 앞서고 리가 뒤가 되는 경우에도, 자연히 리가 주가 된다. 기가 제멋대로 움직여 리가 구속되고 그 주됨을 잃는 지경에 이르는 것은 한때의 변고가 있는 때이다. 비록 변고가 있고 (主됨을) 잃어버림이 있더라도 그 주가 되는 것[爲主者]은 그대로 존재하는 것[自在]이다.[75]

이는 그의 리기론이 당시 그가 처한 현실상황에 대한 대처와 밀접한 관계가 있음을 보여준다. 유인석은 연해주와 만주로 이주하며 항일세력의 통합을 이루고 무력투쟁을 준비하였으나, 미처 실행하지 못한 사이 한일합방이 선포되고 만 어두운 현실에서 만년을 살았다. 그럼에도 불구하고 '주(主)가 되는 것' 즉 리는 '그대로 존재한다[自在]'한다는 선언은 올바른 도로서 중화의 문명은 일시적으로 그 빛을 잃었을 지라도 그것이 지닌 올바른 진리성까지 훼손되는 것은 아니며, 오히려 그것이 무도하고 어두운 현실을 헤쳐 나갈 수 있는 등대와 같이 뚜렷하게 존재한다는 뜻으로 읽을 수 있을 것이다. 유인석은 그의 마지막 저술인 「도모편」에서 이와 같은 주리설을 표명함으로써 생애의 마지막까지 복국권(復國權), 보화맥(保華脈), 활인종(活人種)이라는 투쟁의 이념적 정당성과 희망을 표출한 것이라 하겠다.

---

[75] 『의암집』卷52, 「道冒編」上 : 惟理爲氣主定理也. 有先後時, 固理爲主, 而無先後處, 亦理爲主, 雖稟賦氣先理後處, 自是理爲主, 至氣用事, 而理爲拘牽而失其爲主, 乃有時有變處也, 雖有變有失, 而爲主者自在也.

『주역』 박괘(剝卦, ䷖) 상구효(上九爻)의 "석과불식[碩果不食, 마지막 남은 열매는 따먹지 않는다]"은 유학자들이 구한말 중화문명의 마지막 보루로서 조선의 처지와 역할을 스스로 일컫는 말로 쓰였다. 유인석 역시 당시 현실에서 조선의 처지와 사명을 "석과불식"으로 토로하였다. 그는 "(중화문명이) 오직 우리 동방의 한 나라에 붙어 있는 것이 마치 마지막 남은 열매를 따먹지 않고, 쓰러진 나무에 싹이 터 있는 것과 같다"[76]고 하며, "모두가 오랑캐와 금수인 세상이 되었는데, 여기 한 모퉁이에 서나마 중화의 제도를 보전하며, 인도(人道)를 수호하는 일은 결코 그만둘 수 없다."[77]는 결연한 의지를 표명한다. 유인석에게 있어서 중화는 보편문명을 넘어선 진리의 개념이라고 해야 할 것이다. 중화문명의 담지자로서 그것을 수호하는 일을 사명으로 아는 순교자적 자세를 생애 마지막까지 견지했다고 할 것이다.

오늘날 유인석과 조선유학자들의 중화사상에 대해 여러 가지 비판을 할 수 있으며, 허심탄회한 다각적 고찰과 토론이 필요하다. 공화제에 대한 그의 인식이 정당한 것인지에 대한 의문점, 자유, 평등, 여성의 신교육, 근대물질문명에 대한 그의 부정적 평가 등등은 현대의 연구자를 순간 당혹케 한다. 그러나 그가 이러한 주장을 체계적으로 입론한 배경에는 제국주의 침탈이라는 절체절명의 위기를 맞닥뜨린 당대의 현실이 있었음을 고려해야 할 것이다. 그러한 상황에서 서양의 신문명에 대해 달리 그 타당성을 검토할 수 있는 문제의식을 가질 여지가 적

---

[76] 『의암집』권4, 疏, 「西行時在旌善上疏」: 寄寓於吾東一邦, 如碩果之不食, 顚木之芽蘖.
[77] 『의암집』권38, 雜著, 「書贈崔敬文」: 皆爲夷獸世界, 於此一隅, 準保華制而守人道, 決不可已.

었으리라는 것이다. 다른 한편 공화제 및 자유평등의 이념과 같은 서구 근대문명에 대한 그의 비판은 오늘날 민주주의의 그늘을 지적하는 측면이 있다는 점에서 좀 더 차분한 검토가 필요할 것이다. 또한 유인석이 추구하는 중화는 여러 의미가 중첩되어 있지만, '평화' '인애' '인륜' '생명'을 추구하는 보편사상이라는 점을 주목할 필요가 있다. 그리고 우리 대한(大韓)은 수 천 년 동안 이러한 문명을 누리고 지켜온 나라라는 자부심을 지니고 있었다는 점, 더 나아가 대한인(大韓人)은 이와 같은 문명을 보존하고 후세에 전해서 인류의 등대가 되어야 한다는 깊은 사명감으로 헌신하였다는 점은 현대의 한국인들이 진지하게 성찰해야할 지점이다. 오늘날 한국인들은 한국의 역사와 전통을 어떻게 인식하고 어떻게 대하고 있는가?

분명한 것은 중화로 표명되는 도학적 진리에 대한 확신과 그에 입각한 수신(修身)은 그가 흔들림 없이 절의를 실천할 수 있었던 원동력이 되었다는 것이다. 또한 그러한 진리관이 조선의 보편문화이자 보편정서로 기저를 형성하였기에, 온 국민에 의한 거국적 항거가 가능한 것이 아니었을까? 보다 중요한 것은 한 사상가가 신명을 바쳐 추구한 진리관에서 현대의 한국사상가들이 계승해야할 유의미한 요소가 무엇인지를 생각해 보는 일이다. 구한말 이 땅에서 펼쳐진 유인석의 사상은 한국철학사의 소중한 자산임에 틀림없으며, 전통의 현대화는 전통의 가장 핵심적 요소를 획득하여 오늘날의 모습으로 재탄생시켜야 하는 것이기 때문이다.

15
『송원화동사합편강목』에 나타난 화서학파의 역사인식

박인호

I. 머리말

『송원화동사합편강목(宋元華東史合編綱目)』(이하 『화동강목』으로 약기함)은 화서학파의 유중교와 김평묵이 편찬한 강목 형식의 한·중 합편 역사서이다. 『화동강목』은 중국 송·원 양 대의 전 역사와 고려 광종 11년에서 공민왕 16년까지의 역사를 매 달을 기준으로 합편해 기술하고 있다. 그런데 이 책의 편찬에 관련된 사항과 수록된 사론에 대해서는 이미 여러 논문이 나와 있다.[1] 필자도 이 책 영인본의 해제를 집필하면서 편찬과 편사정신에 대해 정리한 적이 있다.[2] 기존의 연구에서는 『화

---

* 박인호(금오공과대학교 교양교직과정부 교수) 이 글은 「『송원화동사합편강목』에 나타난 화서학파의 역사인식」,(『朝鮮時代史學報』 제27집, 조선시대사학회, 2003. 12.)이란 제목으로 게재되었던 것을 고쳐 쓴 원고임을 밝혀둔다.

1   오영섭, 「19세기 중엽 위정척사파의 역사서술」, 『한국학보』 60, 1990.
        오영섭, 「화서학파와 화동강목」, 『제천의병과 전통문화』, 제천문화원, 1998; 『화서학파의 사상과 민족운동』, 국학자료원, 1999.
        김경수, 「화서학파의 역사인식」, 『제천의병의 이념적 기반과 전개』, 이회문화사, 2002.
2   박인호, 「『송원화동사합편강목』의 편찬과 편사정신」, 『송원화동사합편강목』, 내제문화연

동강목』에 나타나는 편찬과 관련된 기본 사항과 전체 사론을 잘 정리하여 소개했다.

다만 여기서 다시 이 문제를 거론하는 것은 기존의 연구에서 모두 목판본 『화동강목』만을 가지고 설명함으로써 저술과정에서의 여러 변화 양상에 대한 설명이 부족했기 때문이다. 또한 이전의 논문들은 『화동강목』에 나와 있는 모든 사론을 합하여 역사의식 혹은 역사인식으로 정리했기 때문에 전거로 삼았던 『속강목』·『여사제강』과 『화동강목』의 차이점에 대해서도 별달리 주목하지 못했다.

필자는 『속강목』·『여사제강』과 『화동강목』이 가지는 연속성과 함께 차별성에도 주의했다. 이 논문에서는 먼저 초기 필사본인 『화동합편』과 목판본 『화동강목』에 대한 검토를 통해 유중교와 김평묵의 문제의식과 서술태도의 차이가 『화동강목』의 수정에 어떻게 반영되어 나타났는가를 밝히고자 한다. 그리고 『속강목』·『여사제강』과 『화동강목』을 비교하면서 편찬자의 의도가 가장 많이 반영된 사론의 탈락과 추가가 가지는 의미를 살펴보았으며, 또한 그 탈락되고 추가된 사론을 별도로 분석하여 그 내용을 살펴봄으로써 화서학파 지식인들이 추구했던 역사의식의 특징적인 면모를 좀 더 명확히 살피는 데 중점을 두었다.

다만 이 논문은 『화동강목』의 저술과정에서의 추이를 통해 사론의 변화를 분석하는 데 머물러 여전히 본문 전체 내용에서의 변화와 그 의미를 찾아내는 데에는 부족함이 남아 있다. 이는 추후 연구과제로 넘기도록 하겠다.

구회, 1998.

Ⅱ. 편찬과정

1. 『화동합편』의 편찬

「총서」에 수록된 『송원화동사합편강목』의 편찬 내역을 보면 원편은 29권으로 위 24권은 유중교가, 아래 5권은 김평묵이 초고를 만들었으며, 초고가 만들어지고서 김평묵은 처음부터 끝까지 정리했다고 전한다.[3] 『화동강목』은 이항로(李恒老, 1792~1868)가 1852년 제자이었던 유중교(柳重敎, 1832~1893)에게 편찬 작업을 맡기면서 시작되었다. 유중교는 송 태조 건륭 원년(고려 광종 11년)에서부터 원 세조 지원 25년(고려 충렬왕 14년)의 본문을 편찬했으며, 그 뒤를 이어 김평묵(金平黙, 1819~1891)이 원 세조 지원 26년 이후의 나머지 부분을 이어 정리해 1864년 본문의 편찬을 완성했다. 따라서 대체적인 방향 설정은 이항로에 의해 이루어지고, 본문의 구체적인 집필은 유중교에 의해 시도되었으며, 유중교가 완성시키지 못한 부분은 김평묵이 완결시킨 것이라 하겠다.[4]

그런데 남겨진 기록에 의하면 유중교가 『화동강목』의 초고를 만들고 나서 홍재구(洪在龜, 1845~1898)가 이를 바탕으로 수정 의견을 내었으며, 또 다시 이를 문하에서 수정했던 것으로 전한다.[5] 이후 유중교는

---

[3] 此書原編凡二十九卷. 上二十四卷, 華西先生門人柳重教所草創, 下五卷金平黙所草創, 草藁旣成, 金平黙整理始終.(유중교, 「송원화동사합편강목총서」, 『송원화동사합편강목』, 내제문화연구회, 1998, 22쪽. 이하 인용은 모두 내제문화연구회 영인본을 바탕으로 했다).

[4] 유인석, 「송원화동사합편강목서」, 『화동강목』, 20쪽 : 是書之修述, 省齋柳先生始盡承命, 而終焉重菴金先生, 共爲撰次, 則反復商訂, 大綱細條, 極富盡平. 重菴先生有著發明, 義理儘暢, 省齋先生有著書法, 義例至精. 夫以先師之所主大義, 又得二先生之公眼大手, 成得正史.

[5] 유중교, 「수사품목」, 『화동강목』 부록 1, 1303쪽 : 重教草創此書時, 只依麗史提綱, 書

『화동강목』 초고를 가지고 새 거처(춘천 가정리)로 옮겨가서 다시 1, 2년의 공력을 들였으며, 이 때 김평묵의 하교에 따라 수정했다고 적고 있다.[6] 따라서 현재의 『화동강목』은 이와 같이 여러 번의 수정과 교열과정을 거쳐 나온 것이다.[7]

여기서는 이러한 편찬과정을 현재 의병전시관에 소장된 『화동합편(華東合編)』 필사본 2책[8]을 통해 살펴보고자 한다. 필사본 『화동합편』은 유중교 집안에 소장되었다가 의병전시관에 기탁된 것으로, 원래 집필한 원문에 수정표시와 부전지(附箋紙)가 추가되어 있다. 그런데 목판본 『화동강목』과 비교해 보면 수정표시와 부전지에 표시된 것에 따라 그 내용이 대부분 수용되어 있어, 최종적으로 『화동강목』을 정리하는 단계에서 수정의견을 실제로 채택했음을 볼 수 있다.

『화동합편』은 상로(商輅)의 『속강목』과 유계(兪棨)의 『여사제강』을 바탕으로 편찬했으며, 실제로 이 책들의 서술 내용과 원칙에서 크게 벗어나지 못했다. 그러나 수정의견에서는 해당 내용 가운데 중요하지 않은 부분이나 중언된 부분을 삭제하거나 축약하고, 또 각 구절마다

高麗王薨, 洪思伯以爲當依綱目例 國君例書卒, 門下修正時, 仍舊書薨, 蓋據春秋, 書魯君薨也. 今復攷之, 終恐從思伯說爲正.
　　유중교, 「수사품목」, 『화동강목』 부록 1, 1303쪽 : 又按此書草創時, 只書高麗王某薨, 思伯以爲當書姓, 今修正本或書姓, 或不書姓, 其例不一.
　　유중교, 「수사품목」, 『화동강목』 부록 1, 1312쪽 : 元干統後諸主繼世, 續綱目皆書卽位, 洪思伯以爲當書立, 先生修正時, 於成宗繼世, 依其說改書立, 武宗以下仍舊不改, 何故也.
6　　유중교, 「수사품목」, 『화동강목』, 1313쪽 : 史編將負往新居, 更加一二年之工, 前裏五條疑例, 已依下敎修正之.
7　　「尼峯藁」, 「華東史藏板閣記」 32책 : 유인석이 적은 「화동사장판각기」의 초고본을 보면 유중교가 1855년부터 편찬하기 시작하여 죽기 한 해 전인 1892년까지 편찬작업을 계속했음을 적고 있다("撰始於省齋先生二十四歲乙卯, 迄于其臨沒前年壬辰也").
8　　『화동합편』, 의병전시관 소장, 필사본, 2책(낙질), 권13, 21.

춘추·강목의 서술 원칙을 엄격히 적용했다. 『화동합편』의 초기 집필 내용을 보면 강목의 원칙이 꼭 그대로 수용된 것은 아니었으며, 오히려 교정과정에서 강목의 서술 원칙을 더욱 엄격히 적용했다.

남아 있는 2권의 필사본 『화동합편』을 통해 보면 첫째 고려 인종(仁宗)이라는 묘호를 공효왕(恭孝王)으로, 고종(高宗)을 안효왕(安孝王)으로, 원종(元宗)을 순효왕(順孝王)으로 바꾼 것, 둘째 몽고주(蒙古主)에서 주(主)자를 삭제한 것, 셋째 면(免)을 파(罷)로, 행(行)을 여(如)로, 살(殺)을 주(誅), 졸(卒)을 사(死), 벌(伐)이나 평(平)을 격(擊), 함(陷)을 극(克), 구(寇)를 침(侵)으로 표기한 것, 넷째 연기표시에서 금(金)과 몽고(蒙古)의 연호를 삭제한 것 등 강목의 서법(書法)에 맞추어 수정하고 있다.[9]

또한 목판본 『화동강목』의 송·원사 부분에는 『속강목』에 수록된 사론 이외에 추가된 사론이 있으며 이는 모두 이때의 수정과정에서 들어갔다. 그러므로 수정 및 부전지 작성자는 상당한 의사결정권을 가진 인물로 추정되며, 이 책을 좀 더 이념적 측면으로 이끌어 가고 있음을 볼 수 있다.

현재 필사본 『화동합편』 본문은 유중교가 작성한 것을 수정한 것이지만, 그 외 수정표시와 사론을 추보한 사람은 누구인지 잘 알 수 없다.[10] 수정자와 사론 추보자를 분리하여 수정자를 수정의견을 다수 제시했던 홍재구(洪在龜)로 추정할 수도 있으나, 「발명(發明)」과 비교하면

9　西京을 鎬京으로 수정 표시했으나 목판본에는 서경을 그대로 사용하고 있는 점, 일부 사론은 채택되지 않은 점 등에서 보이듯이 모든 수정표시가 수용된 것은 아니다.

10　유중교가 직접 부전지와 추가 사론을 붙였을 것으로 보기 힘든 것은 수정이 필요한 내용을 수용할 것을 지시한 곳에 "從"자를 사용한 점, 추가 사론의 글씨체가 유중교의 것이 아닌 점 등을 들 수 있다.

필사본『화동합편』의 수정 주체는 김평묵이다.[11] 그렇다면 수정과 사론 추보자는 김평묵이거나 혹은 김평묵의 의견을 충실히 수용하여 교정 표시한 것으로 추정할 수 있다.

그리고 김평묵이 「발명」에서 수정해야 한다고 언급한 내용과 현재 수정된 표시가 일치하고 있다.[12] 또한 유중교가 김평묵에게 올린 품의 가운데 하교를 받들어 방효유(方孝孺)의 정통설을 넣었다는 표현,[13] 허형(許衡)의 입사(入仕)와 관련하여 이자(李子), 송자(宋子), 한원진(韓元震)의 사론을 수정 과정에서 추보했는데[14] 「발명」에 따르면 김평묵이 한원진의 문집을 뒤에 구해 보고는 송자설(宋子說) 아래에 추가하라고 했다

---

11   필사본『화동합편』은 고려 왕의 사망시 '薨'이라고 적고 있다. "重教草創此書時, 只依麗史提綱, 書高麗王薨, 洪思伯以爲當依綱目例, 國君例書卒, 門下修正時, 仍舊書薨, 蓋據春秋, 書魯君薨也. 今復攷之, 終恐從思伯說爲正."(유중교, 「수사품목」, 『화동강목』 부록 1, 1303쪽)의 자료에 근거하여 홍재구의 수정단계라면 별도로 '卒'의 수정표시가 있어야 할 것이나 수정표시가 없이 '薨'을 사용하고 있으므로 의병전시관 소장『화동합편』은 문하에 의한 수정이 이루어진 단계로 보인다. 또한 「발명」의 김평묵의 표현에 따르면 지금 이 부분은 홍재구의 설에 따라 고친다(今於此 從其說更定, 『화동강목』 부록 3, 1371쪽), 혹은 홍재구의 설에 따라 삭제한다(此書從其言而削之, 『화동강목』 부록 3, 1372쪽)라고 적었듯이, 「발명」에 따른 필사본『화동합편』의 수정 주체가 김평묵으로 적혀 있다.
12   현재 남아 있는 필사본『화동합편』 권13과 권21을 살펴보면 필사본『화동합편』의 내용을 「발명」의 의견과 같이 수정한 것이 목판본『화동강목』으로 나타난다. 예를 들면 「발명」의 내용 가운데 「속강목」에 있는 '上皇卒于金'이 있는 부분을 삭제하고 개서하여 '金昏德公卒'으로 바꾼다고 적고 있다(『화동강목』 부록 3, 1356쪽). 이를 필사본『화동합편』 권13, 59b의 내용에서 확인하면 초기 필사본에는 '上皇卒于金'이라고 적었다가 '上皇卒于'에 삭제표시를 하고 살려둔 '金'자에 '昏德公卒'을 추가하여 바꾸었다. 또한 '擊敗斬之'를 제외하고 '討誅之'로 바꾼다고 적고 있어(『화동강목』 부록 3, 1373쪽), 이를 필사본『화동합편』 권21, 63a의 내용에서 확인하면 초기 필사본에는 '擊敗斬之'가 그대로 적혀 있었으나 수정표시가 있고 그 대신 '討誅之'가 들어가 있다.
13   유중교, 「수사품목」, 『화동강목』 부록 1, 1311쪽 : 元世祖文武皇帝至元十七年. 按此下謹依教指, 節略方正學正統論爲數十行語, 載之丘氏說之上, 其於夷狄降統之義, 可謂章章明矣.
14   『화동합편』 권 21, 15b~16a.

는 표현[15] 등에서 보이듯이 사론의 추보가 대부분 김평묵과 관련되어 있다. 게다가 추보된 주례(周禮)의 『발명(發明)』과 장시태(張時泰)의 『광의(廣義)』가 특히 김평묵이 편찬한 「발명」에서 여러 차례 인용되고 있는 점[16] 등으로 보건대 사론의 추가에는 김평묵의 의지가 작용한 것으로 보인다.

그렇다면 유중교가 1864년 일차 완성한 『화동합편』을 문하에 돌려 수정본을 만들고 이를 김평묵에게 보내었으며, 김평묵은 홍재구의 도움을 받아 이에 대한 많은 수정의견을 제시하여 다시 유중교에게 보냈으며, 유중교가 이를 수용하는 형식을 취하여 완성본이 마련되었으며, 뒤에 『송원화동사합편강목』의 표제로 간행하면서 일부 수정이 있었던 것으로 정리될 수 있을 것이다. 따라서 필사본 『화동합편』은 김평묵의 의견을 수렴하여 정리하던 단계의 책으로 보여지며, 이러한 수정과정을 거치면서 더욱 엄격하게 춘추·강목의 필법을 적용시켜 나갔다고 하겠다.

2. 「발명」의 수정

1876년 개항이 임박하면서 화서학파 유생들은 개항에 반대하는 상소운동을 전개했으나, 이 연명상소가 실패로 끝난 뒤 김평묵은 가솔들을 데리고 가평(加平)의 귀곡리(龜谷里)로 이거했다. 여기서 김평묵은

---

15 『화동강목』 부록 3, 1370쪽 : 追得南塘韓先生文集, 伏而讀之, 其所以議衡之罪, 而辨羅整菴之謬者, 明白痛切, 雖謂之濯江漢而暴秋陽, 亦庶幾矣. 今復采入繫之宋子說下云.
16 사론 가운데 많은 수를 차지한 것이 丘濬의 사론인데, 구준의 『龍門綱鑑』은 유중교의 품의에 따른 김평묵의 답변에 나온다(유중교, 「수사품목」, 『화동강목』, 1315쪽).

사위이었던 홍재구와 함께 『화동강목』의 편찬 정신을 밝히기 위해 1879년 「발명」 3권을 완성했다. 처음 「발명」 이 만들어졌을 때는 책의 첫머리에 두려고 했으며, 사단 (史斷)의 종류인 「발명」을 책의 첫머리에 두는 것은 옳지 않다는 유중교의 품의를 받아 김평묵도 동의하여 수정 때 권말(卷末)에 붙이도록 하라고 했으며, 그 뒤 유중교에 의해 「서법」이 만들어지면서 같이 권말에 두게 되었다.[17]

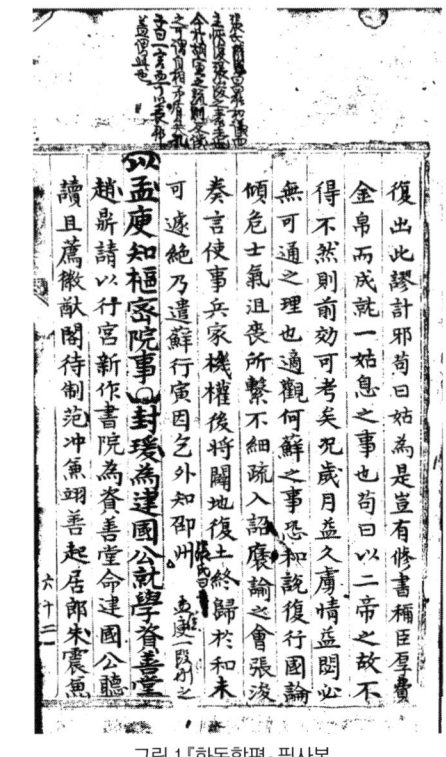

그림 1 『화동합편』 필사본

현재 김평묵이 편찬한 「발명」은 1907년 간행된 『송원화동사합편강목』과 필사본 『중암고』 문집에 수록된 것에서 찾아 볼 수 있다.[18] 그런데 의병전시관 소장 도서로 『동사발명』이 있다.[19] 이 의병전시관 소장 『동사발명』의 글씨체는 김평묵의 것으로 보이며, 따라서 1879년 김평묵이 완성했다고 하는 초고

17　"頃在龜谷, 嘗稟發明是史斷之類, 不合在編首. 先生以爲此意亦是宜, 於再修時, 移附編末, 今擬遵此敎, 並附發明書法於全部之後."(유중교, 「수사품목」, 『화동강목』, 1313쪽) 김평묵이 귀곡으로 이주한 것은 1876년이다.

18　『중암고』, 국립중앙도서관 소장. 불분권 45책. 필사본. 17.7×26.3cm. 권43, 권44, 권45 참조.

19　『동사발명』 하, 필사본, 1책(낙질) 57장, 16.8×24.7cm.

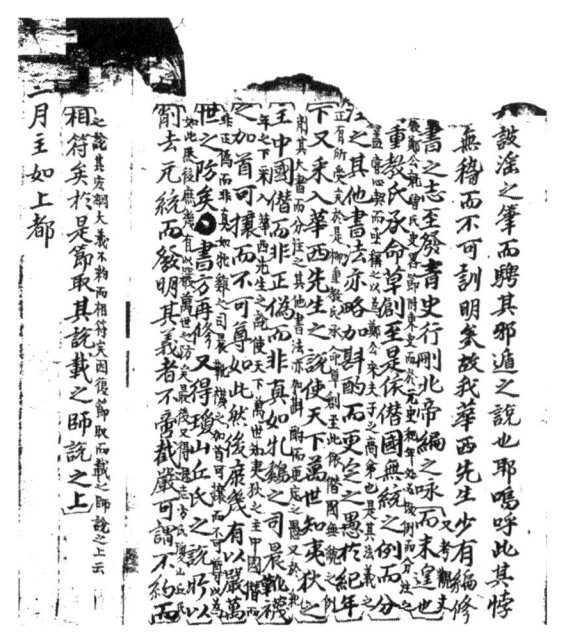

그림 2 『동사발명』 필사본

완성본으로 여겨진다.

　이 책은 수정표시가 거의 없는 일종의 완성본이나, 모두 2군데의 수정과 6군데의 부전지가 붙어 있으며, 수정자와 부전지 작성자의 필체는 다르다. 이 책을 국립중앙도서관본 『중암고』의 「발명」과 비교하여 보면 『동사발명』의 2군데 수정한 부분은 수정 표시에 따라 반영된 반면[20] 부전지의 내용은 반영되지 않았다.[21] 따라서 『중암고』에 수록되어

20　수정은 본문과 글씨체가 같은 것으로 보아 김평묵이 직접 두 군데를 수정한 것으로 추정된다. 수정 내용 가운데 '柳重敎氏'라는 표현을 사용한 것으로 보아 김평묵이 직접 했던 것으로 추정된다(『화동강목』 부록 4, 庚辰, 1381쪽). 초고본 『화동합편』에는 "而未違也"를 삭제하도록 표시했으며, 『중암고』의 「발명」에는 실제로 삭제되어 있다. 그러나 현 목판본에는 다시 "而未違也"가 수록되어 있다(『화동강목』 부록 4, 「발명」 하, 원 庚辰, 1381쪽).

21　부전지의 경우 어투가 상당히 공경하는 말을 사용하고 있으므로 김평묵 본인은 아닌 것으로 추정된다. 따라서 사위인 홍재구가 최종적으로 교열을 보면서 붙인 것일 수도 있다. 그런

있는 「발명」은 의병전시관 소장 『동사발명』이 최종적으로 유중교에게 전달되기 전 수정표시가 되어 있는 단계의 것을 필사한 것으로 추정된다.

그런데 목판본 『화동강목』에 수록된 「발명」은 의병전시관 소장 필사본 『동사발명』 속에 있는 삭제와 수정 표시를 수용했을 뿐만 아니라 부전지의 내용도 수용하고 있다. 먼저 수정 표시와 관련하여 『동사발명』 하, 원 경진(庚辰)조의 경우 기존의 내용 가운데 일부가 삭제되고[22] 대신 현재의 내용으로 대처되었다.[23] 『동사발명』 하, 삼월주여상도(三月主如上都)의 경우 삭제표시가 되어 있는 부분[24]이 목판본에는 삭제되었다.[25]

한편 부전지는 모두 6군데 있다. 상단 부분이 화재로 훼손되어 알

데 김평묵이 「발명」을 완성하여 유중교에게 주었으며, 유중교가 이상과 같은 수정 표시를 했으나 그 후 일련의 심설논쟁을 거치면서 실제로 김평묵에게 전달되지 못하고 집안에 소장되었다가 후일 판각 당시에 수용되었던 것으로 추정된다.

22 『동사발명』하, 필사본, 원 경진 : 而未遑也, 柳重教氏, 承命草創, 至是依僭國無統之例, 而分注之, 其他書法, 亦略加斟酌而更定之. 愚於紀年下又采入華西先生之說, 使天下萬世, 知夷狄之主中國, 借而非正, 僞而非眞, 如牝鷄之司晨, 靴襪之加首, 可攘而不可尊. 如此然後, 庶幾有以嚴萬世之防矣. 書方再修, 又得瓊山丘氏之說, 所以削去元統而發明其義者, 不啻截嚴可謂不約而相符矣. 於是節取其說, 載之師說之上.

23 『화동강목』부록 4, 「발명」하, 원 庚辰, 1381쪽 : 而未遑也, 又考觀丈巖鄭公. 就曾氏史略, 節附東史, 而於元史紀年處, 必改例而分注之, 則盖嘗心契而亟稱之, 以爲鄭公宋夫子之高弟也, 是其法義之正, 有所受矣. 於是柳重教氏, 承命草創, 至此依僭國無統之例, 削其大書而分注之, 其他書法, 亦略加斟酌而更定之. 愚又於紀年下又采入華西先生之說, 使天下萬世, 知夷狄之主中國, 借而非正 僞而非眞, 如牝鷄之司晨, 靴襪之加首, 可攘而不可尊, 以爲如此然後, 庶幾有以嚴萬世之防矣. 最後又得遜志方氏瓊山丘氏之說 其宏綱大義不約而相符矣. 因復節取而載之師說之上云.

24 『동사발명』하, 필사본, 삼월주여상도 : 曰遜志方氏以胡元爲變統, 而梅山華西二先生, 則斷以無統, 此其同異取舍(捨) 可得詳言乎. 曰雖非正統, 旣已混一統則統矣. 故謂之變統 雖得統一, 華夏帝王之正統則絶矣, 故謂之無統, 二說雖殊, 不害其互相發明也. 故今於此改帝稱主者, 示無統之意也. 不冠國號者, 示變統之意也. 惟方氏以秦晉隋, 並爲變統, 則在三國失之太抑. 而在胡元反涉寬容爲不可訓耳.

25 『화동강목』부록 4, 「발명」하, 원 三月主如上都, 1382쪽.

수 없는 글자가 있는 부분이 있다. 부전지 6곳의 내용을 소개하면 다음과 같다.

① 고려세자원시성복(高麗世子王諝始成服)은 고려세자원시성복(高麗世子諝始成服)으로 고쳐야 한다.[26]

② 전왕(前王)은 원(諝)으로 고쳐야 한다.[27]

③ 즉위(卽位)를 이자립(而自立)으로 고쳐야 한다.[28]

④ 모인길랄씨위황태후(母弘吉剌氏爲皇太后)에는 모(母)자 앞에 존(尊)자를 넣어야 한다.[29]

⑤ 심양왕분상환고려(瀋陽王奔喪還高麗)는 고려원분상환기국(高麗諝奔喪還其國)으로 고쳐야 한다.[30]

---

[26] 『화동강목』 부록 4, 高麗世子諝始成服, 1389쪽 참조 : 世子則卽是蒙父王之文也. 不必更書姓 故向引綱目趙□魏公子無忌之例 請去姓而蒙許矣. 此段王字 □論說亦合. 少修正矣. 필사본 『동사발명』에는 "自前卷凡高麗王下則世子不書姓何 蒙上父王也 獨稱高麗世子則書姓何 合編華史也"라는 구절이 더 있다.

[27] 『화동강목』 부록 4, 夏四月高麗諝遷其王於慶壽寺, 1392쪽 참조 : □麗忠宣, 忠惠之父, 在時一時據位, 便與不成君, 一 □謹依下敎商量立文, 旣不可假之以正號, 又不□稱世子, 只得闕其位號, 單稱名爲謹嚴, □ 故於其數月據位時, 及去位稱前王時, 並以只稱名爲例, 修之矣, 未知如何. 如以 □此段前王二字 宜改之以諝字.

[28] 『화동강목』 부록 4, 五月懷寧王海山至上都, 1393쪽 참조 : □嗣位依丘氏例, 書立不書卽位, 與書殂不書崩, □終始向於書法文字, 已有所陳白矣. 此段卽位二字, □遂字上加而自立三字.

[29] 『화동강목』 부록 4, 追尊私親父曰順宗皇帝 母弘吉剌氏爲皇太后, 1393쪽 참조 : □段舊文於母字上, 加一尊者. 盖上云追尊者, 以其父旣沒也. 下只□尊者, 以其母尙存也. 今去此一尊字, 則是生存之母, 混謂追□之稱, 不得不還存此一字矣. 若然則追尊私親四字, 只主上一□得包下一節, 而私親之親字, 與父字抵觸不安, 乞更□成文伏望. 若云追尊所生父曰順宗皇帝, 尊母弘吉剌氏爲太后, 則似勝, 未知如何." 「발명」에서는 이 의견에 따라 수정되지 않았으나 본문에서는 수용되었으며(『화동강목』 권25, 원 성종 대덕 11년, 1102쪽), 그것은 최종적인 판목 수정과정에서 유인석에 의해 이루어진 것이다(『화동강목』 발, 오십육판, 1411쪽).

[30] 『화동강목』 부록 4, 高麗諝奔喪還其國, 1394쪽 참조 : □主之封忠宣爲瀋陽王, 政使實有疆土之可據, 父子□爲一國之君, 理所不容有, 況初無疆土而徒擁虛號, □父王臨御之

⑥ 심양왕왕고장류고려(瀋陽王王暠杖流高麗)은 고려고장류기국(高麗暠杖流
其國)으로 고쳐야 한다.[31]

부전지에서의 이 지적은 모두 수용되어 목판본『화동강목』에 수록된「발명」의 구절을 수정하고 있다.

이러한 부전지를 작성한 사람은 공손히 의견을 제시하고 있는 점, 이 책이 유중교 후손 집에서 나온 점, ④의 경우 목판 판각 상태에서 수정하고 있는 점, ⑥의 경우 필사본 발명의 내용은 수정되기 전 제목에 대한 설명이나, 부전지의 의견에 따라 제목이 바뀌었음에도 여전히 그 설명문을 삭제하거나 수정하지 않은 점[32] 등으로 보아 부전지에 의한 수정은 삭제표시를 했던 시기보다 후대의 것으로 유중교가 최종적으로 수정하는 과정 혹은 문도들이 판각하는 과정에서 작성한 것으로 추정된다.

그런데「발명」의 내용과 원편의 것이 일치하지 않은 경우가 있는데,「발명」이 이미 완성된 다음에도 유중교가 김평묵에게 품목을 올려 원편을 수정해 나갔으며, 1891년 김평묵이 사망한 후에도 조금씩 수정이

國, 尤豈可苟徇之哉. 今於封瀋陽王後, □只稱名不稱僞號矣, 未知何如. 如以爲可則此段瀋陽王三字宜改以高麗諝, 其下高麗二字, 宜改以其國矣.

31 『화동강목』부록 4, 高麗暠杖流其國, 1398쪽 참조: □史舊文書瀋陽王暠處五, 直書高麗暠處二, □法義直書高麗暠者, 爲嚴正(說見上條), 故其餘五, □依此裁正之矣, 未知何. 如以爲可則, 此段瀋陽王王, □以高麗, 其下高麗二字, 改以其國, □姓者上旣書上王以其兄子暠爲瀋陽王, 世子又 □傳瀋陽王位於暠, 則姓不待書而自見矣.

32 "此因提綱之文, 而更定之, 瀋下加陽字何, 備其辭也. 暠上加姓字何, 瀋上不書高麗疑於元之宗室也. 其不書高麗何, 高麗不容有二王, 且暠至是爲高麗之賊, 不予其爲宗親也.(下略)"(『동사발명』하, 필사본, 瀋陽王王暠杖流高麗 護軍李恭郞將桓允文等;『화동강목』부록 4, 高麗暠杖流其國 護軍李恭郞將桓允文等, 1398쪽 참조).

있었다는 기사가 있다. 이에 따라 「발명」과 원편 사이의 내용에 차이가 있는 부분도 생겨났을 것이다.[33]

김평묵의 「발명」은 모두 254편으로 구성되어 있으며, 본문에서의 문제를 사론적 형태로 정리했다. 「발명」의 내용을 보면 『화동강목』 가운데 대의를 천명할 필요가 있는 구절이 있거나, 편찬시 남본(藍本)이었던 『속강목』·『여사제강』과 비교하여 수정된 부분이 있을 경우 그 편찬이나 수정 이유를 일종의 사론형식을 빌어 정리하고 있다. 인용으로 덧붙인 다른 사람들의 사론에 대해서도 사법(史法)에 맞지 않을 경우 비판을 가하기도 했다. 이는 김평묵이 『화동강목』의 초기 수정과정에 관여하면서 제기했던 부분들에 대한 근거와 이유를 밝힌 것이다. 김평묵은 그 수정과정에서 유중교의 초기 집필 단계보다 『화동강목』의 서술에 더욱 엄격한 강목의 원칙을 적용하도록 이끌어 가는 결과를 낳기도 했다.

김평묵이 『발명』을 통해 정통론, 명분론, 의리론 등을 더욱 엄격하게 적용했던 것은 1876년 임헌회(任憲晦)가 사망한 후 1877년 김평묵이 쓴 제문이 문제가 되어 전우(田愚), 서정순(徐政淳), 윤치중(尹致中)으로부터 공격을 받은 사건에 기인한 바가 크다.[34] 그 이전부터 조선사회의 혼란을 주리적(主理的) 논리로 극복하려던 화서학파의 김평묵은 출처관에 있어서도 자정(自靖)을 주장했던 임헌회와 달리 환란을 구제하는 권도(權道)를 내세워 적극적인 의견 개진을 주장했다. 그리고 제문

---

33 유인석, 「송원화동사합편강목발」, 『화동강목』, 1410쪽.
34 출처관의 차이와 제문문제는 권오영, 「임헌회와 그 학맥의 사상과 행동」, 『한국학보』 96, 1999; 『조선 후기 유림의 사상과 활동』, 돌베개, 2003, 107~129쪽 참조.

문제로 임헌회의 제자인 전우(田愚)와 충돌하면서, 김평묵은 척사를 명분으로 전우에게 압박을 가했다.³⁵ 이러한 시기에 김평묵이 취했던 행동적 출처관과 엄격한 척사논리³⁶는 「발명」의 집필과 『화동합편』의 수정·증보에 크게 작용했을 것이다.

김평묵의 「발명」을 보면 『화동강목』의 내용에 춘추·강목의 명분론과 정통론에 입각한 포폄을 적용함으로써 충의애국(忠義愛國)과 춘추대의(春秋大義) 정신을 현양하고 있다.³⁷ 그런데 김평묵이 「발명」을 편찬하면서 『주자어류』, 『송명신록』, 주례의 『발명』, 장시태의 『광의』 등을 입론(立論)의 자료로 활용하고 있다. 특히 명대 주례와 장시태는 송·원의 역사에 주자학적 논리를 더욱 엄격하게 적용하려는 입장이었으며, 김평묵은 「발명」에서 이들의 주장을 적극적으로 수용했다. 그 대신 김평묵은 상로의 『속강목』에 대해 정통관에서 뿐만 아니라 내용 서술에서도 많은 불만이 있었다. 김우옹(金宇顒, 1540~1603)의 『속강목』도 송(宋) 신종(神宗) 부분을 제외하고는 그다지 인용하지 않아 크게 수용되지 못하고 있다.³⁸

---

35 鄭胤永, 『誅辨』, 의병전시관 소장, 필사본 1책 30장 참조. 『뇌변』은 김평묵이 쓴 제문과 이후 오간 여러 서간과 문건에서 관련 내용을 정윤영이 정리한 책이다. 권오영은 위의 논문에서 이미 다른 필사본을 소개했으며, 의병전시관 소장본은 유중교 후손가에서 나온 것으로, 본문 17종, 부록 9종의 문건이 수록되어 있다.
36 김평묵의 엄격한 척사논리는 그가 저술한 『闢邪錄』(국립중앙도서관소장, 1책 66장; 『중암선생별집』 권5, 「잡저」, 「벽사변증기의」)에 잘 나타나 있다.
37 오영섭은 『화동강목』의 서술하는 태도에서는 儒敎文化中心論, 自國中心論, 以實直書論의 관점이 관철되고 있다고 했다(오영섭, 앞의 논문, 1998, 92~106쪽). 이 점은 「발명」에서도 마찬가지이다.
38 김평묵은 李玄錫(1647~1703)의 『明史綱目』에 대해 崇禎까지 다루고 그 이후 永曆까지는 부록으로 처리한 것을 직접적으로 비판했는데("此歷代紀年通彙二巨編, 李君聲集得諸故紙敗冊, 倩寫而置之几案, 雖不知出於誰手, 始於太古迄于皇明, 大綱大目, 瞭然可考, 山中書史, 方患不備, 只此可幸已. 如大航之尙書最是, 崇禎以後, 三皇帝知尊爲正統, 使覽

3. 「서법」의 편찬

　1881년 신사척사운동 때 김평묵 계열의 유생들이 집단으로 상경하여 상소운동을 전개했으나 김평묵이 지도(智島)로 유배가면서 상소문 운동은 수포로 돌아가게 되었다.[39] 이에 유중교는 1882년 문도를 데리고 춘천 가정리로 이주하여 강학활동을 지속했다. 『화동강목』의 편찬을 주도했던 유중교는 『화동강목』의 편찬 원칙을 정리한 「서법」을 만들었다.

　이 「서법」은 이전부터 유중교가 김평묵에게 서술과 관련하여 제기된 문제점을 부단히 문의했으며, 이에 대해 김평묵이 답변했던 내용을 기초로 했다.[40] 유중교는 가정리로 거처를 옮긴 후 김평묵을 찾아뵙고 범례 문자를 갱정했으며, 또한 『강목』의 원례에 따라 19문으로 정리하여 1889년 「서법」 1권을 완성했다. 다만 너무 번쇄했으므로 범례라 하여 책의 첫머리에 두기가 적합하지 않았으며, 「발명」도 본문 뒤로 옮기도록 하라는 김평묵의 권유가 이전에 있었으므로 「발명」과 함께 본문의 뒤에 덧붙였다.[41] 당시 유중교가 「총서」를 만들어 김평묵에게 보내

者心目豁然以開, 甚恨九原難作, 不得令李玄錫輩包羞而服罪也. 永曆四乙亥碩果月旬淸城金平黙書"『歷代紀年通彙』下), 김평묵은 송나라 말기 기사와 마찬가지로 숭정 이후 명나라 삼황제에게도 역사적 정통을 두고자 하는 입장이었다. 그런데 이현석은 김우옹의 諡狀을 작성했던 인물이다.

39　권오영, 「김평묵의 척사론과 연명유소」, 『한국학보』 55, 1989; 『조선 후기 유림의 사상과 활동』, 돌베개, 2003.

40　유중교, 「수사품목」, 『화동강목』 부록 1, 1301~1316쪽.

41　유중교, 「수사품목」, 『화동강목』, 1313쪽 : 史編將負往新居 更加一二年之工, 前稟五條疑例, 已依下敎修正之, 昨年造謁時, 以凡例文字 一番更定爲敎, 故間依綱目元例, 復列十九門條具, 所因所革, 爲一小卷, 旣成頗覺太繁瑣, 不合名以凡例而置之編首, 遂改命書法, 擬附發明之後, 頃在龜谷, 嘗稟發明是史斷之類, 不合在編首. 先生以爲此意亦是宜, 於再修時, 移附編末, 今擬遵此敎, 並附發明書法於全部之後, 草藁今玆呈稟, 乘間一賜

었으며 김평묵은 「서법」과 「총서」에 대해 의리가 정밀하고 상세하다는 평가를 내리고 책에 편입하도록 하라는 권유를 했다.[42]

1889년 완성된 「서법」은 유중교의 문집인 『성재집』에 수록되었으며, 그 뒤 1907년 유인석(柳麟錫, 1841~1915)의 주도 아래에 간행된 목판본 『화동강목』에 수록되었다.[43] 「서법」에서는 주자의 「자치통감강목범례」 19조를 그대로 수용하여 「서법」의 범례도 19조로 구성되어 있으며, 순서와 주제가 동일하다.[44] 이는 주자강목의 범례에서 제시되었던 원칙을 그대로 따른 것으로, 다만 차이를 보일 때는 『자치통감강목』의 범례를 '원례(元例)'라고 적었다. 그리고 각 조의 제목과 유사한 내용을 같이 붙여 기술한 경우 『화동강목』에서는 '부(附)'자를 부가하여 구별했다.[45]

상로의 『속강목』과 비교하여 가장 큰 차이는 통계(統系)에 관한 것으로 『화동강목』에서는 송 태조 개보(開寶) 8년부터 제병(帝昺) 상흥(祥

檢閱, 批示其差繆焉. 旣有此文字, 則編首只合說一總敍, 略敍編輯始終大槪, 而此則須出自先生手筆乃可. 但今攝養之中, 恐難構思, 故先以淺慮, 撮取大意, 假說數條, 呈上試一賜覽, 如有可採者, 隨意取用, 成立文字, 因書下寄幸甚.

42   "再答, 下示史編書法一冊, 總敍一編, 反復數回, 義理精詳, 無可點化處, 恁麽編入, 如何如何."(유중교, 「수사품목」, 『화동강목』, 1313쪽).

43   『省齋集』은 兪致慶·朱庸奎 등의 발의로 1895년 제천 장담에서 문집 간행을 준비했으나 의병전쟁이 일어나면서 정지되었다가 吳寅泳, 邊錫鉉, 洪義義 등의 노력으로 1897년 황해도 평산 절곡에서 목활자본으로 간행했다. 그 뒤 연인본이 요동에서 1927~1928년 간행되었다. 그런데 국립중앙도서관에 불분 20책의 『省齋稿』가 있으며, 그 가운데 10책에 「서법」이 수록되어 있다. 목활자본, 연인본, 필사본, 『화동강목』 수록본의 것을 상호 비교해보면 내용에는 큰 차이가 없다. 따라서 이들 책에 수록된 「서법」은 1889년 완성된 이후의 것으로 보인다.

44   『속강목』의 경우 범례 8조가 있으나 매우 간략하며, 『여사제강』의 경우도 범례 22조가 있어 주자강목의 범례를 따른다고는 하면서도 실제로는 그 원칙을 그대로 적용하지 못하여 많은 차이를 보이고 있다. 『화동강목』 19조는 統系, 歲年, 名號, 卽位, 改元, 尊位, 崩葬, 篡賊, 廢徙, 祭祀, 行幸, 恩澤, 朝會, 封拜, 征伐, 廢黜, 罷免, 人事, 災祥에 대한 서술원칙이다.

45   卽位, 崩葬, 祭祀, 恩澤, 朝會, 封拜, 罷免條 아래의 일부 類附된 소제목에 '附'자를 부가하여 구별하고 있다.

興) 2년까지를 정통으로 간주하여, 송 통일 이전 7년과 원(元) 간통(干統) 이후 88년 가운데 전 75년은 무통(無統)의 예로 간주했다.[46] 『속강목』에서는 원을 정통으로 처리했으나 『화동강목』에서는 방효유(方孝孺), 구준(丘濬), 김우옹(金宇顒), 송시열(宋時烈)의 설에 따라 무통의 예로 처리했다.[47] 세년(歲年) 이하 「서법」의 18조항에서는 이러한 정통관을 적용했을 경우 해당 조항에서 정통과 비정통에 대해 적용되는 필삭(筆削)의 원칙을 정리하고 있다.

고려의 경우 비록 송이 제후국으로 봉하지는 않았으나 열국(列國)의 예에 준하여 편찬했다.[48] 특히 고려는 그 특례를 어떻게 인정할 것인가라는 점에 초점이 맞추어져 있으며, 고려는 열국(列國)에 준하되 나라의 특수성을 별도의 서술원칙으로 정했다.[49] 과거 고려의 위상에 대

---

46 고려의 경우 유계가 『여사제강』에서 태조 19년 이전을 모두 무통으로 간주했으므로 이에 준했을 것으로 추정된다. 『화동강목』을 만들면서 편람을 위해 만든 것으로 보이는 『三元曆』(의병전시관 소장, 필사본 1책 40장)이 있는데, 이에도 중국의 경우 황제 원년에서 시작하여 적고 있으나 우리 나라는 고려 태조 19년부터 내용을 적고 있다.

47 『화동강목』, 「송원화동사합편강목총서」, 22쪽 : (上略)朱子自言, 綱目主意, 在正統, 而續綱目處胡元以正統, 與大宋無別, 是不識正統法義, 而大失綱目主意也. 我華西先生, 承尤菴宋夫子遺旨, 更定史例, 貶削僞統, 令門徒撰次 成是書, 盖在中朝方遜志丘瓊山, 在我東金東崗宇顒, 先已有黜元之議, 自宋子倡明大義以後. 幾乎爲士大夫大同之論矣. 後之讀是書者, 宜先察主意之所在, 而有以識其非一家之私言也.
『화동강목』 부록 1, 「서법」 통계, 1281쪽 : 續綱目於胡元亦以正統處之, 今用方遜志丘瓊山及宋子說, 削黜之, 附于無統例.

48 『화동강목』 부록 1, 서법 통계 : 列國宋無所封之國, 惟高麗以外國, 進於中國, 且此書自本國修之, 故特用列國例處之.

49 「서법」의 내용 가운데 고려는 『춘추』에서 魯事를 적는 예에 준한다는 것, 고려 기년을 특기한다는 것, 왕의 묘호를 그대로 적는다는 것, 열국 특례에 따라 고려왕이라고 칭하고 중대한 사건에서는 왕의 이름을 밝힌다는 것, 즉위를 특례에 따라 繼世라 칭한다는 것, 후·태자 등은 참칭한 용어이지만 그대로 적는다는 것, 왕이 죽는 경우 卒을 사용하지 않고 薨을 쓴다는 것, 고려의 禘祭·圜丘祭 시행은 적는다는 것 등은 고려에 적용되는 특례를 규정한 것이다 (『화동강목』 부록 1, 「서법」 참조).

해 주자가 그 풍속을 칭찬할 정도인 것을 강조함으로써 열국 가운데
특수한 위치로 설정했다. 그리고 이어 조선에서 소중화를 더욱 확대함
으로써 숭정 이후 중화 문명을 찾으려면 조선에서 찾아야 한다는 현
조선 문명에 대한 자부심[50]의 역사적 근거를 마련했다. 그리고 이러한
자부심은 열국에 불과한 고려의 역사를 중화 정통인 중국의 역사와
합편하여 구성토록 했다.

Ⅲ. 사론에 나타난 역사인식

『화동강목』에 수록된 강과 목의 내용 가운데 송·원사 부분은 대체
로 『속강목』의 내용을 그대로 전재하고 있다. 전체 내용면에서 보면 보
충되는 경우는 많은 편이 아니며, 송·고려와의 관계, 범중엄, 정호·정
이·주자 등 인물에 대한 기록이나 졸년 기사, 성리학과 관련된 기록 등
을 보충하고 있다. 대외 교섭기사 중에는 이민족과의 전쟁이나 배척과
관련된 기사를 좀 더 자세하게 보충하고 있다. 졸년·임면 기사, 관직
변화 등의 내용 가운데서 불필요하거나 춘추필법에 맞지 않을 경우는
수정했다. 일부 인물이나 연대와 관련된 사항 등에서는 강을 목으로
처리하기도 했으며, 강과 목을 합한 경우도 있다.

『화동강목』의 고려사 부분은 대체로 『여사제강』에서 전재하고 있으

---

50 최익현, 「발」, 『화동강목』, 1412쪽 : 或曰吾東亦夷也. 以夷事合於中國之正史, 有例乎.
曰夷而進於中國, 則中國之春秋之意也. 況吾東箕子立國, 革夷陋, 而爲小中華, 後雖中微
而貿貿, 始自高麗, 已駸駸有用夏之漸, 所以以風俗好見稱於朱子也, 至於本朝, 則得復小
中華, 而崇禎以後, 則天下之欲尋中國文物者, 捨吾東, 無可往實.

면서, 특히 춘추·강목의 서법에 맞지 않을 경우 그 용어를 바꾸는 것에 주안점이 있었다. 그리고 전체 내용면에서 보면 간략한 사건 기록이나 졸년·임면 기사 가운데 일부 기사는 생략했다. 그러나 유교식 각종 제도의 시행, 몽고와의 항전, 정몽주의 절의정신, 조선 태조의 업적에 관련해서는 내용을 보충하면서 포찬했다. 도입부에서 고려의 역사적 위치와 광종에 이르기까지의 왕위 계승관계를 적은 설명[51]과 종결부에서의 정몽주에 대한 설명도 내용을 보충했다.

한편 『화동강목』에 수록된 사론 가운데 송·원사 부분에서는 『속강목』을 바탕으로 하면서도 많은 사론들을 첨부했으나, 고려사 부분에서는 오히려 『여사제강』의 사론을 생략하는 방식을 취했다. 『화동강목』에 수록된 총 사론 수는 491편에 달하고 있다.[52] 전체 사론의 내용에 대해 오영섭은 고려에 대한 사론을 중점적으로 분석하면서 불교 비판, 예제 예속, 인물 평가, 권신 비판, 대간 무능, 권신 집정, 군주의 황음, 군주 실정, 기강 문란 등으로 유형화하고 이를 바탕으로 ①춘추필법 ②주자학적 가치규범 ③절의적 입장 ④기강 문란에 대한 비판 등으로 정리했다.[53] 또한 김경수는 전체 사론의 내용을 ①명분과 정통, 도

---

51 『화동강목』 권1, 고려 광종 11년, 29쪽.
52 기존의 사론 수 계산 가운데 가장 자세한 것으로 김경수의 논문 참조. 김경수는 모두 480편으로 계산했으나(총 481편 가운데 298번이 빠짐), 102번 朱子(256, 257쪽)는 별개의 사론이며, 224번 이용지는 인명이 아니므로 제외했다. 그 외 羅從彦曰(203쪽), 李燾曰(210쪽), 呂祖謙曰(232), 丁奉曰(299쪽), 羅從彦曰(313쪽), 史臣曰(511쪽), 張栻曰(593쪽), 王禕曰(1276쪽), 丘濬曰(1276쪽)을 추가하고 또한 李燾云(62쪽)과 新編[송사신편]云(299쪽)는 云으로 적혀 있지만 실제로는 사론적 내용이므로 추가하여 모두 491편으로 계산했다. 이에는 기존의 중국사론 59편, 신규 중국사론 308편, 기존의 고려사론 116편, 신규 고려사론 8편으로 구성되어 있다.
53 오영섭, 앞의 논문, 1990, 148~155쪽.

통론 ②척사론 ③성리학의 확립 ④정명론(正名論), 신상필벌(信賞必罰), 조정 기강 확립 ⑤인물의 시비득실, 포폄 ⑥역사적 인과관계 ⑦자강론 등으로 범주화하여 그 내용을 소개했다.⁵⁴ 여기서는 이러한 선학들의 연구성과를 바탕으로『속강목』·『여사제강』과 비교하여 증감된 사론의 내용과 그 의미를 살펴보고자 한다.

1.『속강목』·『여사제강』에 수록되었다가『화동강목』에서 탈락된 사론

송·원사 부분과 관련하여 상로의『속강목』에 수록된 사론은 99편이다. 그 가운데『화동강목』에서 탈락된 사론은 모두 40편이다. 사신왈(史臣曰) 16편, 여중왈(呂中曰) 7편, 왕칭왈(王偁曰) 3편, 호일계왈(胡一桂曰) 2편, 왕위왈(王褘曰) 2편 등의 사론이 생략되었다. 그 외 1편이 삭제된 것으로 서일기(徐一夔), 정호(程顥), 송자정(宋子貞), 우집(虞集), 왕휘(王輝), 허유임(許有壬), 양인(梁寅), 송렴(宋濂), 안벽(晏璧), 유기(劉基)의 사론이 있다.

생략된 사론에 수록되어 있는 내용은 대체로 개별 인물의 절의와 충성을 강조한 내용으로, 전체적인 대의(大義)의 실행과는 거리가 있었다. 특히 원대의 삭제된 사론은 대부분 군주와 관료의 실정에 대한 간단한 비평류가 주를 이루고 있다.⁵⁵ 그런데 일부 대체해 들어간 사론에

---

54 김경수, 앞의 논문, 2002, 112~123쪽.
55 원 세조 지원 31년, 양인왈,『속강목』, 경문사, 1975, 606쪽(세조의 잘못을 지적).
원 성종 대덕 11년, 사신왈, 619쪽(성종의 실정을 지적).
원 성종 대덕 11년, 호수중왈, 620쪽(성종을 순종 아래에 배치하는 것을 비판).
원 무종 지대 4년, 사신왈, 626쪽(무종의 잘못 지적).
원 태정 치화 원년, 왕위왈, 641쪽(제위 계승 혼란을 지적).
원 문종 지순 3년, 사신왈, 648쪽(록왕 영종의 잘못 지적).

는 주희, 주례, 장시태 등이 쓴 사론이 있으며 이들의 사론은 모두 대의적 측면과 도덕적 원칙을 더욱 강조하는 내용을 담고 있다.[56]

고려의 역사 부분에서는 송시열의 별록(別錄)을 포함하여 총 247편[57]에 달했던 초간본 『여사제강』[58]의 사론 가운데 시기적으로 대상이 되는 사론은 고려 광종 11~공민왕 16년 사이의 211편이다.[59] 그 가운데 생략된 사론을 보면, 우선 대상이 78편에 달했던 유계(兪棨)의 사론 가운데 25편이 제외되었다. 그 외 『여사제강』에 수록되었다가 생략된

원 순제 지정 15년, 사신왈, 670쪽(탈탈의 잘못 지적).
원 순제 지정 18년, 송렴왈, 674쪽(여궐의 사망 애도).
원 순제 지정 18년, 사신왈, 674쪽(동박의 사망 애도).
원 순제 지정 22년, 안벽왈, 681쪽(찰한의 사망 애도).

56   송 신종 원풍 8년, 사신왈, 『속강목』, 188쪽; 『화동강목』, 내제문화연구회, 1998, 312쪽(신종 정치를 비판한 것을 대신하여 주자와 송자왈을 넣어 대의적 측면을 강조).
   송 휘종 건중정국 원년, 왕칭왈, 『속강목』, 220쪽; 『화동강목』, 368쪽(범순인에 대한 높은 평가에 대해 주자는 성현이라는 것은 과도한 평가라는 사론).
   송 휘종 중화 7년, 왕칭왈, 『속강목』, 268쪽; 『화동강목』, 449쪽(유안세가 너무 과격했다는 평가에 대해 주자는 소인을 공격하는 것은 과하지 않았다는 사론).
   송 흠종 정강 2년, 사신왈, 『속강목』, 290쪽; 『화동강목』, 487쪽(화의한 것은 잘못이라는 평가에 주자는 신하들이 더 많은 책임이 있다는 사론).
   원 세조 지원 18년, 우집왈, 『속강목』, 588쪽; 『화동강목』, 1034쪽(주자학을 가지고 원을 섬긴 것은 허형이 열었다는 평가에 이를 비판한 구준과 한원진의 사론을 수록).
   원 세조 지원 19년, 왕휘왈, 『속강목』, 589쪽; 『화동강목』, 1036쪽(왕저가 아합마를 죽인 것을 높이 평가했으나 주례는 왕저도 군주를 속인 죄가 있다는 사론).

57   재간본 244편(김경수, 「여사제강의 사학사적 고찰」, 『한국사학사학보』 1, 2002 참조)에 초간본에 수록된 史氏曰 1, 鄭麟趾曰 1, 別錄 1을 더했다. 물론 초간본에는 쌍행 소자의 사론적 형태의 글이 많으나 서술의 편의를 위해 총 247편으로 계산했다.

58   이 때 사용한 『여사제강』은 초간본으로 추정된다. 그것은 유중교 후손가에 소장된 『여사제강』이 초간본이기 때문이다. 초간본 『여사제강』에 대해서는 박인호, 「여사제강 공양왕기의 산삭과 그 정치적 함의」, 『한국사학사학보』 7, 2003, 7~12쪽 참조.

59   247편 가운데 태조 15, 혜종 3, 정종 1, 광종 1, 공민왕 6, 우왕 7, 공양왕 3편 총 36편을 제외한 211편이 대상이다. 211편을 집필자별로 살펴보면 유계 78편, 최부 39편, 사신 26편, 사씨 23편, 이제현 15, 오운 7편, 별록 3편, 김부식 1편, 최승로 3편, 이황 3편, 이색 1편, 최충 1편, 조식 1편, 주세붕 1편, 김신부 1편, 김양경 1편, 권경중 1편, 임익 1편, 장항 1편, 원송수 1편, 허응린 1편, 하관 1편, 식자 1편이 이에 해당한다(김경수, 앞의 논문, 2000, 85~86쪽 표 참조).

사론으로 최부왈(崔溥曰)은 대상이 39편이나 16편이 생략되었다. 사신왈(史臣曰)은 대상인 26편 가운데 15편이 삭제되었으며, 사씨왈(史氏曰)은 대상인 23편 가운데 9편이 삭제되었다. 이제현왈(李齊賢曰)은 대상인 15편 가운데 10편이 삭제되었다. 오운왈(吳澐曰)은 대상인 7편 가운데 4편이 삭제되었다. 송시열(宋時烈)의 3편 별록 가운데 2편이 삭제되었다. 그 외 대상이 3편인 최승로(崔承老)의 사론과 1편인 김부식(金富軾), 이색(李穡), 최충(崔沖), 조식(曺植), 김신부(金莘夫), 김양경(金良鏡), 임익(任翊), 장항(張沆), 원송수(元松壽), 식자(識者) 등의 사론이 삭제되었다. 총 대상 사론 211편 가운데 45%에 해당하는 94편이 삭제되었다.

그러나 생략된 사론의 내용을 살펴보면 큰 변화를 발견할 수 없다. 먼저 생략된 유계의 사론은 대부분 『송사』·『원사』와의 비교를 통한 연대의 교정과 확인 및 기록의 사실 관계 확인에 대한 것이었다.[60] 그 외 군주가 군주답고 신하가 신하다워야 함,[61] 불교에 대한 비판,[62] 토적(討賊)과 대의(大義)에 철저하지 못한 데에 대한 비판,[63] 동성(同姓)을 아내

---

[60] 『여사제강』 권3, 고려 목종 2년, 안(이하 유계 안을 의미), 아세아문화사, 1973, 60쪽(거란이 고려 왕을 책봉한 것은 함평 원년).
『여사제강』 권3, 고려 목종 12년, 안, 65쪽(강조가 왕을 시해한 것은 대중상부 3년).
『여사제강』 권4, 고려 현종 7년, 안, 77쪽(『송사』에는 야율세장을 야율세량이라 함).
『여사제강』 권6, 고려 헌종 원년, 안, 126쪽(헌종과 숙종의 사망·즉위 연대가 『송사』와 차이).
『여사제강』 권16, 고려 충렬왕 34년, 안, 388쪽(『송사』에 의하면 고려왕이 정동행성 폐지를 주장함). 그 외 『여사제강』, 151쪽, 155쪽, 171쪽, 278쪽, 283쪽, 330쪽 등도 그러하다.

[61] 『여사제강』 권13, 고려 고종 46년, 안, 304쪽(고려 고종은 즐거움을 탐닉하기에 급급했음).
『여사제강』 권16, 고려 충렬왕 29년, 안, 379쪽(홍자번이 왕궁을 포위하면서까지 오기를 잡아 君上을 위협함).
『여사제강』 권17, 고려 충선왕 5년, 안, 395쪽(충선왕의 무도한 행실).

[62] 『여사제강』 권2, 고려 광종 21년, 안, 41쪽(광종의 불교 혹신을 비판).

[63] 『여사제강』 권10, 고려 명종 3년, 안, 214쪽(문신 재상들도 간언을 하지 못한 잘못이 있음).
『여사제강』 권10, 고려 명종 5년, 안, 218쪽(조위총은 대의에 밝지 못함).

로 취하거나 용어 등에서의 비례(非禮)에 대한 비판[64] 등 사론이 삭제되었다. 그리고 유계가 별도의 안설이라는 표시없이 쌍행(雙行) 처리하여 주석을 단 것은 대부분 삭제되었는데, 그 주석은 사실 설명과 관련된 내용을 주로 담고 있다.

그 외 인물들의 생략된 사론 내용을 살펴보면 유계의 생략된 사론의 내용 범주를 크게 벗어나지 않고 있다.[65] 또한 사론의 내용도 대부분 송·원사의 사론에서 거론했던 내용이므로 이를 제외하여도 논지 자체를 수정한 것은 아니었다.

따라서 송·원사에서는 개인적 평가와 관련된 내용이 주로 삭제되었으며, 고려사에서는 상대적으로 내용이 소략하거나 대의에 크게 상관이 없는 내용이 삭제되었다. 그러나 이러한 삭제가 가지는 의미는 달라서 송·원사 부분의 경우 대신 들어가는 사론이 많고 그 내용도 주자학적 논리로 보강하여 『속강목』의 주장에 대해 화이론과 정통론의 관점을 더욱 강하게 주장했다. 고려사 부분은 연대 교정이나 사실관계 확인과 같은 소략한 내용이 대부분 생략되었으나 다른 많은 사론이 그대로 재수록되어 있어 삭제를 통한 논지 수정이라는 의미는 그리 크지 않다.

2. 『속강목』·『여사제강』에 수록되었다가 『화동강목』에 재수록된 사론

중국사 분야에서 상로의 『속강목』에 수록되어 있던 99편 가운데

---

64 『여사제강』 권5, 고려 덕종 3년, 안, 91쪽(덕종이 누이를 취하여 아내로 삼은 것을 비판).
『여사제강』 권7, 고려 예종 16년, 안, 154쪽(왕후, 왕비, 태자 등 용어를 사용).
65 사론의 대체적인 내용적 범주는 김경수, 앞의 논문, 2000, 100~107쪽 참조.

『화동강목』에 재수록 된 것은 59편으로, 사신(史臣) 24, 여중(呂中) 14, 주자(朱子) 6, 이도(李燾) 3, 호일계(胡一桂) 2, 호수중(胡粹中) 2, 나종언(羅從彦) 2, 왕칭(王偁) 1, 진씨(陳氏) 1, 정호(程頤) 1, 송렴(宋濂) 1, 여조겸(呂祖謙) 1, 왕위(王褘) 1편이다. 한국사분야에서 『여사제강』에 수록되었다가 『화동강목』에 재수록된 것은 116편으로 유계(兪棨) 52,[66] 최부(崔溥) 23, 사신(史臣) 12, 사씨(史氏) 13,[67] 이제현(李齊賢) 5, 오운(吳澐) 3, 송시열(宋時烈) 1,[68] 이황(李滉) 3, 주세붕(周世鵬) 1, 권경중(權敬中) 1, 허응린(許應麟) 1, 하관(河寬) 1편이다. 이들 사론의 내용은 주로 도통론, 의리론, 절의론, 조정 기강, 인물 포폄 등에 대한 것으로[69] 내용면에서 화서학파 지식인들에게 여전히 유용했으므로 재수록될 수 있었다.

3. 『화동강목』에 새로 추가된 사론

『속강목』에서는 원래 사론을 그다지 수록하지 않았던 것에 비하여, 『화동강목』의 중국사 부분에서는 많은 사론이 추가되었다. 추가된 308편의 사론은 대부분 초고본 『화동합편』에 없었던 것으로 수정과정에서 추가된 것이다. 그리고 앞에서 살펴본 바와 같이 사론이 새로 추가

---

66 재수록된 유계 사론은 '按'을 '市南兪氏曰'로 바꾸어 수록하고 있다. 그 가운데 사론 2편(원종 2년과 3년, 『여사제강』, 310쪽)을 합하여 1편의 사론(고려 원종 2년, 『화동강목』, 930쪽)으로 만든 것이 있어 『여사제강』을 기준으로 하면 수록된 유계 사론은 53편, 재수록 사론 수는 117편이 되나, 실제로 『화동강목』에 유계왈로 수록된 사론 편수는 52편이며, 『화동강목』을 기준으로 하면 재수록 사론의 수는 116편이 된다.

67 『화동강목』에 수록된 사신왈 가운데 1편은 『여사제강』에서는 사씨왈이었으므로, 『여사제강』을 기준으로 보면 사신왈은 11편, 사씨왈은 14편이다.

68 고려사 부분에서 재수록된 송시열의 사론은 원래 별록으로 수록되었던 것으로 '曰' 표기가 없이 재수록되어 있다(고려 숙종 4년, 『여사제강』, 128쪽; 『화동강목』, 355쪽 참조).

69 오영섭, 앞의 논문, 1990; 김경수, 앞의 논문, 2002 참조.

된 데에는 김평묵의 의지가 크게 작용했다.

집필자 별로 살펴보면 그 가운데 중국인 사론은 264편으로, 장시태(張時泰) 93, 주례(周禮) 73, 주자(朱子) 43, 구준(丘濬) 29, 사신(史臣) 3, 진씨(陳氏) 1, 하씨(河氏) 1, 여중(呂中) 2, 정경휘(鄭景輝) 1, 정봉(丁奉) 2, 장식(張栻) 1, 양복(楊復) 1, 호일계(胡一桂) 2, 우집(虞集) 1, 허호(許浩) 6, 방효유(方孝孺) 1, 정자(程子) 1, 진경(陳樫) 1, 장도(張燾) 1, 신편(新編) 1편으로 이루어져 있다. 264편 가운데 장시태, 주례, 주자, 구준 4인의 사론은 238편으로, 추가된 중국학자들 사론의 90%에 달한다. 주례와 장시태의 사론은 『속자치통감강목(續資治通鑑綱目)』에 수록된 주례의 『발명』과 장시태의 『광의』를 활용했으며, 주자의 사론은 『주자어류』를 이용했으며, 구준의 사론은 『용문강감(龍門綱鑑)』을 이용했다. 또한 일부 추가된 사론은 김우옹(金宇顒)의 『속강목(續綱目)』에 수록되었던 것을 이용한 부분도 있다.[70] 상로의 『속강목』을 이어 명대 주자학자인 주례는 『발명』을 짓고, 장시태는 『광의』를 지어 송·원사를 존화양이(尊華攘夷)와 토난적(討亂賊)의 논리에서 접근했다.[71] 구준은 주자학의 입장

70　송 신종 희령과 원평 연간의 기록은 본문 내용도 김우옹의 『속강목』을 대부분 그대로 따르고 있다. 아래의 사론은 김우옹의 『속강목』에 처음으로 수록되어 다시 『화동강목』에 재수록된 사론이다.
　　송 태조 건덕 5년, 여중왈, 『속강목』, 청천서원, 1995, 1~70쪽; 『화동강목』, 내제문화연구회, 1998, 47쪽.
　　　송 신종 희령 8년, 여중왈, 『속강목』, 1~689쪽; 『화동강목』, 296쪽.
　　　송 신종 희령 8년, 정봉왈, 『속강목』, 1~693쪽; 『화동강목』, 297쪽.
　　　송 신종 희령 9년, 정봉왈, 『속강목』, 2~7쪽; 『화동강목』, 299쪽.
　　　송 신종 희령 10년, 신편운, 『속강목』, 2~8쪽; 『화동강목』, 299쪽.
　　　송 신종 원평 원년, 사신왈, 『속강목』, 2~13쪽; 『화동강목』, 301쪽.
　　　송 신종 원평 8년, 진경왈, 『속강목』, 2~61쪽; 『화동강목』, 315쪽.
　　　송 신종 원평 8년, 호일계왈, 『속강목』, 2~62쪽; 『화동강목』, 315쪽.
71　주례·장시태의 글에 대한 청의 비판적 입장은 청나라 聖祖가 어비한 『御批續資治通鑑

에서 원이 정통이 아니라는 입장을 역사서술에 처음 적용한 사람이다. 그 외 첨입된 글은 대부분 송대 사신들의 것이다.

수록된 사론의 내용은 정통과 대의의 설정,[72] 유교적 예제의 확립,[73] 절의와 명분의 설행,[74] 유학자의 업적,[75] 유능한 군주·신하의 즉위와 등용,[76] 자강한 국가의 건설[77] 등과 관련된 내용이 주를 이루고 있다. 그리하여 유교적 예의 명분에 어긋난 것을 비판한 사론,[78] 유학이나 유학자를 모함한 사람을 비판한 사론,[79] 정치적으로는 무능한

綱目』(대만 상무인서관 영인, 사고전서 693)의 제요와 제사 참조.

72 『화동강목』 권24, 원 세조 지원 17년, 방효유왈, 1029쪽.
73 『화동강목』 권2, 송 태종 태평흥국 8년, 주자왈, 78쪽.
  『화동강목』 권6, 송 영종 치평 2년, 허호왈, 245쪽.
  『화동강목』 권7, 송 신종 희령 6년, 주자왈, 290쪽.
  『화동강목』 권26, 원 인종 경원 2년, 구준왈, 1123쪽.
74 『화동강목』 권7, 송 신종 원풍 4년, 주례왈, 305쪽.
  『화동강목』 권14, 송 고종 소흥 8년, 장식왈, 593쪽.
75 『화동강목』 권9, 송 휘종 숭령 4년, 주자왈, 389쪽.
  『화동강목』 권10, 송 휘종 중화 7년, 주자왈, 449쪽.
  『화동강목』 권16, 송 효종 융흥 원년, 주자왈, 667쪽.
76 『화동강목』 권4, 송 인종 천성 7년, 장시태왈, 163쪽.
  『화동강목』 권6, 송 신종 희령 2년, 주자왈, 258쪽.
  『화동강목』 권7, 송 신종 희령 8년, 주례왈, 295쪽.
  『화동강목』 권8, 송 철종 원우 원년, 주자왈, 321쪽.
  『화동강목』 권8, 송 철종 원우 원년, 장시태왈, 321쪽.
  『화동강목』 권14, 송 고종 소흥 9년, 주례왈, 596쪽.
77 『화동강목』 권7, 송 신종 희령 5년, 주례왈, 286쪽.
  『화동강목』 권18, 송 령종 가정 4년, 주례왈, 771쪽.
78 『화동강목』 권3, 송 진종 천희 원년, 주례왈, 144쪽.
  『화동강목』 권3, 송 진종 건흥 원년, 주례왈, 154쪽.
  『화동강목』 권4, 송 인종 천성 5년, 구준왈, 162쪽.
  『화동강목』 권7, 송 신종 희령 8년, 주례왈, 297쪽.
  『화동강목』 권14, 송 고종 소흥 11년, 장시태왈, 610쪽.
79 『화동강목』 권6, 송 신종 희령 4년, 구준왈, 277쪽.
  『화동강목』 권8, 송 철종 원우 2년, 주자왈, 328쪽.

군주를 비난한 사론,[80] 난신적자를 성토한 사론,[81] 절의나 출처에 문제가 있는 사람을 비난한 사론,[82] 이민족에 의한 정치나 문화를 비판한 사론,[83] 이민족에 저항할 것을 촉구한 사론[84]들이 새로이 추가되었다.

한편 송·원사 부분에 추가된 조선 유학자들의 사론은 44편으로 유성룡(柳成龍) 13, 송시열(宋時烈) 12, 이항로(李恒老) 4, 이이(李珥) 4, 김

『화동강목』 권20, 송 이종 단평 3년, 구준왈, 873쪽.
『화동강목』 권26, 원 문종 천력 원년, 주례왈 : 1154쪽.

80 『화동강목』 권2, 송 태종 순화 5년, 주례왈, 98쪽.
『화동강목』 권2, 송 태종 순화 5년, 주례왈, 99쪽.
『화동강목』 권3, 송 진종 함평 4년, 주례왈, 115쪽.
『화동강목』 권3, 송 진종 경덕 3년, 장시태왈, 123쪽.
『화동강목』 권8, 송 철종 원부 3년, 장시태왈, 359쪽.
『화동강목』 권11, 송 흠종 정강 2년, 주례왈, 483쪽.
『화동강목』 권11, 송 고종 건염 원년, 장시태왈, 489쪽.
『화동강목』 권11, 송 고종 건염 원년, 주례왈, 490쪽.
『화동강목』 권11, 송 고종 건염 원년, 주례왈, 498쪽.
『화동강목』 권12, 송 고종 소흥 2년, 주례왈, 553쪽.
『화동강목』 권14, 송 고종 소흥 11년, 구준왈, 609쪽.
『화동강목』 권21, 송 이종 경정 5년, 구준왈, 940쪽. .

81 『화동강목』 권2, 송 태종 순화 4년, 주례왈, 94쪽.
『화동강목』 권2, 송 태종 지도 원년, 주례왈, 103쪽.
『화동강목』 권4, 송 인종 보원 2년, 주례왈, 180쪽.
『화동강목』 권8, 송 철종 원부 3년, 장시태왈, 361쪽.

82 『화동강목』 권16, 송 효종 융흥 2년, 구준왈, 671쪽.
『화동강목』 권20, 송 이종 순우 6년, 구준왈, 888쪽.
『화동강목』 권24, 원 세조 지원 18년, 구준왈, 1034쪽.
『화동강목』 권27, 원 문종 지순 2년, 구준왈, 1164쪽.
『화동강목』 권27, 원 순제 지정 6년, 구준왈, 1189쪽.

83 『화동강목』 권14, 송 고종 소흥 12년, 주례왈, 612쪽.
『화동강목』 권23, 송 단종 경염 원년, 구준왈, 1006쪽.
『화동강목』 권24, 원 세조 지원 28년, 구준왈, 1063쪽.

84 『화동강목』 권3, 송 진종 경덕 3년, 주례왈, 124쪽.
『화동강목』 권11, 송 흠종 정강 원년, 주례왈, 478쪽.
『화동강목』 권15, 송 고종 소흥 31년, 주례왈, 650쪽.
『화동강목』 권16, 송 효종 건도 원년, 주례왈, 674쪽.
『화동강목』 권16, 송 효종 건도 15년, 양복왈, 713쪽.

매순(金邁淳) 3, 임성주(任聖周) 2, 한원진(韓元震) 2, 김창협(金昌協) 1, 조헌(趙憲) 1, 김장생(金長生) 1, 사단(史斷) 1편으로 이루어져 있다.

이 가운데 가장 많은 분량을 차지한 것은 유성룡의 사론이다. 유성룡의 사론은 송대사에 대한 사론을 모은 「독사여측(讀史蠡測)」에서 가져온 것으로[85] 「독사여측」에 수록된 38편의 사론 가운데 13편을 수록하면서 일부 자구를 수정했다.

유성룡의 사론은 당에서 죄를 짓고 송으로 도망 온 두저(杜著)가 당을 평정할 계책을 올렸으나 송 태조는 이를 베어 사방 민심을 얻었다는 것,[86] 송 태조가 죽으면서 태종에게 전위했다는 것은 의심스럽다는 것,[87] 송 태종이 즉위한 해에 바로 연호를 바꾼 것에서 잘못이 저절로 드러난다는 것,[88] 태조의 사직신이라는 조보(趙普)에 대해 거짓으로 절개가 있는 척했으며, 이는 태조의 요구에 부응한 것에 불과하다는 것,[89] 초왕 원좌(元佐)가 술에 취해 궁을 태운 것에는 정미(廷美)를 귀양보낸 태종의 잘못도 있으므로 죄를 지었다는 말은 빼야 한다는 것,[90] 조보(趙普) 조차도 『논어』를 읽을 만큼 송의 유학은 번성했다는 것,[91]

---

[85] 「독사여측」은 유성룡이 송나라 역사를 읽으면서 종종 옳고 그름이 밝지 못하고 버리고 취함이 분명하지 못한 것을 보고서 의견이 미치는 데에 따라 일어난 일에 비평이 없을 수 없었는데 아이들에게 보이게 되어 제목을 '독사여측'이라고 했다("余讀宋史, 往往見其是非督亂去取不明, 意見所及, 未免隨事有言, 以示兒輩, 題曰讀史蠡測", 『서애선생문집』 권13, 「잡저」).

[86] 『화동강목』 권1, 송 태조 건륭 원년, 유성룡왈, 31쪽.

[87] 『화동강목』 권1, 송 태조 개보 9년, 유성룡왈, 62쪽.

[88] 『화동강목』 권1, 송 태종 태평흥국 원년, 유성룡왈, 63쪽.

[89] 『화동강목』 권2, 송 태종 태평흥국 7년, 유성룡왈, 74쪽.

[90] 『화동강목』 권2, 송 태종 옹희 2년, 유성룡왈, 80쪽.

[91] 『화동강목』 권2, 송 태종 순화 3년, 유성룡왈, 93쪽.

이항(李沆)과 진종(眞宗)이 서로 군신의 의리를 지켰으므로 천하가 잘 다스려졌다는 것,[92] 왕흠약(王欽若)이 전연(澶淵)에서의 맹약을 비난하지만 이는 구준(寇準)을 모함하려는 핑계에 지나지 않았다는 것,[93] 천서(天書)를 조작한 것은 왕흠약의 지략에서 나온 것으로 조정과 천하를 속이는 것,[94] 강왕(康王)이 흠종(欽宗)을 대신하여 고종(高宗)으로 즉위한 것을 호인(胡寅)은 비난했으나 고종이 유약하고 나약한 죄는 있어도 즉위한 것은 잘못이 아니라는 것,[95] 내시에 불과한 소성장(邵成章)이 왕백언(汪伯彦), 황잠선(黃潛善) 두 사람의 잘못을 상소하는데 조신으로 이에 같이 한 사람은 마신(馬伸) 뿐이었으며 장준(張浚)은 한마디도 하지 않았다는 것,[96] 어린 황자인 부(敷)를 장준이 죽였다는 기록이 『소설』에 전하는데 『송사』에 나오지 않는 것은 장준을 위해 숨긴 것이거나 혹은 『소설』 기록을 믿을 수 없기 때문일 것,[97] 고종이 이강(李綱)의 상소를 수용했더라면 덕우(德祐)·경염(景炎)의 화는 없었을 것[98] 등이다.

인용된 유성룡의 사론은 군주의 덕을 칭송하고 신하의 의리와 충성을 강조하면서 군주와 신하의 잘못을 같이 논하여 군신이 모두 정치에 책임이 있음을 강조하는 내용이 중심을 이루고 있다. 군주는 간신과 충신을 잘 분별하여야 하며, 충신의 간언을 수용하여야 함을 강

---

92 『화동강목』 권3, 송 진종 함평 원년, 유성룡왈, 111쪽.
93 『화동강목』 권3, 송 진종 경덕 3년, 유성룡왈, 123쪽.
94 『화동강목』 권3, 송 진종 대중상부 원년, 유성룡왈, 128쪽.
95 『화동강목』 권11, 송 고종 건염 원년, 유성룡왈, 489쪽.
96 『화동강목』 권12, 송 고종 건염 2년, 유성룡왈, 506쪽.
97 『화동강목』 권12, 송 고종 건염 3년, 유성룡왈, 523쪽.
98 『화동강목』 권13, 송 고종 소흥 4년, 유성룡왈, 566쪽.

조하고 있으며, 간신의 말에 현혹되었다가 나라를 망친 여러 사례를 들고 있다. 이러한 유성룡의 의리론에 입각한 송사 해석을 적극적으로 수용한 것은 임진왜란 전후라는 유성룡의 시대적 상황과 개항 전후라는 화서학파의 시대적 상황에서 서로가 느끼는 위기의식이 통했기 때문일 것이다.

송시열의 사론은 12편으로 정호(程顥) 조차도 당쟁의 조정이 쉽지 않다는 것,[99] 육례(六禮)를 갖추어 황후를 맞아들인 것은 부부간 관계의 엄함을 보여 준 것,[100] 선인태후(宣仁太后)가 선류들을 물러나도록 한 것은 크게 혼란해지지 않도록 하기 위해서라는 것,[101] 환관의 말을 듣고 간언의 말을 듣지 않은 것이 원우(元祐)의 정치가 실패한 원인이라는 것,[102] 고려가 송을 지성으로 사대함으로써 고려 왕업이 유지될 수 있었다는 것,[103] 나종언(羅從彦), 양시수(楊時邃), 이동(李侗)은 성인의 도를 이어 전한 공이 크다는 것,[104] 주자가 올린 상소에서 금(金)에 대한 굴욕을 씻어야 함을 밝히고 있다는 것,[105] 나라의 흥폐는 간언을 잘 받아들이느냐에 달려있다는 것,[106] 주자는 후성(後聖)으로 집대성의 공이 있다는 것,[107] 진덕수(眞德秀)가 관직에 들어간 것은 올바르지 않다는

---

99 『화동강목』 권7, 송 신종 원풍 8년, 송자왈, 312쪽.
100 『화동강목』 권8, 송 철종 원우 7년, 송자왈, 336쪽.
101 『화동강목』 권8, 송 철종 원우 8년, 송자왈, 338쪽.
102 『화동강목』 권8, 송 철종 원우 8년, 송자왈, 339쪽.
103 『화동강목』 권10, 송 휘종 선화 원년, 송자왈, 421쪽.
104 『화동강목』 권16, 송 효종 융흥 원년, 송자왈, 667쪽.
105 『화동강목』 권16, 송 효종 융흥 원년, 송자왈, 669쪽.
106 『화동강목』 권16, 송 효종 건도 15년, 송자왈, 713쪽.
107 『화동강목』 권17, 송 령종 경원 6년, 송자왈, 745쪽.

것,[108] 허형(許衡)이 몽고에 벼슬한 것은 수치라는 것,[109] 원 시기 하늘이 내린 재이가 너무 많아 모두 기록하지 못한다는 것[110] 등을 적고 있다. 송시열 역시 예적 질서의 확립, 신료의 간언과 하늘의 경고, 주자의 공, 올바른 환도(宦途) 등을 거론하고 있어 화서계열과 동일한 사상적 지향성을 보여주고 있다.

이항로의 사론은 4편으로 정호(程顥)의 파면에 대해 정이가 소식 등에게 모함을 당했으나 후대 사람들이 경모하는 것은 그 정대한 학문 때문이라고 것,[111] 주자의 『자치통감강목』 편찬은 『춘추』와 마찬가지로 존주양이(尊周攘夷)의 뜻을 밝히려는 것,[112] 주희 사망 기사에서 주자는 오류가 없고 어그러지지 않고 미혹되지 않은 사람이라는 것,[113] 원 통일에 대해 『속강목』에서 송 정통에 바로 이은 것을 비판하고 변이 군장에도 화주(華主)와 이주(夷主)의 구분이 있음을 강조했다.[114] 이항로는 이 책의 전체적인 법의(法義)와 방향을 정했을 뿐만 아니라 특별히 수록된 사론은 주자학이 가지는 학문적 정통성과 이적에 의해 이루어진 천하는 인정하지 않으려는 정통론을 밝힌 것이다.

이이의 사론은 4편으로 송 태조는 원래 주 세종의 총신이면서 진교의 변란에 궁박되어 찬역의 신이 되었으므로 진유(眞儒)라면 돌아보

---

108 『화동강목』 권18, 송 령종 가정 17년, 송자왈, 815쪽.
109 『화동강목』 권21, 송 이종 보우 3년, 송자왈, 905쪽.
110 『화동강목』 권24, 원 세조 지원 30년, 송자왈, 1068쪽.
111 『화동강목』 권8, 송 철종 원우 2년, 이항로왈, 328쪽.
112 『화동강목』 권16, 송 효종 건도 8년, 이항로왈, 690쪽.
113 『화동강목』 권17, 송 령종 경원 6년, 이항로왈, 746쪽.
114 『화동강목』 권24, 원 세조 지원 17년, 이항로왈, 1029쪽.

지 않고 모두 떠났을 것,¹¹⁵ 고종이 이적에게 신하를 칭했다고 하더라도 이적이 정통이 되는 것은 아니라는 것,¹¹⁶ 불씨(佛氏)의 해는 외구(外寇)의 침략과 같고 육상산(陸象山)의 해는 간신이 나라를 잘못 이끄는 것과 같다는 것,¹¹⁷ 허형이 몽고에 벼슬한 것은 절의를 어긴 것¹¹⁸ 등의 내용으로, 신하가 가져야 할 자세와 관련된 내용이 주를 이루고 있다.

김매순의 사론은 3편으로 고려가 병을 평계로 송에 의관을 청하여 교통하고자 한 것은 충성스러운 일이라는 것,¹¹⁹ 청대 목극등(穆克登)이 회령(會寧) 운두산성(雲頭山城)을 답사하고 이를 휘종황제릉이 있는 오국성(五國城)으로 간주했다는 것,¹²⁰ 원(元) 탈탈(脫脫)은 『송제기』를 편찬하면서 송 제현 덕우(德祐) 2년에 그치었으나, 상로는 『속강목』을 편찬하면서 단종 경염(景炎)과 송 제병 상흥(祥興) 2년까지를 정통으로 처리했는데 중화 정맥은 이때까지 있었다는 것¹²¹이다. 김매순의 사론은 정통의 향방과 관련된 내용을 주로 다루고 있다.

그 외 인물들의 사론도 이와 크게 다르지 않다. 임성주의 사론은 2편으로 채웅(蔡雄)을 신주(新州)에 안치한 건에 대해 주자의 범순인(范純仁)을 비판한 내용을 이어 역시 스스로를 보전하려는 계책에서 나온 것이라고 비판했으며,¹²² 주자의 여대방(呂大防)은 스스로 형당(邢黨)에

---

115 『화동강목』 권1, 송 태조 건륭 원년, 이자왈, 28쪽.
116 『화동강목』 권14, 송 고종 소흥 11년, 이자왈, 610쪽.
117 『화동강목』 권19, 송 이종 보경 2년, 이자왈, 825쪽.
118 『화동강목』 권21, 송 이종 보우 3년, 이자왈, 905쪽.
119 『화동강목』 권10, 송 휘종 선화 원년, 김매순왈, 421쪽.
120 『화동강목』 권14, 송 고종 소흥 12년, 김매순왈, 612쪽.
121 『화동강목』 권23, 송 단종 경염 2년, 김매순왈, 1009쪽.
122 『화동강목』 권8, 송 철종 원우 4년, 임성주왈, 332쪽.

아첨한 것이라는 사론을 이어 여대방을 비판했는데,[123] 모두 주자의 사론을 이어 범순인, 여대방 등을 비판했다.

한원진의 사론은 2편으로 나흠순(羅欽順)이 말한 허형이 원(元) 백성으로 그 군주를 섬겼다는 주장은 이치에 어긋난다는 것[124]과 양웅(楊雄)의 예에 따라 허형을 특별히 글로 성토해야 한다는 주장[125]으로 모두 허형이 몽고에 벼슬한 것을 비판한 내용이다.

그 외 김장생의 사론은 주희의 사망 기사에서 주자가 아니었다면 공자의 도가 밝혀지지 않았을 것이라는 평가[126]이다. 김창협의 사론은 진덕수(眞德秀)에 대해 주자 이후의 대 유학자로서 이종(理宗)이 국정을 위임하고 신용했다면 천하를 구할 수 있었을 것이라는 평가이다.[127] 조헌의 사론은 오징(吳澄)이 출처도 올바르지 못하고 학문도 불교에 빠졌으므로 수사(洙泗)의 대열에서 내쳐야 한다는 주장이다.[128] 이 사론들은 모두 주자학을 근간으로 인물을 평가하고 있으며, 화서계열이 지향하는 학문의 방향성을 보여준다.

사단왈(史斷曰)[129]은 태자의 중요성을 강조하고 있는데 이 사론은 허호(許浩)의 사론을 대신하여 들어갔으며, 내용은 허호의 사론과 유사

---

123 『화동강목』 권8, 송 철종 원우 8년, 임성주왈 , 338쪽.
124 『화동강목』 권21, 송 이종 보우 3년, 한원진왈, 905쪽.
125 『화동강목』 권24, 원 세조 지원 18년, 한원진왈, 1034쪽.
126 『화동강목』 권17, 송 영종 경원 6년, 김장생왈, 745쪽.
127 『화동강목』 권20, 송 이종 단평 2년, 김창협왈, 871쪽.
128 『화동강목』 권27, 원 문종 지원 2년, 조헌왈, 1164쪽.
129 『화동강목』의 총서에서는 사단을 일종의 사론의 의미로 사용했다.("史斷以續綱目提綱所載諸說爲主, 而旁取諸家說以補之" 「송원화동사합편강목총서」, 『화동강목』, 22쪽). 그러나 여기서는 유중교가 자신의 사론이라는 의미로 사단을 사용한 것으로 보인다. 한편 사단이라는 용어는 김우옹 『속강목』에서 자신의 사론으로 사단이라는 표현을 사용했다.

하다.¹³⁰

『화동강목』의 송·원사 부분에는 많은 새로운 사론이 들어갔으며, 이는 송·원의 역사전개에 대해 명분과 도덕주의적 비판의식을 더욱 강화한 결과이다. 충신의 간언, 간신의 분별, 군주와 신하의 관계 등과 같은 내용의 사론이 상대적으로 많이 첨입된 것은 제국주의 침략에 맞서기 위해 내수(內修)를 굳건히 할 것을 주장했던 화서학파의 정치적 입장과도 관련된 것이다. 그리고 학문적으로는 주자학의 도통과 정통론에 관련된 사론이, 정치적으로는 허형(許衡), 오징(吳澄)과 같이 원에 벼슬했던 이들을 비판한 지조론에 관련된 사론이 대폭 들어 간 것은 화이(華夷)와 인수(人獸)의 구별하는 명분을 앞세워 이적을 물리치고 주자학적 가치를 더욱 굳건히 하려는 화서학파의 논리가 투영된 것이라고 하겠다. 이러한 사론류에 내재한 정신은 1866년 병인양요 이래 화서계열에서 활발하게 전개했던 각종 상소운동을 이끌어 나갔던 논리이기도 하다.

한편 고려시기에 대한 총 124편의 사론 가운데 새로 추가한 것은 모두 8편에 불과하다. 이는 『여사제강』의 역사이해 논리가 후퇴했다기 보다 『여사제강』의 역사해석 논리를 그대로 수용한다는 의미로 해석된다.

추가된 사론을 정리하면 『동사찬요』에 수록된 오운의 안설을 취하여 항복을 거부한 김부의 아들 왕자의 이름이 전하지 않음을 탄식하고 있는 사론,¹³¹ 광종의 딸인 동성(同姓) 문덕왕후를 후로 삼되 성은

---

130 『화동강목』 권2, 송 태종 지도 원년, 사단왈, 103쪽.
131 『화동강목』 권1, 고려 광종 25년, 오운왈, 60쪽.

외성을 따라 유씨(劉氏)로 한 것을 비난한 최부의 사론을 조합하여 만든 사론,[132] 고종 2년의 최충헌이 전왕을 교동에 옮겼다는 기사에 대해 아래 보경 3년(고종 14)에 최우가 전왕을 교동에 옮겼다는 기사가 다시 나오고 있어 이 때 옮기려고 했다가 못 옮겼거나 혹은 옮기고 나서 후에 다른 곳으로 옮긴 것인지 알 수 없다는 자신의 안설을 쌍행으로 기술하고 있다.[133] 이 사론들은 대체로 서술과 관련된 내용이다.

그러나 실제로 가장 많이 추가되었으며, 내용도 소중화론적 입장이 강조된 것으로는 5편에 달하는 송시열의 사론이다. 송시열의 사론은 최충(崔冲) 졸기에 고려 때와 같은 시기에는 부자(夫子)라고 칭했으나 오늘날의 선생들과는 차이가 있다는 평가,[134] 『여사제강』에 수록되었던 별록 기사를 이어 주자도 높이 평가한 소중화로서의 고려와 이를 또 일변시킨 조선을 높이 평가한 사론,[135] 민지(閔漬)는 성리학을 몰랐음을 비판한 사론,[136] 고려 신하들의 죄가 너무 많다는 사론,[137] 고려가 혼란하게 된 원인으로 음탕하고 게을러 수신제가(修身齊家)의 도를 잃어버려 이적·금수에 떨어졌으며, 특히 충선왕과 충혜왕 이후에는 호원(胡元)과 결혼하여 이에 빌붙어 스스로 다스려 나가려는 생각이 없어

---

132 『화동강목』, 권2, 고려 경종 6년, 최부왈, 74쪽. 이 사론은 『동국통감』이나 『여사제강』의 해당부분에서는 수록되지 않은 것으로, 『화동강목』 편찬자가 『동국통감』 혹은 『여사제강』 고려 선종 3년조 최부의 사론을 축약하여 별도의 문장으로 만든 것이다.
133 『화동강목』, 권18, 고려 고종 2년, 안, 781쪽.
134 『화동강목』, 권6, 고려 문종 22년, 송자왈, 257쪽.
135 『화동강목』, 권8, 고려 숙종 4년, 송자왈, 355쪽.
136 『화동강목』, 권26, 고려 충숙왕 12년, 송자왈, 1148쪽.
137 『화동강목』, 권27, 고려 충혜왕 4년, 송자왈, 1186쪽.

마침내 혼란하게 되었다는 사론[138] 등이다. 특히 송시열의 사론은 조선 중기 주자학자가 가진 고려에 대한 부정적인 인식관을 보인 것으로 『화동강목』에서는 이를 그대로 전재해 수록했다.

이들 사론은 모두 기존의 『여사제강』 사론의 내용을 강조하는 내용이며, 경순왕 김부의 아들이 끝내 항복하지 않았으나 그 이름이 전해지지 않았음을 한탄하는 내용은 자신들의 위정척사적 의지를 알리려는 화서학파의 현재적 입장이 반영된 것이라고 하겠다.

이상의 고려부분에 추가된 사론은 『여사제강』에서 서술했던 논리와 크게 다를 바가 없다. 그러므로 덧붙인 새로운 사론도 송·원사에 비해 그 논리상 변화는 크지 않다.

Ⅳ. 문도에게 미친 영향

여기서는 『화동강목』의 사론에 투영된 역사인식이 화서학파 문도에게 미친 영향을 살펴보고자 한다. 화서학파의 선현들은 유교적 도덕질서의 회복과 유교문화의 창출을 염원했다. 이러한 구상을 통해 이룩하려는 사회는 중화와 이적, 정학과 이단, 왕도와 패도의 분별이 이루어져[139] 올바른 군주권이 확립되고 신하가 절의와 충성을 다하는 유교도덕국가의 건설이었다. 이 점은 이전의 역사서에 비해 주자학에 대한 신봉, 군주·신하의 위계에 대한 자세, 중화와 이적에 대한 구분, 도덕적

---

138 『화동강목』 권27, 고려 충혜왕 5년, 송자왈, 1186쪽.
139 『의암집』 권27, 「잡저」, 「잡록」; 상-632쪽 : 天下大是非分別, 有三, 一曰華夷之分也, 二曰正學異端之分也, 三曰王霸之分也.

명분의 준수, 이적에 대한 저항 등의 가치를 강조한 『화동강목』의 추가된 사론의 내용에서도 확인할 수 있다. 화서학파 선현들은 이러한 가치를 실현하면 중국에서도 없어진 중화문명의 유지가 조선에서 가능하다고 보았다.[140]

『화동강목』에서는 당시 맞이하고 있는 현실적인 어려움에 대해 역사에서 간통(干統)과 난적(亂賊)을 명확히 밝히고 그것을 거울로 삼아 향배(向背)와 출처(出處)를 바르게 함으로써 천하의 어지러움이 중지되고 만세가 태평한 기틀을 마련할 수 있을 것이라고 주장했다.[141] 즉 『화동강목』은 화서학파 선현들이 자강(自强)한 유교적 도덕국가의 회복이라는 목표의 실천 방략(方略)을 과거의 역사에 투영시켜 문도에게 제시한 것이다.

화서학파 선현들은 『화동강목』을 여러 차례 강조하고 있다. 이항로의 언설을 모은 『화서선생아언(華西先生雅言)』에서는 『화동합편』의 정신을 널리 펼쳐 사방 오랑캐에게도 본보기가 될 수 있도록 하라고 말하고 있다.[142] 유인석은 1905년 중국으로 망명하려고 하다가 이 책이 오랫동안 전승되지 못할까 염려되어 더 나아가지 못했다[143]고 말할 정도였다. 이직신(李直愼)은 화(華)·중(重)·성(省) 3선생이 『합편』을 편찬하면서 원 정통을 삭제함으로써 이적이 군주가 될 수 없음을 명백히 했으

---

140 유인석, 『의암집』 권51, 「우주문답」, 問曰 ; 경인문화사, 1973, 하-540~541쪽.
141 유중악, 「발」, 『화동강목』, 1413쪽.
142 『화서선생아언』, 권10, 「존중화」; 『화서선생문집』, 동문사, 1974, 하-1156쪽 : 宋元史, 先生旣命重教, 削其元統, 因謂 (中略) 又當表章於始, 昭布百代, 示法四裔也.
143 유인석, 『의암집』 권2, 「詩」, 「華東史板秩爲日賊作奸」; 상-45쪽 : 乙巳冬, 余因倭禍, 爲將出疆守義, 發曲阜行, 行到海西, 爲念是書之壽傳, 彷徨不得去.

며, 하루라도 더 살게 되면 『화동강목』의 큰 뜻을 저버리지 않고자 한다[144]고 말하고 있다. 『화서집』 간행건으로 해서에 보낸 통문에도 『화동강목』에 대해 중·성 2옹이 스승의 명을 받아 편찬한 것으로 공자와 주자를 이어 만든 경세의 큰 방편이며, 춘추 이후에 다시 춘추가 있게 되었고 강목 이후 다시 강목이 있게 되었다[145]고 말하고 있다.

유인석은 『화동강목』에 대해 "세 스승 지어 놓은 화동사 역사책은, 춘추를 이어서 강목을 적었구나, 존비와 귀천을 밝혔으니 해처럼 밝도다, 천만년 이어가며 태평을 열어주리. 책상자에 고이 감춰 몇 년이 흘렀던가, 어지러운 세상이라 각판조차 빼앗겼네, 이 글의 흥성여부 여기에 달렸거늘, 제자된 이 내 마음 두렵기 그지없네. (중략) 섬나라 오랑캐도 글 깨나 본다 하니, 그 곳에서 총명한 자가 그 책을 볼 것이네, 청천의 백일같이 오랑캐를 가르치면 의를 배워 굴복할 자 어찌 없겠는가. 총명한 자 어떻게 저들뿐이라고 말을 할 것인가, 오랑캐도 죄를 알면 복종하겠지, 오랑캐가 죄를 알고 중화에 힘을 쓰면, 화동 땅에 천만년 태평시대 찾아들겠네"[146]라고 노래하고 있다. 그리고 "나의 스승 화서·중암·성재 삼옹께서는, 존중화·양이적하는 데 피의 고충 지녔네, 하늘 땅 정돈하여 만세의 규례 만들려고, 주자의 청사(靑史)를 이어 화동의

---

144 이직신, 『習齋集』 권39, 「雜著」, 「書贈海西諸君子」 3a : 惟我華重省三先生, 承宋子, 書崇禎之大義, 修合編, 而削元統, 以明夷狄之不可以爲君. (中略) 義擧未遂, 則出疆萬里, 出疆萬里而準保舊日典型, 一以望永基來, 復一以幸得加一日, 庶不負春秋合編所主張之大義.

145 李起振, 『明窩集』 하, 「記」, 「海西往還日記」; 10a~b : 其通文曰 (中略) 乃重省兩翁, 承師命而修削之, 以寓孔朱, 經世之大權, 可謂春秋之後復有春秋, 綱目之後復有綱目.

146 유인석, 『의암집』 권2, 「詩」, 「華東史板秩爲日賊作奸」; 상-45쪽. 번역은 『국역 의암집』 1, 의암학회, 2002, 220~222쪽을 참고했다.

역사 찬술했도다"[147]라고 평했다.

또한 유인석은 1905~1907년 동학과 문도에게 발송한 서간의 곳곳에서도 『화동합편』에 대해 천하 만세의 대문장임과[148] 이의 간행은 천하의 대사임을 강조하고 있다.[149] 또한 『화동강목』을 널리 간포(刊布)하여 천리(天理)를 밝히고 인심(人心)을 바로 하는 효과를 거두어야 하며,[150] 이를 통해 양기(陽氣) 회복의 기틀로 삼을 수 있기를 기대하고 있다.[151]

화서학파 문도들도 『화동강목』의 존재를 귀중히 여겼다. 그 점은 처음 간역(刊役) 논의가 있었을 때 크게 문도의 찬동을 얻은 일,[152] 간행 후 화서학파 문도들이 목판을 가정(柯亭)에 별도로 장판각을 설치하여 보존한 일,[153] 이를 일제가 강탈해가자 목숨을 무릅쓰고 이를 되찾아 벽계(蘗溪)에 보존한 일, 서울에 팔려나갔을 때 여주에 살았던 화서학맥의 이민응(李敏應)이 이를 구입하여 보존한 일, 제천·충주의 화서학파 문도들이 이를 다시 제천으로 옮겨와 보존한 일, 제천 자양영

---

147 유인석, 『의암집』 권3, 「시」, 「華東吟」; 상-55쪽.
148 유인석, 『의암집』 권6, 「書」, 「與鄭益三金治中」; 상-134쪽.
149 유인석, 『의암집』 권12, 「서」, 「與姜公瑞」; 상-279쪽. 권15, 「答吳聖陽」; 상-333쪽. 권17, 「與朴子敬朴用性朴辰伯」; 상-399쪽. 권17, 「答朴子敬朴用性」; 상-399쪽.
150 유인석, 『의암집』 권8, 「서」, 「與族叔恒窩」; 상-173쪽. 권14, 「答李景學」; 상-317쪽.
151 유인석, 『의암집』 권9, 「서」, 「答金文汝問目」; 상-198쪽. 권17, 「與朴子敬朴用性朴辰伯」; 상-399쪽. 권18, 「答白賢復」; 상-406쪽.
152 李根元, 『錦溪先生文集』 권10, 「서」, 「與朱汝中庸奎徐敬殷相烈諸公」; 경인문화사, 1999, 380쪽.
　　李起振, 『明窩集』 하, 「기」, 「海西往還日記」; 8b(『화서집』 간행 때 자금을 모금하는 일로 해서에 갔을 때의 기록).
153 「華東史藏板閣記」, 『尼峯藁』 32책; 『의암집』 권43, 記; 경인문화사, 1973, 하-320쪽.
　　「華東史藏板閣開基告土神文」, 『의암집』 권45, 告祝; 하-377쪽.

당에서는 장판각을 지어 이를 보존한 일[154] 등에서도 엿볼 수 있다.

그런데 화서학파는 강학활동을 중시했으며, 이를 통해 역사적 정통과 도통을 부단히 교육받고 있다.[155] 이항로는 강규(講規)를 통해 하늘의 이치를 밝히고 사람의 마음을 바르게 하며, 중화를 높이고 이적을 물리친 것은 춘추와 강목 및 동사의 큰 뜻이니, 이 책을 읽는 자는 먼저 이 뜻을 알아야 한다고 규정하여[156] 역사에서 존중화와 양이적의 정신을 찾아야 함을 강조하고 있다. 화서학파는 강학처에서의 교육을 통해 이러한 정신을 배우고 실천성을 확립해 나갔다. 강학에서는 한국과 중국의 각종 소학서, 경학서를 활용했을 뿐만 아니라 화서학파 선현들이 만든 강학 교재인 『양지록(養知錄)』, 『서사아송(書社雅誦)』, 『화서아언(華西雅言)』 등을 가지고 교육하고 토론했다.[157] 그런데 장담에서의 강학 교재로 『화동강목』이 이용되고 있다.[158] 따라서 화서학파 문도에게서 나타나는 화이의 분별과 역사적 정통성에 대한 강화된 인식의 확립에는 『화동강목』이 일정하게 작용하고 있음을 볼 수 있다.

이와 같이 『화동강목』을 통해 배양된 존양적(尊攘的) 역사의식은 일본 제국주의 침략 앞에서 전투적인 항일의식으로 전화하여 다른 학

---

154 가정에서 벽계를 거쳐 제천으로 목판이 옮겨지게 된 경위와 제천에서의 보존 노력에 대해서는 姜聲烈氏와의 대담(2003. 11. 18)을 참고했다.
155 제천 장담에서의 강론내용과 의병의 현실인식과의 관련성은 장승구, 「을미 의병항쟁의 사상적 배경 - 『장담강록』 분석을 중심으로 -」, 『제천의병과 전통문화』, 제천문화원, 1998 참조.
156 「華西先生講規」, 『講義』, 필사본, 1책 34장. 의병전시관 소장. 『강의』는 자양서사에서 실행한 각종 강규와 의례를 정리한 책이다.
157 서사에서 사용했던 교재류와 강록류에 대한 해제는 박인호 외, 『충청북도의 고서』 8(제천시편), (12) 의병전시관 소장도서, 충북향토문화연구소, 2003 참조.
158 1892년 3월 하순 성재 유중교는 『화동합편』 「발명」을 강의했다.(『長潭講錄』 임진년; 『제천의병과 전통문화』, 641쪽).

파와는 달리 적극적인 의병운동을 일으킬 수 있었던 정신적 원동력의 하나가 되었다.

V. 맺음말

『화동강목』은 정통관과 명분론을 확연히 보여주는 강목형식으로 저술되어 훗날 의병운동을 주도했던 화서학파의 정신적 토대가 된 저술이다. 『화동강목』은 파행적으로 이루어지고 있던 국내정치를 비판하고, 유교적 도덕질서의 회복과 새로운 유교문화의 창출을 염원했던 화서학파 선현들이 문도의 의견을 수렴하면서 편찬한 역사서이다.

조선에서는 16세기 이후 차츰 독자적으로 중국의 역사를 정리하기 시작했으며, 대체로 송·명사에 대한 관심이 컸다.[159] 이는 송·원, 명·청 교체시의 역사적 정통에 대해 주자학적 정통론을 적용시켜 해석하려고 했기 때문이며,[160] 이를 통해 우리 조선이 중화문명의 마지막 계승자라는 자신감으로 확대되어 나타났다. 『화동강목』은 제국주의 침략이라는 위기상황에서 이와 같이 이어진 역사적 정통성을 과거 역사 속에서 강조함으로써 자신감을 고취하려는 의도에서 편찬되었다.[161]

---

159 조선중·후기 조선에서 편찬된 중국 역사서에 대해서는 박인호, 『(제3판) 한국사학사대요』, 이회문화사, 2001, 150~152쪽 참조.
160 원대 脫脫 등에 의해 편찬된 『송사』의 정통관을 비판하면서 18세기 후반에 편찬된 『宋史筌』에서도 송말 端宗과 末帝를 본기에 넣고, 요·금·원을 열전으로 처리하고, 奸臣列傳과 遺民列傳을 강조함으로써 역사적 정통성을 판별하는 기준으로서 주자학적 의리론을 엄격히 적용하려는 모습을 보여주고 있다. 『송사전』에 대해서는 이성규, 「송사전의 편찬배경과 그 특색」, 『진단학보』 49, 1980 참고.
161 박인호, 앞의 해제, 1425쪽 참조.

먼저 필사본 『화동합편(華東合編)』과 『동사발명(東史發明)』의 내용을 검토해 보면, 최초 『화동합편』이 편찬되었을 때만 하더라도 『속강목』에 수록되었던 사론 이외에는 추보(追補)된 사론이 거의 없었으며, 서술에서도 기존의 『속강목』과 『여사제강』의 서술을 답습하여 주자강목의 서법을 엄격히 적용한 것이 아니었다.

그런데 김평묵은 교정단계에서 유중교가 초고용으로 편찬한 『화동합편』의 내용에 사론을 대대적으로 추보하면서 양이적(攘夷狄)·토난적(討亂賊)의 논리를 강화했으며, 서술에서는 춘추·강목의 원칙을 더욱 엄격하게 적용하려고 했다. 따라서 김평묵은 수정과정을 통해 『화동강목』의 이념적 측면을 더욱 강화해 나갔으며, 현재와 같은 『화동강목』의 모습을 갖춘 것은 문도들의 수정, 김평묵의 조언과 평설이 있었기 때문에 가능했다.

한편 『화동강목』의 편찬에 있어서는 상로의 『속강목』과 유계의 『여사제강』에서 기본적인 내용을 대부분 가져왔으나 중복되거나 불필요한 내용의 삭제, 강과 목과 같은 일부 서술형태의 변경, 춘추와 강목필법의 적용에 따른 용어의 수정, 사론의 증감 등의 편집 과정을 거쳤다.

그 중 『속강목』·『여사제강』과 『화동강목』을 비교하여 사론의 증감을 살펴본 결과 중국사 부분과 고려사 부분이 다른 양상으로 나타났다. 송·원사 부분에는 『속강목』에 별도의 사론을 상당수 첨부하여 편집했다. 이는 자료로서 『속강목』의 기사를 수용하면서도 평가는 좀 더 적극적으로 하겠다는 의사로 받아들여진다. 특히 김평묵은 수정과정에서 충신의 간언(諫言), 간신의 분별(分別) 등과 같은 군주와 신하의 관계에 대한 사론, 학문적으로는 주자학과 정통론에 관련된 사론, 정치적으로는 허형(許衡), 오징(吳澄)과 같이 원에 벼슬했던 이들을 비판한 지조론(志操論)에 관련된 사론을 주로 추가했다. 그리고 기존 사론을 대체하여 새로운 사론을 추가할 경우 대체로 주자강목적 논리를 더욱 엄격히 적용했다.

고려사의 경우에는 오히려 사론을 줄이는 방식으로 정리했으며, 새로이 첨부되는 사론도 몇 편에 지나지 않았다. 삭제된 내용은 대부분 사실관계의 확인과 관련한 사항이었으므로, 춘추·강목의 평가 원칙이 후퇴한 것은 아니었다. 고려사 부분은 『여사제강』의 존화양이적 입장을 가지면서도 자치와 자강을 강조한[162] 내용적인 측면은 그대로 유지하되, 주로 서술적인 면에서 더욱 엄격히 춘추와 강목의 필법을 적용하여 의리와 명분을 강조해 나갔다고 하겠다.

그러나 화서학파 계열의 역사학[163]은 이와 같은 문제의식과 그 논리를 실천하는 과정에서 낳은 의병전쟁이 가지는 현실적인 의의에도 불구하고 개항이나 제국주의의 이입(移入)과 같은 거대 문제에 대처하는 논리 개발에는 여전히 둔감한 모습을 보여주고 있다.[164] 따라서 역사적 정통론을 강조함으로써 조선문명이 중화문명의 유일한 계승자라는 자부심을 고취시킨 것은 저항 논리의 확립으로서는 유효하다고 하더라도 새로운 문명건설의 논리로서는 여전히 취약할 수밖에 없었다.

---

162 한영우, 「17세기 중엽 서인 유계의 역사서술」, 『불교와 제과학』, 1987; 『조선후기사학사연구』, 일지사, 1989, 90쪽.

163 화서학파의 역사서로 鄭胤永이 1894년 편찬 완성한 『華東年表』가 있다. 이에서도 『속강목』에서 원이 송의 정통을 계승한 것으로 적은 것을 비판하고 있다. 정윤영에 대해서는 권오영, 「1881년의 경기척사론」, 『오세창교수화갑기념 한국근·현대사논총』, 1995; 『조선 후기 유림의 사상과 활동』, 돌베개, 2003 참조.

164 이러한 한계는 위정척사학파 계열의 역사학이 가지는 전반적인 한계라고도 할 수 있을 것이다. 당시 위정척사학파 계열 가운데 연재학파의 역사학에 대해서는 박인호, 「동감강목전편의 편찬과 편사정신」, 『제천의병의 이념적 기반과 전개』, 이회문화사, 2002 참조.

16
화서 사상의 특성과 현대적 의미

오석원

I. 서론

한국에서의 19세기는 전통사회에서 현대사회로 전환하는 시기이기도 하지만, 서구제국주의 열강의 아시아 침략과 일본제국주의의 한국침략과 식민화가 이루어지기 시작하는 국가존립의 역사적 위기상황의 시대이다. 그러므로 대내적으로는 사회 전반에 대한 개혁이 요구되고 대외적으로는 외세의 무력적 침략이 구체화되는 가운데 사회적 갈등과 역사 단절의 위기의식이 첨예화되던 시기였던 것이다. 이와 같이 대내적 모순과 대외적 도전이라는 국가적 위기상황을 극복하기 위하여 당시의 사림(士林)들이 주체적으로 대응하였던 주요사상은 다음 네 가지로 분류하여 볼 수 있다.

첫째는 전통적 문화의식과 정치제도를 계승하면서 서구열강의 도

---

* 오석원(성균관대학교 명예교수) 이 글은 「華西思想의 특성과 현대적 의미」(『韓國思想과 文化』 제55집, 한국사상문화학회, 2010. 12.)이란 제목으로 게재되었던 것을 고쳐 쓴 원고임을 밝혀둔다.

전을 제국주의적 침략이라 규정하고 그들의 문명 일체를 배격함으로써 민족보전의 길을 찾으려는 척사위정사상(斥邪衛正思想)이다. 둘째는 전통문화를 선택적으로 비판 계승하면서 기존 체제의 근대적 개혁을 시도하고 서구문명을 적극적으로 수용하여 개혁을 시도하려는 개화사상(開化思想)이다. 셋째는 대외적 외세에 대해서는 적극적으로 비판 대항하면서 대내적 전통문화와 기존 체제에 대해서는 비판과 개혁을 시도하려는 동학사상(東學思想)이다. 넷째, 전통문화와 정치체제를 고수하면서 서구열강의 침략 행위를 비판하면서도 서구의 과학문명과 기술을 능동적으로 받아들이려는 동도서기사상(東道西器思想)이다.

이 네 가지 유형 가운데에서 당시의 대외적 도전에 적극적으로 대항하여 민족의 생존과 국가의 보전을 모색한 사상은 한말 도학파[1]의 척사위정사상이다. 특히 이들 도학파의 선봉에서 민족적 주체의식과 비판의식을 고양하고 항일 의병운동에 가장 큰 영향을 준 대표적 인물이 화서(華西) 이항로(李恒老, 1792~1868)이다.[2]

그러므로 현상윤(玄相允)은 『조선유학사』에서 "척사위정운동은 주로 이항로의 학문에 연원한 학자들이 중심이 되어 행하였는데, 이것은 대개 이항로의 학문이 춘추대의와 국가 안위에 항상 그 관심을 가지던

---

[1] 여기에서 도학파란 의미는 宋代의 道學思想을 근거로 하면서 궁극적으로는 孔子와 孟子의 道를 높이거나 실천하려는 사람 일반을 포괄하는 넓은 의미를 갖는다. 韓末의 대표적인 道學派로서는 경기 楊平에 李恒老의 華西學派, 抱川에 許傳의 性齋學派, 충북 堤川에 朴世和의 毅堂學派, 충남 懷德에 宋秉璿의 淵齋學派, 전북 扶安에 田愚의 艮齋學派, 전남 長城에 奇正鎭의 蘆沙學派, 경북 安東에 柳致明의 定齋學派, 星州에 李震相의 寒洲學派, 경북 醴泉에 張福樞의 四未軒學派 등이 있다.(琴章泰 外, 『儒學近百年』, 博英社, 1984, 4~6쪽.)
[2] 오석원, 『한국 도학파의 의리사상』, 성균관대 유교문화연구소, 성균관대출판부, 2005, 400~433쪽.

까닭이니, 이항로 일파야말로 한말 유학의 최후의 면목을 수립한 사람들이다"³라고 기술하였던 것이다.

II. 화서사상의 철학적 기반

화서는 심(心)의 존망득실에 따라 사람의 현우사정(賢愚邪正)이 결정되며, 국가의 치란(治亂)과 안위(安危)가 결정된다고 하여 인심도심설(人心道心說)을 학문의 최대 종지⁴로 삼았다. 즉 사람은 삼극(三極)의 중심이며, 심(心)은 인간의 주재이며, 성(性)과 정(情)을 통섭하는 덕으로서 조사존망(操舍存亡)의 기틀이 다 심(心)에서 말미암게 되므로 성인이 도를 논할 때는 제일 먼저 마음인 심(心)을 논한다는 것이다.

화서는 특히 요순(堯舜)의 심법인 '유정유일(惟精惟一)'을 강조하여 "성현의 수많은 말들을 한 마디로 말한다면 유정유일이다. 정(精)이라 함은 심(心)에서 이기의 경계를 정밀하게 분석하여 섞이지 않게 하는 것이요, 일(一)이라 함은 그 본심의 정(正)을 지키어 서로 떠남이 없도록 하는 것이다⁵"라고 하였다. 즉 인간의 사욕(私慾)이 담긴 인심(人心)과 순수한 마음인 도심(道心)을 정밀하게 분별하여 도심을 보존하여 지속적으로 실천하는 수양론을 강조한 것이다.

---

3 『幾堂 玄相允 全集』(2)조선유학사, 나남, 2008, 737쪽.

4 『華西集』, 附錄, 卷9, 「年譜」丙午年, 1014쪽 : 先生爲學, 以人心道心說, 爲大宗旨. 以爲心之存亡得失, 人之賢愚邪正, 家國天下之治亂安危, 皆從此處.

5 『華西集』, 卷24, 雜著, 「形氣神理說」, 633쪽 : 聖賢千言萬語, 一言而蔽之曰, 惟精惟一. 精之爲言, 析夫理氣之界而不雜也, 一之爲言, 守其本心之正而不離也.

인간의 마음인 심(心)을 세분하면 심장(火臟)으로서의 형(形), 기운(氣運)으로서의 기(氣), 허령한 신명(神明)으로서의 신(神), 본체인 덕목(德目)으로서의 리(理) 등을 포괄하고 있는 존재이다. 이와 같이 심(心)에 포함된 '형기신리(形氣神理)'의 4요소를 리(理)와 기(氣)로 요약할 수 있다. 비록 심(心)을 논리적으로 분간(分揀)할 때는 위와 같이 '형기신리' 또는 '리기'로 설명할 수 있으나, 사실적 입장에서 겸리기(兼理氣)인 심을 전체적으로 지칭할 때에는 과연 무엇이라고 할 수 있느냐에 커다란 문제가 제기된다. 그것은 "심을 리(理)라고 한다면 지각운용이 기에 가깝고, 심을 기라고 말한다면 허령신묘는 리(理)에 가깝기"[6] 때문이다. 즉 이 신명(神明)을 어떻게 이해하느냐에 따라서 전체적인 심 개념의 규정이 틀려지며, 그러한 인식의 차이는 곧 가치관의 상이함을 유발하여 현실적 행동의 구분점을 이루는 것이다.

이처럼 심이 리기(理氣) 중 어느 한쪽으로 말할 수 없지만, 화서는 이 허령불매한 신명 또는 신(神)의 소속에 대해서는 리(理)의 작용으로 보았다. 이러한 주장의 근거로 화서는 즉 신명을 '태극지묘용(太極之妙用)'으로 보지 않을 수 없다는 강한 가치관을 바탕으로 한 선택인 것이다. 다시 말한다면 비록 심을 '형기신리(形氣神理)' 중 어느 것 한 가지로 말할 수 있겠으나, 심의 요체(要諦)는 리(理)가 되어야 한다는 신념이다. 이는 단순히 심(心)을 존재론적 입장에서만 파악하는 것이 아니라, 능동적이며 실천적이며 현실 지향적으로 파악하고 있는 것이라 하겠다.

---

6 『華西集』, 卷22, 雜著, 「心與氣質同異說」, 567쪽 : 說心爲理乎, 則疑於知覺運用之涉乎氣也. 說心謂氣乎, 則疑於虛靈神妙之近乎理.

이러한 화서의 주리적(主理的) 신념은 그의 태극론과 이론에서도 확인할 수 있다. 화서는 "태극은 단지 하나의 생생(生生)하는 이(理)이다.⁷"라고 하여 우주의 궁극적 본질인 태극을 생성의 원리로서 이해한다. 화서는 『태극도설』의 핵심도 생(生) 자에 있는 것으로 파악하여 태극의 적극적인 능동성과 창조성을 강조한다. 즉, 화서는 태극이 생성의 원인이며 동시에 주재와 운용의 본체라는 점을 강조하여 태극을 생동하는 실리(實理)로 이해하고자 한 것이다. 이 주재적 성격의 태극은 인간에 내재하여 곧 태극의 성(性)인 본연지성(本然之性)으로서 인의예지(仁義禮智)의 덕목을 이루어 순선(純善)한 도덕적 최고 규범이 된다.

또한 이기론에 있어서도 화서는 리(理)의 주재성을 강조하며, 리(理)와 기(氣)의 관계에서 서로 합쳐져 있는 불상리(不相離)의 입장보다는 서로 나누어 구분하려는 불상잡(不相雜)의 측면을 강조한다. 즉 리(理)는 지선(至善)과 지중(至中)의 준칙이 되지만 기는 과불급(過不及)의 연유가 됨으로써 불선(不善)의 근거가 되기 때문에 리(理)와 기는 분별해야 한다는 입장이다. 이는 "리(理)가 주가 되고 기(氣)가 부림을 받는다면 리(理)는 순(純)하고 기(氣)는 바르게 되어 만사가 다스려지고 천하가 안정된다.⁸"는 기본 신념에 기반된 것이다.

이와 같이 리(理)를 강조하는 화서의 철학적 특성은 곧 형기(形氣)의 사욕(私慾)을 막고 순선(純善)한 천리(天理)의 실현을 통하여 정도(正道)를 실천하고자 하였던 그의 의리사상의 이론적 기반이었다. 즉 의리 실천의 내면적 근거를 올바르게 인식하여 인격적 주체를 확립하고

---

7 『華西集』, 卷24, 「太極說」, 629쪽 : 太極只是一箇生生之理.
8 『華西集』, 卷25, 「理氣問答」, 642쪽 : 理爲主氣爲役, 則理純氣正, 萬事治而天下安矣.

올바른 가치관으로 의리를 실천하는 데 있는 것이다. 화서의 인성론과 수양론의 최종 목표는 이러한 천리를 보존하고 인욕을 제거하여 올바른 인간이 되고자 하는 데 있다. 뿐만 아니라 형기 중심의 서양을 배척하고 도학적 가치질서를 확립하려 하였던 화서의 척사위정(斥邪衛正) 사상도 주리적 가치관을 근거로 하여 제기한 것이다. 또한 당시 상황의 절박한 국난을 극복하겠다는 주체적 사회 요구와 기능적 함수 관계를 갖고 있는 것이다.

Ⅲ. 화서의 실천적 의리사상

화서(華西)는 공자와 맹자 이후 회암(晦庵) 주희(朱熹, 1130~1200)와 우암(尤菴) 송시열(宋時烈, 1607~1689)을 도학의 정통으로 높이어 존숭하였다. 수많은 선현들 가운데에서도 특히 주희와 송시열을 높인 이유는 무엇보다도 공자의 『춘추』에 담긴 의리사상을 계승하여 실천한 도학적 입장 때문이다. 이는 국가존망의 위기상황인 당시의 시대상황과 깊은 관련을 갖고 있다.

화서는 역사의 변천단계를 도(道)의 실현 여부로 판단하여 다음과 같이 언급하였다. 여기에서 말하는 도는 유가의 도이며, 구체적으로는 사람이 일상생활 속에서 도덕적 당위성으로서의 인과 의를 실천하는 인도(人道)를 말한다. 이러한 도의 성쇠 과정에 따라 역사를 크게 두 단계로 나누어 보았으니, 요순(堯舜)으로부터 주공(周公)에 이르기까지는 도를 직접 실천한 시대요, 공자와 맹자으로부터 우암 송시열에 이르기까지는 도를 밝혀서 전승한 시대로 본 것이다.

화서는 도학의 성쇠와 관련된 각 시대의 특성을 『주역』의 괘효로써 설명하기도 하였다. 즉 중국의 요순시대에 오랑캐가 중국을 어지럽혀 도의 쇠퇴 현상이 있는 시기를 구괘(姤卦)의 초육효(初六爻)로 비교하였고, 명에서 청으로 교체되어 도학의 구현이 위태로웠던 숭정(崇禎)시대를 박괘(剝卦)의 상구효(上九爻)로 비교하였고, 청의 집권으로 중국에는 도학이 단절되고 한국으로 이어져 남은 도학을 송시열이 부식(扶植)하려 애썼던 시대를 곤괘(坤卦)로 비교하였다. 이러한 화서의 역사의식에는 민족문화에 대한 자존의식과 『춘추』의 대의를 밝히려는 강한 도학적 신념이 담겨있는 것이다.

현실의 여러 가지 모순을 극복하여 정도를 밝히고 정의를 실천하여 도학의 이념을 실현하려는 화서사상의 핵심은 의리사상이라고 할 수 있다. 의리사상의 구현을 위해서는 무엇보다도 먼저 천리[義]와 인욕[利]을 구분하는 가치판단이 중요하다. 화서는 천리(天理)와 인욕(人欲)의 개념에 대하여 "리(理)로써 기를 명령하고 의로써 물(物)을 대처하는 것을 천리라고 부르고, 기로써 리(理)를 가로막고 물(物)로써 뜻(志)을 골몰하게 하는 것을 인욕이다"[9]라고 하였다. 즉 천리는 올바른 의(義)와 이(理)로 사물을 운용하고 주재하는 것이요, 인욕은 올바른 의와 이가 사물에 막히고 매몰된 것이다.

화서는 리(理)와 의(義)의 내용에 대하여 "사물에는 사물의 마땅함(宜)이 있으니 곧 사물에 있는 리(理)요, 나에게는 사물에 대처하는 마땅함이 있으니 나에게 있는 의(義)이다. 사물에 비록 리가 있을지라도

9　『華西雅言』, 卷4,「事父」, 1081쪽 : 以理命氣, 以義處物, 喚做天理. 以氣掩理, 以物役志 喚做人欲.

사물에 대처함이 마땅함을 잃으면 의가 아닌 것이요, 나에게 비록 사심(私心)이 없을지라도 사물에 대처함이 사물의 리(理)에 맞지 않으면 또한 의가 아니다. 이것이 이른바 내와 외가 합쳐지는 도이다"[10]라고 하였다.

진정한 의리를 실천하기 위해서는 순수한 마음으로서의 도덕성과 함께 현실에 알맞게 대응하는 상황성이 갖추어 져야 한다. 비록 순선(純善)한 정심(正心)일지라도 현실 상황에 맞지 않으면 그 순간 잘못된 사심(邪心)으로 바뀌어 버리기 때문이다. 그러므로 올바른 의리사상의 구현은 순선(純善)한 마음이라는 주관적 도덕성과 현실 상황에 맞는 시중(時中)으로서의 객관적 합당성이 합쳐질 때 이루어진다고 하겠다.

이와 같은 높은 경지로 나타나는 시중(時中)의 의리는 그 출발점이 직(直)에 근거한다. 그러므로 『논어』에서 통달한 사람은 안으로는 직을 밖으로는 의를 좋아한다고 하였으며[11], 『맹자』에서 '호연지기(浩然之氣)'를 직(直)으로써 의를 기른다고 하였으며,[12] 주자(朱子)는 자신이 평생 실천한 학문의 요점이 직에 있다고 하였으며[13], 송시열 역시 일생동안 실천하였던 자신의 도학 내용으로 이 직을 강조하였던 것이다.[14]

이러한 시중(時中)으로서의 의리의 지극한 경지는 누구나 갑자기

---

10 『華西集』, 卷25, 雜著, 「在物爲理處物爲義說」, 651쪽 : 愚按物有物之宜, 卽在物之理也. 我有應物之宜, 卽在我之義也. 物雖有理, 而處之失宜, 則非義也. 在我者雖無私心, 而處之不合於物理, 則亦非義也. 此所謂合內外之道也.

11 『論語』, 「顔淵」 20 : 夫達也者, 質直而好義.

12 『孟子』, 「公孫丑上」 2 : 其爲氣也, 至大至剛, 以直養而無害.

13 『朱子大全』, 附錄, 卷6, 「年譜」 71歲條 : 又言爲學之要, 惟事事悉求其是, 決去其非, 積累日久, 心與理一, 自然所發, 皆無私曲, 聖人應萬事, 天地生萬物直而已.

14 『宋子大全』, 附錄, 卷11, 「年譜」 83歲6月(壬申)條, 255쪽 : 天地之所以生萬物, 聖人之所以應萬事直而已. 孔孟以來相傳, 惟是一直字, 而朱子臨終所以告門人者, 亦不外此矣.

이루어지는 것이 아니다. 궁리(窮理)와 거경(居敬)을 통하여 지속적인 노력이 가하여질 때 이루어질 수 있는 것이다. 그러므로 화서는 인간의 생사가 천명에 달려있는 것과는 달리 의(義)와 이(利)의 분변은 인간의 신념과 자율의지에 달려있으므로 끊임없는 노력과 실천이 있어야 함을 강조하였다.[15] 이러한 결단과 실천이 곧 맹자의 지결(旨訣)이자 송시열의 득력처(得力處)라고 하여[16] 이들을 지극히 높였으며, 화서 자신도 의리(義利)와 시비를 논할 때는 문득 단칼에 양쪽으로 자르듯이 하여 조금도 주저하지 않았던 것이다.

화서가 일생동안 실천한 의리사상의 기반도 경(敬)을 위주로 한 이 직(直)에 있었음을 다음의 몇 가지 사례에서 확인할 수 있다. 17세(1808) 때 화서는 부모의 명으로 성균관시험을 보기 위하여 상경하였다가 그의 문명(文名)을 듣고 당시 재상이 사람을 보내어 자기 자제와 교제하면 급제할 수 있다고 회유하니 '이곳은 선비가 발을 디딜 데가 아닙니다'[17]라고 하고 그날로 귀가하였다. 그 뒤 40여 년 동안 과거를 포기하고 오로지 위기(爲己)의 학문에만 힘쓰면서 아강(鵝江) 서쪽에 한 걸음도 내지 않았다.

21세(1812) 때 이우신(李友信) 선생을 찾아뵈었는데, 얼마 뒤에 이 선생은 친척인 감사에게 화서를 천거하였다. 화서는 이 말을 듣고 정적

---

15 『華西雅言』, 卷8, 「伊尹」, 1120쪽 : 人生脩短窮通, 自有定命, 不容人安排推遷久矣. 是以知命者, 只管順受其來, 而我無於間, 至於善惡之幾, 義理之判, 則在人而不在於天, 故不敢不慥慥自勉也.

16 『華西雅言』, 卷 11, 「易者」, 1166쪽 : 鄒傳義利路頭, 一劍兩段…尤翁得力, 多在此書.

17 『華西集』, 附錄, 卷9, 「年譜」, 17歲(戊辰)條, 1002쪽 : 此非士子涉迹之地.

(情跡)의 혐의가 있다고 하여 다시는 왕래를 끊었으며,[18] 서울에 있는 절친한 친구일지라도 권세가와 상종하면 즉시 편지 내왕을 끊었다.[19] 또한 당시 재상이었던 조인영(趙寅永)이 사람을 시켜 화서에게 벼슬할 의사를 탐문하니 화서는 '조정 관료가 그 능력 여부를 묻는 것은 합당하나 그 실정을 묻는 것은 부당하다'[20]고 하여 내쳤다. 이처럼 직(直)의 실천과 경(敬)의 태도로 평생을 일관하였기 때문에 화서는 71세 때 김순성(金順成)의 모반사건에 무고로 연계된 위기상황에서도 부동심(不動心)의 경지를 실천할 수 있었던 것이다.[21]

화서는 당시 서당의 강학규칙을 만들어 문인들에게 매일같이 낭송하고 실행하게 하였는데, 그 강계(講戒)의 첫 조목의 내용은 "입으로 읽기만 일삼지 말고 반드시 내 몸에 번성하여 체험할 것을 생각하여 마음으로는 그 묘리를 깨닫고 몸으로는 그 실천에 힘쓴다.[22]"는 것이다. 이처럼 선비가 도학(道學)을 실천하는 궁극적 목적에 대하여 화서는 "군자가 도를 배우는 것은 자신을 이롭게 됨을 바라는 것도 아니고, 또한 자신에게 해됨을 바라는 것도 아니고, 오직 그 본성을 온전하게 하기 위함이다. 사는 것도 계교(計較)하지 않고 죽는 것도 계교하지 않고 오직 그 본성을 다할 뿐이다. 오직 군자만 그렇게 하는 것이 아니

---

18 『華西集』, 附錄, 卷9, 「年譜」, 21歲(壬申)條, 1003쪽 : 以爲有情跡之嫌 遂不復往拜.

19 『華西集』, 附錄, 卷9, 「年譜」, 49歲(庚子)條, 1010~1011쪽 : 不形於外, 足跡不出鵝江以西一步地, 京中朋友, 雖先契甚篤, 若跡涉權要, 不通書尺.

20 『華西集』, 附錄, 卷9, 「年譜」, 49歲(庚子)條, 1010~1011쪽 : 朝廷官人當問其能否, 不當問其情.

21 『華西集』, 附錄, 卷9, 「年譜」, 71歲(壬戌)條, 1026쪽 : 今人平時放意自在所以被他動, 若恒存敬畏則安危一致.

22 『華西雅言』, 卷5, 「叩兩」, 1096~1097쪽 : 先生作問塾講規, 以課學徒, 其講戒曰, 一凡同講之人, 勿以備員口講爲事, 必思反身體驗, 心通其妙, 躬行其實.

라 모든 사람이 다할 수 있는 것인데 다만 미루어 넓혀가지 않았을 뿐이다.[23]"라고 하였다. 즉 선비가 도학을 실천하는 궁극적인 목적은 결국 순수한 인간 자신의 본성을 올바르게 구현함에 있으며, 아울러 누구나 노력하면 성인의 경지에 오를 수 있음을 밝힌 내용이다.

이상의 내용을 볼 때, 화서는 성현(聖賢)의 학문을 이론으로만 아는 것이 아니라 의리의 정밀함을 탐구하여 경험적으로 체득하고 사실에서 징험하여 확신한 지식으로 행위의 근본을 삼았으며, 개인의 인격완성인 성인(聖人)의 경지에 누구나 이를 수 있다는 강한 신념을 갖고, 인간의 자기 존재 구현에 목적을 둔 유학의 '위기지학(爲己之學)'의 본질을 올바르게 이해한 기반 위에서 지극히 공정하고 지극히 정중(正中)한 마음으로 공(公)과 사(私), 천리(天理)와 인욕(人欲)을 엄격하게 분별하여 천리의 정대함을 자득하면서 평생을 통하여 실천한 것이 화서 의리사상의 특징이라고 할 수 있다.

IV. 화서의 척사위정사상

척사위정의 개념은 사(邪)를 물리치고 정(正)을 지킨다는 의미이다. 19세기 이전에는 벽위사상[闢異端 衛正道]으로 사용되었다. 벽위론(闢衛論)에 연원을 둔 척사위정사상이 외적으로는 사도(邪道 ; 異端)에 비판정신으로 작용되고 있지만 내적으로는 정도를 지키고자 하는 신념이

---

23 『華西雅言』, 卷6, 「盡分」, 1102쪽 : 君子學道, 不要利己, 亦不要害己. 只要全性, 不計生 不計死, 只是盡性, 非獨君子爲然, 人皆能之矣. 特不推廣耳.

강하게 기초되어 있다고 하겠다. 오히려 척사의 궁극적 가치는 사도(邪道)에 대한 공격적인 횡적 작용보다 위정(衛正)으로서의 정도를 향한 전진적인 종적 활동이 더 중요한 의미를 내포하고 있다.

역사적으로 척사의 대상은 매우 다양하게 전개되어 왔다. 선진시대에는 이단(異端)의 대상이 향원(鄕原), 또는 양주(楊朱)·묵적(墨翟) 등의 제가사상이었으며, 유학의 도통관을 확립한 송대에는 불교와 도가사상 등이었다. 송대의 도학사상을 수용한 조선시대에는 같은 유학 내에서도 성리학적 주자학과 입장을 달리 하는 양명학이나 주기철학까지 비판 대상으로 삼았으며, 조선 중기이후 서학(西學)이 전래된 이후에는 천주교가 중심이 되으며, 한말 도학파들에 이르러 그 저항 대상이 서양(西洋)과 일본(日本)으로 전환되고, 척사의식(斥邪意識)도 천주교에 대한 이론 비판뿐만 아니라 서양문물 일체를 포함하여 비판하는 정신으로 강화되었다.

화서의 척사위정사상은 공자의 춘추사상에 근거한다. 공자의 춘추사상은 역사 상황에 나타나는 구체적 사건들 하나하나에 대하여 시비·정사(正邪)·선악을 분별하고 불의와 사도(邪道)를 비판하여 대의를 밝힌 사상이다. 이러한 춘추사상에는 항상 두 개의 상이한 가치가 대립되어 나타난다. 즉 민족적 또는 문화적으로는 중화(中華)와 이적(夷狄), 정치적으로는 왕도와 패도, 학문적으로는 정학과 이단, 사회적으로는 정의와 불의, 개인적으로는 천리와 인욕 등의 가치가 대립되고 있는 것이다. 그러므로 춘추에 담긴 의리사상의 비판기능은 이러한 두 개의 가치를 대립시켜 극복해 가는 과정이라고 할 수 있다.

척사위정의 중요한 주제 가운데 하나는 정(正)과 사(邪), 즉 정도(正道)와 사도(邪道)에 대한 분별이나 판단의 기준은 유교이념의 본질인 현실 긍정의 기반 위에서 인의(仁義)를 바탕으로 한 인도(人道)의 구현 여부에 있다. 또한 인도(人道)의 구현 방법에 있어서도 치우침 없이 올바르게 구현되었는가에 따라 정도와 이단의 분기점이 나누어진다. 즉 참된 인간의 본질을 개인이나 사회에 치우침이 없이 적정한 중도(中道)의 방법으로 구현하는 것이 정도(正道)라면, 인간에 대한 본질 파악에서 잘못되거나 실현 방법에 있어서도 어긋나거나 치우치면 사도(邪道)로 규정하였던 것이다.

화서는 이러한 대립적 가치들이 비록 여러 분야에 다양한 모습으로 전개되어 있으나 요약하여 보면 결국 천리(天理)와 인욕(人欲)의 나뉨이라고 보았다. 화서의 천주교에 대한 비판내용은 72세(1863)에 저술한 『벽사록변(闢邪錄辨)』에 7조목으로 나타나 있으며,[24] 화서가 유교와 천주교를 분변한 요점 역시 도덕성(義)과 공리성(利)의 문제로 귀결된다. 즉 성명(性命)의 공리(公理)에서 나온 진정한 인간의 도리를 외면하고 형기(形氣)의 사욕에서 나와 그 이욕을 추구하는 행위 일체를 비판하고 배척한 것이다.

이러한 화서의 비판은 윤리를 도구화 및 수단으로 삼는 종교의 한계성을 예리하게 비판한 것이라 하겠다. 이는 내세에 중점을 두고 있는 종교가 진정한 구도로서의 윤리성이 보충되지 않고 기복(祈福)으로서의 이욕 추구로만 이어질 때 그 폐단은 대단히 크기 때문이다. 다만 화서가 천주교를 비판하는 입장은 유교와의 공통성을 모색하면서 접근하는 입장이 아니라 상반되는 이질성을 추출하여 배척하는 입장이라

---

[24] 吳錫源, 「十九世紀 韓國道學派의 義理思想에 關한 硏究」, 成均館大 博士學位論文, 1992, 208~212쪽.

는 데에 그 문제점과 특징이 있는 것이다. 이것은 외세의 도전이 급박하게 밀려오는 19세기의 역사적 상황과의 관계성에서 이해되어야 한다.

화서(華西)의 서양문명에 대한 비판내용도 도덕적 가치로서의 의(義)와 공리적 가치로서의 이(利)를 분변하는 데에 주안점을 두고 있다. 즉 유학은 성현의 심(心)으로서 도덕에 밝은 것이요, 서학은 공장(工匠)의 사(事)를 중요시하여 술업(術業)에 능한 것으로 나누었다.[25] 도덕과 술업은 모두 인간에 필수적인 요소이므로 모두 다 양성해야 되지만 도덕을 무시하고 술업에만 치우쳐 버리면 말폐가 있다고 보아 화서는 도덕을 바탕으로 해야 일도 쉽고 이치도 바르게 되어 폐단이 없게 된다고 하였다.[26]

화서는 서양과의 통상이 합의에 의한 호혜적인 통상 관계가 아니고 불평등 관계에서 이루어지는 문제점과 서양의 수공업 내지 공업생산품과 우리의 농업생산품과의 교역으로 인한 경제적 종속의 문제점과 피해 등을 예리하게 지적하였다. 또한 서양물건은 모두가 기기음묘(奇技淫巧)로서 백성들의 일상생활에 도움이 되지 않을 뿐만 아니라 도리어 화가 큰 것이기 때문에[27] 양물(洋物)의 근절이 척양의 첩경임을 지적하였다.

이러한 화서의 주장에는 당시에 서양과의 교역이 오늘날의 통상을

---

25 『華西集』, 卷25, 闢邪錄辨, 「聖賢工匠得各不同辨」, 646쪽 : 明於道德, 名以聖賢, 能於術業, 名以工匠…聖賢之所養, 養心志也, 工匠之所養, 養於體也. 心志何謂, 仁義禮智好善惡惡之類是已, 形體何謂耳目口鼻, 四肢百體之屬是已.
26 『華西集』, 卷25, 闢邪錄辨, 「聖賢工匠得各不同辨」, 647쪽 : 若早辨之於道器之界, 義利之判, 定其大小輕重之所存, 則事甚易而理實是.
27 『華西集』, 卷3, 「辭同義禁疏」, 92쪽 : 夫洋物之來, 其目甚多, 要皆奇技淫巧之物, 而於民生日用, 不惟無益, 爲禍滋大者也.

통한 정상적인 무역 형태와는 달리 제국주의적 팽창 야욕과 연관되어 있었기 때문에 국가 경제의 파탄을 우려한 경계 의식이 짙게 담겨있다. 또한 서구 세력이 갖고 있는 경제적 침략성과 서양과의 통상으로 입게 될 우리 민족의 피해를 현실적 기반 위에서 상당히 기능적으로 파악하고 있는 것이다. 뿐만 아니라 지나치게 물질적 이욕에 빠질 경우 상실되는 인간의 존엄성과 도덕성, 그리고 사회적으로 야기되는 부정과 불의 등의 문제점들을 지적하고 있는 것이다.

화서는 당시 척양(斥洋)을 위한 구체적 방안으로 외세를 배격하는 외양(外攘)보다도 무엇보다도 먼저 민생의 안정을 기하는 내수(內修)에 힘쓸 것을 강조하였다. 집권 관료의 부패로 인한 민심의 이반과 국가 원기의 쇠퇴는 서양에 대응할 능력을 불가능하게 만들기 때문이다. 그러므로 서양에 대한 무비(武備)도 중요하지만 단결된 민심을 바탕으로 한 백성들의 사기가 더욱 중요하다고 본 것이다. 만약 민심의 동향을 외면하고 당시의 시폐(時弊)들을 시정하지 않는다면, 정부를 원망하고 배반하는 백성들이 되어 외적의 침범보다도 더 큰 문제가 야기되므로 양적(洋賊)을 막아 국권을 확립하는 대책은 무엇보다도 민생의 안정을 위한 과감한 내정개혁에 있음을 거듭 강조하였던 것이다.

이러한 화서의 척사위정사상은 한국 도학사상의 의리사상이 갖고 있는 대외적 항쟁의 기능을 올바르게 계승하여 한말의 역사적 상황에서 국민들에게 민족의식을 고취시키고, 의병운동의 정신적 지주가 됨으로써 충분하게 그 역사적 기능을 담당하였다. 특히 실천적 의리사상과 척사위정사상에 근거한 화서의 이러한 애국애족의 정신과 자주적인 민족의식은 면암(勉菴) 최익현(崔益鉉, 1833~1906)과 의암(毅庵) 유인석(柳麟錫, 1842~1915) 등을 중심으로 한 수많은 화서의 문인들에게 이어져 한말 항일운동의 주축을 이루었으며, 국망(國亡)에 이른 일제시기에는 안중근(安重根, 1879~1919)의 독립운동과 김구(金九, 1876~1949)의 임정(臨政)으로 이어지는 민족정기의 정신적 맥락으로 이어져 내려갔던 것이다.[28]

---

28   임정수반이었던 金九는 화서계열의 성재(省齋) 유중교(柳重敎, 1832~1893)의 문인 후조(後凋) 고석노(高錫駑, 1840~1922)의 문하에서 수학하였으며, 1945년 광복 후 환국한 뒤 제일 먼저 면암 최익현과 의암 유인석의 묘소에 참배하였다. 당시 의암에게 올린 다음의 제문을 통해 그 사상적 연계성을 확인할 수 있다.
[유인석 선생 제례에 올리는 글](백범 김구)
대한민국 28년(1946) 8월 17일 김구는 유인석 선생의 영령 앞에서 삼가 고하나이다. 유교의 학문이 쇠퇴한 지 오래되어, 공부하는 이들이 그 글자에만 얽매여서, 내실을 가꿀 생각을 하지 아니하더니, 성을 높이고 마음을 낮추었습니다. 그리하여, 정작 힘쓸 자리는 버리고서 그저 막연하게 엄숙한 변론이나 일삼게 되었으며, 그 정진하였던 배움의 길에서 아무 것도 남은 것이 없게 되었으니, 온갖 일이 이 때문에 뒤틀리게 되었습니다. 근대에 이르러, 화서 이항로 선생이 세상에 나시고서야, 비로소 "마음이 곧 이치다"라는 이치로써 제자들을 가르치게 되었습니다. 그리하여, 기풍이 일변함으로써 의로운 기상까지 떨쳐보이게 되었으니, 선생이 그 의로운 선비들 가운데 한 분이셨습니다. 선생은 가장 나중에 나신 분이라서 모진 고난과 가시밭길 속 목숨을 건 싸움을 그 제자들 가운데서도 더 많이 겪으셨으며, 왜적과는 하루라도 같은 하늘을 이고 있지 않겠다는 일념은 갈수록 굳게 되시었습니다. 역경 속에서 삶을 마치셨으나 그 뜻은 해와 별처럼 빛이 나시어, 지금까지 뒷사람들로 하여금 우러러 바라보게 하셨습니다. 이같이 하심이 무엇 때문이었습니까? 오직 자신의 마음을 저버리지 못하였기 때문입니다. 그러므로 선생께서 평생 지킨 의로움은 실로 스승으로부터 배운 바로서, 실천으로 입증해 보이고도 남음이 있었습니다. 그 누가 왜적을 원수로 여기지 않았겠습니까마는 눈앞의 구차한 이득에 사로잡혀서 마침내 스스로 이름을 더럽혀도 이를 깨닫지 못합니다. 이런 사람들이 저잣거리에 가득하건만, 선생은 홀로 마음자리에 터잡아 그 마음으로 죽으려고 하셨으니 그 마음의 밝음이 온갖 삿된 것을 없애셨습니다. 그 이루신 바가 이렇듯 우뚝하였습니다. 왜적을 반드시 쳐서 없애할 원수로 아심은 선생의 마음이시오, 생사를 초개처럼 아심도 선생의 마음이시오, 이역에서 차디찬 바람서리 맞으시며 혼자 분주하실 때 누가 보는 바도 아니었지마는 잠시라도 놓지 않았던 그 것 역시 선생의 마음이었습니다. 바로 이러한 마음을 저버리지 못하여 저러한 고생을 달게 여기셨던 것입니다. 문명과 야만을 구별하고, 명나라를 높이는 선생의 글에 대해 말하자면, 그 때까지 민족의식이 두드러지지 아니한 것과 수백년 이어져 온 습관 때문이기도 했으려니와, 적을 물리치는 일이 급하던 때라 그러한 입장들을 끌어와 쓴 것일 뿐입니다. 문자는 옛날 그 습관이지만, 그 속내는 적을 물리치고자 하는 목적의식에 나라에 대한 충성심이 보태져 있는 것입니다. 그런즉, 우리는 선생의 충심을 깊이 이해하여, 그 문자의 껍데기에 매이지 않는 것이며 겨레에 대한 선생의 그 속 깊은 충성심을 널리 드러내고자 합니다. 저는 후조 고능선(고석노의 자) 선생의 제자로서, 일찍부터 선생을 높이 우러렀기에 온갖 일에 마주칠 때마다 항상 붙들고 나아감이 선생의 정신이었습니다. 이는 곧 극악한 원수를 반드시 물리쳐야 한다는 대의로서, 젊었을 때부터 마음 속에 굳게 새겼던 것입니다. 이제 늘그막에 고국에 돌아와 선생의 옛 자취를 찾아 왔으

V. 결론

    오늘날 현대사회는 급변하고 있다. 정보통신의 발달로 국경과 지역을 넘어 인류가 하나가 되고 있으며, 지식의 대중화를 통하여 수많은 사람들의 지적 수준이 나날이 향상되고 있으며, 세계의 다양한 문화가 한 자리에 모이고 있다. 그러나 세계가 하나로 되면서 독단적인 획일주의와 이기적이고 배타적인 자세로 인하여 새로운 갈등이 고조되면서 민족적, 문화적, 종교적 갈등이 점차 증대하고 있다. 또한 지나친 개인주의는 극단적 이기주의로 내닫고 있으며, 물질만을 추구하는 가치의식은 인간의 존엄성과 도덕성을 송두리째 내 버리고 있다. 개인의 이익에만 집착하는 이러한 극단적인 사고로 인하여 사회는 부정과 부패가 만연하고, 정상적인 인간관계가 부서지고 있다.

    경제적 발전으로 인하여 물질적으로 풍요로워졌으나 인간의 심성은 더욱 거칠어지고 있으며, 무한경쟁의 시대 속에 매몰되어 정신적 여유를 잃어버리고 있으며 정신질환에 시달리는 사람들이 더욱 많아지고 있다. 사회는 부정과 부패가 만연하고, 정상적인 인간관계가 부서지고 있는 가운데 가족마저도 해체되고 있는 상황이다. 이제 많은 사람들이 좀더 여유 있으면서 안정된 삶에 대한 갈증을 느끼고 있으며, 새로운 도덕성과 성숙된 인격과 신뢰를 바탕으로 한 올바른 인간관계를 요구하고 있다.

    요즈음에 이르러 우리가 처해 있는 현대사회에는 정치윤리, 경제

니 어찌 감회가 새롭지 아니하겠습니까. 한 줄기 향으로써 끝없는 애달픔을 풀어 올리오니 영령이시여, 저희 나아갈 길을 가리키소서. (2010.8.11 맹강현 번역)

윤리, 사회윤리, 문화윤리 등의 기존의 문제들뿐만 아니라 유전공학의 발전과 함께 제기된 생명윤리의 문제, 컴퓨터의 발전과 함께 제기된 정보통신의 윤리문제, 급속도로 가족이 해체되는 과정에서 나타난 새로운 가정윤리문제, 황폐화되어 가고 있는 청소년 교육의 등의 문제가 새롭게 대두되고 있다. 아무리 과학과 경제가 발달되어도 이것을 운용하는 주체는 결국 인간이다. 그러므로 인간의 올바른 정신을 함양하는 일은 그 무엇보다도 시급하고도 근본적인 중요문제이다. 이를 위해서는 진정한 인간의 본질이 회복되어야 하며, 올바른 가치관과 도덕성을 바탕으로 한 공존의 틀이 마련되어야 한다.

화서의 실천적 의리사상과 척사위정사상 속에는 물질 이상의 세계를 추구하는 순수한 도덕성이 있으며, 다른 사람을 배려하고 사랑하는 높은 차원의 인격성이 담겨있으며, 부정과 불의를 배척하고 진리와 정의를 실천하는 강한 선비정신이 있다. 화서의 의리사상은 한말의 어느 도학자보다도 강한 현실성과 실천성을 갖고 있다. 도학사상을 바탕으로 한 화서의 실천의리는 전 생애를 통하여 개인적인 일상생활의 문제에서부터 국가·사회적인 문제에 이르기까지 일관성을 갖고 나타난다.

서양의 기술문명을 비판하는 화서의 척사위정사상은 정의와 정도를 실현시키려는 확고한 도학적 신념과 실천의지의 반증이기도 하다. 공리적 가치를 부식(扶植)하려는 서양의 세력에 대해 도덕적 가치를 강조하려는 화서의 본지를 올바르게 이해하는 입장이라면 화서의 위정척사사상에는 역사의식과 자아의식을 통한 보국(保國)정신과 주체적인 민족주의 요소가 강하게 있을 뿐만 아니라 서양의 침략에 대항하여 국가와 민족의 자주권을 지키기 위한 정당성과 합리성이 정초되어 있음을 확인할 수 있다. 어느 민족이건 외세의 침략에 대항하여 그 민족의 생존권을 지킨다는 것은 매우 당연하고도 합당한 조치이기 때문이다.

화서는 서양의 무력적 위협이 구체화되는 시대적 상황에서 척양의식(斥洋意識)을 통하여 민족의 생존과 국권의 확립을 이루고 내정개혁을 통하여 민생의 안정과 국력의 증강을 도모하고자 하였다. 이러한 화서의 사상에 대하여 역사 흐름의 대세와 서양문명에 대한 객관적 이해가 결여되었다는 비판도 있을 수 있다. 그러나 19세기의 발전적 위기 상황에서 요청된 가장 큰 역사적 과제는 민족의 보전과 국권의 확립이었다. 이러한 민족 생존의 기반 위에서만이 체제의 개혁과 근대화의 운동이 가능할 수 있기 때문이다. 이 시대의 역사적 과제는 사학(邪學)으로서의 서학적 가치관에 어떻게 대처하여 정학(正學)으로서의 도학적 가치관을 고양시키며, 서양의 무력적 침투에 대해 어떻게 대항하여 민족의 주체성을 확보하느냐에 있는 것이다. 이러한 시대적 요청에 대하여 화서는 최선을 다하여 자신에게 주어진 역사적 사명을 다한 것이다.

미래의 삶은 인간의 존엄성과 도덕성을 바탕으로 한 성숙된 인간, 이러한 인격을 기반으로 하여 인류가 평화적으로 공존하고 상생하는 사회가 되어야 한다. 이러한 현대사회의 시대적 요청에 임하여 화서사상의 본질을 올바르게 이해하고, 그 정신과 업적을 오늘에 되살려 새로운 문화창달의 길잡이로 삼고, 유교의 사랑과 정의의 정신을 기반으로 하여 지구촌의 인류가 진정으로 인간의 생명을 귀중하게 여기고 평화적으로 공존할 수 있는 구체적인 방안을 모색해야 한다.

찾아보기

ㄱ
거경(居敬) 301, 521, 523, 524, 592
결망개방법(結網開方法) 445, 472
경장(更張) 109, 351
곤괘(坤卦) 337, 393, 400, 402, 498, 590
공보쌍행(攻補雙行) 444, 450
관괘(觀卦) 393
구도(求道) 521, 522
국변인(國邊人) 278, 377, 413
군자이(君子以) 498
궁리(窮理) 301, 495, 592
기복(祈福) 596
김평묵(金平默) 42, 279, 282, 283, 284, 288, 475, 493
김장생 229, 236, 238, 261, 262, 264, 568, 573

ㄴ
내수(內修) 458, 574, 598
내수외양(內修外攘) 43, 386, 425, 451, 459, 460, 467, 471, 472
『뇌변(誄辨)』 554

ㄷ
『대한양왜사합편강목』 39
『도모편(道冒編)』 505
동도동기(東道東器) 456, 457, 467
동도서기(東道西器) 455, 585
『동사발명(東史發明)』 582
동포법(洞布法) 446, 472

다카하시 도오루 360, 361
도덕심 370, 371, 372, 389

ㄹ
리존기비(理尊氣卑) 46, 51, 396
리체리용(理體理用) 506, 507

ㅁ
명덕(明德) 18, 19, 56, 61, 75, 105, 106, 133, 138, 156, 185, 225, 310, 311, 369, 395, 402, 487, 488, 490, 516, 518
묘동정(妙動靜) 508, 511
무본억말(務本抑末) 460

ㅂ
박문일(朴文一) 282, 283, 286, 306, 311, 317, 318
박은식(朴殷植) 287
보화맥(保華脈) 538
복국권(復國權) 538
본직(本職) 67, 95, 109, 110, 136
벽이단론 270, 275
변통 228, 229, 230, 231, 232, 240, 263, 264, 351, 352
병인양요 44, 232, 270, 311, 316, 350, 363, 376, 381, 382, 387, 389, 390, 408, 410, 411, 412, 417, 422, 574
복류 228

ㅅ
사덕(四德) 58, 112, 149, 166, 213, 402, 520
삼정책(三政策) 425
상달도리(上達道理) 528
서학(西學) 266, 267, 268, 269, 270, 278, 297, 343, 595
선후본말론(先後本末論) 434
소중화(小中華) 294, 466, 526, 535
『속강목(續綱目)』 28, 248, 565
송병선(宋秉璿) 294, 309, 313
『송원화동사합편강목(宋元華東史合編綱目)』 29, 234, 247, 279, 296, 306, 541
시중(時中) 591
심설정안(心說正案) 115, 117, 118, 154, 155, 156, 161, 162, 256

심성물칙설(心性物則說) 138
심성이물론(心性二物論) 177
심성일물론(心性一物論) 177
심즉리(心卽理) 42, 106, 115, 340, 363, 519
심체(心體) 127
송시열 22, 23, 24, 25, 27, 28, 29, 30, 31, 32, 33, 38, 42, 49, 51, 62, 63, 180, 229, 230, 231, 233, 235, 236, 237, 238, 240, 241, 242, 243, 244, 246, 248, 255, 258, 259, 261, 262, 263, 264, 265, 267, 272, 279, 361, 364, 365, 367, 388, 396, 397, 453, 527, 557, 561, 562, 564, 567, 570, 571, 575, 576, 589, 590, 591, 592
심설논쟁 66, 68, 78, 97, 104, 105, 106, 111, 114, 118, 119, 120, 131, 132, 133, 134, 136, 137, 165, 177, 306, 424, 550
심주리설 45, 56, 314, 315, 361, 362, 363, 381, 387, 388, 390, 391, 396, 475, 503, 504, 506, 507, 518
심즉기설 60, 89, 90, 274, 361, 364, 367, 503

ㅇ
『여사제강(麗史提綱)』 542, 544, 553, 556, 557, 558, 559, 560, 561, 562, 563, 564, 574, 575, 576, 582, 583
우암(尤菴) 267, 272, 273, 274, 275, 277, 279, 289, 290, 297, 299, 300, 302, 307, 313, 318, 326, 484, 504, 589
『우주문답(宇宙問答)』 505
유중교(柳重敎) 43, 279, 282, 284, 285, 288, 475
의리(義理) 252, 277, 278, 290, 297, 305, 310, 316, 317
이리단심(以理斷心) 68, 78, 90, 98, 99, 119, 144, 149, 150, 154, 161, 163, 174, 178
이선기악(理善氣惡) 98, 173, 174, 176, 177
이수기역(理帥氣役) 174, 175, 176, 177
이이(李珥) 124
『이정언론획정고』 39
이주기자(理主氣資) 98, 101, 171, 174, 175, 176, 177, 178
인기위리(認氣爲理) 106, 114, 115, 143, 144, 164, 341
인수대별론(人獸大別論) 439
인욕(人欲) 78, 173, 186, 340, 494, 496, 497, 503, 590, 594, 596
예학 231, 261, 264, 268, 475
왜양일체 349, 350, 358
용출 228
위기지학 407, 408, 594
위정척사 14, 17, 18, 20, 21, 36, 43, 62, 102, 133, 180, 232, 233, 235, 238, 243, 249, 255, 262, 265, 269, 270, 271, 274, 275, 278, 291, 317, 319, 361, 363, 388, 424, 426, 436, 451, 452, 453, 460, 466, 467, 470, 471, 472, 476, 541, 576, 583, 601
율곡학 106, 228, 229, 230, 232, 262, 263
의리학 15, 42, 232, 235, 262
인물성동이론 19, 41, 52, 54, 56, 238, 264, 404
인심도심설 369, 381, 387, 389, 417, 586

ㅈ
장시태(張時泰) 547, 565
적변인(賊邊人) 278, 377, 412
전병훈(全秉薰) 287
정괘(井卦) 405, 406
정도(正道) 238, 269, 278, 588, 595, 596
정사(正邪) 595
『정서분류(程書分類)』 30, 31
정통(正統) 230, 248, 326
『조선책략(朝鮮策略)』 293, 425
존화양이론(尊華攘夷論) 267
주례(周禮) 547, 565
주리적(主理的) 362, 486, 487, 489, 553, 588
『주역전의동이석의(周易傳義同異釋義)』 279, 392
『주역(周易)』 28, 70, 203, 240, 333, 392, 400, 401, 402, 431, 452, 488, 491, 498, 499, 539, 590
『주자대전전차』 39
『주자대전차의』 24, 30, 33
『주자대전차의집보』 22, 34, 233
『주자언론동이고』 30
중화(中華) 278, 451, 466, 506, 525, 526, 595
지수(持守) 231, 264
직방대(直方大) 400, 401, 402

찾아보기 605

ㅊ

처변삼사(處變三事) 304, 317, 356
척사위정(斥邪衛正) 18, 48, 338, 410, 411, 589
척양(斥洋) 303, 598
천리(天理) 83, 85, 87, 112, 115, 121, 125, 159, 186, 215, 304, 325, 438, 491, 492, 494, 497, 503, 579, 588, 590, 594, 596
최익현(崔益鉉) 118, 134, 282, 283, 284, 423, 474
척사소 48, 376, 380, 381, 382, 387, 390, 391, 392, 408, 410, 417, 419
척사위정사상 63, 391, 392, 423, 585, 594, 595, 598, 601

ㅍ

평포논쟁(坪浦論爭) 177

ㅎ

하달형기(下達形氣) 528
함동정(含動靜) 508
형기신리(形氣神理) 116, 128, 587
혼륜설(渾淪說)과 간별설(揀別說) 488
홍재구(洪在龜) 113, 282, 292, 298, 303, 310, 313, 315, 545
『화동합편(華東合編)』 544, 582
『화서아언(華西雅言)』 106, 141
화서아언(華西雅言) 106, 141, 142, 280, 580
화이(華夷) 248, 292, 326, 574
활인종(活人種) 538
한원진 30, 111, 546, 568, 573
항일의병 44, 235, 298, 303, 353, 357